e북 YVWQ-1, 2권 요약

아직 AI가 할 수 없는

사 주 명 리

Y V W Q
공 식 과 풀 이

(저자) 유 상완

(부 저자) 유 한얼 박 진희
(감수) 유 방현
(후원) 임 경숙

*유상완

2013 열린사이버대학교 상담심리학과 편입

2015 열린사이버대학교 상담심리학과 졸업

2016 경기대학교 대학원 동양철학 석사과정

2017 동방문화대학원대학교 사주명리학 석 박사 통합과정 기웃거림

2017 열린사이버대학교 특임교수

현 사주보다학회(사람이 사주보다 먼저) 이사장

*유한얼

2021 광주여자대학교 언어치료학과 졸업

현 사주보다학회 재무

*박진희

1993 상명대학교 경영학과 졸업

2018 열린사이버대학교 상담심리학과 사회복지학과 복수 전공 졸업

현 사주보다학회 총무

*사주명리-YVWQ 공식과 풀이

*유상완 유한얼 박진희 저

*발행일 2025-7-17

*도서출판 켜(제 2023-000012 호)

*인쇄 -애플북

미 (아직 未)
향 (그곳 鄕)

-미향 유상완-

그곳에

가고 싶다.

내 아직 언제부터 거기에 이르지 못하였으나

아니 더는 미처 다다르지 못할 수도 있겠으나

나 그곳에 한 번

꼭 가고 싶다.

YVWQ 사주보는 순서 요약

아래 ❶❷❸❹❺는 YVWQ 활용을 요약한 순서인데(전자책 '사주명리 YVWQ 3권' 30p 참고), 크게 원국과 행운으로 나누어져요.

❶❷(원국) "나는 누구인가?"는 지장간 투출에서 신약 신강을 따라 격과 삶의 경지가 나오는 과정이고, ❸❹❺(행운) "물들어 올 때 노 저어라"는 원국 본격의 상승에 따라 아니면 하강에 따른 변격을 통하여 긍정과 부정의 상황을 해석하게 되요.

또한 참고로 소개되고 있는 유투브와 쿠팡이나 네이버의 전자책 "사주명리 YVWQ"의 홍보 영상이 YVWQ 공부와 간명에 많은 도움이 되기를 바랄게요.

| ●=1 | 원국(YQ-1, YQ-2) |

1. 원국(사주 8글자)에서
2. 네 천간을 산출하여 신약신강(원격)이 판별되면 본격이 나와요.
3. 본격에는 십정격과 변격이 있는데
 1) 일간을 기준으로 십정격이 3배수를 초과하면 변격되어
 2) 수기식상(가종격)격과 종격이 되고
 3) 모든 격에는 경지가 있어요. 우리 책 2권(2장 232p부터)의 "☞ 4. 경지"를 참고하세요.

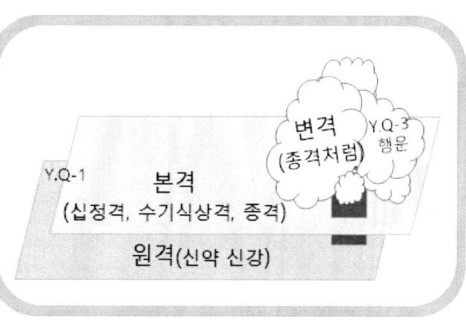

<87p, 전자책은 1권 103p>

❶ 천간산출-30p (전자책은 1권 45p)

YQ-1	시 ❷	일	월	년
☞1. 신약 신강 -천간산출	○○○ ❶	○○	○○○○	○○○○
지장간	○○○	○○○	○여, 중 ○○정	○○○
지지			❶ ❶ ❷	

| ※ 영상 참고 |

1) 쿠팡, 네이버-'사주명리 YVWQ 1권' 홍보영상
2) 유투브-사주명리 YVWQ 'YQ-1 산출'

❷ 신약 신강의 적용-267p와 365p '여. 대학 4학년'
□ 신약하게 하는 용신을 극하는 것이 상신이다.-(참고 2-1-2-3 ●=3 ■1)

용신(용하면)	상신
식상 강해 신약하면 식상 용신	탈식하는 인수 상신
재성 강해 신약하면 재 용신	파재하는 겁 상신
관살 강해 신약하면 관살 용신	살에 대항하는 겁 상신

□ 신강하게 하는 용신을 극하는 것이 상신이다.-(참고 2-1-2-3 ●=3 ■1)

용신(용하면)	상신
겁 왕해 신강하면 겁 용신	극겁하는 관살 상신
인수 강해 신강하면 인수 용신	극인하는 재 상신

※ 영상 참고
1) 쿠팡, 네이버-'사주명리 YVWQ 2권' 홍보영상
2) 유투브-사주명리 YVWQ 'YQ-1 산출'

●=2   행운(YQ-3, YQ-4)

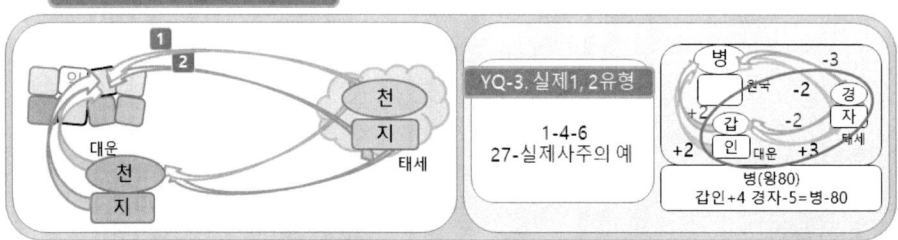

<40p, 전자책은 1권 55p>

1. 행운에서 본격이 상승하면 긍정을 얻고
2. 본격이 하강하면 다시 변격(처럼)이 일어날 수 있네요.
 1)변격처럼 되면 종격 대비 수기의 변화를 보아야 하고
 2)만약 변격(처럼)이 되지 못하면 부정적이니 원하는 것을 얻을 수 없어요.

❸ 행운에서 십정격의 상승-51p 'YVWQ 해석 샘플' (전자책은 1권 67p)
□ 십정격은 전체 사주의 20% 정도 되죠.-86p(전자책 1권 102p)

※ 영상 참고
1) 쿠팡, 네이버 '사주명리 YVWQ 1권' 홍보영상
2) 유튜브 사주명리 YVWQ 'YQ-3 상위영역 산출, 하위영역 산출'

❹ 변격-91p '변격이란?' (전자책은 1권 103p)
☐ 전체 사주의 80% 정도가 본격이 하강하면 변격처럼 되는데. 그러면 변격(종격) 대비 수기의 상승과 하강을 보아야 해요.-173p (전자책은 1권 189p)
☐ 수기는 279p '수기(설기구)란?'을 공부하세요.-(전자책은 2권 70p)

※ 영상 참고
1) 쿠팡, 네이버 '사주명리 YVWQ 1권' 홍보영상
2) 유튜브 사주명리 YVWQ 'YQ-3 조후와 수기'

❺ 조후-104p '조후결함의 실제' (전자책은 1권 120p)
☐ 십정격에서 조후 필수가 아닌 달은 그냥 상신의 상승과 하강을 봅니다.
☐ 십정격도 조후가 필수인 달은 종격 보는 법과 같아요.-100p (전자책은 1권 56p와 116p)

조후 필수 아닌 달	십정격	상신의 상승 하강을 봄
	수기식상, 종격(처럼)	기본적으로 수기 하강
조후가 필수인 달	조후가 있는 십정격	상신의 상승 하강을 봄
	조후 없는 십정격	종격(처럼)에 준함
	수기식상, 종격(처럼)	겁 인수조후는 있으나 없으나 수기 하강 식재 관성조후 있으면 수기 하강, 없으면 상승 (즉 모든 수기가 하강-식재 관성조후만 없을 때 상승)

● =3   기타

 네이버 카페 "사주명리 YVWQ"를 방문하면 다른 영상과 자료도 볼 수 있어요.

e북 YVWQ-1권 요약

사 주 명 리

물 들어 올 때 노 저어라.

추 천 사

역학易學의 태동과 발전은 인간 본연의 탐구 의지에 의해 끊임없이 이어져 왔다. 그리고 현대 역학인들은 아날로그 시대를 넘어 디지털 시대로의 변모를 온 몸으로 체험하며 살아간다. 이들의 사상과 철학은 그 무엇에도 한계를 두지 않고 우주적 이해로 확장해 가야 함도 인지하게 되었다.

미국의 전기자동차 회사 테슬라의 최고경영자인 일론 머스크(Elon Musk)가 민간 우주 항공회사 '스페이스 엑스'를 세우고, 로켓을 발사한 작금의 21세기에 전근대적인 사고방식의 역학적 접근만으로는 시대착오적 발상을 피할 방법이 없을 것이다.

시대가 변하고 있다. 시간의 흐름은 변화무쌍하게도 우주의 가을에 접어들고 있다고 정역(正易)은 말한다. 역학은 "바뀌다"는 의미를 품고 있는 '역易'을 다루는 학문이다. '역易'은 눈에 보이지 않는 우주 만물의 시공간을 도식화하여 언어로 이해하는 관념적인 것이다.

그중에서 사주명리라고 하는 만세력에서 나온 8글자만으로 삼라만상의 모든 변화를 이해할 수 있겠는가? 만약 이해를 가능하게 하려면 과학문명에 이르기까지 사고를 더 확장해야할 것이다. 다양하게 펼쳐지는 우주를 관념 즉 물상만으로 이해하고 받아들이는 것으로는 한계가 있기 때문이다.

그 중요한 변화의 기로에 괄목할 만한 유상완 교수의 저서를 만나게 되었다. 유상완 교수는 그동안 '한국전통과학 아카데미의 학술 위원'으로서 긴 시간 역학의 발전을 위해 노력해 왔다.

그리고 평소에 명리학과 심리학을 연계하여 강의 하는 교수로이미 유명세를 떨친 분이다.

 이번에 출간하는 저서는 기존 명리학의 이해를 뛰어넘어, 그야말로 명리학의 '테슬라' 같은 발상으로 로켓포를 쏘아올린 명저가 될 것이라는 확신이 온다.

 주제적 접근부터 예사롭지가 않다. "YVWQ" 라는 독특한 표제를 보여준다. 어떤 의미가 담겨있을까? 궁금증부터 증폭되는 독창적이고도 창의적인 표현법이다. "YVWQ" 를 정리하면, 'Y'는 유상완 본인의 영어 이니셜로 시작하여, 'V'는 Viger의 약자로, 사주의 '왕・쇠・강・약' 중 왕旺의 의미를 담고 있다. 'W'는 Weak의 약자로 쇠衰의 의미를 함축하고 있고, 'Q'는 Quantification이라는 계량화 의미의 약자이다. 함축하면 유상완 학자만의 왕旺의 개념과 쇠衰의 영역을 계량화하고 도식화하여 정리해주는 엄청난 논제를 완성하였다는 것으로 보인다.

 첫 페이지의 도식화된 자료부터 시선이 끌렸다. 이 저서에 제시되는 도표들과 계량화된 명리학적 수치들은 후세대 학인들에게는 대세를 이루는 자료가 될 것임이 자명해 보인다.

 그 이유는 막연하게 "좋다" "나쁘다"라는 이분화 된 개념을 이론적 조건으로 체계화 하였다. 특히 "2-1-7 조후용신"을 질량보존의 법칙으로 계량하여 설명하고 있으며, 한 두 글자의 체상이나 신살과 합충 만을 따로 논하지 않고 격의 성립이라는 전제 안에서의 작용력을 한 눈에 정리하여 보여주고 있기 때문이다.

또한 본 저서는 총 8장으로 구성되어 있다. 인문학과 교양적 지식, 사회를 이해하려는 노력과 문화가 총체적으로 섭렵되어 있다는 데 큰 의의를 둘 수 있겠다.

그리고 사주의 실전적 예시를 바탕으로 자평진전이나 적천수 등의 고전에서 제시하는 용신법 등을 응용하여 설명하고 있다. 그리고 동양 역학과 역술이라는 큰 틀을 객관적인 시각으로 접근하여 다루고 있다.

유상완 교수가 야심차게 집대성한 저서의 내용을 확인해 보면, 매 장마다 펼쳐지는 독창적이고 창의적인 자료들을 볼 수 있다. 마치 현 시대에 꼭 필요한 역학 필독서를 만난 느낌이다.

우주의 생성과 소멸, 쇠퇴와 반복의 과정을 파악하여, 인간사의 생로병사(生老病死) 및 길흉화복(吉凶禍福)이 어떻게 나타나는가를 "YVWQ"는 잘 보여주고 있다. 이러한 능력을 가진 유상완 학자가 우리 동시대의 연구가라는 것이 가슴 뜨겁고 자랑스러우며 든든하게 느껴진다.

끝으로 이 책을 역학만 공부하는 사람에 한정하지 않고, 심리학이나 인문학적 접근을 시도하는 이들과, 또는 폭넓은 점사를 공부하는 학인이라면, 누구라도 가까이 두고 배우고 참고해야할 필독서로 권하는 바이다.

2022년 5월
동방문화대학원 대학교 석좌교수 철학박사 유방현

YVWQ 들어가기

수소(水素)는 자연계에 존재하는 원소 중 가장 작은 원자들의 구성이며, 주기율표에 가장 첫 번째 나오는 화학 원소이다. 원소 기호는 H이고 원자 번호는 1번이다. 원소는 수소원자 두 개가 결합된 이원자 분자 상태를 말하는데 분자식은 H_2이다.

여기에 수소원자 두 개가 더 결합되면 헬륨(He)이고, 또한 H_2에 산소(O) 원자 하나가 들어가면 물(H_2O)이 된다. 참고로 황산은 분자식이 H_2SO_4인데 수소원자 2개, 유황원자 1개, 산소원자 4개로 이루어진 화합물이다.

원소기호는 1814년에 스웨덴 화학자 베르셀리우스(Jöns Jakob Berzelius: 1779~1848)에 의하여 창안되었다. 그러나 우리 동북아에서는 오래 전부터 오행의 카테고리로 원소기호를 대신해 왔다.

이를 연해자평에서는 '태역, 태초, 태시, 태소, 태극'에서 나왔다고 전한다. 사주오행의 화합작용은 원소와 유사하다. 매시간마다 생극제화의 이합집산에 따라 구성 원자들이 들어오고 나가며 기운의 변화를 일으킨다. 그리고 우리 모두에게 파동(波動) 즉 주파수(周波數)로 전달되는데 그 것이 목화토금수 오행이다. 그 끝에 YVWQ가 있다.

책의 구성

우리 책은 총 8장으로 이루어져 있다. 특히 일반사람들이 쉽게 이해할 수 있도록 한자와 한자어의 고단함을 가능한 피하고, 많은 도형과 도표를 통하여 설명을 돕고 있다.

■(제 1 권)
○제1장은 YVWQ의 원리와 함께 46+2개 사주의 실제 사례를 대비하고 있다.

■(제 2 권)
○제2장은 518,400개의 사주를 43가지 유형별로 범주화 하였다. 이를 집약하는데 『자평진전』의 상신과 『적천수』의 용신 쓰는 법이 동원되었고 이 안에 54(전자책은 72)개 실제사주가 있다.

■(제 3 권)
○제3장의 사주보는 법은 YVWQ 해석의 이론적 근간이자 자평명리학의 고급반 교재에 해당된다.

○제4장의 "4-1 자연과 문명"은 우주의 시작과 함께 역과 사람이 나오는 과정을 담고 있다. "4-2"천도와 역의 세계는 동양역학과 역술에 대한 정리이다. 그리고 "4-3 역리 및 명리학사"는 중원의 명리역사를 중국적 시각이 아닌 동북아의 객관적 시각으로 다루고 있다.

■(제 4 권)
○제5장~제7장은 자평명리학 기초에 해당된다.

○제8장은 주역의 괘사에 대한 요약이다.

※ 참고문헌 1, 2, 3장
           <박영창 역 '자평진전평주'> <정승우 역 '쉽게 풀어 쓴 적천수'>
            <김정안 역 '자평진전'> <임정환 역 '제대로 보는 적천수천미'>
                <오청식 역 '연해자평'> <유상완 역 '궁통보감'>
                     <김정혜, 서소옥, 안명순 공역 '명리약언'>
                               <김이남 역 '삼명통회'>

    4장
    <네이버> <다음> <구글> <위키백과> <두산백과>
    <한국민족문화대백과사전> <상생방송>

    5~7장
    <유방현 '명리학개론'> <김만태 '명리학강론'> <이석영 '사주첩경'>
                <조규문 '운'> <김성진 '신 한국인의 사주팔자'>
        <임명진 '주역참동계'> <김홍경 역 '음양오행설의 연구'>
                        <이주행 역 '논형'> 외 다수

    8장
    <유방현 '64괘 간단 해석'>

추 천 사
YVWQ 들어가기
책의 구성

제 1 장 YVWQ

1장-1 삼원색과 YVWQ ································· 12
1장-2 YVWQ의 탄생배경 ···························· 13
1장-3 YVWQ 개발 과정의 고민 ················· 15
1장-4 YVWQ와 미래 ···································· 16

1-1 YVWQ와 고전의 근거

1-1-1 『명리정종』 ·· 18
1-1-2 『자평진전』 ·· 18
1-1-3 『자평진전평주』 ····································· 19
1-1-4 『적천수』 ·· 20
1-1-5 『적천수천미』 ··· 20
1-1-6 고전과 YVWQ의 결론 ························· 21

1-2 YVWQ와 고전에 나오는 사주 - <전자책 참고>
1-2-1 『적천수천미』
1-2-1-1 『적천수천미』「순국」 ·························· 23
1-2-1-2 (종재격)-『적천수 천미』「종상」 ········· 25

1-2-2 『자평진전평주』

1-2-2-1 갑부 '유 징여(劉 澄如)' ································· 27
1-2-2-2 행정원장을 지낸 '담 연개' ························ 28

1-2-3 『궁통보감』 ··· 30

1-3 YVWQ의 원리(原理)
1-3-1 기본영역(원국, 대운, 태세) ····························· 22
1-3-2 반감의 원리 ·· 23
1-3-2-1 반감법칙 ·· 24
1-3-2-2 반감기호 ·· 24
1-3-2-3 음수와 양수 ·· 26
1-3-2-4 증감이 일어나는 방향 ···································· 26

1-3-3 천간지지와 유형별 생극 ································· 27
1-3-4 YVWQ 연구과정과 실험의 역사 ···················· 40
1-3-5 YVWQ의 과제 ·· 28

1-4 YVWQ 산출
1-4-1 YQ-1의 구성 ·· 29
1-4-1-1 YQ-1 천간산출 ·· 30
1-4-1-2 천간산출의 실제 ·· 30
1-4-1-3 YQ-1 산출과 인입 인출 ······························· 32

1-4-2 YQ-2의 구성
1-4-2-1 YQ-2와 지지 합충의 원리 ································ 33
1-4-2-2 YQ-2와 뿌리의 군집 ·· 33
1-4-2-3 사주가 지지만으로 작동하지 않는 예 ················ 38

1-4-3 YQ-3의 구성
1-4-3-1 1유형과 2유형 ·· 40
1-4-3-2 월운, 일운, 시운(하위영역) ······························ 42

1-4-4 YQ-4의 구성 ·· 44
1-4-5 영역과 YQ-2, 3, 4 ··· 46
1-4-6 YVWQ 해석 샘플
  1-4-6-1 자격시험 ··· 51
  1-4-6-2 취직 ·· 56

1-4-7 해석 차례 ·· 59

1-5 YVWQ 활용
1-5-1 YQ-2와 YQ-4 ·· 64

1-5-2 왕쇠 값과 토
1-5-2-1 무토 술 월생 ··· 69
1-5-2-2 기토 술 월생 ··· 72
1-5-2-3 기토 미 월생 ··· 75

1-5-3 기신과 희신의 상승
1-5-3-1 기신 운의 상승과 비극의 예 ·· 78
1-5-3-2 희신의 상승과 고시합격 시퀀스 ···································· 81

1-5-4 변격(變格)
1-5-4-1 변격이란? ·· 87
1-5-4-2 변격과 조후에 따른 이법의 변화 ································· 93
1-5-4-3 수치로 보는 변격 ·· 101
1-5-4-4 조후결함의 실제 ··· 104
1-5-4-5 종아격처럼 되고 조후 없음 ··· 108
1-5-4-6 태세가 살 간여지동인데 변격 안 됨 ··························· 110
1-5-4-7 신강수기격(종왕격)이 종살격처럼 ································ 114
1-5-4-8 YQ-3는 극 하는 것 있어도 종 ··································· 116
1-5-4-9 십정격과 조후 필수 ·· 118

1-5-5 일운(일진)의 반전
1-5-5-1 운수 좋은 날 ··· 123
1-5-5-2 일진 안 좋은 날 ··· 130

1-5-6 천간중첩의 예
1-5-6-1 천간중첩 ··· 136
1-5-6-2 천간중첩과 유사 ··· 140

1-5-7 천간겁인
1-5-7-1 천간겁인과 유사 ··· 142
1-5-7-2 천간겁인이 종인격 되는 자료 ······································ 145

1-6 YVWQ와 시퀀스
1-6-1 관계적(關係的) 시퀀스
1-6-1-1 부부약사의 혼돈 시퀀스 ·············· 148
1-6-1-2 신혼부부의 결혼 시퀀스 ·············· 153
1-6-1-3 이사 가는 부부의 시퀀스 ············· 157
1-6-1-4 부자(父子)의 시련 시퀀스 ············ 161
1-6-1-5 삼각관계 시퀀스 ······················ 165

1-6-2 개인적 시퀀스
1-6-2-1 애매한 충(합) ························ 168
1-6-2-2 교사 명퇴한 자료 ···················· 173
1-6-2-3 사회복지사의 아픈 이야기 ············ 175
1-6-2-4 돈 되는 건물 임대업 ················· 177
1-6-2-5 상가 건축 및 분양 ···················· 183
1-6-2-6 영전 자료 ···························· 185
1-6-2-7 오뚝이 K무역 ························ 188
1-6-2-8 전학 가려는 여중3 ··················· 194
1-6-2-9 학교중단과 검정고시 ················· 199
1-6-2-10 그래서 유산 받았을까? ·············· 206
1-6-2-11 송사에 얽힌 엔터 ···················· 208
1-6-2-12 조기에 바람 ························· 210
1-6-2-13 만학 공인중개사 ···················· 212
1-6-2-14 J.상담심리사-나는 뭔가? ············ 214
1-6-2-15 종격이 조후도, 수기도 없고 ········· 216

제2권 ·· 226

| 제 1 장 | YVWQ |

　YVWQ란 「You sang wan Vigor Weak Quantification」의 약자이다. 이는 제3장 서문에 나오는 "첫 번째 생극제화에 의한 기운의 증감을 수치로 나타낸 것"으로 해석하면 유 상완(You sang wan), 왕(旺Vigor), 쇠(衰Weak), 계량화(計量化Quantification)가 된다. 후세 사람들은 아마도 YQ라 부를 것 같다.

| 1장-1 | 삼원색과　YVWQ |

　삼원색에는 빛의 삼원색과 색의 삼원색이 있다. 빛은 광원 그 자체를 인지하는 것이고, 색은 광원에서 나온 빛이 물체에 비춰지고 물체에서 흡수되지 않고 반사되는 빛을 인지하는 것으로 차이가 있다.

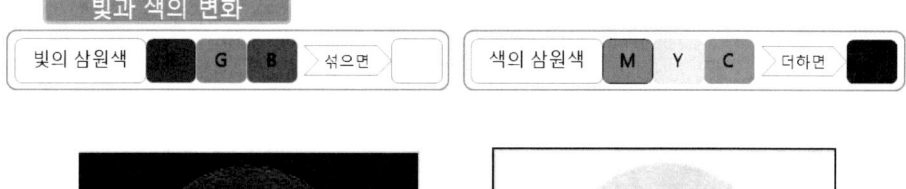

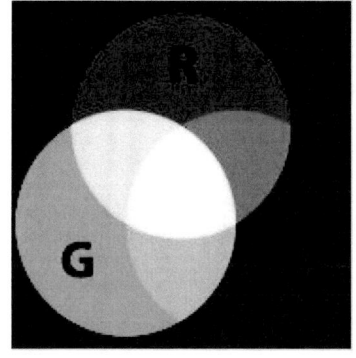 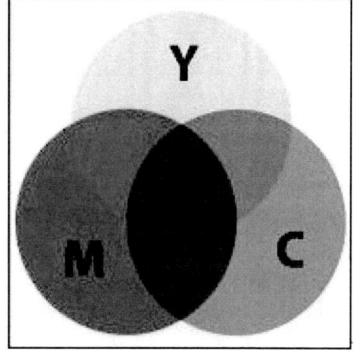

<출처 naver>

❶빛의 삼원색은 빨강(Red), 파랑(Blue), 녹색(Green)이다. 빛은 더 할수록 더 밝아지기 때문에 가법혼색(加法混色)[1]의 삼원색이라고도 하는데, 같은 비율로 섞으면 흰색의 빛이 된다.
❷한편으로 색의 삼원색은 사이안(Cyan.청록), 마젠타(Magenta.양홍) 그리고 노랑(Yellow)이다. 보통 양홍은 자홍으로 통한다. 일반적으로 색의 삼원색을 빨강,

---

[1] 가법혼색-인간에게만 해당되는데 망막의 수용체를 통해서 뇌가 자극되어 인지가 일어남.

파랑, 노랑으로 알아 왔는데 아니다. 색의 삼원색을 균등하게 섞으면 검정색이 된다. 섞을수록 물감이 빛을 흡수하기 때문인데, 감법혼색(減法混色)2)이라고도 한다. 예전부터 세 가지 물감을 적당하게 혼합하면 어떠한 색의 표현도 가능하다고 알려져 왔다. 대표적으로 컬러잉크젯프린터나 컬러인쇄에서 찾아볼 수 있다.

사람의 심리도 이렇다. 하얀색처럼 깨끗하면 건강하고 어두우면 병이 되는데, 이는 운(運)3)에도 적용된다. 사주명리에서의 가법과 감법은 합 형충파해이다. 생극에 따라 밝아지거나 어두워지기도 한다. 또한 대운과 태세를 만나서 다시 다양하게 색깔이 또 변한다. 그 색깔의 변화를 수치화한 것이 'YVWQ'이다.

| 1장-2 | YVWQ의 탄생 배경 |

■1. 모든 스토리에는 그 시대의 문화적 배경이 있다.
□어려서 들은 베토벤의 교향곡 황제도 그렇고, 요한 슈트라우스 2세의 아름답고 푸른 도나우, 그리고 비오는 날 듣는 슬프지만 선율이 아름다운 쇼팽의 피아노 연주는 지금 들어도 충전의 양식이 된다.
□그러나 황제를 작곡하고 초연할 때 베토벤은 연주자를 구하지 못해 자신이 직접 연주했다고 전해진다. 요한 슈트라우스 2세는 오스트리아가 프로이센에 패했을 때 실의에 빠진 온 국민들을 위해 아름답고 푸른 도나우를 작곡했다. 쇼팽은 그의 조국에서 일어난 폴란드 혁명이 슬픔의 배경이 되었는지 모른다.
□이렇듯 모든 스토리에는 시대적으로 문화적인 그 배경을 담고 있다.

■2. YVWQ의 탄생 배경에도 두 가지의 스토리가 있다.
■1) 사주해석의 객관화
□같은 사주를 놓고도 보는 사람과 보는 때에 따라 해석이 각각 다르다.
□그래서 해석의 일반화와 객관화에 대한 고민에서부터 YVWQ 개발이 시작되었다.

> ● Tip
> ○2015년 12월 30일 상담 종료 후 어린 클라이언트4)가 "교수님 상담료 DC해 주세요."
> ○"다른데서 사주보면 '재'는 어떻고 '관'은 어떻고 하는데 그런 말이 없네요." 그러니까 이 말을 분석하면 사주보는 것이 시원치 않아 상담료가 아깝다는 의미입니다.

---
2) 감법혼색-흡수되는 빛은 증가하고, 물감에서 반사되어 우리 눈에 도달하는 빛의 양과 파장의 종류가 줄어들기 때문.
3) 2-1-3-3 활성기와 상신운
4) 4232-3 "클라이언트"

○이 사주(●-45 실제사주)는 재관 이전에 겁 태과(태왕)5)의 수기유통이 우선입니다. 즉 태왕 일간이 수기 유통되면 돈도 인생도 만사 원활하고 수기가 막히면 그 반대입니다.
○그러나 배합6)을 떠나 기초적 수준의 두 글자7) 육신만으로 보면 재관이 어떻다는 말이 됩니다. 그래서 보는 사람마다 볼 때마다 사주해석이 다르게 됩니다.

■2) 마고성의 후예
□우리는 마고8)의 후예들이다. 그래서 YVWQ를 아는 사람들만이라도 이를 자랑스럽게 여기고 이 사실을 후대에 전해야 하는 눈물겨운 이야기가 있다.

● Tip
○지금부터 오래전 EBS의 "노자와 21세기"를 보고 책을 산 적이 있습니다.
○우리 정신세계 안에는 경전자집(經傳子集)이 자리하는데, 경과 전은 주역을 역경 역전이라 하는 것과, 자는 노자나 공자 등, 집은 그 외 많은 사람들의 집필을 말합니다.
○조선 세조 때 정치가 홍윤성은 자신의 부정적 행적이 역사에 남는 걸 두려워하지 않았다고 합니다. 중국 역사서도 보지 않는데 누가 조선의 역사를 보겠냐는 겁니다.
○어떻든 우리의 YVWQ가 "경전자집"에 속하지는 못할지라도 잊혀진 우리 민족의 마고성 이야기와 함께 "노자와 21세기"처럼 울려 퍼지기를 기대합니다.

□그렇지 않으면 진나라 이후 중국과 일본이 우리를 얼마나 의도적으로 왜소화했는지, 특히 일제가 우리 선조들을 얼마나 학살9)하고 민족문화를 말살했는지 시공간에서 사라져 버릴 슬픈 역사적 스토리(배경)가 있다.

□훗날 우리 책을 번역하거나 내용을 기술(記述)하는 경우 이러한 스토리는 생략하고 싶을 것이다. 그러나 사주명리가 사라지지 않는 한 YVWQ도 사라지지 않을 것이다. 그리고 우리 책에 새겨진 스토리 또한 그러할 것이다.

● Tip
○YVWQ 탄생 배경에 국혼과 민족혼이 있습니다. 단순한 점술 프로그램이 아닙니다.
○이를 사용하는 사람들은 '맞다' '안 맞다'에 연연할지 모릅니다.
○원래 황하문명의 주인공은 동이족10)이라 합니다. 진시황 이후 황하 동북과 반도로 밀려 났을 것이라고 추측하는데, 거기에는 마고지아, 환국, 배달, 단군조선(고조선), 부여, 고구려, 백제, 신라, 고려, 조선왕조, 대한민국의 국통맥11)에 대한 스토리가 있습니다.

---
5) 2-1-4-4 ■2 □2 겁 과다신강은 침(극)으로, ■3 □2 겁 태왕은 수기(설기-통풍구)로 다스린다.
6) 3장 들어가기 2-1 ●=2 배합. 3-1-1-5 ●=2 "운과 배합하면 격이 이루어지기도, 격이 변하기도"
7) 3-2-9-2 ■2 ●간명의 원리 ○3 "음양 한두 글자가 아닌 배합"
8) 4-1-1 ●=2 박금이 저술한 「부도지」의 마고성
9) 4-1-8-4 "일제가 우리를 얼마나 탄압하고 학살했는지 알 수가 없다."

○이를 개인적으로 보면 사주 이전의 그 사람 배경(전제)에 즉 스토리에 '세덕과 심전과 산천'12)이 있는 것과 같을 것입니다.
○우리가 무심코 사주를 본다고 하는 것은 어쩌면 단순한 일상적 행위의 소산에 불과할지 모릅니다. 그리고 북송에서 만들어진 서자평13) 선생의 신법은 문화적으로 모화사상(慕華思想 중화의 문물과 사상을 흠모하며 따르는 사상)과 관계가 없다고 할 것입니다.
○하지만 사주가 펴지는 순간 선생의 정서가 부활하는 것은 어쩔 수 없는 일입니다.
○우리 책의 YVWQ도 그러할 것입니다. YVWQ가 펼쳐질 때 마다 종교적14) 행위처럼 그 문화는 사라지지 않고 민족의 스토리는 매번 부활하고 환생하게 될 것입니다.

| 1장-3 | YVWQ 개발 과정의 고민 |

□1.그동안 많은 상담과 강의를 통하여 가장 아쉬울 때가 의미 전달의 결과이다. 말로 하는 것은 한계가 있다 그럴 때마다 입상(立像-메타포 Metaphor, 은유)15)을 세워서 소통이 되도록 노력한다. 하지만 전달자의 의도와 상관없는 인식의 결과에 황당할 때가 많다.

예를 들어 합이나 충이 왔는데 그 기세가 어느 정도인지 표현이 난해하다. 어떤 경우 충인데 현상은 해보다 약한 경우가 있다. 만약 언어에 수치를 실을 수 있다면, 질과 양의 비교를 통하여 그 정도를 교감할 수 있었을 것이다. 특히 처음 공부를 시작하게 되면 어느 것이 강하고 약한지에 대한 논쟁에서 자유로울 수가 없다. 이러한 배경에서 '왕쇠 계량화'의 고민이 시작되었다.

□2.세상과 사람의 능력과 성향을 수치화 하는 것은 결코 쉬운 일이 아니다. IQ, 혈압, 체온, 그리고 스포츠와 의료기관에서 사용하는 각 수치의 출현이, 근대 이후의 일이면서 불과 얼마 전의 일이다. 더구나 비유와 상징으로 대표되는 형이상학적인 동양의 기와 오행을 수치화 하는 일은 무모에 가까운 일일 수도 있다. 그러나 그럼에도 YVWQ 즉 '왕쇠의 계량화'에 강산이 변하도록 몰입해 왔다.

□3.하지만 연구에는 원칙과 조건이 따라야 한다. ▶하나는 전통적 사주 이론과 사람과 삶의 현상이 부합되어야 하고, ▶둘, 적중률이 높아야 하며 ▶셋, 누구나 사용하기에 편해야 한다. 그동안 특별한 제자들과 함께 연구하면서 여러

---

10) 4-1-2-1 동이족의 정신적 고향 자미궁. 6장 들어가기 ■3 ●Tip "동이족(東夷族)"
11) 4-1-7 ●=1 ■2 "북부여 202년'을 계승한 고구려 907년" "국통맥의 역사"
12) 3-1-2-1 ●=1『적천수』「출신(出身)」 "세덕과 심전과 산천"
13) 3장 들어가기 1-1 자평법 계통도 ■1 서자평
14) 4-2 들어가기 ●Tip ■-1 "기독교 문화는 살아남았습니다."
15) 3장 들어가기 1-3 ●=2 문자의 한계

지인들에게 임상 실험을 부탁한 결과, 첫 번째와 두 번째 목표에는 어느 정도에 도달하게 되었다. 그러나 세 번째에서 많이 지체되었고 여기 소개하는 'YVWQ'는 그 동안 많은 시행착오 끝에 얻은 소산물이다.

1장-4	YVWQ의 미래

■1. YVWQ는 다음 세대를 위한 프로그램이다.
□그래서 사고가 문화적16)이면서도 사주명리를 처음 시작할 때부터 수치 산출이나 성문법을 이해하는데 있어서의 어려움을 극복할 수 있는 그런 불특정 다수에게 우리 책을 권하고 싶다.
□우리들 인식의 전환이란 결코 쉬운 일이 아니다. 공망, 신살, 체상 등으로 간명 하다가 YVWQ로 전환하는 것도 그렇다. 새로운 것을 공부한다는 것은 또 다른 혼란과 수고를 가중시키는 일이고 그 자체로 너무 미안한 일이다.

> ● Tip
> ○어떤 눈으로 보면 어설픈 연구일 수 있습니다.
> ○그럼에도 불구하고 YVWQ 발표 후 일 년 안에 우리의 도표들이 세상에 도배될 것이고, 20~30년 즈음 한 세대가 가기 전 YVWQ로 공부하는 사람들이 대세를 이룰 것입니다. 그리고 이내 사후 백 년 안에 사주명리의 한 자리를 차지하게 될 것을 의심하지 않습니다.
> ○아울러 YVWQ는 사주명리의 기초를 1~3년 쯤 닦은 후 사주가 풀리지 않을 때 활용하는 프로그램입니다. 10년 이상을 공부했으나 풀리지 않았다면 YVWQ도 무용지물일 것입니다. 그것은 안되는 것이 아니라 못 하는 것이기 때문입니다.
> ○"내 가족 사주는 내가 본다." 이를 위하여 집안에 한 사람쯤 기초적인 육십갑자와 상생상극을 깨우친 이가 있으면 합니다.
> ○그렇다면 YVWQ의 ▶천간산출과 ▶월령 용하는 법과 ▶행운의 흐름과 각 사례를 따라 가면 사주가 풀릴 것입니다. 그리하여 전문가를 찾지 않고도 가족의 피고 지는 때를 알 수가 있을 것입니다.
> ○그래서 괴력난신(怪力亂神)과 혹세무민(惑世誣民)의 어지러움, 그리고 역술의 근거 없는 미신행위를 벗어나는데 도움이 되었으면 합니다.

■2. YVWQ의 적중도와 제한성
□YVWQ는 그 어떤 간명 기법보다 적중도가 높다. 그리고 선한 목적 외에 모든 사람의 탐욕에도 쓰일 것이다.
□그러나 전제 즉 세덕과 심전과 산천이 중요하다. 불합리한 탐진치에는

---
16) 3-2-9-1 ■2 ●Tip 문화 "인문. 사회. 교양"

YVWQ의 적중도 역시 제한적이기 마련이다. 승자의 저주[17]가 기다리고 있기 때문이다.

> ● Tip
>
> ○1.내 고향 광주(光州) 출신의 조 명창은 사철가(단가)에서 "국곡투식(國穀偸食) 허는 놈, 부모불효 허는 놈, 형제화목 못 허는 놈 차례로 잡아다가 저세상으로 먼저 보내버리고"라고 노래합니다. 고려 말 문익점 선생은 원나라에서 목화씨를 가져와 솜으로 인한 침구와 의복 혁명을 우리 민족에게 선물하였습니다. 그러나 세상에는 이러한 유익한 사람만 있는 것은 아니기 때문입니다.
>
> ○2.여기에 자신의 탐욕을 위해 도적질을 일삼고, 부도덕하여 타인에게 마음의 상처를 주는 이기적이고도 불량한 사람들, 그리고 일제나 동북공정의 의도를 보지 못하고 그들이 왜곡하고 조작한 자료에 세뇌[18]당한 사람들은 YVWQ가 맞지 않을 것입니다. 만약 적중한다할지라도 승자의 저주가 될 것이 분명합니다. 이는 악담이 아닙니다. 사필귀정(事必歸正)입니다.
>
> ○3.끝으로 YVWQ를 영리적 목적만을 위해 쓰지 않았습니다. 다만 이 수고가 미미하나마 사주해석의 실마리를 제공하는 선업(善業)의 단서가 되었으면 합니다. 그래서 부모님은 물론 선대와 형제와 지인을 비롯하여, 나 자신이 미처 헤아리지 못한 부덕(不德)의 소치를 씻는 밑거름이 되고자 이 책을 씁니다.
>
> ○4.또한 우리 책을 통해 얻은 각자 선업이, 스스로의 공덕(功德)을 쌓는 계기가 되기를 바랍니다.

---

[17] 4-2-1-2 ●=2 "승자의 저주"
[18] 4-2 들어가기 ●Tip ■-9 정리하기

| 1-1 | YVWQ와 고전의 근거 |

 사주명리 해석과 간명에 있어서 고수들에게 YVWQ는 번거로울 수 있다. 예를 들면 용신 운이 왔는데 지지가 뿌리를 달고 왔는지 아닌지 등, 이미 지지의 상황을 한 눈에 파악하기 때문이다. 그래서 고수들은 계산하는 것이 번거로울 수 있다는 말이다.
 그러나 처음 공부를 하는 사람들은 '천간 대 천간', '지지 대 지지'만을 고집하는 경우가 흔하다. 이는 처음에 공부를 쉽게 접근하기 위한 방편일 뿐, 그렇다고 이대로 굳어져서는 곤란하다.
 그래서 YVWQ의 다중구조에 대한 고전에서의 그 근거를 더듬어 본다.

| 1-1-1 | 『명리정종』 |

 명나라의 장남(신봉) 선생은 그의 저술 『명리정종』에서 "천간이 지지를 극할 수 없고 지지가 천간을 극할 수 없다. 천간은 천간끼리 지지는 지지끼리만 생극 할 수 있다."하였다.
 이 이론을 따르면 천복지재(天覆地載.천간으로 덮어주고 지지는 천간을 실어서 뿌리 내리게 함)와 개두(蓋頭) 절각(截脚)[19]은 물론 통근의 존재와 기능이 무색해진다. 아마도 그 시절에는 이러한 간명 기법만으로도 어떤 의미가 있었으리라 여겨진다.

| 1-1-2 | 『자평진전』 |

『자평진전』「논행운(論行運)」에 "그러므로 운이 어느 한 글자로 향할 때는 반드시 이 한 글자를 팔자 간지와 배합하여 총체적으로 보고 그 희기를 정하면 길흉이 저절로 드러날 것이다.[20]"라고 나온다.
『자평진전』「논지중희기봉운투청(論支中喜忌逢運透淸)」에 "그러므로 하나의 팔자를 입수하면 반드시 천간과 지지를 모두 함께 살펴본다. 지지는 천간의 생지가 되고 천간은 지지의 발용이 된다."라고 나온다.[21]

---

19) 3-1-1-4 ●=1개두(蓋頭) ●=2절각(截脚)
20) 고운중매운행일자 즉필이차일자 배명중간지이통관지 위희위기 길흉판연의(故運中每運行一字 卽必以此一字 配命中干支而統觀之 爲喜爲忌 吉凶判然矣)
21) 고범일팔자도수 필수축간축지 상하통간 지위간지생지 간위지지발용(故凡一八字到手 必須逐干逐支

정리하면 '간지와 배합' '총체적' "천간과 지지를 모두 살핌" 등으로 요약된다.

1-1-3	『자평진전평주』

1)	무	병	갑	신
	술	신	오	미

2)	무	병	갑	신
	술	인	오	미

■1. 행운과 원국의 자리바꿈 예

서락오 선생의 「행운의 성격과 변격을 논함」에 나오는 사주이다.

'1)도표' 일지가 신인데, '2)도표' 인 운에 인이 신을 충하여 일지가 인으로 치환된 상태를 설명하고 있다.

선생은 "인이 아니었다면 신을 제거할 수도 없었을 것이고 대신할 수도 없었을 것이다."라고 하였다. 이는 지지 충으로 행운과 원국의 자리가 바뀐 예이다.

■2. 천간과 지지의 응감

1)		인술		오

2)		병	정	
		인		술

위 도표는 『자평진전평주』「논 형충회합」에 나오는 사주의 설명이다.

"삼합은 3개의 지지가 모두 모여야 국을 이루는데, 두 개의 지지만 있을 경우 어떠한가?

☐1. 인과 오, 또는 술과 오가 있으면 절반의 화국을 이룬다. 만약 인과 술만 있다면 국을 이룰 수가 없다. 왜냐하면 삼합의 국은 4정(자오묘유)이 있어야 가능하기 때문이다.

☐2. 하지만 지지에 인과 술이 있고 천간에 병정 화(火)가 있다면 화국을 이룰 수 있는 것이다. 병정은 곧 오(午)요 또 인술이 있는데 사(巳)가 있다면 역시 회합하는 힘이 있다고 본다. 왜냐하면 사(巳)는 화의 록(祿)이고 오와는 한자리의 차이만 있을 뿐이다."라고 나온다.

이는 『자평진전평주』만이 아니라 송나라 석담영(釋曇瑩)이 주해한 『낙록자삼명소식부(珞碌子三命消息賦)[22]』에도 실려 있다 전한다.

이렇듯 사주명리는 원국과 대운과 태세가 동시에 유기적으로 작동한다. 또한

上下統看 支爲干之生地 干爲支之發用)

22) 낙록자삼명소식부(珞碌子三命消息賦)-송대 이동(李仝1059년) 옥정광(王廷光1123년) 석담영(釋曇瑩 1127년) 세 사람이 주석을 단 책으로 <사고전서>에 수록되어 있음. 낙록자가 누구인지에 대해서는 <소식부>에 주석을 달았던 석담영 조차 낙록자가 어떤 사람인지 모르며 옛날의 은사(隱士)였다고 짐작될 뿐이라고 기록.

천간 지지는 덮어주고 실어주고 때로는 자리를 바꾸며 서로 응감을 일으킨다.
YVWQ의 다중구조는 이러한 천간지지의 응감에 기반을 두고 있다.

1-1-4 『적천수』

『적천수』「세운(歲運)」에 "가령 갑일의 기기(氣機)는 춘(春), 인심은 인(人), 물리로는 목(木)이라 간주하는데, 대체로 기기를 살펴보면 나머지는 그 안에 있다. 경신 신유 방면을 만나면 봄이 가을에 행하는 것과 같으니, 그 생생지기(生生之機)가 착벌(斲伐)된다."고 나온다.

그러니까 기기(氣機) 즉 천간은 봄이고 지지는 가을일 경우 또는 그 반대일 경우를 막론하고 금극목으로 수치가 감소(착벌)된다는 뜻이다.

이는 자평명리에서 전통적으로 대운은 지지가 중요하다는 말과 연결된다. 즉 대운 지지가 용신의 뿌리로 왔을 때를 상상해 보면, 한 대운을 5년씩 나누어서 지지를 중요하게 본다는 『삼명통회』와 여타 서적 등과의 차이를 느낄 수 있다.

1-1-5 『적천수천미』

『적천수』의 생생지기(生生之機)의 착벌(斲伐)은 『적천수천미』의 개두절각[23]과 함께 반감(半減)으로 이어진다.

개두절각이란 천간지지 응감의 크기이자 천복지재(天覆地載)[24]의 반대이다. 천복지재란 천간은 지지를 덮어주고 지지는 천간을 실어서 뿌리 내리게 하는 것인데, 개두절각은 덮지도 못하고 실어주지도 못한다.

개두절각은 기세(氣勢) 즉 수치를 반감 시키는데, 반대로 개두절각이 없으면 수치(기세)가 높게 나온다.

□개두(蓋頭)는 착벌되어 수치가 감소되는 것을 말한다. 희신 목이 왔는데 경신이 투출해 있다면 운을 극하여 목이 감소된다.

□절각(截脚) 역시 착벌로 수치가 감소된다. 천간의 목이 용신인 경우 운에서 갑신, 을유, 무신, 기유 등 금이 온다면, 용신 지지를 극하여 목의 뿌리를 허약하게 하고 그 만큼 실어주지 못하니 목 기운이 감소된다.

---

23) 3-1-1-4 ●=1 개두(蓋頭) ●=2 절각(截脚)
24) 3-2-10-2 ●=7 천복지재(天覆地載)

| 1-1-6 | 고전과 YVWQ의 결론 |

 위에서 보았듯이 오래 전부터 천간과 지지가 서로 응감하는 것을 선대에서도 알고 있었다. 그러나 작량(酌量)만 할 뿐 『적천수천미』에 나오는 반감(半減)외에 거의 길흉으로만 표현될 뿐이었다. 그래서 그 정도에 대한 정확한 상대적 크기를 지금까지도 비교할 방법이 없다.

 YVWQ는 이러한 막연함을 개선하기 위한 프로그램이다. 천간과 지지의 응감하는 정도를 계량화(計量化.Quantification)하였고, 또한 그 정확도를 더욱 향상시키기 위한 프로그램이다.

| 1-3 | YVWQ의 원리(原理) |

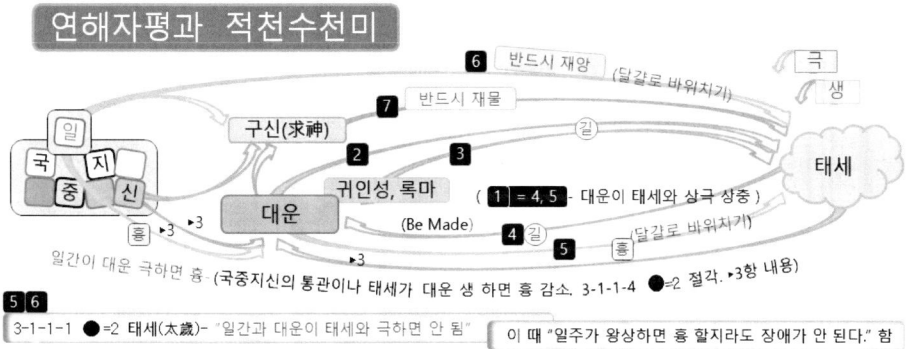

YVWQ는 『적천수천미』「월령(月令)」 천지상응(천지감응=천지응감)25)의 원리를 바탕으로 만들어졌다. 이는 유교적 개념의 천인합일사상26)과 통한다. 사주명리학의 천지감응은 천복지재27)일 수 있고 그 반대는 개두절각28)이 된다.

맨 위 도표 '연해자평과 적천수천미'는 '3-1-1 명리고전의 행운(行運)'에 나오는 내용이다. 이를 근거로 '원국 대 대운 대 태세'의 산출이 이루어진다. 이는 사주보는 원리와 원칙이자, 최종적으로 YVWQ의 산출 근거이기도 하다.

| 1-3-1 | 기본영역(원국, 대운, 태세) |

■ 기본영역(원국, 대운 , 태세)

대운이 개인의 자원이라면 태세는 자연의 환경 즉 우주의 시간29)이자 사람에게는 우주를 담은 책력(冊曆)과 같을 수 있다. 영웅이 때를 만나는 것으로 표현할 수도 있는데, '원국 대 대운'에 '태세'라는 세상을 반영하지 않으면 영웅도 산중의 거문고일 수밖에 없다. 결코 태세는 대운보다 적은 운이 아니다.

'서락오' 선생의 『자평진전평주』「논행운(論行運)」을 보면 "원문은 명확하게

---

25) 3221-1 ■3 □3 천지상응(천지감응). 『적천수천미』「월령(月令)」에 "천기(天氣)가 위에서 동(動)하면 인원(仁元)이 응(應)하고 지기(地氣)가 아래에서 동(動)하면 천기가 좇는다."
26) 4-2-1-2 ●=1 ■4) □3 "인도(人道)는 천일합일사상 을 근원으로 발전"
27) 3-2-10-2 ●=7 천복지재(天覆地載.천간으로 덮어주고 지지는 실어서 뿌리내리게 함)
28) 3-1-1-4 ●=1 개두(蓋頭) ●=2 절각(截脚)
29) 3-1-1-1 ●=2 "자연의 생태계" "우주의 시간"

밝히지 않았지만 운은 지지를 중요시한다." 하면서 동방(인묘진), 남방(사오미), 서방(신유술), 북방(해자축)의 예를 든다. 그리고 그 다음을 요약하면 아래와 같다.

■ 서락오 선생의 세 가지
위 내용을 정리하면 세 가지 '간여지동', '개두절각', '원국과 대운의 배합'이다.
□간여지동은 우리 책 천겁지겁(천간지지 동일오행)과 천겁지인(천간 겁, 지지 인수)이다. 목화동기 금수동기는 간여지동으로 천간과 지지의 힘이 강하다.[30]
□개두와 절각의 개두(병자)는 천간의 힘이 약하고, 절각(병신)은 지지의 힘이 약하다. 그리고 이 모두는 지지의 생을 받지 못하는 공통점이 있다.
□원국과 대운의 배합을 보면 이론적으로는 이해가 가는데 희기에 따라 천간 혹은 지지를 구사하기가 쉽지 않다.
우리 YVWQ는 이러한 원국과 대운에 "연해자평과 적천수천미" 도표처럼 태세를 더 배합한 프로그램이다. 그러면서 구사하기 쉽지 않은 일들을 수치화(왕쇠 계량화)를 통하여 해결을 도모하고 있다.

1-3-2	반감의 원리

개두 절각은 반감(半減)으로 이어지는데(천복지재와 반대), 「임철초」의 『적천수천미』와 위에서 공부한 「서락오」의 『자평진전평주』의 개두(蓋頭)와 절각(截脚)에 근거한다. 참고로 『자평진전평주』에 개두절각이라고 표현하지는 않았지만 『적천수천미』와 같은 내용이 기술되어 있다.[31]

YVWQ는 이러한 '개두 절각의 원리' 에 따른 반감(半減)[32]의 작용과, 월령 왕상쇠사를 바탕으로 왕쇠를 계량화한 프로그램이다.

아래 도표는 YVWQ 산출과정에 있어서 계량화의 초석이라 할 수 있다. 이를 바탕으로 반감의 원리 즉 증감의 작용이 부호로 나타나고 수치로 치환된다.

반감의 원리는 행운과 원국과의 관계에서 일어난다. 원국에서는 이기법(조후)을 적용하지만 행운은 이법만 적용한다.[33] 예를 들어 무 술 비생금토는 원국에서는 금을 생하지 못하지만 행운에서 오는 무 술토는 금을 상승시킨다.

---

30) 6311-2 ●=3 대운 간지의 강약 판단
31) 3-1-1-5 ■4 "『적천수천미』와 같은 내용"
32) 3-1-1-4 ●=1 개두(蓋頭) ●=2 절각(截脚)
33) 3221-2 토 사용법 ●=1 생금토와 비생금토

1-3-2-1	반감법칙

 이 우주는 절대의 값이 존재하지 않는다. '왕'은 상대적으로 가장 기운이 왕하니 제일 단위가 높다. '사'는 가장 약해서 상대적으로 수치가 낮다. '상쇠'는 상대적으로 '왕'과 '사'의 중간에 속한다. 이러한 값은 자연과 우주를 작량(酌量.짐작하여 헤아림) 조차도 여의치 않은 한계 안에서의 고육지책(苦肉之策)이다.

 그 첫 번째는 왕상휴수34)의 값을 정하는 일인데, 왕(80), 상쇠(60), 수(40)이다. 이는 반감의 원칙을 따르면서 편하게 사용할 수 있도록, 거듭된 실험과 실패 속에서 찾아낸 숫자이다. 80, 60, 40의 숫자는 계량화하는데 가장 소수점 유발이 적은 숫자로 암산에 유리하다.

1-3-2-2	반감기호

 위에서 보았던 '반감의 원리'에 나온 부호들의 보충 설명이다. 이는 이법에 속한다. 그래서 생금토와 비생금토 등 이기법을 구사하지 않는다.35)
 이는 YQ-3와 YQ-4에서 사용되는데 어떻든 합 생은 보강간섭과 같고, 충 극은 상쇄간섭과 같다.-(3권 4223-2 ●간명의 원리 '파동' 참조)

●=1	+합 생36)

---

34) 5-1-4-6 왕상쇠사
35) 3-1 ■3 "원국과 행운에서 쓰는 법"
36) 3-2-3 서문 "생극제화." 5-3 형충파해

1	간지합 +○○○	□갑기 을경 병신 정임 무계-(천간합)
		□자축 묘술 진유 오미 인해 사신-(지합 육합)-(YQ-4에서 사용)
2	방 삼합 +○○○	□방합-인묘진 사오미 신유술 해자축-(YQ-4에서 실제 사용되지 않음)
		□삼합-해묘미 인오술 사유축 신자진-(YQ-4에서 실제 사용되지 않음)
3	음양생합 +○○○	□중정지제-음이 양, 양이 음을 생(정작용)-겁재, 상관, 정재, 정관, 정인
		1)인묘 사오 신유 해자). 2)해묘 인오 신자 사유합 (YQ-4에서 사용)
4	음양편합 +○○	□부정지제37)-음이 음을, 양이 양을 생(편작용)
		-비겁, 식신, 편재, 편관, 편인
5	반합 +○○	□왕지와 묘지의 왕묘 합-(YQ-4에서 사용)
		1)묘진 유술-(방합의 반합) 2)묘미 오술 유축 자진-(삼합의 반합)
6	지지 동합 +○	□동일 오행의 합(편합)
		-자형을 제외한 나머지 오행-(YQ-4에서 사용)
7	가합 +○	□생지와 묘지의 생묘 합
		인진 사미 신술 해축 해미 인술 사축, 신진-(YQ-4에서 사용)
8	우합 +○	□환절기 변화의 합
		축인 진사 미신 술해-(YQ-4에서 사용)

●=2	-충 극38)

1	삼형살 -○○○	삼 방합처럼 YQ-4에서 실제 사용되지 않음
2	충극(편극) -○○○	□충 극은 음대음 양대양이 극하는 편극이다.-편재 편관
		-자오 축미 인신 묘유 진술 사해-(YQ-4에서 사용)
3	정극 -○○	□음대양 양대음의 극-정재, 정관
4	정 설기 -○○○	□음양이 다르면서 방출(설기)-상관(음양생합의 반대)
5	편 설기 -○○	□음양 동일하면서 방출(설기)-식신
6	육형 -○○	□인사신-인사만 형(사신은 합, 인신은 충에 해당)-(YQ-4에서 사용)
		□축술미-축술 미술만 형(축미는 충에 해당)-(YQ-4에서 사용)
7	파 -○	□자유 축진 오묘 (인해와 사신은 합, 미술은 육형)-(YQ-4에서 사용)
8	자묘 -○	□자묘 묘자-(수생목인데 형)-(YQ-4에서 사용)
9	자형 -○	□진진 오오 유유 해해-(동합인데 자형)-(YQ-4에서 사용)
0	해(천) -○	□자미 축오 신해 (묘진 유술은 반합) (인사는 육형)-(YQ-4에서 사용)
	원진 -○	□자미 축오 인유 묘신 진해 사술-(해와 동일)-(YQ-4에서 사용)

---

37) 3-2-9-4 ●=2 ■2 정작용 편작용과 십신의 통변
38) 3-2-3-3 서문 "삼형 육충 육해 오합 육합 삼합 등의 관계에서 형과 해의 작용은 비교적 경미하다."

| 1-3-2-3 | 음수와 양수 |

 반감기호에서 합생은 양수의 개념이고, 충극은 음수의 개념이다. 그러나 실제 YVWQ에서는 인입이 양수(+)이면 인출이 음수(-)가 되고 혹은 그 반대이다.
 어떻든 0보다 큰 수는 양수이고, 그 반대 작은 수를 음수라 한다. 음수는 (-)를 사용하여 -1, -2 등으로 나타내는데 우리 책은 양수도 (+)로 표현해 준다.

■1. 음수 양수와 인입 인출
☐1.인입 안에서는 음수와 양수를 서로 더하고 뺄 수 있다. 인출도 마찬가지다.
☐2.그러나 YQ-1은 인입에서 인출을, 그리고 인출에서 인입을 더하고 빼지 않는다. 이는 온도를 나타낼 때 0을 중심으로 영상(+) 10도와 영하(-) 10도 차이와 같다. 즉 영상 +10도와 영하 -10도의 차이는 0이 아니라 +-20도 차이기 때문이다.
☐3.숫자 0은 하강하지 못한 것을 의미한다.[39] 그래서 부정적이다.
☐4.그러나 YQ-1 관생인(통관)과 YQ-3 종격처럼[40]에서는 더하고 뺄 수 있다. 이는 신약 신강의 벽이 무너진 원인 때문이다.

■2. 수치의 크기와 운
☐1.수치의 크기로 운의 크기를 논하지 않는다. 즉 수치가 높다고 운이 크고 낮다고 작은 운이 아니다.
☐2.YVWQ의 기본 구조는 인입 대 인출의 상대적 수치를 보기 때문이다. 또한 입출의 비율상 수치가 조금 낮다고 사람의 노력으로 채울 수 있는 것이 아니다. 이렇게 설명했음에도 불구하고 노력을 말하는 사람들이 꼭 있을 것이다.

| 1-3-2-4 | 증감이 일어나는 방향 |

 아래 도표를 보면 외부의 기운이 원국을 향해 들어오면 (+), 원국에서 외부로 향하면 (-)이다. 반감기호들은 상생상극의 산물로서 기(오행)의 순환 방향을 따라 증감이 일어난다. 아래 표는 1유형을 예로 설명하고 있다. 다른 유형도 원리는 같다. 실제 YVWQ를 구사할 때 (-0)은 화살표의 방향전환을 생략하였다. 대신 도표의 화살표 방향에 (+)로 표시되면 인입(생)의 의미이고, (-)로 표시되면 인출(설, 극2 극)의 의미이다.

---

[39] 1-5-4-1 ●=1 ■6 (0)의 해석 ☐2 수치가 강해야 긍정인데 (0)이면 하강을 못했으니 부정적이다.
[40] 1-5-4-2 ●=1 ■3 ☐2 2)인수와 관생인, 인식합의 합산 높으면 종강격(처럼)되고 겁(식)이 수기다.-
   (나머지 종강 종아 종재 종살 참조)

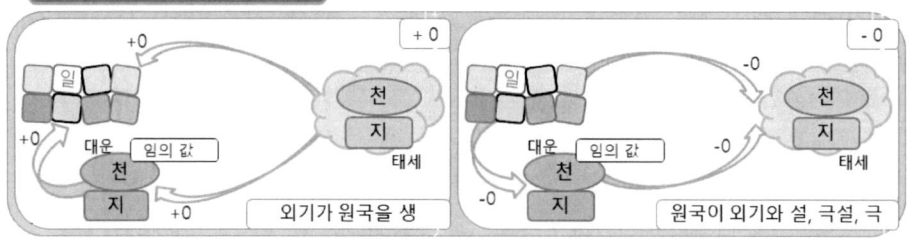

1-3-3 천간지지와 유형별 생극

오행의 작용에 있어서 천간과 지지의 생극 관계가 다르다.41)
 천간에서 경과 을은 경을 합이고, 지지에서는 묘와 신은 원진이다. 천간에서 무와 계는 합인데 지지에서는 진과 자이면 자진 합이고 술과 자이면 극이다. 술 자는 지장간 속에 정계충이 들어 있기 때문이다.

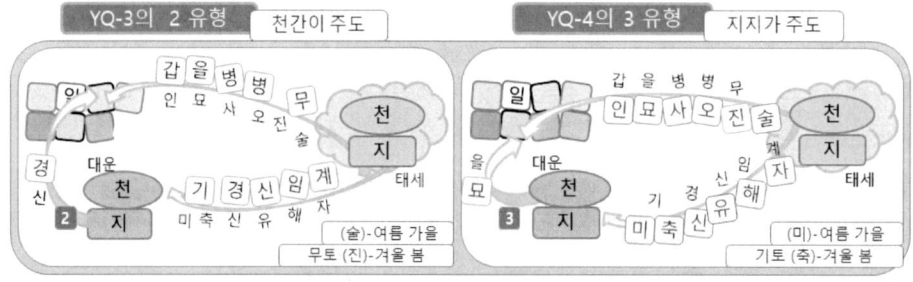

▪1) 1과 4유형은 천간 대 천간, 지지 대 지지를 그대로 보면 된다.
▪2) 2유형과 3유형의 차이는 위 도표처럼 ▶YQ-3의 2유형은 천간이 주도하니 지지가 천간을 따르고, ▶YQ-4의 3유형은 지지가 주도하니 천간이 지지를 따른다.
☐YQ-3의 2유형에서 경이 묘를 만나면 묘는 을이니 경을 합이다.
☐YQ-4의 3유형에서 묘와 경이 만나면 경은 신이니 묘신 원진이 된다.

▪3) 2유형과 3유형의 토 쓰는 법
 음토와 양토-(예. 축과 천간 양토가 만나면 음양생합 +○○○)

---
41) 3-2-3 서문 "생극제화". 5-3 형충파해

음토와 음토(기축), 양토와 양토(무진)는 편합(+○○)이거나 지지 동합(+○)이다.
□도표에서처럼 YQ-3에서 지지 축 미토는 기토이고, 진 술토는 무토가 된다.
□그러나 YQ-4에서 겨울과 봄의 천간 기토(음토)는 지지에서 축토, 여름과 가을의 천간 기토는 지지에서 미토가 된다.
□또한 겨울 봄의 무 양토42)는 지지에서 진토이고, 여름 가을의 무토는 지지에서 술토이다.

| 1-3-5 | YVWQ의 과제 |

모든 사주명리이론은 오랜 시간을 거치면서 많은 사람들에 의해 수정 보완되어 왔다. 북송의 '서자평'43)에서 시작된 자평명리학도 지금까지 그랬다.
우리 YVWQ도 그럴 것이다. 이는 기나긴 역사의 강에 떠 있는 어느 작은 돛단배 한 점에 불과하다. 여느 이론과 학설도 그랬듯이 말이다.

□1.YVWQ 또한 비판과 검증 또한 꼭 필요할 것이다. 그러나 한두 가지 이론과 상황으로 비판하는 것은 그렇다. YVWQ처럼 수많은 사주 가운데서 54개 실제사주의 표본을 추출하고 다시 수많은 실험과 적용을 거친 것과 같은 과정이 있어야 할 것이다. 다만 계량화에 대한 가혹한 비판보다는 우리책의 수고가 또 다른 발전의 자극제가 되었으면 한다. 오히려 비판의 단서가 더 좋은 자료(책이나 문서 또는 논문 등)가 되어 세상에 출현하기를 거듭 바라는 바이다.

□2.YVWQ를 활용하려면 예전 만세력을 활용하여 원국을 추출하는 시간만큼의 산출의 수고는 필수이다. 그래서 이러한 산출의 수고를 개선하기 위해 협력할 사람을 찾고 있다.

---
42) 3221-2 ●=1 토 "원국에서는 이 기법을 사용하고 행운에서는 이법만 따른다."
43) 3장 들어가기 1-1 자평법 계통도

| 1-4 | YVWQ 산출 |

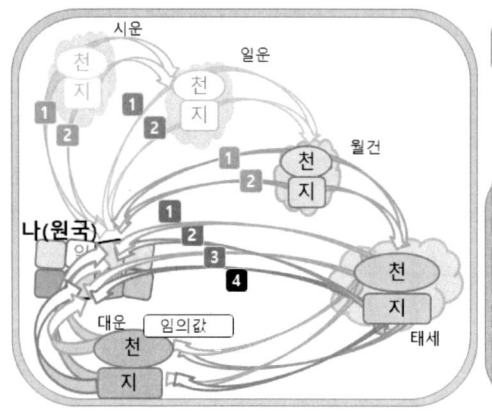

YVWQ의 구성

YVWQ는 YQ-1, 2, 3, 4로 구성

YQ-1	신약신강	천간산출
YQ-2	지지 합 충	원국 대운 태세
YQ-3 상위영역	① 유형	천간 대 천간
	② 유형	천간 대 지지
YQ-3 하위영역	월 일 시운	천간 대 천지
YQ-4	③ 유형	지지 대 천간
	④ 유형	지지 대 지지

☐1. YVWQ는 YQ-1, 2, 3, 4로 구성되는데 YQ-1과 2, 그리고 YQ-3와 4는 산출 근거가 같다. 그래서 YQ-1, 2와 YQ-3, 4를 합산할 수 없는 이유가 된다.44)
☐2. YQ-1은 신약신강 판단할 목적으로 4지지의 뿌리를 산출의 근거로 삼는다.
☐3. YQ-2는 원국 지지 뿌리의 증감을 통하여 4천간의 변화를 보게 된다.
☐4. YQ-3는 천지상응45)을 통하여 천간의 변화를, YQ-4는 지지 변화를 본다.
☐5. YQ-1과 2는 원국, 3, 4는 행운이 일으키는 변화를 보는 것인데 여기에 각기 상위영역과 하위영역이 존재한다.-(1-4-5 참조)

| 1-4-1 | YQ-1의 구성 |

'심효첨' 선생의 『자평진전』의 「논지중희기봉운투청(論支中喜忌逢運透淸)」을 보면 천간의 어느 오행이라도 연월일시 네 지지에 같은 오행이 있으면 천간의 뿌리가 된다고 나온다.46) 이는 우리 책 '기세의 강약'47) 중 통근48)과 투출의 바탕이 되는데 YQ-1에서는 유정과 무정이 반영되어 있다. YQ-1의 천간 산출은 여기 네 지지의 지장간에 뿌리를 두고 투출한 천간을 수치화 한 것이다.

---

44) 1-4-5 서문 ☐3 "YQ-1, 2와 YQ-3, 4는 산출의 근거가 달라서 합산할 수 없다."
45) 3221-1 ■3 ☐3 천지상응(천지감응). "『적천수천미』「월령(月令)」에 "천기(天氣)가 위에서 동(動)하면 인원(仁元)이 응(應)하고 지기(地氣)가 아래에서 동(動)하면 천기가 좇는다.""
46) 3221-1 ■1 ☐1) "원국에 한 개의 갑이라는 글자가 있다면 연월일시 네 지지를 견주어 보아서 인해묘미와 같은 글자가 있는지 살핀다. 그중에 한 글자라도 있다면 갑목의 뿌리가 된다."
47) 3-2 "기세의 강약" 도표
48) 3-2-2-1 통근과 사령

| 1-4-1-1 | YQ-1 천간산출 |

□1.월률분야(월지)⁴⁹⁾는 월령(여기, 중기, 정기)을 구분하고, 인원용사(연, 일, 시)는 구분하지 않는다. 같거나 생하는 정기(아래 검정 주황선 참조)에 뿌리를 내리면 ○○이고, 여기와 중기에 내리는 뿌리는 ○이다.-(○은 지장간 뿌리 하나를 의미)
□2.이렇게 투출한 각 천간의 ○의 개수에 아래 왕쇠 값을 곱한다.
□3.왕상쇠사는 월지(월령)에 의해 정해진다. 왕쇠 값의 왕은 80, 상쇠는 반의 반(1/4)을 감하니 60, 사는 반(1/2)을 감하니 40이 된다.⁵⁰⁾

● Tip

○80이라는 숫자에 어느 특별한 의미는 없습니다. 단지 반감이 반복될 때 마다 홀수나 소수점이 발생하지 않는 장점이 있습니다.
○예를 들어 100의 반은 50, 그 반은 25, 또 그 반은 12.5가 되어 사용이 불편합니다.

| 1-4-1-2 | 천간산출의 실제 |

YQ-1	시 ❷	일	월	년
1. 신약 신강 -천간산출	○○○ ❶	○○	○○○○	○○○○
지장간	○○○	○○○	○여,중 ○○정	○○○
지지			❶❶ ❷	

■1. 정기가 시간(❷-녹색 점선)에 나타나면 무정해도 투출(자평진전 용신격국 근거)⁵¹⁾이자 뿌리 ○○, 여기 중기(❶)는 ○이다. 다만 자오묘유 월은 정기○○○ (2권 ●-63 실제사주), 여기 중기는 ○○(2권 ●-64 실제사주)이 된다.

● 간명의 원리

○유정한 경우만 통근인데, 제강(월지)의 월률분야가 시간(무정)에 투출(같은 오행)하게 되면 통근으로 처리합니다. 통근(같거나 생의 뿌리)과 투출의 차이를 구별하기 바랍니다.
○유정 무정 거리의 강약을 나타내려면 생 극 암합과 암충은 제외하더라도, 왕쇠와 반감의 원리를 적용해야 하니 더 복잡하고 어려웠습니다. 그래서 자평용법을 충족, 즉 제강에서 시간에 투출된 것만 통근, 나머지는 유정만 통근입니다.

---

49) 5214-5 월률분야
50) 1-3-2-2 반감기호
51) 3-2-1-2 ●=3 ■1 월령 투출 "변화무쌍한 용신"

○그리고 수많은 실험의 결과 고전이 추구하는 이론을 벗어나지 않으면서, 편의성과 속도감과 정확성이 향상되었습니다.

■2. 네 찬간은 유정을 전제로 통근이 이루어진다.
□연주(황색선)-월지, 연지, 회국하여 시지의 지장간과 통근 투출이 이루어진다.
□월주(검정선)-연지, 월지, 일지의 지장간과 통근 및 투출이 이루어진다.
□일주(자주선)-월지, 일지, 시지의 지장간과 통근 및 투출이 이루어진다.
□시주(청색선)-월지에서 시간에 투출한 월령, 일지, 시지, 회국(回局)하여 연지의 지장간과 통근(투출)이 이루어진다. 황색선, 연두, 청색은 회국을 의미한다.

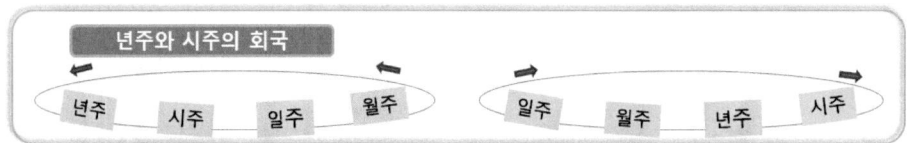

● 간명의 원리
○연주 시주 회국-네 기둥(사주-四柱)의 작동은 평면이 아닌 원 운동(나선운동)52)입니다.
○회국(回局)하여 기능하려면 일이 시를 그리고 월이 연을 간섭하는 것과, 주변에서 극하는 것이 없어야 합니다.53)

■3. 토는 '토 사용법'에 따라 산출이 이루어진다.
토는 생금토와 비생금토로 나뉜다.54) 아래(PC) 술(무)토는 비생금토로 금의 뿌리가 되지 못한다. YQ-1 모두가 이와 같은 방법으로 투출이 이루어졌다.

●-60 실제사주	3-1-1		3-2-2-1 ●=4 토 사용법 자료	
YQ-1 ☞1. 신약 신강	경480	을120	병300	경320
5. 토 사용 법 -PC	○○○○○○	○○○	○○○○○	○○○
지장간	을○ 계○ 무○	경○ 신○	신○ 정○무○ ○	신○ 정○ 무○
지지	진	유	술	술

■4. 마지막으로 왕쇠 값을 반영한다.
□(연)-가을의 경은 왕(80) 그래서 ○○○은 240이다.
□(월)-가을의 병은 상쇠(60), 그래서 ○○○○○은 300이다.

---

52) 3-2-5-2 육친(六親)과 나선구조
53) 5-1-5-2 ■3-사주는 회국(回局)한다.
54) 3221-2 토 사용법 ●=1 생금토와 비생금토

□(일)-가을의 을은 사(40), 그래서 ○○○은 120이다.
□(시)-가을의 경은 왕(80), 그래서 ○○○○○○은 480이다

> ● 간명의 원리
>
> ○"사주명리는 계절학이다." 내 스승님의 말씀입니다.
> ○YVWQ를 개발하면서 최대 화두가 '간편함'이었습니다. 월령 왕상쇠사도 그렇습니다. 쉽게 사용할 수 있어야 하는 압박감에 계절의 왕쇠도 생략했습니다. 그러나 생략으로 인한 고민이 깊어질 쯤, 스승님 조언 한 마디에 복원을 결정합니다.

| 1-4-1-3 | YQ-1 산출과 인입 인출 |

 YQ-1의 산출 수치는 인입과 인출로 나뉜다. 인입이 더 크면 신강이고 인출이 더 크면 신약에 속한다. 만약 상신(자평용법)이나 용신(적천수용법)이 지지나 지장간에 있는 경우도 마찬가지다. 그것이 재관식이면 인출에 해당하고, 그것이 겁인 관살통관 천간합 즉 겁+인+관+합 모두가 인입의 일원이다.

인입	인출
겁인, 관살통관, 천간합	식상(식상생재), 재, 관살

■1. 인입에는 위처럼 세 가지 경우가 있다.
□겁인-순수하게 비겁과 인수만으로 구성된 경우이다.
□관인겁-관살과 인수가 유정하여 관살 통관되면 관살이 인입의 일원이 된다.
□그 외-일간과 관합(관살과 합), 재합(재성과 합), 인식합(인수와 식상 합) 있다.[55]

■2. 인출은 재관식이다. 식상의 두 쓰임새(생육과 유통)[56]는 인출에 속한다.
□유통-신강수기, 종격, 태왕의 수기로 쓰이는 식상(수기)도 인출에 속한다.
□생육-식상은 인출로서 생재나 제살로 쓰이는 것을 말한다.[57]

---

55) 2-1-4-8 천간합
56) 3213-3 『적천수천미』 "생육(生育)하고 유통하니" 수기유행(秀氣流行)
57) 2143-2 ■1 □1 식상격(분산식상격, 식신생재격) "식상의 최대 덕목"

| 1-4-2 | YQ-2의 구성 |

| 1-4-2-1 | YQ-2와 지지 합충의 원리 |

아래는 "3-2-3 생극제화(生剋制化)"에 나오는 내용이다. 이는 "YQ-2 합 형충파해 원리"의 기본 원리가 된다.

■1. 해 묘 미가 합을 이루면 도표처럼 '갑을' '을' '갑임' 등 뿌리가 증가한다.

■2. 충 형이 되면 합과 반대로 해당되는 뿌리가 감소하게 된다.

    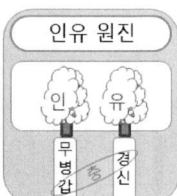

| 1-4-2-2 | YQ-2와 뿌리의 군집 |

YQ-2는 ▶원국 지지의 크기를 주변 뿌리의 군집(겁인 합)을 보는 것과, ▶뿌리의 소멸과 구응(지지의 형충파해)을 보는 프로그램이다. 특히 천간산출 후 지지 상신의 크기나 관 살인통관의 인수가 있는 경우 인입과 인출의 변화에 많이 활용된다.

| ●=1 | 뿌리의 군집(합) |

군집이라는 말은 비겁과 인수(생) 그리고 합의 집합체이다. 이 뿌리의 군집에다 계절에 따른 왕(80) 상쇠(60) 사(40)를 곱하면 YQ-2가 된다.

☐아래(남. 아웃도어) 묘 주변은 시지-갑을, 일지-을, 연지-0 등 목 3개 뿌리가 군집하고 있다.

●-08 실제사주	1-1-1		1-6-2-1 애매한 충(합) 자료
YQ -1	☞ 1. 신약 신강	남. 아웃도어	9 8 7 6 5 4 3 2 1	▶1-자평 살 쓸 때 신강
	계240 정160 계320 정80		8 8 8 8 8 8 8 8 8	▶용-계 ▶상신-계
	묘 미 축 유 년		계 갑 을 병 정 무 기 신 임	▶34경계인
	병 갑을 대 정을기 묘 계신기 생 경신		묘 진 사 오 미 신 유 술 해 자	▶2이상형

1)일지 미 주변에 시지-갑(미토는 기토), 일지-정기, 월지-신기 등 토 5개 뿌리가 군집을 이룬다.
2)그러나 묘미 합 목국이 되면 미토의 영역인 월지의 계도 목의 뿌리가 된다. 그래서 묘미의 목 뿌리는 4개이다.

☐아래(심리상담사) 연지의 토 군집은 월지-병기정정, 연지-정무, 시지-무 등 뿌리가 7개이다. 참고로 월지 정기의 정은 뿌리가 2개이다.

●-13 실제사주	1-2-1		9-3-3-9 편인 자료
	☞ 1. 신약 신강	여. L 심리상담사	9 8 7 6 5 4 3 2 1	▶1-자평 살 쓸 때 신강
	무480 임240 임240 경120		2 2 2 2 2 2 2 2 2	▶용-무 ▶상신-무
	신 술 오 술 년		임 계 갑 을 병 정 무 기 신	▶34경계인
	생 무임경 대 신정무 태 병기정 대 신정무		신 유 술 해 자 축 인 묘 진 사	▶1이상형

■1. 원국
☐위(남. 아웃도어) 시주 묘목 인수가 계 관(살)을 통관 하려면 3배수가 적용된다.58) 즉 묘가 80 이상일 때 계240을 통관할 수 있다.
1)이때 묘목 크기를 보기 위해서는 묘 주변의 목 뿌리의 군집을 보아야 한다.
2)그러면 목 뿌리4(경 갑을 을)=240(목은 왕상쇠사의 상쇠=60)으로 계240을 통관한다. 만약 묘가 80 이하면 통관이 안 된다.
3)참고로 합(묘=을, 경을합)과 생(인수+비겁)하는 오행이 뿌리 군집을 이룬다.

■2. 행운
다만 행운에서는 YQ-2가 아닌 YQ-4를 쓰게 된다. 행운은 지지 뿐만이 아니

---

58) 1-5-4-1 ●=1 ■2 ☐2 1)그래서 생극 한계는 3배수 미만이고 그 이상은 생극의 역작용 일어난다. 2)식상도 3배수 이상이면 설기과다가 된다. 우리 책은 이렇다.-(원문 도표 참조)

라 천간과 함께 간여지동이나 개두절각으로 온다. 또한 대운, 태세, 월운, 일운, 시운 등 여러 개의 운이 동시에 오기 때문이다.59)

다시 말하면 사주명리학의 오늘은 그 날 일운 간지만이 오늘이 아니다. 현재 시간의 년, 월, 일, 시는 대운, 태세, 월운, 일운, 시운의 간지로 존재하기 때문이다.60)

| ●=2 | 뿌리의 소멸과 구응(형충파해) |

충극은 각 뿌리의 소멸이나 구응으로 이어진다. 그래서 YQ-2는 YQ-1 산출을 위한 뿌리 개수에 영향을 미치고 이로 인하여 신약 신강의 변화를 유발하는 원인이 되기도 한다.

뿌리의 소멸과 구응은 형충파해의 산물이다. "3-2-3-3 ■2"를 보면 지지 형충파해는 지장간끼리 충이 있는데 목금충(갑경충, 을신충), 화수충(임병충, 정계충), 금화충(경병충, 신정충)이 그 것이다.

지지의 충은 크게 지장간끼리 자체 충이 해소되는 것과 안 되는 것이 있다.
❶이러한 충을 지장간 자체의 수 목 토가 통관이나 극을 극하여 충이 해소된다. 즉 육충(3232-3)과 육파 육해(3233-4) 대부분은 여기에 속한다.
❷그러나 육충의 자오 묘유, 육형(파해 포함 3233-2)의 축술, 미술과 그리고 원진(해처럼 취급)의 축오 이 다섯 가지는 충이 자체 해소되지 않는다.
❸그리고 나머지 조합(3233-5)은 충이 있지만 형충파해로 분류되지 않으니 YQ-2에서도 제외된다.

■1. "수 목 토"가 구응
지장간끼리 자체 통관이 되지 않는 축술, 미술, 축오, 등 주위의 천지(원국)에 수 목 토가 있어야 통관되어 충이 해소된다. 물론 행운에서는 합충이 해소되지 않고 그 기능이 더 강화되거나 더 약해질 뿐이다.
□1.수 구응
 1)미술(정을기, 신정무)형의 을신충은 외부 수 오면 통관(금생수생목) 구응된다.
□2.목 구응
 1)축술(계신기, 신정무)형의 정계충은 외부 목 오면 통관(수생목생화) 구응된다.

---

59) 2-1-3-2 ●=3 ■3 □2 2)그러나 도형의 행운은 대운과 태세의 '임계' '경신'이 따로따로 오지 않고 동시에 온다. 오히려 여기에는 월운, 일운, 시운이 빠져있다.
60) 2-1-3-2 ●=3 ■3 □5 정리하면 현재 시각은 00년, 0월, 0시, 0분, 0초이다. 혹 한 마디(한 글자)로 0시라고 하면 00년, 0월이 생략된 것이다. 행운의 여러 운도 현재 시각과 같다. 다만 공부 과정에서는 편의상 생략될 수 있어도 실제 간명은 달라야 한다.

2)축오(계신기, 병기정)원진의 정계충은 외부 목이 통관(수생목생화) 구응한다.
□3.토 구응
 1)인사(무병갑, 무경병)형과 인유(무병갑, 경신) 원진의 병경충은 '무'가 있어 자체 구응된다. 갑경충은 갑을 극하는 경을 '병이 극을 극하여 구응된다.
 2)사신(무경병, 무임경)합의 갑경충도 병이 극을 극하여 구응된다.

■2. "수 목 토"를 "토 금 목"이 파극
 자체 통관되는 지장간의 수 목 토를 원국의 토(극수) 금(극목) 목(극토)이 가까이서(유정) 파극하면 충이 살아난다고 고전은 전한다. 그러나 우리 책의 행운61)에서는 파극이 발생하지 않는다.62)
□1.아래(공부중단) 자오의 임병 정계는 목이 없어 충이 자체 해소되지 않는다. 외부에서 목이 오면 구응되는데 갑이 경의 극을 받아 충이 살아났다는 것이다.

●-41 실제사주   1-8   1614-2 부자(父子)의 시련 시퀀스
YQ-1 ☞1. 신약 신강 남. 공부중단
무360 경240 갑120 경160
자 신 신 오 년
사 임계 녹 무임경 록 무임경 욕 병기정
9 8 7 6 5 4 3 2 1
5 5 5 5 5 5 5 5 5
갑 계 임 신 경 기 무 정 병 을
오 사 진 묘 인 축 자 해 술 유
▶5-자평 인 쓸 때 신강
▶용-무 ▶상신-경
▶34경계인
▶1이상형

□2.아래(세무사) 사주는 우선순위에 따라 월일의 축술형이 성립된다.63)

●-50 실제사주   2-1-2   1-6-2-10 그래서 유산 받았을까요?
YQ-1 ☞1. 신약 신강 여. 세무사
갑200 신240 갑160 갑120
오 축 술 진 년
병 병기정 양 계신기 관 신정무 묘 을계무
9 8 7 6 5 4 3 2 1 4
4 4 4 4 4 4 4 4 4
갑 을 병 정 무 기 경 신 임 계
자 축 인 묘 진 사 오 미 신 유
▶1-적천수 쓸 때 신약
▶용신-축 ▶희신-화
▶34경계인
▶1이상형

 1)축술의 정계충이 외부의 갑으로 통관(수생목생화)되어 형이 성립되지 않으니 뿌리의 변화도 일어나지 않는다.
 2)참고로 진술은 충이 성립되지 않지만 을신충이 계수가 있어 자체 구응된다.

■3. 아래(여. 교사) 사주의 유술은 합으로 상신 금의 뿌리이다.
□아래 만약 시지 진이면 진술 충이지만 자체 충이 해소되어 뿌리 변화 없다.

●-22 실제사주   1-4   1613-1 이사 가는 부부자료

---
61) 2-1-3-2 ●=3 ■3 □2 2)그러나 도형의 행운은 대운과 태세의 '임계' '경신'이 따로따로 오지 않고 동시에 온다. 오히려 여기에는 월운, 일운, 시운이 빠져있다.
62) 1-4-2-2 ●=2 ■1 행운에서는 합충이 해소되지 않고 그 기능이 더 강화되거나 더 약해질 뿐이다.
63) 3231-4 ●=2 ■2 연월이 일보다 먼저 합, 일월(연에서 설 극의 방해 없어야 합)이 시보다 먼저

YQ-1	☞ 1. 신약 신강		여. 교사		9	8	7	6	5	4	3	2	1	5	▸2-자평 재 쓸 때 신강
	병360	정240	을80	경320	5	5	5	5	5	5	5	5	5		▸용-경 ▸상신-재생관살
	오	미	유	술 년	을	병	정	무	기	경	신	임	계	갑	▸평상인
	쇠 병기정	대 정을기	생 경신	양 신정무	해	자	축	인	묘	진	사	오	미	신	▸1이상형

□유술 속의 신정 충하지만 무토가 통관(화생토생금)하니 충이 자체 해소된다.
1)그러나 갑이 무를 극하니 충 살아나지만 경이 갑을 극하여 충이 구응된다.
2)그래서 연간 경의 신 뿌리2가 감소되지 않는다. 정은 연월시에서의 통근(착근)이 하나도 없어 소멸에 대한 영향이 없다.
3)참고로 월령 신금 정기의 뿌리는 2이고[64] 정은 뿌리가 1이다. 한편 술 속 신정은 충이 아니고 자연적인 자원 그 자체다.[65]

● 간명의 원리

○실제 우리 책 YQ-1 천간 산출에서 YQ-2의 합만 반영되고 충으로 인한 뿌리 소멸과 구응은 생략되었습니다. 이는 누구나 쉽게 YVWQ를 사용할 수 있기를 바라서입니다.
○우리 책에서 40은 왕상쇠사 중 사 뿌리 하나 값의 차이입니다. 그러나 이러한 차이로 신약 또는 신강이 되기도 합니다. 즉 1뿌리의 소멸과 구응만으로도 신약과 신강이 바뀔 수도 있다는 말이 됩니다.
○그래서 능력이 된다면 이 차이를 확인하고 반영할 수 있기를 권합니다. 그 방법으로 아래 대처법을 참고 바랍니다.

●=3   소멸과 구응의 대처법

위처럼 인입과 인출의 편차가 적은 경우 뿌리의 소멸과 구응에서 오는 신약 신강의 변화를 쉽게 볼 수도 있어야 한다.

■1. 인입 인출과 대살(제살)
□뿌리의 소멸과 구응을 일으키는 것은 극(재관)으로 되어있는데 아래 도표를 보면 인입1 과 인출1이 대칭을 이룬다.

	인입	인출	인입
극재	비겁이	재성을 극	
인식	인수가	식상을 극	
재극인		재성이	인수를 극
극겁		관성이	비겁을 극

---

64) 1-4-1-1 □3 왕상쇠사는 월지(월령)에 의해 정해진다. 왕은 80, 상쇠는 반의 반(1/4)을 감하니 60, 사는 반(1/2)을 감하니 40이 된다.
65) 3-2-3-3 ■1 "사(무경병)의 경병과, 술(신정무)의 신정 충은 자체 통관(화생토생금)도 되지만 자연연적인 자원 그대로 현상일 뿐, 충극으로 보지 않는다.

□그러나 대살(제살)은 인출이 인출을 극하니 인출의 뿌리 2개만 소멸된다. 그래서 오행을 육신으로 볼 때 대살(제살)에 해당되는 경우 주의를 요한다.

	인출	인출
대살(제살)	식상이	관살을 극

■2. 인입이든 인출이든 천간중첩(중간)일 경우도 뿌리의 소멸과 구응을 주의 깊게 살펴야 한다. 오행의 중첩은 인입 혹은 인출로 편중되기 쉬우니 기본적으로 입출의 어느 한 쪽에만 2개 이상의 뿌리 변화가 오기 때문이다.

■3. 그렇지만 위 '● 간명의 원리'에서 말했듯이 뿌리의 소멸과 구응에 너무 집착하지 않아도 된다. 혹 평면적으로 탐합망충이 성립된다 할지라도 입체적인 '좌우동지 귀호정협'66) 앞에서는 그 의미가 훼손되기 때문이다.

●=4	합충과 형파해의 체급

□충도 합처럼 근묘화실의 우선순위를 따른다. 합충은 서로 체급이 같다.
□형은 합충보다 체급이 낮고 파해보다 높으며 파 해 원진은 서로 같다.67) 즉 연월의 형 파 해 원진이 선순위일지라도 월일시 후순위에 합충이 있으면 형 파 해 원진은 성립되지 않고 합충이 성립된다.

1-4-2-3	사주가 지지만으로 작동하지 않는 예

□그동안 글자 하나로 행운에서 합이 형충을, 형충이 합을 해소한다고 알려져 왔다. 그리고 이를 근거로 좋고 나쁨의 통변이 나왔다. 예)"월지가 충하면 이동수가 나타난다."는 말 등이다. 그러나 사주는 지지만으로 작동하지 않는다.68)
□우리 책에서는 본격의 총합69)과 변격의 수기로 이동수를 밝혀낸다. 아마도 YQ-2는 이러한 근거를 밝히는 하나의 새로운 수단일지 모른다.

□아래(여. 교사) "●-22 실제사주"를 보면 경진대운 신축년, 연지에 대운 진술

---

66) 3-2-10-2 ●=3 ■2'상하 귀호정협', '좌우 귀호동지'
67) 3-2-3-3 서문 "삼형 육충 육해 오합 육합 삼합 등의 관계에서 형과 해의 작용은 비교적 경미하다."
68) 1-4-2-2 ■2 행운은 지지 뿐만이 아니라 천간과 함께 대운, 태세, 월운, 일운, 시운 등 여러 개의 운이 동시에 오기 때문이다.
69) 2-1-3-2 ●=3 ■3 ●간명의 원리 ○1 2)상신운도 이와 같습니다. 원국에 상신이 있든 없든 YQ-3 상신운은 여러 글자의 총합(인입-인출, 종-수기)으로 나타납니다.

충, 태세 축술형이 왔는데 아무런 부정적인 일도 일어나지 않았다.

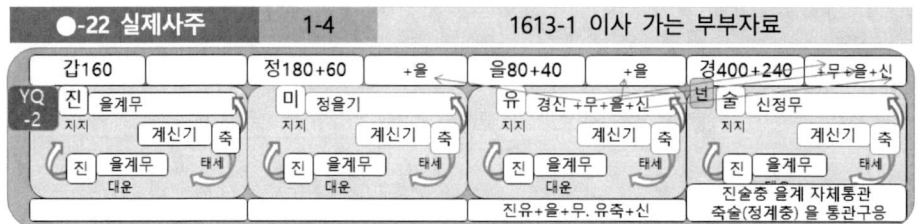

　　지지만으로도 ▶진술 속 을신충은 계수가 통관(금생수생목), ▶진술 속 정계충은 을목이 통관(수생목생화), ▶축술 속 정계충 역시 을목으로 통관 구응되어, 연지에 아무런 변화가 없다.

□그러나 이렇게 지지 한두 글자 간명하는 것은 이론적으로 그렇다는 말이다. 사주에서 이러한 일은 실제로 일어나지 않는다. 그러니 아무런 부정적인 일도 일어나지 않는 것이다.
　거듭 말하지만 지지만으로 간명이 이루어질 수 없다. 위에서 열거한 것처럼 이 많은 노력과 수고가 헛수고가 되는 것을 경계해야 한다.

| 1-4-3 | YQ-3의 구성 |

 YQ-3는 기본영역인 상위영역(원국 대운 태세)과 하위영역(월운, 일운, 시운)의 1유형과 2유형으로 구성되어 있다.

| 1-4-3-1 | 1유형과 2유형 |

1유형은 '천간 대 천간'을, 2유형은 '천간 대 지지'를 측정하여 이를 합산한다.

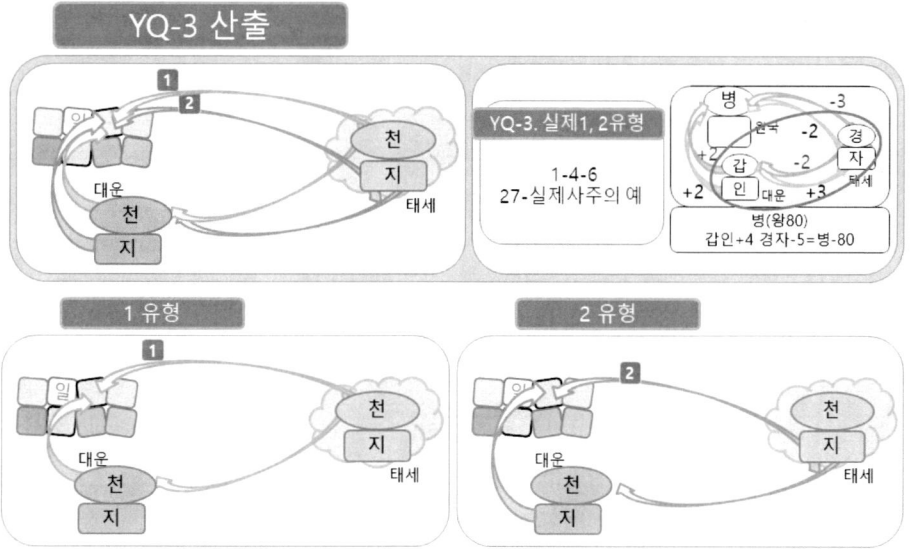

| ●=1 | 공통의 수 |

그러나 실제 현장에서 YQ-3를 쓰는 법은 위의 양식과 다르다.

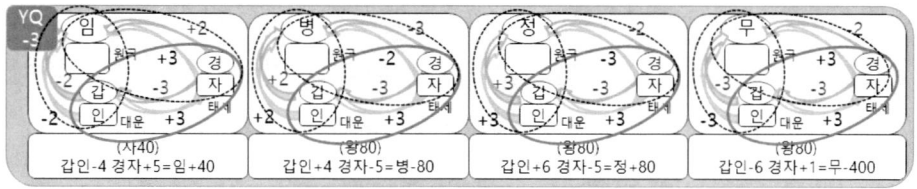

 위 도표에서 YQ-3의 기본영역은 두 검정색 점선(원국 대 대운, 원국 대 태세)과, 붉은색 실선(대운 대 태세)으로 이루어져 있다.
 여기에서 붉은색 점선은 네 천간이 공유하는 공통의 수가 된다.

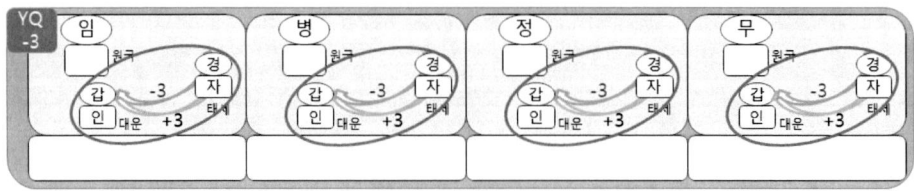

그래서 편의상 공통의 수를 생략하면 아래와 같이 된다.

●=2   실제 YQ-3 상위영역 양식

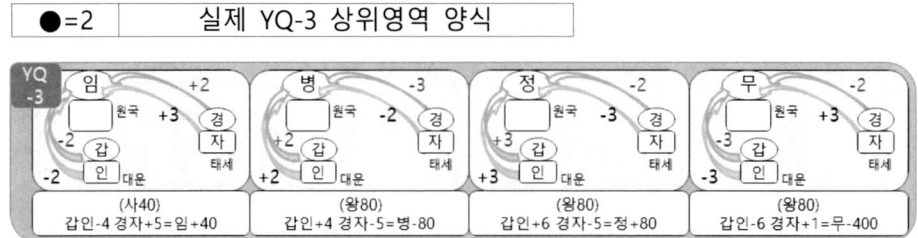

위 도표는 실제 현장에서 사용하는 YQ-3 상위영역의 1유형과 2유형 양식이다. 그리고 이를 수치화 하면 아래와 같이 된다.

(왕=80, 상쇠-60, 사=40)

YQ-1	(임80) 사	(병320) 왕	(정400) 왕	(무480) 왕
갑인대운 YQ-3	-160	+320	+480	-480
경자년 YQ-3	+200	-400	-400	+80
상위영역	+40	-80	+80	-400

●=3   경우의 수

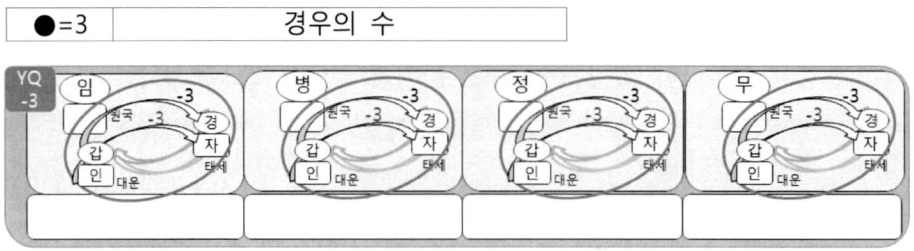

만약 검정색 화살표나 그 외의 어떠한 경우의 수를 충족시키더라도 네 천간의 대운 대 태세의 공통 수는 생략의 대상에 불과하다. 그래서 실제 사용하는 양식과 같아진다.

| 1-4-3-2 | 월운, 일운, 시운(하위영역) |

●=1   하위영역

하위영역은 YQ-3의 기본영역 1, 2유형에 월운, 일운, 시운을 더한 것이다. 유운(流運)은 천간을 중시하는 유래에 근거하는데 1, 2유형만 사용한다.

참고로 월운은 월건(月建)이라고도 하는데 북두칠성의 꼬리가 그 달에 바르게 선다는 뜻이다.

□그러나 앞에서의 상위영역과 같이 붉은 색 점선의 공통의 수를 생략한다.

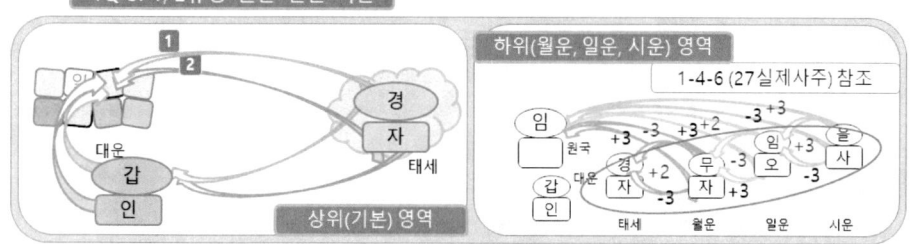

□그래서 월운(하위영역)을 나타내는 우리 책(YVWQ) '1-4-6' 양식이 이렇다.

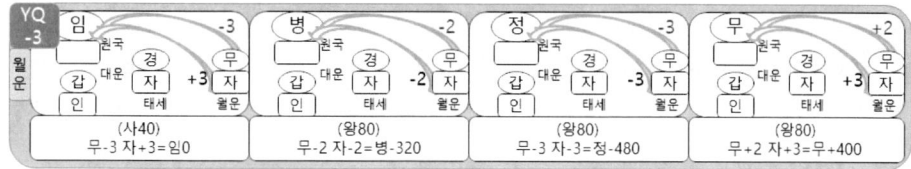

□이를 수치화 하면 아래와 같이 된다.

| 무자월 YQ-3 | 0 | -320 | -480 | +400 |

●=2   하위영역의 속성

■1. 하위영역과 단기 운
□월운부터 일운 시운은 단기 운에 속한다.
□상승해야할 상위영역(원국, 대운, 태세)에서 하강이 일어나게 되면 월운까지 영역을 연장하여 수치를 얻어야 한다.

■2. 시운과 시퀀스
□시운은 시퀀스의 종료 시점이 되면서도 운수[70]의 영역으로 사전에 시간까지 점술처럼 맞추는데 한계가 있다.
□특히 하위영역의 일운과 시운은 횡재나 다름없다. 그래서 성사되어도 얻는 것이 적거나 오래가지 못한다.

> ● Tip
> ○예전에는 일운을 상순 중순 하순으로 간명하기도 했습니다. 훈민정음 창제도 10월 상순입니다. 그러나 지금은 각주마다 토 일과 그 외의 법정 공휴일은 업무가 멈춥니다. 반대로 결혼식이나 개업식을 평일에 하지 않습니다.
> ○시운을 볼 때도 관공서나 기관의 공식 근무 시간이 정해져 있어 자신이 좋다고 하는 시간에 일이 이루어질 수 없습니다.
> ○아이를 자연 분만이 아닌 수술로 출산할 때도 응급이 아닌 이상 일반인은 자신이 원하는 시간에 수술이 이루어지지 못합니다. 담당 의사의 근무 일정은 물론 각 병원마다 거의 새벽 6시경부터 오전과 오후 일찍 수술 예약이 끝나기 때문입니다.
> ○그래서 일운과 시운은 시퀀스의 종료를 어느 시점으로 할 것인지를 감안해야 합니다. 예를 들어 내락이나 협의 또는 합의가 이루어지는 시퀀스의 종료 시점과 실제 행정 처리 날짜가 다를 수 있는 것을 의미합니다.
> ○즉 "●-30 실제사주"의 ▶결혼작정 ▶결혼식 ▶혼인신고 중 무엇을 결혼 시퀀스의 완성(종료)으로 보는지에 대한 택일(擇一 여럿 중 하나 고름)의 문제라는 말이 됩니다.

| ●=3 | 스토리화 스토리텔링 |

□상위영역과의 합산을 통하여 그 변화를 스토리화한다.
□하위영역만을 스토리텔링하지 않는다. 다만 변화의 과정을 반전 등의 표현을 빌어서 활용할 수는 있다.

---

[70] 1-4-5 ●=1 □4 상위영역 대운을 전제, 태세를 차제로 보고 하위영역 월운을 운세로 볼 수도 있다. 특히 하위영역의 일운 시운은 일진(운수)의 성격이 강하다.

| 1-4-4 | YQ-4의 구성 |

■1. YQ-4의 특성

YQ-4는 행운에서 오는 원국 4지지의 변화를 산출할 수 있는 프로그램이다. 그래서 행운에 의한 지지의 크기를 볼 때 YQ-4를 활용한다.

YQ-4 또한 3유형, 4유형으로 구성되어 있는데 3유형은 '지지 대 천간'을, 4유형은 '지지 대 지지'를 측정하는데 사용된다.

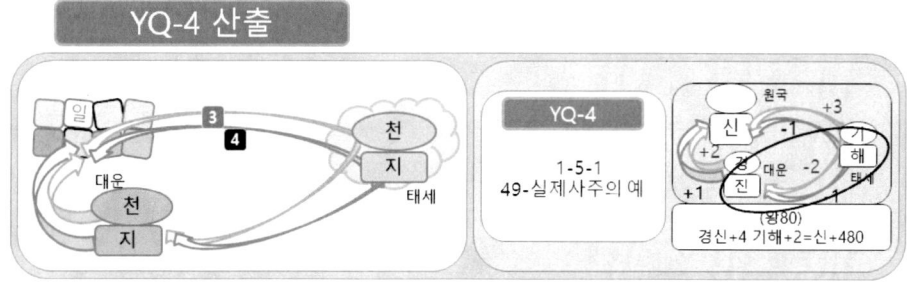

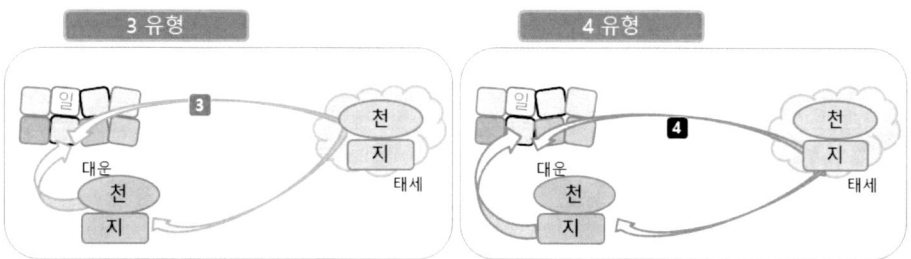

☐YQ-3에서와 마찬가지로 검정색 실선(대운 대 태세)을 생략하면 아래와 같이 된다.-(1-5-1 ●-48 실제사주 참조)

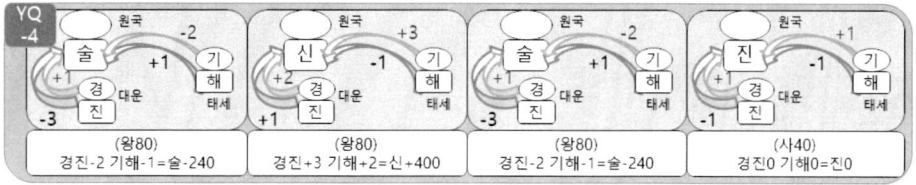

☐그리고 이를 수치화 하면 아래와 같이 된다.

YQ-1	술 (왕)	신 (왕)	술 (왕)	진 (사)
경진/기해년 YQ-4	-240	+400	-240	0

□YQ-4는 수기71)가 지지에 있을 때 산출하게 된다. 그 외 이론적으로는 관살생인(관 살인 통관)72) 등 여타 지지의 크기를 보고 싶을 때 활용될 수 있다.
□이때는 4지지를 모두 산출하지 않고 해당 지지만 산출한다.

■2. YQ-4와 YQ-2의 차이
 YQ-4는 행운에서 천간과 지지가 감응한 결과이고, YQ-2는 원국 지지의 이합집산(생극제화)을 산출한 결과이다.

---

71) 2143-1 ●=1 ■2 □1 수기는 위 '자' '묘'처럼 설기구(洩氣口), 통기구(通氣口), 통풍구(通風口)이다.
72) 2-1-4-1 ●=4 관생인 통관

| 1-4-5 | 영역과 YQ-2, 3, 4 |

 YQ-3, 4는 기본영역인 상위영역(원국, 대운, 태세)과 하위영역(월운, 일운, 시운)으로 구성되어 있다. YQ-1, 2는 영역이 존재하지 않는다.
☐1.상위영역은 원국 4천간과 대운 태세의 천간 지지의 변화(이합집산)를,
☐2.하위영역은 월운, 일운, 시운의 천간과 지지가 상응(이합집산=생극제화)[73]하는 결과를 수치로 산출하여 상위영역에 합산하게 된다.
☐3.앞서 언급처럼 YQ-1, 2와 YQ-3, 4는 산출 근거가 달라서 합산할 수 없다.

> ● Tip
> ○1.나는 청년기부터 기 수련(조흡)[74]으로 단련되고, 1대간 9정맥 5기맥 종주와 함께 지리산과 설악산태극종주 등 무박 장거리산행 및 개척산행으로 호연지기(浩然之氣)를 기른 건강하고 건장한 문무영(文武靈)의 사람입니다.
> ○2.그러나 처음 시작은 용기백배하였으나 YVWQ가 마무리가 되어갈수록 사소한 어긋남에도 이 프로그램을 완성하지 못할 수도 있겠다는 두려움을 어찌할 수가 없었습니다.
> ○3.그리고 그것이 스트레스라는 사실을 인지하지 못한 채 언제부터 호흡곤란(심장병) 증세가 오고, 주치의 권고를 따라 YQ-1, 2와 YQ-3, 4 합산에 대한 연구를 접습니다.
> ○4.이는 우리 책을 쓰는 동안 어디에도 YVWQ를 참고할만한 전례(前例)가 없고, 가설을 세우고 그것을 입증해 나가는 동안 그 어떤 사례(事例)의 도움도 바랄 수 없었던 것이 발병의 원인입니다. 또한 자료화에 동의해 주신 분들을 직접 찾아가 상황과 사건(시퀀스)을 구성하고 사례를 만들어 가는 만만치 않은 과정도 이유가 됩니다.-(2-2 ● Tip 참조)
> ○5.어떻든 이 서운함이야 이루 말할 수 없지만 나머지 연구는 다음 누군가의 호기심으로 이어졌으면 하는 바람입니다.

| ●=1 | 총합과 영역 |

■1. 총합
☐1.총합을 본다는 것은 주로 상신이나 변격 수기의 증감을 보는 일이다.[75]
☐2.총합은 '영역 합산'을 말하는데, 상위영역과 하위영역의 합한 수치이다.
☐3.'상위영역'을 분리하지 않을 경우 상위영역 자체가 총합이 된다.

---

73) 3221-1 ■3 ☐3 천지상응(천지감응). "『적천수천미』「월령(月令)」에 "천기(天氣)가 위에서 동(動)하면 인원(仁元)이 응(應)하고 지기(地氣)가 아래에서 동(動)하면 천기가 좇는다."
74) 4-2-1-3 ●=1 ☐4 선수련의 "조식호흡". 4-3 들어가기 ■3 ●Tip ■2) ■-4 호흡 요령
75) 2-1-3-2 ●=3 ■3 ●간명의 원리 ○1 2)상신운도 이와 같습니다. 원국에 상신이 있든 없든 YQ-3 상신운은 여러 글자의 총합(인입-인출, 종-수기)으로 나타납니다.

■2. 전제와 차제

☐1.운이 앞에 있으면 전제(前提)[76], 뒤에 오면 차제(次第)이다. 즉 대운이 전제이면 태세가 차제이고, 상위영역이 전제이면 하위영역이 차제가 된다.[77]
 1)전제는 선천(재능)이자 내 복, 차제는 후천(노력)이자 인복(사회적 환경과 도움)으로 볼 수 있는데 이는 '체'와 '용'의 개념으로 정해진 바가 없다.[78]
 2)변격(종격처럼)은 변격 자체가 전제이고 수기는 차제가 된다.[79]

☐2.상위영역에서 영역을 분리하지 않으면 대운이 전제고 태세가 차제가 된다.
 1)상위영역(최종)은 대운(전제)과 태세(차제)를 분리하여 논할 수도, 안 할 수도 있다. 분리하면 긍정과 부정을 심도 있는 스토리텔링으로 활용 가능하다.
 2)하위영역의 월운, 일운, 시운도 특별한 경우가 아니면 분리하지 않는다.

☐3.전제(기본영역)가 길하면 다음 운 차제는 운이 성사되는 때와 크기(얻는 것이 적고 많고)로 본다. 즉 운수(운세)로 볼 수도 있다.
☐4.상위영역 대운을 전제, 태세를 차제로 보고 하위영역 월운을 운세로 볼 수도 있다. 특히 하위영역의 일운 시운은 일진(운수)의 성격이 강하다.[80]
☐5.이는 길흉화복을 논할 때, 어쩌면 가장 절대적인 운세(운명과 운수)의 영역일지 모른다. 즉 횡재나 다름없을 때 일진(운수)이 좋다는 말과 같을 것이다.
☐6.사주명리에서는 점을 치지 않아도 운수 좋은 때가 보인다. 즉 운이 좋아 운수 좋은 것이 아니고 모르니까 운수와 운명이 된다.

■3. 전제와 차제의 긍정과 부정
☐1.전제와 차제는 총합(영역합산)을 따라가면 긍정, 그렇지 않으면 부정이다.
☐2.종격(처럼)은 수기가 있어 조금 더 복잡하다.
 1)기본적으로 종하는 것이 총합을 따르면 긍정 아니면 부정이다.
 2)그러나 기본만으로 안 될 때는 전제와 차제 혹 영역의 수기를 산출하여 긍정과 부정을 도모해야 한다.

---

76) 4231-4 삶에는 '전제(前提)'가 있다.
77) 1552-1 ●=2 ■1 ●간명의 원리 ○1 앞(전제) 큰 운 긍정, 뒤(차제)에 작은 운 부정은 일진이 안 좋다고 비유합니다. "원치 않는 이별"처럼 자신 의지와 다르게(자의 반 타의 반) 일이 전개됩니다. ○2 그렇다면 이때는 전제를 살려 삶의 흔적(구연)에서 답을 찾아야 도움이 된다는 말입니다.
78) 5-1-2-1 체용론(體用論)
79) 2143-1 ●=4 ■2 ○1 종격(처럼)이 수기(식상)가 있고 긍정이면 "원하는 것을 얻는다." 그러나 종격이나 상신이 하강하고 변격되지 못하면 "얻을 수 있는 것이 없다."
80) 1-4-3-2 ●=2 ■2 ☐ "시운은 운수 영역으로 사전에 시간까지 점술처럼 맞추는데 한계가 있다."

| ●=2 | 스토리화81) |

■1. 본격은 총합의 상신을 스토리화
□1.본격은 총합(영역합산이나 상위영역)의 수치가 스토리화의 주어(주체)가 된다.
□2.그래서 총합의 상신 상승과 하강에서 긍정82)과 부정83)이 스토리화된다.
□3.예를 들면 "상신(본격) 수치가 상승하면 원하는 것을 얻고", 하강하면 "얻을 것이 없다."로 스토리화된다.-(참조 2-1-3-4 그릇의 한계)

> ● 간명의 원리
> ○거듭 강조하지만 우리 책은 자신이 원하는 것을 얻으면 긍정, 아닌 것은 부정입니다.
> ○예) 명퇴하기 싫은데 어쩔 수 없이 하면 부정의 수치와, 자발적으로 원해서 철수를 한다면 긍정의 수치와 원하는 것이 만납니다.
> ○즉 사회적 통념을 벗어나서 선한 일이든 악한(도적질) 일이든 자신이 주체가 되고 긍정일 때 원하는 것을 얻습니다. 그래서 상담 현장에서 클라이언트84)가 원하는 것이 무엇인지 꼭 확인해야 합니다.-참조(1-5-4-9 ●간명의 원리)

□4.그리고 원하는 것과 못 얻을 것을 더 세분화 하면 돈사소질85)이다.

■2. 변격은 수기를 스토리화
□1.종격과 변격(종격처럼)은 수기 증감 수치가 스토리화 주어(主語)가 된다.86)
□2.그래서 "수기의 수치가 겁(종)보다 하강하면 원하는 것을 얻고, 상승하면 얻을 것이 없다."로 스토리화된다.

> ● 간명의 원리
> ○1.우리 책의 긍정과 부정이란 "자신이 원하는 것을 얻는 것"이 주체가 됩니다. 그래서 이는 개인의 "길흉화복" "피흉추길" 등과 연결되어 집니다.
> ○2.어느 종교에서는 "내 안에 거하라, 나도 너희 안에 거하리라"라고 경전에 나온다고 합니다. 그런데 너희 안에 거하는 것이 자기애적인 사람은 구복에서 오는 보상과 응징(천벌)87)일수 있고 지혜가 열린 사람은 공의(섭리)일 수 있습니다.
> ○3.이를 불가에서는 탐진치에 머무르지 않고 반야를 통하여 열반에 이르는 것이라 하

---

81) 2-1-8-1 스토리화와 메타포와 시퀀스-"□스토리화는 YVWQ 수치를 언어화 하는 것이고,"
82) 2-2 ●-33 실제사주 ●간명의 원리 ○5 이렇게 지금의 운 즉 긍정과 부정이 일으키는 파생을 보고 자할 때는 뒤에 오는 운을 보아야 오르막(도약의 발판) 내리막(재충전과 수용)이 보입니다.
83) 1-4-5 ●=2 ■2 □2 ●간명의 원리 ○5 부정은 흉한 것이 아니라 적은 투자와 작은 실패를 통하여 자신을 단련하는 시간일 수 있어야 합니다. 부정에서 교훈을 얻는 발상의 전환이 필요합니다.
84) 4232-3 "클라이언트"
85) 2186-2 ■1 돈, 사람, 소식, 질병 등 네 가지가 오고 간다. ■2사람의 인사는 팔난으로 요약된다.
86) 수기가 있고 그 상승과 하강에서 종격(변격)의 긍정과 부정이 나온다. 수기가 없다는 것 그 자체로 절반의 부정이다.
87) 4-2-1 천도(天道)의 세계 "자연론 정성론 천명론"

> 고, 동양의 도에서 지혜는 자연의 섭리이며, 유가는 평천하라 할 수 있습니다.
> ○4.정리하면 하나, 우리의 긍정은 어쩔 수 없이 자기애적인 면을 벗어날 수 없다 할지라도 공의를 바라볼 줄 알아야한다는 말입니다. 이러한 공의(높은 공공성과 도덕적 감수성, 합리적 사고)가 없으면 아무리 사주 좋고 운세가 긍정일지라도 잘 살수가 없습니다.
> ○5.둘, 부정은 흉한 것이 아니라 적은 투자와 작은 실패를 통하여 자신을 단련하는 시간일 수 있어야 합니다. 따라서 부정에서 교훈을 얻는 발상의 전환이 필요합니다. 단련되지 못하면 인재가 될 수 없고 그 결과 세상(마음)을 움직일 수 없기 때문입니다.

●=3	스토리텔링[88]

아래는 수기의 발용("2143-1 ●=3 ■2 □2")에 나오는 내용이다. 여기 스토리텔링 또한 이러한 배경과 다르지 않다. 즉 전제와 차제 등 어느 운의 수치가 올라가는지에 따라 통변의 결이 다르게 될 것이다.

(1)대운 10년 동안의 수기는 그 증감에 따라 "원하는 것을 얻을 수 있다."
(2)수기 태세(세운) 1년은 대운 10년 동안 음양 두 해씩, 천간 지지 네 번 정도 발용된다. 대운에서 밀린 일이 해결되는데 "나쁘지 않지만 확 피지는 못한다."
(3)월운 이하 발용은 "운이 좋아 나쁘지도 크지도 않지만 오래가지 못한다." 특히 일운 이하는 일회성 성격이 짙다.

> ● 간명의 원리
> ○위에서 보듯 원국(YQ-1) 또한 행운(YQ-3)의 길이를 따라 그 현상이 달라집니다.
> ○즉 원국의 어떠한 희신이나 기신도 생극을 따라 기운의 증감이 일어나고, 이는 다시 인생의 굴곡으로 얼룩지는 것을 망각하면 곤란하다는 뜻입니다.
> ○그래서 좋거나 나쁘거나 생(겁 인수 합)극, 희기 순환의 길이는 길어야 4~5년입니다. 즉 경지가 높은 대로 낮으면 낮은 대로 누구나 길이를 따라 삶이 얼룩집니다. 그래서 극이나 기신이라 할지라도 단련의 시간으로 삼아야 한다고 위(○5)에서 말한 것입니다.
> ○참고로 생의 주기별[89] 근묘화실만 보면, 행운 여러 글자의 변화를 볼 수 없습니다.
> ○이런 번잡한 설명에도 불구하고 의심이 가거나 부족한 부분이 있다면 여러분의 지혜와 노력이 대신하여 줄 것을 기대합니다.

■1. 스토리텔링[90]은 영역별로 즉 전제와 차제(내 복과 인복)로 이루어진다.

수치 스토리화	전제와 차제	스토리텔링

---

88) 2-1-8-6 우리 책의 통변
89) 5-1-5-3 ■1 "생의 주기별로 붙여지는 모자이크-시퀀스(Sequences)" 도표
90) 제3장 서문 (2) "간명의 기능은 기운의 증감(생극제화)과 스토리화(story化)

(상신, 수기 총합 긍정) 원하는 것을 얻음	전제도 차제도 긍정	내 복도 있고 인복도 있다.
	전제 긍정, 차제 부정	내 복은 있되 인복이 없음
	전제 부정, 차제 긍정	내 복은 없고 인복은 있다.
(상신, 수기 총합이 부정) 얻을 것이 없음		내 복도 없고 인복도 없음

☐1. 내 복은 구관이 명관처럼 오래된 장, 된장, 묵은 김치처럼 구연을 말한다. 선대의 복, 타고난 재능, 기존의 사고와 가치관, 내재된 갈망 등이다.
☐2. 인복은 새 술을 새 부대에 담는 것과 같이 새로운 질서와 인연을 말한다. 자수성가, 자신의 노력과 덕망, 혁신적 발상, 새로운 변화와 시류 등이다.
☐3. 내 복과 인복 있으면 선 후천의 복덕이 조화롭고 없으면 상황이 막막하다.

● 간명의 원리

○내 복은 '체'의 기획 계획, 인복은 '용'의 우발적 상황과 운수(일진)로 상반됩니다.[91]
○이론적으로 내 복(전제)은 먼저 본 것을 더 기억하는 초두효과의 보수적,[92] 인복(차제)은 최근에 본 것을 잘 기억하는 최신효과의 진보적 개념과 같습니다.

■2. 총합(상신)이 긍정일 때 전제와 차제
☐1. 총합(상신) 전제 차제도 긍정이면 "일이 잘 풀리거나 뜻밖의 행운이 온다."
 1)내 복도 있고 인복도 있으니 물가에 심어진 수양버들처럼 결과가 순탄하다.

☐2. 총합 상신이 긍정이면서 전제 긍정, 차제 부정은 "목표(욕심)를 낮추어야 적게라도 얻는다." 적게는 차선, 기간제, 인턴, 임시방편, 재활 등을 포함한다.
 1)내 복은 있으되 인복(주위의 도움)이 없을 때이니, 독산고목처럼 혼자만의 힘(내 복)으로 일 마무리(골병)가 어려운 상황이다. 하늘의 도움이 필요하다.
 2)이론적으로는 인심(인복)을 얻는 것이 답인데 실제로 쉽지 않다.

● Tip

○"목표를 낮추어야 차선을 얻는다."는 "성사재인(사람의 노력)[93] 중에서도 자신의 과한 욕심(의지)과 희망 사항에 대한 환원(절제)을 의미합니다. 이는 "내가 변화시킬 수 없는 것은 그것을 받아들일 수 있는 평화로운 마음을 주시고"[94]의 겸허(수용)와 같습니다.
○이는 정도(우주의 질서와 섭리)를 벗어나, 사람 '자유의 의지'[95]대로 세상을 이럴 수도 저럴 수도 있다가 아닙니다. 사람의 한계 즉 임계점(할 수 있고 없고)을 찾는 일입니다.

---

91) 1-4-5 ●=1 ☐4 상위영역 대운을 전제, 태세를 차제로 보고 하위영역 월운을 운세로 볼 수도 있다. 특히 하위영역의 일운 시운은 일진(운수)의 성격이 강하다.
92) 5-3 ●간명의 원리 ○2 "초두효과, 최신효과"
93) 2-1-7 서문 "모사재인 성사재천 불가강야"(지혜로운 사람과 우둔한 사람)
   4-1-5-2 ■2 "두 부류의 사람(지혜로운 사람과 우둔한 사람)". "생명공학"
94) 4-2-1-2 ●=3 ●Tip ■-2 "「라인홀트 니부어」의 기도문 중"

□3.총합 긍정, 전제 부정, 차제 긍정은 "어렵게 얻지만 적거나 일시적이다."
 1)내 복은 없지만 인복은 있으니 일이 어렵게 성사될 것이다. 그러나 실속은 없고 무늬만 화려한 편재와 같아서 일이 오래가지 못한다.
 2)우연한 횡재도 여기에 포함될 수 있다. 현재 처한 상황(내 복)이 녹록하지 않지만 인복(사회적 환경)이 반전을 부른다.

■3. 총합이 부정일 때의 전제와 차제
 총합 부정은 "내 복도 없고 인복도 없는 그 자체이다." 결과가 허무하다.
□1.총합 부정 전제 차제 긍정은 "설마 그럴 리가 없는데 그저 당황스럽다."
□2.총합 부정 전제 긍정 차제 부정은 "뜻대로 안 된다. 어려울수록 돌아가라."
□3.총합과 전제 부정, 차제 긍정은 "어려움 속에서도 비극은 면한다."
□4.총합도 전제와 차제도 모두 부정일 경우 "되는 일 없거나 얻어도 많이 잃음(승자의 저주)"

---

95) 4-2-1-2 ●=3 ●Tip ■-1 "선악과를 따 먹을 수도 있고 안 먹을 수도 있는"

1-4-6　YVWQ 해석 샘플

이 자료는 실제 YVWQ 샘플에 해당된다. 원국(YQ-1)에서 시작하여 행운(YQ-1) 상위영역의 대운, 태세 그리고 하위영역의 월운, 일운, 시운까지 모두 망라되어 있다.

(01) YVWQ 실제 해석의 예 자료-(여. 대학 4학년)

1-6-2	(식상 쓸 때. 신강) 인입이 큰 경우-인출 상승 길

●-27 실제사주	1-5-3	1-4-6 YVWQ 해석 샘플

YQ-1	☞ 1. 신약 신강	여. 대학 4학년			9	8	7	6	5	4	3	2	1	▶3-자평식 쓸 때 신약
	임80	병320	정400	무560	1	1	1	1	1	1	1	1	1	▶용-무 ▶상신-정
	진	진	사	인 년	정	무	기	경	신	임	계	갑	을	▶평상인
대 을계무	대 을계무	록 무경병	상 무병갑		미	신	유	술	해	자	축	인	묘 진	▶1이상형

1-4-6-1	2020년 자격시험

❶ 상담일자-2020년 6월-(당시 대학 4학년)
❷ 상담의 내용
 20년 12월 5일(경자년 무자월 임오일)에 가을 자격시험을 앞두고 상담한 내용이다.
❸ 대학4년 주인공의 피드백
 "코로나 때문에 등교도 못하고, 자격시험은 다가오고, 취직도 그렇고 학교를 그만 두고 싶을 때가 많아요."라며 졸업 후 진로와 더불어 스트레스가 심했다.
❹ 상담사 피드백
 당시 시험합격은 물론, 2021년 신축년에 취직도 될 거라고 위로했는데 실제 그리 되었다.-(당시 고급반 강의자료)

●=1	YQ-2 산출

 YQ-2의 결과를 보면 인입+320(병+160 정+160)이 인출(임+200 무+80)보다 상승한다. 그러나 이는 지지만으로 간명이 이루질 수 없는 참고 자료이다.

●-27 실제사주	1-5-3	1-4-6 YVWQ 해석 샘플

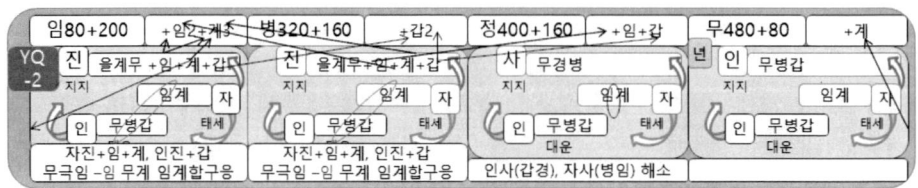

☐연-무토의 뿌리 계가 추가되니 +80 상승이다.
☐월-정화의 뿌리 임 갑이 추가되니 +160 상승이다.
☐일-병일간의 뿌리 갑2 추가되니 +160 상승한다.
☐시-임수의 뿌리 임2 계3 추가되니 +400 상승이다.

●=2　　　YQ-3 산출

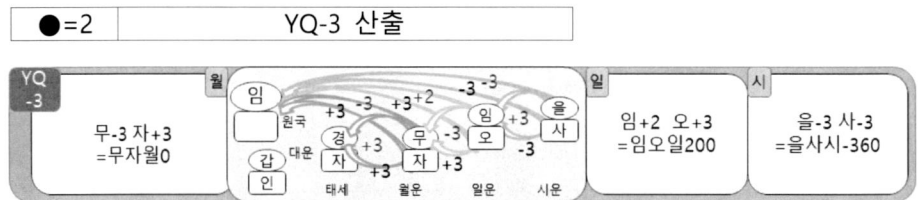

■1. 위 도형은 상위영역(갑인대운 경자년)과 하위영역(무자월 임오일 을사시)[96]을 한 눈에 볼 수 있도록 만들어졌다. 하위영역을 월운 일운 시운별로 산출하여 필요에 따라 상위영역(기본영역)에 합산한다. 그래서 ▶월운은 태세의 꼬리, ▶일운은 월운의 꼬리, ▶시운은 일운의 꼬리가 된다. 참고로 붉은색의 원형 점선은 앞의 YQ-3에서 공부하였듯이 공통의 수로서 생략의 대상이다.

■2. YQ-3 산출(갑인대운 경자년)

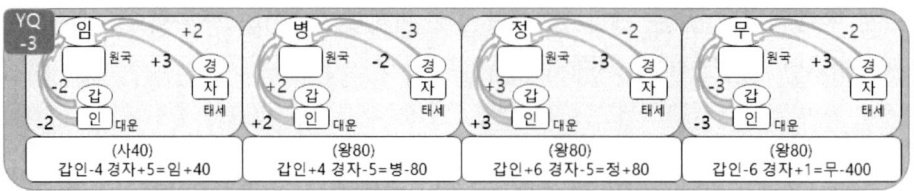

■3. 무자월 YQ-3 산출

---

96) 1-4-3 ●=1, 2 "기본영역(원국 대운 태세)과 하위영역(월운 일운 시운)"

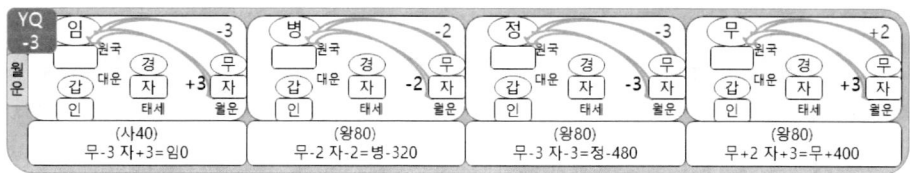

■4. 임오일 YQ-3 산출

실제 간명현장에서 일운과 시운은 활용할 시간이 거의 없다. 다만 원리가 이렇다는 말이다.

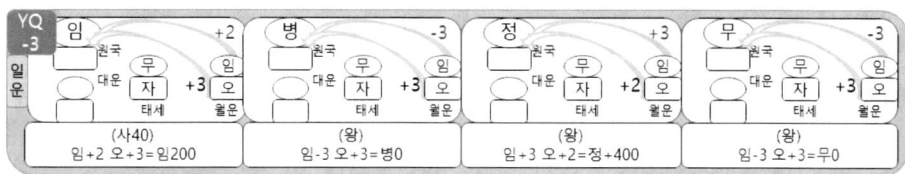

■5. 계묘시 YQ-3 산출

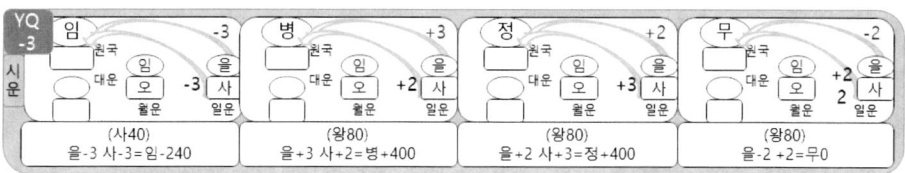

●=3	YQ-3 해석		(왕=80, 상쇠=60, 사=40)	
YQ-1	(임80) 사	(병320) 왕	(정400) 왕	(무480) 왕
갑인대운	-160	+320	+480	-480
경자년 YQ-3	+200	-400	-400	+80
상위영역	+40	-80	+80	-400
무자월 YQ-3	0	-320	-480	+400
임오일 YQ-3	+200	0	+400	0
(시험시간 10;45~11;55)	-200/-240	0/+400	0/+400	-80/0
갑진/을사시 YQ-3	=-440	=+400	=+400	=-80
하위영역	-240	+80	+320	+320
(총합) 영역 합산	-200	0	+400	-80

※(참고로 시험시간 갑진(10시 45분)과 을사(11시 55분)가 겹치는 경우 각각 산출 후 이를 합산한다.)

■1. 본격과 변격

○원격은 신약, 정 겁이 본격이다. 그래서 임 무에서 변격이 온다.
○참고로 무 식신과 임 살은 극하는 사이지만 같은 인출의 영역이다.97)

○신약 정+400 상승은 호사다.98) 그리고 사월 십정격은 조후가 급하다.99)
 1)그러면 사월 병의 관성조후 임 있어 수기 하강해야 하는데100)
 2)역시 무-40(살 임+40, 식 무-80)101)으로 하강한다.

■2. 수치 분석과 스토리화102)
○수기 하강하여 "원하는 것을 얻는다."103)

■3. 스토리텔링
○수기 긍정,104) 전제 대운 긍정, 차제 경자년 부정이니105) "내 복은 있되 인복은 없다."106) 그래서 "원하는 것을 얻는데" "적게라도 얻으려면" "기존의 사고와 갈망"이 답이다.
○정리하면 장기운에 23경계인이 평균 60점(적게) 이상이면 합격하는 자격시험 정도는 상황이 어려워도 노력하면 합격하는 것과 연결된다.

■4. 오행과 육신 해설(통변)

☞ 행운 흐름	화 갑인대운 종왕처럼, 금 신축년도 변격 없으니 종왕처럼
갑인-종왕격	○화생토(강화득토) ▶흙 강열 흡수차단-예의, 분수 제자리

○갑인대운 경자년은 병이 강한 화기를 머금으니, 화가 제자리(자격시험)를 찾

---

97) 1-5-4-2 ●=1 ■2 □3 대살의 식상은 관살(인수와 무정)과 극(식신대살, 상관견관) 사이지만 인출이다. 다만 대살은 식관이 극하느라 식생이나 재생관보다 인출의 크기가 작다.
98) 1-5-4-2 ●=1 ■3 □2 1)합을 포함 겁과 인수의 합산이 높으면 종왕격(처럼) 되고 식상(재)이 수기다. 겁(종)이 상신이니 결과적으로 신강 신왕수기격과 결이 같다.
99) 1-5-4-2 ●=3 ■2 ■3) □1 십정격도 조후 필수인 달 조후가 없으면 종격(처럼)과 보는 법이 같다. 조후가 있으면 수기 하강해야 하는데, 대부분 수기가 자연적으로 하강한다.
100) 1-5-4-2 ●=3 ■3 ■3) □2 식재 관성조후가 있으면 수기 하강, 없으면 수기가 상승해야 한다. 즉 모든 수기가 하강하는데 식재 관성조후 없을 때만 상승한다.
101) 1-5-4-2 ●=1 ■2 □3 대살의 식상은 관살(인수와 무정)과 극(식신대살, 상관견관) 사이지만 인출이다. 다만 대살은 식관이 극하느라 식생이나 재생관보다 인출의 크기가 작다.
102) 2-1-8-1 스토리화와 메타포와 시퀀스-"○스토리화는 YVWQ 수치를 언어화 하는 것이고,"
103) 2143-1 ●=4 ■2 □1 종격(처럼)이 수기(식상)가 있고 긍정이면 "원하는 것을 얻는다." 그러나 종격이나 상신이 하강하고 변격되지 못하면 "얻을 수 있는 것이 없다."
104) 2143-1 ●=4 ■1 □1 1)그래서 종격 총합의 긍정은 수기를, 전제 차제의 긍정은 종 상승을 본다.
105) 2143-1 ●=4 ■3 □1 2)수기 전제 긍정, 차제 부정 "목표(욕심)를 낮추어야 적게라도 얻는다.
106) 1-4-5 ●=3 ■1 □1 내 복은 구관이 명관처럼 오래된 장, 된장, 묵은 김치처럼 구연을 말한다. 선대의 복, 타고난 재능, 기존의 사고와 가치관, 내재된 갈망 등이다.

는다.

| 생아(겁) | ○생각(정보, 가치관)대로 됨(자아 온전) ▶물가에 심어진 나무 |

□병 입장에서 갑인 정오 묘의 겁인으로 상승하니 생각(자격시험)대로 된다.

■5. 기타
□일운 시운은 일진에 속한다.-(일진 좋은 날, 재수 좋은 날)107)

● 간명의 원리

○우리 책의 통변은 "2-1-8-3 오행-대운 통변"과 "2-1-8-5 육신-태세 월운 통변"으로 이루어져 있습니다. 다음 나오는 나머지 모든 해설(통변)도 위와 같습니다.
○이는 불변의 원칙이 아닙니다. 각자 원하는 피드백108)을 사용해도 무방합니다.

■6. 자료의 번잡함을 피하기 위해 나머지 장은 아래 부분이 생략되었다.
□1.신강 병 일간과 종살(종은 이미 왕하다는 뜻)의 임은 소통(극)이 기쁨이자 답이다.-(약하면 생이 답). 각자 편한 메타포(비유)109)를 선택 활용하기 권한다.

경자년-병 일간	○(강화득토) ▶흙 강열 흡수차단-예의, 분수 제자리
	○(화왕득금) ▶제련, 금속 가공세공-욕망, 활동왕성
	○(화왕득수) ▶수가 중생제도, 수신수양-격한 성정 차분
경자년-임 종살	○(강수득목) ▶산림 홍수방지-흐름 약, 머리 맑음
	○(수왕득화) ▶수력 전기(자극-통찰)발전-시설 인생가동
	○(수왕득토) ▶용수와 제방-흐름 멈춤, 정신(판단) 맑음

□2.만약 화 왕하여 부작용이 일어나면 화다토초, 화다목분, 화다금용, 화다수갈 그리고 왕수가 부작용을 일으키면 수다목부, 수다금침, 수다화멸, 수다토류가 된다.

| 화 부작용 | 화다토초/ 목분/ 금용/ 수갈 ▶불구경 부채질-말 화려, 활동 중단 |
| 수 부작용 | 수다목부/ 금침/ 화멸/ 토류 ▶장마, 태풍까지-정신혼미, 판단오류 |

---

107) 1-4-5 ●=1 □4 상위영역 대운을 전제, 태세를 차제로 보고 하위영역 월운을 운세로 볼 수도 있다. 특히 하위영역의 일운 시운은 일진(운수)의 성격이 강하다.
108) 3-2-9 서문 "피드백"
109) 3장 들어가기 1-3 ●=2 ■1"사변상수", "언부진의(言不盡意), 입상진의(立象盡意)"
제3장 ■2 ●간명의 원리 "메타포(metaphor은유, 비유)"

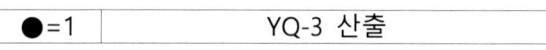

❶ 상담일자-2021년 2월 말
❷ 상담의 내용
  경자년 상담에서 취직되면 연락 달라 부탁했는데 고맙게도 소식을 알려왔다.
❸ 주인공의 피드백
  "선배 소개로 졸업하고 모교에 채용되었는데, 경험 삼아 도전해 보고 싶어요."
❹ 상담사 피드백
  겁(자아) 카르마로 종했으니 긍정(수기유통)[110]의 온전한 자아에서 '일체유심조'가 발동하였나 보다. "눈높이를 낮추고(얻는 것 적음) 경험삼아 도전하는 것은 잘한 일입니다." 경자년 상담에서도 진로문제로 힘들어 할 때, 이러한 근거로 취직할거라 위로했는데 그리되었다.

■1. YQ-3 산출

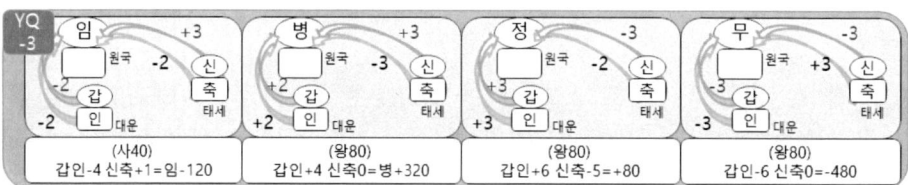

■2. YQ-3 월운산출

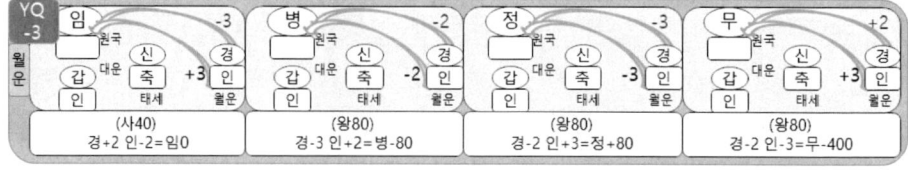

---
110) 2143-1 ●=1 ■2 □1 수기는 위 '자' '묘'처럼 설기구(洩氣口), 통기구(通氣口), 통풍구(通風口)이다.

■3. YQ-3 일운산출

●=2	YQ-3 해석		(왕=80, 상쇠=60, 사=40)	
Y.Q-1	(임160) 사	(병320) 왕	(정400) 왕	(무480) 왕
갑인대운	-160	+320	+480	-480
신축년 Y.Q-3	+40	0	-400	0
상위영역	-120	+320	+80	-480
경인월 Y.Q-3	0	-80	+80	-400
신축일 Y.Q-3	+40	0	-400	0
하위영역	+40	-80	-320	-400
영역 합산	-80	+240	-240	-880

■1. 본격과 변격
□원격은 신약, 정 겁이 본격이다. 그래서 임 무에서 변격이 온다.
□영역 합산의 결과 신약의 병이 상승한다.
 1)십정격에 조후가 있으면 상신 상승으로 긍정이다.
 2)참고로 만약 종왕격처럼으로 보아야 한다면 역시 수기 무-960(무-880, 임-80)이 신왕 병0(병+240 정-240)[111]보다 하강하여 긍정이다.[112]

■2. 수치분석과 스토리화[113]
□수기 하강하여 "원하는 것을 얻는다."[114]

■3. 스토리텔링
□수기 긍정,[115] 전제 대운 긍정, 차제 신축년 부정이니[116] "내 복은 있고 인복은 없다."[117] 그래서 "원하는 것을 얻는데" "차선을 얻으려면" "하던 대로 하는

---

111) 1-5-4-2 ●=1 ■3 □4 종은 종(겁)과 근접한 인수와 그 인입의 합산이고, 수기 역시 식상과 재, 식상과 관살 등 인출의 합산으로 이루어진다. 위 "식상(재)"는 식상과 근접한 재성의 합산을 말한다.
112) 1-5-4-2 ●=3 ■2 ■3) □1 십정격도 조후 필수인 달 조후 없으면 종격(처럼)과 보는 법이 같다. 조후가 있으면 수기 하강해야 하는데, 대부분 수기가 자연적으로 하강한다.
113) 2-1-8-1 스토리화와 메타포와 시퀀스-"□스토리화는 YVWQ 수치를 언어화하는 것이고,"
114) 2143-1 ●=4 ■2 □1 종격(처럼)이 수기(식상)가 있고 긍정이면 "원하는 것을 얻는다." 그러나 종격이나 상신이 하강하고 변격되지 못하면 "얻을 수 있는 것이 없다."
115) 2143-1 ●=4 ■1 □1 1)그래서 종격 총합의 긍정은 수기를, 전제 차제의 긍정은 종 상승을 본다.
116) 1-4-5 ●=3 ■2 □2 총합 긍정 전제 긍정, 차제 부정은 "목표(욕심)를 낮추어야 적게라도 얻는다."

것(기존의 사고와 갈망)"이 답이다.
□정리하면 장기운에 원하는 것을 얻기 위해 노력하는 것과 취직이 연결된다.

■4. 오행과 육신 해설(통변)

☞ 행운 흐름	화 갑인대운 종왕처럼, 금 신축년도 변격 없으니 종왕처럼
갑인-종왕격	○화생토(강화득토) ▶흙 강열 흡수차단-예의, 분수 제자리

□갑인대운 신축년은 토가 강한 화기를 머금으니, 화가 제자리(취직)를 찾는다.

인수탈식	○본능(욕구)과 생각(가치관)이 ▶복(인지조화)을 부른다.

□병 입장에서 갑인 신축 경인의 인수(갑인인)와 재(신경)가 무토 식신을 하강시키니 합리적인 생각(인지조화)이 복(취직)을 부른다.

● 간명의 원리

■-1 국중지신의 해석
○우리 책에는 지면의 한계로 인하여 국중지신의 해석이 생략되어 있습니다.
○우리가 사용하는 사주의 원국 YQ-1은 태어나는 순간 행운 YQ-3가 작동됩니다.
○그래서 국중지신을 보려면 행운에서의 작동과 그 역할을 보아야 합니다.

■-2 위(대학 4학년) 사주 재성(아버지-국중지신) 해석의 예
○경금 재성이 지강간(조용)에 있습니다. 그 결과 신약한 사주에서 재성이 조용(아빠 호인)하니 겁인 상신운에는 밤길 은은한 달빛처럼 삶의 든든한 배경(후원자)입니다.
○그러나 무 종아격처럼 되면 경(재성)이 수기가 됩니다. 그래서 수기가 발용될 때 아버지가 전면에 나서게 되고, 그러면 강단(경금) 있는 아버지의 메시지와 소통이 중요하게 됩니다.
○만약 임 종살격처럼 되면 다시 아버지가 조용하게 됩니다. 그러면서 임 종살을 은근하고 은은하게 돕고(재생살-금생수), 인목 수기를 하강(금극목)시키는데 일조하여 종살격(직업, 배우자 활성)을 긍정으로 만드는데 기여하니 딸의 은밀한 수호신이 됩니다.
○결코 아버지가 무능(지장간)하거나 있으나 마나한 사람이 아닙니다. 신강은 신약과 종의 반대 개념으로 해석하면 되고 다른 국중지신 보는 법도 같습니다.

---

117) 1-4-5 ●=3 ■1 □1 내 복은 구관이 명관처럼 오래된 장, 된장, 묵은 김치처럼 구연을 말한다. 선대의 복, 타고난 재능, 기존의 사고와 가치관, 내재된 갈망 등이다.

1-4-7	YVWQ 해석 차례

책 서두에 있는 차례를 용법과 사례별로 더 자세히 안내하고 있다.

●=1	앞 장 1-4-6 YVWQ 해석 샘플

(01) 1-4-6 자격시험과 취직 (●-27 여 대학 4학년) ················· (식 쓸 때. 신약)

> ● Tip
>
> ○생명록의 사전적 의미는 "하늘나라에서 기록되는 의인들의 명부"라는 뜻입니다.
> ○우리 책 YVWQ에는 제2장의 54(전자책은 72)명 중 제1장에 46+2명의 사주와 사례가 자료화되어 있습니다. 물론 이 분들의 동의가 있어 가능한 일입니다.
> ○아마 자신들의 행적을 공개하는 것이 쉬운 일만은 아니었을 것인데도 말입니다. 어떻든 이러한 용단으로 많은 사람들이 우리 책을 보고 공부하게 됩니다.
> ○그래서 부탁드립니다. 비록 우리 책이 생명책은 아니지만 54명의 공덕이 두고두고 사라지지 않았으면 합니다. YVWQ가 없어지지 않는 한 언제든 우리 책을 보고 공부하는 순간 54명의 공덕이 되살아나기를 바랍니다.
> ○그리고 54+2명의 얼굴은 모를지라도 이분들은 물론 그 후손에 이르기까지 이 공덕이 미칠 수 있도록 여러분의 기도와 성원바랍니다.

●=2	1-5 YVWQ 해석의 예

(02) 1-5-1 YQ-2와 YQ-4 자료 (●-49 MJK 병원장) ················ (1적-칠살 강해 신약)

1-5-2 토와 월령
(03) 1-5-2-1 무토 술월 출생 자료 (●-38 C도청공무원 정년) ············· (인수를 쓸 때)
(04) 1-5-2-2 기토 술월 출생 자료 (●-42 윤 기자) ························· (인수를 쓸 때)
(05) 1-5-2-3 기토 미월 출생 자료 (●-10 S 무속) ······················· (관 쓸 때. 신약)

1-5-3 희신과 기신
(06) 1-5-3-1 기신의 상승과 비극의 예 (●-34 다모) ····················· (양인격 쓸 때)
(07) 1-5-3-2 희신의 상승과 고시합격 시퀀스(●-59 행정고시) ················ (음신관합)

1-5-4 변격
(08) 1-5-4-3 수치로 보는 변격 (●-69 유치원교사) ······················ (식 쓸 때. 신약)
(09) 1-5-4-4 조후결함의 실제 (●-43 순 카페) ················· (인수 쓸 때(기법). 신약)
(10) 1-5-4-5 종아격처럼 되고 조후 없음 (●-28 미용학원장) ············ (식 쓸 때. 신약)
(11) 1-5-4-6 살 간여지동이 변격 안 됨 (●-36 피아니스트) ············· (인 쓸 때. 신강)

(12) 1-5-4-7 신강수기격이 종살격처럼 (●-37 황 부동산) ………………… (겁 쓸 때. 신강)
(13) 1-5-4-8 YQ-3는 극하는 것 있어도 종 (●-29 H 유통) …………… (식 쓸 때. 신강)
(14) 1-5-4-9 십정격과 조후 필수 (●-67 사우나 대표) ………………… (식상 쓸 때. 신강)

1-5-5 일운(일진)의 반전
(15) 1-5-5-1 운수 좋은 날 (●-06 헤어 디자이너) ……………………… (식 쓸 때. 신강)
(16) 1-5-5-2 일진 안 좋은 날 (●-03 L 무속) …………………………… (관 쓸 때. 신약)

1-5-6 천간중첩의 예
(17) 1-5-6-1 천간중첩 (●-25 합판 목재사업) ……………………………… (식상 쓸 때. 신약)
(18) 1-5-6-1 천간중첩과 유사 (●-51 2019년 석사 진학) ……………… (1적 일간 신약)

1-5-7 천간겁인
(19) 1-5-7-1 천간겁인과 유사 (●-44 약대 지원) ………………………… (인 쓸 때. 신강)
(20) 1-5-7-2 천간겁인이 종인격 되는 자료 (●-71 L 교수) …………………… (종인격)

●=3	YVWQ와 시퀀스

(1-6-1 관계적 시퀀스)
    1-6-1-1 부부약사의 혼돈 시퀀스
(21) 1611-1 해 뜰 날 (●-48 여. 부부약사) ……………………………… (2적-일간 신강)
(22) 1611-2 무슨 일(바람) (●-09 남. 부부약사) ……………………………… (살 쓸 때. 신강)

    1-6-1-2 신혼부부의 결혼 시퀀스
(23) 1612-1종혁격 자료 (●-46 여. 신혼부부) ……………………………… (2적-일간 신강)
(24) 1612-2살격 불가 자료 (●-05 남. 신혼부부) ……………… (신약의 살인 관인상생)

    1-6-1-3 이사 가는 부부의 시퀀스
(25) 1613-1 이슬에 젖은 머릿결 (●-22 여. 교사) …………………… (재를 쓸 때. 신강)
(26) 1613-2 프로그래머 (●-30 남. 프로그래머) ……………………… (식상 쓸 때. 신강)

    1-6-1-4 부자(父子)의 시련 시퀀스
(27) 1614-1 만나와 메추라기 (●-26 치과원장) …………………………… (식상 쓸 때. 신약)
(28) 1614-2 공부를 떠나서 (●-41 공부 중단) ………………………………… (인수를 쓸 때)

(1-6-1-5 삼각관계 시퀀스)
(29) 1615-1 (●-32 실제사주-여. Y 어린이 집 원장) ……………………… (식 쓸 때. 신강)

(30) 1615-2 (●-45 실제사주-여. Y 어린이 집 원장 딸) ·································· (2적-일간 신강)
(31) 1615-3 (●-16 실제사주-여. Y 어린이 집-J 교사) ······················ (신강의 살인 관인상생)

(1-6-2 개인적 시퀀스)
(32) 1-6-2-1 애매한 충(합) (●-08 남. 아웃도어) ····································· (살 쓸 때. 신강)
(33) 1-6-2-2 교사 명퇴(●-47 인입 하강으로 교사 명퇴) ······················ (관 쓸 때. 신약)
(34) 1-6-2-3 사회복지사의 아픈 이야기(●-14 사회복지사) ······· (신강의 살인 관인상생)
(35) 1-6-2-4 돈 되는 건물 임대업(●-17 건물 임대업) ······················ (재를 쓸 때. 신약)
(36) 1-6-2-5 상가 건축 및 분양(●-23 DK운수 회장) ························· (재를 쓸 때. 신강)
(37) 1-6-2-6 영전 자료 (●-21 L 학과장. 2017년 영전) ···················· (재를 쓸 때. 신강)
(38) 1-6-2-7 오뚝이 K무역 (●-68 k무역) ·· (식상 쓸 때. 종)
(39) 1-6-2-8 전학 가려는 여중3(●-35 여중3. 전학) ···································· (건록 쓸 때)
(40) 1-6-2-9 학교중단과 검정고시(●-40 검정고시) ······································ (인수를 쓸 때)
(41) 1-6-2-10 그래서 유산 받았을까요?(●-50 세무사) ······················ (1적-일간 신약)
(42) 1-6-2-11 송사에 얽힌 엔터(●-52 엔터) ······································· (2적-일간 신강)
(43) 1-6-2-12 조기에 바람(●-65 조기에 바람) ···································· (2적-일간 신강)
(44) 1-6-2-13 만학 공인중개사(●-63 여. 공인중개사) ····················· (양신재합. 신강)
(45) 1-6-2-14 나는 뭔가?(●-66 J 상담심리사) ···································· (종격-가색격)
(46) 1-6-2-15 종격이 조후도, 수기도 없고(●-72 오르간) ···························· (일간태왕)

● Tip

■-1 폼(form)
○1.우리 책에는 많은 주석들이 필요 이상으로 그리고 반복적으로 실려 있습니다. 그래서 책의 구성으로만 보면 폼(form)이 떨어진다 할 수 있습니다.
○2.송나라 시인 소철은 당나라 시인 백거이의 창화시풍(唱和詩風)을 평이하고도 번잡(밋밋함)하다고 혹평했습니다. 어떻든 백거이는 시를 쓰면 일반인에게 보여주고 시가 어려워서 설명이 필요하다고 하면 시를 수정했다 전해집니다. 아마 이러한 과정에서 밋밋한 점도 생겨나지 않았을까 상상해 봅니다.
○3.우리 책도 그러합니다. 지인들에게 자문을 구하는 과정에서 어려워하는 부분을 더 보완하다가 이렇게 평이하고 번잡해져서 폼이 좀 그렇습니다.
○4.사실 명리공부가 어렵고 시간 또한 많이 걸린다 합니다. 그래서 어려운 한자말이나 현란한 문장을 자제했음에도 불구하고 이 또한 그렇습니다.

■-2 1인 3역
○1.사주명리를 공부하려면 명석해야 하고, 돈이 있어야 하고, 의지가 있어야 합니다.
○2.그렇지만 삶의 실패를 맛보았던 아니든 나이 들어 공부하는 경우가 많습니다. 그래

> 서 이때는 젊은 시기보다 총명하지도 형형하지도 못합니다.
> ○3.돈이 있으려면 경제 활동을 해야 합니다. 거기에 어떤 사람은 가장으로 아내로 어머니로 1인 3역을 해야 하기에 너무 바쁩니다.
> ○4.예전에는 사주명리를 제대로 하려면 3년 이상 10년 정도의 시간이 필요하다고 했답니다. 그래서 이를 참아 낼 의지가 분명해야 합니다.
> ○5.어떻든 우리 책은 그 어렵다는 명리 공부를 시기적으로 총명하지 못하고, 1인 3역을 하느라 바쁘고, 10년을 참아 낼 의지가 필수인 어려운 사람들을 위해 씌어 졌습니다. 그래서 주석이 과할 정도로 실리게 된 것을 백거이의 마음으로 이해가 될 수 있기를 바랍니다.

(※ 아래는 제1장에 주로 많이 인용된 스토리화와 스토리텔링의 주석 내용이다.)

(상신)
1-4-5 ●=3 ■1 □1 내 복은 구관이 명관처럼 오래된 장, 된장, 묵은 김치처럼 구연을 말한다. 선대의 복, 타고난 재능, 기존의 사고와 가치관, 내재된 갈망 등이다.
1-4-5 ●=3 ■1 □2 인복은 새 술을 새 부대에 담는 것과 같이 새로운 질서와 인연을 말한다. 자수성가, 자신의 노력과 덕망, 혁신적 발상, 새로운 변화와 시류 등이다.
1-4-5 ●=3 ■1 □3 내 복과 인복 있으면 선 후천의 복덕이 조화롭고 없으면 상황이 막막하다.

1-4-5 ●=3 ■2 □1 총합(상신) 전제 차제도 긍정이면 "일이 잘 풀리거나 뜻밖의 행운이 온다."
1-4-5 ●=3 ■2 □2 총합 긍정 전제 긍정, 차제 부정은 "목표(욕심)를 낮추어야 적게라도 얻는다."
1-4-5 ●=3 ■2 □3 총합 긍정, 전제 부정, 차제 긍정은 "어렵게 얻지만 적거나 일시적이다."
1-4-5 ●=3 ■3 □1 총합 부정 전제 차제 긍정은 "설마 그럴 리가 없는데 그저 당황스럽다."
1-4-5 ●=3 ■3 □2 총합 부정 전제 긍정 차제 부정은 "뜻대로 안 된다. 어려울수록 돌아가라."
1-4-5 ●=3 ■3 □3 총합 부정 전제 부정 차제 긍정은 "어려움 속에서도 비극은 면한다."
1-4-5 ●=3 ■3 □4 총합 전제 차제 부정 "되는 일 없거나 얻어도 많이 잃음(승자의 저주)"

(수기)
2143-1 ●=4 ■1 □1 종(처럼)이 되면 절반의 성공이고, 나머지 절반은 수기가 있고 긍정이어야 한다. 수기 없는 과식(종)은 탈이 문제. 무정한 수기도 같다.
2143-1 ●=4 ■1 □1 1)그래서 종격 총합의 긍정은 수기를, 전제 차제의 긍정은 종 상승을 본다.
2143-1 ●=4 ■2 □1 종격(처럼)이 수기(식상)가 있고 긍정이면 "원하는 것을 얻는다." 그러나 종격이나 상신이 하강하고 변격되지 못하면 "얻을 수 있는 것이 없다."
2143-1 ●=4 ■2 □2 수기가 없거나 부정은 "절반의 성공이거나 과식(무리)으로 고난을 겪는다."
2143-1 ●=4 ■3 □1 1)수기 전제 차제도 긍정이면 "일이 잘 풀리거나 뜻밖의 행운이 온다."
2143-1 ●=4 ■3 □1 2)수기 전제 긍정, 차제 부정 "목표(욕심)를 낮추어야 적게라도 얻는다."
2143-1 ●=4 ■3 □1 3)수기 긍정 전제 부정 차제 긍정 "어렵게 얻지만 적거나 일시적이다."
2143-1 ●=4 ■3 □2 1)수기 부정, 전제 차제 긍정은 "설마 그럴 리가 없는데 그저 당황스럽다."
2143-1 ●=4 ■3 □2 2)수기 부정 전제 긍정 차제 부정 "뜻대로 안 된다. 어려울수록 돌아가라."
2143-1 ●=4 ■3 □2 3)수기 부정 전제 부정 차제 긍정은 "어려움 속에서도 비극은 면한다."
2143-1 ●=4 ■3 □2 4)수기 전제 차제 부정 "되는 일 없거나 얻어도 많이 잃음(승자의 저주)"
2143-1 ●=4 ■3 □3 1)무정한 수기도 부정적이다. 될 듯 될 듯하면서 안 된다.

(종격)
1-5-4-1 서문 ❷ 1)그래서 본격이 행운(YQ-3)에서 하강하면 수치가 높은 쪽으로 변격된다.
1-5-4-2 ●=1 ■3 □2 1)합을 포함 겁과 인수의 합산이 높으면 종왕격(처럼) 되고 식상(재)이 수기다. 겁(종)이 상신이니 결과적으로 신강 신왕수기격과 결이 같다.

1-5-4-2 ●=1 ■3 □4 종은 종(겁)과 근접한 인수와 그 인입의 합산이고, 수기 역시 식상과 재, 식상과 관살 등 인출의 합산으로 이루어진다. 위 "식상(재)"는 식상과 근접한 재성의 합산을 말한다.
1-5-4-2 ●=1 ■3 □2 2)인수와 관생인, 인식합의 합산 높으면 종강격(처럼) 되고 겁(식) 수기다.
1-5-4-2 ●=1 ■3 □2 3)행운(YQ-3)에서 종강격의 인수 하강하면 신강이나 신왕수기격처럼 된다.
1-5-4-2 ●=1 ■3 □2 4)천간에 인출 없는 신왕(가종격 포함)도 종의 범위를 따라 각각 변격된다.
1-5-4-2 ●=1 ■3 □3 1)종아격(처럼)은 합 포함 겁 식상의 합산이 높아야하고 재(관)가 수기다.
1-5-4-2 ●=1 ■3 □3 2)종재격(처럼)은 합 포함 식 재 합산이 높아야하고 관살(인수)이 수기다.
1-5-4-2 ●=1 ■3 □3 3)종살격(처럼)은 합 포함 재 관살의 합산이 높아야하고 인수(겁)가 수기다.

(조후)
1-5-4-2 ●=3 ■2 ▣2) □1 조후 필수가 아닌 달의 십정격은 그냥 상신의 상승과 하강을 본다.
1-5-4-2 ●=3 ■2 ▣2) □2 조후 필수인 달의 십정격에 조후 있으면 상신의 상승과 하강을 본다.
1-5-4-2 ●=3 ■2 ▣3) □1 십정격도 조후 필수인 달 조후가 없으면 종격(처럼)과 보는 법이 같다. 조후가 있으면 수기 하강해야 하는데, 대부분 수기가 자연적으로 하강한다.
1-5-4-2 ●=3 ■3 ▣2) □1 조후 안 보는 달의 수기식상격과 종격(처럼)은 수기 하강이 기본이다. □2 만약 인출 상승하면 종아 종재 종살처럼 되고 수기 하강해야 한다.
1-5-4-2 ●=3 ■3 ▣3) □1 겁 인수조후가 있으면 수기 하강, 없어도 수기가 하강해야 한다.
1-5-4-2 ●=3 ■3 ▣3) □2 식재 관성조후가 있으면 수기 하강, 없으면 수기가 상승해야 한다. 즉 모든 수기가 하강하는데 식재 관성조후 없을 때만 상승한다.

1-5	YVWQ 활용
1-5-1	YQ-2와 YQ-4

 (1) YQ-2는 지지 합 형충파해의 결과이다. 오행의 이합집산에 따라 지장간의 뿌리 변화가 천간으로 나타난다. 아래 YQ-2 도표는 합충이 천간에 미치는 작용을 나타내는데 결과는 임1 계1의 뿌리가 증가되었다.

 (2) YQ-4는 원국 지지와 행운 간지가 만나서 오는 기운 증감을 수치로 나타낸 것이다. 그리고 YQ-4는 원칙적으로 YQ-3 산출과 함께 합산되어 사용된다. 그러나 평소 YQ-4는 편의상 '공통의 수'[118]로 생략된다. 다만 수기 등 특별하게 지지의 국중지신을 참고 할 때 활용한다.[119]

> ● 간명의 원리
> ○1. YQ-2는 지지만을 논한 결과이고, YQ-4는 천간과 지지가 감응[120]한 결과입니다.
> ○2. 그렇다고 이 둘을 합산할 수는 없습니다. 산출 체계가 다릅니다.[121] 다만 이 과정을 참고하면서 스토리화[122]를 꾀할 수는 있습니다.

(02) YQ-2와 YQ-4 자료-병원장(2019 경자년 310병상 종합병원을 개설한 사례)

2-2-1	1적-칠살 강해 신약

●-49 실제사주 | 2-1-1 | 2-3 | 1-5-1 YQ-2와 YQ-4

YQ-1 ☞ 1. 신약 신강		남. MJK 병원장		9	8	7	6	5	4	3	2	1		▶1-적천수 쓸 때 신약
임300	무360	갑120	갑80	4	4	4	4	4	4	4	4	4		▶용신-토 ▶희신-화
술	신	술	진 년	갑	계	임	신	경	기	무	정	병	을	▶23경계인
묘 신정무	병 무임경	묘 신정무	대 을계무	신	미	오	사	진	묘	인	축	자	해	▶1이상형

❶ 상담일자-2020년 2월
❷ 상담의 내용

---

118) 1-4-3-1 ●=1 공통의 수
119) 2143-1 ●=2 ■1 ■3) □1 천간의 수기 크기는 식상과 인접한 재() 혹은 관살을 합산한 수치다.
  □2 그러나 수기가 지지일 경우 Y.Q-4 한 글자만 산출한다.
120) 3221-1 ■3 □3 천지상응(천지감응). 『적천수천미』「월령(月令)」에 "천기(天氣)가 위에서 동(動)하면 인원(仁元)이 응(應)하고 지기(地氣)가 아래에서 동(動)하면 천기가 좇는다."
121) 1-4-5 서문 □3 "YQ-1, 2와 YQ-3, 4는 산출의 근거가 달라서 합산할 수 없다."
122) 제3장 서문 (2) "간명의 기능은 기운의 증감(생극제화)과 스토리화(story化)

5월 개설을 목표로 병원을 신축하는 중에 이루어진 상담이다.
❸ 병원장의 피드백
"5월에 건물이 완공될지 궁금합니다." "생각보다 진척이 느리네요."
❹ 상담사 피드백
"올해는 1, 7, 9, 11월 아닌 달에 완공이 될 수 있습니다." 나머지는 다음 나오는 "■2. 당해년 신수를 볼 때"를 참고하시라

●=1   YQ-2, 4 산출

아래는 지지 한 두 글자의 생극 합충만으로 사주를 간명하는 것은 극히 그 폭이 제한적이라고 하는 것을 YQ-2와 YQ-4를 통해 설명하고 있다.

■1. YQ-2 산출
☐1.일지에서 신진합이 일어난 결과 무토 뿌리1, 임수 뿌리1이 증가되었다.
☐2.지지와 대운의 합 결과로 인입 무+60, 인출+60으로 YQ-2의 변화는 없다.

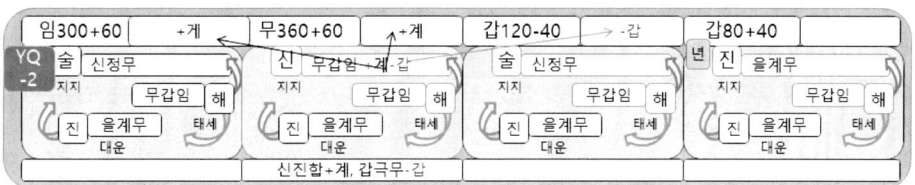

☐3.경진대운은 진술(을계무 대 신정무)충이 온다. 그러나 기해년은 해수 속의 '임'이 을신(금극목)을 통관(금생수생목), '갑을'이 정계(수극화)를 통관(수생목생화)하여 충이 해소된다. 즉 무1, 임1 뿌리 증가로 사주에 일어나는 변화가 없다.

■2. YQ-4 산출
☐1.전통적으로 지지는 두 글자 이상일 때 작동한다고 전해진다.[123] 아래 YQ-4를 보면 세 글자(술술진)로 삼합이나 다름이 없는 토가 하강하고 있다.

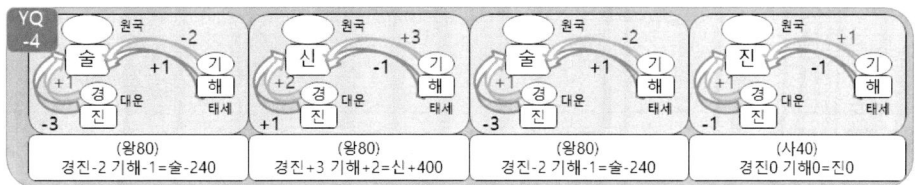

☐2.그러나 YQ-3 천간 없이 YQ-4 지지만으로 간명이 완성되지 않는다.

---

123) 2149-1 ■1 ●간명의 원리 ■-2 "지지 두 개 이상(동합, 삼 육합)일 때 작용이 현저"

●=2　　　　YQ-3 산출

■1. YQ-3 산출

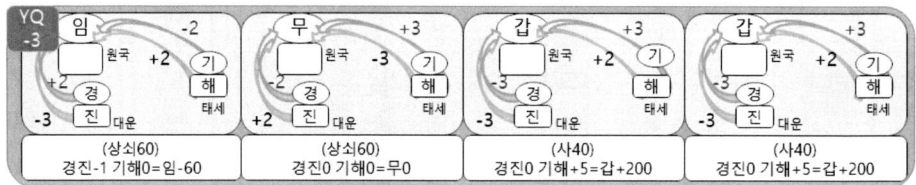

■2. YQ-3 월운 산출

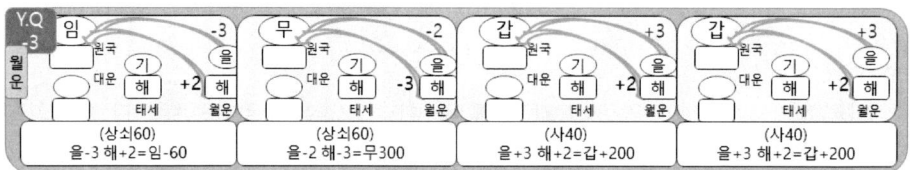

■3. YQ-3 일운 산출

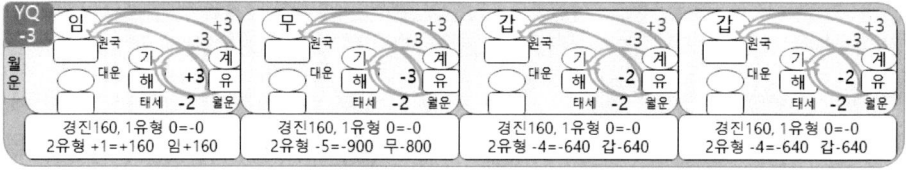

●=3　　　　YQ-3 해석　　　　(왕=80, 상쇠=60, 사=40)

YQ-1	(임300) 상쇠	(무360) 상쇠	(갑120) 사	(갑80) 사
경진대운 YQ-3	-60	0	-240	-240
기해년 YQ-3	0	0	+200	+200
상위영역	-60	0	-40	-40
을해월 YQ-3	-60	-300	+200	+200
경진일 YQ-3	-60	0	-240	-240
하위영역	-120	-300	-40	-40
영역 합산	-180	-300	-80	-80

■1. 본격과 변격
□원격은 신약, 술 겁이 본격이다. 그래서 인출 임 갑에서 변격된다.
□영역 합산의 결과 신약 무 일간의 인입이 상승한다.

□영역 합산도 상위영역의 무 겁도 장기운을 형성한다.124)

■2. 수치 분석과 스토리화125)
□장기운에 상신 무-300 상승(인출 -340보다 덜 하강)하여 긍정이니 자신(겁)의 노력으로 "원하는 것을 얻는다."126)

■3. 스토리텔링
□상신 긍정, 전제 대운 긍정, 차제 기해년 부정은127) "내 복은 있되 인복은 없다."128) 그래서 "원하는 것을" "차선(적게)이라도 얻으려면" "기존의 사고와 갈망"이 답이다.
□정리하면 장기운의 차선이라는 말에는 계획 수정이라는 말이 들어 있다. 어떻든 대출과 인허가 절차상 본래보다 많은 수정이 있었다 한다.

■4. 당해년 신수를 볼 때
□앞 상담사 피드백에서 보았던 "기해년은 1, 7, 9, 11월 아닌 달에 완공이 될 수 있습니다."에 아래처럼 월운을 상위영역과 합산하면 당해년 신수가 된다.

YQ-1	(임300) 상쇠	(무360) 상쇠	(갑120) 사	(갑80) 사
상위영역	-60	0	-40	-40

		임 60	무 60	갑 40	갑 40		임 60	무 60	갑 40	갑 40
1월	을축	-300	+60	+240	+240	7월 신미	+60	0	+40	+40
2월	병인	-300	-60	0	0	8월 임신	+300	-300	-40	-40
3월	정묘	+60	+60	0	0	9월 계유	+360	0	+40	+40
4월	무진	-360	+240	-240	-240	10 갑술	-300	-60	-40	-40
5월	기사	-300	+300	+40	+40	11 을해	-60	-300	+200	+200
6월	경오	+300	+60	-240	-240	12 병자	0	+300	+40	-40

□상 하위를 합산하면 무토가 상승하는 2, 3, 4, 5, 6, 8, 10, 12월은 완공 가능하고 1, 7, 9, 11월은 인입이 하강하므로 개설이 어렵다.
□즉 전제 상위영역이 긍정이니 기해년은 된다는 말이고, 차제(하위영역)는 몇 월에 되는지의 뜻이 될 수 있다.129)

---

124) 2-1-3-3 ●=2 ■2 ●Tip "그래서 장기적으로 일을 도모할 수 있는 장기운이 필요합니다."
125) 2-1-8-1 스토리화와 메타포와 시퀀스-"□스토리화는 YVWQ 수치를 언어화 하는 것이고,"
126) 1-4-5 ●=2 ■1 □3 "상신의 수치가 상승하면 원하는 것을 얻고, 하강하면 "얻을 것이 없다."
127) 1-4-5 ●=3 ■2 □2 총합 긍정 전제 긍정, 차제 부정은 "목표(욕심)를 낮추어야 적게라도 얻는다."
128) 1-4-5 ●=3 ■1 □1 내 복은 구관이 명관처럼 오래된 장, 된장, 묵은 김치처럼 구연을 말한다. 선대의 복, 타고난 재능, 기존의 사고와 가치관, 내재된 갈망 등이다.
129) 1-4-5 ●=1 □4 상위영역 대운을 전제, 태세를 차제로 보고 하위영역 월운을 운세로 볼 수도 있다. 특히 하위영역의 일운 시운은 일진(운수)의 성격이 강하다.

□이 시퀀스는 하위영역 중 을해월(11월)의 인입이 하강하는데, 경진일에 인입 상승되어 반전이 일어난 경우이다.130)
□그런데 11월 아닌 달에 완공 될 거라고 했는데 예측이 틀리고 말았다.

> ● Tip
> ○1.YVWQ 적중률이 높아도 과신보다 겸손해야 되는 이유를 지금 보고 있습니다.131)
> ○2.간명에서 사후 즉 지나온 상황을 확인하는 적중률은 높을 수 있습니다. 그렇다고 이 적중률을 사전 예측에 적용하는 순간 위 당해년 신수처럼 실수하게 됩니다.
> ○3.아무리 YVWQ 적중률이 높아도 매달의 일운(30여개)과, 시운(12개)까지 산출하는 것은 한계가 있습니다.132) 그래서 시운까지 해결되는 메커니즘을 꿈꿀 수도 있습니다.
> ○4.그러나 꿈이 이루어지더라도 길흉 결과만으로 사람의 삶을 해결하지 못할 겁니다.
> ○5.오히려 범죄에 악용 될 소지가 큽니다. 역사적으로 보아도 그러하듯이 권력도 돈도 도구도 선하게 사용되지 못하는 것은 꼭 흉기가 되기 마련입니다.
> ○6.어떻든 사전 예측은 구체적인 날짜까지 지정하고 YVWQ 산출을 권합니다. 만약 최소한으로 상순, 중순, 하순의 어느 날을 추정한다 해도 위 또한 공휴일은 업무가 중단되는 것을 감안해야 합니다. 그래서 더 겸손할 수밖에 없습니다.

■5. 오행과 육신 해설(통변)

☞ 행운 흐름	신약의 식재관 중첩은 하강해야 호사도래-(술 겁 화답)
경진-발전기	○(약수득수-수생수) ▶두물머리 약수터-사람 지혜 돈이 모여 듦

□기해년 계유월 인입 상승하니 약수터(병원)에 사람이 모여(병원개설)든다.

극재	○탐진치(욕심)를 억제 자제 ▶바라는 일이 조화를 이룸

□무 입장에서 경진 기해 갑술의 겁(진기술)이 임 편재와 갑 관(인출)을 하강시키니 바라는 일이 조화(개원)를 이룬다.

■6. 기타
□상담 후 얼마 되지 않아 '코로나 19'가 시작되었고, 실제 부속건물은 계획을 변경하여 나중에 신축이 이루어졌다.

---

130) 1-4-5 ●=3 ■2 □2 총합 긍정 전제 긍정, 차제 부정은 "목표(욕심)를 낮추어야 적게라도 얻는다."
131) 1551-3 ■1 ●간명의 원리 ○4그래서 간명하는 상담사는 더욱 겸허하고 겸손해야 합니다.
132) 1-4-3-2 ●=2 ■2 □ "시운은 운수 영역으로 사전에 시간까지 점술처럼 맞추는데 한계가 있다."

| 1-5-2 | 왕쇠 값과 토 |

| ●=1 | 왕쇠 값 |

□왕쇠 값은 월지(월령)에서 나온다. 태어난 월이 '왕'이다.-(왕80, 상쇠60, 사40)
□일간을 포함한 천간 지지의 국중지신은 월령에 따라 왕쇠 값이 정해진다.
□행운은 왕쇠 값의 영향을 받지 않는다.

| ●=2 | 토133) |

■1. 천간의 토
□천간의 무 기토는 화토공존134)을 따른다. 그래서 무 기토는 왕상쇠사를 정할 때, 병 정화와 그 값이 같다.

■2. 지지의 토
□진술축미는 각 계절의 창고이다. 그래서 왕상쇠사도 그 속한 계절과 같다.
 1)겨울과 봄의 기토는 축토, 여름과 가을 기토는 미토이다.
 2)겨울과 봄의 무토는 진토, 여름과 가을의 무토는 술토이다.135)
□원국은 이 기법(생금토와 비생토)을 적용하고, 행운은 적용하지 않는다.136)

| 1-5-2-1 | 무토 술 월생 |

아래 무토는 화토공존에 따라 '화'와 동일하니 술월 무토는 상쇠(60)가 된다.

(03) 무토와 술월 출생 자료 (갑진대운 병신년(2016) 정년퇴직)

| 1-8 | 인수를 쓸 때 |

●-38 실제사주 1-8 1-5-2-1 무토 술 월생 자료

YQ-1	1. 신약 신강	남. C 도청 공무원-정년	9 8 7 6 5 4 3 2 1 8	▶5-자평 인 쓸 때 신강
갑80	무420	경240	정180	8 8 8 8 8 8 8 8 8	▶용-정 ▶상신-무
인	인	술	유 년	경 신 임 계 갑 을 병 정 무 기	▶34경계인
생 무병갑	생 무병갑	묘 신정무	사 경신	자 축 인 묘 진 사 오 미 신 유	▶4분지형

---

133) 1-3-3 ■3) 2유형과 3유형의 토 쓰는 법. 3221-2 토 사용법 ●=1 생금토와 비생금토
134) 5-1-4-6 화토공존
135) 1-3-3 ■3) 2유형과 3유형의 토 쓰는 법
136) 3221-2 토 사용법 ●=1 생금토와 비생금토

❶ 상담일자-2015년 8월
❷ 상담의 내용
  정년을 일 년여 남긴 상황에서 이루어진 상담이다.
❸ 주인공의 피드백
  "내년에 정년하게 됩니다." "일 더 할 수 있는데 일자리는 없고 답답합니다."
❹ 상담사 피드백
  상신운이 인생 후반에 받치고 있으니 "무엇을 하든 어떻게 살든 삶이 막막하지 않습니다. 오히려 아름답습니다."

●=1	YQ-3 산출		(왕=80, 상쇠=60, 사=40)	
YQ-1	(갑80) 사	(무420) 상쇠	(경240) 왕	(정180) 상쇠
갑진대운 YQ-3	-40	-60	-80	0
병신년 YQ-3	-200	0	-80	+60
상위영역	-240	+60	-160	+60
무술월 YQ-3	-240	+240	+320	-360
영역 합산	0	+300	+160	-300

●=2	YQ-3 해석

■1. 본격과 변격
□원격은 신강, 신왕수기가 본격이다.[137] 그래서 갑 경 정에서 변격된다.
□술월의 무+300의 상승은[138] 본격이 상승한 것이다.[139]
 1)그러면 술월은 조후 급하지 않으니 수기가 기본적으로 하강해야 하는데[140]
 2)수기 경+160으로 무+300보다 낮다.
 3)참고로 종강은 상위영역의 정 종강과 함께 장기운을 형성한다.[141]

■2. 수치분석과 스토리화[142]

---
137) 1-5-4-2 ●=1 ■3 □1 원격 YQ-1에서 십정격이 변격되면 신강 신왕수기격이나 종격이 된다.
138) 1-5-4-2 ●=1 ■3 □4 종은 종(겁)과 근접한 인수와 그 인입의 합산이고, 수기 역시 식상과 재, 식상과 관살 등 인출의 합산으로 이루어진다. 위 "식상(재)"는 식상과 근접한 재성의 합산을 말한다.
139) 1-5-4-2 ●=1 ■3 □2 1)합을 포함 겁과 인수의 합산이 높으면 종왕격(처럼) 되고 식상(재)이 수기다. 겁(종)이 상신이니 결과적으로 신강 신왕수기격과 결이 같다.
140) 1-5-4-2 ●=3 ■3 ■2) □1 조후 안 보는 달의 수기식상격과 종격(처럼)은 수기 하강이 기본이다.
  □2 만약 인출 상승하면 종아 종재 종살처럼 되고 수기 하강해야 한다.
141) 2-1-3-3 ●=2 ■2 ●Tip "그래서 장기적으로 일을 도모할 수 있는 장기운이 필요합니다."

□수기 하강하여 "원하는 것을 얻는다."143)

■3. 스토리텔링
□수기도,144) 전제(대운)도, 차제(태세)도 긍정이니145) "내 복도 있고 인복도 있다."146) 그래서 "원하는 것을 얻는데" "내재된 갈망과 새로운 발상으로" "일이 잘 풀린다."가 된다.
□정리하면 34경계인이 장기운에 바람대로 정년 한 것이다. 이때 경 수기는 왕상쇠사의 왕(상위)이니 자신의 바람 중 최선이 된다.

■3. 오해과 육신 해설(통변)

☞ 행운 흐름　　신강수기는 인입 상승해야 호사도래-(무 화답)

□갑진대운 병신년의 신강 무토가 상승하지만 수기가 하강하니 역할붕괴(정년)가 일어난다.

을갑	○(수토극토-목다토붕)	▶대규모 산사태-원형훼손, 역할붕괴
겁생식상 부(역)작용	○카르마(자기관리) 붕괴-무욕 무능	▶할 말이 없음

□무 입장에서 수기가 하강하니 겁생식상의 부작용이 발생한다. 관리(관직)가 붕괴된다.

■4. 기타
□병신년의 병 편인(세상공부, 인생공부)이 발동하면서 신금 식신(수복신)에게 업혀 왔다. 그러나 병 편인이 경금을 못 마땅하게 여겨 탈식(화극금)하고 있다. 경 식신 식복(직장이 밥)이 몹시 견디기 어려운 형국이다.

---

142) 2-1-8-1 스토리화와 메타포와 시퀀스-"□스토리화는 YV.W.Q 수치를 언어화 하는 것이고,"
143) 2143-1 ●=4 ■2 □1 종격(처럼)이 수기(식상)가 있고 긍정이면 "원하는 것을 얻는다." 그러나 종격이나 상신이 하강하고 변격되지 못하면 "얻을 수 있는 것이 없다."
144) 2143-1 ●=4 ■1 □1 1)그래서 종격 총합의 긍정은 수기를, 전제 차제의 긍정은 종 상승을 본다.
145) 2143-1 ●=4 ■3 □1 1)수기 전제 차제도 긍정이면 "일이 잘 풀리거나 뜻밖의 행운이 온다."
146) 1-4-5 ●=3 ■1 □3 내 복과 인복 있으면 선 후천의 복덕이 조화롭고 없으면 상황이 막막하다.

1-5-2-2	기토 술 월생

기토는 화토공존에 따라 '화'와 같으니 술월의 기 병은 상쇠(60)에 해당된다.

(04) 기토 술월 출생 자료(내 아를 낳아도-윤 기자. 2015년)

1-8	인수를 쓸 때

●-42 실제사주　1-8　1-5-2-2 기토 술 월생 자료

YQ-1	☞ 1. 신약 신강	남. 윤 기자		9 8 7 6 5 4 3 2 1	▸5-자평식 쓸 때 신강
신240	기420	병240	을80	6 6 6 6 6 6 6 6 6	▸용-병 ▸상신-식생재
미	해	술	축 년	병 정 무 기 경 신 임 계 갑 을	▸34경계인
대 정율기	태 무갑임	양 산정무	묘 계신기	자 축 인 묘 진 사 오 미 신 유	▸1이상형

❶ 상담일자-2019년 12월
❷ 상담의 내용
 2017년 정유년 아들 혼사가 불발되고, 나이 든 아들 걱정에 아버님이 찾아온 사례인데 우리 책 자료화를 위해서 재상담이 이루어진 사례이다.
❸ 주인공의 피드백
 "아들이 다 좋은데 결혼이 늦어지네요." "언제 결혼할 수 있을까요?"
❹ 상담사 피드백

●=1	YQ-3 산출		(왕=80, 상쇠=60, 사=40)	
YQ-1	(신240) 왕	(기420) 상쇠	(병240) 상쇠	(을80) 사
계미대운 YQ-3	0	-60	-300	-40
정유년 YQ-3	-80	0	+360	-200
상위영역	-80	-60	+60	-240

■1. 본격과 변격
□원격은 신강, 식상생재가 본격이다.[147] 그래서 기 병 을에서 변격온다.
□병오월 혼담이 오고 간 달이다.

(하위) 병오월 YQ-3	0	+300	+300	-200
영역 합산	-80	+240	+360	-440

1)기+160(기+240 병+360 을-440)으로 상승 종왕격처럼 되었다.[148]

---

[147] 2143-1 ●=2 ■2 □3 일간과 나머지가 식상(유정)의 3배수 미만은 분산(재격 대살 관격)을 쓴다.
[148] 1-5-4-2 ●=1 ■3 □2 1)합을 포함 겁과 인수의 합산이 높으면 종왕격(처럼) 되고 식상(재)이 수기다. 겁(종)이 상신이니 결과적으로 신강 신왕수기격과 결이 같다.

2)그러면 술월은 조후가 급하지 않으니 수기가 하강해야 하는데
3)수기 신-80 하강하여 긍정이니 혼담이 오고갈 수 있다.

□참고로 정미월 혼담이 오고 간지 한 달여 만에 혼사가 불발되게 된다.

(하위) 정미월 YQ-3	-80	+240	0	-200
영역 합산	-160	+180	+60	-440

1)기-200(기+180 병+60 을-440)[149] 상승하여 종왕격처럼 되었다.
2)그러면 술월은 조후가 급하지 않으니 수기가 하강해야 하는데[150]
3)그러나 수기 신-160이 기-200보다 상승하여 결혼 불발과 연결된다.

■2. 수치분석과 스토리화[151]
□정미월 수기가 부정이니 "절반의 성공이자 미완성의 고난을 겪는다."[152]

■3. 스토리텔링
□수기 부정,[153] 전제 상위영역 부정, 차제 하위영역 긍정은[154] "내 복은 없고 인복은 있다."[155] 그래서 "고난을 겪는데" "비극을 면하려면" "마음을 비우는 새로운 발상"이 답이다.
□정리하면 한 달 단기운에 34경계인이 혼사가 불발되었지만 혼담 자체는 절반의 성공이다.

■4. 오행과 육신 해설(통변)

☞ 행운 흐름	변격 없어 계속 신강수기를 씁니다.
계임	○(약토극설-수다토류) ▶상전벽해 암석침식-제행무상, 역할실종

□계미대운 을미년은 겁 하강하면 소원(결혼)이 실종되는 아픔이 발생한다.

---

149) 1-5-4-2 ●=1 ■3 □4 종은 종(겁)과 근접한 인수와 그 인입의 합산이고, 수기 역시 식상과 재, 식상과 관살 등 인출의 합산으로 이루어진다. 위 "식상(재)"는 식상과 근접한 재성의 합산을 말한다.
150) 1-5-4-2 ●=3 ■3 ■2) □1 조후 안 보는 달의 수기식상격과 종격(처럼)은 수기 하강이 기본이다.
  □2 만약 인출 상승하면 종아 종재 종살처럼 되고 수기 하강해야 한다.
151) 2-1-8-1 스토리화와 메타포와 시퀀스-"□스토리화는 YVWQ 수치를 언어화 하는 것이고,"
152) 2143-1 ●=4 ■2 □2 수기가 없거나 부정은 "절반의 성공이거나 과식(무리)으로 고난을 겪는다."
153) 2143-1 ●=4 ■1 □1 1)그래서 종격 총합의 긍정은 수기를, 전제 차제의 긍정은 종 상승을 본다.
154) 2143-1 ●=4 ■3 □2 3)수기, 전제 부정 차제 긍정은 "어려움 속에서도 비극은 면한다."
155) 1-4-5 ●=3 ■1 □2 인복은 새 술을 새 부대에 담는 것과 같이 새로운 질서와 인연을 말한다. 자수성가, 자신의 노력과 덕망, 혁신적 발상, 새로운 변화와 시류 등이다.

| 겁생식상 부(역)작용 | 카르마(자기관리) 붕괴-무욕 무능 ▶할 말이 없음 |

□기 입장에서 겁(일간)이 하강하니 자기관리(결혼)가 안 되어 할 말을 잃는다.

■5. 기타
□인입이 하강하니 식상도 겁생식상(겁은 식신 아이의 어머니)이 안 된다. 그러면 신금 식신(아이)의 기능이 빈약하고, 아이 낳아 줄 사람(결혼상대)도 안 보인다.

| 1-5-2-3 | 기 토 미 월생 |

기토는 화토공존에 따라 '화'와 같으니 미월의 기는 '왕(80)'에 해당된다.

(05) 기토 미월 출생 자료(잘 나가다 막힌 S 무속-2014년)

| 1-1 | 관을 쓸 때-신약 |

●-10 실제사주   1-2   1-5-2-3 기 토 미 월생 자료

YQ-1	☞ 1. 신약 신강	여. S 무속		9 8 7 6 5 4 3 2 1	7	▸1-자평 관 쓸 때 신강
계160	기320	신0	갑300	7 7 7 7 7 7 7 7 7		▸용-갑 ▸상신-식상생재
유	묘	미	진 년	신 임 계 갑 을 병 정 무 기	경	▸34경계인
생 경신	병 갑을	대 정을기	양 을계무	유 술 해 자 축 인 묘 진 사	오	▸4분지형

❶ 상담일자-2014년 5월
❷ 상담의 내용
 상담은 14년 봄에 이루어졌고 돈 사고는 13년(계사년) 늦가을에 일어났다.
 남편과 고속버스로 4시간 거리를 오가는 부정기적 생활을 하다가 돈도 애정도 사고가 난 사례다.
❸ S 무속의 피드백
 "남편이 자동차 부품 제조업을 합니다. 경기가 어려워 돈을 빌려 주었는데 약속을 지키지 않아 마음을 접었습니다. 그런데 자꾸 마음이 불편합니다."
❹ 상담사 피드백
 "본인이 영을 보는데 어찌 실수를?" "돈을 회수하는 것이 목표인지 아니면 이 기회에 헤어지는 것이 목표인가요?" 결론은 다음 "■5. 기타"에 나온다.

| ●=1 | YQ-3 산출 | (왕=80, 상쇠=60, 사=40) |

YQ-1	(계160) 사	(기320) 왕	(신0) 상쇠	(갑300) 상쇠
병인대운 YQ-3	-200	+480	+60	0
계사년 YQ-3	0	0	+60	+60
상위영역	-200	+480	+120	+60
(하위) 계해월 YQ-3	+200	-400	-300	+300
총합	0	+80	-180	+360

| ●=2 | YQ-3 해석 |

■1. 본격과 변격
□원격 신강, 계 재(편재)격이 본격이다.156) 그래서 기 신 갑에서 변격된다.

□갑+360 정관 상승하여 종살(습관 남편)격처럼 되었다.157)
 1)그래서 미월 갑의 인수조후 계 있어 수기 하강해야 하는데158)
 2)그러나 갑의 수기가 병인의 병에 정+480 발용되었지만 갑+360보다 높다.
 3)수기가 병인대운에 발용되었지만 높아서 "원한 것을 얻을 수 없다."159)
 4)참고로 종살은 상위영역 기 종왕(자신)과 운의 색깔은 다르지만 장기운을 형성하는데160) 결과가 부정적이다.

■2. 수치 분석과 스토리화161)
□수기가 높아 부정이니 남편(종살)으로 인하여 "절반의 성공이거나 미완성의 고난을 겪는다."162)

■3. 스토리텔링
□수기 부정,163) 전제 상위영역 부정, 차제 하위영역 긍정이니164) "내 복은 없고 인복은 있다."165) 그래서 "고난을 겪는데" "비극을 면하려면" "새로운 발상"이 답니다.
□정리하면 34경계인이 실제 돈 사고가 나고 해를 넘겼는데도 불구하고, 상담 당시 헤어진다고 하면서도 아직 헤어지는(비극?) 중이었다.

■4. 오행과 육신 해설(통변)

☞ 행운 흐름	관왕신강은 인입하강, 인출상승 해야 호사도래-(수 재 화답)
정병	○(재수극설-화다수갈) ▶흘러간 옛 노래.-목소리 잠김

□병인대운 갑오년의 인입 상승하니 화다수갈(돈 마음)의 슬픈 일이 발생한다.
□돈은 이미 흘러간 옛 노래되었고 슬퍼서 울다 목소리 잠긴다.

인수의 부(역)작용	○카르마 혼돈(응석둥이, 공주, 도련님) ▶임의적 추론, 일 꾸미기

---

156) 2143-1 ●=2 ■2 □3 일간과 나머지가 식상(유정)의 3배수 미만은 분산(재격 대살 관격)을 쓴다.
157) 1-5-4-2 ●=1 ■3 □3 3)종살격(처럼)은 합 포함 재 관살의 합산이 높아야하고 인수(겁)가 수기다.
158) 1-5-4-2 ●=3 ■3 ■3)□1 겁 인수조후가 있으면 수기 하강, 없어도 수기가 하강해야 한다.
159) 2143-1 ●=3 ■2 □2 1)대운에 수기가 있어 그 증감이 긍정이면 "원하는 것을 얻을 수 있다."
160) 2-1-3-3 ●=2 ■1 □5 상신과 변격이 이어져도 장기운이다. 1)다만 음양교체기처럼 운의 색에 따라 삶도 그 색깔이 변한다. 2)만약 이들이 하강하고 변격으로 이어지지 못하면 단기운이 된다.
161) 2-1-8-1 스토리화와 메타포와 시퀀스-"□스토리화는 V.W.Q 수치를 언어화 하는 것이고,"
162) 2143-1 ●=4 ■2 □2 수기가 없거나 부정은 "절반의 성공이거나 과식(무리)으로 고난을 겪는다."
163) 2143-1 ●=4 ■1 □1 1)그래서 종격 총합의 긍정은 수기를, 전제 차제의 긍정은 종 상승을 본다.
164) 2143-1 ●=4 ■3 □2 3)수기, 전제 부정 차제 긍정은 "어려움 속에서도 비극은 면한다."
165) 1-4-5 ●=3 ■1 □2 인복은 새 술을 새 부대에 담는 것과 같이 새로운 질서와 인연을 말한다. 자수성가, 자신의 노력과 덕망, 혁신적 발상, 새로운 변화와 시류 등이다.

□신강 기토가 인수(병인사) 생을 더 받으니 모왕자왕의 부작용 발생한다.
□순진(공주)하게 사람을 너무 믿고 착각(혼돈)했나 보다. 돈을 회수하려고 머리를 꾸며 보지만 결과는 임의적 추론(다른 판단을 이끌어 냄)에 불과하다.

■5. 기타
□순수하게 좋아해서 얻는 사랑보다 돈으로 잃는 사랑이 더 클 것 같다.
□미 비겁(주관-독립-분리-고독)도 갑 정관(배우자)도 이중적이다. ▶미토가 갑목을 일과 연계(밀약 밀담)하지만, 더 가까이서 신 상관이 견관(배우자 부실-기를 꺾음)한다. ▶또한 미 비겁(주재자)은 신을 생하는 척하면서(권모술수) 태운(자신의 뜻을 거스리면)다, 오히려 미는 묘를 따라 묘미합 목국(딴 살림) 그래서 마음이 항상 콩밭에 있다.

| 1-5-3 | 기신과 희신의 상승 |

(1)원국과 행운의 희 기신 정의가 다르다. 특히 겁생식상과 관살생인이 그렇다.
(2)종격이나 일간태왕은 원국의 겁이 상승하면 식상이 유정한 경우 자연 겁생식상이 된다. 그러나 식상행운166)이 오면 원국의 겁을 하강시키면서 식상만 상승하니 일간을 약하게 하는 기신이 된다.
(3)원국에서 관살생인이 되면 일간(아신)이 강화된다. 그러나 YQ-3 관살행운이 오면 겁(관극겁)은 하강되고 인관(관생인)은 상승하니 겁과 관이 입출상쇄다.167)

| 1-5-3-1 | 기신의 상승과 비극의 예 |

(06) 기신의 상승과 비극의 예(다모 2020년)

| 1-7-1 | 양인격 쓸 때 |

●-34 실제사주　1-7-1　1-5-4-1 기신 운 상승과 비극의 예

YQ-1　1. 신약 신강　여. 다모 사업
정300　경320　계480　기240
해　신　유　해 년
사 무갑임 | 녹 무임경 | 왕 경신 | 병 무갑임

9	8	7	6	5	4	3	2	1	1
1	1	1	1	1	1	1	1	1	1
계	임	신	경	기	무	정	병	을	갑
미	오	사	진	묘	인	축	자	해	술

▶1-적천수 일신 신약
▶용신-신　▶희신-토
　　　　　▶34경계인
▶6중년 대기만성형

❶ 상담일자-2019년 11월 기묘 기해 을해월
❷ 상담의 내용
 2020. 05월 수 상관 수치가 급상승하던 어느 날 백혈병으로 홀연히 세상을 떠났다.
❸ 주인공의 피드백
❹ 상담사 피드백
 2019년 아내가 백혈병으로 입원한 중에 항암화학용법을 앞두고 주인공의 남편 분으로부터 핸드폰이 왔다. 그러나 예정된 병원 치료를 잘하라고 할 뿐, 차마 안녕을 준비하라고 말할 수가 없었던 사례이다.

YQ-1	(정300) 상쇄	(경320) 왕	(계480) 상쇄	(기120) 상쇄
기묘대운 YQ-3	0	+480	-300	-60
기해년 YQ-3	+60	+80	-300	0
상위영역	+60	+560	-600	-60

---

166) 2-1-3-2 ●=2 상신운 ■2 "3 ○식상운은 겁 하강 식재가 상승한다."
167) 3231-4 ●=2 ■1 □2 4)쟁합 입출상쇄는 자원이 사장되어 보이는 것보다 실속 적다고 통변한다.

(하위) 을해월 YQ-3	+300	+80	+60	-300
총합	+360	+640	-540	-360

위 산출은 상황이 발생한 후 상담 당시 기해년 을해월의 상황인데 이 수치로는 무엇을 알아 낼 수가 없다.

아래는 치료 받다가 떠나는 달의 상황이다.

●=1	YQ-3 산출		(왕=80, 상쇠=60, 사=40)	
YQ-1	(정300) 상쇠	(경320) 왕	(계480) 상쇠	(기120) 상쇠
경진대운 YQ-3	-300	+320	+360	0
경자년 YQ-3	-300	-80	+300	-360
상위 영역	-600	+240	+660	-360

●=2　　　　　YQ-3 해석

■1. 본격과 변격
□원격 신약, 신 겁격이 본격이다. 정 계 기에서 변격온다.
□계+900(경+240 계+660) 상관 상승하여 종아격처럼 되었다.168)
 1)술월은 조후가 급하지 않다. 그래서 수기가 하강해야 하는데169)
 2)갑 수기가 지장간에 있지만 발용되지도 않았다. 그래서 수기가 없다.

■2. 수치분석과 스토리화170)
□수기가 없어 부정이니 "절반의 성공이거나 미완성의 고난을 겪는다."171)

■3. 스토리텔링
□수기 부정,172) 전제 대운 긍정, 차제 경자년 긍정으로173) "내 복도 있고 인복도 있다."174) 그래서 "고난을 겪는데" "당황스럽지만" "갈망에 대한 새로운 발상"이 필요하다.
□정리하면 평범인이 입원 치료에도 불구하고 치료가 미완성이다. 그래서 가고 싶지 않는 그 먼 길을 피할 수 없어 당황스럽지만 이를 수용할 수 있는 발상

---

168) 1-5-4-2 ●=1 ■3 □2 2)인수와 관생인, 인식합의 합산 높으면 종강격(처럼) 되고 겁(식) 수기다.
169) 1-5-4-2 ●=3 ■3 ■2) □1 조후 안 보는 달의 수기식상격과 종격(처럼)은 수기 하강이 기본이다.
　　□2 만약 인출 상승하면 종아 종재 종살처럼 되고 수기 하강해야 한다.
170) 2-1-8-1 스토리화와 메타포와 시퀀스-"□스토리화는 YVWQ 수치를 언어화 하는 것이고,"
171) 2143-1 ●=4 ■2 □2 수기가 없거나 부정은 "절반의 성공이거나 과식(무리)으로 고난을 겪는다."
172) 2143-1 ●=4 ■1 □1 1)그래서 종격 총합의 긍정은 수기를, 전제 차제의 긍정은 종 상승을 본다.
173) 2143-1 ●=4 ■3 □1 1)수기 부정, 전제 차제 긍정은 "설마 그럴 리가 없는데 그저 당황스럽다."
174) 1-4-5 ●=3 ■1 □3 내 복과 인복 있으면 선 후천의 복덕이 조화롭고 없으면 상황이 막막하다.

과 연결된다.

■4. 오행과 육신 해설

☞ 행운 흐름	신약일간은 인입상승 해야 호사도래-(신 겁 화답)
경신-발전기	○(약금득금-금생금) ▶연철 선철이 강철로-친구 따라 강남, 용처상승

□경진대운 경자년의 계 상관 상승하니 친구 따라 강남(저승) 먼 길 떠난다.

겁생식상의 부(역)작용	○카르마 붕괴-무용 무능 ▶할 말이 없음

□경 입장에서 겁식(경경자)이 식상을 상승시키는데 수기 목은 없고, 그래서 그 부작용으로 자기관리(카르마) 붕괴되어 할 말이 없다.

■5. 기타
□이 사주 "신약 일간이 수다금침(역작용)되어 자기관리 안 된다."로 해석할 수도 있다. 그러나 같은 결론이지만 '종아격처럼'으로 보는 것이 더 체계적이다.
□백혈병을 혈액과, 혈액을 수와 연결시키는 것은 각자 물상적 발상이다

1-5-3-2	희신의 상승과 고시합격 시퀀스

(07) (용신-천간) 식신격의 예-행정고시
- 정사대운(1986)에 행정고시합격, 계사년(2013)에 명퇴했다.

3-1-1	음신관합-음일간은 정관과 합

●-59 실제사주   3-3-1   1-5-3-2 희신의 상승과 고시합격 시퀀스 자료

YQ-1	☞ 1. 신약 신강	남. 행정고시	9 8 7 6 5 4 3 2 1 4	▶음신관합 불가-신약
	무300 을120 경400 정120		4 4 4 4 4 4 4 4 4 4	▶용-무 ▶상신-종재
	자 축 술 유 년		경 신 임 계 갑 을 병 정 무 기	▶평상인
병	임계 쇠 계신기 묘 신정무 무 경신		자 축 인 묘 진 사 오 미 신 유	▶2이상형

❶ 상담일자-2015년 10월
❷ 상담의 내용
　오래 전 이루어진 상담인데 우리 책의 자료화를 위해서 재상담된 사례이다.
❸ 주인공의 피드백
　"군대 가기 전에는 공학을 전공하면서 도 태권도 대표 생활을 했습니다." "그리고 군대서 만난 선임의 영향으로 제대 후 1년 입시 학원을 거쳐 서울의 K대학 진학하고 행시 합격했습니다." "어떻게 그리 했는지 지금 하라하면 못 할 거 같아요."
❹ 상담사 피드백

1532-1	1986년 고시합격

●=1	YQ-3 산출	(왕=80, 상쇠=60, 사=40)

YQ-1	(무300) 상쇠	(을120) 사	(경320) 왕	(정120) 상쇠
정미대운 YQ-3	+360	-200	+80	0
병인년 YQ-3	-60	0	-480	+360
총합	+300	-200	-400	+360

●=2	YQ-3 해석

■1. 본격과 변격
□원격은 신약, 자 인수가 본격이다[175]. 그래서 변격은 경 무 정에서 온다.

---

175) 2-1-2-3 ●=3 ■3 □1 최종격은 상신에서 나오는데 종격의 수기와 같은 유통 개념이다. 1)그러나 십정격의 상신은 물이 끓기 전이니 증기가 통풍구로 새지 않고 모아져야 한다. 그래서 최종격보다 상신이 우선이다. 2)반대로 수기는 물이 끓어 배출되는 증기로 동력을 얻는 증기기관이다.

☐인출 무 정이 상승하여 종아격처럼 되니 유 수기 하강해야 하는데176)
☐YQ-4 유+80으로 하강한다. 조후 필수 아닌 달은 수기가 하강해야 한다.

■2. 수치 분석과 스토리화177)
☐수기 하강하여 긍정이니 "원하는 것을 얻는다."178)

■3. 스토리텔링
☐전제(정미) 인출 상승하니 긍정, 차제(병인)도 긍정이니179) "내 복도 있고 인복도 있다."180) 그래서 "원하는 것을 얻는데" "갈망과 새로운 발상으로" "행운을 얻는다."
☐정리하면 평상인이 군 제대하고 고시 응시하느라 수고가 많았을 것이고 드디어 바라는 것을 얻었다.

■4. 오행과 육신 해설(통변)

☞ 행운 흐름	관합신강은 인입하강 인출 상승해야 호사 도래-(무 재 화답)
정병-절정기	○(약토득화-화생토) ▶화덕과 도자기-불의 약속, 활동왕성

☐정사대운 병인년 인출(정화) 상승하면 약속(고시합격)과 함께 활동 왕성하다.

식상생재	○본능적으로 욕심(욕망) 자극 ▶꿈(비전)을 실현(노력)

☐을 입장에서 무 정재 상승하니 본능적 욕망(고시합격)이 꿈처럼 이루어졌다.

■5. 기타
☐병 상관(수기-배출, 땀 노력)이 인목 겁(건강한 자아)을 타고 들어와 두 불길이 세 불길 되어 화염(출세-명예)을 창출, 불꽃의 자주 빛(관복-고시)이 더욱 진하다.
☐화 원두에서 원류가 시작 ▶정 식이 상승하니 무 재가 열기를 흡수 "강화득토, 열기를 흙이 흡수차단-위치(예의) 제자리로"하고, ▶회국(回局)하여 무 재는 뿌리로 내려 앉아 축토로 생금하여 금 경 정관(재생관)에 머문다. ▶다시 경은 을과 합하고 ▶을은 정을 생하는 즉 상호순환181)이 일어나 인생 술술 풀린다.

---
176) 1-5-4-2 ●=3 ■2 ■2) ☐1 조후 필수가 아닌 달의 십정격은 그냥 상신의 상승과 하강을 본다.
177) 2-1-8-1 스토리화와 메타포와 시퀀스-"☐스토리화는 YVWQ 수치를 언어화 하는 것이고,"
178) 1-4-5 ●=2 ■1 ☐3 "상신의 수치가 상승하면 원하는 것을 얻고", 하강하면 "얻을 것이 없다."
179) 1-4-5 ●=2 ■1 ☐1 총합 긍정인데 전제와 차제 긍정 "바라는 것을 얻거나 뜻밖의 행운이 온다."
180) 1-4-5 ●=3 ■1 ☐3 내 복과 인복 있으면 선 후천의 복덕이 조화롭고 없으면 상황이 막막하다.
181) 2권 88p 7-3-3-3 상호순환

| 1532-2 | 2014 갑오년 명퇴 |

●-59 실제사주　3-3-1　1-5-4-2 희신의 상승과 고시합격 시퀀스 자료

YQ-1 ☞ 1. 신약 신강			남. 행정고시	9 8 7 6 5 4 3 2 1	▶음신관합 불가-신약
무300	을120	경400	정120	4 4 4 4 4 4 4 4 4	▶용-무 ▶상신-종재
자	축	술	유 년	경 신 임 계 갑 을 병 정 무 기	▶평상인
병 임계	쇠 계신기	묘 신정무	포 경신	자 축 인 묘 진 사 오 미 신 유	▶2이상형

●=1　　YQ-3 산출　　(왕=80, 상쇠-60, 사=40)

YQ-1	(무300) 상쇠	(을120) 사	(경320) 왕	(정120) 상쇠
갑진대운 YQ-3	-60	+40	-80	0
갑오년 YQ-3	0	+40	-400	+300
상위영역	-60	+80	-480	+300

■1. 본격과 변격
□원격은 신약, 자 인수가 본격이다[182]. 그래서 변격은 경 무 정에서 온다.
□갑오년 상신 정 상승하여 종아격처럼 되어서 술 수기 하강해야 하는데[183]
□YQ-4 술+80으로 하강한다. 참고로 조후 필수 아니면 수기 하강이 기본이다.

■2. 수치 분석과 스토리화[184]
□수기하강으로 "원하는 것을 얻을 수 있다."[185]

■3. 스토리텔링
□정 상신 긍정, 전제 대운 부정, 차제 갑오년 긍정이니[186] "내 복은 없되 인복은 있다"[187] 그래서 "원하는 것을 얻는데" "적게 얻는다." 그래서 "새로운 발상"이 필요하다.
□정리하면 평상인이 건강 안 좋아 명퇴하는 것과 "적은 것"이 연결된다. 정년

---

[182] 2-1-2-3 ●=3 ■3 □1 최종격은 상신에서 나오는데 종격의 수기와 같은 유통 개념이다. 1)그러나 십정격의 상신은 물이 끓기 전이니 증기가 통풍구로 새지 않고 모아져야 한다. 그래서 최종격보다 상신이 우선이다. 2)반대로 수기는 물이 끓어 배출되는 증기로 동력을 얻는 증기기관이다.
[183] 1-5-4-2 ●=3 ■2 ■2) □1 조후 필수가 아닌 달의 십정격은 그냥 상신의 상승과 하강을 본다.
[184] 2-1-8-1 스토리화와 메타포와 시퀀스-"□스토리화는 YVWQ 수치를 언어화 하는 것이고,"
[185] 1-4-5 ●=2 ■1 □3 "상신의 수치가 상승하면 원하는 것을 얻고, 하강하면 "얻을 것이 없다."
[186] 1-4-5 ●=3 ■2 □3 총합 긍정, 전제 부정, 차제 긍정은 "어렵게 얻지만 적거나 일시적이다."
[187] 1-4-5 ●=3 ■1 □2 인복은 새 술을 새 부대에 담는 것과 같이 새로운 질서와 인연을 말한다. 자수성가, 자신의 노력과 덕망, 혁신적 발상, 새로운 변화와 시류 등이다.

보다는 명퇴가 아무래도 적다.

■4. 오행과 육신 해설(통변)

☞ 행운 흐름	관합신강은 인입하강 인출 상승해야 호사 도래-(무 재 화답)
을갑	○목극토(목왕득토) ▶밀집 목, 넓은 땅에 이식-새 세상(역할)

□갑진대운 계사년의 인출 상승하면 새 세상 새 역할(명퇴) 시작이다.

식상생재	본능적으로 욕심(욕망) 자극 ▶꿈(비전)을- 실현(노력)

□을 입장에서 화토 식재 상승하니 꿈(명퇴)이 실현되었다. 건강상의 이유로 오래 전 계획된 명퇴가 실현되어 아마 행복했을지 모른다.

1532-2	2018년 낙선

❶ 상담일자-2018년 5월
❷ 상담의 내용
명퇴후 2018년 6월 지방선거에 K시 D구청장으로 출마한 사례이다.
❸ 출마자의 피드백
"출마하고 아내가 운 보러 가보자 해서 몇 군데 따라갔습니다."
❹ 상담사 피드백
출마는 혼자서 하는 것이 아니다. 많은 단체와 사람들이 생사를 걸고 선거운동하기 때문이다. 이러한데 직설적으로 안 된다고 말하기가 눈치 보였다.
나중에 선거 끝나고 식사할 기회가 있었는데, 그때 출마자가 "다들 당선 된다고 하는데 두 군데서는 안 된다."고 했다 한다.

●=1	YQ-3 산출			(왕=80, 상쇠=60, 사=40)	
YQ-1	(무300) 상쇠	(을120) 사	(경320) 왕	(정120) 상쇠
갑진대운 YQ-3	-60	+40	-80	0
무술년 YQ-3	+240	-160	+320	-360
상위영역	+100	-120	+240	-360
정사월(하위)YQ-3	+300	-200	-400	+300
영역 합산	+400	-320	-160	-60

●=2	YQ-3 해석

■1. 본격과 변격

☐원격은 신약, 자 인수가 본격이다[188]. 그래서 변격은 경 무 정에서 온다.
☐술월 무+340(무+400 정-60) 상승하여 종재격처럼 되었다.[189]
 1)술월은 조후가 급하지 않다. 그래서 수기 하강이 기본인데[190]
 2)그러나 수기 YQ-4 유+480이 무+340보다 상승한다.

■1. 수치분석과 스토리화[191]
☐수기 상승하여 부정이니 과식으로 "고난을 겪는다."[192]

■3. 스토리텔링
☐수기 부정,[193] 전제 대운 종왕 긍정, 차제 무술 종살 긍정이니[194] "내 복도 있고 인복도 있다."[195] 그래서 "고난을 겪는데" "설마 그럴 리가 없다." 그러나 "기존의 사고"도 새로운 발상도 "과식"이 문제가 된다.[196]
☐정리하면 평상인의 색깔이 바뀌고 부정이니, 선거 실패와 과식(선거 여론이 너무 좋았다고 함)이 연결된다.

■4. 오행과 육신 해설(통변)

☞ 행운 흐름	관합신강은 인출 상승해야 호사 도래-(정 식 화답)
기무	○(약화설기-토다화식) ▶사막의 선인장-혀의 가시, 설화 언어장애

☐무술의 인수가 경금을 생하니 그 부작용으로 낙선의 가시에 찔린다.

극겁의 부(역)작용	○카르마 혼돈(관제, 질병, 상처) ▶못다 핀 꽃 한 송이(무직 실직)

☐경 관이 상승하니 그 부작용으로 못다 핀 꽃 한송이(낙선) 신세다.

---

[188] 2-1-2-3 ●=3 ■3 ☐1 최종격은 상신에서 나오는데 종격의 수기와 같은 유통 개념이다. 1)그러나 십정격의 상신은 물이 끓기 전이니 증기가 통풍구로 새지 않고 모아져야 한다. 그래서 최종격보다 상신이 우선이다. 2)반대로 수기는 물이 끓어 배출되는 증기로 동력을 얻는 증기기관이다.
[189] 1-5-4-2 ●=1 ■3 ☐3 2)종재격(처럼)은 합 포함 식 재 합산이 높아야하고 관살(인수)이 수기다.
[190] 1-5-4-2 ●=3 ■3 ■2) ☐1 조후 안 보는 달의 수기식상격과 종격(처럼)은 수기 하강이 기본이다.
　　☐2 만약 인출 상승하면 종아 종재 종살처럼 되고 수기 하강해야 한다.
[191] 2-1-8-1 스토리화와 메타포와 시퀀스-"☐스토리화는 YV.W.Q 수치를 언어화 하는 것이고,"
[192] 2143-1 ●=4 ■2 ☐2 수기가 없거나 부정은 "절반의 성공이거나 과식(무리)으로 고난을 겪는다."
[193] 2143-1 ●=4 ■1 ☐1 1)그래서 종격 총합의 긍정은 수기를, 전제 차제의 긍정은 종 상승을 본다.
[194] 2143-1 ●=4 ■3 ☐1 1)수기 부정, 전제 차제 긍정은 "설마 그럴 리가 없는데 그저 당황스럽다."
[195] 1-4-5 ●=3 ■1 ☐1 내 복은 구관이 명관처럼 오래된 장, 된장, 묵은 김치처럼 구연을 말한다. 선대의 복, 타고난 재능, 기존의 사고와 가치관, 내재된 갈망 등이다.
[196] 2143-1 ●=4 ■1 ☐1 종(처럼)이 되면 절반의 성공이고, 나머지 절반은 수기가 있고 긍정이어야 한다. 수기 없는 과식(종)은 탈이 문제다. 무정한 수기도 같다.

| 1-5-4 | 변격(變格) |

 변격이라는 것은 원국 또는 행운에서 격이 변하는 종격(처)을 말한다. 우리 책의 "3-1-1 명리고전에서의 행운(行運)"과 궤를 같이 하는데 총 18페이지로 양이 많은 편이다.
(1)대표적인 내용으로는 "3-1-1-3『적천수』", "3-1-1-4『적천수천미』"의 개두절 각과 "3-1-1-5『자평진전』,『자평진전평주』의 변격(變格)"이다.
(2)그중 "3-1-1-5『자평진전』과『자평진전평주』의「논행운(論行運)」"은 '●=1, 2, 3, 4' 안에 '■24개 항'이 있는데 10페이지 정도로 역시 분량이 많다.

> ● 간명의 원리
> ○그러나 이 많은 분량을 외울 수도 없고 외우더라도 사람의 한계인 기억의 소거와 소멸이 일어나는 것은 어쩔 수 없습니다. 또한 이를 모두 외운다 할지라도 매 시퀀스마다 원국과 대운, 원국과 세운, 대운과 세운을 적용하기란 결코 쉬운 일이 아닙니다.
> ○그렇지만 YVWQ는 이러한 난제 해결에 도움이 될 것을 의심하지 않습니다. 매 시퀀스마다 물극필반(物極必反달이 차고 기움[197])의 때와 그 스토리(story)[198] 구성에 의외(意外)의 단서를 제공하게 될 것이기 때문입니다.

(3)우리 책 제1장에는 46+2명의 실제사주에서 각 상황별로 72건의 사례가 소개되고 있다. 이중에서 49건의 사례는 변격되어 종격(처)이고, 13건의 사례는 십정격(상신)에 해당된다.

> ● 간명의 원리
> ○위에 보듯이 변격이 십정격의 상신보다 거의 80% 정도 많은 지면을 차지합니다.
> ○처음에는 십정격[199]처럼 누구나 쉽게 변격에 접근할 수 있도록 그리했습니다.
> ○그러기 위해 우리 책을 쓰는 7년 동안 변격에서만 2년이 넘는 시간이 소요되었는데, 쉽고 간단한 장점의 오류를 줄이는 동안 돌고 돌아 결국 원래대로 이리 되었습니다.
> ○즉 거의 4배나 많은 사주의 변격을 해결하지 않고는 안 되는 상황 때문입니다.
> ○아마 "용신 무용론"[200] 같은 말이 사실이라면 YVWQ는 생겨나지 못했을 겁니다. 그런데 변격은 '조후와 수기'[201] 등 이보다 훨씬 많은 과제를 우리에게 안겨줍니다.

---

197) 3-2-9-4 ●=2 ■6 □5 물극필반(物極必反)
198) 제3장 ■2 스토리화(story化)와 메타포(metaphor)
199) 2-1-2-3 ●=3 ■2 용법의 종류 □1 자평 용신과 용법 □2 적천수용법
200) 2-1-2-1 ●=2 ■2 □1 ●간명의 원리 ○3 "용신을 격으로 부르고 싶다면", ○4 "용신 무용론"
201) 1-5-4-2 ●=3 ■2 ■1) □3 그러나 종이란 이미 종이 상승한 것이니 하강할 수가 없다. 1)그래서 궁여지책으로 조후와 수기로 하강을 유도한다는 말이다.

| 1-5-4-1 | 변격이란? |

세상은 변화를 멈추지 않는데202) 주역의 변효203)처럼 사주명리에서도 일간의 변화(변격)가 수시로 일어난다.

우리 책 YVWQ는 변격 아래 본격, 그 아래 원격이 깔려 있다.

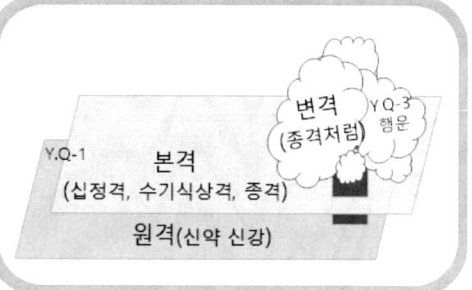

❶원격이란 YQ-1과 YQ-2의 신약신강 자체를 말하는데 제2장의 '체'가 그렇다.

 1)YQ-1 원격(신약신강)과 본격의 십정격은 거의 동일하게 쓰이며 해석도 같다. 용법에 따라 신약하면 겁인 상신, 신강하면 재관식 상신이다.
 2)YQ-1, 2 원격과 본격은 3배수가 적용되고, YQ-3, 4 행운에서는 3배수와 상관없이 인입 인출 중 높은 쪽으로 변격(종격처럼) 된다.
 3)YQ-1은 극이 없어야 종한다.204) 극이 통관되거나 극을 극하면 구응되어 기능한다. 참고로 YQ-3는 극 있어도 종한다.205)

❷본격은 YQ-1, 2의 용법206) 즉 제2장 '용'을 따라 나오는 상신(십정격)207)이다.
 1)그래서 본격이 행운(YQ-3)에서 하강하면 수치가 높은 쪽으로 변격된다.
 2)본격 십정격은 인입 대 인출로, 변격은 종과 수기로 간명한다. 또한 본격(십정격)은 상신을,208) 변격(수기식상, 종)은 수기를209) 스토리화한다.

❸YQ-3(행운) 변격은 본격의 제화를 타파하기 일쑤다. 종격처럼이 그렇다.

| ●=1 | 원국에서의 변격 |

---

202) 4-2-3 이간(易簡), 변역(變易), 불역(不易)- "▶이간(易簡)의 생장화수장에서 ▶변역(變易)의 정중동 동중정에서, "▶불역(不易) 에서 헤라클레이토스의 로고스를 통하여 세상의 변화를 보았다."
203) 8-4-1 변효(變爻)와 변괘(變卦)(관성)
204) 1-5-4-1 ●=1 ■2 □3 원국 YQ-1에서 극하는 재관은 종의 장애가 된다. 1)관살은 종(겁)하는 것을 극하여 종을 방해하고, 2)재는 종(겁)이 극재(봉쇄)하는 순간 통풍구(수기)가 사라지는 이유다.
205) 1-5-4-2 ●=1 ■4 □1 YQ-3는 극 있어도 종한다. 1)종이란 기운이 최대로 상승한 것이고, 나머지는 하강하여 왜소하기 때문이다. 또한 행운 여러 글자는 모두 제화(制化)에서 해방 중화시킨다.
206) 2-1-4 ■2 □1 용법 요약 "식상 강해 신약-탈식하는 인수 상신". "관살 강해 신약-겁 상신(겁으로 대항)". "재성 강해 신약-파재하는 겁 상신"
    2-1-4 ■3 □1 용법 요약 "겁 왕 신강-극겁하는 관살 상신". "인수 강 신강-극인하는 재 상신"
207) 6222-2 십정격(十正格) 선정의 원칙
208) 1-4-5 ●=2 ■1 □1 본격은 총합의 상신 수치가 스토리화의 주어(주체)가 된다.
209) 1-4-5 ●=2 ■2 □1 종격 변격(종격처럼)은 수기 증감 수치가 스토리화의 주어(主語)가 된다.

■1. 원격과 본격
☐1.원격은 신약신강 자체이고 그에 따른 용법에서 나온 십정격이나 변격이 본격이 된다. 그래서 상신(최종격) 운 즉 활성기가 자연 본격이다.
☐2.따라서 본격은 언제든 상신운이 오면 본래대로 작동한다. 그래서 본격이다.

■2. 원국 본격의 변격
☐1.원국의 변격은 신약한 일간이 겁 인의 뿌리가 없거나 적어서 강한 쪽을 따라(從종)가는 것을 말한다.
 1)전통적으로 겁이나 인수에 통근하고 있으면 종하지 못한다고 알려져 왔다.
 2)그러면서 있어도 적을 수 있고, 적다면 얼마나 적은 것에 대한 언급이 구체적이지 않다. 예를 들면 십이운성이 어떻고, 음은 양을 이길 수 없고 등이다.

> ● 간명의 원리
> ○1.사주명리학의 상신은 용신과 극으로 소통됩니다.[210] 그 극할 수 있는 한계는 과다(3개)이고, 태과(태왕-4개 이상)는 극할 수 있는 한계를 벗어났으니 설하게 됩니다.
> ○2."통근하고 있으면"은 일간 겁인 뿌리와 재관식 뿌리 차이가 3개 이하라는 말이고, "적을 수 있고"는 겁인과 재관식 뿌리 차이가 3개를 초과하니 겁인이 적다는 말입니다.
> ○3.이 뿌리 3개의 차이를 왕상쇠사를 적용한 수치로 환산하면 3배수 차이가 됩니다.

☐2.그러나 종 대상이 일간과 천간 인수와의 합산보다 3배수 이상이면 종한다.
 1)그래서 생극 한계는 3배수 미만이고 그 이상은 생극의 역작용 일어난다.[211]
 2)식상도 3배수 이상이면 설기과다[212]가 된다. 우리 책은 이렇다.

	3배수의 한계	작용과 역작용(숫자는 임의 값)
극(관살) 극설(재성)	적은 침[213]으로 3배수 미만 극 가능	관살120:겁360 (화극금) 관살360:겁120 (화왕득금, 화왕득수) 360 이상이면 극의 역작용 (화다금용, 화다수갈)
설(식상)	적은 통풍구[214]로 3배수 미만 설기 가능	식상120:재성360 (화생토) 식상360:재성120 (강화득토) 120 이상(과다)이면 설의 역작용 (토다화식)

 3)따라서 뿌리의 차이를 왕상쇠사를 적용한 수치로 환산하면 3배수 미만은

---
210) 2-1-3-1 서문 "자평 상신(적천수는 용신)은 과다를 극하고 태과(태왕)하면 설하는 것에서 왔다. 즉 "화왕득수"처럼 과다한 용신(화왕)이 득(得) 상신(수)하면 왕화가 소통의 기쁨을 얻는다.
211) 2149-1 ■1 이는 우리 책 2~3개 미만은 과다, 3개 이상이면 태왕(태과)이 되는 근거가 된다.
212) 3-2-4-5 생극의 과다(過多)
213) 2-1-3-1 ●간명의 원리 ○2또한 상신은 용신에 비해 적지만 작은 침처럼 용신의 기를 소통(극)시킵니다. 그래서 통하지 못하면 아프고 통하면 아프지 않게 된다는 한의학의 원리와 같습니다.
214) 2143-1 ●=1 ■2 ☐1 수기는 위 '자' '묘'처럼 설기구(洩氣口), 통기구(通氣口), 통풍구(通風口)이다.

종이 안 되는 한계이고, 3배수 이상은 종할 수 있다는 말이 된다.

> ● 간명의 원리
>
> ○1.화생토, 강화득토, 화왕득금, 화왕득수[215]는 생, 강, 왕보다 득이 3배수 미만이라는 말이고 득이란 소통을 의미합니다. 그래서 득을 침에 비유한 겁니다.[216]
> 1)만약 득이 3배수 이상이면 화다토초, 화다금용, 화다수갈처럼 부작용이 일어납니다.
> 2)그리고 부작용 안에서도 역작용이 일어나는데 토다화식, 금다화식, 수다화식입니다.
>
> ○2.그러나 종격(처럼)에서 다(多)는 3배수 이상이라는 말이고 그 과정은 수기가 됩니다.
> 1)즉 양초의 토초, 금의 용융, 물의 고갈 과정은 화(증기)로 동력을 얻는 증기기관과 같습니다.[217] 숯불이 꺼지기(화식) 전 고기가 구워지는 것도 같은 원리입니다.
> 2)반대로 종하지 못하면 얻는 것 없이 토초 금용 수갈 화식으로 끝나고 맙니다.[218]

☐3.원국 YQ-1에서 극하는 재관은 종의 장애가 된다. YQ-3와 다르다.[219]
 1)관살은 종(겁)하는 것을 극하여 종을 방해하고,[220]
 2)재는 종(겁)이 극재(봉쇄)하는 순간 통풍구(수기)가 사라지는 이유다.
 3)그래서 관살은 인수통관, 재는 식상통관이나 관살의 극겁으로 구응된다.

☐4.이러한 원국의 종격은 행운에서 다시 또 '종격처럼' 변격될 수 있다.
☐5.변격의 크기는 수기 위치와 운의 지속성(대운은 10년) 때문에, 본국(상신)보다 클 수도 적을 수도 있다.

■3. 종격(변격)과 수기
☐1.태왕(태과)은 종격을 포함하는데 설기(수기)로 다스린다.[221]
☐2.그러나 변격(처럼) 자체로는 "절반의 성공이거나 미완성(흠, 장애)이다. 종격

---

215) 3-2-4-5 생극의 과다(過多). 5135-3 생과 극의 역작용
216) 2-1-3-1 ●간명의 원리 ○2또한 상신은 용신에 비해 적지만 작은 침처럼 용신의 기를 소통(극)시킵니다. 그래서 통하지 못하면 아프고 통하면 아프지 않게 된다는 한의학의 원리와 같습니다.
217) 2-1-2-3 ●=3 ■3 ☐1 최종격은 상신에서 나오는데 종격의 수기와 같은 유통 개념이다. 1)그러나 십정격의 상신은 물이 끓기 전이니 증기가 통풍구로 새지 않고 모아져야 한다. 그래서 최종격보다 상신이 우선이다. 2)반대로 수기는 물이 끓어 배출되는 증기로 동력을 얻는 증기기관이다.
218) 2143-1 ●=4 ■2 ☐1 종격(처럼)이 수기(식상)가 있고 긍정이면 "원하는 것을 얻는다." 그러나 종격이나 상신이 하강하고 변격되지 못하면 "얻을 수 있는 것이 없다."
219) 1-5-4-2 ●=1 ■4 ☐1 YQ-3는 극 있어도 종한다. 1)종이란 기운이 최대로 상승한 것이고, 나머지는 하강하여 왜소하기 때문이다. 또한 행운 여러 글자는 모두를 제화(制化)에서 해방 중화시킨다.
220) 1-5-4-1 서문 ❶ 3)YQ-1은 극이 없어야 종한다. 극이 통관되거나 극을 극하면 구응되어 기능한다. 참고로 YQ-3는 극 있어도 종한다.
221) 1-5-4-1 서문 ❷ 2)본격 십정격은 인입 대 인출로, 변격은 종과 수기로 간명한다. 또한 본격(십정격)은 상신을, 변격(수기식상, 종)은 수기를 스토리화한다.

(처럼)은 수기가 있고 긍정이어야 나머지 반이 안고 "원하는 것을 얻는다."
☐2.그 수기의 증감이 변격의 긍정 부정을 가르면서 스토리화가 나온다.
☐3.그래서 수기(조화신)가 중요하고,222) 종격(처럼)은 수기로 경지를 정한다.

| ●=2 | 행운에서의 변격 |

여기의 서술은 변격을 일으키는 요인에 대한 설명이다. 이러한 요인들이 더해져서 다음 "1-5-4-2 ●=1 ■4."의 YQ-3 종(변격)의 범위로 이어진다.
우리 책은 행운에서 변격을 종격처럼이라고 한다. 3배수를 따라 원국에서 변격된 종격 과 구별하기 위해서이다. 그러나 변격 조건이 다를 뿐 본성은 같다.

■1. 천간의 변격과 간여지동
☐1.변격은 행운이 간여지동(간지동체, 간지겁인)일 때 일어날 확률이 높다.223)
 1)대운이 간여지동224)이면 대운, 태세 간여지동이면 태세가 변격을 유발한다.
 2)대운과 태세 동시에 간여지동(간지합)이 오면 변격될 확률이 더욱 높다.

☐2.그러나 이 두 글자만으로 변격이 일어나지 않는다.
 1)대운에서 부터 차례대로 다음 운 즉 태세(세운), 태세도 다음 하위운과의 이합집산을 통해 변격된다.
 2)대운이 개두절각이면 태세의 간여지동이 변격을 유발하는데 다음 하위운에서 태세를 더 상승시켜야 변격된다. 태세마저 개두절각이면 변격은 없다.

■2. 간지합이 일어나면 변격이 일어난다.

	갑	을	병	정	무	기	경	신	임	계
간지합	기축 기미	경신	신유	임오	무자	갑인 갑진	을묘 을유	병신	정해	무자
비겁	을축 을미	갑신	정유	정해	무자	무인 무진	신묘 신유	경신 신유	계해	기해
인수	계축 계미	임신	을유	갑오	병자	병인 병진	기묘 기유	무신 기유	신해	신해

위 도표 을유는 개두절각이다. 그러나 경이 을 만나면 천간합이고 경이 유를 만나면 비겁합(간지합)이다. 또한 을이 신(申)을 만나면 을경(=신)합이고 을이 유(=辛)를 만나면 을신충이다.

---

222) 2149-1 ■2 ☐2 태과(태왕)는 설기로 다스린다. 신강 신왕수기나 종격의 수기가 그렇다.
223) 3-1-1-5 ●=2 행운의 성격과 변격 "운과 배합하면 격이 이루어지기도, 격이 변하기도 한다."
224) 3-2-10-2 ●=7 "간여지동(干如支同간지동체, 간지겁인)"

그래서 을유를 제외하고 나머지 합은 간여지동처럼 상승한다. 이러한 작용은 앞서 공부한 대로 YQ-3수치에 자연 포함된다.

> ● 간명의 원리
>
> ○이론적으로 이렇지만 실제 간지합에 의한 변격을 보기가 쉽지 않습니다. 한두 글자를 보는 것도 어려운데 원국 대운 태세 등 여러 글자가 작용을 일으키기 때문입니다.
> ○그러나 YQ-3 산출의 수치 안에 이 과정이 자연 포함됩니다.225) 그래서 수치의 결과로 변격을 판단할 수 있습니다. 다만 원리가 이렇다는 말입니다.
> ○참고로 이러한 생극(이합집산)의 산출 과정이 보이면 통변의 소재로 활용바랍니다.

■3. 지지의 변격
□1.이론적으로 지지도 간여지동이나 간지합, 합충, 관인통관이 오면 변격된다.
□2.그러나 지지는 행운 한두 글자만으로 변격이 완성되지 않는다.226)
□3.그래서 원국 YQ-1, 2에서는 지지의 변화로 인한 변격을 논하지만 행운 YQ-3, 4에서는 이를 논하지 않는다.

■4. 지장간의 발용227)과 변격
□1.지장간의 발용은 크게 상신, 수기, 조후로 나뉜다.228) 그중 수기가 발용되면 수기의 크기를 따로 산출(YQ-3)해야 한다.229) 그러나 조후와 상신의 발용은 따로 산출하지 않는다.

> ● 간명의 원리
>
> ○구법(고법 명리)에는 보이지 않는 것을 관념적으로 보는 허자론이나 공협 전실이 있습니다. 혹 발용도 수치가 없으면 이처럼 막연할 수도 있을 것입니다.

□2.이중에 상신이 발용되면 이론적으로는 변격을 일으킨다. 그러나 실제 발용한 글자로 변격되지 않는다.230) 행운은 여러 글자로 오기 때문이고 그 여러 배합의 산물이 YQ-3, 4이다.

---

225) 1-5-4-3 ■3 □3 어떻든 YVWQ 수치 안에 변격 원리와 과정이 자연스럽게 담겨져 있다.
226) 2-1-3-2 ●=3 ■3 □2 2)그러나 도형의 행운은 대운과 태세의 '임계' '경신'이 따로따로 오지 않고 동시에 온다. 오히려 여기에는 월운, 일운, 시운이 빠져있다.
227) 2-1-3-1 ●=1 ■2 □2 ●간명의 원리 ■-1 『자평진전』 "운 오면 투출하여 그 쓰임새를 드러낸다."
228) 2-1-3-2 ●=3 ■3 ●간명의 원리 ○1 위에서 보았듯이 상신과 상신운은 다릅니다. ○2 이처럼 상신과 같은 원리는 조후와 수기에도 적용됩니다.
229) 2143-1 ●=3 ■2 □1 2)수기가 발용되면 나머지 행운 모두를 배합해서 YQ-3를 산출한다. 참고로 상신 발용은 통변에 반영, 조후는 수치를 산출하지 않는다.
230) 2-1-3-1 ●=1 ■2 □4 그러나 이 또한 YVWQ에서는 언어의 유희일 수 있다. 운은 한 글자로 오는 법이 없기 때문이다.

□3.수기는 "2143-1"에, 조후는 "2-1-7"의 각 장에 서술되어 있다. 그리고 다음 나오는 "1-5-4-2"의 '변격과 조후에 따른 이법의 변화'는 이에 대한 결정판이라 할 수 있다.

●=3	변격의 해석(통변)

■1. 교체기
□행운에서 변격이 일어나는 것은 음양교체기(환절기) 변화에 비유할 수 있다.
 1)그래서 환절기의 '사오'와 '해자'처럼 기운이 들고 나는 등 팔난[231]과 같다.
 2)즉 사람과 재물(건강 포함)과 소식(정보) 등이 오고 간다.

□예를 들어 재격을 쓰는데 종강(인수)격처럼 변격되었다는 것은 재극인의 역작용을 말한다. 그래서 재 활동은 줄어들고 인수의 현상이 새로워진다.
 1)이때 교체기 해설(통변)은 '전제와 차제'[232]를 활용하고
 2)그리고 '겁과 수기의 대비에서 오는 증감의 결과'[233]를 스토리화한다.

■2. 변격분석
□1.변격분석이란 수치 합산에서 변격 과정을 찾아 스토리화[234]하는 작업이다.
□2.우리 책 제1장 각 시퀀스마다의 "■2. 수치분석과 스토리화" "■3. 스토리텔링"이 여기에서 나왔다.

---

231) 7-1-4-1 ■5 □3 삼재팔난(三災八難)
232) 1-4-5 ●=1 ■2 □1 "▶운이 앞에 있으면 전제, 뒤에 오면 차제. 변격 자체는 전제 수기는 차제".
233) 수기가 있고 그 상승과 하강에서 종격(변격)의 긍정과 부정이 나온다. 수기가 없다는 것 그 자체로 절반의 부정이다.
234) 제3장 서문 (2) "간명의 기능은 기운의 증감(생극제화)과 스토리화(story化)

| 1-5-4-2 | 변격과 조후에 따른 이법의 변화 |

 여기는 그동안 각 단원별로 공부했던 수기와 조후 그리고 상신을 유기적으로 활용하는 최상위 버전이라 할 수 있다.-(2권 ●-43 실제사주 ●간명의 원리 참조)

> ● 간명의 원리
>
> ○정말 미안합니다. 본의 아니게 변격 설명이 너무 어렵고도 복잡하게 이어집니다.
> ○그래서 혹시 누군가에 의해서 변격이 더 쉽게 설명되어 질 수 있으면 합니다.
> ○어떻든 이 과정의 여러 자료들을 지면의 한계로 수록하지 못한 점 이해바랍니다.

| ●=1 | 변격의 조건 |

■1. 인입 인출과 조건

☐1.행운(YQ-3)에서 변격 또한 인입 대 인출에서 일어난다.
 1)이를 상신 반대편에 있는 자평 용신이 용신운을 보면 더 태왕하여 종격처럼 된다고도 할 수 있다.[235]
 2)변격은 이미 종 수치가 상승한 것이니 기본적으로 수기 하강해야 한다.
 3)상신과 종이 모두 (-)인데 종이 덜 하강하여 종처럼 되기도 한다. 이때도 수기가 종보다 하강해야 한다.[236] 다만 격이 떨어지니 "적게 얻는다."

☐2.상신이 인입이면 인출, 인출이면 인입 상승할 때 종(변격)이 일어난다.[237]
 1)상신 상승하면 상신운이고, 상신 반대편이 상승하면 종하여 변격된다.
 2)즉 본격에서 신약의 인입 상신이 상승하더라도 종왕 종강이라 하지 않고, 신강의 인출 상신이 상승하는 것을 종아 종재 종살이라 하지 않는다.[238]
 3)참고로 상신운에는 수기를 중요하게 보지 않는다.[239]

☐3.십정격과 수기식상격은 인입과 인출 중 수치가 높은 쪽을 따라 종한다.
 1)수기식상격의 천간 식상은 인출이면서 겁(종)의 수기가 된다.
 2)이러한 이중성은 식상 상신의 식상격이 겁의 생을 받아도 겁격 아닌 식상

---

[235] 2-1-3-3 ●=3 ■3 ☐1 비활성기는 상(용신)신이 하강하고 용신(자평)이 상승하는 때를 말한다. 그래서 "종격처럼"으로 변격이 일어날 확률이 높다.
[236] 2143-1 ●=4 ■1 ☐2 기본적으로 겁(종)보다 수기가 하강해야 긍정이다. 배출구가 적어야 기운(증기)이 모이고 크면 증발이 심하기 때문이다. 다만 변격의 조후는 배출구가 커야 긍정일 때도 있다.
[237] 3-2-1-2 ●=1 ●간명의 원리, "저울"
[238] 1-5-4-2 ●=3 ■2 ■3) ☐1 1)신약의 겁 인수조후는 이법의 겁인 상신과 같고, 하강하면 신약 이법의 식재관(기법은 식재 관성조후) 상승이니 종아 종재 종살처럼 된다.
[239] 2-1-3-4 ●=1 ■3 따라서 상신 행운에는 수기가 중요하지 않다. ☐1 저울의 가벼운 쪽에 있는 약한 상신(질)의 기운을 상신운에 더욱 응집시켜야 하기 때문이다.

격인 것과 같다.240)

■2. 관살과 식상은 조건에 따라 인입과 인출의 역할이 달라진다.
□1.원국(YQ-1)의 관살이 관(살)인 통관되면 인출이 아닌 인입의 일원이 된다.
□2.그러나 행운(YQ-3)은 지지의 관생인(관살통관)을 적용하지 않는다. 원국(YQ-1)에서만 적용하는 것과 다르다.
□3.대살의 식상은 관살(인수와 무정)과 극(식신대살, 상관견관) 사이지만 인출이다. 다만 대살은 식관이 극하느라 식생이나 재생관보다 인출의 크기가 작다.

> ● 간명의 원리
>
> ○YVWQ의 원리는 반감241)과 인입 인출의 상대적 상승과 하강에 있습니다.
> ○그래서 십정격이나 수기식상상격이 본격인 경우 인입과 인출로 자연 구성됩니다.
> ○그러나 신왕수기격과 종왕격은 인출이 천간과 지지에 없을 수 있습니다. 이러한 경우 인입과 인출의 상대적 대비가 불가하게 됩니다.
> ○이때 수기가 발용된다면 상대적 비교가 가능해 집니다. 그러나 지장간의 발용은 수기의 수치가 나타나지 않습니다. 자연 YQ-3나 YQ-4에 포함되어 있기 때문입니다.
> ○그래서 지장간의 수기가 발용되면 수치를 따로 산출해야 된다고 말한 것입니다.242)

■3. YQ-3 종(변격)의 범위
□1.수기식상격 및 종왕격과 종왕격처럼의 차이
 1)원국 YQ-1에서 십정격이 변격되면 신강 신왕수기격이나 종격이 된다.
 2)그러나 종왕격처럼은 신강 십정격과 수기격 종격이 YQ-3 행운에서 인입 상승으로 2차 변격된 것이다.243)

□2.종왕 종강격처럼
 1)합을 포함 겁과 인수의 합산이 높으면 종왕격(처럼) 되고 식상(재)이 수기다. 겁(종)이 상신이니 결과적으로 신강 신왕수기격과 결이 같다.
 2)인수와 관생인, 인식합의 합산 높으면 종강격(처럼) 되고 겁(식) 수기다.
 3)행운(YQ-3)에서 종강격의 인수 하강하면 신강이나 신왕수기격처럼 된다.
 4)천간에 인출 없는 신왕(가종격 포함)도 종강의 범위를 따라 변격된다.

□3.종아 종재 종살격처럼

---

240) 2-1-4 ■3 □2 식상 상신-식상 약해 겁이 생해도 최종 식상격. 식 상신 강하면 최종 식상생재격
241) 1-3-2 반감의 원리(이기법)
242) 1-5-4-1 ●=2 ■4 □1 지장간의 발용은 크게 상신, 수기, 조후로 나뉜다. 그중 수기가 발용되면 수기의 크기를 따로 산출(YQ-3)해야 한다. 그러나 조후와 상신의 발용은 따로 산출하지 않는다.
243) 1-5-4-1 ●=1 ■2 □4 이러한 "원국의 종격은 행운에서 또 다시 '종격처럼' 변격될 수 있다."

1)종아격(처럼)은 합 포함 겁과 식상의 합산이 높아야하고 재(관)가 수기다.244)
2)종재격(처럼)은 합 포함 식상과 재 합산이 높아야하고 관살(인수)이 수기다.
3)종살격(처럼)은 합 포함 재와 관살의 합산이 높아야하고 인수(겁)가 수기다.
이때 인수와 겁이 유정하고 지지에서 인수통관 되면 종강이 되고 만다.

□4.종은 종(겁)과 근접한 인수와 그 인입의 합산이고, 수기 역시 식상과 재, 식상과 관살 등 인출의 합산으로 이루어진다. 위 "식상(재)"는 식상과 근접한 재성의 합산을 말한다. 나머지 경우도 마찬가지다.

■4. YQ-3는 극해도 종(변격)한다.245)
□1.YQ-3는 극 있어도 종한다.
 1)종이란 기운이 최대로 상승한 것이고, 나머지는 하강하여 왜소하기 때문이다. 또한 행운 여러 글자는 모두를 제화(制化)에서 해방 중화시킨다.246)
 2)예) 수다목부의 목이 강해지면 정상적으로 수생목이 되고, 또한 재극인의 인이 강해지면 극인의 역현상이 일어난다.

□2.참고로 YQ-1은 극하는 것 없어야 한다. 단 극하는 것이 통관되거나 극을 극하게 되면 구응되어 종할 수 있다.247)

> ● 간명의 원리
> ○묘를 극하는 유를 오가 있어 화극금하면 묘가 극으로부터 구응된다는 말입니다.
> ○만약 묘가 또 있다면 겁격에서 겁으로(목다금결) 칠살을 대응하는 것이 됩니다.
> ○행운에서는 오나 묘가 한 글자로 오지 않기 때문에 완화나 악화가 됩니다.248)

■5. (0)의 해석
□1.수치 상승해야 좋은데 (0)이면 하강하지 못한 것이니 긍정적이다.
□2.수치가 하강해야 긍정인데 (0)이면 하강을 못했으니 부정적이다.

---

244) 1-3-2-3 ■1 □2 "YQ-1은 인입에서 인출을, 그리고 인출에서 인입을 더하고 빼지 않는다. □4 "그러나 YQ-1 관생인(통관)과 YQ-3 종격처럼에서는 더하고 뺄 수 있다."
245) 1-5-4-1 서문 ❶ 3)YQ-1은 극이 없어야 종한다. 극이 통관되거나 극을 극하면 구응되어 기능한다. 참고로 YQ-3는 극 있어도 종한다.
246) 2-1-3-2 ●=3 ■3 ●간명의 원리 ○1 1)그래서 행운 한 글자로는 원국에 없는 합충이 행운에서 생겨나지 않고 혹 반대로 있는 것이 사라지지도 않습니다.
247) 231-2 ●=1 합이불합" ▶극 당하면 합 할 겨를이 없다." "상하 좌우에서 극하면 합하지 못한다." "합도 극(충)을 해소할 수 있지만 극도 극을 해소하게 된다."
248) 3-2-3 ●=3 ●간명의 원리 "○1원국에서는 합충(형)의 해지가 가능. ○2그러나 행운에서 원국의 합충(형)은 완화나 악화될 수는 있어도 해지되지 않습니다. ○3"완화는 해지와 같습니다."

●=2 원국(YQ-1)에서 상신과 조후의 작동

■1. 신약 신강의 상신과 조후 일치[249]
□1.신약의 비겁 인수조후는 상신과 조후가 일치한다. 만약 신강하여 불일치하면 비겁조후는 관이, 인수조후는 재가 있어 성격되어야 조후가 기능한다.
□2.신강의 식상 재성 관성조후는 상신과 조후가 일치한다. 만약 신약하여 불일치하면 식상조후는 인수, 재성 관성조후는 겁이 있어 성격되어야 기능한다.

■2. 신약 신강의 상신과 조후 불일치의 대안
□1.비겁 인수조후가 성격되지 못하면
 1)행운에서 일간이 상승하거나 종왕이나 종강이 되면 수기가 하강해야 한다.
 2)일간을 생하는 비겁 인수가 없으면 생을 못 받으니 일간이 상승해야 하고,
 3)종은 이미 상승한 것이니 수기 상승해야 기운이 분산되는 고육지책이다.

□2.식상 재성 관성조후가 성격되지 못하면
 1)행운에서 일간이 하강하거나 종아 종재 종살은 수기가 상승해야 한다.
 2)일간을 하강시키는 식재관이 없으면 분산이 안 되니 일간이 하강해야 하고,
 3)종하면 수기가 상승해야 일간을 설기시키는 궁여지책이다.

■3. 조후의 스토리텔링
□1.우리 책에서는 편의상 조후에 대한 통변이 생략되어 있다. YVWQ에서 조후는 수문(수기)을 열고 닫아 어느 정도 조절되기 때문이다.
□2.특히 조후의 발용은 수기의 발용과 통변이 같아 중복될 경우 전체 통변이 번잡하게 된다.-("2143-1 ●=3 ■2 □2" 수기의 발용)

■4. 결론
□1.그러나 원국(YQ-1)의 원리가 이러할 뿐 이상과 같은 일이 실현되기 위해서는 행운(YQ-3)에서 더 구체적인 방법론이 요구된다.
□3.그래서 실제 간명은 아래 서술된 "●=3 ■2. 3."를 주목하시라.

●=3 행운(YQ-3) 변격 후 이법(수기) 변화

■1. 조후가 있고 없고를 따라 이법 쓰는 법이 다르다.[250]

---

[249] 2-1-7-3 ●=2 이법과 육신별 조후. ■1조후(기법)와 상신(이법)의 일치 불일치
[250] 2-1-3-2 ●=3 ■3 ●간명의 원리 ○1 위에서 보았듯이 상신과 상신운은 다릅니다. ○2 이처럼 상신과 같은 원리는 조후와 수기에도 적용됩니다.

□1.변격 후 조후가 필요 없는 달은 조후 유무에 따른 이법의 변화가 없다.
□2.그러나 조후가 필요한 달은 이법을 조후의 기법에 맞게 적용한다.

■2. 십정격과 조후
　▣1) 십정격과 조후(기법) 원리
□1.여름에는 조후(기법) 물이 발화(조열)를 막는다.251)
　1)그래서 조후 수가 없으면 왕한 일간(종)이 하강해야 호사가 온다.
　2)기법으로 식히는 것은 이법의 수극화(관성조후)로 일간(종) 하강이다.

□2.겨울은 따뜻한 화 조후가 결빙(한랭)을 막는다.252)
　1)그러나 조후 화가 없으면 왕한 일간(종)의 하강이 아주 절실하다.
　2)기법의 결빙을 막는 것은 이법의 수극화(재성조후)로 일간(종) 하강과 같다.

> ● 간명의 원리
>
> ○여름 무더위에 바람이 불면 기온이 내려가지 않아도 시원함을 느낍니다. 겨울 강추위도 바람을 막아 주는 문풍지가 있으면 기온은 그대로인데 덜 춥습니다.
> ○사주명리에서는 이를 토에 비유하기도 합니다. '강화득토'253)는 더운 열기를 토가 흡수하여 열기를 차단하는 것입니다. 또한 겨울에 병화가 없어 온화하지 못할 때 토가 덮어주면 목의 뿌리가 얼지 않는다고 합니다. 물론 토가 얇아야 합니다. 두꺼우면(과다) 둔탁(막힘)해져 어는 것과 이러나저러나 같습니다.

□3.그러나 종이란 이미 종이 상승한 것이니 하강할 수가 없다.
　1)그래서 궁여지책으로 조후와 수기로 하강을 유도한다는 말이다.
　2)구체적인 것은 다음 나오는 겁 인수, 그리고 식재 관성조후를 참고하시라.

　▣2) 조후 필수가 아닌 달의 십정격
□1.십정격에서 조후 필수가 아닌 달은 그냥 상신의 상승과 하강을 본다.
□2.조후 필수인 달의 십정격에 조후가 있으면 상신의 상승과 하강을 본다.

> ● 간명의 원리
>
> ○YVWQ를 누구나 쉽게 활용할 수 있도록 십정격을 조후필수와 아닌 달로 구분하였습니다. 봄과 가을은 조후가 시급하지 않는 원리를 적용한 결과입니다.

---

251) 2-1-7-2 ■2 ▣1) □3 수로 화를 식힌다는 수극화는 화가 하강해야 발화되지 않는다는 말과 같다.
252) 2-1-7-2 ■2 ▣2) □3 따라서 병이 수를 따뜻하게 하는 화다수갈은 수가 하강(수갈)해야 결빙을 막을 수 있다는 말도 된다.
253) 3-2-4-5 생극의 과다(過多)

■3) 십정격의 조후 필수인 달(해자축인, 사오미신)
□1.십정격도 조후 필수인 달 조후가 없으면 종격(처럼)과 보는 법이 같다. 조후가 있으면 수기 하강해야 하는데, 대부분 수기가 자연적으로 하강한다.
 1)신약의 겁 인수조후는 이법의 겁인 상신과 같고, 하강하면 신약 이법의 식재관(기법은 식재 관성조후) 상승이니 종아 종재 종살처럼 된다.
 2)신약은 식재관 상신이, 신강은 겁인 상신이 있을 수 없기 때문이다.

> ● 간명의 원리
> ○참고로 조후가 있는 십정격이 조후 필수인 달을 만나면, 위 조후 필수가 아닌 달처럼 상신의 상승과 하강만을 보면 됩니다.
> ○이는 신약 신강을 따라 격이 성국(성립)되는 조건 자체로 조후가 작동하기 때문입니다.-(앞 1-5-4-2 ●=2 ■1 참조)

□2.그러나 조후 필수인 십정격에 식재 관성조후 없으면 수기 상승해야 한다.
 1)종격(처럼)과 같이 수기가 모두 하강하는데, 식재 관성만 없으면 상승한다.
 2)신강 식재 관성조후는 이법의 식재관 상신과 같고, 하강하면 신강 이법의 인입(기법은 겁 인수조후) 상승이니 종왕 종강처럼 된다.

> ● 간명의 원리
> ○천간의 수기가 상승하면 변격되어 종아격(처럼) 됩니다.
> ○그러나 지지나 지장간의 상승은 변격이 안 되는데, 투출(발현)하지 못한 이유입니다.
> ○즉 식재 관성조후는 설 극으로 종의 의 기운이 하강하는 것이고 하강 못하면 반대로 상승한다는 말입니다. 그리고 우리 YVWQ에서 상승은 변격으로 이어집니다.
> ○그러나 지지와 지장간은 변격이 될 수 없어서 궁여지책으로 수문(수기)을 크게 열어야 한다는 보완의 의미입니다.254)

■4) 조후가 없으면 삶이 원만하지 않고, 수기가 없으면 일이 힘에 부친다.

■3. 종격(종격처럼)의 조후와 수기
 ■1) 종격의 조후(기법)와 수기 원리
□1.조후 없는 일간(종)을 기법으로 식히는 것은 이법의 수기 상승과도 같다.
□2.조후 없는 일간(종)의 기법이 결빙을 막는 것도 이법의 수기 상승과 같다.
□3.종격은 이미 일간이나 종의 주체가 상승한 상태이기 때문에 수문을 열어(수기상승) 조절하는 궁여지책의 일환이다. 더 구체적인 것은 아래와 같다.

---

254) 1-5-4-2 ●=3 ■3 ■1) □3 종격은 이미 종의 주체가 상승한 상태이기 때문에 수기로 수문을 열어 조절하는 궁여지책의 일환이다.

> ● 간명의 원리
>
> ○궁여지책과 고육지책은 사람이 용신이나 상신을 어찌할 수 없는 것과 같습니다.
> ○다만 설명을 돕기 위해서 사람이 비유할 수 있는 궁여지책의 한 단면입니다.

■2) 조후 필수가 아닌 달의 종격

□1.조후 안 보는 달의 수기식상격과 종격(처럼)에 조후가 있으면 수기 하강이 기본이다.

□2.만약 인출 상승하면 종아 종재 종살처럼 되고 수기 하강해야 한다.

■3) 조후 필수인 달(해자축인, 사오미신)의 종격(처럼) 조후와 수기

□1.겁 인수조후가 있으면 수기 하강, 없어도 수기가 하강해야 한다.

□2.식재 관성조후가 있으면 수기 하강, 없으면 수기가 상승해야 한다. 즉 모든 수기가 하강하는데 식재 관성조후 없을 때만 상승한다.

□3.식상조후는 조후와 수기가 같다. 그래서 조후 없으면 수기도 없다.

> ● 간명의 원리
>
> ○전왕은 일간으로, 종격(처럼)이란 종왕 종강 종아 종재 종살로 기운이 모인 것입니다.
> ○그래서 기법의 겁 인수조후는 이법으로 종을 생하여 기운이 모인 것과 같고, 수기도 하강하면 기운을 덜 설하니 기운이 분산되지 않는(모이는) 원리와 같습니다.
> ○그러나 식재 관성조후의 종(인입)이 상승하면 조후(인출)는 상승하기 어렵습니다. 그래서 기법 조후(설, 극)는 작은 침[255]처럼 최소화 되고, 이법으로는 종의 기운이 모아지는 원리입니다. 이때 조후 없는 것은 최소한의 침(소통)이 없다는 말이고, 수기가 상승할 때 이법이 기법 대신 침(설, 극)의 역할도 보완할 수 있다는 말입니다.

■4. 조후와 수기의 수치

□1.조후는 수치가 필요하지 않다. 그냥 조후 있고 없고를 따라가면 된다.

□2.그러나 수기는 수치가 꼭 필요하다.[256]

●=4	정리하기

■1. 위에서 공부한 내용을 도표로 요약하면 아래와 같다.

---

255) 2-1-3-1 ●간명의 원리 ○2또한 상신은 용신에 비해 적지만 작은 침처럼 용신의 기를 소통(극)시킵니다. 그래서 통하지 못하면 아프고 통하면 아프지 않게 된다는 한의학의 원리와 같습니다.

256) 2143-1 ●=2 ■1 ■3) □1 천간의 수기 크기는 식상과 인접한 재(인출) 혹은 관살을 합산한 수치다. □2 그러나 수기가 지지일 경우 YQ-4 한 글자만 산출한다.
  2143-1 ●=3 ■2 □1 2)수기가 발용되면 나머지 행운 모두를 배합해서 YQ-3를 산출한다. 참고로 상신 발용은 통변에 반영, 조후는 수치를 산출하지 않는다.

조후 필수 아닌 달	십정격	상신의 상승 하강을 봄
	수기식상, 종격(처럼)	기본적으로 수기 하강
조후가 필수인 달	조후가 있는 십정격	상신의 상승 하강을 봄
	조후 없는 십정격	종격(처럼)에 준함
	수기식상, 종격(처럼)	겁 인수조후는 있으나 없으나 수기 하강 식재 관성조후 있으면 수기 하강, 없으면 상승 (즉 모든 수기가 하강-식재 관성조후만 없을 때 상승)

■2. 본격이 하강해야 변격이 일어난다.

☐1.십정격이든 신왕 종격이든 본격이 하강하고 나머지가 상승해야 변격된다. 그래서 이때 본격이 상승하면 대개 긍정이고 하강하면 변격을 본다.

☐2.신약이 변격되면 종아 종재 종살, 신강은 종강 종왕처럼 되고 종격은 또 종처럼 된다.257) 그러면 천간의 생합을 적용하여 가장 높은 수치로 종(처럼)한다.

---

257) 1-5-4-2 ●=1 ■1 ☐2 2)즉 본격에서 신약의 인입 상신이 상승하더라도 종왕 종강이라 하지 않고, 신강의 인출 상신이 상승하는 것을 종아 종재 종살이라 하지 않는다.

1-5-4-3	수치로 보는 변격

우리 책의 모든 변격은 YQ-1(원국)도 YQ-3(행운)도 수치로 판단한다. 간여지동이나 간지합이 온다고 바로 변격되지 않기 때문이다.

(08) (원국의 종강격 자료) 신약하여 무 인수 상신인데 종-여. 유치원 교사

1-5-4	식상 쓸 때. 신약하면 종

●-69 실제사주		4-2-2		1-5-4				1-5-4-3 수치로 보는 변격						
YQ-1 ☞ 1. 신약 신강		여. 유치원 교사				9	8	7	6	5	4	3	2	1	▶1-적천수 쓸 때 신약
무240	신40	계120	임240			1	1	1	1	1	1	1	1	1	•용신-겁인 •희신-화
술	묘	묘	술	년		계	갑	을	병	정	무	기	경	임	▶34경계인
						사	오	미	신	유	술	해	자	인	▶2이상형
관	신정무 포	갑을 포	갑을	신정무											

1543-1	원국(YQ-1)에서 변격

위(유치원 교사) 원격은 신약, 무 인수가 본격이다. 원국(YQ-1) 신금의 뿌리는 1개[258] 뿐이다. 그래서 종아가 될지 종강이 되는지 고민이다. 그러나 아니다.
☐1.종아격이 되려면 임 계가 인입280의 3배수 즉 840 이상 되어야 된다.[259]
☐2.종강을 보면 무240은 신40의 3배수 이상이지만 그렇다고 인출360의 3배수 이상은 못된다.[260] 그래서 종강이 아니다.
☐3.어떻든 원국의 변격은 '처럼'이라 하지 않는다. 처럼은 행운에서 붙는다.

1543-2	행운(YQ-3)에서 변격

원격에서 나온 본격은 십정격 아니면 혹 변격(신강 신왕수기, 종격)일 수 있다. 이러한 모든 사주의 본격은 또 행운(YQ-3)을 만나서 변격처럼 된다.[261]
☐1.이중 행운에서 십정격의 상신운이고, 어떤 것은 변격되어 종격처럼 된다.[262] 우리 책 제1장의 모든 사례는 이렇게 씌어졌다.
☐2.그렇게 다음 나오는 사주 인수 본격이 을미 행운에 종왕격처럼 되었다.

---

258) 1-5-4-1 ●=1 ■2 ☐2 1)그래서 생극 한계는 3배수 미만이고 그 이상은 생극의 역작용 일어난다. 2)식상도 3배수 이상이면 설기과다가 된다. 우리 책은 이렇다.-(원문 도표 참조)
259) 2143-1 ●=2 ■2 ☐4 1)만약 인입이 인출의 3배수 미만이라면 이미 신약인 것이다. 2)이는 인출이 3배수 이상이란 말이고 식재관 중 높은 수치를 따라 종아 종재 종살로 종한다.
260) 2143-1 ●=2 ■2 ☐3 일간과 나머지가 식상(유정)의 3배수 미만은 분산(재격 대살 관격)을 쓴다.
261) 1-5-4-1 ●=1 ■2 ☐4 이러한 "원국의 종격은 행운에서 또 다시 '종격처럼' 변격될 수 있다."
262) 1-5-4-1 변격이란?

❶ 상담일자-2015년 5월
❷ 상담의 내용
 이 사례는 혼인을 목표로 교제하다가 기치관의 차이로 불발된 이야기다.
❸ 주인공의 피드백
 "남성이 군단위에서 활동하는데 결혼하고 그곳에서 어린이 집을 개설하자고 하네요. 아니면 어머니 식당을 물려받자고요" "시골은 인구수 감소로 아이들도 없고 특히 선생님 구하기가 어려워요. 그리고 식당은 자신이 없어요."
❹ 상담사 피드백
 "시골 총각이 결혼하려면 대도시와 군까지 한 시간 거리를 주말부부 해도 좋은 방법이죠." 그러나 예비 신랑이 동의하지 않았다.

●=1	YQ-3 산출		(왕=80), 상쇠=60, 사=40)	
YQ-1	무(240) 상쇠	신(40) 사	계(120) 상쇠	임(240) 상쇠
기해대운 YQ-3	0	-40	0	0
을미년 YQ-3	+60	-40	-300	-300
상위영역	+60	-80	-300	-300
(하위) 신사월 YQ-3	-60	+200	0	0
영역 합산	0	+120	-300	-300

●=2	YQ-3 해석

■1. 본격과 변격
□원격은 신약, 무 인수가 본격이다. 그래서 임 계에서 변격된다.
□일간 신+120 상승은 신약의 본격 상신이 상승한 것이다.263)
 1)참고로 종왕격처럼 보면, 묘월은 조후가 급하지 않으니 기본적으로 수기 하강해야 하는데264))역시 수기 계-600 하강하여 긍정이다.
 2)참고로 종왕은 상위영역의 종강과 색깔은 다르지만 장기운을 형성한다.265)

■2. 수치 분석과 스토리화
□본격의 상신이 상승하여 긍정이니 "원하는 것을 얻는다."266)

---

263) 1-5-4-2 ●=1 ■3 □2 1)합을 포함 겁과 인수의 합산이 높으면 종왕격(처럼) 되고 식상(재)이 수기다. 겁(종)이 상신이니 결과적으로 신강 신왕수기격과 결이 같다.
264) 1-5-4-2 ●=3 ■3 ■2) □1 조후 안 보는 달의 수기식상격과 종격(처럼)은 수기 하강이 기본이다. □2 만약 인출 상승하면 종아 종재 종살처럼 되고 수기 하강해야 한다.
265) 2-1-3-3 ●=2 ■1 □5 상신과 변격이 이어져도 장기운이다. 1)다만 음양교체기처럼 운의 색에 따라 삶도 그 색깔이 변한다. 2)만약 이들이 하강하고 변격으로 이어지지 못하면 단기운이 된다.
266) 1-4-5 ●=2 ■1 □3 "상신의 수치가 상승하면 원하는 것을 얻고", 하강하면 "얻을 것이 없다."

■3. 스토리텔링

□상신 긍정,267) 전제 대운 부정, 차제 을미년 긍정이니268) "내 복은 없고 인복은 있다."269) 그래서 "원하는 것을 얻는데" "적거나 일시적이지만"270) "새로운 발상"이 요구된다.

□정리하면 결혼보다 적은 교제는 되고 또한 교제가 시작되더라도 일시적이다.

■4. 오행과 육신 해설(통변)

☞ 행운 흐름	종강격은 인입 상승해야 호사 도래-(신 겁 화답)
기무-발전기	○(약금득토-토생금) ▶쟁기와 쟁기 날-논 밭갈이, 활동왕성

□기해대운 을미년 신 일간 상승하면 밭갈이 활동(교제) 왕성해진다.

생아(겁)	○생각(정보, 가치관)대로 됨(자아 온전) ▶물가에 심어진 나무

□신 종왕격처럼 입장에서 기무기신의 인수와 비겁이 신(종왕)을 생하여 상승하게 하니 생각(교제)대로 된다.

■5. 아래는 그 당시 신랑 될 사람의 상황이다.

YQ-1	을(160) 사 묘	무(240) 상쇠 오	병(180) 상쇠 신	병(180) 상쇠 진
경자대운 YQ-3	+200	+60	-300	-300
을미년 YQ-3	-40	+60	0	0
상위영역	+160	+120	-300	-300
(하위) 신사월 YQ-3	-240	-60	+300	+300
영역 합산	-80	+60	0	0

□원격 신강, 신왕수기격이 본격, 신사월은 무+60 상승하여 신왕이 유지된다.
1)그러면 신월 무의 인수조후 병 있어 수기 하강해야 하는데271)
2)그러나 수기 YQ-4 신+240이 무+60보다 상승하여 부정적이다.
3)즉 남성은 부정적, 여성은 긍정적 운세로 교제는 가능해도 결혼은 어렵다.

---

267) 2143-1 ●=4 ■1 □1 1)그래서 종격 총합의 긍정은 수기를, 전제 차제의 긍정은 종 상승을 본다.
268) 1-4-5 ●=3 ■2 □3 총합 긍정, 전제 부정, 차제 긍정은 "어렵게 얻지만 적거나 일시적이다."
269) 1-4-5 ●=3 ■1 □2 인복은 새 술을 새 부대에 담는 것과 같이 새로운 질서와 인연을 말한다. 자수성가, 자신의 노력과 덕망, 혁신적 발상, 새로운 변화와 시류 등이다.
270) 1-4-5 ●=3 ■2 □3 총합 긍정, 전제 부정, 차제 긍정은 "어렵게 얻지만 적거나 일시적이다."
271) 1-5-4-2 ●=3 ■3 ■3) □1 겁 인수조후가 있으면 수기 하강, 없어도 수기가 하강해야 한다.

1-5-4-4	조후결함의 실제

(09) 조후결함의 실제-인수 쓸 때(기법). 신약(순 카페)

1-8	인수를 쓸 때

●-43 실제사주	1-8	1-5-5-4 조후결함 실제

YQ-1	1. 신약 신강		여. 순 카페	9 9	8 9	7 9	6 9	5 9	4 9	3 9	2 9	1 9	9	▶5-자평 인 쓸 때 신강 ▶용-을 ▶상신-식상생재 ▶평범인 ▶4링컨 형
	무560	병400	계120	을120		계	임	신	경	기	무	정	병	을	갑	
	술	인	미	사	년	사	진	묘	인	축	자	해	술	유	신	
	묘 신정무	생 무병갑	쇠 정을기	녹 무경병												

❶ 상담일자-2014년 3월
❷ 상담의 내용
오래 전(2005) 일이지만 우리 책의 자료화를 위해 재상담한 사례이다.
❸ 주인공의 피드백
❹ 상담사 피드백

1554-1	2005년 이혼 같은 가출

●=1	YQ-3 산출	(왕=80, 상쇠-60, 사=40)

YQ-1	(무560) 왕	(병400) 왕	(계120) 사	(을120) 상쇠
정해대운 YQ-3	0	0	0	+60
을유년 YQ-3	-400	+480	0	-60
상위영역	-400	+480	0	0

●=2	YQ-3 해석

■1. 본격과 변격
□이 사주는 YQ-1 원국에서 계 관성조후가 관인 통관되어 극성을 상실하니 조후결함이다. 그러나 YQ-3 행운에서는 관인통관을 보지 않는다.[272]
□원격은 신강, 식상생재격이 본격이다.[273] 그래서 병 계 을에서 변격이 온다.
□미월 병+480 상승으로 종왕격처럼 되었다.
 1)그러면 미월의 병 재성조후 임 대신 계 있어 수기가 하강해야 하는데,[274]

---

[272] 1-5-4-2 ●=1 ■4 □1 YQ-3는 극 있어도 종한다. 1)종이란 기운이 최대로 상승한 것이고, 나머지는 하강하여 왜소하기 때문이다. 또한 행운 여러 글자는 모두를 제화(制化)에서 해방 중화시킨다.
[273] 1-5-4-2 ●=1 ■3 □1 1)원국 YQ-1에서 십정격이 변격되면 신강 신왕수기격이나 종격이 된다.
[274] 1-5-4-2 ●=3 ■3 ■3) □2 식재 관성조후가 있으면 수기 하강, 없으면 수기가 상승해야 한다. 즉 모든 수기가 하강하는데 식재 관성조후 없을 때만 상승한다.

2)역시 수기 무가 -400으로 하강한다.

■2. 수치분석과 스토리화275)
□수기 무 하강하니 "원하는 것을 얻는다."276)

■3. 스토리 텔링
□상위영역 긍정, 전제 대운 부정, 차제 을유년 긍정이니277) "내 복은 없되 인복은 있다."278) 그래서 "원하는 것을 얻는데" "어렵게 얻는다." "그래서 새로운 발상이 필요하다."가 된다.
□정리하면 평범인이 이혼 같은 가출을 "어렵게 얻는다."와 연결된다.

■4. 오행과 육신 해설(통변)

☞ 행운 흐름	조후 계수가 상승해야 호사도래-(수 관 화답)
정병	○(조수극설-화다수갈) ▶흘러간 옛 노래. 두만강 푸른 물-목소리 잠김

□정해대운 을유년 울다가 흘러간 물에 목소리 잠기는 슬픔(이별)이 발생한다.

인수의 부(역)작용	○카르마 혼돈(응석둥이, 공주, 도련님) ▶임의적 추론, 일 꾸미기

□병 일간이 상승하여 조열하니 혼돈 속에서 일(이별)을 꾸민다.

1554-2	2020년 아들과 재회

●-43 실제사주		1-8			1-5-5-4 조후결함 자료								
YQ-1 ☞ 1. 신약 신강		여. 순 카페		9 9	8 9	7 9	6 5	5 4	4 3	3 2	2 1	1 9	▶5-자평 인 쓸 때 신강 ▶용-을 ▶상신-식상생재
무560	병400	계120	을120	계	임	신	경	기	무	정	병	을 갑	▶평범인 ▶4링컨 형
술	인	미	사 년	사	진	묘	인	축	자	해	술	유 신	
묘 신정무 생	무병갑 쇠	정울기 녹	무경병										

❶ 상담일자-2019년 9월
❷ 상담의 내용

---

275) 2-1-8-1 스토리화와 메타포와 시퀀스-"□스토리화는 YVWQ 수치를 언어화 하는 것이고,"
276) 2143-1 ●=4 ■2 □1 종격(처럼)이 수기(식상)가 있고 긍정이면 "원하는 것을 얻는다." 그러나 종격이나 상신이 하강하고 변격되지 못하면 "얻을 수 있는 것이 없다."
277) 1-4-5 ●=3 ■2 □3 총합 긍정, 전제 부정, 차제 긍정은 "어렵게 얻지만 적거나 일시적이다."
278) 1-4-5 ●=3 ■1 □2 인복은 새 술을 새 부대에 담는 것과 같이 새로운 질서와 인연을 말한다. 자수성가, 자신의 노력과 덕망, 혁신적 발상, 새로운 변화와 시류 등이다.

2005년 헤어진 둘째 아들이 형과 불화가 심하여 어머니를 찾아 온 사례이다.

❸ 주인공의 피드백

"첫 째 아들이 장교로 복무하는데 임관하기 전 성장과정에서도 형의 간섭이 심하여 아이가 무척 힘들었다고 합니다."

❹ 상담사 피드백

"잘 난 형 앞에서 동생이 겪는 전형적인 무의식적 갈등으로 보입니다. 할 수 만 있다면 형과 떨어지는 것도 좋은 방법이고 어머니가 같이 생활할 수 있다면 더욱 금상첨화입니다."

●=1		YQ-3 산출		(왕=80, 상쇠=60, 사=40)	
YQ-1	(무560) 왕	(병400) 왕	(계120) 사	(을120) 상쇠
무자대운 YQ-3	+400	-320	+200	0
경자년 YQ-3	+80	-400	+200	+300
상위영역	+480	-720	+400	+300

●=2	YQ-3

■1. 본격과 변격

□원격은 신강, 식상생재격이 본격이다. 그래서 병 계 을에서 변격이 온다.
□계+400 상승하여 종살격처럼 되었다.[279]
  1)미월 계의 인수조후 경이 경자의 경에 발용되어 수기 하강해야 하는데[280]
  2)역시 수기 YQ-4 사-160이 을+300이 보다 하강한다.

■2. 수치분석과 스토리화

□수기 하강하여 긍정이니 "원하는 것을 얻는다."[281]

■3. 스토리텔링

□상신 긍정, 전제 대운 긍정, 자체 태세 부정이니[282] "내 복은 있고 인복은 없다."[283] 그래서 "원하는 것을 얻는데" "구연을 만나고" "재활이 필요하다"가

---

279) 1-5-4-2 ●=1 ■3 □3 3)종살격(처럼)-합 포함 재 관살의 합산이 높아야하고 인수(겁)가 수기다.
280) 1-5-4-2 ●=3 ■3 ■3) □1 겁 인수조후가 있으면 수기 하강, 없어도 수기가 하강해야 한다.
281) 2143-1 ●=4 ■2 □1 종격(처럼)이 수기(식상)가 있고 긍정이면 "원하는 것을 얻는다." 그러나 종격이나 상신이 하강하고 변격되지 못하면 "얻을 수 있는 것이 없다."
282) 1-4-5 ●=3 ■2 □2 총합 긍정 전제 긍정, 차제 부정은 "목표(욕심)를 낮추어야 적게라도 얻는다."
283) 1-4-5 ●=3 ■1 □1 내 복은 구관이 명관처럼 오래된 장, 된장, 묵은 김치처럼 구연을 말한다. 선대의 복, 타고난 재능, 기존의 사고와 가치관, 내재된 갈망 등이다.

된다.
□정리하면 평범인의 둘째 아들이 형과 불화가 심하여 마음을 치유(재활)하는 과제를 안고 있다. 무는 왕상쇠사의 왕(상위)으로 자신이 얻을 수 있는 최선을 얻는다.

■3. 스토리텔링(통변)

☞ 행운 흐름	조후 계수가 상승해야 호사도래-(수 관 화답)
기무	○(조수극수-토다수매) ▶진흙과 흙탕물-물 혼탁 정신혼탁, 판단매립

□무자대운 경자년의 계 상승하면 사는 물(아들 재회)이 맑아져 호사가 온다.

겁생식상	○눈높이(카르마) 조화(자기관리) ▶일이 저절로 풀림

□병 입장에서 무 식상이 상승하니 일(아들 생각)이 저절로(아들 재회) 풀린다.

1-5-4-5	종아격처럼 되고 조후 없음

(10) 행운에서 변격(미용학원장-2007 미용학원 개설)

1-5-3	식상 쓸 때. 신약-겁 상신

●-28 실제사주   1-5-3   1-5-4-5 종아격처럼 되고 조후 없음

YQ-1	1. 신약 신강		여. 미용학원장		9	8	7	6	5	4	3	2	1		▶3-자평식 쓸 때 신약
	임180	경160	병180	辛240	2	2	2	2	2	2	2	2	2	2	▶용신-임 ▶상신-신
	오	인	申	해 년	병	을	갑	계	임	신	경	기	무		▶34경계인
욕	병기정	포	무병갑	독 무임경	병 무갑임	오	사	진	묘	인	축	자	해	술	유	▶2이상형

❶ 상담일자-2017년 12월
❷ 상담의 내용
 2007년 미용학원을 개설했는데, 우리 책의 자료화를 위해서 재상담이 이루어진 사례이다.

| ●=1 | YQ-3 산출 | (왕=80), 상쇠=60, 사=40) |

YQ-1	임(180) 상쇠	경(160) 왕	병(180) 상쇠	신(160) 왕
경자대운 YQ-3	+300	-80	-300	+80
정해년 YQ-3	+300	-320	0	-480
상위영역	+600	-400	-300	-400
(하위) 경자월 YQ-3	+300	-80	-300	+80
영역 합산	+900	-480	-600	-320

| ●=2 | YQ-3 해석 |

■1. 본격과 변격
□원격은 신약, 월지 신 겁격이 본격이다. 그래서 인출에서 변격 온다.
□경-480이 임-500(임+900 경-480 신-320 병-600)[284]보다 높아 본격이 상승한다.
 1)만약 임이 상승했으면 종아격처럼 되고 신월 임의 관성조후 없어 수기 상승해야 하는데[285] 역시 수기 YQ-4 인+240으로 상승한다.
 2)참고로 종아는 상위영역의 종아격처럼과 장기운을 형성한다.[286]

■2. 수치분석과 스토리화[287]

---

284) 1-5-4-2 ●=4 ■2 □2 그러면 천간의 생합을 적용하여 가장 높은 수치로 종(처럼)한다.
285) 1-5-4-2 ●=3 ■3 ■3) □2 식재 관성조후가 있으면 수기 하강, 없으면 수기가 상승해야 한다.
286) 2-1-3-3 ●=2 ■1 □5 상신과 변격이 이어져도 장기운이다. 1)다만 음양교체기처럼 운의 색에 따라 삶도 그 색깔이 변한다. 2)만약 이들이 하강하고 변격으로 이어지지 못하면 단기운이 된다.

□신약의 본격 상신 상승하여 긍정이니 "원하는 것을 얻는다."288)

■3. 스토리텔링
□상신 긍정,289) 전제 대운 긍정, 차제 정해년 긍정이니290) "내 복도 있고 인복도 있다."291) 그래서 "원하는 것을 얻는데" "갈망과 새로운 발상으로" "일이 풀린다."가 된다.
□정리하면 원하는 것을 얻는 것과 일이 잘 풀리는 것이 개업과 연결된다.

■4. 오행과 육신 해설(통변)

☞ 행운 흐름	종아격은 식 상승해야 호사 도래-(임 식 화답)
경신-발전기	○(약수득금-금생수) ▶수 발원지와 관개용수로-용수풍부, 가치상승

□경자대운 정해년 임수 식 상승하면 관계용수로(학원 개설)가 발달하게 된다.

생아(겁)	○생각(정보, 가치관)대로 됨(자아 온전) ▶물가에 심어진 나무

□임 종아격처럼 입장에서 경경자정해신의 인수와 비겁이 임(종아)을 생하여 상승하게 하니 일(학원 개설)이 생각대로 된다. 그러나 시작은 미약(얻는 것 적음)하다.

---

287) 2-1-8-1 스토리화와 메타포와 시퀀스-"□스토리화는 YVWQ 수치를 언어화 하는 것이고,"
288) 1-4-5 ●=2 ■1 □3 "상신의 수치가 상승하면 원하는 것을 얻고, 하강하면 "얻을 것이 없다."
289) 2143-1 ●=4 ■1 □1 1)그래서 종격 총합의 긍정은 수기를, 전제 차제의 긍정은 종 상승을 본다.
290) 2143-1 ●=4 ■3 □1 1)수기 전제 차제도 긍정이면 "일이 잘 풀리거나 뜻밖의 행운이 온다."
291) 1-4-5 ●=3 ■1 □3 내 복과 인복 있으면 선 후천의 복덕이 조화롭고 없으면 상황이 막막하다.

| 1-5-4-6 | 태세가 살 간여지동인데 변격 안 됨 |

(11) 신축년 살 간여지동인데 변격 안 됨(어느 성당의 피아니스트)

| 1-7-3 | 겁을 쓸 때 |

●-36 실제사주　　1-7-3　　1-5-4-6 살 간여지동인데 변격 안 됨

YQ-1　1. 신약 신강　남. 피아니스트　　9 8 7 6 5 4 3 2 1　▶4-자평겁 쓸 때 신강
갑480 ← 갑560　신40　병300　　1 1 1 1 1 1 1 1 1　▶용-갑 ▶상신-갑
자　자　묘　술 년　신 경 기 무 정 병 을 갑 계 임　▶23경계인
태　임계　태　임계　왕　갑을　양　신정무　축 자 해 술 유 신 미 오 사 진　▶2이상형

❶ 상담일자-2022년 3월
❷ 상담의 내용
"중3 졸업하면서 개근상과 2등이 받는 서울특별시의회 의장상을 수상했습니다."라고 피아니스트의 어머니가 아들의 수상 소식을 전해 왔다. 그래서 YQ-3를 산출해 보았는데 결과 역시 수상의 호사와 연결된다.
❸ 주인공의 피드백
❹ 상담사 피드백

| 1546-1 | 2021년 우수상(상신 인출상승) |

●=1　　YQ-3 산출　　(왕=80 상쇠=60 사=40)

YQ-1	(갑400) 왕	(갑560) 왕	(신40) 사	(병240) 상쇠
계사대운 YQ-3	+80	+80	+40	0
신축년 YQ-3	+80	+80	+160	0
상위영역	+160	+160	+200	0

●=2　　YQ-3 해석

■1. 본격과 변격
□원격 신강, 변격 신왕수기격이 본격이다. 그래서 병 신에서 변격온다.
□신축이 살 간여지동인데 수치상으로 변격이 일어나지 않았다.
□그래서 본격 신왕수기격이 유지된다.[292]
 1)갑 태왕 상승하고 묘월은 조후가 급하지 않으니 수기 하강해야 하는데[293]

---
[292] 1-5-4-2 ●=4 ■2 □1 십정격이든 신왕 종격이든 본격이 하강하고 나머지가 상승해야 변격된다. 그래서 이때 본격이 상승하면 대개 긍정이고 하강하면 변격을 본다.
[293] 1-5-4-2 ●=3 ■3 ■2) □1 조후 안 보는 달의 수기식상격과 종격(처럼)은 수기 하강이 기본이다.

2)역시 수기 병0으로 하강한다.

■2. 수치분석과 스토리화294)
□본격 갑 태왕 상승295)하여 긍정이니 "원하는 것을 얻는다."296)

■3. 스토리텔링
□수기 긍정,297) 전제 대운 긍정, 자체 태세 긍정이니298) "내 복도 있고 인복도 있다."299) 그래서 "원하는 것을 얻는데" "갈망과 새로운 발상으로" "뜻 밖에 행운이 온다."가 된다.
□정리하면 전체 2등에게 의장상이 수여(행운)된다고 한다. 경사와 호사다.

■4. 오행과 육신 해설(통변)

☞ 행운 흐름	종왕격은 겁 상승해야 호사 도래-(병 식 화답)
계임-절정기	○(약목득수-수생목) ▶강가의 수양버들-머리 맑음, 판단력향상

□계사대운 신축년은 겁 상승하면 강가의 수양버들이 상을 받고 춤을 춘다.

생아(겁)	○생각(정보, 가치관)대로 됨(자아 온전) ▶물가에 심어진 나무

□갑 종왕격 입장에서 계사의 합(축=기)과, 인수(계)가 갑(종왕)을 생하여 상승시키니 상(적은 물) 받고 나무(자아 온전)가 잘 자란다.

1465-2	고 진학과 변격(인입상승)

●-36 실제사주   1-7-3   1-5-4-5 살 간여지동인데 변격 안 됨

YQ-1 ☞ 1. 신약 신강   남. 피아니스트   9 8 7 6 5 4 3 2 1   ▶4-자평 겁 쓸 때 신강
갑480 ← 갑560   신40   병240   1 1 1 1 1 1 1 1 1   ▶용-갑 ▶상신-갑
자   자   묘   술 년   신 경 기 무 정 병 을 갑 임   ▶23경계인
태   임계   태 임계 왕 갑을   양   신정무   축 자 해 술 유 미 오 사 진   ▶2이상형

□2 만약 인출 상승하면 종아 종재 종살처럼 되고 수기 하강해야 한다.
294) 2-1-8-1 스토리화와 메타포와 시퀀스-"□스토리화는 YVWQ 수치를 언어화 하는 것이고,"
295) 1-5-4-2 ●=1 ■1 □2 2)즉 본격에서 신약의 인입 상신이 상승하더라도 종왕 종강이라 하지 않고, 신강의 인출 상신이 상승하는 것을 종아 종재 종살이라 하지 않는다.
296) 2143-1 ●=4 ■2 □1 종격(처럼)이 수기(식상)가 있고 긍정이면 "원하는 것을 얻는다." 그러나 종격이나 상신이 하강하고 변격되지 못하면 "얻을 수 있는 것이 없다."
297) 2143-1 ●=4 ■1 □1 1)그래서 종격 총합의 긍정은 수기를, 전제 차제의 긍정은 종 상승을 본다.
298) 2143-1 ●=4 ■3 □1 1)수기 전제 차제도 긍정이면 "일이 잘 풀리거나 뜻밖의 행운이 온다."
299) 1-4-5 ●=3 ■1 □3 내 복과 인복 있으면 선 후천의 복덕이 조화롭고 없으면 상황이 막막하다.

❶ 상담일자-2022년 3월
❷ 상담의 내용
 2022년 2월 모두가 선망하는 고등학교에 졸업생 중 4명이 진학하였다 한다. 그리고 네 명 중 한명이 아들이라고 주인공의 어머니가 전해 왔다.
❸ 주인공의 피드백
❹ 상담사 피드백

●=1	YQ-2 산출		(왕=80 상쇠=60 사=40)	
YQ-1	(갑400) 왕	(갑560) 왕	(신40) 사	(병240) 상쇠
계사대운 YQ-3	+80	+80	+40	0
임인년 YQ-3	+320	+320	-200	-60
상위영역	+400	+400	-160	-60

●=2	YQ-3 해석

■1. 본격과 변격
□원격 신강, 변격 신왕수기격이 본격이다.300) 그래서 병 신에서 변격온다.
□임인년은 갑 상승하여 신왕수기격이 유지된다.301)
 1)갑 태왕 상승하고 묘월은 조후가 급하지 않으니 수기 하강해야 하는데302)
 2)역시 수기 병-220(신-160 병-60)303) 하강한다.
 3)묘와 신이 극하여 병과 신이 합의 장애가 되지만 묘술합이 되어 합의 장애가 안 된다. 그래서 신도 식관동체(병신합)가 되어 수기의 일부이다.

■2. 수치분석과 스토리화304)
□갑 태왕 상승하여 긍정이니 "원하는 것을 얻는다."305)

---

300) 1-5-4-2 ●=1 ■3 □1 1)원국 YQ-1에서 십정격이 변격되면 신강 신왕수기격이나 종격이 된다.
301) 1-5-4-2 ●=4 ■2 □1 십정격이든 신왕 종격이든 본격이 하강하고 나머지가 상승해야 변격된다. 그래서 이때 본격이 상승하면 대개 긍정이고 하강하면 변격을 본다.
302) 1-5-4-2 ●=3 ■3 ■2) □1 조후 안 보는 달의 수기식상격과 종격(처럼)은 수기 하강이 기본이다.
 □2 만약 인출 상승하면 종아 종재 종살처럼 되고 수기 하강해야 한다.
303) 1-5-4-2 ●=1 ■3 □4 종은 종(갑)과 근접한 인수와 그 인입의 합산이고, 수기 역시 식상과 재, 식상과 관살 등 인출의 합산으로 이루어진다. 위 "식상(재)"는 식상과 근접한 재성의 합산을 말한다.
304) 2-1-8-1 스토리화와 메타포와 시퀀스-"□스토리화는 YVWQ 수치를 언어화 하는 것이고,"
305) 2143-1 ●=4 ■2 □1 종격(처럼)이 수기(식상)가 있고 긍정이면 "원하는 것을 얻는다." 그러나 종

■3. 스토리텔링

□수기 긍정,306) 전제 대운 긍정, 차제 태세 긍정이니307) "내 복도 있고 인복도 있다."308) 그래서 "원하는 것을 얻는데" "내갈망과 새로운 발상으로" "뜻밖의 행운이 온다."가 된다.

□정리하면 23경계인이 행운과 함께 뜻하지 않는 행운(4명만 진학)이 온다.

■4. 오행과 육신 해설(통변)

☞ 행운 흐름	겁왕신강은 인출 상승해야 호사 도래-(병 식 화답)
계임-절정기	○(약목득수-수생목) ▶강가의 수양버들-머리 맑음, 판단력향상

□계사대운 임인년 겁 상승하면 하는 일(소원 큼)이 현실(진학)로 나타난다.

생아(겁)	○생각(정보, 가치관)대로 됨(자아 온전) ▶물가에 심어진 나무

□갑 종왕격 입장에서 계임이 갑을 생으로 상승시키니 물가에 심어진 나무처럼 저절로(가고 싶은 학교) 잘 자란다.

격이나 상신이 하강하고 변격되지 못하면 "얻을 수 있는 것이 없다."
306) 2143-1 ●=4 ■1 □1 1)그래서 종격 총합의 긍정은 수기를, 전제 차제의 긍정은 종 상승을 본다.
307) 2143-1 ●=4 ■3 □1 1)수기 전제 차제도 긍정이면 "일이 잘 풀리거나 뜻밖의 행운이 온다."
308) 1-4-5 ●=3 ■1 □3 내 복과 인복 있으면 선 후천의 복덕이 조화롭고 없으면 상황이 막막하다.

| 1-5-4-7 | 신강수기격(종왕격)이 종살격처럼 |

(12) (겁을 쓸 때-상관격이 종왕격으로) (황 부동산-2018년 사별 자료)

| 1-7-3 | 겁을 쓸 때 |

●-37 실제사주　1-7-3　　1-5-4-7 종왕격이 종살격처럼

YQ-1	☞ 1. 신약 신강	여. 황 부동산	9 8 7 6 5 4 3 2 1 4	▶4-자평 겁 쓸 때 신강
임400 ←	임320	을420	기240	4 4 4 4 4 4 4 4 4	▶용-임 ▶상신-임
인	자	해	해 년	을 갑 계 임 신 경 기 무 정 병	▶34경계인
병	무병갑 왕	임계 녹	무갑임 녹	무갑임	유 신 미 오 사 진 묘 인 축 자	▶3이상형

❶ 상담일자-2018년 가을
❷ 상담의 내용
　2015년부터 상담 받는 클라이언트이다. 그런데 2018년 사별하고 사회복지사로 활동하기 위해서 재상담이 이루어진 사례이다.
❸ 황 부동산의 피드백
　"통장 하면서 증권과 경매와 주택 리모델링이 부동산의 주 사업 활동인데, 인부 문제 등 혼자하기가 어려워요" "이제는 남편도 없고 혼자 사는 방법을 고민하고 있어요."
❹ 상담사 피드백
　"사회복지를 하면 부동산만큼의 수입은 안 될지 모르지만 신사대운이 지나고 임오대운이 오면 내 복이 들어옵니다." "희망을 가지고 준비해 보세요."

●=1	YQ-3 산출			(왕=80, 상쇠=60, 사=40)
YQ-1	(임400) 왕	(임320) 왕	(을420) 상쇠	(기280) 사
신사대운 YQ-3	0	0	-360	+40
무술년 YQ-3	-480	-480	-240	+240
상위영역	-480	-480	-600	+280

| ●=2 | YQ-3 해석 |

■1. 본격과 변격
□원격은 신강, 변격 신강수기가 본격이다. 그래서 을 기에서 변격 온다.
□기토가 +280 상승하여 종살격처럼 되었다.309)
　1)그러면 해월 기의 인수조후 병 인수조후 없어도 수기 하강해야 하는데310)

---

309) 1-5-4-2 ●=1 ■3 □3 3)종살격(처럼)-합 포함 재 관살의 합산이 높아야하고 인수(겁)가 수기다.
310) 1-5-4-2 ●=3 ■3 ■3) □1 겁 인수조후가 있으면 수기 하강, 없어도 수기가 하강해야 한다.

2)그러나 수기 금이 어디에도 없다.

■2. 수치분석과 스토리화311)
□수기가 없어 부정이니 "과식으로 고난을 겪는다."312)

■3. 스토리텔링
□수기 부정,313) 전제 대운 긍정, 차제 무술년 긍정이니314) "내 복도 있고 인복도 있다."315) 그래서 "과식으로 고난을 겪는데" "당황스럽지만" "회상보다 새로운 발상으로" 잘 헤쳐 나가야한다.
□정리하면 남편이 과식(지병)으로 먼 길을 떠나는 것과 고난이 연결된다.

■4. 오행과 육신 해설(통변)

☞ 행운 흐름	수기 없는 종살격은 절반의 성공-(기 관 화답)
신경-발전기	○(약수득금-금생수) ▶수 발원지와 관개수로 발달-용수(가치) 풍부

□신사대운 무술년의 기 상승하니 잘 흐르던(발달) 관계수로(배우자)가 막힌다.

관생인의 부(역)작용	○아는 것이 병(주색, 헛수고) ▶해도 해도 안 됨(달걀 바위치기)

□기 종살격처럼 입장에서 무술년 토 관이 생하여 기토가 상승하는데 수기 금 없어 막히니 배우자가 역부족(바위치기)이다.

---

311) 2-1-8-1 스토리화와 메타포와 시퀀스-"□스토리화는 YVWQ 수치를 언어화 하는 것이고,"
312) 2143-1 ●=4 ■2 □2 수기가 없거나 부정 "절반의 성공이거나 과식(무리)으로 고난을 겪는다."
313) 2143-1 ●=4 ■1 □1 1)그래서 종격 총합의 긍정은 수기를, 전제 차제의 긍정은 종 상승을 본다.
314) 2143-1 ●=4 ■3 □1 1)수기 부정, 전제 차제 긍정은 "설마 그럴 리가 없는데 그저 당황스럽다."
315) 1-4-5 ●=3 ■1 □3 내 복과 인복 있으면 선 후천의 복덕이 조화롭고 없으면 상황이 막막하다.

1-5-4-8	YQ-3는 극하는 것 있어도 종

(13) (종살격 불가 자료)-남. H 유통

1-5-4	식상 쓸 때. 신약하면 종

●-29 실제사주	1-6-1	1-5-4-8 YQ-3 는 극하는 것 있어도 종

YQ-1 ☞ 1. 신약 신강	남.H 유통	9 8 7 6 5 4 3 2 1 ●	▸3-자평식 쓸 때 신약
임320 정80 을240 무280	6 6 6 6 6 6 6 6 6 6	▸용-무 ▸상신-을
인 축 축 진 년	을갑계임신경기무정병	▸34경계인
사 무병갑 묘 계신기 묘 계신기 쇠 을계무	해술유신미오사진묘인	▸4분지형

❶ 상담일자-2020년 4월

❷ 상담의 내용

 2020년 4월(경진월) 허리디스크로 인하여 직장을 그만 두게 된 사례이다. 주인공의 누이가 남동생을 염려하며 상담이 이루어졌다.

❸ 누이의 피드백

 "직업상 무거운 것을 들어야 해서 평소 허리가 안 좋아요."

❹ 상담사 피드백

 "크게 수술할 상황은 아닌 것으로 보이니 쉬면서 치료 잘하면 되겠네요." 얻는 것이 일시적이기 때문이다.

●=1	YQ-3 산출	(왕=80, 상쇠=60, 사=40)

YQ-1	(임240) 왕	(정80) 사	(을240) 상쇠	(무240) 사
무진대운 YQ-3	-480	-240	-240	+160
경자년 YQ-3	+400	-200	+300	+40
상위영역	-80	-440	+60	+200
(하위) 경진월	-80	-200	+60	0
영역 합산	0	-640	+120	+200

●=2	YQ-3 해석

■1. 본격과 변격

☐원격은 신강, 본격은 을 인수격이다. 그래서 임 무에서 변격온다.

☐을이 무를 극하지만 YQ-3에서는 무+200 상승하면 종아격처럼 된다.316)

 1)그러면 축월 무의 인수조후 병 대신 정 있어 수기 하강해야 하는데317)

---

316) 1-5-4-2 ●=1 ■4 ☐1 YQ-3는 극 있어도 종한다. 1)종이란 기운이 최대로 상승한 것이고, 나머지는 하강하여 왜소하기 때문이다. 또한 행운 여러 글자는 모두를 제화(制化)에서 해방 중화시킨다.

2)그러나 경자의 경에 발용된 신이 +600으로 무 종아보다 높다.
3)경자년의 지장간 발용은 "나쁘지 않지만 확 피지는 못한다."318)
4)참고로 종아(본능)는 상위영역의 종아격처럼과 장기운을 형성한다.319)

■2. 수치분석과 스토리화320)
□수기가 높아 부정이니 "절반의 성공이거나 과식처럼 고난을 겪는다."321)

■3. 스토리텔링
□수기 부정,322) 전제 대운 긍정, 차제 경자년 부정이니323) "내 복은 있되 인복은 없다."324) 그래서 "고난을 겪는데" "기존의 사고에서 길을 찾고" "돌아가야 한다."가 된다. 과식(무리한 일)이 원인이다.
□정리하면 34경계인의 장기운 종아격처럼의 변격자체는 "절반의 성공"이니 그 절반으로 비극은 오지 않는다. 그래서 수술을 피해 돌아가는 것과 연결된다. 또한 "확 피지는 못하니" 디스크든 뭐든 확 피지 못한다.

■4. 오행과 육신 해설(통변)

☞5. 대운 흐름	식신생재격은 인출 상승해야 호사-(토 식 화답)
무기-발전기	○(약금득토-토생금) ▶쟁기와 쟁기 날-논 밭갈이, 활동왕성

□무진대운 무 상승하여 종아(식)격처럼 되는데, 수기가 더 상승하여 부정이니 활동제약이 온다.

겁생식상 부(역)작용	○카르마(자기관리) 붕괴-무욕 무능 ▶할 말이 없음

□무 입장에서 겁인(무진 경)이 식상(신금)을 생하여 수기를 상승시키니 그 부작용(허리디스크)으로 할 일(무능)을 못하게 되어 할 말이 없다.

---

317) 1-5-4-2 ●=3 ■3 ■3) □1 겁 인수조후가 있으면 수기 하강, 없어도 수기가 하강해야 한다.
318) 2143-1 ●=3 ■2 □2 2)태세(세운)의 수기 발용은 10년을 기준으로 십간의 음양을 따라 간여지동은 2번, 개두절각이면 4번(토는 +2) 정도 발용되고, "나쁘지 않지만 확 피지는 못한다."
319) 2-1-3-3 ●=2 ■1 □5 상신과 변격이 이어져도 장기운이다. 1)다만 음양교체기처럼 운의 색에 따라 삶도 그 색깔이 변한다. 2)만약 이들이 하강하고 변격으로 이어지지 못하면 단기운이 된다.
320) 2-1-8-1 스토리화와 메타포와 시퀀스-"□스토리화는 YVWQ 수치를 언어화 하는 것이고,"
321) 2143-1 ●=4 ■2 □2 수기가 없거나 부정 "절반의 성공이거나 과식(무리)으로 고난을 겪는다."
322) 2143-1 ●=4 ■1 □1 1)그래서 종격 총합의 긍정은 수기를, 전제 차제의 긍정은 종 상승을 본다.
323) 1-4-5 ●=3 ■1 □1 내 복은 구관이 명관처럼 오래된 장, 된장, 묵은 김치처럼 구연을 말한다. 선대의 복, 타고난 재능, 기존의 사고와 가치관, 내재된 갈망 등이다.
324) 2143-1 ●=4 ■3 □2 2)수기 부정 전제 긍정 차제 부정 "뜻대로 안 된다. 어려울수록 돌아가라."

1-5-4-9	십정격과 조후 필수

(14) 시련의 시퀀스(사우나)-계유년 사별(1993), 정축년 부도(1997)난 사례)

1-6	식상 쓸 때. 신약

●-67 실제사주	1-6-1	4-2-1	1-5-4-9 십정격과 조후 필수

YQ -1	☞ 1. 신약 신강		여. 사우나 대표		9	8	7	6	5	4	3	2	1	7	▶3-자평식 쓸 때 신약
	을120	경400	임360	갑120	7	7	7	7	7	7	7	7	7		▶용-임 ▶상신-유 신금
	유	술	신	진	년	임	계	갑	을	병	정	무	기	경	신	▶34경계인
	왕	경신	쇠	신정무	녹	무임경	양	을계무	술	해	자	축	인	묘	진	사	오	미	▶2이상형

❶ 상담일자-2013년 10월
❷ 상담의 내용
 우리 책의 자료화를 위해 재상담이 이루어진 사례이다.
❸ 주인공의 피드백
❹ 상담사 피드백

1626-1	계유(1993)년 9월 사별

●=1	YQ-3 산출	(왕=80, 상쇠=60, 사=40)

YQ-1	(을240) 사	(경400) 왕	(임360) 송쇠	(갑120) 사
기사대운 YQ-3	-240	0	-300	+40
계유년 YQ-3	-40	0	+360	+40
상위영역	-280	0	+60	+80
신유월 YQ-3	-240	+480	+360	-160
영역 합산	-520	+480	+420	-80

●=2	YQ-3 해석

■1. 본격과 변격
□원격은 신약, 본격은 겁인격이다. 그래서 을 임 갑에서 변격이 온다.

■2. 수치분석과 스토리화[325]
□1.임자일 사고시간 수치이다.

---

[325] 2-1-8-1 스토리화와 메타포와 시퀀스-"□스토리화는 YVWQ 수치를 언어화 하는 것이고,"

임자일 YQ-3	+200	-400	+300	+200
신묘시 (사고시간)	-40	+480	0	+40
총합	-360	+960	+720	+160

1)신묘시 임+1320(을-360 경+960 임+720)보다 갑+1480(을-360 경+960 임+720 +갑160) 상승하여 종재격처럼 되었다.326)

2)그러면 신월 갑목의 식상조후 정 기사에 발용되어 수기가 하강해야 하는데 갑 주변에 수기 화 없다.327) 정 조후도 수기를 겸할 수 있으나 갑과 무정하다.

3)따라서 수기 화가 없어 탈나는 것과 남편 교통사고가 연결된다.

□2.사망시간의 분석 수치이다.

임자일 YQ-3	+200	-400	+300	+200
무술시 (사망시간)	-160	+320	-360	-240
총합	-480	+400	+360	-120

1)무술시 총합 임+280(을-480 경+400 임+360) 상승하여 종아격처럼 되었다.

2)그러면 신월 임의 관성조후 술 있어 수기가 하강해야 하는데 역시 갑-120 수기가 하강하여 긍정이다. 그런데 사람이 떠났다 한다.

3)묘시에 탈(사고)이 나고 얼마 안 되어 마음을 준비하라는 병원의 권고가 있었다 한다.

● 간명의 원리

○이분은 사별 후 사망보상금과 보험금 등으로 부동산 및 사우나를 운영하는 사업가가 된 겁니다. 그렇다고 설마 속으로 남편의 죽음까지 바라지는 않았을 것 같습니다.
○사주가 긍정이면 자신이 진정 마음속으로 원하는 것을 얻는데 자살 같은 경우도 그렇습니다.328) 그러나 우리는 그 마음을 알 수가 없습니다. 또한 중요한 것은 하늘이 하는 일과 사람이 소원하는 것의 차이인데 이루어지는 방법이 다르기 때문입니다.
○남편으로부터 진정한 자유를 원하는 다른 사례에서도 막상 자유가 올 때 남편을 데려갔습니다. 그러나 당사자는 그렇게 자유와 남편을 바꾸고 싶지는 않았다는 말입니다.
○그래서 사주는 당사자 우선 원칙에 따라 남편 사주를 먼저 보아야 합니다.
○이러한 경우 육신과 육친으로 보면 될 것 같으나 실제 적중률은 몇% 되지 않습니다. 그럼에도 불구하고 육신과 육친을 명리의 꽃이라 하며 대단히 환호합니다.
○어떻든 이러한 상황을 어떻게 해석해야 할지 여러분의 몫으로 남겨서 미안합니다.

---

326) 1-5-4-2 ●=1 ■3 □3 1)종아격(처)은 합 포함 겁 식상의 합산이 높아야하고 재(관)가 수기다.
327) 2143-1 ●=4 ■1 □1 종(처)이 되면 절반의 성공이고, 나머지 절반은 수기가 있고 긍정이어야 한다. 수기 없는 과식(종)은 탈이 문제다. 무정한 수기도 같다.
328) 1-4-5 ●=2 ■1 □3 ●간명의 원리 ○예) 명퇴하기 싫은데 어쩔 수 없이 하면 부정의 수치와, 자발적으로 원해서 철수를 한다면 긍정의 수치와 원하는 것이 만납니다. 즉 사회적 통념을 벗어나서 선한 일이든 악한(도적질) 일이든 자신이 주체가 되고 긍정일 때 원하는 것을 얻습니다.

| ●=3 | 멀리 떠난 남편의 상황 |

YQ-1	병(480) 왕술	을(60) 상쇠축	무(640) 왕오	무(640) 왕술
신유대운 YQ-3	+480	-360	-480	-480
계유년 YQ-3	+80	-60	0	0
상위영역	+560	-420	-480	-480
신유월 YQ-3	+480	-360	-480	-480
영역 합산	+1040	-780	-960	-960

□원격은 신약, 본격은 종재격이다. 그래서 병 을에서 변격이 온다.
□원국 YQ-1의 병화와 무토 모두 을60의 3배수 이상이어서 어느 쪽이든 종을 안 할 수가 없다. 어떻든 종재격이 되었다.

□계유년 신유월 갑자기 사고로 세상을 떠났다.
 1)신유월 그 때 병+260(병+1040 을-780) 상승하여 종아격처럼 되었다.
 2)그러면 오월 병의 관성조후 임 없어 수기가 상승해야 한다.
 3)그런데 무-960 수기가 하강하고 있어 "얻을 수 있는 것이 없다."329)

□아래는 교통사고 당일 신묘시의 상황이다.
 1)병 높고 임 조후 없어 무 수기 상승해야 하는데 하강하고 있다.
 2)그래서 무-1360 수기 하강은 사고와 연결된다.

임자일 YQ-3	-400	+300	0	0
신묘시 (사고시간)	+480	-60	-400	-400
총합	+1120	-540	-1360	-1360

□아래는 사고 후 사망시간이다. 사망시간 역시 위처럼 병 높고 임 조후 없어 수기 상승해야 한다. 그런데 수기 무-1280 하강하고 있어 사망과 연결된다.

임자일 YQ-3	-400	+300	0	0
무술시 (사망시간)	-320	-240	+320	+320
총합	+320	-720	-1280	-1280

| ● 간명의 원리 |

○앞서 여러 번 언급했듯이 이렇게 사후 자료 검토와 사전 예측 상담은 다릅니다.
○이 시퀀스는 우리 책을 위해 스스로 검증을 청한 당사자에게 제공된 자료입니다.

---

329) 2143-1 ●=4 ■2 □1 종격(처럼)이 수기(식상)가 있고 긍정이면 "원하는 것을 얻는다." 그러나 종격이나 상신이 하강하고 변격되지 못하면 "얻을 수 있는 것이 없다."

○어떻든 모든 사주를 시운까지 산출하여 간명하는 것은 사실상 불가능합니다.
○출생은 수술시간을 어느 정도 조절할 수 있을지 몰라도 자연 분만은 곤란합니다. 사망에 대한 예측도 이렇게 시운까지 간단하지 않습니다.
○그래서 말씀드립니다. 가능한 모든 일 앞에서 겸손해야 합니다.330)

| 1626-2 | 2010년 10월 재판 승소 |

| ●-67 실제사주 | 4-2-1 | 1-6 | 1-6-2-4 남편 잃고 돈 잃고 자료 |

YQ-1	☞ 1. 신약 신강	여. 사우나 대표	9 8 7 6 5 4 3 2 1 7	▸3-자평식 쓸 때 신약
을120	경400	임360	갑120	7 7 7 7 7 7 7 7 7	▸용-임 ▸상신-유 신금
유	술	신	진 년	임 계 갑 을 병 정 무 기 경 신	▸34경계인
왕	경신 쇠	신정무 녹	무임경 양 을계무	술 해 자 축 인 묘 진 사 오 미	▸2이상형

●=1   YQ-3 산출   (왕=80, 상쇠=60, 사=40)

YQ-1	(을240) 사	(경400) 왕	(임360) 상쇠	(갑120) 사
무진대운 YQ-3	-160	+320	-360	-360
경인년 YQ-3	+240	-80	0	-40
상위영역	+80	+240	-360	-400
(하위) 병술월 YQ-3	-200	-80	-360	-200
영역 합산	-120	+160	-720	-600

●=2   YQ-3 스토리화

■1. 본격과 변격
□원격은 신약, 본격은 겁인격이다. 그래서 을 임 갑에서 변격이 온다.331)
□병술월 합산 결과 경+40(을-120 경+160) 상승은 신약 십정격의 상승이다.332)
 1)그러면 조후가 필요한 달의 십정격에 관성조후 무(=술) 있어 수기가 하강해야 하는데333) 역시 수기 임-720으로 하강한다.
 2)참고로 경 상승은 상신운이자 장기운을 형성한다.334)

---

330) 1551-3 ■1 ●간명의 원리 ○4그래서 간명하는 상담사는 더욱 겸허하고 겸손해야 합니다.
331) 1-5-4-1 서문 ❷ 1)그래서 본격이 행운(YQ-3)에서 하강하면 수치가 높은 쪽으로 변격된다.
332) 1-5-4-2 ●=1 ■1 □2 2)즉 본격에서 신약의 인입 상신이 상승하더라도 종왕 종강이라 하지 않고, 신강의 인출 상신이 상승하는 것을 종아 종재 종살이라 하지 않는다.
333) 1-5-4-2 ●=3 ■2 2) □2 조후 필수인 달의 십정격에 조후 있으면 상신의 상승과 하강을 본다.
334) 2-1-3-3 ●=2 ■1 □5 상신과 변격이 이어져도 장기운이다. 1)다만 음양교체기처럼 운의 색에 따라 삶도 그 색깔이 변한다. 2)만약 이들이 하강하고 변격으로 이어지지 못하면 단기운이 된다.

(하위) 임자일 YQ-3	+200	-400	+300	+200
총합	+80	-240	-420	-400

 3)위 임자일은 선고일인데 경-160(을+80 경-240)³³⁵⁾으로 상신운이다. 그러면 신월 경 관성조후 정 없지만 병술에 발용되어서 수기가 하강해야 한다.
 4)따라서 임-420 수기 하강은 재판 승소와 연결된다.

■2. 수치분석과 스토리화³³⁶⁾
☐수기 하강하여 긍정이니 "원하는 것을 얻는다."³³⁷⁾

■3. 스토리텔링
☐수기 긍정,³³⁸⁾ 전제 병술월 긍정, 차제 임자일 긍정이니³³⁹⁾ "내 복도 있고 인복도 있다."³⁴⁰⁾ 그래서 "원하는 것을 얻는데" "갈망과 새로운 발상으로" "행운이 온다."가 된다. 아마 유리한 증거를 새롭게 잘 제출했나 보다.
☐정리하면 "행운이 온다."와 승소가 연결된다. 그러나 승소의 기쁨이 나쁘지도 크지도 않다. 무슨 사연인지 본인의 표현으로는 먹먹했다 한다.

■4. 오행과 육신 해설(통변)

☞ 행운 흐름	종왕격은 종 상승해야 호사도래-(경 겁 화답)
기무-발전기	○(종금득토-토생금) ▶쟁기와 쟁기 날-논 밭갈이, 활동 왕성

☐무진대운 종왕(경) 상승하면 활동(승소) 왕성해진다.

생아(겁)	○생각(정보, 가치관)대로 됨(자아 온전) ▶물가에 심어진 나무

☐경 입장에서 무진경의 생으로 경 상승하니 생각(승소)대로 된다.

---

335) 1-5-4-2 ●=1 ■3 ☐4 종은 종(겁)과 근접한 인수와 그 인입의 합산이고, 수기 역시 식상과 재, 식상과 관살 등 인출의 합산으로 이루어진다. 위 "식상(재)"는 식상과 근접한 재성의 합산을 말한다.
336) 2-1-8-1 스토리화와 메타포와 시퀀스-"☐스토리화는 YVWQ 수치를 언어화 하는 것이고,"
337) 2143-1 ●=4 ■2 ☐1 종격(처럼)이 수기(식상)가 있고 긍정이면 "원하는 것을 얻는다." 그러나 종격이나 상신이 하강하고 변격되지 못하면 "얻을 수 있는 것이 없다."
338) 2143-1 ●=4 ■1 ☐1 1)그래서 종격 총합의 긍정은 수기를, 전제 차제의 긍정은 종 상승을 본다.
339) 2143-1 ●=4 ■3 ☐1 1)수기 전제 차제도 긍정이면 "일이 잘 풀리거나 뜻밖의 행운이 온다."
340) 1-4-5 ●=3 ■1 ☐3 내 복과 인복 있으면 선 후천의 복덕이 조화롭고 없으면 상황이 막막하다.

1-5-5	일운(일진)의 반전

1-5-5-1	운수 좋은 날

 운수 좋은 날 자료는 다음 나오는 '1551-3'의 "2023년 4월(정사) 이사"에 있다.

(15) (상신 인수-지장간) 강휘상영(江暉相映)-여. 헤어 디자이너

3-3-1	인식합(印食合)-양일간의 편인은 상관과 합

●-06 실제사주	1-1	3-3-1	1-5-5-1 운수 좋은 날
YQ-1 ☞ 1. 신약 신강	여. 헤어(살롱)디자이너	9 8 7 6 5 4 3 2 1 4 4 4 4 4 4 4 4 4 4	▶1-자평관 쓸 때 신약 ▶용-임 ▶상신-정
기300 병180 임420 갑200		임 계 갑 을 병 정 무 기 경 신	▶34경계인
해 술 신 자 년		술 해 자 축 인 묘 진 사 오 미	▶3이상형
포 무갑임 묘 신정무 병 무임경 대		임계	

❶ 상담일자-2021년 11월
❷ 상담의 내용
 코로나 백신 1차 2차 접종 후 자가면혁질환으로 고통 받은 사례이다.
❸ 주인공의 피드백
"2021년 4월 비골신경마비가 와서 한 달간 휴가 내고 쉬었어요. 그리고 10월 백신 2차 접종하고 2021년 11월 자가면역질환에 걸린 것을 알게 되었어요."
❹ 상담사 피드백
"일시적인 현상입니다. 생명에 지장 없으니 크게 걱정하기보다 안심하고 잘 치료하기 바랍니다." 사주가 비극은 면하기 때문이다.

1551-1	2021년 4월(임진) 비골신경마비

●=1	YQ-3 산출	(왕=80 상쇠=60 사=40)

YQ-1	(기300) 상쇠	(병180) 상쇠	(임420) 상쇠	(갑200) 사
무술대운 YQ-3	+360	-240	-360	-240
신축년 YQ-3	0	0	+60	+40
상위영역	+360	-240	-300	-200
(하위) 임진월	+60	-300	-60	-40
영역 합산	+420	-540	-360	-240

| ●=2 | YQ-3 해석 |

■1. 본격과 변격
□원격은 신약, 본격은 갑(지장간) 인수격이다. 그래서 기 병 임에서 변격온다.
□기-720(기+420 병-540 임-360 갑-240), 갑-180(임-360 갑-240 기+420)이다.[341] 그래서 갑 인수 본격의 상승이다.
  1)조후 필수인 신월 갑에게 식상조후 정 대신 병 있어 수기 하강해야 하는데[342] 그러나 수기 화가 없다.
  2)참고로 본격이 상위영역의 기 종아격처럼과 색깔은 다르지만 장기운을 형성한다.[343]

■2. 수치분석과 스토리화[344]
□수기가 없어 부정이니 "절반의 성공이거나 과식(무리)으로 고난을 겪는다.[345]

■3. 스토리텔링
□수기 부정,[346] 전제 대운 긍정, 차제 신축년 부정이니[347] "내 복은 있고 인복은 없다."[348] 그래서 "과식으로 고난을 겪고" "돌아가야 하는데" "과거의 교훈"에 답이 있다. 치료하는 동안 과로하지 않아야 한다.

□정리하면 34경계인이 비골신경마비가 왔지만 "절반의 성공으로" 비극은 면한다. 그래서 어려울수록 쉬면서 치료하는(돌아가는 것)과 연결된다. 특히 장기운은 운의 단절이 없으니 치료도 단절되지 않는다.

■4. 오행과 육신 해설(통변)

☞5. 대운 흐름	종아격은 식상 상승해야 호사-(토 식 화답)
기무	○(약화설기-토다화식) ▶사막의 선인장-혀의 가시, 설화 언어장애

---

341) 1-5-4-2 ●=4 ■2 □1 십정격이든 신왕 종격이든 본격이 하강하고 나머지가 상승해야 변격된다. 그래서 이때 본격이 상승하면 대개 긍정이고 하강하면 변격을 본다.
342) 1-5-4-2 ●=3 ■3 ■3) □2 식재 관성조후가 있으면 수기 하강, 없으면 수기가 상승해야 한다.
343) 2-1-3-3 ●=2 ■1 □5 상신과 변격이 이어져도 장기운이다. 1)다만 음양교체기처럼 운의 색에 따라 삶도 그 색깔이 변한다. 2)만약 이들이 하강하고 변격으로 이어지지 못하면 단기운이 된다.
344) 2-1-8-1 스토리화와 메타포와 시퀀스-"□스토리화는 YVWQ 수치를 언어화 하는 것이고,"
345) 2143-1 ●=4 ■2 □2 수기가 없거나 부정 "절반의 성공이거나 과식(무리)으로 고난을 겪는다."
346) 2143-1 ●=4 ■1 □1 1)그래서 종격 총합의 긍정은 수기를, 전제 차제의 긍정은 종 상승을 본다.
347) 2143-1 ●=4 ■3 □2 2)수기 부정 전제 긍정 차제 부정 "뜻대로 안 된다. 어려울수록 돌아가라."
348) 1-4-5 ●=3 ■1 □1 내 복은 구관이 명관처럼 오래된 장, 된장, 묵은 김치처럼 구연을 말한다. 선대의 복, 타고난 재능, 기존의 사고와 가치관, 내재된 갈망 등이다.

☐약한 병화를 기토가 설기하여 부정이니 장애(병)가 발생한다.

겁생식상 부(역)작용　　　　○카르마(자기관리) 붕괴-무용 무능 ▶할 말이 없음
☐약한 화 입장에서 기토가 설기시켜 부작용이 일어나 건강이 붕괴된다.

1551-2	2021년 11월(기해) 자가면역질환			
●=1	YQ-3 산출			(왕=80 상쇠=60 사=40)

YQ-1	(기300) 상쇠	(병180) 상쇠	(임420) 상쇠	(갑200) 사
무술대운 YQ-3	+360	-240	-360	-240
신축년 YQ-3	0	0	+60	+40
상위영역	+360	-240	-300	-200
(하위) 기해월	0	-360	0	+200
영역 합산	+360	-600	-300	0

●=2　　　　YQ-3 해석

■1. 본격과 변격
☐원격은 신약, 본격은 갑(지장간) 인수격이다. 그래서 기 병 임에서 변격온다.
☐기-540(기+360 병-600 임-300 갑0)[349]와 갑-540(병-600 기+360 임-300 갑0)이 같다. 그래서 갑보다 기+360 자체 값이 더 크니 종아격처럼 되었다.[350]
 1)그러면 신월 기의 재성조후[351] 계 대신 해 있어 수기 하강해야 하는데[352]
 2)그러나 유정한 수기 화가 없다.

■2. 수치분석과 스토리화[353]
☐수기 없어 부정이니 "절반의 성공이거나 과식(무리)으로 고난을 겪는다."[354]

■3. 스토리텔링
☐수기 부정,[355] 전제 대운 부정, 차제 신축년 긍정이니[356] "내 복은 없고 인복

---

349) 1-5-4-2 ●=1 ■3 ☐4 종은 종(겁)과 근접한 인수와 그 인입의 합산이고, 수기 역시 식상과 재, 식상과 관살 등 인출의 합산으로 이루어진다. 위 "식상(재)"는 식상과 근접한 재성의 합산을 말한다.
350) 1-5-4-2 ●=1 ■3 ☐2 2)인수와 관생인, 인식합의 합산 높으면 종강격(처럼) 되고 겁(식) 수기다.
351) 1-5-4-2 ●=3 ■2 ■3) ☐2 2)신강 식재 관성조후는 이법의 식재관 상신과 같고, 하강하면 신강 이법의 인입(기법은 겁 인수조후) 상승이니 종왕 종강처럼 된다.
352) 1-5-4-2 ●=3 ■3 ■3) ☐2 식재 관성조후가 있으면 수기 하강, 없으면 수기가 상승해야 한다.
353) 2-1-8-1 스토리화와 메타포와 시퀀스-"☐스토리화는 YVWQ 수치를 언어화 하는 것이고,"
354) 2143-1 ●=4 ■2 ☐2 수기가 없거나 부정 "절반의 성공이거나 과식(무리)으로 고난을 겪는다."
355) 2143-1 ●=4 ■1 ☐1 1)그래서 종격 총합의 긍정은 수기를, 전제 차제의 긍정은 종 상승을 본다.

은 있다."357) 그래서 "고난을 겪는데" "비극은 면한다."가 된다. 또한 "확 피지 못하니"처럼 비극도 확 피지 못할 거라는 "새로운 발상"이 중요하다.

□정리하면 34경계인이 자가면역질환이 오지만 "비극은 면한다."와 연결된다. 특히 "절반의 성공"도 비극을 반으로 줄인다.

■4. 오행과 육신 해설(통변)

☞5. 대운 흐름	종아격은 식상 상승해야 호사-(토 식 화답)
기무	○(약화설기-토다화식) ▶사막의 선인장-혀의 가시, 설화 언어장애

□약한 병화를 기토가 설기하여 부정이니 장애(병)가 발생한다.

겁생식상 부(역)작용	○카르마(자기관리) 붕괴-무욕 무능 ▶할 말이 없음

□약한 화 입장에서 기토가 설기시켜 부작용이 일어나 건강이 붕괴된다.

1551-3	2023년 4월(정사) 이사

이 자료는 운수 좋은 날 자료이다. 일운에서 반전이 일어난다.

●-06 실제사주	1-1	3-3-1	3-2-8-4 ●=3 ❼물극필반 자료
YQ-1 ☞1. 신약 신강	여. 헤어(살롱)디자이너	9 8 7 6 5 4 3 2 1 4 / 4 4 4 4 4 4 4 4 4	▶1-자평 관 쓸 때 신약 ▶용-임 ▶상신-정
기300 병180 임420 갑200		임 계 갑 을 병 정 무 기 경 신	▶34경계인
해 술 신 자 년		술 해 자 축 인 묘 진 사 오 미	▶3이상형
포 무갑임 묘 신정무 병 무임경 대 임계			

❹ 상담사 피드백

이사를 앞두고 "남들은 선호하지 않지만 자신에게 꼭 어울리는 의외의 집이 나올 것입니다. 비록 이사가 힘에 부칠지라도 걱정 안 해도 됩니다." 했는데 그리 되었다. 일운에서 반전이 일어나는 이유이다.

●=1	YQ-3 산출	(왕=80 상쇠=60 사=40)

■1) 계약 날짜
□병진월 기-60(기+360 병-180 갑-200) 상대적 상승으로 종아격처럼 되었다.358)

---

356) 2143-1 ●=4 ■3 □2 3)수기, 전제 부정 차제 긍정은 "어려움 속에서도 비극은 면한다."
357) 1-4-5 ●=3 ■1 □2 인복은 새 술을 새 부대에 담는 것과 같이 새로운 질서와 인연을 말한다. 자수성가, 자신의 노력과 덕망, 혁신적 발상, 새로운 변화와 시류 등이다.

1)그러면 신월 기의 재성조후 계 대신 해 있어 수기 하강해야 하는데359)
2)그러나 수기 신금이 +640로 상승하여 이사운이 안 된다. 월지 신금 수기가 무정하지만 술토가 연계하고 있다.

YQ-1	(기300) 상쇠	(병180) 상쇠	(임420) 상쇠	(갑200) 사
무술대운 YQ-3	+360	-240	-360	-240
계묘년 YQ-3	-360	+60	0	+240
상위영역	0	-180	-360	0
(하위) 병진월 YQ-3	+360	0	-360	-200
영역 합산	+360	-180	-720	-200

(하위) 을묘일 YQ-3	-360	+360	-360	+240
총합	0	+180	0	+40

3)그러나 을묘일 신약 병+180 상신 상승하니 긍정적이다.
4)즉 종아격처럼이 월운까지는 성사되지 않고 일운에서 상신운으로 반전이 일어나 계약 되었다.360)

■2) 이사 날짜
□정사월 기+220(기+300 병+120 갑-240) 식상 상승하여 종아격처럼 되었다.
1)그러면 신월 기의 재성조후 계 대신 해 있어 수기 하강해야 하는데
2)그러나 수기 신+400이 기+220보다 상승하여 이사운이 안 된다.
3)다음 정해일 해석은 아래 "■1. 본격과 변격"으로 이어진다.

YQ-1	(기300) 상쇠	(병180) 상쇠	(임420) 상쇠	(갑200) 사
무술대운 YQ-3	+360	-240	-360	-240
계묘년 YQ-3	-360	+60	0	+240
상위영역	0	-180	-360	0
(하위) 정사월 YQ-3	+300	+300	0	-200
영역 합산	+300	+120	-360	-200

(하위) 정해일 YQ-3	0	0	+300	-40
총합	+300	+120	-0	-240

■1. 본격과 변격
□원격은 신약, 본격은 갑(지장간) 인수격이다. 그래서 기 병 임에서 변격온다.
1)정해일 기+180(기+300 병+120 갑-240)361) 상승하여 종아격처럼 되었다.362)

358) 1-5-4-2 ●=1 ■3 □3 1)종아격(처럼)은 합 포함 겁 식상의 합산이 높아야하고 재(관)가 수기다.
359) 1-5-4-2 ●=3 ■3 ■3) □2 식재 관성조후가 있으면 수기 하강, 없으면 수기가 상승해야 한다. 즉 모든 수기가 하강하는데 식재 관성조후 없을 때만 상승한다.
360) 2-1-3-3 ●=2 ■3 □1 4)그러나 대운과 태세와 월운까지 부정인데 일운에서 반전이 일어나 긍정이면 『"운수(일진) 좋은 날"』의 단기운이 된다.

2)그러면 신월 기토의 재성조후 계 대신 해 있어 수기 하강해야 하는데363)
3)그러나 수기 신금+160으로 기+180보다 하강하여 이사와 연결된다. 수기 신금이 무정하지만 술토가 연계한다.
4)즉 계약일처럼 정사월까지 이사운이 안 되는데 정해일에 반전이 일어났다.364)

> ● 간명의 원리
> ○1.이러한 정해일의 반전 때문에 "남들은 선호하지 않지만 자신에게 꼭 어울리는 의외의 집이 나올 것입니다."라고 앞에서 상담사 피드백을 할 수 있었던 것입니다.
> ○2.이렇게 앞(전제)에 있는 운 부정, 뒤(차제)에 오는 운이 긍정이면 기존의 욕구(사고와 철학)와 질서(구연)를 떠나, 새로운 인연과 조건을 따라야 차선이라도 얻습니다.
> ○3.더욱 이 사례는 수기가 무정합니다. 그래서 더 지체되고 겨우겨우 얻게 됩니다.
> ○4.그래서 간명하는 상담사는 더욱 겸허하고 겸손해야 합니다.365) 아무리 YVWQ의 적중률이 높아도 앉아서 천리 혹은 수만 리 밖을 내다 볼 수 없기 때문입니다.
> ○5.참고로 YVWQ는 상위영역을 중심으로 개발되었습니다. 가능한 누구나 쉽고 편하게 활용할 수 있도록 하기 위해서입니다. 그러다가 월운(예전엔 사주 사계절)은 물론 그 다음 어쩔 수 없이 일운과 시운(운수와 운세의 영역)까지 이리되었습니다.

■2. 수치분석과 스토리화366)
□수기가 긍정이니 "원하는 것을 얻는다."367)

■3. 스토리텔링
□수기 긍정,368) 전제 대운 긍정, 차제 기해년 부정이니369) "내 복은 있고 인복은 없다."370) 그래서 "원하는 것을 얻는데" "차선(적게)을 구해야 한다." "갈망을

---

361) 1-5-4-2 ●=1 ■3 □4 좋은 종(겁)과 근접한 인수와 그 인입의 합산이고, 수기 역시 식상과 재, 식상과 관살 등 인출의 합산으로 이루어진다. 위 "식상(재)"는 식상과 근접한 재성의 합산을 말한다.
362) 1-3-2-3 ■1 □2 "YQ-1은 인입에서 인출을, 그리고 인출에서 인입을 더하고 빼지 않는다. □4 "그러나 YQ-1 관생인(통관)과 YQ-3 종격처럼에서는 더하고 뺄 수 있다."
363) 1-5-4-2 ●=3 ■3 ■3) □2 식재 관성조후가 있으면 수기 하강, 없으면 수기가 상승해야 한다. 즉 모든 수기가 하강하는데 식재 관성조후 없을 때만 상승한다.
364) 2-1-3-3 ●=2 ■3 □1 4)그러나 대운과 태세와 월운까지 부정인데 일운에서 반전이 일어나 긍정이면 『"운수(일진) 좋은 날"』의 단기운이 된다.
365) 1-5-1 ●=3 ■4 ●Tip ○YVWQ 적중률이 높아도 겸손해야 되는 이유를 지금 보고 있습니다.
366) 2-1-8-1 스토리화와 메타포와 시퀀스-"□스토리화는 YVWQ 수치를 언어화 하는 것이고,"
367) 2143-1 ●=4 ■2 □1 종격(처럼)이 수기(식상)가 있고 긍정이면 "원하는 것을 얻는다." 그러나 종격이나 상신이 하강하고 변격되지 못하면 "얻을 수 있는 것이 없다."
368) 2143-1 ●=4 ■1 □1 1)그래서 종격 총합의 긍정은 수기를, 전제 차제의 긍정은 종 상승을 본다.
369) 2143-1 ●=4 ■3 □1 2)수기 전제 긍정, 차제 부정 "목표(욕심)를 낮추어야 적게라도 얻는다.
370) 1-4-5 ●=3 ■1 □1 내 복은 구관이 명관처럼 오래된 장, 된장, 묵은 김치처럼 구연을 말한다. 선대의 복, 타고난 재능, 기존의 사고와 가치관, 내재된 갈망 등이다.

앞세우면 곤란하다."가 된다.

□정리하면 34경계인이 "힘들지만 차선으로 목표를 낮추어 이사 하는 것"과 연결된다. 실제 이사 규모를 많이 줄였다고 한다.

■4. 오행과 육신 해설(통변)

☞5. 대운 흐름	종아격은 식상 상승해야 호사-(토 식 화답)
기무	○(약화설기-토다화식) ▶사막의 선인장-혀의 가시, 설화 언어장애

□기 상승하여 종아격처럼 되니 불편한 가시가 제거되어 장애가 사라진다.

생아(겁)	○생각(정보, 가치관)대로 됨(자아 온전) ▶물가에 심어진 나무

□기 입장에서 병화 인수의 조력을 받아 종아격처럼 되니 물가에 심은 나무처럼 일이 풀려간다.

| 1-5-5-2 | 일진 안 좋은 날 |

여기 "일진 안 좋은 날의 내용증명서"와 앞서 공부한 "운수 좋은 날의 이사" 사례는 서로 상반되는 자료이다.

> ● 간명의 원리
> ○우리가 보통 간명의 자료를 검토하는 것은 상위영역이나 월운까지면 충분합니다.
> ○그러나 예측을 목표로 하는 사전 상담에서는 일운을 확인해야 하는 이유를 "운수와 일진"에서 보고 있습니다.371) 즉 시퀀스의 시작과 종료 시점의 이야기입니다.372)

| 1552-1 | 내용증명서(권리금 반환의 건) |

(16) 단계(丹桂-계피나무 종류)가 피어나기 전-L 무속

| 1-1 | 관을 쓸 때-신약 |

●-03 실제사주   1-1   1-5-5-2 일진 안 좋은 날

YQ-1	☞ 1. 신약 신강		여. L 무속	9 8 7 6 5 4 3 2 1 6	▶1-자평 살 쓸 때 신약
	정120	을160	정120	신560	6 6 6 6 6 6 6 6 6	▶용-신 ▶상신-계
	축	묘	유	축 년	정 병 을 갑 계 임 신 경 기 무	▶34경계인
	쇠 계신기 력	갑을 포	경신 쇠	계신기	미 오 사 진 묘 인 축 자 해 술	▶6중년 7대기만성 형

❶ 상담일자-2020년 1월

❷ 상담의 내용

2015년에 첫 상담이 이루어진 클라이언트다. 권리금을 받고 가게를 정리했다 한다. 그런데 인수자가 권리금 반환 사유가 발생했다며, 정해진 기일까지 반환하지 않으면 상법 제41조에 따라 법적조치를 취한다는 내용증명서에 대한 상담 사례이다.

❸ 주인공의 피드백

"정리한 가게와의 새로운 가게와의 거리가 800m 밖에 차이가 안 난다 하네요." "법적으로는 1Km인데 실측을 해보진 않았지만 거리상 충분하다고 생각했어요."

❹ 상담사 피드백

"이 일을 해결하려면 두 가지 방법이 있어요."

"첫째 인수자와 원만히 대화로 해결할 수 있도록 중재 가능한 인맥을 찾아보

---

371) 1551-3 ■1 ●간명의 원리 ○4그래서 간명하는 상담사는 더욱 겸허하고 겸손해야 합니다.
372) 1-4-3-2 ●=2 ■2 ●Tip ○그래서 일운과 시운은 시퀀스의 종료를 어느 시점으로 할 것인지를 감안해야 합니다.

세요." 전제가 긍정이기 때문에 새로운 사람보다 구연이 더 유망한 이유이다.
"둘 사업자등록 등 모든 명의를 다른 사람 이름으로 하는 방법이 있어요." 그러나 이는 차제가 부정이니 우리 책의 이론으로는 기존의 질서만 못하다.

●=1	YQ-3 산출		(왕=80, 상쇠=60, 사=40)	
YQ-1	(정120) 상쇠	(을160) 사	(정120) 상쇠	(신560) 왕
계묘대운 YQ-3	-60	+160	-60	-400
기해년 YQ-3	+60	0	+60	-80
상위영역	0	+160	0	-480
(하위) 정축월 YQ-3	0	-200	0	-80
영역 합산	0	-40	0	-560
(하위) 무술일 YQ-3	-360	-160	-360	+480
총합	-360	-200	-360	-80

□정축월 을-40 상승은 신약의 상신이 상승한 것이다. 참고로 정0이 높아 보이지만 을-40 인수가 있어 실제 정-40(정0 을-40)이고 정이 둘이니 정-80이다.
 1)신약 을이 상신운에 상승 자체로 긍정인데[373] 내용증명서가 날아들었다.
 2)즉 월운까지 긍정인데 일운(무술일)에서 부정으로 반전이 일어난 것이다. 그 해석은 아래 "■1. 본격과 변격"으로 이어진다.

●=2	YQ-3 해석

■1. 본격과 변격
□원격은 신약, 본격은 묘 겁격이다. 그래서 인출 정 신에서 변격이 온다.
□무술일 신-80 상대적으로 상승하여 종살격처럼 되었다.[374]
 1)그러면 유월은 조후가 급하지 않으니 기본적으로 수기 하강해야 하는데,[375]
 2)그러나 계묘에 발용된 계0이 신-80보다 높다.

> ● 간명의 원리
> ○1.즉 앞(전제) 큰 운은 긍정, 뒤(차제)에 작은 운이 부정이면 일진이 안 좋다고 비유합니다. "원치 않는 이별"처럼 자신 의지와 다르게(자의반 타의반) 일이 전개됩니다.
> ○2.그렇다면 이때는 전제를 살려 새로운 인연이나 조건보다는 삶의 흔적(구연)에서 답을 찾아야 도움이 된다는 말입니다.

---

373) 1-4-5 ●=2 ■1 □3 "상신의 수치가 상승하면 원하는 것을 얻고", 하강하면 "얻을 것이 없다."
374) 1-5-4-2 ●=1 ■3 □3 3)종살격(처럼)-합 포함 재 관살의 합산이 높아야하고 인수(겁)가 수기다.
375) 1-5-4-2 ●=3 ■3 ■2) □1 조후 안 보는 달의 수기식상격과 종격(처럼)은 수기 하강이 기본이다.
    □2 만약 인출 상승하면 종아 종재 종살처럼 되고 수기 하강해야 한다.

○3.실제 평소 가게를 관리하던 체인점 담당자의 중재로 원만하게 끝났습니다.
○4.특히 상담하면서 "왕복 6차선 도로를 측방에서 건너는 것은 생활권도 다르고, 더욱 800m 이내는 고의가 아니라는 점"을 정중하게 사과하라고 코칭했는데 그리 했답니다.

■2. 수치분석과 스토리화376)
□무술일 수기가 상승하니 "과식(무리)으로 고난을 겪는다."377)

■3. 스토리텔링
□수기 부정,378) 전제 대운 긍정, 차제 무술일 부정이니379) "내 복은 있되 인복은 없다."380) 그래서 "고난을 겪는데" "급할수록 돌아가야 한다."가 된다. 그 돌아가는 길에 "구연"이 도움이 될 것이다.

□정리하면 34경계인이 "고난을 만났지만" 과거의 인연에서 도움을 찾아 "돌아가는 것"과 연결된다. 실제 과거 체인점 담당이 정리한 가게를 여전히 관리하고 있어 그 담당의 중재로 일이 잘 마무리 되었다 한다.

■4. 스토리텔링(해설-통변)

☞ 행운 흐름	종아격은 정 인입 상승해야 호사도래-(정 종아 화답)
임계	○(종화극화-수다화식) ▶못 다 핀 꽃송이-잃어버린 벼슬, 활동중단

□계묘대운 무술년 신약 을 하강하면 벼슬자리(배우자 자리)가 활동 중단된다.

식생재의 부(역)작용	○욕망 좌절(나태, 식탐, 색탐) ▶말(구업-말실수) 앞서거나 막힘

□신약 을 입장에서 인입 하강하니 일(내용증명서)이 막힌다.

1552-2	새 아파트 분양 및 이사

❶ 상담일자-2023년 10월
❷ 상담의 내용
우리 책이 쓰여 지는 동안에 신규 아파트를 분양 받고 이사한 사례이다.

---

376) 2-1-8-1 스토리화와 메타포와 시퀀스-"□스토리화는 YVWQ 수치를 언어화 하는 것이고,"
377) 2143-1 ●=4 ■2 □2 수기가 없거나 부정 "절반의 성공이거나 과식(무리)으로 고난을 겪는다."
378) 2143-1 ●=4 ■1 □1 1)그래서 종격 총합의 긍정은 수기를, 전제 차제의 긍정은 종 상승을 본다.
379) 2143-1 ●=4 ■3 □2 2)수기 부정 전제 긍정 차제 부정 "뜻대로 안 된다. 어려울수록 돌아가라."
380) 1-4-5 ●=3 ■1 □1 내 복은 구관이 명관처럼 오래된 장, 된장, 묵은 김치처럼 구연을 말한다. 선대의 복, 타고난 재능, 온고지신, 과거에서 교훈을 찾는 등이다.

❸ 주인공의 피드백

"저 새 아파트로 이사 했어요."

❹ 상담사 피드백

"사주로도 그때 운이 호사로 나와요. 축하해요."

| ●=1 | YQ-3 산출 | (왕=80, 상쇠=60, 사=40) |

□계축월 을+280 본격의 상승은 상신운을 만난 것이다.

YQ-1	(정120) 상쇠	(을160) 사	(정120) 상쇠	(신560) 왕
계묘대운 YQ-3	-60	+160	-60	-400
계묘년 YQ-3	-60	+160	-60	-400
상위영역	-120	+320	-120	-800
(하위) 계축월 YQ-3	-300	-40	-300	0
영역 합산	-420	+280	-420	-800
(하위) 계해일 YQ-3	0	+200	0	-400
총합	-420	+480	-420	-1200

□다음 계해일 해석은 아래 "■1. 본격과 변격"으로 이어진다.

| ●=2 | YQ-3 해석 |

■1. 본격과 변격

□원격은 신약, 본격은 묘 겁격이다. 그래서 인출 정 신에서 변격이 온다.
□신약 을목 본격이 상신운을 만나 상승하는 그 자체로 긍정이다.

■2. 수치분석과 스토리화[381]

□계해일 을 인입 상신이 긍정이니 "원하는 것을 얻는다."[382]

■3. 스토리텔링

□인입 상승 긍정, 전제 대운 긍정, 차제 계묘년 긍정이니[383] "내 복도 있고 인복도 있다."[384] 그래서 "원하는 것을 얻는데" "기존의 사고와 새로운 발상이" "행운을 부른다."가 된다.

□계해일의 운수도 후천의 사회적 기회와 선천의 재능(재테크)과 조화를 이루

---

381) 2-1-8-1 스토리화와 메타포와 시퀀스-"□스토리화는 YVWQ 수치를 언어화 하는 것이고,"
382) 1-4-5 ●=2 ■1 □3 "상신의 수치가 상승하면 원하는 것을 얻고", 하강하면 "얻을 것이 없다."
383) 1-4-5 ●=3 ■2 □1 총합(상신) 전제 차제도 긍정이면 "일이 잘 풀리거나 뜻밖의 행운이 온다."
384) 1-4-5 ●=3 ■1 □3 내 복과 인복 있으면 선 후천의 복덕이 조화롭고 없으면 상황이 막막하다.

니 아파트 입주의 호사에 기여한다.
□정리하면 34경계인의 "아파트 입주"와 "행운"이 연결된다.

■4. 스토리텔링(해설-통변)

☞ 행운 흐름	신약은 인입 상승해야 호사도래-(묘 겁 화답)
임계-절정기	○(약목득목-목생목) ▶식수목과 지지대-흔들림 방지, 본분회복

□계묘대운 계축월 신약 을 상승하면 벼슬자리(배우자 자리)가 활동 중단된다.

생아(겁)	○생각(정보, 가치관)대로 됨(자아 온전) ▶물가에 심어진 나무

□신약 을 입장에서 인입 상승하니 생각(아파트 입주)대로 일이 된다.

1-5-6	천간중첩의 예

천간중첩은 쟁합, 투합, 중간(重干)"과 의미를 같이 한다.

그래서 "3231-4 ●=1 쟁합"을 심도 있게 공부해야 한다. 여기 쟁합과 합의 우선순위385)는 인입과 인출을 가르며 YQ-1 신약 신강으로 이어진다.

■1. 종격, 일간태왕, 천간겁인, 수기 식상격

□1.종격, 일간태왕, 천간겁인은 천간중첩을 적용하지 않는다.-(공인중개사)

●-63 실제사주	3-2-1		1-6-2 재성과 천간합 자료									
YQ-1 ☞ 1. 신약 신강	여. 공인중개사			9 1	8 1	7 1	6 1	5 1	4 1	3 1	2 1	1 1	▶양신재합 불가-신약
을640	경200	신40	신80	신	경	기	무	정	병	을	갑	계 임	▶용-을 ▶상신-유
유	신	묘	해 년	축	자	해	술	유	신	미	오	사 진	▶34경계인 ▶3이상형
왕	경신 녹	무임경 태	갑을 병	무갑임									

■2. 신약의 중첩

□1.신강의 인비 중첩은 종왕격이나 일간태왕(신왕) 되는 확률이 높은데, 위(공인중개사) 는 중첩되고도 신약하다.

□2.신약의 인비 중첩은 상대적으로 중첩 상승해야 호사가 온다.-(무근)

●-54 실제사주	2--2	3-2-2-1 ●=5 통근과 사령의 예 자료		
☞1. 신약 신강	경0	신60	계160	경60
(무근) 인/설=3/1 -무근		○	○○○	○
지장간	무○ 병○ 갑○	무○ 갑○ 임○	정○ 을○ 기○○	임○ 계○
지지	인	해	미	자

□3.신약 식재관 중첩은 상대적으로 중첩이 하강해야 호사로 이어진다.-(엔터)

●-52 실제사주	2-1-2	3-1-1		1-6-2-8 송사에 얽힌 자료									
YQ-1 ☞ 1. 신약 신강	여. 엔터			9 3	8 3	7 3	6 3	5 3	4 3	3 3	2 3	1 3	3	▶1-적천수 쓸 때 신약
임300	무300	임180	임240	임	계	갑	을	병	정	무	기	경	신	▶용신-임 ▶상신-진
자	진	인	술 년	진	사	오	미	신	유	술	해	자	축	▶34경계인 ▶6중년절정형
태 임계 관	을계무 생	무병갑 묘	신정무											

■3. 신강의 중첩

□1.신강 인비 중첩이 수기를 쓰는 신강 신왕이나 종격이면 인입 상승, 분산을

---

385) 3231-4 ●=2 ■2 연월이 일보다 먼저 합, 일월(연에서 설 극의 방해 없어야 합)이 시보다 먼저

쓰는 신강하면 인입이 하강해야 한다.

☐2.신강의 식재관 중첩은 식재관 상승해야 길하다.-(여. 부부약사)

●-48 실제사주	1-10	1-6-1-1 부부약사의 혼돈 시퀀스 자료

YQ-1 ☞ 1. 신약 신강	여. 부부약사	9 8 7 6 5 4 3 2 1	▸2-적천수 일간 신강
병180	계480	병120	병120		▸용-재 ▸상신-재생관살
진	사	신	진 년	병 정 무 기 경 신 임 계 갑 을	▸34경계인
양 을계무	태 무경병	사 무임경	양 을계무	술 해 자 축 인 묘 진 사 오 미	▸4분지형

1-5-6-1	천간중첩

(17) 천간중첩-이래도 계수 저래도 계수(합판 목재사업)

1-5-1	식상 쓸 때. 신약-인수 상신(안정적)

●-25 실제사주	1-5-1	3-2-1	1-5-6-1 천간중첩

YQ-1 ☞ 1. 신약 신강	남. 합판 목재사업	9 8 7 6 5 4 3 2 1	▸3-자평식 쓸 때 신약
계160	갑180	정400	정320		▸용-정 ▸상신-계
유	술	미	미 년	정 무 기 경 신 임 계 갑 을 병	▸34경계인
태 경신	양 신정무	묘 정을기	묘 정을기	유 술 해 자 축 인 묘 진 사 오	▸1이상형

❶ 상담일자-2014년 2월
❷ 상담의 내용
 우리 책의 자료화를 위해서 재상담이 이루어진 사례이다.
❸ 주인공의 피드백
 "운영하는 법인에 세무조사가 들어온다는 정보를 입수하고 사업을 철수했어요." "그 액면이 그 당시 몇 십억 되거든요."
❹ 상담사 피드백

1561-1	2006 사업철수

●=1	YQ-3 산출	(왕=80, 상쇠=60, 사=40)

YQ-1	(계160) 사	(갑180) 상쇠	(정400) 왕	(정320) 왕
계묘대운 YQ-3	0	+360	-80	-80
병술년 YQ-3	+40	-300	0	0
상위영역	+40	+60	-80	-80

●=2	YQ-3 해석

■1. 본격과 변격
□원격은 신약, 계 인수격이 본격이다. 그래서 인출에서 변격이 온다.
□미월 신약 갑 상승은 상신운이자 계 인수조후 있어 그 자체로 긍정이다.386)

■2. 수치분석과 스토리화387)
□본격 상신 상승하여 긍정이니 "원하는 것을 얻는다."388)

■3. 스토리텔링
□상신 긍정,389) 전제 대운긍정, 차제 부정이니390) "내 복은 있되 인복은 없다."391) 그래서 "원하는 것을 얻는데" "적게라도 얻으려면" "기존의 사고와 갈망"이 중요하다.
□정리하면 34경계인이 갈망(세금 문제)과 사업 철수와 연결된다. 운이 안 좋으면 철수도 못하나 보다.

■4. 오행과 육신 해설(통변)

☞ 행운 흐름	신약의 인출 중첩은 하강해야 호사도래-(계 인수 화답)
계임-절정기	○(답수득수-수생수) ▶두물머리 약수터-사람 지혜 돈이 모여 듦

□계묘대운 병술년 인입상승하면 약수터(사업처)에 지혜(사업철수)가 모인다.

극재	○탐진치(욕심)를 억제 자제 ▶바라는 일이 조화를 이룸

□계 종인격처럼 입장에서 정 편재를 겁(계)의 극제와 술(살)이 하강시키니 바라는 일(의도적 사업 철수)이 조화를 이룬다.

1561-2	2013 계사월 공인중개사 합격

---

386) 1-5-4-2 ●=3 ■2 ■3) □1 십정격도 조후 필수인 달 조후가 없으면 종격(처럼)과 보는 법이 같다. 조후가 있으면 수기 하강해야 하는데, 대부분 수기가 자연적으로 하강한다.
387) 2-1-8-1 스토리화와 메타포와 시퀀스-"□스토리화는 YVWQ 수치를 언어화 하는 것이고,"
388) 1-4-5 ●=2 ■1 □3 "상신의 수치가 상승하면 원하는 것을 얻고", 하강하면 "얻을 것이 없다."
389) 1-5-4-2 ●=4 ■2 □1 십정격이든 신왕 종격이든 본격이 하강하고 나머지가 상승해야 변격된다. 그래서 이때 본격이 상승하면 대개 긍정이고 하강하면 변격을 본다.
390) 1-4-5 ●=3 ■2 □2 총합 긍정 전제 긍정, 차제 부정은 "목표(욕심)를 낮추어야 적게라도 얻는다."
391) 1-4-5 ●=3 ■1 □1 내 복은 구관이 명관처럼 오래된 장, 된장, 묵은 김치처럼 구연을 말한다. 선대의 복, 타고난 재능, 온고지신, 과거에서 교훈을 찾는 등이다.

| ●-25 실제사주 | 1-5-1 | 3-2-1 | 1-5-6-1 천간중첩 |

YQ-1	☞ 1. 신약 신강	남. 합판 목재사업	9 8 7 6 5 4 3 2 1 1	▸3-자평식 쓸 때 신약
계160	갑180	정400	정320	1 1 1 1 1 1 1 1 1 1	▸용-정 ▸상신-계
유	술	미	미 년	정 무 기 경 신 임 계 갑 을 병	▸34경계인
태	경신	양 신정무	묘 정을기 묘 정을기	유 술 해 자 축 인 묘 진 사 오	▸1이상형

❶ 상담일자-2014년 2월
❷ 상담의 내용
  역시 우리 책의 자료화를 위한 재상담 과정의 이야기이다.
❸ 주인공의 피드백
  "2013년 9월 공인중개사 합격했어요."
❹ 상담사 피드백

| ●=1 | YQ-3 산출 | (왕=80, 상쇠=60, 사=40) |

YQ-1	(계160) 사	(갑180) 상쇠	(정400) 왕	(정320) 왕
임인대운 YQ-3	0	+240	+480	+480
계사년 YQ-3	0	+60	0	0
상위영역	0	+300	+480	+480
(하위) 신유월 YQ-3	+160	-240	-480	-480
영역 합산	+160	+60	0	0

| ●=2 | YQ-3 |

■1. 본격과 변격
□원격은 신약, 계 인수격이 본격이다. 그래서 인출에서 변격이 온다.
□계+160, 갑+220(계+160 갑+60) 그래서 본격 상신 상승이다.[392]
 1)그러면 조후 필수 미월 갑의 인수조후 계 있어 수기 하강해야 하는데[393]
 2)역시 수기 정0이 갑보다 하강한다.

■2. 수치분석과 스토리화[394]
□상신 상승하여 긍정이니 "원하는 것을 얻는다."[395]

---

[392] 1-5-4-2 ●=4 ■2 □1 십정격이든 신왕 종격이든 본격이 하강하고 나머지가 상승해야 변격된다. 그래서 이때 본격이 상승하면 대개 긍정이고 하강하면 변격을 본다.
[393] 1-5-4-2 ●=3 ■3 ■3) □1 겁 인수조후가 있으면 수기 하강, 없어도 수기 하강해야 한다.
[394] 2-1-8-1 스토리화와 메타포와 시퀀스-"□스토리화는 YVWQ 수치를 언어화 하는 것이고,"
[395] 1-4-5 ●=2 ■1 □3 "상신의 수치가 상승하면 원하는 것을 얻고", 하강하면 "얻을 것이 없다."

■3. 스토리텔링
□수기 긍정, 전제 상위 부정, 차제 신유월 긍정이니[396] "내 복은 없고 인복은 있다."[397] 그래서 "원하는 것을 얻는데" "자신의 노력으로" "어렵게 얻는다." "가 된다.
□정리하면 34경계인이 어렵게 얻는 것과 공인중개사 합격이 연결된다.

■3. 오행과 육신 해설(통변)

5. 대운 흐름	신약의 인출 중첩은 하강해야 호사도래-(계 인수 화답)
계임-절정기	○(답수득수-수생수) ▶두물머리 약수터-사람 지혜 돈이 모여 둠

□신약 갑 입장에서 계 인수 상승하니 지혜(시험합격=돈)가 모여 호사가 발생한다.

생아(겁)	○생각(정보, 가치관)대로 됨(자아 온전) ▶물가에 심어진 나무

□신약의 갑 일간이 인수(임계)와 겁(인) 생으로 상승하니 생각(시험 합격)대로 된다. 34경계인의 삶 안에서 이렇다.

---

[396] 1-4-5 ●=3 ■2 □3 총합 긍정, 전제 부정, 차제 긍정은 "어렵게 얻지만 적거나 일시적이다."
[397] 1-4-5 ●=3 ■1 □2 인복은 새 술을 새 부대에 담는 것과 같이 새로운 질서와 인연을 말한다. 자수성가, 자신의 노력과 덕망, 혁신적 발상, 새로운 변화와 시류 등이다.

| 1-5-6-2 | 천간중첩과 유사 |

(18) 천간중첩과 유사-1적 일간 신약(마침내 하늘이-2019년 석사 진학)

| 2-1-2 | 1적-재성 강해 신약 |

●-51 실제사주　　2-1-2　　1-5-6-2 천간중첩과 유사

YQ-1　1.신약 신강　여. 석사 진학
계360　기60　계240　임240
유　유　묘　자 년
생　경신　생　경신　병　갑을　포　임계
계 갑 을 병 정 무 기 경 신 임
사 오 미 신 유 술 해 자 축 인
▶1-적천수 쓸 때 신약
▶용신-종재　▶희신-금
▶34경계인
▶6중년, 특수2 남이

❶ 상담일자-2017년 2월
❷ 상담의 내용
　상담심리학을 전공하면서 사주명리학을 공부한 사례이다. 그 후 2019년 상담심리학 석사 과정을 시작하였다.
❸ 주인공의 피드백
　"대학을 마치면 석사를 해야 할까 봐요." "그런데 상담심리학과 사주명리 중 무엇을 해야 할지 고민이에요."
❹ 상담사 피드백
　"늦게 대학 다니고 다시 석사를 하고 싶다하니 꿈이 이루어지기를 바래요." "만약 상담심리학 석사를 하게 되면 차후 활동공간도 넓고, 바우처등 제도적 도움도 받을 수 있어요." "거기에 사주명리학을 더하면 좋을 것 같아요."

| ●=1 | YQ-3 산출 | (왕=80, 상쇠=60, 사=40) |

YQ-1	(계240) 상쇠	(기60) 상쇠	(계240) 상쇠	(임240) 상쇠
무술대운 YQ-3	+360	+360	+360	-360
기해년 YQ-3	0	0	0	0
상위영역	+360	+360	+360	-360
(하위) 경오월 YQ-3	0	-60	0	+300
영역 합산	+360	+300	+360	-60

| ●=2 | YQ-3 해석 |

■1. 본격과 변격
□원격은 신약, 본격은 3수 강해 종재격이다. 그래서 기토에서 변격온다.
□계+660(계+720 임-60) 상승은 본격 종재의 상승이다.[398]

---

[398] 1-5-4-2 ●=4 ■2 □1 십정격이든 신왕 종격이든 본격이 하강하고 나머지가 상승해야 변격된다.

1)묘월은 조후가 급하지 않다. 그래서 계 종재 수기가 하강해야 하는데[399]
2)역시 수기 YQ-4 묘+160(상위+320 하위-160)가 계+660(임 계수)보다 더 하강한다.

■2. 수치분석과 스토리화[400]
☐수기 묘 하강하니 "원하는 것을 얻는다."[401]

■3. 스토리텔링
☐수기 긍정,[402] 전제 긍정, 차제 경오월 긍정이니[403] "내 복도 있고 인복도 있다."[404] 그래서 "원하는 것을 얻는데" "갈망과 자신의 노력으로" "잘 풀린다."

☐정리하면 34경계인이 어떻든 아쉬운 대로 원하는 것(석사 진학)을 얻을 수 있다. 수는 왕상쇠사의 중간(상쇠)이니 아쉬운 이유 중의 하나와 연결된다.

■4. 오행과 육신 해설(통변)

☞ 행운 흐름	신약의 천간중첩은 하강해야 호사도래-(기 겁 화답)
기무-발전기	○(약토득토-토생토) ▶비료와 복토-지력향상 역할회복

☐무술대운 기해년의무 하강하면 지력향상(석사 진학)의 기쁨 발생한다.

극재	○탐진치(욕심)를 억제 자제 ▶바라는 일이 조화를 이룸

☐기 입장에서 겁(무술기)이 재(임수)를 극으로 하강시키니 바라는 일(진학)이 된다.

그래서 이때 본격이 상승하면 대개 긍정이고 하강하면 변격을 본다.
399) 1-5-4-2 ●=3 ■3 ■2) ☐1 조후 안 보는 달의 수기식상격과 종격(처럼)은 수기 하강이 기본이다.
☐2 만약 인출 상승하면 종아 종재 종살처럼 되고 수기 하강해야 한다.
400) 2-1-8-1 스토리화와 메타포와 시퀀스-"☐스토리화는 YVWQ 수치를 언어화 하는 것이고."
401) 2143-1 ●=4 ■2 ☐1 종격(처럼)이 수기(식상)가 있고 긍정이면 "원하는 것을 얻는다." 그러나 종격이나 상신이 하강하고 변격되지 못하면 "얻을 수 있는 것이 없다."
402) 2143-1 ●=4 ■1 ☐1 1)그래서 종격 총합의 긍정은 수기를, 전제 차제의 긍정은 종 상승을 본다.
403) 2143-1 ●=4 ■3 ☐1 1)수기 전제 차제도 긍정이면 "일이 잘 풀리거나 뜻밖의 행운이 온다."
404) 1-4-5 ●=3 ■1 ☐3 내 복과 인복 있으면 선 후천의 복덕이 조화롭고 없으면 상황이 막막하다.

1-5-7	천간겁인

1-5-7-1	천간겁인과 유사

(19) 천간겁인과 유사405)-인 쓸 때. 신강(약대 지원)

1-9-1	(천간겁인)-자평용법

●-44 실제사주	1-9-1	1-5-7-1 천간겁인과 유사 자료

YQ-1	신약 신강		남. 약대 지원		9	8	7	6	5	4	3	2	1	9	▶5-자평 인 쓸 때 신강
	임480	정200	정120	을300	9	9	9	9	9	9	9	9	9	9	▶용-을 ▶상신-재생관살
	인	축	해	축 년	정	무	기	경	신	임	계	갑	을	병	▶34경계인
사	무병갑	묘 계신기	태 무갑임	묘 계신기	축	인	묘	진	사	오	미	신	유	술	▶6중년절정 형

❶ 상담일자-2020년 4월
❷ 상담의 내용
 중소기업에 다니는 아들이 약대 편입하겠다고 한다며 어머니가 찾아 온 사례다. 참고로 아들의 어머니를 처음 상담할 때가 2015년 4월이다.
❸ 주인공의 피드백
 "아들의 여자 친구가 스튜어디스 출신인데 교제 시작하면서 공부하겠답니다."
❹ 상담사 피드백
 "우리 사회는 신분의 사다리를 넘으려면 공부해야 합니다." "어머니가 능력이 되어 도와주면 좋죠." "그러나 재수도 감수해야 하고 20년 21년 모두 눈높이를 낮추어 지원해야 합니다." 인입이 하강하고 수기가 상승하기 때문이다. 참고로 제도가 바뀌어 21년이 마지막 편입 기회라 한다.

1572-1	2021년 약대진학 실패

●=1	YQ-3 산출	(왕=80, 사=40, 상쇠-60)

YQ-1	(임240) 왕	(정240) 사	(정280) 사	(을300) 상쇠
갑신대운 YQ-3	0	+40	+40	+360
신축년 YQ-3	+80	-200	-200	-360
상위영역	+80	-160	-160	0
기해월 YQ-3	0	+40	+40	0
영역 합산	+80	-120	-120	0

---

405) 3231-4 ●=3 ■2 □2 일간과 월간, 일간과 시간의 비겁 중복은 중간(중첩)으로 보지 않는다.

●=2	YQ-3 해석

■1. 본격과 변격
□원격 신강, 정관(재생관살)격이 본격이다. 이론적으로 정 을 변격된다.
□임-160(임+80 정-240 을0)과 정-160(임+80 정-240 을0)406)같지만, 임+80 자체가 정-160보다 높아 종살격처럼 된다.407)
 1)그러면 해월 임-160 관성조후 무 대신 축 있어 수기 하강하는데408)
 2)그러나 수기 을0 상승으로 임-160보다 상승한다.409)

□참고로 정-160(임+80 정-240 을0) 종왕격처럼 보아도
 1)해월 정의 인수조후 갑 대신 을 있어 수기 하강해야 하는데
 2)수기 축토 YQ-4 -160이 정-160과 같아 하강하지 못했으니 부정이다.410)

■2. 수치분석과 스토리화411)
□수기 상승은 부정 "절반의 성공이거나 과식(무리)으로 고난을 겪는다."412)

■3. 스토리텔링
□수기가 부정,413) 전제 대운 긍정, 차제 신축 을목 하강하여 부정이니414) "내 복은 있고 인복은 없다."415) 그래서 "목표를 낮추며" "자신의 노력을 아끼지 않지만" "얻을 것이 없다"가 된다.
□정리하면 얻을 것 없는 것과 진학 실패가 연결된다.

■4. 오행과 육신 해설(통변)

☞ 행운 흐름	수기식상격은 인입 상승해야 호사 도래-(정 겁 화답)
을갑	○(수화득목-목생화) ▶장작이 화력을 일으킴-에너지, 자신감 충만

---

406) 1-5-4-2 ●=1 ■3 □4 종은 종(겁)과 근접한 인수와 그 인입의 합산이고, 수기 역시 식상과 재, 식상과 관살 등 인출의 합산으로 이루어진다. 위 "식상(재)"는 식상과 근접한 재성의 합산을 말한다.
407) 1-5-4-2 ●=1 ■3 □2 2)인수와 관생인, 인식합의 합산 높으면 종강격(처럼) 되고 겁(식) 수기다.
408) 1-5-4-2 ●=3 ■3 ■3) □2 식재 관성조후가 있으면 수기 하강, 없으면 수기가 상승해야 한다. 즉 모든 수기가 하강하는데 식재 관성조후 없을 때만 상승한다.
409) 1-5-4-2 ●=3 ■3 ■3) □2 식재 관성조후가 있으면 수기 하강, 없으면 수기가 상승해야 한다.
410) 1-5-4-2 ●=1 ■5 0)의 해석 □2 수치 하강해야 긍정인데 (0)이면 하강을 못했으니 부정적이다.
411) 2-1-8-1 스토리화와 메타포와 시퀀스-"□스토리화는 YVWQ 수치를 언어화 하는 것이고,"
412) 2143-1 ●=4 ■2 □2 수기가 없거나 부정은 "절반의 성공이거나 과식(무리)으로 고난을 겪는다."
413) 2143-1 ●=4 ■1 □1 1)그래서 종격 총합의 긍정은 수기를, 전제 차제의 긍정은 종 상승을 본다.
414) 2143-1 ●=4 ■3 □1 2)수기 전제 긍정, 차제 부정 "목표(욕심)를 낮추어야 적게라도 얻는다.
415) 1-4-5 ●=3 ■1 □3 내 복과 인복 있으면 선 후천의 복덕이 조화롭고 없으면 상황이 막막하다.

□갑신대운 무술년의 정일간(인입) 하강하면 장작이 타지 못하고 화력 잃는다.

| 겁생식상 부(역)작용 | ○카르마(자기관리) 붕괴-무욕 무능 ▶할 말이 없음 |

□일간(겁) 입장에서 갑신 무술의 식상(무술)이 겁(정화)을 설기로 하강시키니 진학 실패(무능)하고 할 말이 없다.

■5. 기타
□종강격처럼 되지만 수기가 부정이다. 그래서 원하는 것(점수)이 안 되니 하향 지원할 것을 어머니께 권고하였으나 아들이 어머니 조언을 외면했다 한다.

| 1572-2 | 2021년 친구와 이별 |

□1.진학 실패하고 다음 달(경자월), 여자 친구와 헤어졌다 한다.

YQ-1	(임240) 왕	(정240) 사	(정280) 사	(을300) 상쇄
갑신/신축년 YQ-3	+80	-120	-120	0
경자월 YQ-3	+400	-200	-200	+300
영역 합산	+480	-320	-320	+300

□2.수치분석(왕=80 상쇄=60 사=40)
 1)경자월은 임+140(정-640 임+480 을+300), 을+140(임+480 정-640 을+300)으로 같지만 임수+480 자체가 을+300보다 높아 종살격처럼 되었다.416)
 2)그러면 해월 임수의 관성조후 무 대신 축 있어 수기 하강해야 되는데
 3)임 종살과 을 수기가 +140으로 같다. 그러면 수기가 하강해야 좋은데 0이면 하강하지 못한 것이니 부정적이고417) 이는 헤어짐과 연결된다.

---

416) 1-5-4-2 ●=1 ■3 □3 3)종살격(처럼)-합 포함 재 관살의 합산이 높아야하고 인수(겁)가 수기다.
417) 1-5-4-2 ●=1 ■5 (0)의 해석 □2 수치 하강해야 긍정인데 (0)이면 하강을 못했으니 부정적이다.

| 1-5-7-2 | 천간겁인이 종인격 되는 자료 |

(20) (천간겁인이 종인격 되는 자료) 미국 유학 L 교수-2017년 계약 불발 사례.

| 4-2-5 | 종인격(종강격) |

●-71 실제사주   4-2-5   1-9-1   1-5-7-2 종인격 되는 자료

YQ-1	☞ 1. 신약 신강		여. L교수		9 8 7 6 5 4 3 2 1	▶5-자평인 쓸 때 신강
정80	병80	을420	갑300	5 5 5 5 5 5 5 5 5	▶용-갑 ▶상신-종인
유	자	해	진 년	을 병 정 무 기 경 신 임 계 갑	▶23경계인
사	경신 태	임계 포	무갑임 대	을계무	축 자 인 묘 진 사 오 미 신 유 술	▶4분지형

❶ 상담일자-2015년 12월
❷ 상담의 내용
 평소 잘 소통하며 지내는데 우연히 계약에 대한 말이 오고 가게 되었다.
❸ L교수의 피드백
 "지난 번 재계약도 어렵게 연장되었는데 이번에는 어쩔지 모르겠어요."
❹ 상담사 피드백
 면전에서 아니라는 말하기가 쉽지 않다. 이 상담도 그러하다. 부총장 선까지는 면담이 좋았는데 최종 결렬되었다 한다.
 항상 갈등하지만 NO라는 말을 어떻게 잘 할 수 있을지 매 번 고민이다. 2년만 더하면 20년 연금을 채우는데 그 앞에서 NO라고 하기가 그래서 최선을 다해보라고 말할 수밖에 없었다.

| ●=1 | YQ-3 산출 | (왕=80, 사=40, 상쇠-60) |

YQ-1	(정80) 사	(병80) 사	(을420) 상쇠	(갑300) 상쇠
경오대운 YQ-3	0	0	+60	-360
정유년 YQ-3	-40	+240	-300	-300
상위영역	-40	+240	-240	-660
(하위) 기묘월 YQ-3	0	0	-60	+360
영역 합산	-40	+240	-300	-300

| ●=2 | YQ-3 해석 |

■1. 본격과 변격
□원격 천간겁인(신왕), 변격 종강격이 본격이다. 종강 하강하면 신왕이 된다.[418]

---

[418] 1-5-4-2 ●=1 ■3 □2 3)행운(YQ-3)에서 종강격의 인수 하강하면 신강이나 신왕수기격처럼 된다.

1)해월 병-400(정병+200 을갑-600)⁴¹⁹⁾이 을갑-600보다 상승하여 신왕수기격이 되었다.
 2)그러면 해월 병의 인수조후 갑 있어 수기 하강해야 하는데⁴²⁰⁾ 기묘에 무+160 수기가 발용되었다. 그러나 병-400보다 상승하여 부정적이다.⁴²¹⁾

■2. 수치분석과 스토리화⁴²²⁾
□수기가 부정이니 "원하는 것을 얻을 수 없다."⁴²³⁾

■3. 스토리텔링
□전제 대운 긍정, 차제 정유년 긍정이니"⁴²⁴⁾ "내 복도 있고 인복도 있다."⁴²⁵⁾ 그러나 수기가 부정⁴²⁶⁾이니 말만 오갈 뿐 "원하는 것을 얻을 수 없어" "당황스럽다." "갈망과 새로운 발상"도 무용지물이다.
□정리하면 23경계인이 계약을 원하지만 "안 된다."와 연결된다.

■4. 오행과 육신 해설(통변)

5. 대운 흐름	종인격은 목 인입 상승해야 호사도래-(목 화답)
신경	○(종목극목-금다목절) ▶낙엽 따라 가버린 사랑-추풍낙엽, 존재상실

□경오대운 정유년 목 인수 하강하면 존재상실(계약 불발)의 슬픔 발생한다.

겁생식상 부(역)작용	○카르마(자기관리) 붕괴-무욕 무능 ▶할 말이 없음
극재의 부(역)작용	○탐진치 고조(의기양양, 의기소침) ▶하는 일 없음(주색, 헛수고)

□목 종인격 입장에서 식상(오병)의 설기와 극(진)으로 목을 하강시키니 하는 일이 안되고(계약 불발) 할 말(하소연)이 없다.

■5. 2014 을미년에는 같은 계약이 성사되었다.

---

419) 1-5-4-2 ●=1 ■3 □4 종은 종(겁)과 근접한 인수와 그 인입의 합산이고, 수기 역시 식상과 재, 식상과 관살 등 인출의 합산으로 이루어진다. 위 "식상(재)"는 식상과 근접한 재성의 합산을 말한다.
420) 1-5-4-2 ●=3 ■3 ■3) □1 겁 인수조후가 있으면 수기 하강, 없어도 수기가 하강해야 한다.
421) 2143-1 ●=4 ■1 □1 종(처럼)이 되면 절반의 성공이고, 나머지 절반은 수기가 있고 긍정이어야 한다. 수기 없는 과식(종)은 탈이 문제. 무정한 수기도 같다.
422) 2-1-8-1 스토리화와 메타포와 시퀀스-"스토리화는 YVWQ 수치를 언어화 하는 것이고,"
423) 2143-1 ●=4 ■2 □2 수기가 없거나 부정은 "절반의 성공이거나 과식(무리)으로 고난을 겪는다."
424) 2143-1 ●=4 ■3 □2 1)수기 부정, 전제 차제 긍정은 "설마 그럴 리가 없는데 그저 당황스럽다."
425) 1-4-5 ●=3 ■1 □3 내 복과 인복 있으면 선 후천의 복덕이 조화롭고 없으면 상황이 막막하다.
426) 2143-1 ●=4 ■1 □1 1)그래서 종격 총합의 긍정은 수기를, 전제 차제의 긍정은 종 상승을 본다.

YQ-1	(정80) 사	(병80) 사	(을420) 상쇠	(갑300) 상쇠
경오대운 YQ-3	0	0	+60	-360
을미년 YQ-3	0	0	-60	+360
상위영역	0	0	0	0
(하위) 기묘월 YQ-3	0	0	-60	+360
영역 합산	0	0	-60	+360

□기묘월은 신왕 병0(정0 병0), 종강 을+300(을-60 갑+360) 그래서 본격 종강격의 상승이다.
 1)그러면 해월 을의 식상조후 병 있어 수기 하강해야 하는데[427]
 2)수기 병0이 을+300보다 하강하니 계약 성사와 연결된다.

---

427) 1-5-4-2 ●=3 ■3 ▣3) □2 식재 관성조후가 있으면 수기 하강, 없으면 수기가 상승해야 한다.

1-6	YVWQ와 시퀀스

1-6-1	관계적(關係的) 시퀀스

관계적 시퀀스란 가족관계, 궁합, 채용 등 대인관계나 다자간의 사회적 관계에서 발생하는 집단적인 시퀀스를 말한다. 다른 말로 표현하면 운명공동체일 수 있다.

그래서 관계적 시퀀스는 두 사람 각각의 총합이나 수기를 대비하여 간명한다. 그리고 이를 스토리화하려면 다음 "1-6-1-5 ●=2"처럼 '주어'를 설정해야 한다.

1-6-1-1	2016년. 부부약사의 혼돈 시퀀스

❶ 상담일자-2016년 2월
❷ 상담의 내용
  아내 언니의 소개로 이루어진 상담이다. 그래서 상담의 주체는 아내이다.
  대한민국의 남단 제일의 항구도시에서 부부가 약국을 두 개 운영한다고 한다. 그러던 중 남편의 외도로 혼란했던 사례이다.
❸ 주인공의 피드백
  "약국 한 곳이 잘 안되어 철수하고 계약기간까지 건물임대료를 방어해야 하는데 외도라니 너무 속상해요"
❹ 상담사 피드백
  아내에게 "주위가 산만한 사람(2장 '기타' 참고)인 것이 원인이고 지금 바람은 일시적"이라고 하였다. 그러나 젊은 아내는 분노를 멈추지 않는다. 그러나 "이혼 하지 말고 "환절기 감기 조심 하세요." 병신년이 지나면 대운이 신묘(상신 상승)로 바뀌는 이유이다.
  실제 상담의 예후를 확인하기 위해 2022년 3월 아내분과 통화가 이루어졌다. 상담 후 6개월 정도 지나서 바람 문제로 고민하지 않고 남편과 잘 지낸다고 한다. 그리고 비워두고 월세를 주던 약국도 다시 운영하다가 5년 만에 양도했다 한다.

1611-1	혼돈의 아내 시퀀스

(21) (일간 외 모두 식재관) 해 뜰 날-

| 1-10 | 일간 외 모두 식재관 | | | |

| ●-48 실제사주 | 1-10 | 1611-1 부부약사의 혼돈 시퀀스 자료 |

YQ-1	☞ 1. 신약 신강		여. 부부약사	9 8 7 6 5 4 3 2 1	▶2-적천수 일간 신강
병180	계480	병120	병120	병 정 무 기 경 신 임 계 갑 을	▶용-재 ▶상신-재생관살
진	사	신	진 년	술 해 자 축 인 묘 진 사 오 미	▶34경계인
양 을계무	태 무경병	사 무임경	양 을계무		▶4분지형

●=1		YQ-3 산출		(왕=80, 상쇠=60, 사=40)
YQ-1	(병240) 상쇠	(계480) 상쇠	(병160) 상쇠	(병160) 상쇠
임진대운 YQ-3	-300	+360	-300	-300
병신년 YQ-3	-60	+60	-60	-60
영역 합산	-360	+420	-360	-360

| ●=2 | YQ-3 해석 |

■1. 본격과 변격
□원격은 신강, 본격은 병 재생관격이다. 그래서 계에서 변격이 일어난다.
□계+420 상승하여 종왕격처럼 되었다.428)
 1)신월 계수의 재성조후 병 있어 수기 상승해야 하는데429)
 2)그러나 수기 목이 발용도 되지 않아 없다.

■2. 수치분석과 스토리화430)
□수기 없어 부정이니 "절반의 성공이거나 과식(무리)으로 고난을 겪는다."431)

■3. 스토리텔링
□수기 부정,432) 전제 대운 긍정, 차제 병신년 부정이니433) "내 복은 있고 인복은 없다."434) 그래서 "고난을 겪는데" "돌아가야 한다." 아마 "새로운 발상"이 필요할 것이다.

---

428) 1-5-4-2 ●=1 ■3 □2 1)합을 포함 겁과 인수의 합산이 높으면 종왕격(처럼) 되고 식상(재)이 수기다. 겁(종)이 상신이니 결과적으로 신강 신왕수기격과 결이 같다.
429) 1-5-4-2 ●=3 ■3 ■3) □2 식재 관성조후가 있으면 수기 하강, 없으면 수기가 상승해야 한다.
430) 2-1-8-1 스토리화와 메타포와 시퀀스-"□스토리화는 YVWQ 수치를 언어화 하는 것이고,"
431) 2143-1 ●=4 ■2 □2 수기가 없거나 부정 "절반의 성공이거나 과식(무리)으로 고난을 겪는다."
432) 2143-1 ●=4 ■1 □1 1)그래서 종격 총합의 긍정은 수기를, 전제 차제의 긍정은 종 상승을 본다.
433) 2143-1 ●=4 ■3 □2 2)수기 부정 전제 긍정 차제 부정 "어려울수록 돌아가는 지혜가 필요하다."
434) 1-4-5 ●=3 ■1 □1 내 복은 구관이 명관처럼 오래된 장, 된장, 묵은 김치처럼 구연을 말한다. 선대의 복, 타고난 재능, 온고지신, 과거에서 교훈을 찾는 등이다.

□정리하면 남편의 바람과 "고난을 겪는다."가 연결된다.

■4. 오행과 육신 해설(통변)

☞ 행운 흐름	신강의 식재관 중첩은 상승해야 호사도래-(병 재 화답)
계임	○(약화설기-토다화식) ▶사막의 선인장-혀의 가시, 설화 언어장애

□임진대운 병신년의 인입 상승하면 설화(언쟁-부부싸움)가 발생한다.

인수의 부(역)작용	○카르마 혼돈(응석둥이, 공주, 도련님) ▶임의적 추론, 일 꾸미기

□계 입장에서 임진 병신의 임신(겁인)이 계 일간을 생하니 그 부작용으로 도련님(배우자)이 혼돈(바람)을 일으킨다.

■5. 기타
□재성은 감정(희노애구애오욕)[435]으로 욕망과 욕심(감정과 기분)이다. 신강 재성이 하강하면, 젊은 여성에게는 재생관 불능으로 손재는 물론 감정(노-노여움, 오-미움) 즉 부부애정 손상과 연결된다.

1611-2	혼돈의 남편 시퀀스

(22) 무슨 일(바람)-(남. 부부약사)
-인터넷 테니스 동호회에서 공을 주고받던 여성(코치)과 마음도 주고받았나 보다. 사업도 그렇고 그래서 또 다른 삶의 돌파구가 필요했을지 모른다. 그러나 아내 입장에서는 설상가상이다.

1-2	관을 쓸 때-신강

●-09 실제사주	1-2	1611-2 부부약사의 혼돈 시퀀스 자료

YQ-1	☞ 1. 신약 신강	남. 부부약사	9	8	7	6	5	4	3	2	1	▶1-자평 살 쓸 때 신강
	신320	경240	병360	을80	7	7	7	7	7	7	7	7	▶용-신·상신-재생관살
	사	술	술	묘 년	병	정	무	기	경	신	임	계	갑	을	▶34경계인
생	무경병	쇠 신정무	쇠 신정무	태 갑을	자	축	인	묘	진	사	오	미	신	유	▶4분지형

●=1	YQ-3 산출	(왕=80, 상쇠=60, 사=40)

---
435) 3장 들어가기 1-2 ■2 ●Tip ■1 ○1 "사단칠정"

YQ-1	(신320) 왕	(경240) 왕	(병360) 상쇠	(을80) 상쇠
임오대운 YQ-3	-480	-320	0	+60
병신년 YQ-3	+480	-80	-60	0
영역 합산	0	-240	-60	+60

●=2   YQ-3 해석

■1. 본격과 변격
□원격 신강, 칠살격이 본격이다. 그래서 신 경 을에서 변격온다.
□을+60 상승하여 종재격처럼 되었다.436)
 1)그러면 술월 을목은 조후가 급하지 않으니 수기 하강해야 하는데,437)
 2)역시 병-60으로 하강한다.

■2. 수치분석과 스토리화438)
□수기가 하강하여 긍정이니 "원하는 것을 얻는다."

■3. 스토리텔링
□수기 긍정,439) 전제 대운 긍정, 차제 병신년 부정이니440) "내 복(쓰던 우물)은 있고 인복(새 우물)은 없다."441) 그래서 "원하는 것을 얻는데" "새 우물은 안 된다."가 된다.
□정리하면 공은 오고 갔으나 들통(제대로 교재도 못함) 때문에 새 우물의 실패와 연결된다.

■4. 오행과 육신 해설(통변)

☞ 행운 흐름	신강은 인출 상승해야 격 빛남-(을 재 화답)
계임(절정기)	○금생수(강금득수) ▶강철 담금질(연단)-살기가 용체로

□임오대운 병신년의 병 상승하면 너무 뜨거워 담금질(바람)하다 금이 녹는다.

---

436) 1-5-4-2 ●=1 ■3 □3 2)종재격(처럼)은 합 포함 식 재 합산이 높아야하고 관살(인수)이 수기다.
437) 1-5-4-2 ●=3 ■3 ■2) □1 조후 안 보는 달의 수기식상격과 종격(처럼)은 수기 하강이 기본이다.
    □2 만약 인출 상승하면 종아 종재 종살처럼 되고 수기 하강해야 한다.
438) 2-1-8-1 스토리화와 메타포와 시퀀스-"□스토리화는 YVWQ 수치를 언어화 하는 것이고,"
439) 2143-1 ●=4 ■1 □1 1)그래서 종격 총합의 긍정은 수기를, 전제 차제의 긍정은 종 상승을 본다.
440) 2143-1 ●=4 ■3 □1 2)수기 전제 긍정, 차제 부정 "목표(욕심)를 낮추어야 적게라도 얻는다.
441) 1-4-5 ●=3 ■1 □2 인복은 새 술을 새 부대에 담는 것과 같이 새로운 질서와 인연을 말한다. 자수성가, 자신의 노력과 덕망, 혁신적 발상, 새로운 변화와 시류 등이다.

| 관생인의 부(역)작용 | ○아는 것이 병(주색, 헛수고) ▶해도 해도 안 됨(달걀 바위치기) |

□경 입장에서 임오 병신의 관(오병)이 인수(토)를 생하여 뜨겁게 하니 주색(바람)이 병이 된다.

■5. 기타
□병 칠살 기신이 오 욕지(남우세)를 타고 들어오니 바람(용처상실)과 연결된다.
□병이 상승하니 화생토(병생술)하여 술토를 뜨겁게 하고, 술토가 경금을 생할수록 더욱 경 일간을 거칠게(바람) 한다.

| 1-6-1-2 | 2019년 신혼부부의 결혼 시퀀스 |

여기는 종살격의 신랑과 종혁격의 신부가 결혼하는 궁합보는 자료이다. 궁합은 삶의 경지와 절정기 등이 서로 비슷해야 좋다. 사주 좋다고 좋은 궁합이 아니다. 좋은 사람이 나쁜 사람과 거의 결혼하지 않는다.

❶ 상담일자-2021년 2월
❷ 상담의 내용

이 상담의 주체는 신부이다. 신부의 이모 소개로 이루어진 상담이다.
2017년 12월 처음 상담 후 2019년 결혼했고, 우리 책의 자료화를 위해 2021년 재상담이 이루어졌다. 신부가 서울의 빅4(?) 대학 출신으로 긍지가 높아 보였다. 기해년 을축월의 수치를 보면 신부도 신랑도 긍정이다. 그래서 결혼한다.

(수기) 신부	종혁(금) 하강하고 수기 상승하니 얼음이 녹음	긍정
(영역 합산) 신랑	종살의 수기 하강하여 호사	긍정

❸ 주인공의 피드백
"40세에 그러니까 만으로 39세에 결혼했는데 더 늦으면 안 될 것 같았어요."
❹ 상담사 피드백
"항상 무지개(꿈, 생각) 반대편에 행운이 있습니다." 기법은 이법의 반대이기 때문이다. 그래서 "남 들이 가는 길보다 역 발상이 중요합니다."

| 1612-1 | 신혼부부(여)-결혼 시퀀스 |

(23) (천간이 모두 겁-적천수용법) (종혁격 자료)-(여. 신혼부부)-2019년 1월 결혼

| 1-9-1 | (천간겁인)-자평용법 |

●-46 실제사주   1-9-2   4-1-4   1612-1 신혼부부의 결혼

YQ-1 ☞ 1. 신약 신강   여. 신혼부부   9 8 7 6 5 4 3 2 1   ▶2-적천수 일간 신왕
신240 신120 경240 신120   9 9 9 9 9 9 9 9 9   9   ▶용신-금, ▶희신-토
 묘   유   자   유 년   경 기 무 정 병 을 갑 계 임 신
 포   갑을   경신   임계   경신   술 유 신 미 오 사 진 묘 인 축
                    녹   생 녹   ▶34경계인
                                              ▶4분지형

| ●=1 | YQ-3 산출 | (왕=80, 상쇠=60, 사=40) |

YQ-1	(신240) 상쇠	(신120) 상쇠	(경240) 상쇠	(신120) 상쇠
계묘대운YQ-3	-300	-300	0	-300
기해년 YQ-3	-60	-60	+60	-60
상위영역	-300	-300	+60	-300

을축월 YQ-3	-60	-60	+360	-60
영역 합산	-360	-360	+420	-360

●=2　　　　　　　YQ-3 해석

■1. 본격과 변격
□원격은 신강, 변격 신왕수기가 본격이다. 천간 변격 없다.
□또한 천간이 모두 겁이니 하강해도 변격될 여지가 없다.
 1)자월 신금의 관성조후 병 없어 수기 상승해야 하는데[442]
 2)역시 수기 자가 +640(YQ-4)으로 상승한다.

■2. 수치분석과 스토리화[443]
□수기가 상승하여 긍정이니 "원하는 것을 얻는다."[444]

■3. 스토리텔링
□수기 긍정,[445] 전제 차제도 긍정이니[446] "내 복도 있고 인복도 있다."[447] 그래서 "원하는 것을 얻는데" "갈망과 새로운 발상으로" "일이 잘 풀린다."가 된다.
□정리하면 원하는 결혼과 "잘 풀린다."가 연결된다.

■4. 오행과 육신 해설(통변)

☞ 행운 흐름	종격의 지장간 수기기 발용 안 되면 절반의 성공
(경) 신-절정기	○(종금득금-금생금) ▶연 선철 강철로-친구 따라 강남, 용처상승
무기-발전기	○(종금득토-토생금) ▶쟁기와 쟁기 날-논 밭갈이, 활동왕성

□종왕인데도 불구하고 상위 하위영역이 하강하니 강철이 용체(신부)로 변한다.

극재	○탐진치(욕심)를 억제 자제 ▶바라는 일이 조화를 이룸

□금(종혁) 입장에서 계묘 기해 을축 계 해의 식상이 설기로, 을 재가 극으로

---
442) 2143-1 ●=3 ■4 □2그러나 천간 모두 겁(종왕격)의 경우는 변격될 오행이 천간에 없다. 1)따라서 이때만 차선으로 지지 재관이나 지장간의 재관 투청을 수기로 활용하고 평상인에서 시작한다.
443) 2-1-8-1 스토리화와 메타포와 시퀀스-"□스토리화는 YVWQ 수치를 언어화 하는 것이고,"
444) 2143-1 ●=4 ■2 □1 종격(처럼)이 수기(식상)가 있고 긍정이면 "원하는 것을 얻는다." 그러나 종격이나 상신이 하강하고 변격되지 못하면 "얻을 수 있는 것이 없다."
445) 2143-1 ●=4 ■1 □1 1)그래서 종격 총합의 긍정은 수기를, 전제 차제의 긍정은 종 상승을 본다.
446) 2143-1 ●=4 ■3 □1 1)수기 전제 차제도 긍정이면 "일이 잘 풀리거나 뜻밖의 행운이 온다."
447) 1-4-5 ●=3 ■1 □3 내 복과 인복 있으면 선 후천의 복덕이 조화롭고 없으면 상황이 막막하다.

금을 하강시키니 일(결혼)이 조화를 이루어 저절로 풀린다.

| 1612-2 | 신혼부부(남)-결혼 시퀀스 |

(24) (상신 인수) (종살격 불가 자료)-남. 신혼부부

| 1-1-1 | 신약의 살인 관인상생 |

●-05 실제사주   1-1-1   4-2-4   1612-2 신혼부부의 결혼 시퀀스 자료

YQ-1 ☞ 1. 신약 신강   남. 신혼부부   9 8 7 6 5 4 3 2 1 6   ▶1-자평 살 쓸 때 신약
갑400 무240 을320 무300   6 6 6 6 6 6 6 6 6   ▶용-목 ▶상신-오
인   인   묘   오 년   을 갑 계 임 신 경 기 무 병 정   ▶34경계인
생 무병갑 생 무병갑 욕 갑을 왕 병기정   축 자 해 술 유 신 미 오 사 진   ▶2이상형

| ●=1 | YQ-3 산출 | (왕=80, 상쇠=60, 사=40) |

YQ-1	갑320 왕	무240 상쇠	을320 왕	무300 상쇠
기미대운 YQ-3	+480	+360	-480	+360
기해년 YQ-3	+400	0	-0	0
상위영역	+880	+360	-480	+360
(하위) 을축월 YQ-3	+480	+60	-80	+60
총합	+1360	+420	-560	+420

| ●=2 | YQ-3 해석 |

■1. 본격과 변격

□원격은 신약이고 겁(인수)이 본격이다. 그래서 갑 을에서 변격이 온다.
□갑+800(갑+1360 을-560)보다 본격 무840이 상승하는데,[448] 본격 상신 상승 자체로 긍정적이다.[449]

■2. 수치분석과 스토리화[450]

□수기가 하강하여 긍정이니 "원하는 것을 얻는다."[451]

■3. 스토리텔링

---

448) 1-5-4-2 ●=1 ■1 □2 2)즉 본격에서 신약의 인입 상신이 상승하더라도 종왕 종강이라 하지 않고, 신강의 인출 상신이 상승하는 것을 좋아 종재 종살이라 하지 않는다.
449) 1-5-4-2 ●=4 ■2 □1 십정격이든 신왕 종격이든 본격이 하강하고 나머지가 상승해야 변격된다. 그래서 이때 본격이 상승하면 대개 긍정이고 하강하면 변격을 본다.
450) 2-1-8-1 스토리화와 메타포와 시퀀스-"□스토리화는 YVWQ 수치를 언어화 하는 것이고,"
451) 2143-1 ●=4 ■2 □1 종격(처럼)이 수기(식상)가 있고 긍정이면 "원하는 것을 얻는다." 그러나 종격이나 상신이 하강하고 변격되지 못하면 "얻을 수 있는 것이 없다."

□수기 긍정,452) 전제 대운 부정, 차제 기해년 긍정이니453) "내 복은 없되 인복은 있다."454) 그래서 "원하는 것을 얻는데" "새 술을 새 부대에 담는데" "어렵게 얻는다."가 된다.
□정리하면 42세의 신랑이 결혼의 성공을 위해 어려운 가운데서도 많은 노력(후천)을 한 것과 연결된다.

■4. 오행과 육신 해설(통변)

☞ 행운 흐름	화토대운 겁격(종왕)은 무 상승해야 호사도래-(무 겁 화답)
무기(겁격-발전기)	○(약토득토-토생토) ▶비료와 복토-지력향상 역할회복

□기미대운 기해년 무 인입 상승하면 복토되고 역할(신랑)상승의 호사가 온다.

생아(겁)	○생각(정보, 가치관)대로 됨(자아 온전) ▶물가에 심어진 나무

□신약 무일간 입장에서 기미와 기해의 기, 을축의 축이 일간을 생으로 상승시키니 생각(결혼)대로 된다.

---

452) 2143-1 ●=4 ■1 □1 1)그래서 종격 총합의 긍정은 수기를, 전제 차제의 긍정은 종 상승을 본다.
453) 2143-1 ●=4 ■3 □1 3)수기 긍정 전제 부정 차제 긍정 "어렵게 얻지만 적거나 일시적이다."
454) 1-4-5 ●=3 ■1 □2 인복은 새 술을 새 부대에 담는 것과 같이 새로운 질서와 인연을 말한다. 자수성가, 자신의 노력과 덕망, 혁신적 발상, 새로운 변화와 시류 등이다.

| 1-6-1-3 | 2020년. 이사 가는 부부의 시퀀스 |

❶ 상담일자-2020년 4월
❷ 상담의 내용
 이 상담의 주체는 아내이다. 그래서 아내를 위주로 상담이 진행된다.
 2020 4월(경진월) 이사 가는 부부의 시퀀스이다. 이 사례 역시 두 사람의 총합을 대비하여 긍정과 부정을 판단한다. 따라서 아래와 같이 총합이 서로 긍정이니 이사 갈 수 있다고 간명한 사례이다.
❸ 주인공의 피드백
 "시아버지님이 논이 팔렸다고 큰 집으로 이사 가라 하네요."
❹ 상담사 피드백
☐1.아내의 상위영역의 재격 재가 상승하니 긍정이다.
☐2.남편의 상위영역의 종강(인)격 임 상승하고 수기 갑 하강하니 긍정이다.
☐3.상담은 경진월에 이루어졌고, 실제 이사는 2020, 11, 23(정해월 경오일)에 완료되었다. 그래서 정해월 영역 합산의 결과를 보면
 1)아내는 재가 상대적으로 상승, 남편은 종인(인수)이 상승하여 긍정이니 월운도 이사가는데 일조하고 있다.
 2)경오일 일운은 합산하지 않았지만 결과 역시 이사에 일조한다.

| (아내) 정해월 합산 | -440 | -300 | +40 | -160 |
| (남편) 정해월 합산 | 0 | -240 | +600 | 0 |

| 1613-1 | 이사 가는 아내의 시퀀스 |

(25) (상신-천간) 이슬에 젖은 머릿결-여. 교사

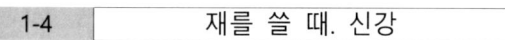

●=1　　　YQ-3 산출　　　(왕=80, 상쇠=60, 사=40)

YQ-1	(병200) 사	(정180) 상쇠	(을80) 사	(경400) 왕
경진대운 YQ-3	-200	-300	+40	+320
경자년 YQ-3	-200	-300	+200	-80
상위영역	-400	-600	+240	+240
(하위) 경진월 YQ-3	-200	-300	+40	+320
영역 합산	-600	-900	+280	+560

●=2　　　　　　　　YQ-3

■1. 본격과 변격
□원격은 신강, 재생관살이 본격이다. 그래서 갑 정 을에서 변격이 온다.

■2. 수치분석과 스토리화[455]
□본격 상신 경(인출) 상승하니 "원하는 것을 얻는다."[456]

■3. 스토리텔링
□상신 긍정, 전제 대운 긍정, 차제 경자년 부정이니[457] "내 복은 있고 인복은 없다."[458] 그래서 "원하는 것을 얻는데" "갈망과 새로운 발상으로 "적게라도 얻는다."가 된다.

□정리하면 평상인이 갑자기 시아버지(후광) 논이 팔려 이사(후전의 복) 가는 행운이 온다. 그러나 실제 이사하는 과정에 정부의 부동산 정책의 변화로 많은 시행착오를 겪고 규모가 줄였다 한다. 그래서 "적게"와 연결된다.

■4. 오행과 육신 해설(통변)

☞ 행운 흐름	종재격은 인출(재) 상승해야 호사도-(경 재 화답)
신경-절정기	○(답금득금-금생금) ▶연철 선철이 강철로-친구 따라 강남, 용처상승

□경진대운 경자년의 경 재 상승하면 친구(배우자) 따라 용처(이사) 상승한다.

생아(겁)	○생각(정보, 가치관)대로 됨(자아 온전) ▶물가에 심어진 나무

□경 입장에서 경진 경자의 경과 진(식)이 경(재)을 생하니 생각(이사)대로 된다.

---

455) 2-1-8-1 스토리화와 메타포와 시퀀스-"□스토리화는 YVWQ 수치를 언어화 하는 것이고,"
456) 1-4-5 ●=2 ■1 □3 "상신의 수치가 상승하면 원하는 것을 얻고", 하강하면 "얻을 것이 없다."
457) 1-4-5 ●=3 ■2 □2 총합 긍정 전제 긍정, 차제 부정은 "목표(욕심)를 낮추어야 적게라도 얻는다."
458) 1-4-5 ●=3 ■1 □3 내 복과 인복 있으면 선 후천의 복덕이 조화롭고 없으면 상황이 막막하다.

■5. 기타
☐재는 탐진치 즉 욕망 욕심인데, 이는 7정(희노애구애오욕)459)으로 나타난다.
☐일반적으로 재성(수면욕, 성욕, 재물욕)은 어려서는 공부욕망, 성인에게는 욕망(활동, 애정, 재물) 등이다. 경 정재가 상승했으니 재물(이사)이 채워졌겠다.

1613-2	이사 가는 남편의 시퀀스

(26) 2020 경자년 아버지 논이 팔려 큰 집으로 이사 가는 남편-프로그래머

1-6-1	(식상 쓸 때) 인입이 큰 경우-식상 상승 길

●-30 실제사주 1-6 1613-2 이사 가는 부부의 시퀀스 자료

YQ-1 1. 신약 신강 남. 프로그래머
병360 갑80 임300 계360
인 오 술 축 년
녹 무병갑 양 병기정 양 신정무 대 계신기
9 8 7 6 5 4 3 2 1
6 6 6 6 6 6 6 6 6 6
임 계 갑 을 병 정 무 기 경 신
자 축 인 묘 진 사 오 미 신 유
▶3-자평식 쓸 때 신강
▶용·병 ▶상신-식상생재
▶34경계인
▶1이상형

●=1   YQ-3 산출   (왕=80, 상쇠=60, 사=40)

YQ-1	(병360) 상쇠	(갑80) 사	(임300) 상쇠	(계300) 상쇠
정사대운YQ-3	+300	-200	0	-300
경자년 YQ-3	-300	0	+300	+300
상위 영역	0	-200	+300	-0
(하위) 경진월 YQ-3	-300	-240	-60	+360
영역 합산	-300	-440	+240	+360

●=2   YQ-3 해석

■1. 본격과 변격
☐원격 신강, 식상생재가 본격이다. 그래서 갑 임에서 변격 온다.
☐임 계 인수 상승하여 종강격 그대로다.
1)그러면 술월 갑은 조후가 급하지 않다. 그래서 하강이 기본인데460)
2)역시 수기 갑-440 한다.

■2. 수치 분석과 스토리화461)

---

459) 3장 들어가기 1-2 ■2 ●Tip ■1 ○1 "사단칠정"
460) 1-5-4-2 ●=3 ■3 ■2) ☐1 조후 안 보는 달의 수기식상격과 종격(처럼)은 수기 하강이 기본이다.
　☐2 만약 인출 상승하면 종아 종재 종살처럼 되고 수기 하강해야 한다.

□본격 종강 상승하고 수기 갑 하강하니 "원하는 것을 얻는다."462)

■3. 스토리텔링
□수기 긍정,463) 전제 상위 긍정, 차제 하위 긍정이니464) "내 복도 있고 인복도 있다."465) 그래서 "원하는 것을 얻는데" "갈망과 새로운 발상으로" "일이 잘 풀린다."가 된다.
□정리하면 평상인이 뜻밖의 이사와 일이 잘 풀리는 것과 연결되고, 경진월은 이사 가기 좋은 달이 된다.

■3. 오행과 육신 해설(통변)

☞ 행운 흐름	종아격은 식 상승해야 호사도래
정병-절정기	○(약토득화-화생토) ▶화덕과 도자기-불의 약속, 활동왕성

□정사대운 경자년 병 종아(식상) 상승하면 불의 활동(이사)이 활성화 된다.

관생인	○습관과 행동(직업)이 ▶인지능력 향상(승화 발전)

□종인 입장에서 경자의 금수가 인수(임계)를 생하니 삶이 향상(이사)된다.

■5. 기타
□경(관청)이 자(인수-도장)에 실려 왔는데도 임수 물살(유산의 흐름)이 잔잔하다.
□자아가 비겁의 영역이면 인수는 사유와 인식의 공간, 그래서 자아를 온전케 한다. 이는 공부를 통한 지식과, 삶의 축척에서 오는 체험으로 체득된다.
□어려서 인수는 학교공부, 성인이 되서는 세상공부(특히 편인), 그중 재물공부(재테크)가 으뜸이다. 아버지 덕에 그중 으뜸가는 공부를 하고 있다.
□이사 과정에서 갑자기 정부의 2주택 부동산 정책이 바뀌어 혼란이 크게 일어났다고 한다. 이것 또한 공부가 될 것이다.

---

461) 2-1-8-1 스토리화와 메타포와 시퀀스-"□스토리화는 YVWQ 수치를 언어화 하는 것이고,"
462) 2143-1 ●=4 ■2 □1 종격(처럼)이 수기(식상)가 있고 긍정이면 "원하는 것을 얻는다." 그러나 종격이나 상신이 하강하고 변격되지 못하면 "얻을 수 있는 것이 없다."
463) 2143-1 ●=4 ■1 □1 1)그래서 종격 총합의 긍정은 수기를, 전제 차제의 긍정은 종 상승을 본다.
464) 1-4-5 ●=3 ■2 □1 총합(상신) 전제 차제도 긍정이면 "일이 잘 풀리거나 뜻밖의 행운이 온다."
465) 1-4-5 ●=3 ■1 □3 내 복과 인복 있으면 선 후천의 복덕이 조화롭고 없으면 상황이 막막하다.

| 1-6-1-4 | 2007(정해)년. 부자(父子)의 시련 시퀀스 |

❶ 상담일자-2020년 8월
❷ 상담의 내용
우리 책 YVWQ의 자료화를 위해서 재상담 된 사례이고 상담의 주체는 아빠다.
❸ 주인공의 피드백
"고1 학업 포기 전까지 그렇게 착하고 공부만 하던 아이가 그렇게 되었어요."
❹ 상담사 피드백
이 상황에서 두 사람의 수치를 스토리화하면 각각 부정이 나온다.

(영역 합산) 아빠	수기 상승	부정
(영역 합산) 아들	인출 하강	부정

| 1614-1 | 아빠의 스트레스 |

(27) (상신-지장간)-만나와 메추라기-치과원장

| 1-5-1 | 식상 쓸 때. 신약-인수 상신(안정적) |

●-26 실제사주　1-5-1　3-2-1　1614-1 부자(父子)의 시련 시퀀스

YQ-1　☞ 1. 신약 신강　남. 치과원장
갑120　무300　경320　계300
인　술　신　묘 년
생 무병갑 묘 신정무 병 무임경 욕 갑을

9 8 7 6 5 4 3 2 1 5
5 5 5 5 5 5 5 5 5
경 신 임 계 갑 을 병 정 무 기
술 해 자 축 인 묘 진 사 오 미

▶3-자평식 쓸 때 신약
▶용-경 ▶상신-화
▶23경계인
▶2이상형

| ●=1 | YQ-3 산출 | (왕=80, 상쇠=60, 사=40) |

YQ-1	(갑120) 사	(무300) 상쇠	(경320) 왕	(계300) 상쇠
병진대운 YQ-3	-200	+240	-80	+60
정해년 YQ-3	-40	0	-320	0
상위영역	-240	+240	-400	+60
임인월 YQ-3(하위)	+160	-360	-400	0
영역 합산	-80	-120	-800	+60

| ●=2 | YQ-3 해석 |

■1. 본격과 변격
□원격은 신약, 술 겁격이 본격이다. 그래서 인출에서 변격이 온다.
□갑-20(계+60 갑-80)[466] 상대적으로 상승하여 종살격처럼 되었다.[467]

---

466) 1-5-4-2 ●=1 ■3 □4 종은 종(겁)과 근접한 인수와 그 인입의 합산이고, 수기 역시 식상과 재,

1) 그러면 신월 갑의 식상조후 정이 병에 발용되어 수기 하강해야 하는데[468]
2) 그러나 수기 정+720으로 갑-20보다 높다.
3) 참고로 계+60 종재격처럼 보이지만 계-740(경-800 계+60), 갑-20보다 낮다.

■2. 수치분석과 스토리화[469]
☐수기 높아 부정이니 "절반의 성공이거나 과식(무리)으로 고난을 겪는다."[470]

■3. 스토리텔링
☐수기 부정,[471] 전제와 차제의 수기도 부정이니[472] "내 복도 없고 인복도 없다."[473] 그래서 "고난을 겪는데" "되는 일 없다." "막막하다."가 된다.

☐정리하면 "고난을 겪는 것"과 아들 공부중단이 연결된다.

■4. 오행과 육신 해설(통변)

☞ 행운 흐름	신강은 인출 상승해야 호사 도래
정병-절정기	○(약토득화-화생토) ▶화덕과 도자기-불의 약속, 활동왕성

☐병진대운 정해년의 인출 하강하면 아들의 활동(공부)의 장애가 온다.

생의 부(역)작용	○카르마 착각(응석둥이, 공주, 도련님) ▶임의적 추론(일 꾸미고 손해)

☐무 입장에서 병진 정해의 화토(인겁)가 무토를 생으로 상승시키니 생의 부작용으로 추론(다른 판단을 이끌어 냄)이 안 되니 공부 좌절이 온다.

■5. 기타
☐아들이 공부를 포기할 때 아버지도 스트레스가 심했다 한다. 그러나 사람이 어찌할 수 없는 일로 받아들이니 가정과 가족이 그나마 화평했다 한다.

식상과 관살 등 인출의 합산으로 이루어진다. 위 "식상(재)"는 식상과 근접한 재성의 합산을 말한다.
467) 1-5-4-2 ●=1 ■3 ☐3 3)종살격(처럼)-합 포함 재 관살의 합산이 높아야하고 인수(겁)가 수기다.
468) 1-5-4-2 ●=3 ■3 ■3) ☐2 식재 관성조후가 있으면 수기 하강, 없으면 수기가 상승해야 한다. 즉 모든 수기가 하강하는데 식재 관성조후 없을 때만 상승한다.
469) 2-1-8-1 스토리화와 메타포와 시퀀스-"☐스토리화는 YVWQ 수치를 언어화 하는 것이고,"
470) 2143-1 ●=4 ■2 ☐2 수기가 없거나 부정 "절반의 성공이거나 과식(무리)으로 고난을 겪는다."
471) 2143-1 ●=4 ■1 ☐1 1)그래서 종격 총합의 긍정은 수기를, 전제 차제의 긍정은 종 상승을 본다.
472) 2143-1 ●=4 ■3 ☐2 4)수기 전제 차제 부정 "되는 일 없거나 얻어도 많이 잃음(승자의 저주)"
473) 1-4-5 ●=3 ■1 ☐3 내 복과 인복 있으면 선 후천의 복덕이 조화롭고 없으면 상황이 막막하다.

1614-2	아들 공부중단

(28) (종혁격이자 종왕격)-공부중단(갑 파재)

1-8	인수를 쓸 때

●-41 실제사주   1-8   1614-2 부자(父子)의 시련 시퀀스 자료

YQ-1 1. 신약 신강   남. 공부중단
무360 / 경240 / 갑120 / 경160년
자 / 신 / 신 / 오
사 / 임계 / 녹 무임경 / 욕 무임경 / 병기정
9 8 7 6 5 4 3 2 1
5 5 5 5 5 5 5 5 5
갑 계 임 신 경 기 무 정 병
오 사 진 묘 인 축 자 해 술 유
▶5-자평 인 쓸 때 신강
▶용-무 ▶상신-경
▶34경계인
▶1이상형

●=1	YQ-3 산출	(왕=80, 상쇠=60, 사=40)

YQ-1	(무360) 상쇠	(경240) 왕	(갑120) 사	(경160) 왕
병술대운 YQ-3	+240	-80	-200	-80
정해년 YQ-3	0	-320	-40	-320
상위영역	+240	-400	-240	-400
임인월 YQ-3(하위)	-360	-400	+160	-400
영역 합산	-120	-800	-80	-800

■1. 본격과 변격
□원격 신강, 본격은 신왕수기격이다. 그래서 무 갑에서 변격 온다.
□갑-80 상승하여 종재격처럼 되었다.[474]
 1)그러면 신월 갑의 식상조후 오(=정) 있어 수기 하강해야 하는데[475]
 2)그러나 수기 오+120으로 갑-80보다 상승한다.

■2. 수치분석과 스토리화[476]
□수기가 부정이니 "절반의 성공이거나 과식(무리)으로 고난을 겪는다."[477]

■3. 스토리텔링
□수기 부정,[478] 전제 상위 부정, 차제 하위 긍정이니[479] "내 복은 없고 인복은 있다."[480] 그래서 "고난을 겪는데" "설마 당황스럽다." 아들의 "새로운 발상(공

---

474) 1-5-4-2 ●=1 ■3 □3 2)종재격(처럼)은 합 포함 식 재 합산이 높아야하고 관살(인수)이 수기다.
475) 1-5-4-2 ●=3 ■2 ■3) □2 그러나 조후 필수인 십정격에 식재 관성조후 없으면 수기 상승해야 한다. 1)종격(처럼)과 같이 수기가 모두 하강하는데, 식재 관성만 없으면 상승한다.
476) 2-1-8-1 스토리화와 메타포와 시퀀스-"□스토리화는 YVWQ 수치를 언어화 하는 것이고,"
477) 2143-1 ●=4 ■2 □2 수기가 없거나 부정 "절반의 성공이거나 과식(무리)으로 고난을 겪는다."
478) 2143-1 ●=4 ■1 □1 1)그래서 종격 총합의 긍정은 수기를, 전제 차제의 긍정은 종 상승을 본다.
479) 2143-1 ●=4 ■3 □1 1)수기 부정, 전제 차제 긍정은 "설마 그럴 리가 없는데 그저 당황스럽다."

부중단" 때문이다.
□정리하면 공부중단과 "설마 당황스럽다"와 연결된다. 공부가 적성(재능)에 맞지 않았나 보다.

■4. 오행과 육신 해설(통변)

☞ 행운 흐름	신강수기는 인입 상승해야 격이 빛남-(경 겁 화답)
병정	○(태금극금-화다금용) ▶녹아버린 가마솥-용처상실, 정체성 상실

□병술대운 정해년의 인입 하강하면 정체성 상실(공부중단)의 아픔이 발생한다.

극겁의 부(역)작용	○카르마 혼돈(관제, 질병, 상처) ▶못다 핀 꽃 한 송이(무직 실직)
겁생식상 부(역)작용	○카르마(자기관리) 붕괴-무욕 무능 ▶할 말이 없음

□경 입장에서 병술 병자의 병병(살)이 극으로, 자(식상)가 설기로 경 일간을 하강시키니 꽃(공부)이 피지 못하고 자기관리가 붕괴된다.

■5. 기타
□공부 안하면 사업하게 되는데 금다목절은 많은 단련과 시련을 내포한다.

● Tip
○우리 책을 쓰면서 공부중단 그 이후가 궁금해 통화하게 되었습니다.
○2021년 올해 32세인데 결혼하여 예쁜 딸이 태어났고, 제약 관련 사업하고 있답니다.

---

480) 1-4-5 ●=3 ■1 □2 인복은 새 술을 새 부대에 담는 것과 같이 새로운 질서와 인연을 말한다. 자수성가, 자신의 노력과 덕망, 혁신적 발상, 새로운 변화와 시류 등이다.

1-6-1-5	삼각관계 시퀀스

❶ 상담일자-2015년 12월
❷ 상담의 내용

이 상담은 어린이 집 원장(당시 53세)과 딸(당시 21세), 그리고 어린이 집 교사이자 조카(당시 27세)가 등장한다.

이야기의 시작은 어린이 집 원장의 갑상선암으로 인한 투병생활에서 시작된다. 수술을 앞두고 어머니가 어린이 집을 딸에게 맡기고 싶은데 딸이 어려서 불안하다. 또한 아직 딸이 유아교육을 전공하지 않은 상태다. 그래서 조카가 딸을 도와서 운영하기를 바라는데 그래도 되겠냐고 물으러 온 상담이다.

❸ 주인공의 피드백
"언니하고 내가 궁합이 안 좋은가요?"

> ● Tip
> ○실제 상담에서는 "일이 성사되기 어렵다."라고 말하지 못했습니다. 어리고(21세) 젊은(27세) 사람들이 의욕적으로 희망을 이야기하는데 부정적으로 말하기가 그랬습니다.
> ○그 때 동생이 "언니와 궁합이 안 좋은가요?"라고 물었습니다. 그래서 세상일은 흐름이라는 것이 있는데 두 사람도 맞지 않을 때가 있다고 했습니다. 따라서 있는 동안 최선을 다하는 것이고 사람은 때를 따라 오고 가는 것이라 했습니다.
> ○아마 '좋다' '나쁘다'라고 직언을 피하는 모습이 실력 없게 비쳐진 원인일 겁니다.
> ○2023년 이 사례를 소개한 분과 통화했는데 그때 일이 성사되지 않았다 합니다.

●=1	YQ-3 산출

(29) 1615-1 ■1. 합의 함정과 그 피해-여. Y 어린이 집 원장

1-6	일간과 식상이 유정

●-32 실제사주   1-4   1615-1 삼각관계 시퀀스

YQ-1 ☞ 1. 신약 신강   여.Y 어린이 집 원장
신60 병560 무480 계0
묘   술   오   묘년
욕 갑을 묘 신정무 왕 병기정 욕 갑을

9 8 7 6 5 4 3 2 1
9 9 9 9 9 9 9 9 9
무 정 병 을 갑 계 임 신 경 기
진 묘 인 축 자 해 술 유 신 미

▶3-자평 식 쓸 때 신강
▶용-무 ▶상신-식상생재
▶34경계인
▶4분지형

YQ-1	(신60) 상쇠	(병480) 왕	(무480) 왕	(계0) 사
계해대운 YQ-3	-300	-400	0	+200
을미년 YQ-3	-60	0	+80	-200
상위영역	-360	-400	+80	0

□원격은 신강, 본격은 무 식신생재격이다. 그래서 병 계에서 변격이 온다.
□계-660(신-360 병-400 무+80) 무-660(신-360 병-400 무+80)으로 같지만 무+0이

계0보다 상대적으로 높아 종아격처럼 되었다.
 1)병생무가 계를 생하면 신은 회귀하여 계를 생하고, 병신합이 신생계로 계를 생하면 계는 무와 합이 되어 계와 무의 결과가 같다.[481]
 2)그러면 오월 무의 재성조후 임이 없어 수기 상승해야 하는데[482] 수기 신금이 발용되지 않았다. 그래서 절반의 성공이니 말만 오가고 만다.

(30) 1615-2 ■2. 유산 받으면 잘 할까요?-여. Y 어린이 집 원장 딸

| 1-9-2 | 천간이 모두 겁 |

| ●-45 실제사주 | 1-9-2 | 1615-2 삼각관계 시퀀스 |

YQ-1	☞ 1.신약 신강	여.Y 어린이 집 원장 딸	9	8	7	6	5	4	3	2	1	6	▸천간 겁. 2적-3용법
갑120	을240	갑120	을280	6	6	6	6	6	6	6	6	6		▸용-을 ▸상신-을
신	유	신	해 년	갑	계	임	신	경	기	무	정	병	을	▸34경계인
태 무임경 포	경신	태 무임경 사	무갑임	오	사	진	묘	인	축	자	해	술	유	▸4분지형

YQ-1	(갑120) 사	(을200) 사	갑120) 사	(을240) 사
병술대운 YQ-3 유+2	신0 -200	-200	-200	-200
을미년 YQ-3 유-1	신+2 +240	-40	+240	-40
상위영역	+40	-240	+40	-240

□원격 신강, 신왕수기격 본격이다. 을-400 하강하는데 천간 겁은 변격이 없다.
 1)어떻든 조후 필수 신월 을의 식상조후 병 없어 수기 상승해야 하는데[483] 수기가 없어 그 역할을 대신[484] 유 신금이 한다.
 2)총합 상위영역의 수기 금400(유+80 신+160×2=320)으로 상승하니 긍정이다. 그러나 전제(병술) 수기 금+160(유+160 신0) 긍정이지만, 차제(을미) 수기 금 -240(유-80 신+160×2=320)으로 갑을보다 하강하니 부정이다.
 3)총합 상위영역 수기가 긍정이니 "원하는 것을 얻을 수 있다."[485] 그러나 내복은 있고 인복은 없으니 하던 일(쓰던 우물)은 되도 새 일(새 우물)은 안 된다.

(31) 11615-3 ■3. 동생이 도와 달라 해요-여. Y 어린이 집-J 교사

| 1-2-1 | 신강의 살인 관인 상생 |

---

481) 1-5-4-2 ●=4 ■2 □2 그러면 천간의 생합을 적용하여 가장 높은 수치로 종(처럼)한다.
482) 1-5-4-2 ●=3 ■3 ■3) □1 겁 인수조후가 있으면 수기 하강, 없어도 수기가 하강해야 한다.
483) 1-5-4-2 ●=3 ■3 ■3) □2 식재 관성조후가 있으면 수기 하강, 없으면 수기가 상승해야 한다. 즉 모든 수기가 하강하는데 식재 관성조후 없을 때만 상승한다.
484) 2143-1 ●=3 ■4 □2 그러나 천간 모두 겁(종왕격)의 경우는 변격될 오행이 천간에 없다. 1)따라서 이때만 차선으로 지지 재관이나 지장간의 재관 투청을 수기로 활용하고 평상인에서 시작한다.
485) 2143-1 ●=4 ■2 □2 수기가 없거나 부정은 "절반의 성공이거나 과식(무리)으로 고난을 겪는다."

●-16 실제사주　　1-2-1　　1615-3 삼각관계 시퀀스

YQ-1　1. 신약 신강　여. Y 어린이 집-J 교사

	9 8	7 8	6 8	5 8	4 8	3 8	2 8	1 8	8	▶1-자평 관 쓸 때 신강
병180	신160	병300	기420							▶용-병. 상신-신왕
신	축	인	사 년	병 자	을 해	갑 술	계 유	임 신	신 미	경 오	기 사	무 진	정 묘	▶34경계인
왕 무임경	양 계신기	태 무병갑	사 무경병							▶2이상형

YQ-1	(병120) 상쇠	(신160) 사	(병300) 상쇠	(기360) 상쇠
무진대운 YQ-3	-240	+240	-240	+360
을미년 YQ-3	0	-40	0	-40
상위영역	-240	+200	-240	+320

☐원격은 신강, 변격 신왕수기가 본격이다. 그래서 병 기에서 변격이 온다.
☐신-40(신+200 병-240)[486]이 높아 본격 신왕이 유지된다.
　1)그러면 인월 신의 인수조후 기(=축) 있어 수기 하강해야 하는데[487]
　2)수기 수가 없다. 수기가 없어 부정이니 "절반의 성공이다."[488]와 연결된다.
일이 성사되지는 않았으니 부정이지만 말이 오간 자체는 절반의 성공이다.
　3)참고로 기+320 종강격처럼 보이나 기-160(병-480 기+320)이 신-40보다 낮다

●=2　　YQ-3 해석

■1. 어머니가 딸에게 어린이집을 물려주겠다고 하면 어머니가 주어.

주어(총합)-어머니	부정	총합 부정, 전제 긍정, 차제 부정이니 "되는 일
(전제)-자신	긍정	없다."가 된다.[489]
(차제)-언니	부정	

■2. 수치분석과 스토리화[490]
☐총합이 부정이니 "얻을 것이 없고" 그래서 "되는 일 없다."가 된다.
☐어머니는 조카의 도움을 기대하는데 언니의 수치가 부정적이다.
☐그런데 어머니의 조건은 언니의 도움이다. 그래서 이 일은 성사되기 어렵다.
☐그래서 딸 입장에서는 되는 일 없이 말만 오고 가다 만다.

---

486) 1-5-4-2 ●=1 ■3 ☐4 종은 종(겁)과 근접한 인수와 그 인입의 합산이고, 수기 역시 식상과 재, 식상과 관살 등 인출의 합산으로 이루어진다. 위 "식상(재)"는 식상과 근접한 재성의 합산을 말한다.
487) 1-5-4-2 ●=3 ■3 ■3) ☐1 겁 인수조후가 있으면 수기 하강, 없어도 수기가 하강해야 한다.
488) 2143-1 ●=4 ■2 ☐2 수기가 없거나 부정은 "절반의 성공이거나 과식(무리)으로 고난을 겪는다."
489) 1-4-5 ●=3 ■3 ☐4 총합 전제 차제 부정 "되는 일 없거나 적게 얻고 많이 잃는다.(승자의 저주)"
490) 2-1-8-1 스토리화와 메타포와 시퀀스-"☐스토리화는 YVWQ 수치를 언어화 하는 것이고,"

| 1-6-2 | 개인적 시퀀스 |

| 1-6-2-1 | 애매한 충(합) |

원국의 합 형충파해 판단에 있어서 충(합)인지 아닌지 애매(曖昧)한 경우가 많다. 기초에서는 탐합망충(貪合忘沖)[491]으로 공부하지만 이는 합충의 개념이고, 생극의 개념 즉 상하 입체적(좌우동지 상하정협)[492]으로 보면 꼭 그렇지 않다.

그리고 여기에 행운을 대비하게 되면 천간은 YQ-3를, 지지는 YQ-4로 그 크기의 변화를 보아야 한다.

| ●=1 | 탐합망충 |

합은 생이고 충은 토가 빠진(갑무, 무임) 편극(-○○○)[493]이다. 그러나 기초에서 그리 공부할 뿐 이것이 전부가 아니다. 합충은 일간과의 합충과 국중지신끼리의 합충이 있다.[494]

□일간과 합이 되어 재나 관이 합거[495]가 일어나면 재관의 속성인 극이 사라지고, 일간의 힘을 상승시키는 인수처럼 작용하니 생과 같다는 말이다.[496] 충은 그 반대로 일간의 힘이 감소된다.

□일간을 제외한 국중지신끼리의 합충은 그 결과가 일간에 미치는 영향이 중요하다. 그래서 이는 결국 배합과 격[497]으로 귀결된다.

| ●=2 | 좌우동지 상하정협 |

좌우동지 상하정협은 좌우가 생(동지)하고, 상하가 협력(정협)해야 한다는 말인데 상하좌우가 극하는 것이 없어야 한다는 말도 된다.

□1.탐합망충이 합과 충의 이야기라면 좌우동지 상하정협은 생과 극의 이야기다. 따라서 탐합망충의 합도 극(재관)하는 것이 있으면 작용이 성립되지 않고[498], 회국(回局)[499]의 원리도 극하는 것이 있으면 이 기능이 발휘되지 않는

---

491) 3-2-10-2 ●=5 탐합망충(貪合忘沖합 하느라 충을 잊음)
492) 3-2-10-2 ●=3 ■2 '상하 귀호정협', '좌우 귀호동지'
493) 1-3-2-2 반감기호
494) 3231-1 ■1 합충의 성립 "일간과의 관계와 국중지신끼리의 관계"
495) 3231-2 ●=1 합래(合來), 합거(合去)
496) 3231-2 ●=3 ■5 "5양간은 정재와 합, 5음간은 정관과 합"
497) 3장 들어가기 2-2 최종격(상신)
498) 3231-2 ●=1 합이불합" ▶극 당하면 합 할 겨를이 없다." "상하 좌우에서 극하면 합하지 못한다." "합도 극(충)을 해소할 수 있지만 극도 극을 해소하게 된다."
499) 5-1-5-2 ■3) 사주는 회국(回局)한다.

다.
☐2.또한 상하정협은 천간과 지지가 상응(감응)500)하는 것으로 그중 하나 천간과 지지의 관생인(관인통관)501)도 포함된다.
 1)원국(YQ-2) 지지 인수 주변의 뿌리가 크면 천간의 관을 통관시킬 수 있다. 만약 지지의 관도 주변 뿌리가 천간의 인수보다 크면 관생인이 안 된다.
 2)행운(YQ-3, 4)에서는 지지의 관인통관을 보지 않는다.502)

☐3.이러한 원리는 행운을 따라 원국의 파격과 구응을 수없이 반복한다.503)

> ● 간명의 원리
>
> ○우리책 구성을 보면 기초, 고급(고전해석), 그리고 심화반(YVWQ)으로 되어있습니다.
> ○합충도 '9-1 합 형충파해'-기초, '3-2-3 생극제화'-고급반, 그리고 여기 심화반입니다.
> ○아마 지금쯤 YVWQ를 공부하는 분들은 '좌우동지 상하정협'이 끝나 있어야합니다.
> ○그리고 원국의 합충만 아니라 행운에서의 합충의 변화를 볼 수 있어야합니다. 만약 두 글자 합충을 벗어나지 못했다면 여기서라도 재정립하기 바랍니다.

●=3   애매한 충(합)의 예

■1. 원국

■1) 아래사주(남. 아웃도어) YQ-1 천간을 보면 정계충이 있다.
☐그러나 시간의 계는 관인통관되어 정계충이 아니고, 연월도 극수하는 축 있어 정계충이 아니다.
☐만약 정의 수치가 3배수 더 높았다면 극의 역작용으로 화다수갈이 되어 직업(살)이 날아가게 된다.

> ● 간명의 원리
>
> ○아래(남. 아웃도어)를 근묘화실 우선순위로 보면 월 연간 충이고, 일 시간이 충,504) 그러나 최종적으로는 월일의 축미충과 회국(回局)하여 모유충입니다.505)
> ○이러한 간명을 원한다면 이 사람은 충 충이니 되는 일이 없다고 하게 될 것입니다.
> ○이렇게 충(합)의 물상에 빠지면 헤어날 길이 없습니다. 이 전쟁에서 살아남으려면 충을 극과 함께 볼 수 있어야합니다. 충은 편극인 이유입니다.
> ○어떻든 우리의 주인공은 실제 재능 있고 되는 일이 많은 사람입니다.

---

500) 3221-1 ■3 ☐3 천지상응(천지감응). "『적천수천미』「월령(月令)」에 "천기(天氣)가 위에서 동(動)하면 인원(仁元)이 응(應)하고 지기(地氣)가 아래에서 동(動)하면 천기가 좇는다."
501) 2-1-4-1 ●=4 관생인 통관
502) 1-5-4-2 ●=1 ■2 ☐2 행운(YQ-3)은 지지의 관생인(관살통관)을 적용하지 않는다. 원국(YQ-1)에서만 적용하는 것과 다르다.
503) 3-1-1-5 ●=2 행운의 성격과 변격 "운과 배합하면 격이 이루어지기도, 격이 변하기도 한다."

○그 이유는 간단합니다. 이 사주는 화 과다와 수 과다이니 행운에서 신강의 극과 극의 역(부)작용506)이 작동하기 때문입니다. 즉 신강의 과다는 극(충)이 약입니다.

■2) 지지를 보면 묘미합, 축미충, 유축합의 성립 여부로 혼란스럽다.
□그러나 합의 우선순위를 적용하면 유축합과 묘미합이 그리고 다시 연시 회국하여 최종적으로 묘유충과 축미충이 된다.
□그러나 결론은 묘유는 계가 있어 통관되고, 축미는 자체 충이 해소된다.507)
□참고로 YQ-2로 보면 묘미 주변 목 뿌리5=300, 유축도 주변 금 뿌리5=300으로 목금의 기세가 균형을 이룬다.

● Tip
○사주원국은 갓 태어난 아이의 울음소리입니다. 그리고 아이는 수많은 밤하늘의 별을 헤아리며 수많은 이야기를 퇴적해 갈 겁니다.
○우리 모두 울음소리는 물론 퇴적(삶의 과정)의 순간들을 볼 수 있어야 합니다.

■2. 행운
□그러나 원리가 이러할 뿐 행운 한 글자로 충이 성립되지 않는다.508)
□그래서 YQ-3 행운에서는 원국(YQ-1)과 달리 제화 자체를 논하지 않는다.509)

●=4   실제 사주의 예

(32) (충인지 아닌지의 자료) (관생인 되어 신약이 신강으로)-남. 아웃도어

1-1-1   신약의 살인 관인상생

●-08 실제사주	1-1-1										1-6-2-1 애매한 충(합) 자료

YQ-1	☞1. 신약 신강			남. 아웃도어		9 8	8 8	7 8	6 8	5 8	4 8	3 8	2 8	1 8	8	▶1-자평 살 쓸 때 신강
계240		정160	계320		정80	계	갑	을	병	정	무	기	경	신	임	▶용-계 ▶상신-계
묘		미	축		유	년										▶34경계인
병	갑을	대	정을기	묘	계신기	생	경신	묘	진	사	오	미	신	유	술	해	자	▶2이상형

---

504) 3231-4 ●=2 ■2 연월이 일보다 먼저 합, 일월(연에서 설 극의 방해 없어야 합)이 시보다 먼저
505) 3231-4 ●=2 ■4 연시 회국(回局)은 연월과 시일 다음이면서 작용(합충)의 끝이다. □1 그래서 우선순위를 볼 때 연시부터 보아야 한다. 연시가 성립되면 일월, 안 되면 연부터 우선순위를 본다.
506) 3-2-6 ●=1 십신의 작용과 역작용. 5135-3 생과 극의 역작용
507) 3-2-3-3 ■3 충극은 크게 지장간끼리 자체 구응으로 해소되는 것과 못되는 것 두 가지로 나뉜다.
508) 2-1-3-2 ●=3 ■3 □1 3)"서락오" 선생께서 행운의 원리를 모르고 이렇게 설명하고 있는 것이 아닐 것이다. 그분이 이를 모르리가 없다.
509) 1-5-4-2 ●=1 ■4 □1 YQ-3는 극 있어도 종한다. 1)종이란 기운이 최대로 상승한 것이고, 나머지는 하강하여 왜소하기 때문이다. 또한 행운 여러 글자는 모두를 제화(制化)에서 해방 중화시킨다.

❶ 상담일자-2017년 4월
❷ 상담의 내용
　우리 책의 자료화를 위해서 재상담이 이루어진 사례이다. 재상담 당시 50초반(2009)에 K.통신사를 명퇴하고 2015년부터 아웃도어를 운영하고 있었다.
❸ 주인공의 피드백
　"2005년 이후 회사에서 20년 이상 장기 근속자가 명퇴 대상이 되었어요." "그중에 을미생, 병신생, 정유생이 가장 많아요. 입사 시기가 비슷했거든요."
❹ 상담사 피드백
　"비록 명퇴는 했지만 제2의 인생이 열리게 되죠." 정미대운부터 정이 상승하면 신약 원격의 상승으로 살아가기 때문이다.

●=1	YQ-3 산출		(왕=80, 상쇠=60, 사=40)		
YQ-1	(계120) 왕	(정160) 사	(계320) 왕	(정80) 사
무신대운 YQ-3	+480	-200	+480	-200
기축년 YQ-3	-480	-240	-480	-240
상위영역	0	-440	0	-440
을해월 YQ-3	+80	+200	+80	+200
영역 합산	+80	-240	+80	-240

●=2	YQ-3 해석

■1. 본격과 변격
□원격은 신강이고 본격은 월간의 계 있어 칠살격이다.[510]
□YQ-3 계가 상대적으로 상승하여 종살격처럼 되었다.[511]
　1)축월 계의 재성조후 병 대신 정 있어 수기 하강해야 하는데[512]
　2)역시 수기 묘-60(YQ-4)가 계+80보다 하강한다.

■2. 수치분석과 스토리화[513]
□수기 묘 하강하여 긍정이니 "원하는 것을 얻는다."[514]

---

510) 1-5-4-1 서문 ❷ 2)본격 십정격은 인입 대 인출로, 변격은 종과 수기로 간명한다. 또한 본격(십정격)은 상신을, 변격(수기식상, 종)은 수기를 스토리화한다.
511) 1-5-4-2 ●=1 ■3 □3 3)종살격(처럼)-합 포함 재 관살의 합산이 높아야하고 인수(겁)가 수기다.
512) 1-5-4-2 ●=3 ■3 3)) □2 식재 관성조후가 있으면 수기 하강, 없으면 수기가 상승해야 한다. 즉 모든 수기가 하강하는데 식재 관성조후 없을 때만 상승한다.
513) 2-1-8-1 스토리화와 메타포와 시퀀스-"□스토리화는 YVWQ 수치를 언어화 하는 것이고,"
514) 2143-1 ●=4 ■2 □1 종격(처럼)이 수기(식상)가 있고 긍정이면 "원하는 것을 얻는다." 그러나 종격이나 상신이 하강하고 변격되지 못하면 "얻을 수 있는 것이 없다."

□명퇴가 자발적이면 수치 긍정에서, 명퇴 당하면 부정에서 얻는다.515)

■3. 스토리텔링
□수기 긍정516) 전제 대운 긍정, 차제 기축년 부정이니517) "내 복은 있고 인복은 없다."518) 그래서 "원하는 것을 얻는데" "목표를 낮추어야 한다." "갈망을 낮추어야 한다."가 된다.
□정리하면 34경계인의 정년을 바라보다 목표를 낮추는 것(명퇴)이 연결된다.

■4. 오행과 육신 해설(통변)

☞ 행운 흐름	신약은 인입 상승해야 호사도래-(계 살 화답)
기무-절정기	○수생목(강수득목) ▶산림 홍수방지-흐름 약, 머리 맑음

□종살격처럼의 무신대운 기축년 계의 수기 묘 하강하면 머리가 맑아져 머물 때와 떠날 때를 알게 된다.

관생인	○습관과 행동(직업)이 ▶인지능력 향상(승화 발전)

□무 살 입장에서 수기 묘를 생하니 인지능력이 향상되어 머물 때와 떠날 때를 알게 된다.

---

515) 1-4-5 ●=2 ■1 □3 ●간명의 원리 ○예) 명퇴하기 싫은데 어쩔 수 없이 하면 부정의 수치와, 자발적으로 원해서 철수를 한다면 긍정의 수치와 원하는 것이 만납니다. 즉 사회적 통념을 벗어나서 선한 일이든 악한(도적질) 일이든 자신이 주체가 되고 긍정일 때 원하는 것을 얻습니다.
516) 2143-1 ●=4 ■1 □1 1)그래서 종격 총합의 긍정은 수기를, 전제 차제의 긍정은 종 상승을 본다.
517) 2143-1 ●=4 ■3 □1 2)수기 전제 긍정, 차제 부정 "목표(욕심)를 낮추어야 적게라도 얻는다.
518) 1-4-5 ●=3 ■1 □1 내 복은 구관이 명관처럼 오래된 장, 된장, 묵은 김치처럼 구연을 말한다. 선대의 복, 타고난 재능, 기존의 사고와 가치관, 내재된 갈망 등이다.

| 1-6-2-2 | 2014년 교사 명퇴한 자료 |

(33) (관왕신약)-인입 하강으로 교사 명퇴

| 1-1 | 관을 쓸 때-신약 |

| ●-47 실제사주 | 1-10 | 1-1 | 1-6-2-2 교사 명퇴한 자료 |

YQ-1: 1. 신약 신강 / 남. 교사 명퇴.
정240 갑160 신320 무120
묘 진 유 술 년
왕 갑을 쇠 을계무 태 경신 양 신정무

9 8 7 6 5 4 3 2 1 0
5 5 5 5 5 5 5 5 5 5
신 경 기 무 정 병 을 갑 계 임
미 오 사 진 묘 인 축 자 해 술

▶1-자평관 쓸 때 신약
▶용-신 ▶상신-묘 변성
▶평상인
▶2이상형

●=1   YQ-3 산출   (왕=80, 상쇠=60, 사=40)

YQ-1	(정240) 상쇠	(갑160) 사	(신320) 왕	(무120) 상쇠
정묘대운 YQ-3	+240	-0	-480	+60
갑오년 YQ-3	+300	-40	-400	0
상위영역	+540	-40	-880	+60

●=2   YQ-3 해석

■1. 본격과 변격

□원격은 신약, 묘 변성되었지만 겁격이 본격이다. 그래서 인입의 반대 정 신 무에서 변격이 일어난다.

□갑오년 정+500(정+540 갑-40),[519] 상승하여 종아격처럼 되었다.[520]
 1)유월은 조후가 급하지 않다. 그래서 수기 하강해야 하는데[521]
 2)역시 수기 무-820(무+60 신-880)[522]이 정+500보다 하강한다.

■2. 수치분석과 스토리화[523]
□수기 하강하여 긍정이니 "원하는 것을 얻을 수 있다."[524]

■3. 스토리텔링

---

519) 1-5-4-2 ●=1 ■3 □4 종은 종(겁)과 근접한 인수와 그 인입의 합산이고, 수기 역시 식상과 재, 식상과 관살 등 인출의 합산으로 이루어진다. 위 "식상(재)"는 식상과 근접한 재성의 합산을 말한다.
520) 1-5-4-2 ●=1 ■3 □3 1)종아격(처럼)은 합 포함 겁 식상의 합산이 높아야하고 재(관)가 수기다.
521) 1-5-4-2 ●=3 ■3 ■2) □1 조후 안 보는 달의 수기식상격과 종격(처럼)은 수기 하강이 기본이다.
 □2 만약 인출 상승하면 종아 종재 종살처럼 되고 수기 하강해야 한다.
522) 1-5-4-2 ●=1 ■3 □4 종은 종(겁)과 근접한 인수와 그 인입의 합산이고, 수기 역시 식상과 재, 식상과 관살 등 인출의 합산으로 이루어진다. 위 "식상(재)"는 식상과 근접한 재성의 합산을 말한다.
523) 2-1-8-1 스토리화와 메타포와 시퀀스-"□스토리화는 YVWQ 수치를 언어화 하는 것이고,"
524) 2143-1 ●=4 ■2 □1 종격(처럼)이 수기(식상)가 있고 긍정이면 "원하는 것을 얻는다." 그러나 종격이나 상신이 하강하고 변격되지 못하면 "얻을 수 있는 것이 없다."

□수기 하강 긍정,525) 전제 대운 긍정, 차제 갑오년 긍정이니526) "내 복도 인복도 있다."527) 그래서 "원하는 것을 얻는데" "갈망과 새로운 발상으로" "행운이 온다."가 된다.
□정리하면 건강상 자신이 원하는 것과 명퇴과 연결된다.528)

■3. 오행과 육신 해설(통변)

☞ 행운 흐름	종아격은 식상 상승해야 하는데 여기서는 부정적
병정	○(약목설기-화다목분) ▶타다 만 불쏘시개-무용지물 존재무상

□정사대운 갑오년 정 수기 상승하면 무용지물 존재무상(명퇴)이다.

생아(겁)	○생각(정보, 가치관)대로 됨(자아 온전) ▶물가에 심어진 나무

□정 수기 입장에서 겁(정사오)이 정을 생하여 상승시키니 생각대로(명퇴) 된다.

■4. 기타
□관왕신약에서 ▶갑 묘가 상승하거나 신 무가 하강하면 목왕득금(겁왕득관)이니, 가치가 상승되어 목과 금이 서로 빛나게 된다. 그래서 목왕득금 ▶비목이 연장을 만남-예술품으로 가치상승이다. ▶그러나 금 상승하면 금다목절(부러지고), 실족하게 된다.

---

525) 2143-1 ●=4 ■1 □1 1)그래서 종격 총합의 긍정은 수기를, 전제 차제의 긍정은 종 상승을 본다.
526) 2143-1 ●=4 ■3 □1 1)수기 전제 차제도 긍정이면 "일이 잘 풀리거나 뜻밖의 행운이 온다."
527) 1-4-5 ●=3 ■1 □3 내 복과 인복 있으면 선 후천의 복덕이 조화롭고 없으면 상황이 막막하다.
528) 1-4-5 ●=2 ■1 □3 ●간명의 원리 ○예) 명퇴하기 싫은데 어쩔 수 없이 하면 부정의 수치와, 자발적으로 원해서 철수를 한다면 긍정의 수치와 원하는 것이 만납니다. 즉 사회적 통념을 벗어나서 선한 일이든 악한(도적질) 일이든 자신이 주체가 되고 긍정일 때 원하는 것을 얻습니다.

| 1-6-2-3 | 사회복지사의 아픈 이야기 |

(34) (상신-지지) 사회복지사

| 1-2-1 | 신강의 살인 관인상생 |

●-14 실제사주   1-2-1   1-6-2-3 사회복지사의 아픈 이야기

YQ-1	1. 신약 신강	여. 사회복지사	9 8 7 6 5 4 3 2 1 1	▸1-자평 살 쓸 때 신강
신240	정80	을180	계480	갑 계 임 신 경 기 무 정 병 을	▸용-계 ▸상신-정
축	미	축	축 년	술 유 신 미 오 사 진 묘 인 축	▸평범인
포 계신기	대 정을기	포 계신기	묘 계신기		▸1이상형

❶ 상담일자-2017년 11월
❷ 상담의 내용
 우리 책의 자료화를 위해서 진행된 특별 상담이다. 1998년부터 아이를 혼자 양육한 사례이다.
❸ 주인공의 피드백
 "아이 돌 지나고 아이 아빠하고 바로 헤어졌어요."
❹ 상담사 피드백

| ●=1 | YQ-3 산출 | (왕=80, 상쇠=60, 사=40) |

YQ-1	(신240) 상쇠	(정160) 사	(을180) 상쇠	(계480) 왕
정묘대운 YQ-3	-360	+160	0	-400
무인년 YQ-3	+60	0	+60	0
상위영역	-300	+160	+60	-400

| ●=2 | YQ-3 해석 |

■1. 본격과 변격
□원격은 신강이고 본격은 신왕수기격이다. 신 을 계에서 변격 온다.
□결론적으로 본격의 정+220(정+160 을+60)이 상승하고 있다.529)
 1)그래서 축월의 정 인수조후 갑 대신 을 있어 수기가 하강해야 한다.530)
 2)그러나 수기 축-+240(Y.Q-4)이 정-140이 보다 높다.531)

---

529) 1-5-4-2 ●=1 ■3 □2 1)합을 포함 겁과 인수의 합산이 높으면 종왕격(처럼) 되고 식상(재)이 수기다. 겁(종)이 상신이니 결과적으로 신강 신왕수기격과 결이 같다.
530) 1-5-4-2 ●=3 ■2 ■3) □1 1)신약의 겁 인수조후는 이법의 겁인 상신과 같고, 하강하면 신약 이법의 식재관(기법은 식재 관성조후) 상승이니 종아 종재 종살처럼 된다.
531) 1-5-4-2 ●=3 ■2 ■4) 조후 없으면 삶이 원만하지 않고, 수기가 없으면 일이 힘에 부친다.

■2. 수치분석과 스토리화
□수기 높아 부정이니 "절반의 성공이거나 과식(무리)으로 고난을 겪는다."532)

■3. 스토리텔링
□수기 부정,533) 전제 대운 긍정, 차제 무인년 부정이니534) "내 복은 있고 인복은 없다."535) 그래서 "고난을 겪는데" "갈망을 위해" "돌아 가야한다."가 된다.
□정리하면 이혼을 "갈망"하는 것과 "고난"이 연결된다. 아이 아빠가 이혼을 꺼려해서 많이 불편했고 시간도 지체되었다 한다.

■4. 오행과 육신 해설(통변)

☞ 행운 흐름	정재격은 인출 상승해야 호사 도래-(신 화답)
병정	○(약금극금-화다금용) ▶녹아버린 가마솥-용처상실, 정체성 상실

□정묘대운 경진년의 인입 상승하면 정체성이 녹아(이별)내린다.

극재의 부(역)작용	○탐진치 고조(의기양양, 의기소침) ▶하는 일 없음(주색, 헛수고)
겁생식상 부(역)작용	○카르마(자기관리) 붕괴-무욕 무능 ▶할 말이 없음

□정 수기 입장에서 극재(경)와 식(진))의 역작용이 일어나니 참지 못해(의기양양) 이별하고 할 말을 잃는다.

---

532) 2143-1 ●=4 ■2 □2 수기가 없거나 부정은 "절반의 성공이거나 과식(무리)으로 고난을 겪는다."
533) 2143-1 ●=4 ■1 □1 1)그래서 종격 총합의 긍정은 수기를, 전제 차제 긍정은 종 상승을 본다.
534) 2143-1 ●=4 ■3 □2 2)수기 부정 전제 긍정 차제 부정 "뜻대로 안 된다. 어려울수록 돌아가라."
535) 1-4-5 ●=3 ■1 □1 내 복은 구관이 명관처럼 오래된 장, 된장, 묵은 김치처럼 구연을 말한다. 선대의 복, 타고난 재능, 기존의 사고와 가치관, 내재된 갈망 등이다.

| 1-6-2-4 | 돈 되는 건물 임대업 |

(35) 재왕하여 신약한데, 인수 상승으로 돈 잘 되는 시퀀스-건물 임대업

| 1-3 | 재를 쓸 때. 신약 |

| ●-17 실제사주 | 1-3 | 3-2-2 | 1-6-2-4 돈 되는 건물 임대업 |

YQ-1	☞ 1. 신약 신강	여. 건물 임대업	9 8 7 6 5 4 3 2 1	▸2-자평 재 쓸 때 신약
계300	갑40	무360	병180	2 2 2 2 2 2 2 2 2	▸용-무 ▸상신-계
유	인	술	신 년	무 기 경 신 임 계 갑 을 병 정	▸평상인
태 경신 녹 무병갑 양 신정무 포 무임경	자 축 인 묘 진 사 오 미 신 유	▸6중년 7대기만성 형

❶ 상담일자-2014년 2월
❷ 상담의 내용
우리 책의 자료화를 위해서 재상담이 이루어진 사례이다.

| 1624-1 | 1997년. 아파트 공사 중단 시퀀스 |

IMF(97)로 인하여 분양받은 아파트가 98년 공정률 80%에서 건설사 부도로 공사가 중단되었다.

| ●=1 | YQ-3 산출 | (왕=80, 상쇠=60, 사=40) |

YQ-1	(계240) 상쇠	(갑40) 사	(무360) 상쇠	(병160) 상쇠
계사대운 YQ-3	0	+40	+300	0
무인년 YQ-3	0	-40	-60	0
상위영역	0	0	+240	0

| ●=2 | YQ-3 해석 |

■1. 본격과 변격
□원격은 신약, 본격은 종강격이다. 그래서 변격은 갑 무 병에서 온다.
□무+240 상승하여 종재격처럼 되었다.536)
 1)술월은 조후가 급하지 않으니 수기 하강해야 하는데537)
 2)수기 신+320이 무+240보다 상승한다.

---

536) 1-5-4-2 ●=1 ■3 □3 2)종재격(처럼)은 합 포함 식 재 합산이 높아야하고 관살(인수)이 수기다.
537) 1-5-4-2 ●=3 ■3 ■2) □1 조후 안 보는 달의 수기식상격과 종격(처럼)은 수기 하강이 기본이다.
    □2 만약 인출 상승하면 종아 종재 종살처럼 되고 수기 하강해야 한다.

■2. 수치분석과 스토리화538)
□수기가 부정이니 "절반의 성공이거나 과식(무리)으로 고난을 겪는다."539)

■3. 스토리텔링
□수기 부정,540) 전제 대운 긍정, 처제 무인년 부정이니541) "내 복도 없고 인복도 없다."542) 그래서 "고난을 겪는데" "설마 당황스럽고" "상황이 막막하다."가 된다.
□정리하면 공사가 중단과 "당황스럽다."가 연결된다.

■4. 오행과 육신의 해설(통변)

☞ 행운 흐름	재왕신약은 겁인 상승해야 호사도래-(인목 겁 화답)
을갑-발전기	○(약목득목-목생목) ▶식수목과 지지대-흔들림 방지, 본분 회복

□갑오대운 정축년의 인출 상승하면 지지대가 흔들(아파트 공사)린다.

식생재의 부(역)작용	○욕망 좌절(나태, 식탐, 색탐) ▶말(구업-말실수) 앞서거나 막힘

□갑 입장에서 갑오 정축의 식상(오정)과 재(축)가 무 재를 상승시키는데 수기가 하강하여 부작용이 발생하니 평상인의 욕망(아파트)이 막힌다.

■4. 기타
□신약한 일간을 식재가 허약하게 설기하니 몸이 홀쭉해졌고, 재물 또한 홀쭉해 져 본분(투자의 본질)이 실각되었다.-(신약에서 식재 과다는 산재발생)

1624-2	2004년 아파트 매각

입주 예정자자들이 조합을 설립하여 중단된 공사를 완공한 후 2003년 입주할 수 있었는데 바로 2004년 매각했다고 한다.

●=1	YQ-3 산출	(왕=80, 상쇠-60, 사=40)

---

538) 2-1-8-1 스토리화와 메타포와 시퀀스-"□스토리화는 YVWQ 수치를 언어화 하는 것이고,"
539) 2143-1 ●=4 ■2 □2 수기가 없거나 부정은 "절반의 성공이거나 과식(무리)으로 고난을 겪는다."
540) 2143-1 ●=4 ■1 □1 1)그래서 종격 총합의 긍정은 수기를, 전제 차제의 긍정은 종 상승을 본다.
541) 2143-1 ●=4 ■3 □1 1)수기 부정, 전제 차제 긍정은 "설마 그럴 리가 없는데 그저 당황스럽다."
542) 1-4-5 ●=3 ■1 □3 내 복과 인복 있으면 선 후천의 복덕이 조화롭고 없으면 상황이 막막하다.

YQ-1	(계240) 상쇠	(갑40) 상쇠	(무360) 상쇠	(병120) 상쇠
계사대운 YQ-3	0	+60	+300	0
갑신년 YQ-3	0	-60	-300	-60
상위영역	0	0	0	-60

●=2	YQ-3 해석

■1. 본격과 변격
□원격은 신약, 본격은 계 종강격이다. 그래서 변격은 갑 무 병에서 온다.

■2. 수치분석과 스토리화[543]
□본격 계 인수가 상대적으로 상승하여 긍정이니 "원하는 것을 얻는다."[544]

■3. 스토리텔링
□계 상승 긍정, 전제 대운 부정, 차제 갑신년 긍정이니 "내 복은 없되 인복은 있다."[545] 그래서 "원하는 것을 얻는데" "어렵게 얻고" "적다."[546]가 된다.

□정리하면 공사 중단 등 우여곡절 끝에 다음 자금 회전을 위해서 어려운 결정을 한 것과 "어렵게 얻고"가 연결된다.

■4. 오행과 육신 해설(통변)

☞ 행운 흐름	재왕신약은 겁인 상승해야 호사도래-(인목 겁 화답)
계임-절정기	○(약목득수-수생목) ▶강가의 수양버들-머리 맑음, 판단력향상

□계사대운 갑신년의 인입 상승하면 아파트가 팔려서 머리가 맑아진다.

생아(겁)	○생각(정보, 가치관)대로 됨(자아 온전) ▶물가에 심어진 나무

□갑 입장에서 계사 갑신의 계갑(인겁)이 갑 일간을 생하여 상승시키니 생각대로 아파트가 팔린다.

1624-3	2010 새 건물 낙찰

---

543) 2-1-8-1 스토리화와 메타포와 시퀀스-"□스토리화는 YVWQ 수치를 언어화 하는 것이고,"
544) 1-4-5 ●=2 ■1 □3 "상신의 수치가 상승하면 원하는 것을 얻고", 하강하면 "얻을 것이 없다."
545) 1-4-5 ●=3 ■1 □2 인복은 새 술을 새 부대에 담는 것과 같이 새로운 질서와 인연을 말한다. 자수성가, 자신의 노력과 덕망, 혁신적 발상, 새로운 변화와 시류 등이다.
546) 1-4-5 ●=3 ■2 □3 총합 긍정, 전제 부정, 차제 긍정은 "어렵게 얻지만 적거나 일시적이다."

●=1	YQ-3 산출		(왕=80, 상쇠=60, 사=40)		
YQ-1		(계240) 상쇠	(갑40) 사	(무360) 상쇠	(병120) 상쇠
임진대운 YQ-3		+360	-40	-60	-300
경인년 YQ-3		0	-40	-300	-60
상위영역		+360	-80	-360	-360

●=2	YQ-3 해석

■1. 본격과 변격
□원격은 신약, 본격은 종강격이다. 그래서 변격은 갑 무 병에서 온다.

■2. 수치분석과 스토리화[547]
□본격 인수가 상승하여 긍정이니 "원하는 것을 얻는다."[548]

■3. 스토리텔링
□상신 상승 긍정,[549] 전제 대운 긍정, 차제 경인년 긍정이니[550] "내 복도 있고 인복도 있다."[551] 그래서 "원하는 것을 얻는데" "갈망과 새로운 발상으로" 일이 잘 풀린다."가 된다.
□정리하면 경매로 새 건물을 낙찰 받은 것과 "원하는 것"이 연결된다.

■4. 오행과 육신 해설(통변)

☞ 행운 흐름	재왕신약은 겁인 상승해야 호사도래-(인목 겁 화답)
계임-절정기	○(약목득수-수생목) ▶강가의 수양버들-머리 맑음, 판단력 향상

□계사대운 경인년의 인입 상승하면 판단(건물 낙찰) 향상되는 호사 발생한다.

생아(겁)	○생각(정보, 가치관)대로 됨(자아 온전) ▶물가에 심어진 나무

□갑 입장에서 임진 경인의 인수(인수)와 관(경)이 계를 생으로 상승시키니 생각(건물 낙찰)대로 일이 된다.

---

547) 2-1-8-1 스토리화와 메타포와 시퀀스-"□스토리화는 YVWQ 수치를 언어화 하는 것이고,"
548) 1-4-5 ●=2 ■1 □3 "상신의 수치가 상승하면 원하는 것을 얻고", 하강하면 "얻을 것이 없다."
549) 2143-1 ●=4 ■1 □1 1)그래서 종격 총합의 긍정은 수기를, 전제 차제의 긍정은 종 상승을 본다.
550) 1-4-5 ●=3 ■2 □1 총합(상신) 전제 차제도 긍정이면 "일이 잘 풀리거나 뜻밖의 행운이 온다."
551) 1-4-5 ●=3 ■1 □3 내 복과 인복 있으면 선 후천의 복덕이 조화롭고 없으면 상황이 막막하다.

| 1624-4 | 2013 건물 매각 |

| ●=1 | YQ-3 산출 | (왕=80, 상쇠=60, 사=40) |

YQ-1	(계240) 상쇠	(갑40) 사	(무360) 상쇠	(병120) 상쇠
임진대운 YQ-3	+360	-40	-60	-300
계사년 YQ-3	0	+40	+300	0
상위영역	+360	0	+240	-300

| ●=2 | YQ-3 해석 |

■1. 본격과 변격
□원격은 신약, 본격은 종강격이다. 그래서 변격은 갑 무 병에서 온다.

■2. 수치분석과 스토리화552)
□본격 인수가 상승하니 "원하는 것을 얻는다."553)

■3. 스토리텔링
□상신 상승 긍정,554) 전제 대운 긍정, 차제 계사년 부정이니555) "내 복은 있되 인복은 없다."556) 그래서 "원하는 것을 얻는데." "갈망과" "욕심을 낮추어야 한다."가 된다.
□정리하면 낙찰 받은 건물 주위에 대단위 아파트가 재개발되어 상권이 커졌다. 그래서 부동산 상승에 어느 정도 만족하고 매각한 것과 "욕심을 낮추는 것"이 연결된다.

■4. 오행과 육신 해설(통변)

☞ 행운 흐름	재왕신약은 겁인 상승해야 호사도래-(인목 겁 화답)
계임-절정기	○(약목득수-수생목) ▶강가의 수양버들-머리 맑음, 판단력 향상

□계사대운 경인년의 인입 상승하면 판단(건물 매각) 향상되는 호사 발생한다.

| 인생아(겁) | ○생각(정보, 가치관)대로 됨(자아 온전) ▶물가에 심어진 나무 |

---
552) 2-1-8-1 스토리화와 메타포와 시퀀스-"□스토리화는 YVWQ 수치를 언어화 하는 것이고,"
553) 1-4-5 ●=2 ■1 □3 "상신의 수치가 상승하면 원하는 것을 얻고", 하강하면 "얻을 것이 없다."
554) 2143-1 ●=4 ■1 □1 1)그래서 종격 총합의 긍정은 수기를, 전제 차제의 긍정은 종 상승을 본다.
555) 1-4-5 ●=3 ■2 □2 총합 긍정 전제 긍정, 차제 부정은 "목표(욕심)를 낮추어야 적게라도 얻는다."
556) 1-4-5 ●=3 ■1 □1 내 복은 구관이 명관처럼 오래된 장, 된장, 묵은 김치처럼 구연을 말한다. 선대의 복, 타고난 재능, 기존의 사고와 가치관, 내재된 갈망 등이다.

□갑 입장에서 임진 계사의 인수로 상승하면 생각(건물 매각)대로 일이 된다.

■3. 기타
□계 인수(도장-문서-거래)가 오니 수양버들 그림(돈 그림)이 더 아름답다.

1-6-2-5	상가 건축 및 분양

(36) (음일간의 겁재는 편재와 합 자료) 식상생재-DK운수 회장

1-4	재를 쓸 때 신강

●-23 실제사주   1-4   3-2-4   1-6-2-5 상가 건축 및 분양

YQ-1 ☞ 1. 신약 신강   남. DK운수 회장   9 8 7 6 5 4 3 2 1 8
계300 기240 병300 무300
유 미 진 술년   병 을 갑 계 임 신 경 기 무 정
생 경신 미 정을기 쇠 을계무 양 신정무   인 축 자 해 술 유 신 미 오 사

▶ 2-자평 재 쓸 때 신강
▶ 용-계 ▶ 상신-식상생재
▶ 평상인
▶ 1이상형

❶ 상담일자-2015년 03월
❷ 상담의 내용

2002년 00기업지원센터 3개동을 건축하고 분양했는데 우리 책의 자료화를 위해 2015년 재상담이 이루어진 사례이다.

●=1	YQ-3 산출			(왕=80, 상쇠=60, 사=40)
YQ-1	(계240) 상쇠	(기180) 상쇠	(병300) 상쇠	(무300) 상쇠
경신대운 YQ-3	+360	-360	-360	-240
임오년 YQ-3	0	0	0	0
상위영역	+360	-360	-360	-240

●=2	YQ-3 해석

■1. 본격과 변격
□원격은 신강, 계 편재가 본격이다. 그래서 기 병 무에서 변격이 온다.

■2. 수치분석과 스토리화557)
□본격 계 편재가 상승하여 긍정이니 "원하는 것을 얻는다."558)

■3. 스토리텔링
□상신 상승 긍정, 전제 대운 긍정, 차제 임오년 긍정이니559) "내 복도 있고 인복도 있다."560) 그래서 "원하는 것을 얻는데" "갈망과 새로운 발상으로" "일

---

557) 2-1-8-1 스토리화와 메타포와 시퀀스-"□스토리화는 YVWQ 수치를 언어화 하는 것이고,"
558) 1-4-5 ●=2 ■1 □3 "상신의 수치가 상승하면 원하는 것을 얻고, 하강하면 "얻을 것이 없다."
559) 1-4-5 ●=3 ■2 □1 총합(상신) 전제 차제도 긍정이면 "일이 잘 풀리거나 뜻밖의 행운이 온다."
560) 1-4-5 ●=3 ■1 □3 내 복과 인복 있으면 선 후천의 복덕이 조화롭고 없으면 상황이 막막하다.

이 잘 풀린다."가 된다.

□정리하면 귀인이 00기업지원센터 3개동을 건설 및 분양하는 것과 "일이 잘 풀린다."가 연결된다.

■4. 오행과 육신 해설(통변)

☞ 5. 대운 흐름	신강 재성은 식재 상승해야 호사도래-(계 재 화답)
경신-절정기	○(약수득금-금생수) ▶수 발원지와 관개 수로 발달-용수(가치) 풍부

□경신대운 임오년의 계 상승하면 용수(건설 및 분양)가 풍부해진다.

식상생재	○본능적으로 욕심(욕망) 자극 ▶꿈(비전)을 실현(노력)

□기 입장에서 경신 임오가 계 편재를 상승시키니 꿈(상가 건설 및 분양)이 실현된다.

| 1-6-2-6 | 영전 자료 |

(37) 사주의 흐름 자료 (L 학과장-2017년 영전)

| 1-4 | 재를 쓸 때. 신강 |

| ●-21 실제사주 | 1-3 | 3-2-1 | 1-6-2-6 영전 자료 |

YQ-1 ☞ 1. 신약 신강	여. L 학과장	9 8 7 6 5 4 3 2 1 3	▶2-자평 재 쓸 때 신약
갑300 병160 신240 신240	3 3 3 3 3 3 3 3 3 3	▶용-신 ▶상신-갑
오 진 축 해 년	신 경 기 무 정 병 을 갑 계 임	▶23경계인
왕 병기정 대 을계무 양 계신기 포 무갑임	해 술 유 신 미 오 사 진 묘 인	▶2이상형

❶ 상담일자-2017년 4월
❷ 상담의 내용
 상담 당시에는 우리 주인공도 아직 영전에 대한 확신이 없었다.
❸ 학과장의 피드백
 "올해 이동수가 보인다구요?"
❹ 상담사 피드백
 병오대운 정유년에 병 상승하니 종왕격처럼 된다. 그래서 이동수가 보인다고 했는데 그리 되었다.

| ●=1 | YQ-3 산출 |

■1. 기본영역 YQ-3 산출

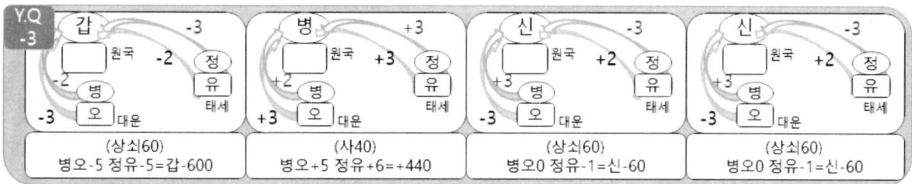

■2 월운 산출

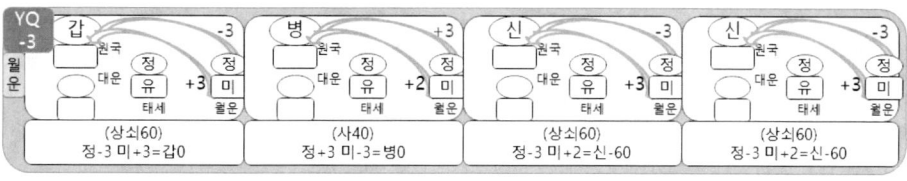

| ●=2 | YQ-3 해석 | (왕=80, 상쇠=60, 사=40)

YQ-1	(갑300) 상쇠	(병160) 사	(신240) 상쇠	(신160) 상쇠
병오대운 YQ-3	-300	+200	0	0
정유년 YQ-3	-300	+240	-60	-60
상위영역	-600	+440	-60	-60
정미월 YQ-3	0	0	-60	-60
영역 합산	-600	+440	-120	-120

■1. 본격과 변격
□원격은 신약, 겁인격이 본격이다. 그래서 병 신에서 변격이 온다.
□본격 신약의 병이 상승하니 원하는 것을 얻는다.

□그러나 신약의 병 상승과 종왕격의 병 상승은 해석 과정의 차이가 있다. 만약 종왕격(처럼)의 병이 상승했다면 아래처럼 간명해야 한다.
 1)정미월 병-160(갑-600 병+440)561) 인입이 상승하면 종왕격처럼 된다.562)
 2)그러면 축월 병의 인수조후 갑목 있어 수기 하강해야 하는데563)
 3)역시 수기 YQ-4 축-320(상위+80, 하위-160)이 병-160보다 하강한다. 564)

■2. 수치분석과 스토리화565)
□수기가 하강하여 긍정이니 "원하는 것을 얻는다."566)

■3. 스토리텔링
□수기 긍정,567) 전제(상위) 긍정, 차제(하위) 긍정이니568) "내 복도 있고 인복도 있다."569) 그래서 "원하는 것을 얻는데" "갈망과 새로운 발상으로" "잘 풀린다." 가 된다.
□정리하면 23경계인이 원하는 것과 영전이 연결된다.

---

561) 1-5-4-2 ●=1 ■3 □4 종은 종(겁)과 근접한 인수와 그 인입의 합산이고, 수기 역시 식상과 재, 식상과 관살 등 인출의 합산으로 이루어진다. 위 "식상(재)"는 식상과 근접한 재성의 합산을 말한다.
562) 1-5-4-2 ●=1 ■3 □2 1)합을 포함 겁과 인수의 합산이 높으면 종왕격(처럼) 되고 식상(재)이 수기다. 겁(종)이 상신이니 결과적으로 신강 신왕수기격과 결이 같다.
563) 1-5-4-2 ●=3 ■3 ■3) □1 겁 인수조후가 있으면 수기 하강, 없어도 수기가 하강해야 한다.
564) 2143-1 ●=2 ■1 ■3) □2 지지 수기는 해당되는 한 글자 YQ-4를 산출한다. 2)그러나 여러 글자가 있는 경우 유정과 월일시 순과 합충과 우선순위를 참조하여 흠이 적은 것이 수기가 된다.
565) 2-1-8-1 스토리화와 메타포와 시퀀스-"□스토리화는 YVWQ 수치를 언어화 하는 것이고,"
566) 2143-1 ●=4 ■2 □1 종격(처럼)이 수기(식상)가 있고 긍정이면 "원하는 것을 얻는다." 그러나 종격이나 상신이 하강하고 변격되지 못하면 "얻을 수 있는 것이 없다."
567) 2143-1 ●=4 ■1 □1 1)그래서 종격 총합의 긍정은 수기를, 전제 차제의 긍정은 종 상승을 본다.
568) 2143-1 ●=4 ■3 □1 1)수기 전제 차제도 긍정이면 "일이 잘 풀리거나 뜻밖의 행운이 온다."
569) 1-4-5 ●=3 ■1 □3 내 복과 인복 있으면 선 후천의 복덕이 조화롭고 없으면 상황이 막막하다.

■4. 오행과 육신 해설(통변)

☞ 행운 흐름	신강 병화가 더 강왕해져 종왕격처럼 살아갑니다.
병정-발전기	○(태화득화 화생화) ▶두 불길이 화염창출-붉은 빛에 활동회복

□병오대운 정유년의 화염창출은 불꽃이 높이 솟아오르니 영전과 연결된다.

겁생식상	○눈높이(카르마) 조화(자기관리) ▶일이 저절로 풀림

□병 입장에서 을사(인겁)가 병 일간(카르마)을 생하니 축 수기(秀氣-설기유통)와 유통하는 자체로 일(영전)이 저절로 풀린다.

| 1-6-2-7 | 오뚝이 K무역 |

(38) (양일간인데 종-윤하격 아닌 종아격)-젊어 고생은 사서도 한다는데-K무역

1-5-3 식상 쓸 때. 신약하면 식상으로 종

| ●-68 실제사주 | 4-1-5 | 1-5-4 | 1-6-2-7 오뚝이 K무역 |

YQ-1 ☞ 1. 신약 신강	남.K무역	9 8 7 6 5 4 3 2 1 8	▶3-자평식 쓸 때 신약
임320 경120 계400 계240		8 8 8 8 8 8 8 8 8	▶용신-임 ▶상신-종아
오 진 해 묘 년		계 갑 을 병 정 무 기 경 신 임	▶34경계인
욕 병기정 양 을계무 병 무갑임 태 갑을		축 인 묘 진 사 오 미 신 유 술	▶4분지형

❶ 상담일자-2019년 9월
❷ 상담의 내용
 우리 책의 자료화를 위하여 재상담이 이루어졌다.
 경진대운 임신년(1992) 중국 진출 후 을해년(1994) 철수, 경진년(1999)년 자동차 딜러로 직업전환, 기미대운 경인년(2011) 요식업으로 또 사업을 전환한 사례이다.

| 1627-1 | 1992년 중국 진출 |

| ●=1 | YQ-3 산출 | (왕=80, 상쇠=60, 사=40) |

YQ-1	(임160) 왕	(경60) 상쇠	(계400) 왕	(계240) 왕
경신대운 YQ-3	+320	+240	+480	+480
임신년 YQ-3	+320	0	+480	+480
상위영역	+640	+300	+960	+960
(하위) 갑진월 YQ-3	-400	-60	0	0
영역 합산	-240	+480	+960	+960

| ●=2 | YQ-3 해석 |

■1. 본격과 변격
□원격은 신약, 본격은 변격 종아격이다. 그래서 경에서 변격온다.
□수 상승하니 본격 종아격이 유지된다.
 1)그러면 해월 계의 인수조후 경 있어 수기 하강해야 하는데570)
 2)수기 YQ-4 묘+240 임 계보다 하강한다.

---

570) 1-5-4-2 ●=3 ■3 ■3) □1 겁 인수조후가 있으면 수기 하강, 없어도 수기가 하강해야 한다.

■2. 수치분석과 스토리화571)
□수기 하강하여 긍정이니572) "원하는 것을 얻는다."573)

■3. 스토리텔링
□수기 긍정,574) 전제 대운 긍정, 차제 임신년 긍정이니575) "내 복도 있고 인복도 있다."576) 그래서 "원하는 것을 얻는다." "일이 잘 풀린다." "갈망과 새로운 발상"의 결과이다.
□정리하면 비행기를 타는 것과 잘 풀리는 것이 연결된다.

■4. 오행과 육신 해설(통변)

☞ 행운 흐름	신약은 식상 하강해야 호사도래-(수 식 화답)
경신-절정기	○(약수득금-금생수) ▶수 발원지와 관개 수로 발달-용수(가치) 풍부

□경신대운 임신년의 종(식상) 상승하면 수로(중국 진출의 길)가 열린다.

생아(겁)	○생각(정보, 가치관)대로 됨(자아 온전) ▶물가에 심어진 나무

□종아격 입장에서 경신임(비인)이 수를 상승시키니 복(비행기 탑승)을 부른다.

1627-2	1992년 중국 철수			
●=1	YQ-3 산출	(왕=80, 상쇠=60, 사=40)		
YQ-1	(임160) 왕	(경60) 상쇠	(계400) 왕	(계240) 왕
경신/을해년 YQ-3	+240	+300	+560	+560
경진월 YQ-3	-80	+240	+480	+480
영역 합산	+160	+540	+1040	+1040

●=2	YQ-3 스토리화

■1. 본격과 변격
□원격은 신약, 본격은 변격 종아격이다. 그래서 경에서 변격온다.

---

571) 2-1-8-1 스토리화와 메타포와 시퀀스-"□스토리화는 YVWQ 수치를 언어화 하는 것이고,"
572) 1-5-4-2 ●=3 ■3 ■3) □2 식재 관성조후가 있으면 수기 하강, 없으면 수기가 상승해야 한다.
573) 1-4-5 ●=2 ■1 □3 "상신의 수치가 상승하면 원하는 것을 얻고", 하강하면 "얻을 것이 없다."
574) 2143-1 ●=4 ■1 □1 1)그래서 종격 총합의 긍정은 수기를, 전제 차제의 긍정은 종 상승을 본다.
575) 1-4-5 ●=3 ■2 □1 총합(상신) 전제 차제도 긍정이면 "일이 잘 풀리거나 뜻밖의 행운이 온다."
576) 1-4-5 ●=3 ■1 □3 내 복과 인복 있으면 선 후천의 복덕이 조화롭고 없으면 상황이 막막하다.

□경진월은 계 상승하여 본격 종아격이 유지된다.
 1)그러면 해월 계 인수조후 경 있어 수기 하강해야 하는데
 2)수기 YQ-4 묘+320이 임 계보다 하강한다.

■2. 수치분석과 스토리화577)
□수기가 하강하여 긍정이니 "원하는 것을 얻는다."578)

■3. 스토리텔링
□수기 긍정, 전제도 차제도 긍정이니579) "내 복도 있고 인복도 있다."580) 그래서 "원하는 것을 얻는데" "일이 잘 풀린다." "갈망과 새로운 발상"의 결과이다."
□정리하면 중국 철수와 "일이 잘 풀리는 것"이 연결된다.

■4. 오행과 육신 해설(통변)

☞ 행운 흐름	신약은 식상 하강해야 호사도래-(수 식 화답)
경신-절정기	○(약수득금-금생수) ▶수 발원지와 관개 수로 발달-용수(가치) 풍부

□경신대운의 경신이 식상(종아) 상승 시키면 수로(철수의 길)가 열린다.

생아(겁)	○생각(정보, 가치관)대로 됨(자아 온전) ▶물가에 심어진 나무

□종아격 입장에서 '경신해' 수를 상승시키니 복(철수)을 부른다.

1627-3	1999년 자동차 딜러

●-68 실제사주   4-1-5   1-5-4   1-6-2-7 오뚝이 K무역

YQ-1 ☞ 1. 신약 신강   남. K무역
임320 경120 계400 계240
오 진 해 묘년
욕 병기정 양 을계무 병 무갑임 태 갑을

9 8 7 6 5 4 3 2 1
8 8 8 8 8 8 8 8 8
계 갑 을 병 정 무 기 경 임
축 인 묘 진 사 오 미 신 유 술

▶3-자평식 쓸 때 신약
▶용신-임 ▶상신-종아
▶34경계인
▶4분지형

●=1   YQ-3 산출   (왕=80, 상쇠-60, 사=40)

---

577) 2-1-8-1 스토리화와 메타포와 시퀀스-"□스토리화는 YVWQ 수치를 언어화 하는 것이고,"
578) 2143-1 ●=4 ■2 □1 종격(처럼)이 수기(식상)가 있고 긍정이면 "원하는 것을 얻는다." 그러나 종격이나 상신이 하강하고 변격되지 못하면 "얻을 수 있는 것이 없다."
579) 1-4-5 ●=3 ■2 □1 총합(상신) 전제 차제도 긍정이면 "일이 잘 풀리거나 뜻밖의 행운이 온다."
580) 1-4-5 ●=3 ■1 □3 내 복과 인복 있으면 선 후천의 복덕이 조화롭고 없으면 상황이 막막하다.

YQ-1	(임160) 왕	(경60) 상쇠	(계400) 왕	(계240) 왕
경신/기묘년 YQ-3	-80	+600	+80	+80
기사월 YQ-3	-400	0	-400	-400
영역 합산	-480	+600	-320	-320

●=2   YQ-3 해석

■1. 본격과 변격

□원격은 신약, 본격은 변격 종아격이다. 그래서 경에서 변격온다.
□기묘년 원격 신약의 경 상승은 원격 신약이 상신운을 만났다.
 1)조후 오(정) 있어 신약 겁인 상승 그 자체로 긍정이다.[581]

■2. 수치분석과 스토리화

□수기 하강하여 긍정이니 "원하는 것을 얻는다."[582]

■3. 스토리텔링

□수기 긍정,[583] 전제 대운 긍정, 자체 기묘년 긍정이니[584] "내 복도 있고 인복도 있다."[585] 그래서 "원하는 것을 얻는데" "일이 잘 풀린다." "갈망과 새로운 발상"의 결과일 것이다."
□정리하면 자동차 딜러와 "잘 풀리는 것"이 연결된다.

■4. 오앨과 육신 해설(통변)

☞ 행운 흐름   신약은 식상 하강해야 호사도래-(수 식 화답)

경신-절정기   ○(약수득금-금생수) ▶수 발원지와 관개 수로 발달-용수(가치) 풍부

□경신대운 기묘년의 인입이 상승하면 수로(딜러의 길)가 열린다.

생아(겁)   ○생각(정보, 가치관)대로 됨(자아 온전) ▶물가에 심어진 나무

□경(종왕격처럼) 입장에서 경(겁) 생으로 상승하면 생각대로(자동차 딜러) 일 풀린다.

---

581) 1-5-4-2 ●=3 ■2 □3) □1 십정격도 조후 필수인 달 조후가 없으면 종격(처럼)과 보는 법이 같다. 조후가 있으면 수기 하강해야 하는데, 대부분 수기가 자연적으로 하강한다.
582) 2143-1 ●=4 ■2 □1 종격(처럼)이 수기(식상)가 있고 긍정이면 "원하는 것을 얻는다." 그러나 종격이나 상신이 하강하고 변격되지 못하면 "얻을 수 있는 것이 없다."
583) 2143-1 ●=4 ■1 □1 1)그래서 종격 총합의 긍정은 수기를, 전제 차제의 긍정은 종 상승을 본다.
584) 1-4-5 ●=3 ■2 □1 총합(상신) 전제 차제도 긍정이면 "일이 잘 풀리거나 뜻밖의 행운이 온다."
585) 1-4-5 ●=3 ■1 □3 내 복과 인복 있으면 선 후천의 복덕이 조화롭고 없으면 상황이 막막하다.

1627-4	2011년 요식업 진출

●=1　　　YQ-3 산출　　　(왕=80, 상쇠=60, 사=40)

YQ-1	(임160) 왕	(경80) 상쇠	(계320) 왕	(계160) 왕
경신/경인년 YQ-3	-320	+240	+480	+480
병술월 YQ-3	-480	-60	+80	+80
영역 합산	-800	+180	+560	+560

●=2　　　YQ-3 스토리화[586)

■1. 본격과 변격
□원격은 신약, 본격은 변격 종아격이다. 그래서 경에서 변격온다.
□계 상승하여 본격 종아격이 유지된다.
 1)해월 계의 인수조후 경 있어 수기가 하강해야 하는데
 2)YQ-4 수기 묘0으로 하강한다.[587)

■2. 수치분석과 스토리화
□수기 임 계수 하강하여 긍정이니 "원하는 것을 얻는다."[588)

■3. 스토리텔링
□수기 긍정,[589) 전체 대운 긍정, 자체 기묘년 긍정이니[590) "내 복도 있고 인복도 있다."[591) 그래서 "원하는 것을 얻는데" "일이 잘 풀린다." "갈망과 새로운 발상"의 결과일 것이다."
□정리하면 요식업 진출과 잘 풀리는 것이 연결된다.

■4. 오행과 육신 해설(통변)

---

586) 2-1-8-1 스토리화와 메타포와 시퀀스-"□스토리화는 YVWQ 수치를 언어화 하는 것이고,"
587) 1-5-4-2 ●=3 ■2 ■3) □1 1)신약의 겁 인수조후는 이법의 겁인 상신과 같고, 하강하면 신약 이법의 식재관(기법은 식재 관성조후) 상승이니 종아 종재 종살처럼 된다.
588) 1-4-5 ●=2 ■1 □3 "상신의 수치가 상승하면 원하는 것을 얻고", 하강하면 "얻을 것이 없다."
589) 2143-1 ●=4 ■1 □1 1)그래서 종격 총합의 긍정은 수기를, 전제 차제의 긍정은 종 상승을 본다.
590) 1-4-5 ●=3 ■2 □1 총합(상신) 전제 차제도 긍정이면 "일이 잘 풀리거나 뜻밖의 행운이 온다."
591) 1-4-5 ●=3 ■1 □3 내 복과 인복 있으면 선 후천의 복덕이 조화롭고 없으면 상황이 막막하다.

☞ 행운 흐름	신약은 식상 하강해야 호사도래-(토 인 화답)
기무-발전기	○(약금득토-토생금) ▶쟁기와 쟁기 날-논 밭갈이, 활동왕성

□기미대운 경인년 인입이 상승하면 밭갈이(요식업) 왕성의 호사가 발생한다.

생아(겁)	○생각(정보, 가치관)대로 됨(자아 온전) ▶물가에 심어진 나무

□경(종왕격처럼) 입장에서 기미 경인 병술의 기미술(겁인)이 경(아신)을 생으로 상승시키니 생각(요식업)대로 된다.

| 1-6-2-8 | 전학가려는 여중3 |

(39) (건록격)-전학가고 싶은 아이 (여중3. 전학)

| 1-7-2 | 건록 쓸 때 |

| ●-35 실제사주 | 1-7-2 | 1-6-2-8 전학가려는 여중3 |

YQ-1	1. 신약 신강	여중 3. 전학			9 8 7 6 5 4 3 2 1	▶4-자평 겁 쓸 때 신강
	기300	갑160	갑320	계180		▶용-갑, 상신-식상생재
	사	술	인	미 년	갑 계 임 신 경 기 무 정 병 을	▶평상인
병 무경병	양 신정무	녹 무병갑	묘	갑을	자 해 술 유 신 미 오 사 진 묘	▶1이상형

❶ 상담일자-2017년 11월
❷ 상담의 내용
　2017년 친구들과 불편하여 전학 가고 싶어 한 사례이다. 그러나 상담 후 2018년 전학가지 않았다.
❸ 주인공의 피드백
　"화가 나요." 주인공 어머니의 말씀이다. "학교에 찾아가서 선생님 면담도 했지만 상황 개선이 안 되고 아이는 더 힘들어하니 빨이 전학 시키고 싶어요."
❹ 상담사 피드백
　"학교에서 매뉴얼대로 아이를 돌보고 있는지 확인하고 결정해도 늦지 않습니다." "전학가면 적응의 문제도 있습니다. 꼭 전학이 능사는 아닙니다."

| ●=1 | YQ-2 산출 | (왕=80, 상쇠=60, 사=40) |

□정유년 본격 기 정재가 상승하니 긍정이다.

YQ-1	(기360) 상쇠	(갑160) 왕	(갑320) 왕	(계180) 상쇠
병진대운 YQ-3	+360	-400	-400	+60
정유년 YQ-3	0	-400	-400	-60
영역 합산	+360	-800	-800	0

□무술년도 기 정재가 상승하니 긍정이다.

YQ-1	(기360) 상쇠	(갑160) 왕	(갑320) 왕	(계180) 상쇠
병진대운 YQ-3	+360	-400	-400	+60
무술년 YQ-3	+360	-480	-480	+360
영역 합산	+720	-880	-880	+420

| ●=2 | YQ-3 해석 |

■1. 본격과 변격
□원격은 신강, 본격은 식상생재격이다. 그래서 갑 계에서 변격온다.
□정유년 본격 기 정재가 상승하는 상신운이다.

■2. 수치분석과 스토리화592)
□본격 기 정재 상승하여 긍정이니 "원하는 것을 얻는다."593)

■3. 스토리텔링
□정유년 긍정, 전제 대운도, 차체 테세 긍정이니594) "내 복도 있고 인복도 있다."595) 그래서 "원하는 것을 얻는데" "갈망과 새로운 발상으로" "일이 잘 풀린다."가 된다.
□정리하면 전학 가는 마음을 바꾸니(원하는 것), 전학 가지 않아도 되는 것과 "잘 풀리는 것"이 연결된다.596)

> ● Tip
> ○이분법적('좋다 나쁘다', '맞다 틀리다', '이거다 저거다')의 천명론597)이 위주인 사람은 이러한 우리 책의 이렇게도 저렇게도 되는 부분에 불만이 지대할 겁니다.
> ○그러나 천명이 있고 없고의 문제보다 천명을 헤아리는 사람의 수준차가 문제입니다.
> ○어떤 사람은 어려운 수학 문제를 실력으로 풉니다. 그러나 운이 좋아야 풀리는 사람이 있습니다. 즉 실력으로 풀면 모사재인이고, 운으로 풀리면 성사재천598)이 됩니다.
> ○우리 책은 모사재인을 지향하지만 어쩔 수 없이 천명이 위로가 되는 것도 이해합니다. 사람으로 태어나 이 세상의 지식과 지혜를 모두 섭렵할 수 없기 때문입니다. 그래서 천명이 위로가 될 수 있다고 한 것입니다.
> ○어느 누구인들 실력으로 푸는 것과 운으로 푸는 차이를 모르고 그리하겠습니까?

■3. 오행과 육신 해설(통변)

---

592) 2-1-8-1 스토리화와 메타포와 시퀀스-"□스토리화는 YVWQ 수치를 언어화 하는 것이고,"
593) 1-4-5 ●=2 ■1 □3 "상신의 수치가 상승하면 원하는 것을 얻고", 하강하면 "얻을 것이 없다."
594) 1-4-5 ●=3 ■2 □1 총합(상신) 전제 차체도 긍정이면 "일이 잘 풀리거나 뜻밖의 행운이 온다."
595) 1-4-5 ●=3 ■1 □3 내 복과 인복 있으면 선 후천의 복덕이 조화롭고 없으면 상황이 막막하다.
596) 1-4-5 ●=2 ■1 □3 ●간명의 원리 ○예) 명퇴하기 싫은데 어쩔 수 없이 하면 부정의 수치와, 자발적으로 원해서 철수를 한다면 긍정의 수치와 원하는 것이 만납니다. 즉 사회적 통념을 벗어나서 선한 일이든 악한(도적질) 일이든 자신이 주체가 되고 긍정일 때 원하는 것을 얻습니다.
597) 4-2-1 천도(天道)의 세계 "자연론 정성론 천명론"
598) 2-1-7 "모사재인 성사재천 불가강야"(지혜로운 사람과 우둔한 사람)
    4-1-5-2 ■2 "두 부류의 사람(지혜로운 사람과 우둔한 사람)". "생명공학"

🕨 행운 흐름	본래 편재격은 인출상승 해야 호사도래-(술 재 화답)
정병-절정기	○(강목득화) ▶아궁이 불, 목조 건조-밝은 빛에 수명 회복

☐병진대운 정유년 토 재성 상승하면 한 줄기 밝은 빛이 비치는 호사가 있다.

식상생재	○본능적으로 욕심(욕망) 자극 ▶꿈(비전)을 실현(노력)

☐갑 입장에서 병진 정유의 식재(병진정)가 기 재성을 생으로 상승시키니 욕망(전학)을 자극한다.

■4. 기타

☐1.운이란 사람이 결정할 수 있는 일과, 하늘만이 정하는 일이 있다. 기운이 상승(긍정)하는 때는 사람이 정할 수 있다. 그러나 하강(부정)하는 때는 사람이 어찌할 수 없다.

☐2.그래서 희신이 상승하니 전학을 가지 않을 수도 있는 여지가 있다고 한 것이다. 또한 전학 간다고 적응의 문제 등 모든 것이 해결되지 않는 현실을 감안한 충고이다.

☐3.인간관계심리학에 대인동기, 대인신념, 대인기술이 나온다. 이 과정에서 대인지각과 대인사고, 대인감정과 대안행동 등이 나온다.

☐4.우리 사람의 관계는 ▶충동 본능'(대인동기)'으로 관계가 시작된다. ▶그리고 가치관과 경험'(대인신념)'을 근거로 판단하고, ▶언어행동 즉 사교'(대인기술)'를 통해서 관계를 유지하고 증진시킨다.

☐5.이 과정의 처음단계는 ▶단순한 초기 인상형성'(대인지각)'이, ▶관계가 깊어지면 그 사람의 의식과 심리'(대인사고)'를 파악하는 구체적인 과정이 전개된다

☐6.그에 따라 ▶정서적 체험'(대인감정)'이 일어나고, ▶행동적 반응'(대안행동)'을 만들어 낸다.

☐7.이러한 대안행동의 해결책으로 만들어진 회피 전략이 전학결정일 것이다.

☐8.사람은 운이 좋든 나쁘든 발달의 과정을 거친다. 이 발달의 과정을 길흉화복과 피흉추길(避凶趨吉)로 판단하는 것은 인간의 이기(利己)일 뿐이다.

☐9.피아제[599] 인지발달 단계의 네 번째는 형식적조작단계(Formal Operational

---

599) 피아제(Jean Piaget)-스위스 태생의 심리학자, 논리학자, 제네바 대학 교수. 그는 지적 활동에 대한 심리학적 이론에서 많은 공헌을 하였다. 그는 아이에게는 선천적으로 정해져 있는 사고력 발달의 시간표가 있다는 '유전인식론'을 주장하면서, 발달과정의 4단계를 밝혔다. 즉, 아동이 인지적 성숙에 도달하는 과정을 감각운동기(Sensory-motor stage), 전조작기(Preoperational stage), 구체적 조작기(Concrete operational stage), 형식적 조작기(Formal operational stage)의 4단계를 제시했는데,

Stage)이다. 12세에 시작해 어른이 될 때까지 지속된다. 논리적 사고력을 터득. 유연한 정신적 실험을 거친다. 이 단계에서 추상개념을 조작, 가설을 세우며, 자신과 다른 사람의 생각에 함축되어 있는 의미를 이해하는 방법을 배운다.

□10.상위영역(원국, 대운, 태세)이 긍정적인 것을, 이러한 방법을 수련 단련 중인 시간으로 해석한다. 그래서 어려운 일을 만나도 시간 지나면 우과천청(雨過天晴)이 되니 전학가지 않아도 되는 운이라고 간명한 것이다. 이는 승자의 저주를 보는 것과 상반되는 개념이다.

■5. 아래는 전학가지 않는 과정을 '심리상담보고서' 형식으로 요약하였다.

● Tip

■-상담의 개요
○2017 정유년 부부 두 분이, 딸아이가 언제 전학 가겠느냐고 상담을 신청하였습니다.
○아이가 친하게 지내던 친구 6명에게 왕따를 당했는데, 전학만 시켜달라고 한답니다.
■-(가족상담 실시)-상담의 분위기와 관찰행동
○어머니와 아이 모두 따돌림 당해 화가 많이 나 있었고, 하루 빨리 전학 가서 상황이 종료되기만을 원했습니다.-(이때가 겨울방학 한 달 전, 개학 전 전학 완료되기를 바람)
■-가족관계
○부-건축 설계사, 모-아파트 시설관리사, 자신, 남동생(중학생)-가족 구성과 환경 양호

■심리 및 성격검사
○TCI 기질 및 성격검사를 계획, 그러나 일정이 미루어지면서 상담도 끝났습니다.
■학생의 성격
○소년기의 공통적 특성인 자기표현 미숙, 그러나 따돌림의 후유증도 있어 보입니다.
○자신감 결여-상담사 눈치 보기, 마음 충격-감정이 복받쳐 표현이 끊기는 현상을 보임
■진단과 해석
○전학을 가지 않을 수도 있습니다.-(정유년 토의 수치가 상승하는 이유)
○아이의 대인관계 마찰은 일시적-정재격은 육감(리더십)과 욕심(독선)의 양면성

■-상담전략 수립
○아이가 원하는 전학을 담임 상담만으로 결정-(재 상담 필요-관계개선 과정 생략됨)
○아빠와 00교육청 방문-문제 발생시 정해진 매뉴얼이 구사되어야 하는데 생략된 점을 건의 했습니다.-(실제 교육청 담당자를 만나 명함과 함께 심리상담사 신분을 밝히고 건의 드림)
○예를 들어 집단 상담과 놀이와 역할놀이, 그리고 역할극 등을 통하여 관계개선을 위한 매뉴얼이 학교에서 실시되었는지, 매뉴얼에 대한 관리 감독이 적절하게 이루어졌는지, 상급기관인 교육청에서는 이러한 문제를 보고 받았는지, 받았다면 무슨 조치를 취

이 단계는 발달적이고 생물학적 근거를 기반으로 한다.

했는지, 차후 조치는 어떠한 것인지 등입니다.

■-상담 결과
○교육청 매뉴얼은 학교에서 해결되지 못한 문제가 올라오면 윗 센터로 안내하는 역할이라 합니다. 따라서 교육청으로 민원이 발생한 것을 해당 학교에 고지하고 학교에서의 조치를 확인해보겠다 했습니다.
○그 후 해당학교 교감 선생님에게 민원이 전달되었고, 학교에서 관련 학생 7명 중 6명에게 자술서를 받았답니다.-(1명은 부모 반대로 무산)
○그리고 3주간(주 1회) 자술서 분석을 통하여 서로의 원인을 알게 되고 화해했답니다.
○6명이 화해하고 태권도장에 등록했는데 자술서를 쓰지 않은 1명은 소외되었다 합니다.-(주도적 인물로 가장 심하게 굴었는데, 자신들에게 책임 미루고 혼자 회피하니 오히려 왕따)
○이 친구들 7명 중, 꼭 누군가 1명은 왕따 되고 따돌림이 일어나나 봅니다.

■6. 상담을 마치면서
☐1.자연론, 정성론, 천명론600) 등 무엇으로 살든지 하늘이 하는 일과 사람이 해야 하는 일이 있다. 바로 진인사대천명601)과 모사재인 성사재천602)이다. 그리고 이 한계를 모르면 운이고 운명이 된다.
☐2.운 좋아서 전학가지 않았을까?' 아니면 '사람의 지혜와 노력으로 얻을 수 있는 선물일까?

■7. 상담 후기

● Tip
○해마다 "교수님 생신 축하드려요!"라고 톡 옵니다.
○명불허전(名不虛傳)-제자 중에 이 상담을 참관한 박 OO 선생님이 있습니다. 비하인드 스토리Behind Story를 더 들려 줄 수 있을지 모르겠습니다.

---

600) 4-2-1 천도(天道)의 세계 "자연론 정성론 천명론"
601) 진인사대천명(盡人事待天命)- "삼국지(三國志)"의 '수인사대천명(修人事待天命)'에서 유래한 말. 사람이 일을 행하고 하늘의 명을 기다린다는 뜻. 촉나라 관우가 제갈량의 명을 거역하고 위나라 조조를 놓아준 것에서 유래(예전에 관우가 조조에게 신세진 일 있음). 참조 2-1-8-1 서문 "우리 책은 모사재인을 지향한다."
602) 제3장 서문 (2) 즉 근원과 관습은 "모사재인 성사재천(謀事在人 成事在天)"이라 할 수 있다.

1-6-2-9	학교중단과 검정고시

(40) (용신-지지) 검정고시(학교 중단 시퀀스)-2019년 중 고 검정고시 합격하고 대학에 진학한 사례이다.

1-8	인수를 쓸 때

●-40 실제사주	1-8	3-2-1	1-6-2-9 검정고시

YQ-1 ☞ 1. 신약 신강	여. 검정고시	9 8 7 6 5 4 3 2 1 9	▶5-자평 겁 쓸 때 신강
신120 병320 을240 신120		9 9 9 9 9 9 9 9 9 9	▶용-을 ▶상신-식상생재
묘 자 미 사 년		을 갑 계 임 신 경 기 무 정 병	▶34경계인
욕 갑을 태 임계 쇠 정을기 록 무경병		사 진 묘 인 축 자 해 술 유 신	▶1이상형

❶ 상담일자-2016년 11월

❷ 상담의 내용

 이 상담은 주인공의 어머니와 이루어진 상담이다. 처음 상담이 시작될 때는 2016년 갑오월로 이미 중학교를 자퇴한 후였다.

❸ 주인공의 피드백

 "아이를 통제할 수도 도울 수도 없어 막막해요." "너무 버거워요."

❹ 상담사 피드백

 "지금만 그렇습니다." "아이를 믿고 기다려 보세요." "절대 탈선하거나 비행 청소년이 안 될 겁니다."

 간지합 정유대운은 종왕격처럼, 무술대운은 정재격의 상신운이니 아이가 인생 준비할 시간이 되는 이유이다. 우리 책이 씌여지는 동안 대학 진학하고 편입하였다.

1629-1	중3 학교중단(2016. 6월)

●=1	YQ-3 산출	(왕=80, 상쇠=60, 사=40)

□1.학업 중단하고 교실을 나온 달-신 재 상승 긍정(후천1)

YQ-1	(신120) 상쇠	(병320) 왕	(을240) 상쇠	(신120) 상쇠
병신대운 YQ-3	+360	-80	0	+360
병신년 YQ-3	+360	-80	0	+360
상위영역	+720	-160	0	+720
경인월 YQ-3	+60	-80	+360	+60
영역 합산	+780	-240	+360	+780

□2.마지막 자퇴하고 학교를 나온 달-신 재 상승 긍정(후천2)

YQ-1	(신120) 상쇠	(병320) 왕	(을240) 상쇠	(신120) 상쇠
병신대운 YQ-3	+360	-80	0	+360
병신년 YQ-3	+360	-80	0	+360
상위영역	+720	-160	0	+720
갑오월 YQ-3	-300	+400	+60	-300
영역 합산	+420	+240	+60	+420

●=2	YQ-3 해석

■1. 본격과 변격
□원격은 신강, 본격은 식상생재격이다. 그래서 을 병에서 변격된다.
□병신년 신+840 정재 상승하여 본격 신강이 상신운을 만났다. 따라서 미월 병의 관성조후 임 대신 자 있어 상신의 증감을 본다.603)

■2. 수치분석과 스토리화604)
□본격 신 재 상승하여 긍정이니 "원하는 것을 얻는다."605)

■3. 스토리텔링
□영역 합산 긍정, 전제 대운 긍정, 차제 병신년 긍정이니606) "내 복도 있고 인복도 있다."607) 그래서 "원하는 것을 얻는다." "일이 풀린다." "갈망과 새로운 발상" 때문이다.
□정리하면 자신이 원하는 학교중단과 연결된다.608)

> ● 간명의 원리
> ○1.앞 사례의 "1-6-2-6 전학가려는 여중3"은 전학을 가려다 마음을 바꾸었고, 우리의 주인공은 마음을 바꾸지 않은 경우에 해당됩니다.
> ○2.학교중단이 원하는 것이면, 중단하지 않는 것도 마음 바꾸면 원하는 바가 됩니다.
> ○3.이때 전문적인 상담 매뉴얼을 통하여 친구들과 화해거나 이차적인 방법으로 휴학 또는 전학을 생각해 볼 수도 있는 사례입니다.

---

603) 1-5-4-2 ●=3 ■2 □2) □2 조후 필수인 달의 십정격에 조후 있으면 상신의 상승과 하강을 본다.
604) 2-1-8-1 스토리화와 메타포와 시퀀스-"□스토리화는 YVWQ 수치를 언어화 하는 것이고,"
605) 1-4-5 ●=2 ■1 □3 "상신의 수치가 상승하면 원하는 것을 얻고", 하강하면 "얻을 것이 없다."
606) 1-4-5 ●=3 ■2 □1 총합(상신) 전제 차제도 긍정이면 "일이 잘 풀리거나 뜻밖의 행운이 온다."
607) 1-4-5 ●=3 ■1 □3 내 복과 인복 있으면 선 후천의 복덕이 조화롭고 없으면 상황이 막막하다.
608) 1-4-5 ●=2 ■1 □3 ●간명의 원리 ○예) 명퇴하기 싫은데 어쩔 수 없이 하면 부정의 수치와, 자발적으로 원해서 철수를 한다면 긍정의 수치와 원하는 것이 만납니다. 즉 사회적 통념을 벗어나서 선한 일이든 악한(도적질) 일이든 자신이 주체가 되고 긍정일 때 원하는 것을 얻습니다.

○4.즉 운명이라고 단정하기 전에 마음을 바꿀 수 있는 여지를 찾을 수 있어야 합니다. 이것이 사람이 할 수 있는 최선(모사재인)609)이자 우리 책의 철학입니다.

■4. 오행과 육신 해설(통변)

☞ 행운 흐름	정재격은 인입하강, 인출 상승해야 호사-(병 겁 화답)
병정	화극금(화왕득금) ▶제련, 금속 가공세공-욕망, 활동왕성

□병신대운 병신년 인출이 상승하면 제련의 시간이 온다.

재생관	○하는 일(작업-직업)이 ▶결실(실정법-통장-돈)을 맺음

□신강의 병 입장에서 병신 병신의 간지가 신을 상승시키니 일 결실을 맺는다.

■3. 기타
□을 인수 금다목절(재극인) 부러졌으니 학업과 학교중단과도 연결될 수 있다.

1629-2	중 검정고시 합격-(2017, 4)

●=1	YQ-3 산출	(왕=80, 상쇠=60, 사=40)

YQ-1	(신120) 상쇠	(병80) 왕	(을240) 상쇠	(신120) 상쇠
병신대운 YQ-3	+360	-80	0	+360
정유년 YQ-3	-60	+480	-300	-60
상위영역	+300	+400	-300	+300
갑진월 YQ-3	+60	0	+60	+60
4월8일-을축일 YQ-3	-60	0	0	-60
경진시 YQ-3	+360	-400	+60	+360
하위영역	+360	-410	+120	+360
영역 합산	+660	0	-180	+660

●=2	YQ-3 해석

■1. 본격과 변격
□원격은 신강, 본격은 식상생재격이다. 그래서 을 병에서 변격된다.
□정유년 신+1320 정재 상승하여 본격 신강이 상신운을 만났다. 따라서 미월 신의 조후 관성조후 임 대신 자 있어 상신의 증감을 본다.610)

---

609) 제3장 서문 (2) 즉 근원과 관습은 "모사재인 성사재천(謀事在人 成事在天)"이라 할 수 있다.
610) 1-5-4-2 ●=3 ■2 ▣2) □2 조후 필수인 달의 십정격에 조후 있으면 상신의 상승과 하강을 본다.

■2. 수치분석과 스토리화[611]
□본격 신 재 상승하여 긍정이니 "원하는 것을 얻는다."[612]

■3. 스토리텔링
□총합 긍정, 전제 대운 긍정, 차제 정유년 부정이니[613] "내 복은 있고 인복은 없다."[614] 그래서 "원하는 것을 얻는데" "적게라도 얻으면" "기존의 사고와 행동에서" 답을 찾아야 한다.
□정리하면 인복이 없어 요행은 없다. 따라서 합격은 해도 점수가 높지 않을 것이다. 그래서 적은 것은 되지만 큰 것은 어렵다. 검정고시는 과목당 60점 이상이면 합격이다.

■4. 오행과 육신 해설(통변)

☞ 행운 흐름	정재격은 인입하강, 인출 상승해야 호사-(병 겁 화답)
병정	○(약금극금-화다금용) ▶녹아버린 가마솥-용처상실, 정체성 상실

□병신대운 정유년 인입이 하강해야 시험 준비한 수고가 녹지 않는다.

식상생재	○본능적으로 욕심(욕망) 자극 ▶꿈(비전)을 실현(노력)

□신 재성 입장에서 경진(겁인)이 신을 생으로 상승시키니 꿈(시험합격)이 실현된다.

1629-3	고 검정고시 합격-(2017, 2)	
●=1	YQ-3 산출	(왕=80, 상쇠=60, 사=40)

YQ-1	(신120) 상쇠	(병320) 왕	(을240) 상쇠	(신120) 상쇠
병신대운 YQ-3	+360	-80	0	+360
무술년 YQ-3	+360	-320	-240	+360
상위영역	+720	-400	-240	+720

---

611) 2-1-8-1 스토리화와 메타포와 시퀀스-"□스토리화는 YVWQ 수치를 언어화 하는 것이고,"
612) 1-4-5 ●=2 ■1 □3 "상신의 수치가 상승하면 원하는 것을 얻고", 하강하면 "얻을 것이 없다."
613) 1-4-5 ●=3 ■2 □2 총합 긍정 전제 긍정, 차제 부정= "목표(욕심)를 낮추어야 적게라도 얻는다."
614) 1-4-5 ●=3 ■1 □1 내 복은 구관이 명관처럼 오래된 장, 된장, 묵은 김치처럼 구연을 말한다. 선대의 복, 타고난 재능, 기존의 사고와 가치관, 내재된 갈망 등이다.

을묘월 YQ-3	-360	+480	+240	-360
기사일 YQ-3	+300	-80	-360	+300
하위영역	-60	+400	-120	-60
(총합) 영역 합산	+660	0	-360	+660

● =2　　　　　　YQ-3 해석

■1. 본격과 변격
□원격은 신강, 본격은 식상생재격이다. 그래서 을 병에서 변격된다.
□신+1320 정재 상승은 본격이 상신운을 만났다. 따라서 미월 신의 식상조후임 대신 자수 있어 상신의 증감을 본다.615)

■2. 수치분석과 스토리화616)
□신 정재 상승하여 긍정이니 "원하는 것을 얻는다."617)

■3. 스토리텔링
□총합 긍정, 전제 대운 긍정, 차제 무술년 긍정이니618) "내 복도 있고 인복도 있다."619) 그래서 "원하는 것을 얻는데" "갈망과 새로운 발상으로" "일이 잘 풀린다."가 된다.
□정리하면 34경계인의 잘 풀리는 것과 합격이 연결된다.

■3 스토리텔링(해설-통변)

☞ 행운 흐름	정재격은 인입하강, 인출 상승해야 호사-(병 겁 화답)
병정	○(약금극금-화다금용) ▶녹아버린 가마솥-용처상실, 정체성 상실

□병정대운 무술년 인입이 하강하면 가마솥이 용처상승(시험합격) 된다.

겁생식상	○눈높이(카르마) 조화(자기관리) ▶일이 저절로 풀림

□신강 병 입장에서 무술(식상)이 병 하강시키니 일(시험합격)이 저절로 풀린다.

---

615) 1-5-4-2 ●=3 ■2 □2) □2 조후 필수인 달의 십정격에 조후 있으면 상신의 상승과 하강을 본다.
616) 2-1-8-1 스토리화와 메타포와 시퀀스-"□스토리화는 YVWQ 수치를 언어화 하는 것이고,"
617) 1-4-5 ●=2 ■1 □3 "상신의 수치가 상승하면 원하는 것을 얻고", 하강하면 "얻을 것이 없다."
618) 1-4-5 ●=3 ■2 □1 총합(상신) 전제 차제도 긍정이면 "일이 잘 풀리거나 뜻밖의 행운이 온다."
619) 1-4-5 ●=3 ■1 □3 내 복과 인복 있으면 선 후천의 복덕이 조화롭고 없으면 상황이 막막하다.

1629-4	대학 진학-(2017, 11)

| ●=1 | YQ-3 산출 | (왕=80, 상쇠=60, 사=40) |

YQ-1	(신120) 상쇠	(병320) 왕	(을240) 상쇠	(신120) 상쇠
병신대운 YQ-3	+360	-80	0	+360
무술년 YQ-3	+360	-320	-240	+360
상위영역	+720	-400	-240	+720
계해월 YQ-3	-300	-400	+300	-300
영역 합계	+420	-800	+60	+420

| ●=2 | YQ-3 해석 |

■1. 본격과 변격
□원격은 신강, 본격은 식상생재격이다. 그래서 을 병에서 변격된다.
□신+840 상승은 본격 신강이 상신운을 만난 것이다. 따라서 미월 신의 식상 조후 임 대신 자수 있어 상신의 증감을 본다.

■2. 수치분석과 스토리화[620]
□본격 신 정재 상승하여 긍정이니 "원하는 것을 얻는다."[621]

■3. 스토리텔링
□총합 긍정, 전제 대운 긍정, 차제 무술년 긍정이니[622] "내 복도 있고 인복도 있다."[623] 그래서 "원하는 것을 얻는다." "갈망과 새로운 발상으로" "일이 잘 풀린다."가 된다.
□정리하면 34경계인의 잘 풀리는 것과 계해월 시험운이 좋은 것과 합격이 연결된다.

■4. 오행과 육신 해설(통변)

☞ 행운 흐름	정재격은 인입하강, 인출 상승해야 호사-(병 겁 화답)
병정	○(약금극금-화다금용) ▶녹아버린 가마솥-용처상실, 정체성 상실

□병정대운 무술년 인입이 하강하면 가마솥이 용처상승(시험합격)이다.

---
620) 2-1-8-1 스토리화와 메타포와 시퀀스-"□스토리화는 YVWQ 수치를 언어화 하는 것이고,"
621) 1-4-5 ●=2 ■1 □3 "상신의 수치가 상승하면 원하는 것을 얻고", 하강하면 "얻을 것이 없다."
622) 1-4-5 ●=3 ■2 □1 총합(상신) 전제 차제도 긍정이면 "일이 잘 풀리거나 뜻밖의 행운이 온다."
623) 1-4-5 ●=3 ■1 □3 내 복과 인복 있으면 선 후천의 복덕이 조화롭고 없으면 상황이 막막하다.

| 인수탈식 | ○본능(욕구)과 생각(가치관)이 ▶복(인지조화)을 부른다.

□신강 입장에서 무술(인수)이 병을 탈식으로 하강시키니 복(합격)을 부른다.

■5. 기타
□본인은 성적이 적게 나와 가고 싶은 학교를 포기해야 해서 재수하려 했다.
□그래서 기해, 경자, 신축년에 병이 하강하니 재수를 해도 되지만, 2년 후 3학년 편입하고 가능하다면 그 다음 석사를 생각하는 것이 유리하다고 했는데 실제 재수하지 않았다.
□그 후 우리 책을 쓰는 동안 임인년(2022년)에 서울의 D대학에 편입했다.

| 1-6-2-10 | 그래서 유산 받았을까요? |

(41) 지장간 발용과 그 차이-이로공명(異路功名-다른 길에서 성공)-세무사

| 2-1-2 | 1적-재성 강해 신약 |

```
●-50 실제사주    2-1-2        1-6-2-10 그래서 유산 받았을까요?
YQ  1. 신약 신강    여. 세무사    9 8 7 6 5 4 3 2 1    ▶1-적천수 쓸 때 신약
-1                              4 4 4 4 4 4 4 4 4    ▶용신-축  ▶희신-화
 갑200  신240  갑160  갑120                      4
   오    축    술    진 년    갑 을 병 정 무 기 경 신 임 계   ▶34경계인
 병 병기정 양 계신기 관 신정무 묘 을계무    자 축 인 묘 진 사 오 미 신 유   ▶1이상형
```

❶ 상담일자-2013년 1월
❷ 상담의 내용
 2019년 생각하지 못했던 유산을 받았고 2020년 재상담이 이루어진 자료이다.
❸ 주인공의 피드백
 "19년 그래서 유산 받았을까요? 금이 상승하면 행운이 온다고 하셨는데요?"
❹ 상담사 피드백
 "네, 그렇습니다. 꼭 인수운에만 재물이 오는 것 아닙니다." 신약한 사주가 겁인 상신운 오면 '돈사소질' 오고 간다.624) 삶이 원활하고 온화해지기 때문이다.

| ●=1 | YQ-3 산출 | (왕=80 상쇠=60 사=40) |

YQ-1	(갑200) 사	(신240) 왕	(갑160) 사	(갑120) 사
무진대운 YQ-3	-240	+480	-240	-240
기해년 YQ-3	+200	-80	+200	+200
상위영역	-40	+400	-40	-40
(하위) 신미월	+40	+320	+40	+40
영역 합산	0	+720	0	0

| ●=2 | YQ-3 해석 |

■1. 본격과 변격
□원격은 신약, 본격은 겁격이다. 그래서 갑에서 변격온다.
□술월 신금은 조후가 필요한 달이 아니다.

■2. 수치분석과 스토리화625)

---

624) 21106-2 ■1 돈, 사람, 소식, 질병 등 네 가지가 오고 간다. ■2사람 인사는 팔난으로 요약된다.
625) 2-1-8-1 스토리화와 메타포와 시퀀스-"□스토리화는 YVWQ 수치를 언어화 하는 것이고,"

□본격 신약의 인입 상승626)하여 긍정이니 "원하는 것을 얻는다."627)

■3. 스토리텔링
□총합 긍정, 전제 대운 긍정, 차제 기해년 부정이니628) "내 복은 있고 인복은 없다."629) 그래서 "원하는 것을 얻는데" "선대의 복이" "일시적이다."가 된다.

□정리하면 34경계인이 선대의 복과 유산이 일시적인 것과 연결된다.

■4. 오행과 육신 해설(통변)

☞5. 대운 흐름	신약은 일간 상승해야 호사-(술 겁 화답)
기무-발전기	○(약금득토-토생금) ▶쟁기와 쟁기 날-논 밭갈이, 활동왕성

□무진 기 신미에 신 일간 상승하여 밭갈이가 흥겹고 왕성하다.

생아(겁)	○생각(정보, 가치관)대로 됨(자아 온전) ▶물가에 심어진 나무

□신 입장에서 인겁의 생을 받으니 물가에 심어진 나무처럼 잘 된다.

---

626) 1-5-4-2 ●=3 ■2 □3) □1 1)신약의 겁 인수조후는 이법의 겁인 상신과 같고, 하강하면 신약 이법의 식재관(기법은 식재 관성조후) 상승이니 종아 종재 종살처럼 된다.
627) 1-4-5 ●=2 ■1 □3 "상신의 수치가 상승하면 원하는 것을 얻고", 하강하면 "얻을 것이 없다."
628) 2143-1 ●=4 ■3 □1 2)수기 전제 긍정, 차제 부정 "목표(욕심)를 낮추어야 적게라도 얻는다."
629) 1-4-5 ●=3 ■1 □1 내 복은 구관이 명관처럼 오래된 장, 된장, 묵은 김치처럼 구연을 말한다. 선대의 복, 타고난 재능, 기존의 사고와 가치관, 내재된 갈망 등이다.

1-6-2-11	송사에 얽힌 엔터

(42) 송사에 얽힌 시퀀스-엔터

2-1-2	1적-재성 강해 신약

●-52 실제사주	2-1-2	1-6-2-11 송사에 얽힌 자료

YQ-1 ☞ 1. 신약 신강		여. 엔터		9 8 7 6 5 4 3 2 1 3 3 3 3 3 3 3 3	▶1-적천수 쓸 때 신약 ▶용신-임 ▶상신-진
임300	무300	임180	임240	임 계 갑 을 병 정 무 기 경 신	▶34경계인
자	진	인	술 년	진 사 오 미 신 유 술 해 자 축	▶6중년절정형
태 임계	관 을계무	생 무병갑	묘 신정무		

❶ 상담일자-2013년 6월
❷ 상담의 내용
 무술년(2018) 1심 재판을 앞두고 재상담된 사례이다. 무술년(2018)부터 위증으로 인한 재판이 진행되어 기해년에 항소심이 끝났다.
❸ 주인공의 피드백
 "본 재판이 끝났는데 위증으로 다시 재판받게 되었어요."
❹ 상담사 피드백
 "사법부에서 위증은 중대하게 보지요." "변호사와 재판 전략을 잘 수립하세요."
 무술대운 상신운은 호사의 기회가 많기 때문이다.

●=1	YQ-3 산출	(왕=80, 상쇠=60, 사=40)

YQ-1	(임240) 사	(무180) 상쇠	(임120) 상쇠	(임240)
무술 YQ-3	-240	+240	-240	-240
기해년 YQ-3	0	0	0	0
상위영역	-240	+240	-240	-240
(하위) 병인월 YQ-3	-200	-60	-200	-200
영역 합산	-440	+180	-440	-440

●=2	YQ-3 해석

■1. 본격과 변격
□원격은 신약, 본격은 진토 겁격이다. 그래서 임에서 변격이 온다.
□신약의 무+180 인입 상승으로 본격이 상신운을 만났다. 그러면 인월 무의 인수조후[630] 병 발용되었으니 상신의 증감을 본다.[631]

---

630) 1-5-4-2 ●=3 ■2 ■3) □1 1)신약의 겁 인수조후는 이법의 겁인 상신과 같고, 하강하면 신약 이법의 식재관(기법은 식재 관성조후) 상승이니 종아 종재 종살처럼 된다.

■2. 수치분석과 스토리화632)
□본격 신약의 상신 인입 상승하여 긍정이니 "원하는 것을 얻는다."633)

■3. 스토리텔링
□상신 긍정,634) 전제 상위 긍정, 차제 병인월 긍정이니635) "내 복도 있고 인복도 있다."636) 그래서 "원하는 것을 얻는데"가 된다.
□정리하면 재판이 마무리 되고 유죄가 나왔지만 집행유예로 구속되지 않은 것은 천만다행이다.

■3. 스토리텔링(해설-통변)

☞ 행운 흐름	일간태왕은 인입 상승해야 호사도래-(정 겁 화답)
기무-절정기	○(약토득토-토생토) ▶비료와 복토-지력향상, 역할회복

□무술대운 기해년의 무 인입 상승하면 역할회복이 이루어진다.

인생아(겁)	○생각(정보, 가치관)대로 됨(자아 온전) ▶물가에 심어진 나무

□무 입장에서 무 기 병으로 인입이 상승하니 일이 생각대로 된다. 구속되지 않는다.

---

631) 1-5-4-2 ●=3 ■2 ■2) □2 조후 필수인 달의 십정격에 조후 있으면 상신의 상승과 하강을 본다.
632) 2-1-8-1 스토리화와 메타포와 시퀀스-"□스토리화는 YVWQ 수치를 언어화 하는 것이고,"
633) 1-4-5 ●=2 ■1 □3 "상신의 수치가 상승하면 원하는 것을 얻고", 하강하면 "얻을 것이 없다."
634) 2143-1 ●=4 ■1 □1 1)그래서 종격 총합의 긍정은 수기를, 전제 차제의 긍정은 종 상승을 본다.
635) 2143-1 ●=4 ■3 □2 1)수기 부정, 전제 차제 긍정은 "설마 그럴 리가 없는데 그저 당황스럽다."
636) 1-4-5 ●=3 ■1 □3 내 복과 인복 있으면 선 후천의 복덕이 조화롭고 없으면 상황이 막막하다.

| 1-6-2-12 | 조기에 바람 |

(43) (조숙 시퀀스)-조기에 바람

| 2-1-1 | 1적-겁 강해 신강 |

| ●-65 실제사주 | 4-1-2 | 2-1-1 | 1-6-2-12 조기에 바람 |

YQ-1 ☞ 1.신약 신강	여. 조기 바람	9 8 7 6 5 4 3 2 1 8	▶2-적천수 쓸 때 신강
병200 정240 정200 경60		8 8 8 8 8 8 8 8 8	▶용신-경 ▶희신-토
오 사 해 술 년		정 무 기 경 신 임 계 갑 을 병	▶평범인
왕 병기정 녹 무경병 포 무갑임 묘 신정무		축 인 묘 진 사 오 미 신 유 술	▶3이상형

❶ 상담일자-2020년 10월
❷ 상담의 내용
　고교시절 남자 친구를 알게 되고 그 대가는 혼자 스스로 생계와 양육을 책임지는 일이었다.
❸ 주인공의 피드백
　"1985 을축년 고1 때 아빠에게 혼 날까봐서 반 가출상태였어요."
❹ 상담사 피드백
　2020 상담 중에 "고교 때 왜 일찍이 공부를…?"라고 물으니 위와 같이 가출 상태였다고 대답이 돌아왔다.

| ●=1 | YQ-3 산출 | (왕=80, 상쇠-60, 사=40) |

YQ-1	(병160) 사	(정240) 사	(정200) 사	(경60) 상쇠
(전제) 병술대운 YQ-3	0	0	0	-60
(차제) 을축년 YQ-3	0	0	0	+360
상위영역	0	0	0	+300

| ●=2 | YQ-3 해석 |

■1. 본격과 변격
☐원격은 신강, 변격 종왕격이자 염상격이 본격이다. 그래서 경에서 변격 온다.
☐을축년 경+300으로 높아 종재격처럼 되었다.637)
　1)그러면 해월 경의 관성조후 오(=정) 있어 수기 하강해야 하는데638)
　2)그러나 수기 수가 없다.639)

---

637) 1-5-4-2 ●=1 ■3 ☐3 2)종재격(처럼)은 합 포함 식 재 합산이 높아야하고 관살(인수)이 수기다.
638) 1-5-4-2 ●=3 ■3 ■3) ☐2 식재 관성조후가 있으면 수기 하강, 없으면 수기 상승해야 한다. 즉 모든 수기가 하강하는데 식재 관성조후 없을 때만 상승한다.

■2. 수치분석과 스토리화640)
□수기 없어 부정이니 "절반의 성공이거나 과식(무리)으로 고난을 겪는다."641)

■3. 스토리텔링
□수기 부정,642) 전제 대운 부정, 차제 을축년 긍정이니643) "내 복은 없고 인복은 있다."644) 그래서 "고난을 겪는데" "비극은 면한다." "시류 잘 탄 덕이다."와 연결된다.

■4. 오행과 육신 해설(통변)

| ☞ 행운 흐름 | 수기가 없으면 인입 하강해야 호사도래-(경 재 화답) |

(정) 병   ○(답금극금-화다금용) ▶녹아버린 가마솥-용처 상실, 정체성 상실

□병술대운 병인년의 인입이 상승하면 정체성 상실(가출)이 일어난다.

생의 부(역)작용   ○카르마 착각(응석둥이, 공주, 도련님) ▶임의적 추론(일 꾸미고 손해)

□하강해야 할 신강 병 입장에서 병술 병인의 겁인(병병인)이 정 일간을 생하니 부작용 발생한다. 임의적(맘대로)으로 사랑을 꾸미고 손해(가출) 막심이다.

---

639) 2143-1 ●=4 ■1 □1 종(처럼)이 되면 절반의 성공이고, 나머지 절반은 수기가 있고 긍정이어야 한다. 수기 없는 과식(종)은 탈이 문제다. 무정한 수기도 같다.
640) 2-1-8-1 스토리화와 메타포와 시퀀스-"□스토리화는 YWWQ 수치를 언어화 하는 것이고,"
641) 2143-1 ●=4 ■2 □2 수기가 없거나 부정은 "절반의 성공이거나 과식(무리)으로 고난을 겪는다."
642) 2143-1 ●=4 ■1 □1 1)그래서 종격 총합의 긍정은 수기를, 전제 차제의 긍정은 종 상승을 본다.
643) 2143-1 ●=4 ■3 □2 3)수기, 전제 부정 차제 긍정은 "어려움 속에서도 비극은 면한다."
644) 1-4-5 ●=3 ■1 □2 인복은 새 술을 새 부대에 담는 것과 같이 새로운 질서와 인연을 말한다. 자수성가, 자신의 노력과 덕망, 혁신적 발상, 새로운 변화와 시류 등이다.

| 1-6-2-13 | 만학 공인중개사 |

(44) 2018 무술년 공인중개사 합격 시퀀스-공인중개사

| 3-2 | 재성과 천간합 |

| 3-2-1 | 양신재합-양일간은 정재와 합 |

| ●-63 실제사주 | 3-2-1 | 1-6-2-13 만학 공인중개사 |

YQ-1	1. 신약 신강	여. 공인중개사	9	8	7	6	5	4	3	2	1	▶양신재합 불가-신약
을640	경200	신40	신80									▶용-을 ▶상신-유
유	신	묘	해 년	신	경	기	무	정	병	을	갑	계 임	▶34경계인
왕	경신	녹	무임경	태	갑을	병	무갑임	축	자	해	술	유	신	미	오	사	진	▶3이상형

❶ 상담일자-2019년 9월
❷ 상담의 내용
 이 사례는 사후 상담에 해당된다. 2019년 상담하면서 합격할 거라 했고 2020년 합격했다. 그 후 2021년 재상담이 이루어졌다.
❸ 주인공의 피드백
❹ 상담사 피드백

| ●=1 | YQ-3 산출 | (왕=80, 상쇠=60, 사=40) |

YQ-1	(을480) 왕	(경400) 사	(신80) 사	(신160) 사
병신대운 YQ-3	-480	-40	+240	+240
경자년 YQ-3	+400	-40	+40	+40
상위영역	-80	-80	+280	+280
(하위)기해월	0	+40	-40	-40
영역 합산	-80	-40	+240	+240

| ●=2 | YQ-3 해석 |

■1. 본격과 변격
□원격 신약, 본격은 신 겁격이다. 그래서 을에서 변격된다.
□경+360(을-80 경-40 신+480)[645] 인입 본격이 상승하였다.

■2. 수치분석과 스토리화[646]

---

645) 1-5-4-2 ●=1 ■3 □4 종은 종(겁)과 근접한 인수와 그 인입의 합산이고, 수기 역시 식상과 재, 식상과 관살 등 인출의 합산으로 이루어진다. 위 "식상(재)"는 식상과 근접한 재성의 합산을 말한다.
646) 2-1-8-1 스토리화와 메타포와 시퀀스-"□스토리화는 YVWQ 수치를 언어화 하는 것이고,"

□본격 신약의 인입 상승하여 긍정이니 "원하는 것을 얻는다."647)

■3. 스토리텔링

□영역 합산 긍정,648) 전제 대운 긍정, 차제 무술년 부정이니649) "내 복은 있고 인복은 없다."650) 그래서 "원하는 것을 얻는데" "갈망은 크지만" "목표를 낮추어야 한다."가 된다.

□정리하면 시험 준비기간 동안 1인 3역(아내, 어머니, 공부) 하느라 남편의 외로움 등을 생각하며 자신을 낮추고 공부하는 것과 연결될 것이다.

■4. 오행과 육신 해설(통변)

☞ 행운 흐름	신강수기는 인입 상승하는 때 호사도래-(금 겁 화답)
병정(체-발전기)	□일간의 희 ○(태금극금-화다금용) ▶녹아버린 가마솥-용처상실, 정체성 상실

□병신대운 무술년의 인입이 상승하면 용처(공인중개사)가 상승되는 호사 발생한다.

생아(겁)	○생각(정보, 가치관)대로 됨(자아 온전) ▶물가에 심어진 나무

□경 입장에서 병신(간지합) 무술(간여지동)의 겁인이 일간(인입)을 생하여 상승하니 생각(공인중개사)대로 나무가 자란다.

---

647) 2143-1 ●=4 ■2 □1 종격(처럼)이 수기(식상)가 있고 긍정이면 "원하는 것을 얻는다." 그러나 종격이나 상신이 하강하고 변격되지 못하면 "얻을 수 있는 것이 없다."
648) 2143-1 ●=4 ■1 □1 1)그래서 종격 총합의 긍정은 수기를, 전제 차제의 긍정은 종 상승을 본다.
649) 2143-1 ●=4 ■3 □1 2)수기 전제 긍정, 차제 부정 "목표(욕심)를 낮추어야 적게라도 얻는다.
650) 1-4-5 ●=3 ■1 □1 내 복은 구관이 명관처럼 오래된 장, 된장, 묵은 김치처럼 구연을 말한다. 선대의 복, 타고난 재능, 기존의 사고와 가치관, 내재된 갈망 등이다.

| 1-6-2-14 | J 상담심리사-나는 뭔가? |

(45) 새 곡식과 마른 밭(J 상담심리사)

| 4-1-3 | 가색격도 되고 종왕격(종비격)도 되고 |

●-66 실제사주	4-1-3	1-9-2		1-6-2-14 나는 뭔가?
☞1. 신약 신강	정300	무480	무480	기360
인/설=4/0(천간겁인) -J 상담심리사	○○○○○	○○○○○○○○	○○○○○○○	기○○○○○○
지장간	무○ 경○ 병○	병○ 기○ 정○	을○ 계○ 무○○	정○ 을○ 가○
지지	사	오	진	미

❶ 상담일자-2017년 11월
❷ 상담의 내용
  남편이 결혼 후 얼마 되지 않아 직장을 그만두고 고향에 가서 사업 하겠다고 해서 갈등이 일어난 사례이다.
❸ 주인공의 피드백
  남편을 이해하려고 양보하면서도 "나는 뭔가?"라고 자신에게 자꾸 묻는다 한다. 이번에는 자신이 아닌 "나는 뭔가?"를 남편에게 물었다.
❹ 상담사 피드백
  "한 번 더 생각해 보세요." 상담에서 부정적인 말을 하기가 쉽지 않다. 상담의 예후를 확인하고자 다음해에 통화하게 되었는데 새 인생을 준비하고 있었다.

●=1	YQ-3 산출			(왕=80, 상쇠=60, 사=40)
YQ-1	(정300) 상쇠	(무480) 상쇠	(무480) 상쇠	(기360) 상쇠
임신대운 YQ-3	+60	-300	-300	-300
무술년 YQ-3	-360	+240	+240	+360
상위영역	-300	-60	-60	+60
(하위) 갑인월 YQ-3	+360	-360	-360	+360
총합	+60	-420	-420	+420

| ●=2 | YQ-3 해석 |

■1. 본격과 변격
□원격은 신강, 본격은 전왕격 중 가색격이다.
□정+60이 상대적으로 상승하여 종강격처럼 되었다.[651]

---

[651] 1-5-4-2 ●=1 ■3 □2 2)인수와 관생인, 인식합의 합산 높으면 종강격(처럼) 되고 겁(식) 수기다.

1)그러면 진월은 조후가 급하지 않으니 수기 하강해야 하는데
2)역시 수기 무-420이 정+300보다 하강한다.

■1. 수치분석과 스토리화652)
□수기가 하강하여 긍정이니 "원하는 것을 얻을 수 있다."653)

■3. 스토리텔링
□수기 긍정654) 전제 대운도 차제 무술년도 긍정이니655) "내 복도 있고 인복도 있다."656) 그래서 "원하는 것을 얻는데" "갈망과 새로운 발상으로" "일이 잘 풀린다."가 된다.
□정리하면 "나는 뭔가?"와 "원하는 것을 얻을 수 있는 것"이 연결된다. 즉 원하는 이혼이 이루어진다.

■3. 오행과 육신 해설(통변)

☞ 행운 흐름	종강격은 인수 상승해야 호사도래-(정 인 화답)
임	○(전토극설-수다토류) ▶상전벽해 암석침식-제행무상, 역할실종
계(합-발전기)	○(전토합강)무계 ▶대지와 이슬비-싱싱한 꽃(성과)이 만발

□임신대운 무술년의 종강 인수 상승하면 역할(이혼)의 변화가 온다.

생아(겁)	○생각(정보, 가치관)대로 됨(자아 온전) ▶물가에 심어진 나무

□무 입장에서 정 인수 상승하면 일이 생각(이혼)대로 된다.

---

652) 2-1-8-1 스토리화와 메타포와 시퀀스-"□스토리화는 YVWQ 수치를 언어화 하는 것이고,"
653) 2143-1 ●=4 ■2 □1 종격(처럼)이 수기(식상)가 있고 긍정이면 "원하는 것을 얻는다." 그러나 종격이나 상신이 하강하고 변격되지 못하면 "얻을 수 있는 것이 없다."
654) 2143-1 ●=4 ■1 □1 1)그래서 종격 총합의 긍정은 수기를, 전제 차제의 긍정은 종 상승을 본다.
655) 2143-1 ●=4 ■3 □1 1)수기 전제 차제도 긍정이면 "일이 잘 풀리거나 뜻밖의 행운이 온다."
656) 1-4-5 ●=3 ■1 □3 내 복과 인복 있으면 선 후천의 복덕이 조화롭고 없으면 상황이 막막하다.

| 1-6-2-15 | 종격이 조후도, 수기도 없고 |

(46) 주위의 사람이 떠나고 소중한 사람도 떠나고

| 4-3 | 종격이 조후도, 수기도 없고 |

■ (전왕격 중 종왕격이자 가색격)-화끈한 남자, 뜨거운 인생-오르간

| ●-72 실제사주 | 4-3 | 1-6-2-15 종격이 조후도, 수기도 없고 |

YQ -1	☞ 1. 신약 신강	남 50중반. 오르간	9 8 7 6 5 4 3 2 1	▶4-자평 겁 쓸 때 신강
	무800	무800	갑180	병560	3 3 3 3 3 3 3 3 3	▶용-무 ▶희-화
	오	오	오	오 년	갑 계 임 신 경 무 정 병 을	
					진 묘 인 축 자 해 술 유 미	▶34경계인
	왕 병기정	왕 병기정	왕 병기정	왕 병기정		▶2이상형

❶ 상담일자-2020년 9월
❷ 상담의 내용
 두 사람이 함께 사업하며 부부처럼 살았다고 한다. 그러다 여성분의 둘째 딸이 병으로 인하여 유명을 달리하면서 일이 꼬이기 시작한 것이다. 그 딸 눈에는 이 아저씨가 못 마땅해 보였나보다. 그렇게 딸을 보낸 어머니는 "딸이 살아생전에 싫어한 일 안 한다."며 떠나버린 이야기다.
❸ 주인공의 피드백
 "가게 명의를 비롯하여 결재 통장 등 다시 시작해야 하니 미치겠어요."
❹ 상담사 피드백
 "갑자기 암울한 경우를 당하니 누가 그 마음 알겠어요?" "그러나 올해(경자년) 지나면 새로운 세상이 열립니다. 절대 절망하지 말고 용기를 내세요."라고 위로했는데 신축 계묘년에는 무토가 하강하기 때문이다.

| 16212-1 | 사람이 떠나다. |

| ●=1 | YQ-3 산출 | (왕=80, 상쇠=60, 사=40) |

YQ-1	(무800) 왕	(무800) 왕	(갑180) 상쇠	(병560) 왕
경자대운 YQ-3	+80	+80	0	-400
경자년 YQ-3	+80	+80	0	-400
상위영역	+160	+160	0	-800
계미월 YQ-3	+480	+480	+360	-400
영역 합계	+640	+640	+360	-1200

| ●=2 | YQ-3 해석 |

■1. 본격과 변격
□원격은 신강, 가색격(변격)이 본격이다. 그래서 갑 병에서 변격이 온다.
□무+440(무+1280 갑+360 병-1200 갑생병생무)657)으로 종왕격처럼 되었다.658)
 1)그러면 오월 무의 재성조후 임 없어 수기 상승해야 하는데659)
 2)그러나 수기가 어디에도 없다.

■2. 수치분석과 스토리화660)
□수기 없어 부정이니 "절반의 성공이거나 과식(무리)으로 고난을 겪는다."661)

■3. 스토리텔링
□수기 부정,662) 전제 대운도 차제 경자년도 긍정이니663) "내 복도 있고 인복도 있다."664) 그래서 "고난을 겪는데" "그저 당황스럽다." "갈망과 새로운 발상"도 무용지물이다.
□정리하면 사람이 떠나는 것과 "고난을 겪는다."가 연결된다.

■4. 오행과 육신 해설(통변)

☞ 행운 흐름	일간태왕은 인입상승 해야 호사도래-(무 겁 화답)
경신(수-발전기)	○(강토득금) ▶광산 잡석분리-자기주장하다 상대 이해

□경자대운 경자년 계미월 인입 상승하면 자기주장하다 상대를 이해하지 못한다.

| 생의 부(역)작용 | ○카르마 착각(응석둥이, 공주, 도련님) ▶임의적 추론(일 꾸미고 손해) |

□무 입장에서 경자 경자 계미의 계미가 무 일간(인입)을 상승시키니 생의 부작용으로 아무리 일을 꾸며도 손해(사람이 떠남) 막심이다.

---

657) 1-5-4-2 ●=1 ■3 □4 종은 종(겁)과 근접한 인수와 그 인입의 합산이고, 수기 역시 식상과 재, 식상과 관살 등 인출의 합산으로 이루어진다. 위 "식상(재)"는 식상과 근접한 재성의 합산을 말한다.
658) 1-5-4-2 ●=1 ■3 □2 1)합을 포함 겁과 인수의 합산이 높으면 종왕격(처럼) 되고 식상(재)이 수기다. 겁(종)이 상신이니 결과적으로 신강 신왕수기격과 결이 같다.
659) 1-5-4-2 ●=3 ■3 ■3) □2 식재 관성조후가 있으면 수기 하강, 없으면 수기가 상승해야 한다. 즉 모든 수기가 하강하는데 식재 관성조후 없을 때만 상승한다.
660) 2-1-8-1 스토리화와 메타포와 시퀀스-"□스토리화는 YVWQ 수치를 언어화 하는 것이고,"
661) 2143-1 ●=4 ■2 □2 수기가 없거나 부정은 "절반의 성공이거나 과식(무리)으로 고난을 겪는다."
662) 2143-1 ●=4 ■1 □1 1)그래서 종격 총합의 긍정은 수기를, 전제 차제의 긍정은 종 상승을 본다.
663) 2143-1 ●=4 ■3 □2 1)수기 부정, 전제 차제 긍정은 "설마 그럴 리가 없는데 그저 당황스럽다."
664) 1-4-5 ●=3 ■1 □3 내 복과 인복 있으면 선 후천의 복덕이 조화롭고 없으면 상황이 막막하다.

■4. 기타
□기초에서는 경자의 자와 지지의 오가 충하니 사람이 떠났다고 할 수 있다.
□그러나 아래 "모친상"이나 "중환자실 입원"을 보시라. 충이 아닌데 사람이 떠나고 119에 실려간다.

| 16212-2 | 우리 주인공의 또 다른 시퀀스 |

■1. 긍정의 예
□1.건물 재계약

시퀀스		무 왕	무 왕	갑 상쇠	병 왕
(2021 YQ-3) 건물 재계약 (9, 27)	경자대운	+80	+80	0	-400
	신축년	0	0	+80	0
	(상위영역)	+80	+80	+80	-400
	무술월	+320	+320	-360	-320
	계축일	+480	+480	+360	-400
	경신시	-320	-320	-360	-480
	(하위영역)	+480	+480	-360	-1200
	총합	+560	+560	-240	-1600

1)갑-240이 무-720(무+1120 갑-240 병-1600 가바생병생무)보다 높아 종살격처럼 되었다.665)
2)그러면 오월 갑의 조후 인수조후 계 없어 수기 하강해야 하는데
3)수기 병-1600 하강하니 "원하는 것을 얻는다."와 건물 재계약이 연결된다.

● Tip
○참고로 주인공의 말에 의하면 사람 떠나고 재 개업을 준비 하는데 건물주와 협상, 대출, 명의 문제 등 1년 6개월 정도 시간이 지체되었다고 합니다.
○어떻든 조후가 없으니 삶이 원만하지 않아 애로 사항이 많았을 것입니다.666)

□2.사업자등록

시퀀스		무 왕	무 왕	갑 상쇠	병 왕
(2021 YQ-3) 사업자등록	경자대운	+80	+80	0	-400
	신축년	0	0	+80	0
	(상위영역)	+80	+80	+80	-400
	무술월	+320	+320	-360	-320

---
665) 1-5-4-2 ●=1 ■3 □3 3)종살격(처럼)-합 포함 재 관살의 합산이 높아야하고 인수(겁)가 수기다.
666) 1-5-4-2 ●=3 ■3 ■3) □1 4) 조후 없으면 삶이 원만하지 않고, 수기 없으면 일이 힘에 부친다.

시퀀스					
(9, 28 갑인일 신청 9, 30 발부)	갑인일	-480	-480	+240	+320
	(하위영역)	-160	-160	-120	0
	총합	-80	-80	-40	-400

1)갑-40이 무-600(무-160 갑40 병-400)보다 높아 종살격처럼 되었다.[667]
2)그러면 오월 갑의 조후 인수조후 없어 수기 하강해야 하는데
3)수기 병-400 하강하니 "원하는 것을 얻는다."와 사업자등록이 연결된다.

☐3.떼인 돈(외상) 회수

시퀀스		무 왕	무 왕	갑 상쇠	병 왕
(2023 YQ-3) 떼인 돈 회수	경자대운	+80	+80	0	-400
	계묘년	+80	+80	+360	+80
	상위영역	+160	+160	+360	-320
	병진월	+320	+320	-300	0
	기해일	0	0	+300	-480
	임신시	-400	-400	-60	-480
	하위영역	-80	-80	-60	-960
	총합	+80	+80	+420	-1280

1)갑 상승하여 종살격처럼 되었다.
2)오월 갑의 조후 인수조후 계 없어 수기 하강해야 하는데
3)수기 병-1280 하강하니 "원하는 것을 얻는다."와 돈 회수가 연결된다.

■2. 부정의 예
☐1.모친상

시퀀스		무 왕	무 왕	갑 상쇠	병 왕
2021 YQ-3 모친상	경자대운	+80	+80	0	-400
	신축년	+80	+80	+60	0
	(상위영역)	+160	+160	+60	-400
	(하위)-정유월	0	0	-300	+480
	영역 합산	+160	+160	-240	+80

1)무 상승하여 종왕격처럼 되었다.[668]
2)그러면 오월 무의 재성조후 임 없어 수기 상승해야 하는데
3)수기 금이 어디에도 없다. 그래서 "고난을 겪는다."와 모친상이 연결된다.

---

667) 1-5-4-2 ●=1 ■3 ☐3 3)종살격(처럼)-합 포함 재 관살의 합산이 높아야하고 인수(겁)가 수기다.
668) 1-5-4-2 ●=1 ■3 ☐2 1)합을 포함 겁과 인수의 합산이 높으면 종왕격(처럼) 되고 식상(재)이 수기다. 겁(종)이 상신이니 결과적으로 신강 신왕수기격과 결이 같다.

☐2.중환자실 입원

시퀀스		무 왕	무 왕	갑 상쇠	병 왕
2003 YQ-3 중환자실 입원	무술대운(전제)	+320	+320	-480	-320
	계미년(차제)	+480	+480	+480	-400
	상위영역(총합)	+800	+800	0	-720

1)무 상승하여 종왕격처럼 되었다.
2)오월 무의 재성조후 임 없어 수기 상승해야 하는데
3)수기 금이 어디에도 없다. 그래서 "고난을 겪는다."와 중환자실 입원이 연결된다.

찾아보기-1권 1장

1장-2 ■2 ■1) ●Tip "상담료 DC해 주세요" '재'는 어떻고 '관'은 어떻고
1장-2 ■2 ■2) ●Tip "모화사상(慕華思想 중화의 문물과 사상을 흠모하며 따르는 사상"
1장-2 ■2 ■2) ●Tip "민족의 스토리는 매번 부활하고 환생"
1장-4 ■2 ●Tip ○2. 세뇌
1-2-1-2 서문 "수기유행(秀氣流行)"
1-3-1 기본영역(원국, 대운, 태세)
1-3-2 반감의 원리(이기법)
1-3-2 서문 "행운은 이법만 적용한다."
1-3-2-2 반감기호
1-3-2-3 ■1 □2 "YQ-1은 인입에서 인출을, 그리고 인출에서 인입을 더하고 빼지 않는다. □4 "그러나 YQ-1 관생인(통관)과 YQ-3 종격처럼에서는 더하고 뺄 수 있다."
1-3-2-3 ■2 □1 "수치의 크기로 운의 크기를 논하지 않는다."
1-3-3 ■3) 2유형과 3유형의 토 쓰는 법
1-3-3 ■3) 음토와 양토-(예. 축과 천간 양토가 만나면 음양생합 +○○○)

1-4-1-1 □3 왕상쇠사는 월지(월령)에 의해 정해진다. 왕은 80, 상쇠는 반의 반(1/4)을 감하니 60, 사는 반(1/2)을 감하니 40이 된다.
1-4-1-3 겁인 관살통관 천간합 즉 관살과 인수가 유정하여 통관되고, 일간과 관합(관살과 합) 재합(재성과 합) 인식합(인수와 식상의 합)되면 겁+인+관살+합 모두가 인입의 일원이다.
1-4-1-3 ■1 "인입 세 가지-겁인, 관생인, 천간합" ■2 "인출-재관식"
1-4-2-2 서문 YQ-2는 천간산출 후 지지의 상신, 관(살)인통관의 인수가 있는 경우 인입과 인출의 변화에 많이 활용된다.
1-4-2-2 ■2 행운은 지지 뿐만이 아니라 천간과 함께 대운, 태세, 월운, 일운, 시운 등 여러 개의 운이 동시에 오기 때문이다.
1-4-2-2 ●=2 ❷ "자오 묘유, 축술, 미술, 축오 이 다섯 가지는 충이 자체 해소되지 않는다."
1-4-2-2 ●=2 ■1 "수 목 토"가 구응. ■2 "수 목 토"를 "토 금 목"이 파극
1-4-2-2 ●=2 ■1 행운에서는 합충이 해소되지 않고 그 기능이 더 강화되거나 더 약해질 뿐이다.
1-4-2-2 ●=3 ■1 □5 이러한 합충의 파격과 구응은 수기, 상신, 조후 모두 본질은 같다.
1-4-2-2 ●=4 합충은 체급이 같고, 형은 합충보다 낮고 파해보다 높으며 파 해 원진은 서로 같다.
1-4-3 ●=1, 2 "기본영역(원국 대운 태세)과 하위영역(월운 일운 시운)"
1-4-3-1 ●=1 공통의 수
1-4-3-2 ●=2 ■2 □ "시운은 운수 영역으로 사전에 시간까지 점술처럼 맞추는데 한계가 있다."
1-4-3-2 ●=2 ■2 ●Tip ○그래서 일운과 시운은 시퀀스의 종료를 어느 시점으로 할 것인지를 감안해야 합니다.
1-4-3-2 ●=3 □하위영역만을 스토리텔링하지 않는다. 다만 변화의 과정을 반전 등의 표현을 빌어서 활용할 수는 있다.
1-4-4 ■2 YQ-4는 행운에서 천간과 지지가 감응한 결과이고, YQ-2는 원국 지지의 이합집산(생극제화)을 산출한 결과이다.
1-4-5 서문 □3 "YQ-1, 2와 YQ-3, 4는 산출의 근거가 달라서 합산할 수 없다."
1-4-5 ●=1 ■3 □1 전제와 차제는 총합(영역합산)을 따라가면 긍정, 그렇지 않으면 부정이다.
1-4-5 ●=1 ■3 □2 1)기본적으로 종하는 것이 총합을 따르면 긍정 아니면 부정이다. 2)그러나 기본만으로 안 될 때는 전제와 차제 혹 영역의 수기를 산출하여 긍정과 부정을 도모해야 한다.
1-4-5 ●=1 ■2 □1 "▶운이 앞에 있으면 전제, 뒤에 오면 차제. 변격 자체는 전제 수기는 차제".
1-4-5 ●=1 ■2 □2 상위영역에서 영역을 분리하지 않으면 대운이 전제이고 태세가 차제가 된다.
1-4-5 ●=1 □3 ●Tip "전제와 차제는 덕(씨)을 쌓아야 복을 받는 것"
1-4-5 ●=1 □4 상위영역 대운을 전제, 태세를 차제로 보고 하위영역 월운을 운세로 볼 수도 있다. 특히 하위영역의 일운 시운은 일진(운수)의 성격이 강하다.

1-4-5 ●=2 ■1 □1 본격은 총합의 상신 수치가 스토리화의 주어(주체)가 된다.
1-4-5 ●=2 ■1 □3 "상신의 수치가 상승하면 원하는 것을 얻고", 하강하면 "얻을 것이 없다."

1-4-5 ●=2 ■1 □3 ●간명의 원리 ○예) 명퇴하기 싫은데 어쩔 수 없이 하면 부정의 수치와, 자발적으로 원해서 철수를 한다면 긍정의 수치와 원하는 것이 만납니다. 즉 사회적 통념을 벗어나서 선한 일이든 악한(도적질) 일이든 자신이 주체가 되고 긍정일 때 원하는 것을 얻습니다.
1-4-5 ●=2 ■2 □1 종격과 변격(종격처럼)은 수기 증감 수치가 스토리화의 주어(主語)가 된다.
1-4-5 ●=2 ■2 □2 ●간명의 원리 ○2 너희 안에 거하는 것이 자기애적인 사람은 구복에서 오는 보상과 응징(천벌)일수 있고 지혜가 열린 사람은 공의(섭리, 객관화)일 수 있습니다.
1-4-5 ●=2 ■2 □2 ●간명의 원리 ○4 이러한 공의(높은 공공성과 도덕적 감수성, 합리적 사고)가 없으면 아무리 사주 좋고 운세가 긍정일지라도 잘 살수가 없습니다.
1-4-5 ●=2 ■2 □2 ●간명의 원리 ○5 부정은 흉한 것이 아니라 적은 투자와 작은 실패를 통하여 자신을 단련하는 시간일 수 있어야 합니다. 부정에서 교훈을 얻는 발상의 전환이 필요합니다.

1-4-5 ●=3 ●간명의 원리 ○그래서 좋거나 나쁘거나 생(겁 인수 합)극, 희기 순환의 길이는 길어야 4~5년입니다.
1-4-5 ●=3 ■1 스토리텔링은 영역별로 즉 전제와 차제(내 복과 인복)로 이루어진다.
1-4-5 ●=3 ■1 □1 내 복은 구관이 명관처럼 오래된 장, 된장, 묵은 김치처럼 구연을 말한다. 선대의 복, 타고난 재능, 기존의 사고와 가치관, 내재된 갈망 등이다.
1-4-5 ●=3 ■1 □2 인복은 새 술을 새 부대에 담는 것과 같이 새로운 질서와 인연을 말한다. 자수성가, 자신의 노력과 덕망, 혁신적 발상, 새로운 변화와 시류 등이다.
1-4-5 ●=3 ■1 □3 내 복과 인복 있으면 선 후천의 복덕이 조화롭고 없으면 상황이 막막하다.
1-4-5 ●=3 ■2 □1 총합(상신) 전제 차제도 긍정이면 "일이 잘 풀리거나 뜻밖의 행운이 온다."
1-4-5 ●=3 ■2 □2 총합 긍정 전제 긍정, 차제 부정은 "목표(욕심)를 낮추어야 적게라도 얻는다."
1-4-5 ●=3 ■2 □3 총합 긍정, 전제 부정, 차제 긍정은 "어렵게 얻지만 적거나 일시적이다."
1-4-5 ●=3 ■3 □1 총합 부정 전제 차제 긍정은 "설마 그럴 리가 없는데 그저 당황스럽다."
1-4-5 ●=3 ■3 □2 총합 부정 전제 긍정 차제 부정은 "뜻대로 안 된다. 어려울수록 돌아가라."
1-4-5 ●=3 ■3 □3 총합 부정 전제 부정 차제 긍정은 "어려움 속에서도 비극은 면한다."
1-4-5 ●=3 ■3 □4 총합 전제 차제 부정 "되는 일 없거나 적게 얻고 많이 잃는다.(승자의 저주)"
1-4-6-1 ●=2 ■4 ●간명의 원리 ■-1 국중지신의 해석

1-5-1 ●=1 ■2 □2 "합 충형이 온다고 모두 작동하지 않는다."
1-5-1 ●=3 ■4 당해년 신수를 볼 때
1-5-1 ●=3 ■4 ●Tip ○YVWQ 적중률이 높아도 겸허해야 되는 이유를 지금 보고 있습니다.
1-5-4-1 변격이란?
1-5-4-1 "우리 책 YVWQ는 변격 아래 본격, 그 아래 원격이 깔려 있다."
1-5-4-1 서문 ❶ YQ-1 1)원격(신약신강)과 본의의 십정격은 거의 동일하게 쓰이며 해석도 같다. 용법에 따라 신약하면 겁인 상신, 신강하면 재관식 상신이다.
1-5-4-1 서문 ❶ 2)YQ-1, 2 원격과 본격은 3배수가 적용되고, YQ-3, 4 행운에서는 3배수와 상관없이 인입 인출 중 높은 쪽으로 변격(종격처럼) 된다.
1-5-4-1 서문 ❶ 3)YQ-1은 극이 없어야 종한다. 극이 통관되거나 극을 극하면 구응되어 기능한다. 참고로 YQ-3는 극 있어도 종한다.
1-5-4-1 서문 ❷본격은 YQ-1, 2의 용법 즉 제2장 '용'을 따라 나오는 상신(십정격)이다.
1-5-4-1 서문 ❷ 1)그래서 본격이 행운(YQ-3)에서 하강하면 수치가 높은 쪽으로 변격된다.
1-5-4-1 서문 ❷ 2)본격 십정격은 인입 대 인출로, 변격은 종과 수기로 간명한다. 또한 본격(십정격)은 상신을, 변격(수기식상, 종)은 수기를 스토리화한다.
1-5-4-1 ●=1 원국에서 변격
1-5-4-1 ●=1 ■2 □1 원국의 변격은 신약한 일간이 겁 인의 뿌리가 없거나 적어서 강한 쪽을 따라(從종)가는 것을 말한다.
1-5-4-1 ●=1 ■2 □1 1)전통적으로 겁이나 인수에 통근하고 있으면 종하지 못한다고 알려져 왔다.
1-5-4-1 ●=1 ■2 □2 그러나 종 대상이 일간과 천간 인수와의 합산보다 3배수 이상이면 종한다.
1-5-4-1 ●=1 ■2 □2 3) ●간명의 원리 ○3이 뿌리 3개의 차이를 왕상쇠사를 적용한 수치로 환산하면 3배수 차이가 됩니다.
1-5-4-1 ●=1 ■2 □2 1)그래서 생극 한계는 3배수 미만이고 그 이상은 생극의 역작용 일어난다. 2)식상도 3배수 이상이면 설기과다가 된다. 우리 책은 이렇다.-(원문 도표 참조)

1-5-4-1 ●=1 ■2 □2 3)따라서 뿌리의 차이를 왕상쇠사를 적용한 수치로 환산하면 3배수 미만은 종이 안 되는 한계이고, 3배수 이상은 종할 수 있다는 말이 된다.
1-5-4-1 ●=1 ■2 □2 ●간명의 원리 ○1화생토, 강화득토, 화왕득금, 화왕득수는 생, 강, 왕보다 득이 3배수 미만이라는 말이고 득이란 소통을 의미합니다. 그래서 득을 침에 비유한 겁니다.
1-5-4-1 ●=1 ■2 □2 ●간명의 원리 ○2그러나 종격(처럼)에서 다(多)는 3배수 이상이라는 말이고 그 과정은 수기가 됩니다. 2)즉 양초의 토초, 금의 용융, 물의 고갈 과정은 화(증기)로 동력을 얻는 증기기관과 같습니다. 숯불이 꺼지기(화식) 전 고기가 구워지는 것도 같은 원리입니다.
1-5-4-1 ●=1 ■2 □3 원국 YQ-1에서 극하는 재관은 종의 장애가 된다. 1)관살은 종(겁)하는 것을 극하여 종을 방해하고, 2)재는 종(겁)이 극재(봉쇄)하는 순간 통풍구(수기)가 사라지는 이유다.
1-5-4-1 ●=1 ■2 □3 3)그래서 관살은 인수통관, 재는 식상통관이나 관살의 극겁으로 구응된다.
1-5-4-1 ●=1 ■2 □4 이러한 "원국의 종격은 행운에서 또 다시 '종격처럼' 변격될 수 있다."
1-5-4-1 ●=1 ■2 □5 변격의 크기는 수기 위치와 운의 지속성(대운은 10년) 때문에, 본국(상신)보다 클 수도 적을 수도 있다.
1-5-4-1 ●=1 ■3 □2 그러나 변격(처럼) 자체로는 "절반의 성공이거나 미완성(흠, 장애)이다." 종격(처럼)은 수기가 있고 긍정이어야 나머지 반을 안고 "원하는 것을 얻는다."
1-5-4-1 ●=1 ■3 □2 수기의 증감이 변격의 긍정 부정을 가르고, 스토리화는 수기에서 나온다.
1-5-4-1 ●=1 ■3 □3 그래서 수기(조화신)가 중요하고, 종(처럼)은 수기로 경지를 정한다.
1-5-4-1 ●=2 행운에서 변격
1-5-4-1 ●=2 "우리 책은 행운에서 변격을 종격처럼이라고 한다. 3배수를 따라 원국에서 변격된 종격과 구별하기 위해서이다. 그러나 변격 조건이 다를 뿐 본성은 같다."
1-5-4-1 ●=2 ■1 천간의 변격과 간여지동 ■2 간지합
1-5-4-1 ●=2 ■3 □2 지지는 행운 한두 글자만으로 변격이 완성되지 않는다.
1-5-4-1 ●=2 ■3 □3 그래서 원국 YQ-1, 2에서는 지지의 변화로 인한 변격을 논하지만 행운 YQ-3, 4에서는 이를 논하지 않는다.
1-5-4-1 ●=2 ■4 □1 지장간의 발용은 크게 상신, 수기, 조후로 나뉜다. 그중 수기가 발용되면 수기의 크기를 따로 산출(YQ-3)해야 한다. 그러나 조후와 상신의 발용은 따로 산출하지 않는다.
1-5-4-1 ●=2 ■4 □2 상신이 발용되면 이론적으로는 변격을 일으킨다. 그러나 실제 발용 한 글자로 변격되지 않는다. 행운은 여러 글자로 오기 때문이고 그 여러 배합의 산물이 YQ-3, 4이다.
1-5-4-1 ●=3 변격의 해석(통변)
1-5-4-1 ●=3 ■1 교체기
1-5-4-1 ●=3 ■2 □1 변격분석이란 수치 합산에서 변격 과정을 찾아 스토리화하는 작업이다.

1-5-4-2 변격과 조후에 따른 이법의 변화
1-5-4-2 ●=1 ■1 □1 2)변격은 이미 종 수치가 상승한 것이니 기본적으로 수기 하강해야 한다.
1-5-4-2 ●=1 ■1 □2 상신이 인입이면 인출, 인출이면 인입 상승할 때 종(변격)이 일어난다.
1-5-4-2 ●=1 ■1 □2 1)상신 상승하면 상신운이고, 상신 반대편이 상승하면 종하여 변격된다.
1-5-4-2 ●=1 ■1 □2 3)참고로 상신운에는 수기를 중요하게 보지 않는다.
1-5-4-2 ●=1 ■1 □1 3) 상신과 종이 모두 (-)인데 종이 덜 하강하여 종처럼 되기도 한다. 이때도 수기가 종보다 하강해야 한다. 다만 격이 떨어지니 "적게 얻는다."
1-5-4-2 ●=1 ■1 □2 2)즉 본격에서 신약의 인입 상신이 상승하더라도 종왕 종강이라 하지 않고, 신강의 인출 상신이 상승하는 것을 종아 종재 종살이라 하지 않는다.
1-5-4-2 ●=1 ■1 □3 십정격과 수기식상격은 인입과 인출 중 수치가 높은 쪽을 따라 종한다.
1-5-4-2 ●=1 ■2 □1 관살이 관(살)인 통관되면 인출이 아닌 인입의 일원이 된다.
1-5-4-2 ●=1 ■2 □2 행운(YQ-3)은 지지의 관생인(관살통관)을 적용하지 않는다. 원국(YQ-1)에서만 적용하는 것과 다르다.
1-5-4-2 ●=1 ■2 □3 대살의 식상은 관살(인수와 무정)과 극(식신대살, 상관견관) 사이지만 인출이다. 다만 대살은 식관이 극하느라 식생이나 재생관보다 인출의 크기가 작다.
1-5-4-2 ●=1 ■1 □3 십정격과 수기식상격은 인입과 인출 중 수치가 높은 쪽을 따라 종한다.
1-5-4-2 ●=1 ■1 1)수기식상격의 천간 식상은 인출이면서 겁(종)의 수기가 된다. 2)이러한 이중성은 식상 상신의 식상격이 겁의 생을 받아도 겁격 아닌 식상격인 것과 같다.
1-5-4-2 ●=1 ■3 □1 1)변격 신강, 신왕수기격은 수기식상격이자 십정격과 같이 본격에 속한다. 2)그러나 종왕격처럼은 신강 십정격과 수기격 종격이 행운에서 인입 상승으로 변격된 것이다.

1-5-4-2 ●=1 ■3 □2 1)합을 포함 겁과 인수의 합산이 높으면 종왕격(처럼) 되고 식상(재)이 수기다. 겁(종)이 상신이니 결과적으로 신강 신왕수기격과 결이 같다.
1-5-4-2 ●=1 ■3 □2 2)인수와 관생인, 인식합의 합산 높으면 종강격(처럼) 되고 겁(식) 수기다.
1-5-4-2 ●=1 ■3 □2 3)행운(YQ-3)에서 종강격의 인수 하강하면 신강이나 신왕수기격처럼 된다.
1-5-4-2 ●=1 ■3 □2 4)천간에 인출 없는 신왕(가종격 포함)도 종의 범위를 따라 각각 변격된다.
1-5-4-2 ●=1 ■3 □3 1)종아격(처럼)은 합 포함 겁 식상의 합산이 높아야하고 재(관)가 수기다.
1-5-4-2 ●=1 ■3 □3 2)종재격(처럼)은 합 포함 식 재 합산이 높아야하고 관살(인수)이 수기다.
1-5-4-2 ●=1 ■3 □3 3)종살격(처럼)-합 포함 재 관살의 합산이 높아야하고 인수(겁)가 수기다.
1-5-4-2 ●=1 ■3 □4 종은 겁과 근접한 인수와 그 인입의 합산이고, 수기 역시 식상과 재, 식상과 관살 등 인출의 합산으로 이루어진다. 위 "식상(재)"는 식상과 근접한 재성의 합산을 말한다.
1-5-4-2 ●=1 ■3 □1 YQ-3는 극 있어도 종한다. 1)종이란 기운이 최대로 상승한 것이고, 나머지는 하강하여 왜소하기 때문이다. 또한 행운 여러 글자는 모두를 제화(制化)에서 해방 중화시킨다.
1-5-4-2 ●=1 ■3 □2 참고로 YQ-1은 극하는 것이 없어야 한다. 단 극하는 것이 통관되거나 극을 극하게 되면 구응되어 종할 수 있다.
1-5-4-2 ●=1 ■5 (0)의 해석 □1 수치 상승해야 좋은데 (0)이면 상승하지 못한 것이니 부정적이다.
1-5-4-2 ●=1 ■5 (0)의 해석 □2 수치 하강해야 긍정인데 (0)이면 하강을 못했으니 부정적이다.
1-5-4-2 ●=2 원국에서 상신과 조후의 작동
1-5-4-2 ●=3 ■1 조후가 있고 없고를 따라 이법 쓰는 법이 다르다.
1-5-4-2 ●=3 ■1 □1 변격 후 조후가 필요 없는 달은 조후 유무에 따른 이법의 변화가 없다. □2 그러나 조후가 필요한 달은 이법을 조후의 기법에 맞게 적용한다.
1-5-4-2 ●=3 ■2 ■1) □1 여름에는 조후(기법) 물이 발화(조열)를 막는다. 1)그래서 조후 수가 없으면 일간 하강해야 한다. 2)기법으로 식히는 것은 이법의 수극화(관성조후)로 일간 하강이다.
1-5-4-2 ●=3 ■2 ■1) □2 겨울은 따뜻한 화 조후가 결빙(한랭)을 막는다. 1)그러나 조후 화 없으면 일간 하강해야 한다. 2)기법으로 결빙을 막는 것은 이법 수극화(재성조후)로 일간 하강과 같다.
1-5-4-2 ●=3 ■2 ■1) □3 그러나 종이란 이미 종이 상승한 것이니 하강할 수가 없다. 1)그래서 궁여지책으로 조후와 수기로 하강을 유도한다는 말이다.
1-5-4-2 ●=3 ■2 ■2) □1 조후 필수가 아닌 달의 십정격은 그냥 상신의 상승과 하강을 본다.
1-5-4-2 ●=3 ■2 ■2) □2 조후 필수인 달의 십정격에 조후 있으면 상신의 상승과 하강을 본다.
1-5-4-2 ●=3 ■2 ■3) □1 십정격도 조후 필수인 달 조후 없으면 종격(처럼)과 보는 법이 같다. 조후가 있으면 수기 하강해야 하는데, 대부분 수기가 자연적으로 하강한다.
1-5-4-2 ●=3 ■2 ■3) □1 1)신약의 겁 인수조후는 이법의 겁인 상신과 같고, 하강하면 신약 이법의 식재관(기법은 식재 관성조후) 상승이니 종아 종재 종살처럼 된다.
1-5-4-2 ●=3 ■2 ■3) □2 그러나 조후 필수인 십정격에 식재 관성조후 없으면 수기 상승해야 한다. 1)종격(처럼)과 같이 수기가 모두 하강하는데, 식재 관성만 없으면 상승한다.
1-5-4-2 ●=3 ■2 ■3) □2 2)신강 식재 관성조후는 이법의 식재관 상신과 같고, 하강하면 신강 이법의 인입(기법은 겁 인수조후) 상승이니 종왕 종강처럼 된다.
1-5-4-2 ●=3 ■2 ■4) 조후 없으면 삶이 원만하지 않고, 수기가 없으면 일이 힘에 부친다.
1-5-4-2 ●=3 ■3 ■1) □1 조후 없는 종격을 기법으로 식히는 것은 이법의 수기 상승과도 같다.
1-5-4-2 ●=3 ■3 ■1) □2 조후 없는 종격의 기법이 결빙을 막는 것도 이법의 수기 상승과 같다.
1-5-4-2 ●=3 ■3 ■1) □3 종격은 이미 종의 주체가 상승한 상태이기 때문에 수기로 수문을 열어 조절하는 궁여지책의 일환이다.
1-5-4-2 ●=3 ■3 ■2) □1 조후 안 보는 달의 수기식상격과 종격(처럼)은 수기 하강이 기본이다. □2 만약 인출 상승하면 종아 종재 종살처럼 되고 수기 하강해야 한다.
1-5-4-2 ●=3 ■3 ■3) □1 겁 인수조후가 있으면 수기 하강, 없어도 수기가 하강해야 한다.
1-5-4-2 ●=3 ■3 ■3) □2 식재 관성조후가 있으면 수기 하강, 없으면 수기가 상승해야 한다. 즉 모든 수기가 하강하는데 식재 관성조후 없을 때만 상승한다.
1-5-4-2 ●=3 ■3 ■3) □3 식상조후는 조후와 수기가 같다. 그래서 조후 없으면 수기도 없다.
1-5-4-2 ●=3 ■3 ■3) □3 ●간명의 원리 ○"조후 없는 것은 최소한의 침(소통)이 없다는 말"
1-5-4-2 ●=3 ■4 □1 조후는 수치가 필요하지 않다. 그냥 조후 있고 없고를 따라가면 된다. □2 그러나 수기는 수치가 꼭 필요하다.
1-5-4-2 ●=4 ■2 □1 십정격이든 신왕 종격이든 본격이 하강하고 나머지가 상승해야 변격된다. 그래서 이때 본격이 상승하면 대개 긍정이고 하강하면 변격을 본다.

1-5-4-2 ●=4 ■2 □2 그러면 천간의 생합을 적용하여 가장 높은 수치로 종(처럼)한다.

1-5-4-3 YQ-3 수치로 보는 변격
1-5-4-3 ■2 행운에서 변격
1-5-4-3 ■3 □3 어떻든 YVWQ 수치 안에 변격 원리와 과정이 자연스럽게 담겨져 있다.
1-5-5 일운(일진)의 반전
1-5-8-6 황 부동산과 사별
1551-3 ■1 ●간명의 원리 ○2 이렇게 앞(전제)에 있는 운 부정, 뒤(차제)에 오는 운이 긍정이면 기존의 욕구(사고와 철학)와 질서(구연)를 떠나, 새로운 인연과 조건을 따라야 차선이라도 얻습니다.
1551-3 ■1 ●간명의 원리 ○4그래서 간명하는 상담사는 더욱 겸허하고 겸손해야 합니다.
1552-1 ●=2 ■1 ●간명의 원리 ○1 앞(전제) 큰 운 긍정, 뒤(차제)에 작은 운 부정은 일진이 안 좋다고 비유합니다. "원치 않는 이별"처럼 자신 의지와 다르게(자의 반 타의 반) 일이 전개됩니다. ○2 그렇다면 이때는 전제를 살려 삶의 흔적(구연)에서 답을 찾아야 도움이 된다는 말입니다.
1-6-2 ●=2 □1 "합도 극(재관)하는 것이 있으면 작용이 성립되지 않고"
1-6-2 ●=2 □2 1)원국(YQ-2) 지지 인수 주변의 뿌리가 크면 천간의 관을 통관시킬 수 있다. 2)행운(YQ-3, 4)에서는 지지의 관인통관을 보지 않는다.
1-6-2-8 ●=2 ■3 ●Tip ○어떤 사람은 어려운 수학 문제를 실력으로 풉니다. 그러나 운이 좋아야 풀리는 사람이 있습니다. 즉 실력으로 풀면 모사재인이고, 운으로 풀리면 성사재천이 됩니다.
1-6-2-8 ●=2 ■4 □10 "승자의 저주를 보는 것과 상반되는 개념"
1-6-2-8 ●=2 ■6 □1 "모르면 운이고 운명이 된다."

e북 YVWQ-2권 요약

사주명리

나는 누구인가?

YVWQ 공식과 풀이

2장 들어가기 ··· 232

제 2 장 실제사주

2-1 해석의 묘 - <전자책 참고>
2-1-1 원류(源流) ··· 13

2-1-2 용어와 용법
2-1-2-1 용어의 혼돈과 정돈 ······················· 238
2-1-2-2 용신(용법) 쓰는 법 ························ 241
2-1-2-3 용법의 종류와 활용 ······················· 245

2-1-3 상(용)신의 작용
2-1-3-1 YVWQ와 용법의 성립 ····················· 251
2-1-3-2 상(용)신과 행운 ···························· 254
2-1-3-3 활성기와 상신운 ··························· 260
2-1-3-4 경지의 변화 ································ 264

2-1-4 용법의 적용
2-1-4-1 관살 ··· 268
2-1-4-2 재 ·· 274
2-1-4-3 식상 ··· 277
  2143-1 식상의 유통 기능 ····················· 279
  2143-2 식상의 생육(분산) 기능 ············· 297
2-1-4-4 겁 ·· 294
2-1-4-5 인수 ··· 297
2-1-4-6 천간겁인 ··································· 299

2-1-4-7 적천수용법 ·· 300
2-1-4-8 천간합 ·· 302
2-1-4-9 전왕격, 종격, 일간태왕 ······················ 306

2-1-5 체용(體用) ·· 311

2-1-6 입출상쇄
2-1-6-1 YQ-1, 2 원국의 입출상쇄 ················· 312
2-1-6-2 행운과 입출상쇄 ································ 316

2-1-7 조후용신
2-1-7-1 조후 ··· 318
2-1-7-2 조후의 핵심 ······································ 320
2-1-7-3 이법과 조후 ······································ 321
2-1-7-4 육신별 조후의 예 ······························ 118

2-1-8 상생상극의 유래와 통변
2-1-8-1 스토리화와 메타포와 시퀀스 ············· 326
2-1-8-2 상생 상극의 유래 ······························ 328
2-1-8-3 오행-대운 통변 ································· 329
2-1-8-4 오행 한 글자 해석(통변) ··················· 331
2-1-8-5 육신-태세 월운 통변 ························· 332
2-1-8-6 우리 책의 통변 ································· 333

2-2 실제사주의 예

1-1 관을 쓸 때-신약 340

1-1-1 신약의 살인 관인상생 348

1-2 관을 쓸 때-신강 351

1-2-1 신강-살인 관인상생 354

1-3 재를 쓸 때. 신약 358

1-4 재를 쓸 때. 신강 361

   <생시 모를 때의 자료> "●-22 실제사주"

1-5 식상 쓸 때. 신약

1-5-1 식상 쓸 때. 신약-인수 상신(안정적) 365

1-5-2 식상 쓸 때. 신약-인수가 지지나 지장간 368

1-5-3 식상 쓸 때. 신약-겁 상신 369

1-5-4 식상 쓸 때. 신약하면 식상으로 종 373

1-6 식상 쓸 때. 신강 375

   <간명 시퀀스 택일 자료> "●-30 실제사주"

1-7	양인 건록 월겁을 쓸 때	
1-7-1	양인 쓸 때	379
1-7-2	건록 쓸 때	380
1-7-3	겁을 쓸 때	382

1-8	인수를 쓸 때	386

<식신대살 통변 자료-6. 총론> "●-38 실제사주"

1-9	천간 겁인	
1-9-1	천간이 겁과 인	396
1-9-2	천간이 모두 겁	397

1-10	일간 외 모두 식재관	402

2-1	1-적천수용법(신약)	
2-1-1	1적-칠살 강해 신약	405
2-1-2	1적-재성 강해 신약	406

<1적 신약 통변 자료-6. 총론> "●-50 실제사주"

2-1-3	1적-식상 강해 신약	411

2-2	2-적천수용법(신강)
2-2-1	2적-겁 강해 신강 ·············· 413

<2적 신강 통변 자료-6. 총론> "●-56 실제사주"

2-2-2	2적-인수 강해 신강 ·············· 415
2-3	3-적천수용법 ·············· 234
3-1	정관, 칠살과 천간합
3-1-1	음신관합(陰身官合)-음일간 정관과 합 ·············· 417
3-1-2	양신겁살합(陽身劫殺合)-양간-겁 살합 ·············· 419
3-2	재성과 천간합
3-2-1	양신재합(陽身財合)-양일간 정재와 합 ·············· 422
3-2-2	양신인재합-양일간 정인은 편재와 합 ·············· 423
3-2-3	음신인재합-음일간 편인은 정재와 합 ·············· 423
3-2-4	음신겁재합-음일간 겁재는 편재와 합 ·············· 424
3-3	식상과 천간합
3-3-1	인식합(印食合)-편인은 상관과 합 ·············· 425
3-3-2	인식합(印食合)-정인은 식신과 합 ·············· 425

4-1	전왕격
4-1-1	(곡직격) ……………………………………… 426
4-1-2	(염상격) ……………………………………… 427
4-1-3	(가색격) ……………………………………… 428
4-1-4	(종혁격) ……………………………………… 430
4-1-5	(윤하격) ……………………………………… 432

4-2	종격
4-2-1	(종왕격=종비격) ……………………………… 435

<종왕격 불가 자료 통변-6. 총론> "(●-67 실제사주)"

4-2-2	(종아격) ……………………………………… 435
4-2-3	(종재격) ……………………………………… 437
4-2-4	(종살격) ……………………………………… 438
4-2-5	(윤강격=종인격) ……………………………… 439

4-3	종격이 조후도, 수기도 없고 ……………………… 441

2장 들어가기

● Tip

○YVWQ 공식과 풀이에는 54명(전자책은 72명)의 사주가 용법을 따라 43가지 유형별로 정리되어 있습니다. 모든 사주를 대표하기에 54라는 숫자는 그 표본이 아주 적습니다.
○그러나 그 54명의 경우를 43가지 유형별로 분석하면 결코 부족하다 할 수 없습니다. 지구상에 존재하는 518,400의 모든 사주가 이 43가지 유형으로 집약되기 때문입니다.

실제사주 해석은 신약신강에서 격이 나오고, 격이 행운을 만나서 어떻게 변화해 가는지를 보는 일이다. 아래는 2장 실제사주의 양식이고 그 설명이다.

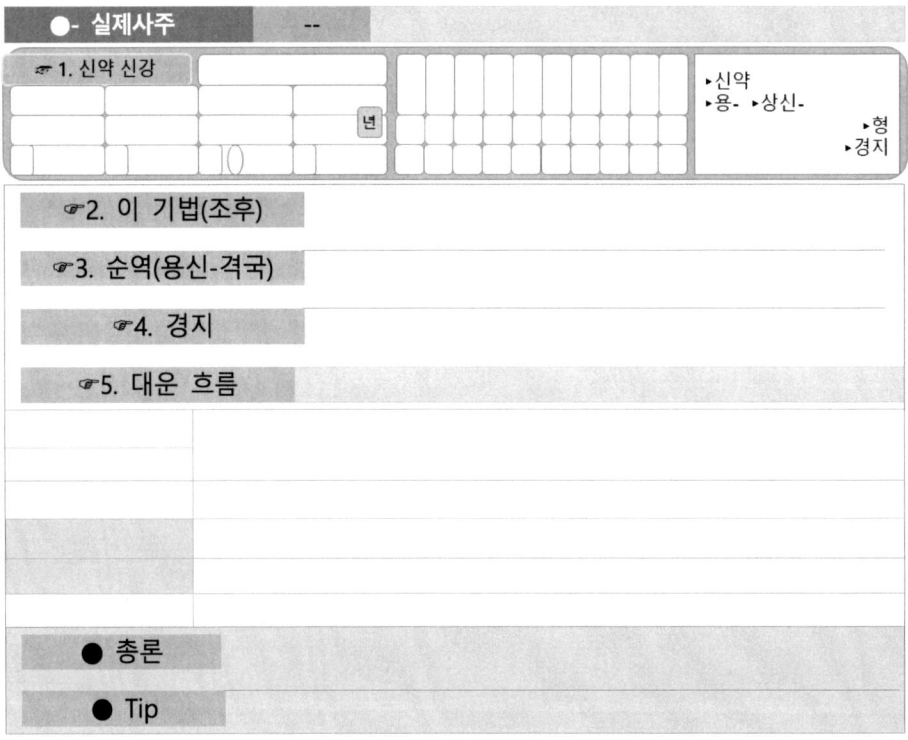

☞ 1. 신약신강

원국 8글자 중 4천간의 뿌리를 바탕으로 YQ-1의 신약신강을 산출하는 과정이다. 그래서 신약 신강의 여부에 따라 최종격의 향배[669]가 드러난다.

---

[669] 2-1-2-2 ●=3 ■3 최종격에 대하여

☞ 2. 이 기법(조후)
 오행 중 경금과 신금 그리고 사계절의 동절기 해자축과 인월, 하절기 사오미와 신월은 조후가 필수다. 우리 책은 이러한 조후를 사주 총량(질량 총량의 법칙)670) 안에서 성격과 함께 육신별로 설명하고 있다.

☞ 3. 순역(격국-용신)
 최종격을 위해서 어떤 용법을 적용할지의 성격(成格) 과정이다. 원국은 성격 후 크게 안정형과 불안정형으로 나뉜다.

☞ 4. 경지
 각의 이론들을 모아 종합적으로 사주 총량(질량 총량의 법칙)을 보는 곳이다.

☞ 5. 대운 흐름
 대운의 간여지동과 개두절각을 통하여 상신 운의 크기를 본다.

● 상(像)
총운 해설과 통변

● Tip
기타 상담 정보

---
670) 3장-4 ■3 ●간명의 원리 ○질량 보존 법칙(質量保存法則)

| 제 2 장 | 실제사주 |

후세 사람들은 나를 '격국론자' '변격론자' 또는 '행운론자'라 할지 모른다. 그러나 아니다. 역술인은 더욱 아니다. 사주명리를 학자적 양식과 양심에 따라 인과관계를 규명하는 일, 즉 생극제화를 수치로 증명하고자 왕쇠를 계량화했을 뿐이다.

그러나 한편으로는 폄하와 비난과 조롱의 대상이 되기도 할 것이며, 그럼에도 불구하고 YVWQ 또한 많은 점술의 유혹 앞에 자유롭지 못할 것이다.

■1. 전통적으로 인생의 흐름을 볼 때 '체'로 네 기둥을, '용'으로는 대운 세운 등 행운을 보아 왔다.671) 대체로 '용' 행운은 보조 개념일 뿐이었다. 예를 들어 연월일시 중 한 기둥에 형 있으면, 그 해당 기둥 15년 동안 형살이 유지된다고 한다.

☐1.이는 하나의 기둥을 15년으로 볼 때 이야기이다. 그러나 형으로 시작할 뿐 15년 동안 일률적이지 않다. 대운 10년이 다르고 해마다 월 일 시 초마다 형이 다르다. 소멸되고 악화되기도 하기 때문이다.

☐2.합충도 마찬가지다. 합충 없어도 생성소멸을 반복하는 것이 사주명리이다.

● 간명의 원리

○1.'체'의 네 기둥은 갓 태어난 벌거숭이 아이 모습입니다. 즉 "「출신(出身)」과 「지위(地位)」" 중 '출신'에 해당될 겁니다.672) 그러나 이것이 출신의 전부가 아닙니다. "세덕(世德)과 심전(心田)"이 전제 되어야 합니다.

○2.그래서 사주원국은 인생의 시작일 뿐입니다. 여기에 자연계의 나선운동 즉 '용' 시간(행운)이 들어가야 비로소 생로병사의 역정을 볼 수 있는데 이는 '지위'에 해당됩니다.

○3.원국은 '세덕'을 뺀 갓난아이나, 이미 성장해버린 지난날의 갓난아이입니다.

○4.사주배합(총량) 즉 순역과 행운 모두를 한꺼번에 공부할 수 없어 단원별로 분리해서 공부할 수밖에 없습니다. 그러다 신살, 공망, 그리고 물상으로 만들어진 일주론과, 합충, 육신만의 두 글자에서 공부를 중단하면 평생 두 글자로 길흉화복을 점(역술)치게 됩니다.

○5.그렇게 몇 글자로 사주가 풀릴 수 있다면 천만다행입니다.

○6.종합하면 "3-1-1-5"의 요약이기도 한데, 사주는 8글자 배합673)에서 나오는 순역과 그 때 마다의 시간(행운)이 각각의 시퀀스를 창출합니다. 그리고 한 점 한 점의 시퀀스가 모자이크674)처럼 모여서 우리들의 인생 역정(歷程)이 됩니다.

---

671) 7-5 서문 "체(근묘화실)만으로 간명이 완성되지 않는다. 용(육신)과 같이 보아야"

■2. 여기 제2장의 실제사주는 YVWQ를 통하여 체용을 동시에 보려는 노력의 일환이다. 행운이라는 우주의 시간[675]을 빼고 원국만 논하는 것은 단원별로 분리해서 공부하는 과정에 불과하다. 이것을 지나치면 넌센스(Nonsense)다.

□1.원국에서 유추한 성격이 평생 유지 될 수 없다. 사람의 성격은 합목적으로 변하는데, 사주명리에서는 행운(성장과 발달, 체험의 시간)을 따라 변한다. 변하지 않는 것은 기질(기력과 체질)인데, 기질 또한 성정 에 의해 다스려진다. 이를 간과하면 전문적 성격 심리검사[676]가 아닌, '체액론과 혈핵형'[677]으로 성격을 보는 우(愚)와 같다. 배합이 아닌 오행 한 글자의 상(像)과 물상으로 보는 성격도 그렇다.

□2.삶의 인사가 한 기둥 십오 년이, 그리고 대운 하나의 십 년이 내내 같을 수 없다. 해마다 월마다 일마다 시간마다 다르다. 그래서 구체적인 변화를 보려면 '제1장'에서처럼 YVWQ 기본영역(원국 대운 태세를 하나의 영역으로 봄) 이상으로 보아야 십오 년, 십 년의 차이가 보인다.

> ● 간명의 원리
>
> ○운명의 사전적 의미는 "인간을 포함하여 모든 것을 지배하는 초인간적인 힘, 또는 그 힘에 의하여 이미 정해져있는 목숨이나 처지"인데, 이는 다분히 철학적 의미입니다.
> ○상생상극에서 기능적 의미의 운(運)은 '옮기다' '돌다' '회전하다' 즉 움직이는 것이 생합을 일으키면 기운이 상승하고, 극 충을 일으키면 기운이 하강하는 생극의 변화[678]를 뜻합니다. 이를 두고 움직이는 것까지 정해졌다고 한다면, 이는 사고의 비약이거나 언어의 유희일 겁니다.
> ○항상 상신이나 용신이 항신(恒神)은 아닙니다. 이 또한 정해진 것이 아니라 움직입니다.-(예-상신, 용신이 적어서 기능을 못하면 성국 되고도 행운에서 방조하는 운에 발복)
> ○일신(일간)도 행운에서 변격되어 종(종격처럼)하는 등 변화가 옵니다.

●=1	54개의 실제사주

---

672) 3-1-2-1 ●=1 『적천수』「출신(出身)」 "세덕과 심전과 산천"
673) 3장 들어가기 2-1 ●=2 배합
674) 5-1-5-3 ■1 "생의 주기별로 붙여지는 모자이크-시퀀스(Sequences)" 도표
675) 2-1-3-2 ●=3 ■3 □5 정리하면 현재 시각은 00년, 0월, 0시, 0분, 0초이다. 혹 한 마디(한 글자)로 0시라고 하면 00년, 0월이 생략된 것이다. 행운의 여러 운도 현재 시각과 같다. 다만 공부 과정에서는 편의상 생략될 수 있어도 실제 간명은 달라야 한다.
676) 3장-1 ■2 ●Tip ■-2 ○3참고로 심리검사의 형식과 해석은 고법명리의 신살과 유사합니다. 고법은 천여 년 전 북송(960~1127)에서 시작된 자평명리보다 훨씬 후진적인데도 말입니다.
677) 3장 들어가기 2-1 ●=3 ■2 ●간명의 원리 ○1 ○2 체액론. 혈액형
678) 5-3 서문 "헤라클레이토스"

우리 책에는 54개(전자책은 72개)의 실제사주가 실려 있다. 주역의 64괘처럼 64개로 의미부여를 할 수도 있겠지만, 분류과정에서 자연스럽게 81개가 되었다. 그중 54개가 수록되었다. 그러니까 518,400개의 사주를 43개 용법별로 범주화하고, 보통사람의 54개 실제사주 사례를 유형에 맞게 분류한 자료이다.

아직 사주간명이 익숙하지 못한 경우 인생의 흐름을 보는데 유용하다. 그래서 신약신강을 산출한 후, YVWQ용법을 따라가면 각각의 사주가 풀리게 된다.

사주명리 간명은 사람의 삶과, 사주팔자와, 사주이론, 이 세 가지가 일치해야 한다. 여기에 실려 있는 실제사주는 평소 심층고급반 교재로 활용되었던 자료로서, 72개 모두 일정한 법칙 즉 YVWQ 메커니즘(Mechanism-사물의 작용 원리나 구조) 안에서 사람의 삶의 현상과, 사주팔자와, 사주이론이 일치한다. 예를 들어 어느 한 이론을 수정하려면 72개 사주와 관련된 현상도 모두 고려해야 한다,

다만 실제사주를 활용하는데 있어서 자료 제공자의 동의는 물론이다. 그럼에도 불구하고 예의상 사생활 보호를 위해 개인 정보의 노출을 가급적 최소화 하였다.

> ● Tip
> ○그러나 이러한 노력에도 불구하고, 자신의 사주정보를 보면서 혹시 서운해 하는 분이 계신다면 거듭 정중하게 사과드립니다.

●=2　맥락적 접근

YVWQ는 독립된 사주이론이 아니다. 고전의 이론을 토대로 수치를 활용하는 것 제외하면 정통 자평명리학에 충실한 간명 기법의 하나이다.

그래서 기존의 기초적이고 기본적인 사주명리를 2~3년 공부한 후 YVWQ를 활용하기 권한다.

■1. 기초의 예를 들자면,
□1.편인은 대략 기술과 예술-임기응변-다재다능-가난-세상 공부, 인생 공부-감성적, 신앙적으로 표현된다.

기술직은 노동의 한계, 예술은 수요의 한계로 가난, ▶그러나 기술 예술은 임기응변에 뛰어나고, ▶뛰어나니 다재다능, ▶재주 많은 사람 가난하고, ▶가난하면 학교 못가니 세상에서 고생하며 인생 공부하게 되고, ▶공부가 힘들다보니 신앙으로 위로받고 그 결과 이성적[679]이기보다 감성적이다.

□2.편인을 어떠한 사주는 가난, 또 다른 사주는 인생 공부로 서술되었다고 그 사주에만 국한 되는 것이 아니다. 편인하면 위에서 나열한 편인의 세계가 전두엽에 파노라마처럼 떠올려져야 한다.

■2. 과다와 삼 방합도 그렇다. 비겁이 강해야만 고집불통인 것이 아니다. 모든 오행의 과다가 소통되지 못하면, 고집불통, 활동장애, 욕구불만, 한량 백수 대살, 매사난망이다. 오히려 삶의 현상은 삼재팔난 중 팔난(손재, 주색, 질병, 부모, 부부, 형제, 학업, 관재)에 기인한 부분이 크다. 다시 말해서 활동장애는 질병이나 부모로 인하여 아니면 관재 때문에 올 수 있는데 다른 예도 마찬가지다. 즉 신살을 신봉하는 것이 아니라, 신살적 요소와의 동질성을 활용하는 것이다.

■3. 또한 앞서 언급680)하였듯이 사주해석은 50페이지 셋째 줄을 옮겨와서 되는 일이 아니다. 위에서 말한 상과 물상도 다음 나오는 원류 원두와, 상생 상극의 통변과 함께 같은 자리에서 활용된다.
  동양학 특히 통변은 은유와 비유 즉 메타포(Methaphor)681)로 이루어지기 때문이다. 그렇다고 자평진전, 적천수, 난강망 등의 전통적 사주 이론을 벗어나는 자의적인 해석은 경계해야 한다.

---

679) 3-2-4-3 ●=1 ■2 "겁 식 재는 형이하학적(물욕의 자리)인 내 뜻대로가 되고, 관(조직의 쓴 맛)을 지나 인수에 이르면 하늘의 뜻(우주의 섭리)을 알 수 있는 형이상학적(정신 즉 이성적이거나 신성)인 성숙의 자리가 된다."
680) 3장 들어가기 2-1 ●=3 ■2 "신의 한 수"
681) 3장 들어가기 1-3 ●=2 문자의 한계

2-1	해석의 묘

2-1-2	용어와 용법

 자평명리학의 핵심은 중화(中和)와 조화(調和)인데 이는 생극의 선택682)으로 이루어진다. 이러한 생극의 역할을 수행하는 신(神=오행)의 용어가 자평용법에서는 상신, 적천수용법에서는 용신이 중화신이자 조화신이다.
 조화신에는 크게 상신(저울)683), 조후(이 기법-계절)684), 수기(수기유행-왕한 것을 설기)685)가 있고 최종격686)은 상신에서 나온다. 작게는 강왕한 것을 억제하고 약쇠를 부조하는 생극 통관 등 모든 중화의 행위가 조화신이라 할 수 있다.

2-1-2-1	용어의 혼돈과 정돈

●=1	용법의 종류

 우리 책에서 쓰는 용법은 대체로 두 가지인데, ▶자평용법과 ▶적천수용법이 그 것이다. 어떤 면에서 적천수용법은 처음에 접근하기 쉬운 장점이 있다. 그러나 곧 한계에 도달할 수밖에 없고 그 때는 자평용법에서 영감을 얻어야 한다. 또한 각각의 용법은 일관성이 유지되어야 한다. 어떤 용법을 쓰든지 하나의 사주와 삶의 결과가 같아야 한다.

●=2	용어의 혼돈

 용신이라는 단어의 혼돈은 명나라 초기 『적천수』 때로 추정한다. 이때부터 자평용법의 상신이 사라지고 신약하면 인비, 신강하면 식재관이 바로 용신이면서 조화신이 된다. 그러나 아니다. 자평과 적천수는 용신의 개념이 다르다.

> ● Tip
> ○명 건국 초기에 나라의 기틀을 세우는 과정에서 사주명리의 체계도 쉽게 재정비되는 것으로 추리 할 뿐,『적천수』에서 상신이 사라진 점에 대한 정확한 언급이 없습니다.
> ○어떻든 이후부터 조화신에 대한 용어의 대 혼란이 발생합니다. 그래서 우리 책은

---

682) 2-1-2 서문 자평명리학의 핵심은 중화(中和)와 조화(調和)인데 이는 생극의 선택으로 이루어진다.
683) 3-2-1-2 ●=1 ●간명의 원리, "저울"
684) 2-1-7 조후용신. 3215-2 조후 용신
685) 1-2-1-2 서문 "수기유행(秀氣流行)". 2143-1 ●=1 ■1 □ 수기는 설기구(洩氣口), 통기구(通氣口), 통풍구(通風口)이다. 3213-3『적천수천미』"생육(生育)하고 유통하니" 수기유행(秀氣流行)
686) 2-1-2-2 ●=3 ■3 최종격에 대하여

『자평진전』과『적천수』원전 그대로 서술하고 있습니다. 즉 ▶자평용법은 저울판의 반대편에 있는 저울추 조화신(최종격)을 '상신', ▶적천수용법은 '용신'으로 구별합니다.

아래 도형에서 보듯이 용신과 상신과 희신은 서로 별개의 개념[687]이다. 상신이 용신을 보조하거나 돕는 희신의 개념이 아니다. 다만 자평신강에서 식재관을 단독으로 쓸 때는 용신과 상신이 같을 수 있다.

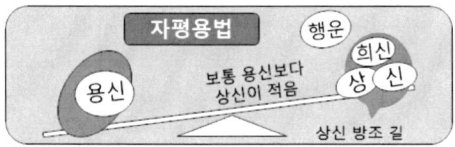 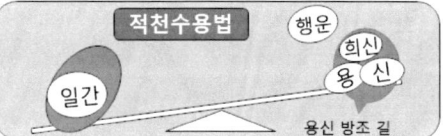

> ● 간명의 원리
> ○사주 배합의 구조는 저울대, 저울판, 저울추의 저울[688]과 같습니다.
> ○자평용법에서는 일간은 저울대, 용신이 저울판, 상신은 저울추가 됩니다.
> ○적천수용법은 일간이 저울대, 신약신강이 저울판, 그리고 용신이 저울추가 됩니다.
> ○사주 완성도는 저울의 형평에서 나오는데, 형평이 가장 조화로운 때가 활성기입니다.

■1. 용신(用神)
□1.자평 용신-월령에서 천간에 투출한 오행을 말한다. 투출했으니 중(重)하고 강왕(强旺)하다.
□2.적천수 용신-신약하면 인비로 일간을 생 방조하고, 신강하면 식재관으로 일간을 설기시키는 오행을 말한다.

■2. 상신과 희신
□1.자평은 상신이 조화신이다. 중(重)하고 강왕한 용신(투출한 월령)을 신약신강에 따라 중화 시키는 오행을 말한다. 자평에서 용신이 격이 되는 것은 상신의 중화가 있었다는 뜻이다. 즉 상신이 없으면 격이 성립되지 않는다. 그리고 우리 책에서는 용신을 조절하는 상신이 격이 된다.

> ● 간명의 원리
> ○1투출한 용신(저울판)이 가장 중(重)하니 상신(저울추)은 적을 수밖에 없습니다.
> ○2그래서 행운에서 상신이 생 방조될 때 무거운 용신과 저울의 비중이 같아집니다.
> ○3혹시 용신을 격으로 부르고 싶다면 그럴 수 있습니다. 다만 상신이 활성화되는 때

---
687) 5-1-3-2 서문 "상신과 용신의 원리"
688) 3-2-1-2 ●=1 ●간명의 원리, "저울"

> 용신도 활성화 됩니다. 신강은 용신과 상신이 거의 같기 때문에 차이가 없습니다.
> ○4그러나 신약은 용신 운이 오면 사주가 더 악화됩니다. 상신 운이 와야 중화 발전됩니다. 이 혼란이 용신은 맞지 않다고 무용론[689]을 키운 점이기도 합니다.
> ○5우리 책은 이러한 악화되는 혼란을 피하고자 상신에서 격이 나오고 상신 운이 발전기 상신을 생 방조하는 운이 절정기가 됩니다.

□2.적천수 희신(있으면 좋고 없으면 가난)은 용신을 돕는 오행을 말한다. 용신이 적을 때 생 방조하는 오행이다.

■3. 격

 자평의 상신이든 적천수의 용신이든 조건이 완성되었을 때 격이 완성된다. 용했다고 모두 격이 아니다.

> ● 간명의 원리
> ■자평진전
> ○예)-식신격이라는 것은 식신이 용신인데 원국의 어디에서인가 상신이 보필하고 있으니 식신격이 완성되었다는 말입니다. 즉 상신이 성격의 조건이 됩니다.-(참조 3-2-1-2)
> ○우리 책 YVWQ에서는 한 글자로 성격되는 상신(조화신)이 격의 이름이 됩니다.
> ○식신용식신격은 용신이 식신이고 상신도 식신인데 이는 신강에서 나오는 말입니다.
> ○만약 신약이라면 식용인수격이나 식신용겁격이 될 겁니다.
> ■적천수
> ○신약한지 신강한지가 성격의 조건입니다. 신약은 인비, 신강은 식재관이 용신입니다.
> ■결론
> ○적천수용법이 더 쉬워 보이지만 결론은 신약신강의 판별입니다. 또한 왕한 것을 다스리는 것은 즉 인수가 왕하면 재로 재극인 하는 등 두 용법이 같습니다.
> ○그래서 우리 책의 신약신강 판별법을 꼭 숙지하기 바랍니다.

---

[689] 2-1-2-3 ●=3 ■3 □3 1)상신의 생을 받는 최종격은 복합어(파생어, 합성어) 개념이다. 그래서 "식상생재격"처럼 식 상신과 재 최종격의 이름을 같이 불러준다.

| 2-1-2-2 | 용신(용법) 쓰는 법 |

여기의 용신은 자평진전의 상신이 나오기 전을 말하고 적천수용법의 희신과 유사하다. 원국 8글자 배합 중에서 가장 강한 오행이 용신이다.

이러한 강한 용신을 어떻게 써야하는지 방법론 중의 하나가 우리 책 제2장의 "3 순역"에서 "용하면"이라는 말이다.

| ●=1 | 고전에서의 용신 |

■1. 용신 쓰는 법에 대하여 『자평진전』의 심효첨 선생은 「논용신(論用神)」에서 "재관인식(財官印食)은 길한 용신이니 순용(順用)하고, 살상겁인(殺傷劫刃)은 선하지 않으니 역용(逆用)한다."690)라고 서술했다. 즉 재성 정관 정인 식신은 좋은 것이니 생하고, 칠살 상관 겁재 양인은 흉하니 극으로 다스린다는 말이다. 이를 우리 책과 대비하면 재관인식을 생(순용)하는 것은 신강인 경우이고, 살상겁인을 극(역용)하는 것은 신약에 해당된다.

만약 이 문장만으로 순용과 역용의 정의가 끝난다면, 좋고 흉하고의 고정관념 자체가 신살(체상)691)과 같은 구법적(고법명리) 발상이 되고 만다. 길신과 흉신을 처음부터 정해진 것이 아니기 때문이다.692)

> ● 간명의 원리
>
> ○훗날 서락오 선생은 『자평진전평주』에서 부(扶)와 억(抑)으로 생과 극을 표현합니다.
> ○부는 생이고 억은 극인데 ▶이것을 합쳐서 부르면 '억부용신'이 됩니다. ▶생으로만 이루어지면 '전왕용신'과 '통관용신'이 되고, ▶부축(부조=생)하는 것을 상하게 하는 것이 있을 때 이를 억제하는 것이 '병약용신'입니다.
> ○이 네 가지 용신의 개념(생극의 개념)은 바로 용신 쓰는 법이 되는데, 기후를 조절하는 조후용신을 포함하면 다섯 가지가 됩니다.693)

■2. 생하고 극하는 것에 대하여 임철초 선생은 『적천수천미』「질병(疾病)」에서 "왕신(旺神)이 태과한 것은 마땅히 설(洩)하고, 태과하지 않으면 마땅히 극(剋)한다."694)라고 말한다. 그 이유를 본문의 바로 앞 문장에서 "왕신을 강제하면 노(怒)하니 왕신은 손상되지 않고, 그 대가로 약신이 도리어 손상받는다."는

---

690) 재관인식 차용신지선이순용지자야 살상겁인 용신지불선역용지자야 (財官印食 此用神之善而順用之者也 煞傷劫刃 用神之不善逆用之者也)
691) 3장 들어가기 2-1 ●=3 망령과 신살, "체상"
692) 3-2-6 ●=2 ■1 "길신과 흉신이 무조건적으로 고정"
693) 6-2-1-2 용신(用神)의 종류
694) 왕신태과자의설, 불태과의극 (旺神太過者宜洩, 不太過宜剋)

말로 설명한다.
　이는 우리 책의 동일 오행이 3개 이상일 경우 설기(예-겁생식상, 식상생재)로 다스리고, 3개(예-삽합) 미만은 극으로 다스리는 근거이기도 하다.695)

●=2	용신의 선택

　용신의 선택은 상신으로 이어진다. 용신만으로 격이 성립되지 않는다. 상신이 나와야 최종격이 완성되기 때문이다.

■1. 용신은 지지에서 사령(투출)해야 한다.
『자평진전』「논용신변화(論用神變化)」에 "용신은 월령을 기준하여 정한다. 그러나 월령의 지장간은 한 개만 있는 것이 아니다. 용신의 변화는 이 때문이다."696)
　정리하면 월지를 용신으로 정하면 용신의 변화가 없다는 뜻이다. 변화의 원인은 월지 지장간(월률분야)으로부터 투출을 용신으로 정하기 때문이라는 말이다.

> ● 간명의 원리
>
> ○우리 책 '2-1-6' 서문에 "만약 갑목 일주가 유월 출생하면 정관격인데,"라고 나옵니다. 여기 정관격이라는 말은 월지(=제강) 정관이 용신 격국이라는 말입니다.
> ○이는 어쩌면 용신 격국 공부에 강박을 불러 왔던 말이기도 합니다. 그러나 일간을 중심으로 나머지 글자를 배합으로 보지 않고, 공부의 편의를 위해 갑목과 유금 두 글자를 보면 그렇다는 말이니 강박에서 벗어나기 바랍니다.
> ○그 답을 천간 투출이 아니면 기능을 못하는 것을 아래 사령에서 찾을 수 있습니다.
> ○우리책 '3221-1 ■3' 『적천수천미』「월령(月令)」에 "▶지지의 인원(人元)은 반드시 천간의 인도를 얻어야 하고, ▶천간의 용신은 반드시 지지에서 사령(司令)하여야 한다."라고 하는데 인도와 사령은 투출과 의미가 같습니다.

■2. 용신과 월령 투출
■1) 자평용법-가장 수치가 높은 것을 용신으로 용한다.
□1.아래(백향)는 월간과 시간에 월령이 투출하였다. 정화가 을목보다 강하니 정화를 용신으로 용한다.

●-33 실제사주	1-6	3-3-2

---
695) 2149-1 ■1 이는 우리 책 2~3개 미만은 과다, 3개 이상이면 태왕(태과)이 되는 근거가 된다.
696) 3-2-1-2 ●=3 ■1 월령 투출 "변화무쌍한 용신"

☞ 1. 신약 신강	여. 백향 통신			100	9 0	8 0	7 0	6 0	5 0	4 0	3 0	2 0	1 0	▸3-자평식 쓸 때 신강
을300	을240	정480	임120		정	무	기	경	신	임	계	갑	을	병	▸용-정 ▸상신-식상생재
유	해	미	인 년												▸34경계인
포 경신	사 무갑임	양 정을기	왕 무병갑		유	술	해	자	축	인	묘	진	사	오	▸4분지형

□2.아래(행정부장) 병 갑이 투출하였다. 역시 수치가 큰 갑을 용신으로 쓴다.

●-18 실제사주	1-3			3장-3 ■3 사주총량과 실제사주 자료

☞ 1. 신약 신강	남. 병원 행정부장			9 6	8 6	7 6	6 6	5 6	4 6	3 6	2 6	1 6	6	▸2-자평재 쓸 때 신약
병320	경60	신120	갑420	신	경	기	무	정	병	을	갑	계	임	▸용-갑 ▸상신-수목
자	오	미	진 년											▸34경계인
사 임계	욕 병기정	관 정을기	양 을계무	사	진	묘	인	축	자	해	술	유	신	▸ 인고형

□3.아래(전교일등) 월지에서 갑목이 투출하였다. 강한 갑목이 정을 생하니 정을 용해야 한다고 무수히 많은 질문을 받은 사례이다.
 1)그러나 신약하니 갑이나 정을 용해도 경금이 상신인 것은 같다. 무엇을 용해도 금 상신(인입)이 상승해야 한다.
 2)만약 신강이라 한다면 정 재가 적어 갑 식상의 생을 받는 재격이 된다.[697] 이는 인출 안에서의 변화이기 때문에 너무 정 갑에 예민하지 않아도 된다.

●-24 실제사주	1-5-1			3-2-2-1 왕쇠>●=2 십이운성. 자료

☞ 1. 신약 신강	여. 강남 전교일등			100	9 0	8 0	7 0	6 0	5 0	4 0	3 0	2 0	1 0	▸3-자평식 쓸 때 신약
경160	계300	정240	갑400		정	무	기	경	신	임	계	갑	을	병	▸용-갑 ▸상신-경
신	축	묘	신 년											▸귀인
사 무임경	대 계신기	산 갑을	사 무임경		사	오	미	신	유	술	해	자	축	인	▸1이상형

■2) 적천수용법은 월령 투출이 없을 때 쓴다.
□1.아래(정형외과 교수) 경금 일주는 겁인(무경) 인입보다 식관(계정이) 인출 강해 신약이다. 적천수에서는 상신이라는 말을 쓰지 않는다. 어떻든 인입(겁인) 용신(자평용법에서는 상신)이 상승해야 한다.

●-53 실제사주	2-1-3			3-2-3-1> ●=3 ■2. 천간충 자료

☞ 1. 신약 신강	남. 정형외과 교수			9 8	8 8	7 8	6 8	5 8	4 8	3 8	2 8	1 8	8	▸1-적천수 쓸 때 신약
무120	경80	계240	정240	계	갑	을	병	정	무	기	경	신	임	▸용신-무 ▸희신-금
자	자	묘	유 년											▸평상인
사 임계	사 임계	태 갑을	왕 경신	사	오	미	신	유	술	해	자	축	인	▸1이상형

---

697) 2-1-4 ■3 □2 관살 상신-관 약해 재 상신의 생 받아도 최종 관살격. 관 상신 강해도 최종 관살격. 다만 관생인이 아니어야하고 재의 생이 없으면 단독(평상인)으로 관살격.

□2.아래(미미 광고) 임수 일주는 겁인(계경) 강해 신강이다. 그래서 정 용신(자평 용법에서는 상신)이 상승해야 한다.

●-58 실제사주			2-2-2						3-2-3-2 ●-6 ●=4 자료				
☞ 1. 신약 신강			여. 미미광고		9 5	8 5	7 5	6 5	5 5	4 5	3 5	2 5	1 5	▶2-적천수 쓸 때 신강 ▶용신-정 ▶희신-목
경160	임120	계240	정240	년	계	임	신	경	기	무	정	병	을 갑	▶34경계인 ▶2이상형
술	진	묘	유		축	자	해	술	유	신	미	오	사 진	
관 신정무	묘 을계무	사	갑을	욕	경신									

●=3	용신과 행운

■1. 위에서 말한 용신이라는 말은 용신운(행운)과 그 개념과 기능이 다르다. 『자평진전』「논재취운론(論財取運)」에 "재왕생관이 되었다면 신왕운과 인수운이 좋고, 칠살과 상관운은 좋지 않다."고 나온다.698) 여기의 "신왕운과 인수운이 좋다."는 말과, "칠살운과 상관운은 좋지 않다."는 말은 서로 상반되는 개념으로 신약을 의미한다.

즉 신약하면 겁인의 생이 좋다는 운을 우리 책은 상신운이라 한다. 그래서 여기 용신과 행운은 다음 "2-1-3-2 상(용)신과 행운"으로 이어진다.

■2. 즉 상신은 용신(회췌지점)699)을 생(순용)하거나 극(역용)하는 기능을 한다. 그래서 상신을 생하는 행운이 올 때 상신도 용신도 기능이 극대화된다.700) 이것이 용신 쓰는 법이다.

어떻든 생이나 극을 쓰는 것은 사람이 인위적으로 정하는 것이 아니다. 일간의 신약과 신강을 바탕으로 태과하면 생(순용)하고, 과다하면 극(역용)을 쓰게 되는 것이 자평 명리학의 전체적인 맥락이다.701)

---

698) 2-1-2-2 ●=3 ■1 "재왕생관이 되었다면 신왕 운, 인수 운이 좋고, 칠살과 상관 운은 좋지 않다."
699) 2-1-1 ●=1 ■3 "회췌지점(會萃之點)"
700) 2-1-3-1 ●=1 ■3 □2 특히 상신운에는 상신의 결함(분산)도 구응되어 경지가 하강하지 않는다.
701) 2-1-2-2 ●=1 ■2 "왕신(旺神)이 태과한 것은 마땅히 설(洩)하고, 태과하지 않으면 마땅히 극(剋).

| 2-1-2-3 | 용법의 종류와 활용 |

일간과 배합702)에서 용신이 나오고 용신에서 상신이 나오고 상신에서 최종격이 나온다. 이 중에서 용법이란 용신에 맞는 상신을 적용하는 일이다.

용신과 상신의 작용에는 억부(抑扶)의 원리가 있는데 억부는 생극의 또 다른 말이다. 이러한 생(부)과 극(억)의 선택은 과다와 태과에서 비롯된다.703)

| ●=1 | 용법과 저울의 원리 |

자평용법과 적천수용법 모두 억부에 기반을 두고 있는데, 모두 일간의 중화를 이루는 목적은 같다. 다만 조화신이 용신인지 상신인지 용어에 차이가 있다.

(1) 2, 3-자평용법에 4, 5-용법이 있고 4, 5안에 1, 2, 3-용법이 들어 있다.

(2) 신약신강 분류가 끝나면 쓸(용=월령투출) 것을 본다. 월령 투출이 없으면 적천수용법을 사용한다.-(2-1-3-4 용법의 성립 참조)

(3) 용신의 용처를 따라 가면, 생과 극의 방법에 따라 51개 상신을 도표로 만나게 된다.

(4) 이는 용신(저울판)과 상신(저울추)에 대한 형평의 원리를 저울 즉 갠트리 크레인 (Gantry Crane. 저울대)로 형상화한 것이다.

(5) 사주와 삶이 안 보일수록 우리 책의 이러한 순서를 따르는 것이 유망하다. 간명이 미숙할수록 더욱 그렇다.

> ● 간명의 원리
>
> 저울704) 이야기는 『삼명통회』「연월일시」에 나옵니다. 당나라 이허중은 이렇게 설명합니다....(중략). "예를 들어 저울에 비긴다면 연은 저울 고리로 물체를 낚을 수 있으며, 월은 단추 끈 같아서 물체를 들어 올릴 수 있고, 일은 저울 신체니 조금도 차이가 없다."라고 나옵니다.

■1. 자평용법

□1. 상신이라는 용어는 자평용법에만 있다.705) 자평용법의 저울 한 쪽 용신이고 반대편 상신이다. 천간에 투출한 월지의 월률분야 즉 월령 중에서 용신이 나오고

---

702) 3-1-1-5 ●=2 행운의 성격과 변격 "운과 배합하면 격이 이루어지기도, 격이 변하기도 한다." 3-2-3 서문 "배합의 문제"
703) 2149-2 ■3 ■2) □1 용법 선택-과다는 극 먼저, 태과(태왕)은 설기(수기) 먼저
704) 3-2-1-2 ●=1 ●간명의 원리, "저울"
705) 2-1-4 용법의 요약. 3-2-1-2 ●=1『자평진전』의 용신과 상신

신약 신강에 따라 반대편에 상신이 있다.
☐2.용신(저울판)은 일간이 믿고 일을 맡기는 비서와 같다. 말 그대로 용은 쓸 용(用)이니 비서를 쓰는 일이다. 그러나 비서가 최종격은 아니다. 비서는 곧 갠트리 크레인(Gantry Crane)이라 불리는 '골리앗 크레인'이다.
☐3.상신(저울추)은 크레인이 일을 잘하도록 형평(중화신)을 유지하는 작용(상호대대 상호보완 상호순환)706)을 한다. 그래서 저울추(상신)가 없으면 저울이 기울어져 용신(저울판)이 무용지물 독산고목이다. 그래서 격이 성립되지 않는다.

■2. 적천수용법707)
■1) 용어를 정돈하자면 적천수용법에는 상신이 없다.

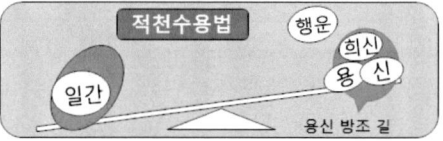

☐1.투출한 월령을 따지지 않고 저울 한쪽의 일간이 신약하면 반대편에 인비, 저울 한쪽이 일간이 신강하면 반대편의 식재관이 용신(조화신)이다.
☐2.그래서 쉬울지 모르지만 쉽지 않다. 즉 과다하면 극하고, 태과(태왕)하면 설해야 하는 것은 기본이다. 따라서 자평용법의 원칙을 적용하는 것은 같다.
☐3.특히 식상은 수기와 분산(생재, 대살)으로, 관살은 관과 관생인(관인통관)으로 쓰이는 경우가 다른 것 또한 자평용법과 같다.708)

■2) 희신의 존재와 용어의 혼란
☐1.적천수용법에서 용신이 적으면 희신이 용신을 생 방조해야 되는데, 용 희신 단어의 사용과 구별이 모호하다.
☐2.어떻든 적천수용법의 희신은 용신의 보조 개념이지만 실제 희신운이 와야 용신이 제대로 작동한다. 우리 책의 발전기 절정기 개념과 같다.
☐3.그래서 희신이 없는 경우 자평처럼 용신 단독으로 쓰고 경지가 하강한다.

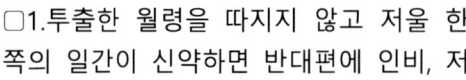
●=3   용신(용법) 쓰는 법

■1. 용법의 요약
☐1.일간과 배합의 결과 가장 강한 오행이 용신이고 여기에서 상신이 나온다. 그리고 상신을 도출하는 원리는 탈식, 파재, 득겁(겁으로 대항), 극겁, 극인 등이다.

---
706) 5-1-3-3 음양의 작용
707) 2-1-4 ■1 용법의 요약. 3-2-1-2 ●=2 『적천수』와 용신
708) 2143-1 ●=2 ■1 수기식상격

신약	신강
식상 용신 강해 신약-탈식하는 인수 상신	겁 용신 왕해 신강-극겁하는 관살 상신
재성 용신 강해 신약-파재하는 겁 상신	인수 용신 강해 신강-극인하는 재 상신
관살 용신 강해 신약-겁 상신(겁으로 대항)	

☐2.이를 더 세분화 하면 아래 자평용법과 적천수용법이 된다.

■2. 용법의 종류
☐1.자평 용신과 용법

	용신	상신	원리
신약	관살 쓸 때 신약	겁인	신약 관살은 겁으로 대항, 인수는 차선
	재 쓸 때 신약		겁으로 파재, 인수는 차선
	식상 쓸 때 신약		인수가 탈식, 겁 쓰려면 무정
	겁 쓸 때 신약		겁인이 생 방조
	인수 쓸 때 신약	인 관살	인수 방조나 관살 통관되거나
	일간 외 모두 식재관	겁인	겁 방조, 인수 생조

	용신	상신	원리
신강	관살 쓸 때 신강	식재관	식신대살(식신제살), 극겁 / 관 적으면 재생관, 없으면 관살 단독
	재 쓸 때 신강	식관	재 적으면 식상생재, 크면 재생관
	식상 쓸 때 신강	재	식 적으면 겁생식상, 크면 식상생재
	겁 쓸 때 신강	관살	극겁
	인수 쓸 때 신강	재	재극인
	천간겁인	재관식	과다는 극, 태과(태왕)는 설기
	천간합		
	종격, 일간태왕, 신강수기	종 상승	이미 태왕하니 수기(식상)우선

☐2.적천수용법

	일간	용신	원리
신약	관살 강해 신약	인비	관살은 겁으로 대항, 인수는 차선
	재 강해 신약		겁으로 파재, 인수는 차선
	식상 강해 신약		인수가 탈식, 겁 쓰려면 무정
	일간 외 모두 식재관		겁 방조, 인수 생조

	일간	용신	원리
신강	겁 강해 신강	관살	식신대살, 극겁
	인수 강해 신강	재	재극인
	천간겁인	식재관	과다는 극, 태과(태왕)는 설기
	천간합		
	종격, 일간태왕, 신강수기	종 상승	이미 태왕하니 수기(식상)우선

■3. 최종격에 대하여

☐1.최종격은 상신에서 나오는데 종격의 수기와 같은 유통 개념이다.709)
　1)그러나 십정격의 상신은 물이 끓기 전이니 증기가 통풍구로 새지 않고 모아져야 한다. 그래서 최종격보다 상신이 더 중요하다.710)
　2)반대로 수기는 물이 끓어 배출되는 증기로 동력을 얻는 증기기관이다.711)

☐2.최종격은 종격의 수기처럼 격을 정하는데 쓰인다.
　1)상신이 정해지면 최종격은 격의 높이(경지)를 나타내는데 쓰인다. 따라서 최종격으로 격을 정하지만 상신의 상승과 하강에서 호사가 나온다.
　2)이는 종격의 경지인 수기가 종보다 하강해야 하는 것과 다르다.
　3)상신이나 최종격이 지장간에 있으면 평상인에서 시작한다. 어느 쪽이든 발용되기 전에는 나머지도 그때까지 작동을 못하기 때문이다.
　4)상신과 최종격은 일간과 상신처럼 서로 유정해야 한다. 그래서 최종격은 일간을 떠나 상신을 중심으로 유정과 무정(타지 포함)으로 경지를 정한다.

☐3.최종격은 신강에서 통용되는데 상신이 향하여 머무는 곳이다.712)

> ● 간명의 원리
> ○인입의 인수와 겁이 흘러서 일간에 머물지만 일간을 최종격이라 하지 않습니다.
> ○그러나 인출의 최종은 일간처럼 한 곳이 아니고 식상은 흘러서 재로, 재는 관, 관은 인수로 흘러갑니다. 이때 흘러가는 곳이 수기와 같은 개념의 최종격입니다. 713)

　1)상신의 생을 받는 최종격은 복합어(파생어, 합성어) 개념이다. 그래서 "식상생재격"처럼 식 상신과 재 최종격의 이름을 같이 불러준다. 재생관살도 같다.
　2)용신과 상신을 같이 부를 때도 '식상용재격'처럼 앞은 용, 뒤는 격이 붙는다.
　3)상신이 원국에 없으면 단독으로도 불러 줄 이름이 없다. 그래도 불러 준다면 가상의 격이 된다.-('●-50 실제사주'. 겁격인데 원국에 겁이 없음)

☐4.최종격이 없는 경우
　최종격은 상신에서 나오는데 없을 수도 있다.714) 없으면 상신 단독 격이 되고

---

709) 2143-1 ●=1 ■2 ☐1 수기는 위 '자' '묘'처럼 설기구(洩氣口), 통기구(通氣口), 통풍구(通風口)이다.
710) 2-1-3-4 ●=1 ■3 따라서 상신 행운에는 수기가 중요하지 않다. ☐1 저울의 가벼운 쪽에 있는 약한 상신(질)의 기운을 상신운에 더욱 응집시켜야 하기 때문이다.
711) 2143-1 ●=1 ■1 ☐2 ●간명의 원리 ○2 물을 끓일 때 주전자 뚜껑의 증기 배출구(통기구)가 없으면 증기가 폭발할 수 있습니다. 기운이 몰리면 종격인데 수기 없으면 폭발하는 주전자가 됩니다.
712) 2-1-3-3 ●=3 ■3 ☐2 1)식상생재격은 식상 상신이 절정기, 재 최종격이 발전기다. 재생관살격도 같다. 2)재 없는 식상이나 관살 단독은 식상 관살 절정기, 인출 상승이 발전기다.
713) 2-1-2-1 ●=2 ■2 ☐1 ●간명의 원리 ○3 "용신을 격으로 부르고 싶다면", ○4 "용신 무용론"
714) 2-1-3-4 ●=1 ■3 따라서 상신 행운에는 수기가 중요하지 않다. ☐1 저울의 가벼운 쪽에 있는 약한 상신(질)의 기운을 상신운에 더욱 응집시켜야 하기 때문이다.

평상인에 시작한다. 그러나 종격은 최종격인 수기715)가 꼭 있어야 한다.

■4.아래는 『자평진전』에서의 최종격을 요약 정리한 자료이다.
□1.상신이 적으면 스스로 생을 받아야 하고, 크면 최종격을 생한다. 자평용법의 상신이 적천수용법에서는 용신이다.

신약	신약은 겁인이 바로 최종격(겁격, 인수격)
신강	식상 상신-식 약해 겁 생 받아도 최종 식상격. 식상 상신 강하면 최종 식상생재격 재 상신-재 약해 식 상신의 생을 받아도 최종 재격. 재 상신 강하면 최종 재생관격 관살 상신-관 약해 재 상신의 생 받아도 최종 관살격. 관 상신 강해도 최종 관살격. 다만 관생인이 아니어야하고 재의 생이 없으면 단독으로 관살격. 최종격 없으면 식재관 단독으로 격(평상인)

● 간명의 원리

○수기식상격과 종왕격에서 겁생식상은 겁이 상신이고 식상이 수기(최종격)라는 뜻입니다.716) 그러나 이때는 신약과 종격을 수기를 따라 식상이라 하지 않습니다.
○신강에서 재생관(재 상승하면 당연 관도 상승)의 재가 상신이면 관이 최종격입니. 즉 재 상신이 흘러 재생관격이 되듯이 실제 최종격은 신강 식재관 상신에서만 나타납니다.717)

□2.상(용)신을 생하거나 설기하는 오행 없으면 상(용)신 단독으로 최종격이다.

1)만약 상(용)신 식상이 적으면 겁의 생(희신)을 받아야 하는데 겁이 없어도	2)상(용)신 식상이 생 하는 오행(재)이 없어도
1), 2) 모두 크든 적든 상(용)신이 단독으로 ▶ 최종격-(나머지 재관도 동일)	

□3.통관 시키는 오행은 상신이자 최종격이고 파격되면 그 기능을 잃는다.

겁재통관의 식상이 상(용)신이면 ▶ 식상격	재를 겁이 근접 파재 하면 파격

■5. 정리하기
□1.격을 정하는 최종격은 상신의 끝이다.
 1)최종격은 응집 즉 상신에서 피어나고 맺히는 꽃이자 열매이다. 나무의 기운이 작은 꽃으로 응집되고 열매가 되듯이 상신에서 피어난 최종격도 그렇다.
 2)그래서 상신은 "2-1-8-3 ●=2 ■2 극(소통)으로 얻어지는 기쁨"이다.718)

---

715) 2143-1 ●=1 ■1 □2 ●간명의 원리 ○1 "수기는 수증기로 동력(에너지)을 얻는 증기기관"
716) 2-1-4-3 ■1 □2 "수기(유통)는 종격, 전왕격, 일간태왕이나 일간(겁)과 근접한 식상을 말한다."
717) 2-1-2-1 ●=2 ■2 □1 ●간명의 원리 ○3 "용신을 격으로 부르고 싶다면", ○4 "용신 무용론"
718) 2-1-3-1 서문 "자평 상신(적천수는 용신)은 과다를 극하고 태과(태왕)하면 설하는 것에서 왔다. 즉

□2.역시 격을 정하는 수기는 종격의 끝이다.
 1)태왕(종)은 수기(설기)가 필수다. 수기는 피뢰침이자 증기 배출구다.
 2)이는 "2-1-8-3 ●=2 ■1 유통(설)되어 얻는 기쁨"이다.719) 이때 식상은 수기로 쓰이는데 다만 경지가 하강하게 된다.

□3.위에서 보듯이 같은 배합의 끝이지만 최종격과 수기는 그 쓰임새가 다르다.720)
 1)배합의 끝이 좋아서 사주가 유통721)되면 청하고 막히면 탁하다.
 2)우리 책도 청할수록 경지722)가 높다. 그래서 최종격이 없으면 경지가 하강하는 이유가 된다.

"화왕득수"처럼 과다한 용신(화왕)이 득(得) 상신(수)하면 왕화가 소통의 기쁨을 얻는다.
719) 2-1-8-3 ●=2 ■1 "유통(설)되어 얻는 기쁨"
720) 1-5-4-2 ●=1 ■1 □2 3)참고로 상신운에는 수기를 중요하게 보지 않는다.
721) 3213-3 『적천수천미』 "생육(生育)하고 유통하니" 수기유행(秀氣流行)
722) 2143-1 ●=5 수기와 경지

| 2-1-3 | 상(용)신의 작용 |

 용법의 산물인 상신은 원국(YQ-1) 어느 한 곳이 아닌 천간과 지지 그리고 지장간에 분포한다. 그러나 사주명리학에서 이러한 분포는 존재 자체로 끝나지 않는다. 어느 곳에 있든지 다음 나오는 2-1-3-2 상신운(YQ-3)을 만나야 작동하는 크기를 알 수 있다.
 그중 여기의 서술은 상신운을 만나기 전 원국 YQ-1에서의 용법의 성립을 공부하는 과정이다. 아래는 그 용법의 성립 과정을 도표화한 것이다.

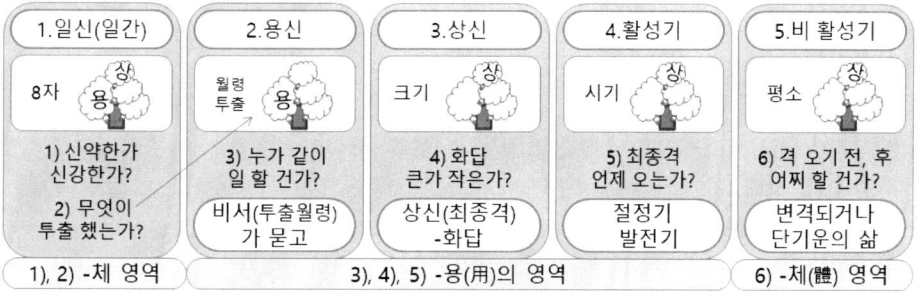

| 2-1-3-1 | YVWQ와 용법의 성립 |

 앞장에서는 원국에서 격(용법)이 정해지는 과정을 공부하였다.
 이를 요약하면 자평 상신(적천수는 용신)은 과다를 극하고 태과(태왕)하면 설하는 것에서 왔다.723) 즉 "화왕득수"처럼 과다한 용신(화왕)이 득(得) 상신(수)하면 왕화가 소통의 기쁨을 얻는다. 그래서 상신은 저울의 추나 침술의 작은 침과 같다.

● 간명의 원리

○1.응집된 작은 추는 저울의 무게를 대표하는데 응집은 '질'에 해당되고 부피가 큰 저울은 '량'이 될 것입니다. 그러나 사주에서 질(상신)은 량(용신)보다 항상 적습니다. 그래서 질을 생하는 상신운(활성기)에 기능이 극대화 됩니다.
○2.또한 상신은 용신에 비해 적지만 작은 침처럼724) 용신의 기를 소통(극)시킵니다. 그

---

723) 3-2-4-5 서문 "불급(不及)과 과다(過多)" "『적천수』" "「중과(衆寡)」에서 찾을 수 있다."
  2-1-2-2 ●=1 ■2 "왕신(旺神)이 태과한 것은 마땅히 설(洩)하고, 태과하지 않으면 마땅히 극(剋)."

래서 통하지 못하면 아프고 통하면 아프지 않게 되는 한의학의 원리와 같습니다.

●=1   전통적 용법의 성립

위에서의 극과 설을 통하여 YQ-1(원국) 십정격의 상신이 나오고, 여기에서 변격되어 나온 신강 신왕수기나 종격은 모두 본격에 해당된다.
그리고 본격이 다시 변격되어 YQ-3(행운)의 종격처럼이 나온다.725)

■1. 천간의 성립
상신이 천간에 있는 경우이고 상신운을 만나기전 격을 형성하는 역할을 한다.

■2. 지지의 성립
□1.지지도 격을 형성하는데 관여하고 상신이 되기도 한다.
□2.전통적으로 지지는 육합이나 삼합이 아니면 작동하지 않는다고 한다. 두 글자 이상(동합, 삼, 육합)일 때 작용한다고 전해 오고 있다.
□3.원국 지지가 한 글자는 행운에서 합생이 더해져야 작용 한다는 말도 된다. 그래서 옛 어른들께서 삼, 방, 육합을 크고 중요하게 보았을지 모를 일이다.
□4.그러나 이 또한 YVWQ에서는 언어의 유희일 수 있다. 운은 한 글자로 오는 법이 없기 때문이다.726)

■3. 지장간의 성립
□1.아래 "●간명의 원리" 『자평진전』에 지장간은 "운이 오면 투출하여 그 쓰임새를 드러낸다."727)고 나온다.
 1)그러나 천간 4기둥(사주)이 투청하면 5기둥(오주) 된다는 말은 아닐 것이다.
 2)그래서 이 말은 원국이 아닌 행운(YQ-3)에서 발용되면 인접(유정)한 기둥과 작동이 이루어진다는 말이 된다.

● 간명의 원리

■-1 『자평진전』「논 희기 천간과 지지가 다름」728)에
"지지의 희신과 기신의 작용은 천간과 다름이 있다. 사주 지지의 지장간은 때를 기다

---

724) 1-5-4-2 ●=3 ■3 ■)3) □1 ●간명의 원리 ○"조후 없는 것은 최소한의 침(소통)이 없다는 말"
725) 1-5-4-1 변격이란?
726) 1-4-2-2 ■2 행운은 지지 뿐만이 아니라 천간과 함께 대운, 태세, 월운, 일운, 시운 등 여러 개의 운이 동시에 오기 때문이다.
727) 3-1-1-5 ●=4 ■1 서문 『자평진전』 "사주 지지의 지장간은 때를 기다리던 운이 오면 투출"
   2149-1 ■1 ●간명의 원리 ■-1 ○3"운에서 투청하면 원래 원국에 있던 것과 다르지 않다."

리던 운이 오면 투출하여 그 쓰임새를 드러낸다. 즉 희기의 영험함을 드러낸다. 예를 들어 갑이 유(酉) 즉 관(官)을 쓰는데 진과 미가 있으면 곧 재가 되고 운에서 무기가 투출하면 재의 작용을 한다. 오미가 있는데 정이 오면 상관으로 작용한다."고 나옵니다.

> ■-2 여기에 서술된 지지와 지장간의 쓰임새를 다시 정리하면
> ○1."진과 미가 있으면 재가 되고"란, 지지 진과 미 두 글자는 재 기능한다는 말입니다,
> ○2."무기가 투출하면 재의 작용을 한다."는 지장간의 발용을 의미합니다.
> ○3.그리고 오미 두 글자가 합화이면 바로 상관으로 기능하지만, 오가 합이 아닌 지지 한 글자일 때는 운에서 정이 와야 상관 기능을 하게 된다는 뜻이 됩니다.

□2."운이 오면"이란 행운을 말한다. 그래서 나머지는 다음 "2-1-3-2"의 상(용)신과 행운으로 이어진다.

●=2　　　원국의 경지

■1. 천간, 지지, 지장간과 경지
□경지는 12경계인에서 시작하는데 "경지 찾는 법"을 참고 하시라.729)
□특히 지장간은 발복이 제한적이다.730) 그래서 조화신 즉 유정한 구신(求神)이 천간에 있으면 12경계인, 월지 일지-귀인, 타지-23경계인, 지장간-평상인에서 시작한다고 한 것이다.
□무정한 구신은 기능이 약하다. ▶천간-23경계인(없는 것보다는 한 단계 위), ▶타지-평상인(없는 것과 같아서 평상인)731)에서 시작한다.

■2. 기타
앞서 언급한 것처럼 용법의 성립으로 격과 경지가 정해진다. 그리고 다시 행운을 만나서 작동하면서 희 기의 결과가 비로소 나타나는데 나머지는 다음 장을 이어진다.

---

728) 3-1-1-5 ●=4 ■1 지지의 희신과 기신의 작용은 천간과 다름(지지 두 글자)
729) 2-1-3-4 ●=1 경지 찾는 법
730) 2-1-3-1 ●=1 ■3 □2 또한 운이 올 때만 투출하니 기회가 크지 않다는 말도 된다. 서락오 선생은 크지 않을 때 "포부"를 써서 표현한다. 즉 모든 지장간의 발용은 포부가 크지 않다.
731) 2-1-3-4 ●=1 ■4 평상인에서 시작하는 경우

2-1-3-2	상(용)신과 행운

 여기는 용법을 통하여 상신이 나오고 격과 경지가 정해진 후 YQ-3 행운을 만나는 과정이다. 본격(1-5-4-1 도형 참조) 상신은 행운에서 상신을 생조하는 상신운을 만나야 기능이 극대화되어 삶이 수류화개(水流花開-물이 흐르고 꽃이 핌)가 된다. 이를 활성기라 하는데 다음 장에 나온다.

●=1	상(용)신운의 특성

■1. 인입의 예

1	겁(일간)	○겁운이 오면 겁은 물론 겁생식상으로 수기 식상도 상승한다.
	겁생식상	○원국 천간에 식상이 있는 경우 겁이 상승해야 수기식상도 상승된다.
2	인, 생겁	○인수 운 오면 인수와 겁(일간)이 상승하여 인입이 커진다.

■2. 인출의 예

3	식상	○식상운은 겁 하강 식재가 상승한다. 신강 식상생재격이 그 예이다.
	식상생재	○신약의 식상운은 겁 하강(허약), 식상만 상승하니 식상이 기신이다.
4	재, 재생관	○재운 오면 식 하강 재와 관 상승한다. 신강 재생관격이 그 예이다.
5	관성	○관운은 관과 인입 인수(관생인)도 상승한다. 인수용관이 예이다. 그러나 관 행운에 관인이 상승하지만 대신 겁은 하강(극겁)한다.
	관살생인	○관생인은 인수 상승하고 겁 하강하니 인입 자체는 하강하지 않는다.

(※ 참고로 상(용)신뿐 아니라 다른 오행과 행운의 작용도 모두 이러하다.)

●=2	운의 작용

보통 용신은 용신운이 오면 좋다고 하는데 반은 맞고 반은 틀린 말이다[732].
▶반은 신강에서 생재 생관처럼 상신이 용신을 부조하는 일명 용신운은 맞고,
▶반은 신약에서 일간을 부조하는 운이 용신과 길항관계(저울의 반대)[733]이기 때문에 틀리다가 된다.

■1. 고전에서의 운
『자평진전』「논행운(論行運)」에 "재가 관을 생하는 신약한 사주에 신강하게 오는 운, 인수 용신인데 재가 기신인 사주에 운에서 겁재 오는 것, 식신대살 사주가 신약한데 인수운이 오는 것, 상관패인격에 관살운이 오는 것, 양인격에

---
732) 2-1-2-1 ●=2 ■2 □1 ●간명의 원리 ○3 "용신을 격으로 부르고 싶다면", ○4 "용신 무용론"
733) 3-2-1-2 ●=1 ●간명의 원리, "저울"

관이 용신인데 운에서 재가 오는 것, 월지 겁격에 식상운 등 이 모든 운은 좋은 것이다."라고 나온다.734)

그러나 거듭 말하지만 운은 한 글자로 오는 법이 없다.735) 여기에서 말하는 상(용)신과 행운도 여러 운 즉 YVWQ 총합736)의 결과를 말하고 있을 뿐 어느 하나의 운을 지칭하지 않는다.

■2. 위 좋은 운을 우리 책의 상신 쓰는 법과 비교하면 아래 도표가 된다.

자평진전	우리 책의 상신
1)재가 관을 생하는 신약한 사주에 신강하게 오는 운-(재 관이 용신이란 말)	재 쓸(용) 때 신약 -겁인(신왕하게 하는 운) 상신
2)인수 용신인데 재가 기신인 사주에 '운에서 겁재 오는 것	인수 쓸(용) 때 신약 -겁 상신운이 재를 파재
3)식신대살사주가 신약한데 인수운이 오는 것-(식 살 용신이란 말)	식, 관 쓸(용) 때 신약 -겁, 인수 상신이라는 말
4)상관패인격에 관살운이 오는 것 -(상관이 용신이라는 말)	인수 쓸(용) 때 신약-겁인 상신 상신 인수를 관이 관생인(=인수용관)
5)양인격에 관이 용신인데 운에서 재가 오는 것	관 쓸(용) 때 신강-상신 관을 재가 생관
6)월지 겁격에 식상운이 오는 것 -(겁이 용신이라는 말)	겁 쓸(용) 때 신강-식재관이 상신이라는 말

●=3　　　　　YVWQ와 상신운

■1. 해당 상신이 천간에 있는 경우는 YQ-3 활용한다.
□1.신약, 수기식상, 종격은 상신 겁(인입)이 상승, 인출 하강해야 호사가 온다. 종왕은 겁이, 종강은 인수, 종아는 식상, 종재는 재, 종살은 관살이 겁이다.
□2.신강은 상신(인출) 식재관(식상생재, 재생관살, 식상대살)이 상승해야 한다.
□3.행운에서 지지 상신은 YQ-4를 활용할 수 있으나 거의 산출하지 않는다.

■2. 상신은 상신행운에는 종격처럼 수기가 중요하지 않다.737)

---

734) 재생관이신경, 이운조신, 인대재이위기, 이운겁재, 식대살이성격, 신경이봉인, 살중이운조식, 상관패인, 이운행관살, 양인용관, 이운조재향, 월겁용재, 이운행복식, 여비지류, 개미운야 (在生官而身經, 而運助身, 印帶財以爲忌, 而運劫財, 食帶煞以成格, 身經而逢印, 煞重而運助食, 傷官佩印, 而運行官煞, 陽刃用官, 而運助財鄕, 月劫用財, 而運行復食, 如比之類, 皆美運也)
735) 1-4-2-2 ■2 행운은 지지 뿐만이 아니라 천간과 함께 대운, 태세, 월운, 일운, 시운 등 여러 개의 운이 동시에 오기 때문이다.
736) 2-1-3-2 ●=3 ■3 ●간명의 원리 ○1 2)상신운도 이와 같습니다. 원국에 상신이 있든 없든 YQ-3 상신운은 여러 글자의 총합(인입-인출, 종-수기)으로 나타납니다.
737) 1-5-4-2 ●=1 ■1 □2 3)참고로 상신운에는 수기를 중요하게 보지 않는다.

☐1.저울의 가벼운 쪽에 있는 약한 상신(질)의 기운을 상신운에 더욱 응집시켜야 하기 때문이다.
☐2.상신운에는 상신의 결함(분산)도 구응되어 경지가 하강하지 않는다.

■3. YVWQ 상신운 정리하기
☐1.아래 좌측은 "3-2-10-1 ●=1 지지의 기능"에 나오는 도형이다.
 1)지지 인이나 술 한 글자로는 상관 작동을 못하고 인술 두 글자가 될 때 상관 작용을 한다는 내용이다.
 2)그리고 행운에서 '오'가 오면 인오나 인오술 합이 작동하게 된다는 뜻이다. 그러나 행운은 '오' 한 글자만 오라는 법이 없다.
 3)"서락오" 선생께서 행운의 원리를 모르고 이렇게 설명하고 있는 것이 아닐 것이다. 그분이 이를 모르리가 없다.

 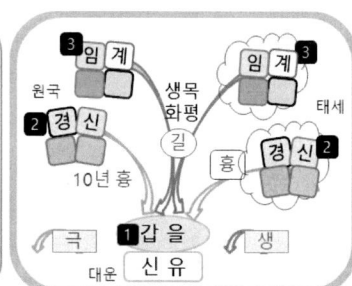

☐2.우측 도형은 "3-1-1-4 ●=2『적천수천미』절각(截脚)"에 나온다.
 1)'갑을'에 '임계'가 오면 길하고 '경신'이 오면 흉하다는 내용이다.
 2)그러나 도형의 행운은 대운과 태세의 '임계' '경신'이 따로따로 오지 않고 동시에 온다. 오히려 여기에는 월운, 일운, 시운이 빠져있다.

☐3.정리하면 현재 시각은 00년, 0월, 0시, 0분, 0초이다. 혹 한 마디(한 글자)로 0시라고 하면 00년, 0월이 생략된 것이다. 행운의 여러 운도 현재 시각과 같다. 다만 공부 과정에서는 편의상 생략될 수 있어도 실제 간명은 달라야 한다.

● 간명의 원리

○1.위에서 보았듯이 상신과 상신운은 다릅니다. 상신 한 글자는 우리 책의 YQ-1 원국에 해당되고, 상신운은 YQ-3 행운에서 나타납니다.
 1)그래서 행운 한 글자로는 원국에 없는 합충이 행운에서 생겨나지 않고 혹 반대로 있는 것이 사라지지도 않습니다. 다만 원국의 합 충이 완화되거나 악화될 뿐입니다.[738]
 2)상신운도 이와 같습니다. 원국에 상신이 있든 없든 YQ-3 상신운은 여러 글자의 총합(인입-인출, 종-수기)으로 나타납니다. 그래서 수치 안에 포함되었다고 한 것입니다.[739]

○2.이처럼 상신과 같은 원리는 조후와 수기에도 적용됩니다. YQ-1의 격(경지)로 나타나고, YQ-3에서는 총합에 포함되어 나옵니다.

1)즉 원국에 조후와 수기가 없으면 행운에서도 없는 것입니다. 즉 위처럼 '오'가 온다고 인오나 인오술 합이 되지 않는 것과 같습니다.
 2)다만 조후는 수기로 조절할 수 있는 여지740)가 있지만 수기는 그렇지 않습니다. 그래서 수기가 지지741)나 지장간742)에 있는 경우 필요에 따라 수기를 산출해야 합니다.

○3.이렇게 장황하고 번잡하면서까지 설명하는데도 불구하고 이분법적743) 논쟁에 가까운 혹독한 질문이 많았고 그래서 지치고 아팠습니다. 지금도 많이 아픕니다.
 1)혹 YVWQ를 불신하거나 수용하기 싫다면 기존의 방법으로 간명하기 권합니다.
 2)신살 한두 개나 물상 체상만으로도 간명이 깊고 높으신 훌륭한 분들 많습니다.

■4. 상신이 지장간에 있는 경우는 발용의 때를 기다려야 한다.
☐1.그러나 주의할 점이 있다. 행운에서 투청되는 한 글자는 이미 행운의 한 글자와 같다. 예를 들면 병 정운에 발용되는 정화가 그렇다.
 1)즉 정화가 발용되지 않아도 병정운이 오면 이미 화가 작동하고 있다.
 2)그래서 YQ-3 산출에 포괄적으로 발용이 포함되어 있다고 말한 것이다.
 3)오히려 병이 왔지만 작용은 발용되는 정이라는 말인데, 우리 YVWQ에서는 혼란을 피하기 위해 편의상 이 부분이 생략되어 있다.

☐2.상신 한 글자 발용은 상신운보다 작동 기간이 절반 이하 밖에 안 된다.
 1)발용에는 절정기(인수운)와 간지합이 없기 때문이다. 나머지 통변은 같다.
 2)참고로 '수기(2143-1 ●=4 ■3)' '조후(1-5-4-2 ●=2 ■3)'와 그 맥이 같다.744)

☐3.또한 운이 올 때만 투출하니 기회가 크지 않다는 말도 된다.
 1)서락오 선생 『자평진전평주』의 "암합은 포부가 크지 않다."처럼 모든 지장간의 발용은 포부가 크지 않다.-(참조. "2143-1 ●=3 ■2 ☐2" 수기의 발용)
 2)따라서 포부가 적어 지장간의 상신은 경지를 평상인에서 시작 한다.745)

---

738) 3-2-3 ●=3 ●간명의 원리 "○1원국에서는 합충(형)의 해지가 가능. ○2그러나 행운에서 원국의 합충(형)은 완화나 악화될 수는 있어도 해지되지 않습니다. ○3"완화는 해지와 같습니다."
739) 2-1-3-2 ●=3 ■5 ☐2 어떻든 발용은 YVWQ 산출에 자연스럽게 포함된다.
740) 1-5-4-2 ●=3 ■1 조후가 있고 없고를 따라 이법 쓰는 법이 다르다.
741) 2143-1 ●=2 ■1 ☐3) ☐1 천간의 수기 크기는 식상과 인접한 재(인출) 혹은 관살을 합산한 수치다. ☐2 그러나 수기가 지지일 경우 YQ-4 한 글자만 산출한다.
742) 2143-1 ●=3 ■2 ☐1 2)수기가 발용되면 나머지 행운 모두를 배합해서 YQ-3를 산출한다. 참고로 상신 발용은 통변에 반영, 조후는 수치를 산출하지 않는다.
743) 3-2-5-1 ■2 이분법적 사고 ●Tip 참조
744) 2-1-3-2 ●=3 ■3 ●간명의 원리 ○1 위에서 보았듯이 상신과 상신운은 다릅니다. ○2 이처럼 상신과 같은 원리는 조후와 수기에도 적용됩니다.
745) 2-1-3-4 ●=1 경지 찾는 법

□4.포부의 발용 횟수-(발용 횟수를 제외한 통변은 상신운과 같음)
 1) 1대운 10년 동안의 발용은 그 증감에 따라 "원하는 것을 얻을 수 있다."
 2)태세(세운)의 발용 1년은 간여지동은 두 번, 개두절각이면 네 번(토는 +2),
 3)월운의 발용은 12달 동안 간여지동은 2번, 개두절각이면 네 번(토는 +2),
 4)일운 발용은 간여지동 5~6번, 개두절각 10~12여 회(토는 +6) 이내다.

> ● 간명의 원리
> ○일간과 국중지신과 행운 등 오행의 작용은 천간 지지 지장간에서 일어납니다.
> ○발용은 크게 십정격(본격)의 상신, 종격(처럼)의 수기,746) 기법의 조후747)가 있습니다. 이는 아래 주석의 안내대로 각장에서 공부하면 됩니다.
> ○이렇게 공부는 나누어서 하지만 세 가지는 분리되지 않고 유기적으로 작용합니다.
> ○더욱이 변격이 되면748) 십정격에서 보다 그 변화의 변수가 다양하게 일어납니다.749)
> ○여기 공부는 그중 상신의 발용과 "용법의 성립 시기"가 됩니다.

■5. 우리 책 YVWQ의 발용
□1.우리 책은 천간뿐만이 아니라 지지에서 와도 발용된다. 이는 천간과 지지의 감응750) 원리를 따르기 때문이다.

> ● 간명의 원리
> ○사주는 한 글자로 간명이 이루어지지 않습니다. 발용 한 글자도 그렇습니다.
> ○YVWQ의 발용은 이미 음의 수와 양의 수를 통한 반감기호751) 안에 들어 있습니다.
> ○발용이란 심장752)된 것의 투출을 의미하는데 이를 "뿌리 깊은 나무" "선대의 은덕" "음덕과 복덕" 등으로 통변에 반영할 수 있습니다.

□2.지장간의 상신이 발용되면 상신운처럼 작동한다. 그러나 결과는 다르다.
 1)한 글자 상신이 유운(流運) 즉 행운에 발용된다고 모두 긍정이 아니다.
 2)행운 여러 글자가 작동하는 YQ-3의 총합은 부정적일 수 있기 때문이다.753)

---

746) 2143-1 ●=1 ■2 □1 수기는 위 '자' '묘'처럼 설기구(洩氣口), 통기구(通氣口), 통풍구(通風口)이다.
747) 2-1-7 조후용신
748) 1-5-4-2 변격과 조후에 따른 이법의 변화
749) 1-5-4-2 ●=3 ■1 조후가 있고 없고를 따라 이법 쓰는 법이 다르다.
750) 3221-1 ■3 □3 천지상응(천지감응). "『적천수천미』「월령(月令)」에 "천기(天氣)가 위에서 동(動)하면 인원(仁元)이 응(應)하고 지기(地氣)가 아래에서 동(動)하면 천기가 좇는다."
751) 1-3-2-2 반감기호
752) 3-2-10-2 ●=6 □1 암장투간(暗藏透干), 심장(深藏)
753) 2-1-3-2 ●=3 ■3 ●간명의 원리 ○1 2)상신운도 이와 같습니다. 원국에 상신이 있든 없든 YQ-3 상신운은 여러 글자의 총합(인입-인출, 종-수기)으로 나타납니다.

☐3.어떻든 발용은 YVWQ 산출에 자연스럽게 포함된다.
 1)지장간은 발용이 되든 안 되든 YQ-3, 4 산출에 포함되어 나온다.
 2)그러나 원리상 발용되면 경지가 상승하는데, 우리 책은 편의상 생략되었다.
 3)그래서 경지가 상승하는 부분을 통변에 반영하게 된다.

●=5	기타

■1. 발용되는 것의 모두는 육신과 십신이다. 그중 어떤 것은 상신 이고, 어떤 것은 수기나 조후가 된다. 수기754)와 조후755) 공부는 각주를 따라 참고하시라.

■2. 원국에 상신이 없는 경우
☐1.신약하면 겁인(인입) 행운, 신강하면 분산 즉 재관식(인출) 행운에 성격된다.
☐2.지장간에 상신이 있는 경우 발용 유무를 떠나서 원국에 상신이 없는 것과 처리가 같다. 신약하면 겁인, 신강하면 재관식이 상승해야 하기 때문이다.
☐3.앞서 전통적(관념)으로 사주를 보는 것과, 여러 운이 함께 오는 YVWQ 수치로 보는 차이를 공부하였다. 그렇다고 그림을 실내에서 상상으로 그리는 것756)이 불필요하다고 말할 수는 없다. 이는 우리들의 추론을 발달시키는 과정과 훈련이 되기 때문이다.

> ● 간명의 원리
> ○사주명리학이나 동양의 역학 역술은 육서의 생활에서 온 산물일 수 있습니다.757)
> ○즉 사물의 모양에서 영감을 얻고, 상의 실물이 없으면 추상으로 담아내고, 이러한 각각의 정보를 다시 모으고, 또 상과 소리를 결합하고, 부족하면 의미를 재구성하고, 발음이나 모양을 빌려서 쓰는 것 말입니다.
> ○예를 들면 사주 명리의 천간 지지 물상도 그러합니다. 갑이 시작인 것도 천간의 맨 앞에 있기 때문이고, 병화가 태양 빛이며 밝은 것도 사람 추론의 영역에 속합니다.
> ○그래서 신살은 물론 오행이나 육신 등 모든 물상(체상)758)은 비록 적중률 몇 %도 안 되지만 추상을 통하여 추론을 엮어내는 훈련을 제공합니다.
> ○YVWQ도 마찬가지입니다. 수치를 추론하기 위해서는 육서 등 단련이 중요합니다.

---
754) 2143-1 ●=3 ■2 ☐1 2)수기가 발용되면 나머지 행운 모두를 배합해서 YQ-3를 산출한다. 참고로 상신 발용은 통변에 반영, 조후는 수치를 산출하지 않는다.
755) 2-1-7 조후용신. 1-5-4-2 변격과 조후에 따른 이법의 변화.
756) 2-1-2-2 ●=2 ■3 ☐2) ☐2 ●Tip ○사주 해석도 상상으로 할 수도, 인상주의처럼 실제 자연에서 그릴 수 있을 겁니다.
757) 3장 들어가기 1-3 ●=2 ■1 ●Tip 육서(六書)-한자 생성(生成)의 여섯가지 원리
758) 3장 들어가기 2-1 ●=3 망령과 신살, 체상

| 2-1-3-3 | 활성기와 상신운 |

이제는 행운을 공부하게 되는데 "화왕득수"처럼 과다759)한 용신(화왕)이 득(得)상신(수)하면 왕화가 소통의 기쁨을 얻는다.760) 이 행운에서 득하는 때가 상신운이다. 따라서 용법은 상신행운(활성기)에 완전해지고 극대화 된다.

| ●=1 | 활성기의 정의 |

■1. 운의 우선순위

『자평진전』「논생극선후분길흉(論生剋先後分吉凶)」에 "예를 들어 정관격인데 재와 상관이 천간에 투출할 경우 선후의 위치에 따라 차이가 발생한다. 만약 갑목 일주가 유월 출생하면 정관격인데, 상관 정화가 앞에 있고 무토 재성이 뒤에 있으면 초년에는 귀할 수 없고 말년에는 발달한다."761)라고 나온다.

이 말을 사주팔자에 대비하면 아래 도표처럼 월지가 유금이고 월간이 정화이며 무토는 시간에 있다는 말이다. 이렇듯 원국 근묘화실의 우선순위로 보면 정화가 유금을 먼저 극하기 때문에 초년에는 귀할 수 없다는 말이다.

무	갑 일간	정		대운 순행-무술 기해 경자 신축
		유		대운 역행-병신 을미 갑오 계사

■2. 활성기(발전기, 절정기)

그러나 행운을 보면 말이 달라진다. 이러한 대비에서 대운이 순행하면 무술 기해 경자 신축으로 흐르고, 역행하면 병신 을미 갑오 계사로 흐르게 된다. 이때 유금 정관을 생해고 정화 상관을 하강시켜야 좋다면 대운이 순행해야 한다. 이 순행하는 대운을 우리 책에서는 활성기(발전기, 절정기) 상신운이라 한다. 이는 "2-1-2-2 ●=3 ■1"에 서술된 "재왕생관"과 같은 맥락이다.762)

● 간명의 원리

○구법의 연주를 우선시 하는 근묘화실의 활용은 『삼명통회』「둔월시(遁月時)」763)와 『명리약언』「간운법 二(看運法 二)」764)에서도 볼 수 있습니다.
○『삼명통회』「연월일시」에는 "옛날에는 연을 보고, 자평은 일을 보았다."765)라고 나옵

---

759) 3-2-4-5 서문 "불급(不及)과 과다(過多)" "『적천수』" "중과(衆寡)」에서 찾을 수 있다."
　　2-1-2-2 ●=1 ■2 "왕신(旺神)이 태과한 것은 마땅히 설(洩)하고, 태과하지 않으면 마땅히 극(剋).
760) 2-1-8-3 ●=2 ■2 "극(소통)으로 얻는 기쁨"
761) 여정관동시재상병투, 이선후유수, 가여갑용유관, 정선무후, 즉이재위해상, 즉불능귀, 후운필유결국
　　(如正官同是財傷竝透, 而先後有殊, 假如甲用酉官, 丁先戊後, 則以財爲解傷, 卽不能貴, 後運必有結局)
762) 2-1-2-2 ●=3 ■1 "재왕생관이 되었다면 신왕 운, 인수 운이 좋고, 칠살과 상관 운은 좋지 않다."

니다. 여기서 자평은 신법(현대 자평명리학)을 말하는데 일주가 본주라는 뜻입니다.
○현재의 용신과 격국은 연간이 아닌 일간 중심입니다. 그래서 '체' 근묘화실보다 '용' 일간과의 배합에서 나온 격과, 행운에서 일어나는 격의 변화를 볼 수 있어야합니다.

■3. 비활성기와 변격

□1.비활성기는 상신이 하강하는 때로 변격되어야 개운이 된다. 역시 종격을 일으키는 대운이 간여지동이나 간지합이면 상신 대운처럼 된다.

 1) "1"대운과 "(2)"태세의 상위영역이 종격(처럼)되고 수기가 긍정이거나 상신을 회복하면 『"원하는 것을 얻는다."』가 된다.

 2)만약 "1"대운과 "(2)"태세의 상위영역이 종격(처럼)이나 상신을 회복하지 못하면 "(3)"월운이 긍정이더라도 단기운이 되니 『"나쁘지 않지만 확 피지는 못한다."』가 된다.

 3)혹 "1"대운과 "(2)"태세와 "(3)"월운이 종격(처럼)이나 상신을 회복하지 못하면 "(4)"일운이 긍정이더라도 『"찻잔 속의 태풍이거나 오래가지 못한다."』의 단기운이 된다.

 4)그러나 "1"대운과 "(2)"태세와 "(3)"월운까지 부정인데 "(4)"일운에서 반전이 일어나 긍정이면 『"운수(일진) 좋은 날"』의 단기운이 된다.-(참조, 1551-3)

□2.어떻든 종격이 또 종격(처럼)이나 상신 회복 등으로 이어져 운 길이의 끝이 오지 않아야 장기운이 된다.

□3.비활성기 운의 길이를 요약하면 아래와 같다.

"1" (2)에서 종격(처럼) 되고 수기가 긍정이거나 상신을 회복하면	"원하는 것을 얻는다."
"1" (2)에서 종격(처럼) 못되고 상신도 회복 못하고 "(3)"에서 긍정이면	"나쁘지는 않지만 확 피지는 못한다."
"1" "(2)" "(3)"이 종격(처럼)이나 상신을 회복하지 못하면 "(4)"일운이 긍정이더라도	"찻잔 속 태풍이자 오래가지 못한다."
"1" "(2)" "(3)"까지 부정인데 "(4)"월운에서 반전이 일어나 긍정이면	"운수(일진) 좋은 날"

---

763) 5-1-5 ●=3 ●간명의 원리 ○『삼명통회』「둔월시(遁月時)」편에 "▶연을 기본으로 아버지라 하였고 ▶월을 형제와 친구로 일을 주인과 아내과 자기본신으로 하였으며 ▶시를 자손으로 하였다.

764) 5-1-5 ●=1『명리약언』「간운법 二(看運法 二)」에 "구법에 섞어서 쓸 만한 것이 있는데 연은 소년(초운)을, 월일은 중년을, 시는 만년을 관장한다."

765) 5-1-5-1 □1『삼명통회』「연월일시」편을 보면 "사주의 주인을 본주(本主)라 한다."고 나온다. 또한 "옛날에는 연을 보고, 자평은 일을 보았다."라고 나온다.

■4. 정리하기
☐1.운은 전제와 차제가 서로 영향을 주고받는다. 즉 앞서 보았던 "상신 작동의 원리" 도형처럼 태세는 대운, 월운은 태세, 일운은 월운과 중첩되어 있다.
☐2.이는 운 길이에 따라 준비 기간이 다르기 때문에 짧으면 단기 운이 된다.
☐3.특히 비활성기는 변격과 변격이 이어져서 운을 건너뛰지 않고 긍정의 운 길이가 짧아지지 않는 것이 중요하다.

> ● 간명의 원리
> ○활성기는 장기운에 해당되는데 장기운이 단기운보다 큽니다.
> ○그래서 단기운은 지속적인 일, 즉 장기 보험은 금물입니다. 중도 포기하게 되니 손해가 큰 이유입니다.

● =3   황금기

■1. 황금기와 활성기
☐1.인생의 황금기는 '체'로서 대략 20전후~60전후를 말한다. 사회적으로 가장 활발하게 활동하는 시기이다.
☐2.활성기는 '용'으로서 상신운을 말하는데 '체'와 '용'이 겹치는 것이 가장 바람직하다 할 수 있다.
☐3.여기에 1, 2 이상형이 속하는데 소년기 부조화가 없어야한다.[766]
☐4.활성기에는 장기보험을 들 수 있다.-(비활성기는 불가능, 도중에 중단)

■2. 황금기와 비활성기
☐1.절정기 부조화는 황금기와 상신이나 종격의 비활성기의 만남을 말한다. 1, 2 이상형을 제외한 모든 절정기가 그렇다.
☐2.소년기 부조화는 중3(대략 15세)과, 고교 시절(16 17 18세) 특히 고3의 상위 영역(원국 대운 태세)수치가 하강하여 원하는 공부(진학)를 얻을 수 없는 경우를 말한다.
 1)소년기 부조화가 없으면 3 이상형이고, 있으면 중년 또는 대기만성형이다.
 2)이때 공부를 놓치면 인생을 준비할 일차적인 시간이 어려워진다.
 3)절정기, 소년기 부조화가 중복될 수도 있다. 그러면 절정기 부조화다.
☐3.결론적으로 비활성기는 태세 이하에서 단기(4년 이하)호사 결정한다. 활성기

---
[766] 3-1-2-2 ●=2 ☐ 3 "3.이상형은 소년기 부조화가 없어야 한다. 즉 인생 초반 변격으로라도 삶을 준비하는 경우 '3.이상형'이고, 그렇지 못하면 '중년절정 형'이나 '대기만성 형'이다."

보다 제련(용융-변신의 고난)과 연단(두들겨 맞고 큼-성패 체험)과 강단(이겨냄-인내)이 필요한 시간이다.

■3. 신약 신강과 활성기
□1.행운은 일반적(신약, 신강 신왕수기, 종격)으로 상신이 발전기고 상신을 생하는 때(운)가 절정기이다.
 1)겁격은 인수운이, 인수격은 관운이 절정기이고 나머지는 발전기다. 특히 관운은 인수를 생하지만 겁을 하강하게 하니 입출상쇄와 개념이 같다.
 2)일반적으로 YQ-3 총합이나 영역합산에서는 인입 상승으로 나타난다.

□2.그러나 신강은 최종격을 생하는 상신이 절정기고 최종격은 발전기가 된다.
 1)식상생재격은 식상 상신이 절정기, 재 최종격이 발전기다. 재생관격도 같다.
 2)재 없는 식상이나 관살 단독은 식상 관살 절정기, 인출 상승이 발전기다.

●=6	기타

■1) 절정기는 상신을 생하는 인수운이다.
■2) 발전기는 상신을 부조하는 비겁운과 일간의 희, 합, 관생인이 있다.
□1.(체-발전기)-바로 아래 나오는 일간의 희를 말하는데 신강에서 나타난다. 일간을 설기하는 장점이 있지만 상신을 돕지는 못한다.
□2.(합-발전기)-간지합이 되면 합되는 오행은 상승하지만 나머지는 하강한다.
□3.(관-발전기)-인수가 상신일 때 관을 관생인 하는 것을 말한다. 그러나 관운에 관인은 상승하지만 일간은 하강하게 된다. 그래서 인입 +-0이 된다.

■3) 일간의 희는 신강에서 일간을 설기하는 운을 말한다.
□1.신강 일간의 희는 '체-발전기'다. 다만 신약의 경우 '체-발전기'가 없다.
□2.활성기와 일간의 희는 중복될 수도 있고 아닐 수도 있다.

■4) '활성기'와 '일간의 희' 어디에도 속하지 않는 한신의 개념이 있다.
□1.이때도 상신이나 변격의 조건이 충족되면 단기호사가 일어난다.
□2.그러나 이러한 구분은 대운의 흐름을 통해 학습의 이해를 돕기 위한 자료일 뿐이다. 실제 대운만으로 간명이 이루어질 수 없다.

| 2-1-3-4 | 경지의 변화 |

사람은 누구나 평등하다. 그러나 능력은 그렇지 않고 각자 고저가 있다.

'심효첨' 선생의 『자평진전』「논용신격국고저(論用神格局高低)」에 "팔자에 용신이 있으면 당연히 격국이 있고 격국이 있으면 필연적으로 격의 고저가 있기 마련이다.767)"라고 나온다. 즉 고저란 사람의 그릇을 말하는데 아무리 운이 좋아도 그릇의 한계 이상은 얻을 수 없다는 말이다.(3-1-2-2 ●=1 팔자의 높낮이)

사주명리의 이론들은 각기 저마다 고유성을 지니고 있다. 그러나 '좋다' '나쁘다'거나, '청하다' '탁하다'거나, 격이 '높다' '낮다' 등으로 고저를 표현할 뿐 이러한 이론들을 한 사람의 삶에 종합적으로 반영하기가 쉽지 않다.

우리 책에서는 이러한 격(경지)의 고저를 12경계인, 귀인, 23경계인, 평상인, 34경계인, 평범인으로 나타내는데, 여기는 경지의 설정과 변화 과정을 서술하고 있다. 다만 경지와 절정기를 간소화하다 보니 세세하게 분류되지 못한 측면이 있다. 이러한 부분을 각자 통변에 반영할 수 있기를 권한다.

| ●=1 | 경지 찾는 법 |

■1. 상신과 조후의 우선순위
□1.경지를 시작할 때 조후가 우선인 달은 조후의 경지를 먼저 반영한다.
□2.그 나머지는 상신의 경지에서 시작한다.768)

■2. 원국에 상신이 없으면 행운에서 성격된다.
□상신이 원국에 없는 경우 행운에서 오는데, ▶10세 전-12경계인, ▶10전후 성격되면-귀인, ▶20전후-23경계인, ▶30전후-평상인, ▶40전후-34경계인, ▶50 이후-평범인이다.
□지장간이 인생초반 행운에서 발용 되면 평상인보다 높은 경지가 나타 날 수 있다. 이 경우 지장간의 경지보다 행운을 먼저 반영한다.

□아래(치과원장)는 상신 정화가 술 속에 있어 평상인이다. 그러나 신약사주가 행운에서 10세 이전 성격되니 12경계인에서 시작하는 것을 먼저 적용한다.

| ●-26 실제사주 | 1-5-1 | 3-2-1 | 1614-1 부자(父子)의 시련 시퀀스 |

---

767) 팔자기유용신, 필유격국, 유격국필유고저 (八字旣有用神, 必有格局, 有格局必有高低)
768) 2-1-3-1 ●=2 ■5 천간, 지지, 지장간과 경지. 2143-1 ●=5 수기와 경지
    2149-2 ■2 □1 전왕격 종격은 종이 상신이고 겁인운이 상신운이며, 경지는 수기로 정한다.
    2-1-2-3 ●=3 ■3 □2 최종격은 종격의 수기처럼 격을 정하는데 쓰인다. 1)따라서 최종격으로 격을 정하지만 상신의 상승과 하강에서 호사가 나온다.

YQ -1	☞ 1. 신약 신강		남. 치과원장		9 5	8 5	7 5	6 5	5 5	4 5	3 5	2 5	1 5	▶3-자평식 쓸 때 신약
	갑120	무300	경320	계300	경	신	임	계	갑	을	병	정	무	기	▶용-경 ▶상신-화
	인	술	산	묘 년	술	해	자	축	인	묘	진	사	오 미	▶23경계인
생	무병갑	묘 신정무	병 무임경	욕 갑을										▶2이상형

■3. 12경계인에서 시작

□유정한 상신이 ▶천간에 있으면 12경계인, ▶연간 월지 일지에 있으면 귀인, ▶타지(무정)에 있으면 23경계인, ▶평상인은 아래를 참고하시라.
□연간이나 연지가 일간과 연계되지 못하면 경지가 1단계 하락한다.
□수기와 조후도 상신의 경지와 동일하다.

■4. 평상인에서 시작하는 경우

□1.상신(수기)을 식상이나 극(재관)이 두 번 이상 분산시키면 평상인이다.
□2.상신 단독으로 쓰는 경우도 평상인에서 시작한다. 상신이 먼저 있고 최종격이 나오는데 최종격이 없는 경우이다. 관살은 재성의 생 없으면 평상인이다.
□3.상신이나 조후가 지장간에 있어도 평상인, 원국에 없어도[769] 평상인이다. 그리고 지장간은 최선과 차선을 따지지 않는다.
□4.상신이나 최종격이 지장간에 있으면 평상인에서 시작한다.[770]
□5.원국의 과다 태과(태왕)가 차선으로도 구응 못되면 평상인에서 시작한다.
□6.조후결손도 평상인, 미비나 결함이 두 번 겹쳐도 평상인에서 시작한다.[771]
□7.수기가 지장간인 것과, 수기가 재관인 경우도 평상인이다. 수기는 겁생식상일 때 가장 아름답다. 그러나 식재관운은 인입을 하강시키고 수기 인출만 상승시켜 증기 증발이 심하기 때문이다.[772]

●=2	경지의 하강과 상승

■1. 경지 하락

□1.상신을 식상이나 극(재관)이 한 번 분산시키면 1단계 하강한다.
□2.상신이 차선인 경우 경지가 1단계 하강한다.

---

[769] 2-1-3-2 ●=3 ■3 상신이 지장간에 있는 경우 발용 유무를 떠나서 신약은 입입 상승, 신강은 인출 상승해야 호사가 온다. 단지 경지(평상인)가 다를 뿐이다. 상신의 발용은 수기의 발용과 다르다.
[770] 2-1-2-3 ●=3 ■3 □2 3)상신이나 최종격이 지장간에 있으면 평상인에서 시작한다. 어느 쪽이든 발용되기 전에는 나머지도 그때까지 작동을 못하기 때문이다.
[771] 2-1-3-4 ●=1 ■4 □1 상신(수기)을 극(재관)이 두 번 이상 분산, 또는 차 차선은 평상인이다.
[772] 2143-1 ●=4 ■1 □2 기본적으로 겁(종)보다 수기가 하강해야 긍정이다. 배출구가 적어야 기운(증기)이 모이고 크면 증발이 심하기 때문이다. 다만 변격의 조후는 배출구가 커야 긍정일 때도 있다.

☐3.원국의 과다를 극해야 하는데 설로 구응되거나, 태과(태왕)를 설해야 하는데 극으로 구응되면 1단계 하강한다. 이는 모두 차선으로 구응되는 경우이다.
☐4.조후결함이나 조후미비가 한 번만 일어나면 경지가 1단계 하강한다.
☐5.쟁합이거나 천간 중첩(중간)인 경우 경지가 1단계 하강한다.
☐6.절정기 부조화 즉 생의 주기와 활성기가 어긋나면 경지 1단계 하락한다.
☐7.'1이상형'의 소년기 대운 흐름이 비활성기면 인생 준비(공부)가 안 되니 1단계 하락한다. 이때 부분적으로 '소년기 부조화'가 일어나기 때문이다.
☐8.비생금토(미토, 술토)는 금을 생하지 못하니 경지가 1단계 하강한다.
☐9.연간이나 연지가 일간과 연계되지 못하면 경지가 1단계 하락한다.
☐10.신약 천간의 식상이 일간과 유정하면 경지가 1단계 하락한다.

■2. 경지 상승
 편의상 우리 책에서는 경지의 상승이 생략되어 있다. 그러나 이론적으로 아래와 같은 경우에 경지가 상승한다.
☐1.모든 사주는 상신운(활성기)이나 지장간이 발용되면 경지 1단계 상승한다.
☐2.변격의 수기가 본격 상신의 경지보다 높으면 경지가 상승한다.773) 그러나 실제로 34경계인이 23경계인 등으로 도약하지 못한다. 다만 통변에 "생각보다 선물이 크다."라고 반영한다. 경지 하강은 반대로 통변하면 된다.
☐3.행운에서 합 형충파해로 인한 기신 작용이 완화774)될 때 1단계 상승한다.

■3. 경지 상승과 하락의 스토리텔링
☐1.경지가 하락하면775) 얻는 것이 적고 상승하면 그 반대이다. 평상인의 1단계 아래는 34경계인이 얻는 것이 되는데 평상인 입장에서는 덤(부차적)과 같다.
☐2.실제 경지 상승은 직장인이 자영업으로, 진급 등 호사로 나타난다.
☐3.하락의 경우 정규직을 원했다면 비정규직이나 임시직이 되고, 빚 같으면 원금은 못 받고 이자만 받거나 상환 연장이다.

---

773) 1-5-4-1 ●=1 ■2 ☐4 변격의 크기는 수기 위치와 운의 지속성(대운은 10년) 때문에, 본국(상신)보다 클 수도 적을 수도 있다
774) 1-4-5 ●=2 ■2 ☐2 ●간명의 원리 ○5 부정은 흉한 것이 아니라 적은 투자와 작은 실패를 통하여 자신을 단련하는 시간일 수 있어야 합니다. 부정에서 교훈을 얻는 발상의 전환이 필요합니다.
775) 2143-1 ●=5 ☐1 행운에서의 수기는 YQ-3, 4로 나타나고 원국 경지에 변화를 일으킨다. 그러나 편의상 생략되어 있다.

2-1-4	용법의 적용

 앞에서 공부한 용법을 더 요약한 자료이다. 또한 다음 나오는 모든 용법의 요약이기도 하다. 적천수용법은 용의 역할은 일간이, 상신은 용신이 된다.776)

■1. 용법의 우선순위
□신약의 천간에 식상이 유정(근접)하면 겁인이 답이다.
□신강도 신약처럼 수기를 쓸 수 있는데 조건에 따라 쓰는 법이 다르다.777)

■2. 신약의 적용
□1.신약하게 하는 용신을 극하는 것이 상신이다778).-(참고 2-1-2-3 ●=3 ■1)

용신(용하면)	상신
식상 강해 신약하면 식상 용신	탈식하는 인수 상신
재성 강해 신약하면 재 용신	파재하는 겁 상신
관살 강해 신약하면 관살 용신	살에 대항하는 겁 상신

□2.상신에서 최종격이 나온다.779)-(참고 2-1-2-3 ●=3 ■4 □1)

신약	신약은 상신 겁인이 바로 최종격(겁격, 인수격)

■3. 신강의 적용
□1.신강하게 하는 용신을 극하는 것이 상신이다.-(참고 2-1-2-3 ●=3 ■1)

용신(용하면)	상신
겁 왕해 신강하면 겁 용신	극겁하는 관살 상신
인수 강해 신강하면 인수 용신	극인하는 재 상신

□2.상신에서 최종격이 나온다.-(참고 2-1-2-3 ●=3 ■4 □1)

신강	식상 상신-식 약해 겁 생 받아도 최종 식상격. 식상 상신 강하면 최종 식상생재격
	재 상신-재 약해 식 상신의 생을 받아도 최종 재격. 재 상신 강하면 최종 재생관격
	관살 상신-관 약해 재 상신의 생 받아도 최종 관살격. 관 상신 강해도 최종 관살격. 다만 관생인이 아니어야하고 재의 생이 없으면 단독으로 관살격.
	최종격 없으면 식재관 단독으로 격(평상인)

---

776) 3-2-1-2 ●=2 『적천수』와 용신
777) 2143-1 ●=2 ■2 □2 YQ-1 천간의 유정한 식상이 있는데 나머지(겁, 인수, 인식합, 관합 재합) 없이 일간만으로 신강한 경우 신강수기를 쓴다.
778) 2-1-3-1 서문 "자평 상신(적천수는 용신)은 과다를 극하고 태과(태왕)하면 설하는 것에서 왔다. 즉 "화왕득수"처럼 과다한 용신(화왕)이 득(得) 상신(수)하면 왕화가 소통의 기쁨을 얻는다.
779) 2-1-2-3 서문 "배합에서 용신이 나오고 용신에서 상신이 나오고 상신에서 최종격이 나온다.

| 2-1-4-1 | 관살 |

아래 도표는(1-자평용법) 신약하면 좌측 겁인을 신강하면 우측 재관 식을 쓴다는 이야기이다.

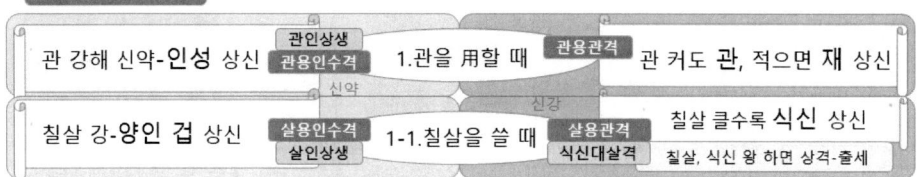

아래 상신 도표는 그에 따라 구체적으로 상신 43개를 소개하고 있다. 다음 나오는 나머지 용법도 동일하다. 그중 관살의 상신은 총 8개이다.

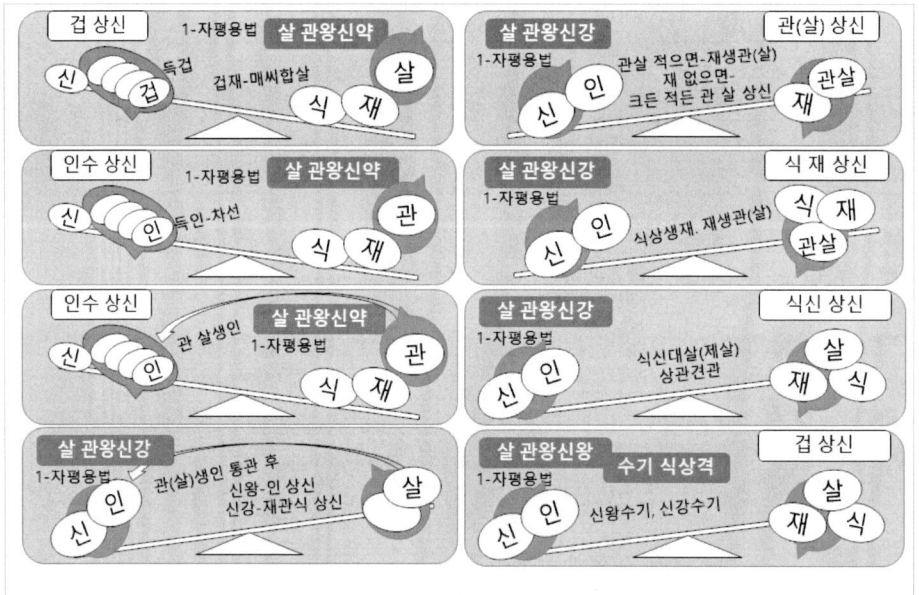

| ●=1 | 관살의 특성 |

■1. 일간과 관살의 유 무정

□1.신약한 경우 일간과 관살이 무정해야 일간이 극겁의 해를 입지 않는다. 만약 유정하면 일간과 유정한 인수가 있어서 관인통관780)이 일어나야 한다. 이는

---

780) 3231-4 ●=2 ■1 □2 1)참고로 이 사주는 월지 축토가 있어 병 관을 통관시키니 병신합의 유무를 떠나서 관인통관이 된다. 실제 관살은 관합 여부보다 통관이 더 허다하다.

인수용관(인수격의 인수가 적어 관의 생을 받음)과도 결과가 같다. 만약 그렇지 않으면 아래 도표처럼 해를 입는다.781)

극아	극 과다	오행 극의 기(忌)	칠살 극 과다의 기(忌)
수극화	수다화멸 (水多火滅)	화가 꺼진다.	방향상실 활동중단
화극금	화다금용 (火多金鎔)	금이 녹는다.	액체로 변하여 용처상실
금극목	금다목절 (金多木折)	목이 부러진다.	부러져서 본분훼손
목극토	목다토경 (木多土傾)	토가 붕괴된다.	모래가 되어 소출불능
토극수	토다수매 (土多水埋)	수가 매립된다.	매립되어 정신매몰

☐2.신강한 경우 관살통관이 안 되어야 관살이 파격되어 오는 극의 기능을 상실하지 않는다. 이는 재성의 재투식상이나 식상통관의 원리와 같은 개념이다.
☐3.천간에서 관인통관되면 관인겁이 인입이고 우리 책은 인강신강이라 부른다. 만약 인수가 천간에 없고 지지에 있으면 관인통관의 때를 보아야 한다.782)
☐4.이때 천간 관생인은 과다이고, 지지에 뿌리가 있으면 태과(태왕)이다.783)
 1)인강신강은 수기식상격이 될 확률이 높다. 그러면 인입이 상승해야 호사다.
 2)그러나 이때 대운이 개두절각이면 인입 상승에 어려운 난제가 있다.

■2. 관살 쓰는 법
☐1.살강 신약하면 겁 상신(인 차선), 관살생인(관살인통관) 답이다.784)
☐2.겁왕(과다)신강785)의 겁 과다는 살극겁(극아)이 답이다.786) 겁왕(과다)신강 그러나 이때 관은 겁보다 적으니 재로 재생관(살)해야 한다.
☐3.이때 일간보다 관살이 적으면 아래 도표처럼 부작용(역현상)이 일어난다.787)

극아	극의 희	오행 극의 희(喜)	관살 극의 희(喜)
금극목	목왕득금 (木旺得金)	금이 깎고 다듬어줌	비목이 예술품 되는 기쁨
수극화	화왕득수 (火旺得水)	수가 중생제도-수양	격한 성정 수신되는 기쁨
목극토	토왕득목 (土旺得木)	뿌리가 땅 기운소통	사방사업으로 생산의 기쁨
화극금	금왕득화 (金旺得火)	쇠를 녹여 용기제작	무쇠가 그릇으로 활용기쁨
토극수	수왕득토 (水旺得土)	제방만나 흐름 멈춤	호수-용수가 되는 기쁨

---

781) 3-2-4-5 생극의 과다(過多)
782) 1-6-2 ●=2 ☐2 1)원국(YQ-2) 지지 인수 주변의 뿌리가 크면 천간의 관을 통관시킬 수 있다. 2)행운(YQ-3, 4)에서는 지지의 관인통관을 보지 않는다.
783) 2149-1 ■1 과다 ■2 태과(태왕)
784) 2-1-4-2 ●=3 ☐3 참고로 관살의 분산(극)은 관살통관이나 관합으로 재보다 해소 범위가 넓다.
785) 2-1-4-4 ■1 ☐2 신강에는 겁왕(과다)신강(일간+겁), 신합신강(일간+합), 인강신강(일간+인수), 인강신왕(일간+인수+관생인으로 강)이 있다. 그리고 배수에 따라 과다와 태과로 제 갈 길을 간다.
786) 2-1-4-4 ■2 ☐2 겁 과다신강은 침(극)으로, ■3 ☐2 겁 태왕은 수기(설기-통풍구)로 다스린다.
787) 3-2-4-4 ■2 육신의 작용과 부(역)작용

재성	재생관 (생관)	작용(소원성취 호사연발) 하는 일(작업)이 ▶현실(실정법-돈)로 성사됨	부작용(삼재팔난 만사지체) 탐진치 과다(법 무시 악용하다 낭패) ▶제 마음대로

1)겁왕신강에서 살이 왕하면 식상제살(식신대살)788)이 답이다.
2)인강신강은 인수 강해 겁 과다한 경우로 재를 쓰(상신)고. 인강신왕은 인수 강해 신왕한 경우로 수기를 쓰는 것이 기본이다.

□4.이때 재생살의 인수와 관살은 무정해야 하고 관살과 재는 유정해야 한다. 그렇지 못하면 경지가 1단계 또는 평상인으로 내려간다.789)

●=2　　　　관살의 변성

■1. 살과 관생인(살생인, 관인상생, 살인상생, 관인통관, 살인통관)
□1.신약이든 신강이든 일간과 유정한 관살이 관인통관되어 관생인되면 관살의 기능을 못하게 되고 인수를 따라 인입의 일원이 된다.790)
□2.신약에서 일간과 살이 근접해 있으면 관인통관이 답이다. 신약이 관(살)인 통관 되면 직업, 배우자가 좋아진다. 이는 재투식상이나 겁식상통관과 같은 의미이다.
□3.그러나 신강의 관인통관은 관이 파격되어 기능 못하니 오히려 관이 무력해져 유명무실하거나 백수대살(백수건달의 피해-살)이다. 그래서 경지가 하락한다.

■2. 관살의 기능이 파격되면 경지가 하락한다.
□1.관살 통관되면 그 기능이 상실되어 격이 낮아지니 경지가 1단계 내려간다.
□2.극(재관)의 피해나 결함이 두 번 이상 상신에 나타나면 평상인에서 시작한다. 수기나 조후결함도 두 번이면 평상인에서 시작하는 것과 같고 모든 사주가 그렇다.
□3.아래(강 팀장)는 관(정극신) 한 번, 재(신극묘)로 한 번, 두 번 극이 일어난다.

●-20 실제사주　1-3　3-2-3

☞ 1. 신약 신강　남 30후반. 강 팀장.
기60	신160	정240	갑560	9 2	8 2	7 2	6 2	5 2	4 2	3 2	2 2	1 2	2	▶2-자평 재 쓸 때 신약 ▶용-갑　▶상신-금
축	유	묘	자	년	정	병	을	갑	계	임	신	경	기	무
양	계신기	녹	경신	포	갑을	행	임계	축	자	해	술	유	신	미	오	사	진

▶평범인
▶2이상형

---

788) 2143-2 ■2 식신대살은 신강에서 유정한 관살에 인접한 식상이 있는 경우 성립된다.
789) 2-1-3-4 ●=1 ■4 □1 상신(수기)을 극(재관)이 두 번 이상 분산, 또는 차 차선은 평상인이다.
790) 1-4-1-3 겁인 관살통관 천간합 즉 관살과 인수가 유정하여 통관되고, 관합(관살과 합) 재합(재성과 합) 인식합(인수와 식상의 합)되면 겁+인+관살+합 모두가 인입의 일원이다.

■3. 변성이 일어나는 유형과 시기
□1.원국 천간에서 관살이 통관791)되면 인입의 일원792)이 되어 YQ-1 천간산출의 인입과 인출에 영향을 미친다.793) "2-1-4-1"794)을 참고 하시라
□2.인수가 지지에 있는 경우795) 원국(YQ-2)과 달리 행운(YQ-4)에서는 관인통관을 보지 않는다.796)

| ●=3 | 행운과 관살 |

□1.행운에서 관살운은 관과 인수를 동시에 상승시킨다.
□2.관만 상승하려면 재운에 재생관살이 되어야 한다. 관을 단독으로 쓰는 경우가 그 예(위 상단 도-관용겁격, 하단 상신도표-우측 위에서 3번째)이다. 그러나 재운은 관 상승하지만 인수는 하강한다.

| ●=4 | 관생인 통관 |

관생인 즉 관인통관은 원국(YQ-1, YQ-2)에서 일어난다. 즉 인수통관 겁식통관 등 극과 극사이에 존재하는 모든 오행 자체는 통관 기능797)이 있다. 다만 행운(YQ-3)에서는 관생인 통관을 보지 않는다.

■1. YQ-1, 2 원국의 관생인
원국 천간 지지에 인수가 있으면 관생인이 된다.798) 그러나 작동은 다르다.

■1) 천간의 관생인
□천간의 인수는 언제든 관생인(관살통관) 할 수 있다.

---

791) 1-6-2 ●=2 □2 1)원국(YQ-2) 지지 인수 주변의 뿌리가 크면 천간의 관을 통관시킬 수 있다. 2)행운(YQ-3, 4)에서는 지지의 관인통관을 보지 않는다.
792) 1-4-1-3 겁인 관살통관 천간합 즉 관살과 인수가 유정하여 통관되고, 관합(관살과 합) 재합(재성과 합) 인식합(인수와 식상의 합)되면 겁+인+관살+합 모두가 인입의 일원이다.
793) 1-5-4-1 ●=2 ■1 천간의 변격과 간여지동 ■2 간지합
794) 2-1-4-1 ●=4 관생인 통관
795) 1-5-4-1 ●=2 ■3 □3 그래서 원국 YQ-1, 2에서는 지지의 변화로 인한 변격을 논하지만 행운 YQ-3, 4에서는 이를 논하지 않는다.
796) 1-5-4-2 ●=1 ■2 □2 행운(YQ-3)은 지지의 관인통관(관살통관)을 적용하지 않는다. 원국(YQ-1)에서만 적용하는 것과 다르다.
797) 3231-4 ●=2 ■1 □2 1)참고로 이 사주는 월지 축토가 있어 병 관을 통관시키니 병신합의 유무를 떠나서 관인통관이 된다. 실제 관살은 관합 여부보다 통관이 더 허다하다.
798) 1-4-1-3 겁인 관살통관 천간합 즉 관살과 인수가 유정하여 통관되고, 일간과 관합(관살과 합) 재합(재성과 합) 인식합(인수와 식상의 합)되면 겁+인+관살+합 모두가 인입의 일원이다.

□아래(사회복지사) YQ-1(원국) 천간의 을 인수는 언제든 관생인(관살통관)이 되고 YQ-3(행운)에서 을 상승하면 종강격처럼 된다.

●-14 실제사주			1-2-1-2					1-6-2-3 사회복지사의 아픈 이야기					
YQ-1 ☞ 1. 신약 신강			여. 사회복지사		9	8	7	6	5	4	3	2	1	▶1-자평 살 쓸 때 신강
신240	정80		을180	계480	1	1	1	1	1	1	1	1	1	▶용-계 ▶상신-정
축	미		축	축 년	갑	계	임	신	경	기	무	정	병 을	▶평범인
포	계신기	대	정을기 포	계신기 묘 계신기	술	유	신	미	오	사	진	묘	인 축	▶1이상형

■2) 지지의 관생인
□지지의 관생인은 지지 주변의 뿌리의 합이 클 때 가능하다.
□아래처럼(남. 아웃도어)의 YQ-1 지지의 인수는 묘미의 목 주변 뿌리4(경갑을을)=240이다. 그래서 시간 계240 통관되어 신강이다.-(참조. 2권 ●-08 실제사주)

●-08 실제사주			1-1-1					1-5-10 애매한 충(합) 자료					
YQ-1 ☞ 1. 신약 신강			남. 아웃도어		9	8	7	6	5	4	3	2	1	▶1-자평 살 쓸 때 신강
계240	정160		계320	정80	8	8	8	8	8	8	8	8	8	▶용-계 ▶상신-계
묘	미		축	유 년	계	갑	을	병	정	무	기	경	신 임	▶34경계인
병	갑을	대	정을기 묘	계신기 생 경신	묘	진	사	오	미	신	유	술	해 자	▶2이상형

| ●=5 | YQ-3, YQ-4 행운의 관생인 |

■1. YQ-3 행운에서는 관생인을 보지 않는다. 행운이 한 글자로 오지 않기 때문에 관과 인의 두 글자 작용을 작량할 수가 없어서이다.799)

□행운에서는 지지의 관생인 역시 보지 않는다. YQ-3, YQ-4를 산출할 때 이미 수치 안에 인수의 작용이 포함되어 있기 때문이다.
□지장간의 인수가 발용되어도 같은 이유로 관생인을 보지 않는다.800)

■2. 원국과 행운은 다르다.
□관생인이 되면 운이 크다는 말은 반(원국)은 맞고 반(행운)은 틀리다.
□예를 들어 관운이 오면 관인 두 개는 상승하지만 겁(일간)은 하강한다.801)
 1)인수운이 오면 관은 하강하고 겁인 두 개가 상승한다.
 2)겁운에 겁과 식상 두 개는 상승하지만 관인은 두 개는 하강한다.

---
799) 1-5-4-2 ●=1 ■4 □1 YQ-3는 극 있어도 종한다. 1)종이란 기운이 최대로 상승한 것이고, 나머지는 하강하여 왜소하기 때문이다. 또한 행운 여러 글자는 모두를 제화(制化)에서 해방 중화시킨다.
800) 1-5-4-3 ●=1 ■4 □2 인수의 발용은 YQ-3, 4 수치 안에 포괄적으로 포함되어 있다.
801) 2-1-3-2 ●=2 상신운 ■1 인입의 예. ■2 인출의 예

3)즉 행운에서 관생인 된다고 관인겁 세 개가 상승하지 않는다.

2-1-4-2	재

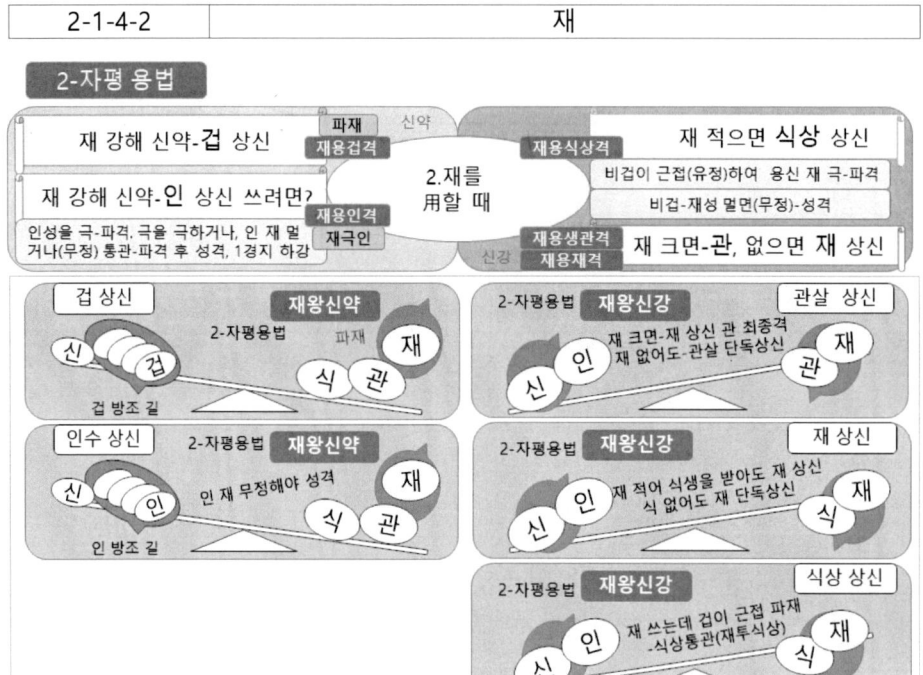

●=1	재성의 특성

■1. 신약

□1.신약은 일간과 재성(병)이 무정해야 한다. 유정하면 비겁이 있어 재를 억제하고, 그렇지 못하면 경지가 1단계 또는 평상인으로 내려간다.

□2.아래 사주(상담교사)는 일간과 재(병)가 유정하면서 연간에 임 겁재가 있지만, 인목이 수생목생화로 임(겁)을 통관하니 극재의 기능을 상실하여 경지 하강이다.

●-19 실제사주		1-3							9-3-3-6 정재 자료			
☞1. 신약 신강		여. KS여고 상담교사		9 3	8 3	7 5	6 3	5 3	4 3	3 3	2 3	1 3	▶2-자평 재 쓸 때 신약 ▶용-병 ▶상신-임
임120	계80	병560	임120	병	정	무	기	경	신	임	계	갑	을
술	미	오	인 년	신	유	술	해	자	축	인	묘	진	사	▶평범인 ▶특수4 링컨형
쇠 신정무 묘	정을기	포 병기정	욕 무병갑										

□3.이렇게 신약한 일간은 극하려다 오히려 극의 역(부)작용이 일어난다.802)

아극	극 과다	오행 극 과다-기(忌)	재성 과다의 기(忌)
목극토	토다목절 (土多木折)	목이 꺾인다.	기능상실 장애의 고통
화극금	금다화식 (金多火熄)	불이 꺼진다.	활동 중단의 고통
토극수	수다토류 (水多土流)	토가 떠내려간다.	정처 없는 방황의 고통
금극목	목다금결 (木多金缺)	금이 이지러진다.	무디어져 수고 반복의 고통
수극화	화다수갈 (火多水渴)	물이 증발한다.	정신 소진의 고통

■2. 신강

☐1.아래(DK운수 회장)처럼 신강한 재성(계)은 재투식신(재 투출했는데 지지에 식상 있음)이나 식상통관(겁과 재 사이에서 통관)이 필수이다. 즉 일간과 재가 유정하면 식상이 있어 겁식재 통관해야 파재를 막을 수 있다.803) 그렇지 못하면 경지가 1단계 또 내려간다.

☐2. 아래(조기 바람)는 재(경)와 술(상관) 두 글자만 보면 재투식상이다. 그러나 전체 배합804)으로 보면 상관(술토)이 화다토초되어 식상통관 불능이니 재(경)가 화다금용으로 파재(극재)된다.

☐3.이렇게 신강에서는 강왕한 기운을 분산시킬수록 즐거움이 발생한다.

아극	극의 희	오행 극의 희(喜)	재성 극의 희(喜)
목극토	목왕득토 (木旺得土)	넓은 땅으로 이식-성장	새 세상, 새로운 역할
화극금	화왕득금 (火旺得金)	제련, 금은보석 세공	욕망-활동왕성
토극수	토왕득수 (旺土得水)	마른 땅이 옥토로	경작지-실리회복
금극목	금왕득목 (金旺得木)	무쇠가 연장으로 변신	건축, 장식품-창작활동
수극화	수왕득화 (水旺得火)	수력발전소 전기 생산	전기 자극, 시설가동

---

802) 3-2-4-5 생극의 과다(過多)
803) 3213-2 ■1 도표 "성"-"인수와 재가 떨어져"
804) 3-2-9-2 ■2 ●간명의 원리 ○3 "음양 한두 글자가 아닌 배합"

☐4.그러나 이 역시 재가 상승하는 상신운(활성기)에 즐거움이 발생한다는 말이고, 재가 하강하면 아래 도표처럼 부(역)작용이 일어난다.805)

비겁	겁극재 (극재, 파재)	작용(소원성취 호사연발)		부작용(삼재팔난 만사지체)	
		탐진치(욕심)를 억제 자제	▶일이 조화를 이룸	탐진치 고조(의기양양, 의기소침)	▶하는 일 없음(주색, 헛수고)

●=2	재와 식상과 관살의 관계

☐1.재는 식상과 일간의 유 무정에 따라 직 간접적인 영향을 받는다.
 1)즉 일간과 근접하여 수기로 쓰이는 투출한 식상은 생재하지 못한다.
 2)이때 수기 옆 재는 무늬만 재성이다. 문제 해결의 원리는 다음에 나오는 수기식상에 있다.
☐2.재가 적으면 식상으로 생재(상단 우측 재용식상격)해야 한다.806) 물론 재가 크면 재생관이 최선이다.
☐3.재가 생관(살)할 때도 관인의 유 무정에 따라 다르다. 수기식상의 반대다.
 1)신약은 재와 관이 무정해야 재생관(살)의 피해를 막을 수 있고,
 2)신강에서 재생관하려면 관 인이 무정해야 인입 상승하는 것을 견제한다.

●=3	재와 일간의 분산

☐1.재는 양신재합이 아니면 일간과 통관이 일어날 수 없어 일간의 분산(극)이 해소되지 않는다. 식상 있어 통관되더라도 이 또한 일간을 설기하는 분산이다.
☐2.다만 일간 아닌 국중지신끼리 통관되면 극이 해소될 수 있다.
☐3.참고로 관살의 분산(극)은 관살통관과 관합으로 재보다 해소 범위가 넓다.

---

805) 3-2-4-4 ■2 육신의 작용과 부(역)작용
806) 3213-2 "『자평진전평주』「논상신(論相神)」에서는" ☐"재가 약하면"

2-1-4-3	식상

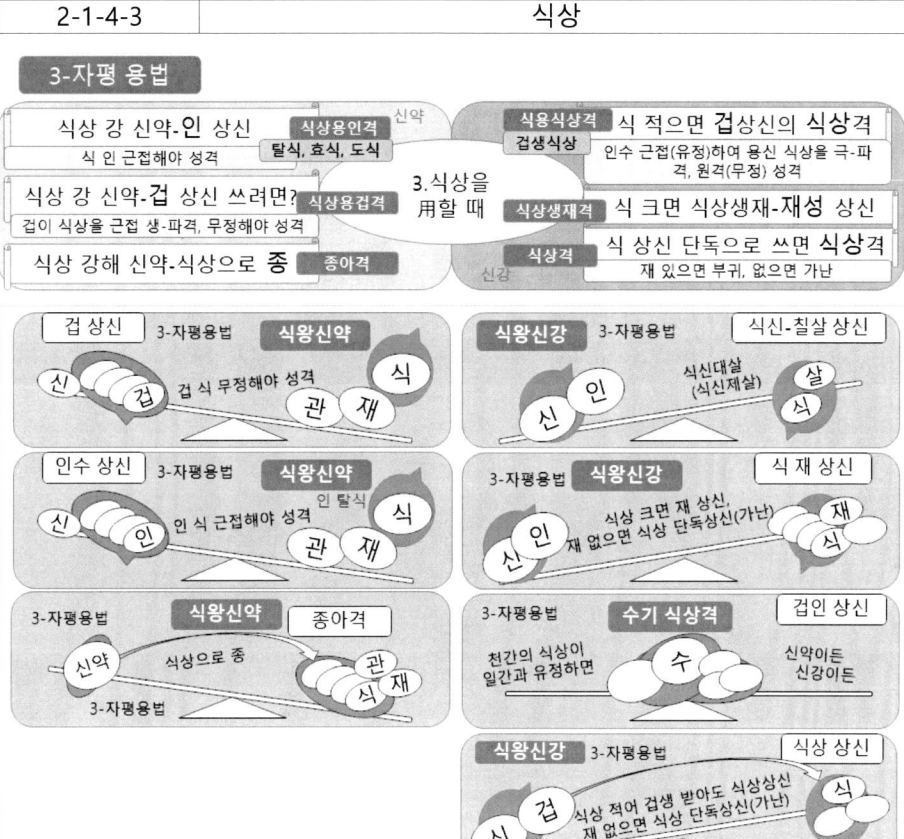

■1. 식상의 기능에는 1)수기(유통), 2)생재(생육)807), 3)제살, 세 가지 기능이 있다.

● 간명의 원리

○1.'심효첨' 선생의 『자평진전』「논인수(論印綬)」는 "인수격에 칠살을 쓸 때 식상도 같이 있는 것은 칠살이 용신이면서 제복된 것이고, 나를 생하는 인수와 설기하는 식상이 동시에 있는 경우로 신왕과 인수 중함을 논하지 않는다. 모두 귀격이다." 고 나옵니다.
▶여기서 제복은 식신제(대)살을 뜻하고 우리 책의 식신대살격을 말합니다.

---

807) 3213-3 『자평진전』「논식신(論食神)」에 (1) "설기, "재를 생하는 효능"과
　　 3213-3 『적천수천미』 "생육(生育)하고 유통하니" 수기유행(秀氣流行)

○2.그러나 '서락오' 선생은 『자평진전평주』「인수격을 논함」에서 "칠살을 쓰는데 식상이 있다는 말은 식상을 설기하는 용신으로 삼는다는 말이지 제살하는 용도로 쓴다는 말은 아니다. 극(剋)과 설(洩)은 병용하지 못한다."고 말합니다.
▶서락오 선생의 "설기하는 용신"이란 말은 식상이 수기로 쓰이는 것을 뜻하고 우리 책의 종격과 일간태왕 그리고 태왕수기의 수기식상격이 여기에 해당됩니다.

□1.식상은 유통(수기-겁생식상)과 생육(생재, 제살)의 분산으로 쓰인다.
□2.그래서 유통은 수기식상격 생육은 분산식상격이 되는데 수기(유통)는 종격, 전왕격, 일간태왕이나 일간(겁)과 근접한 식상을 말한다.
□3.유통은 2장의 "●-44 실제사주"를 분산은 "●-35 실제사주"를 참고 하시라.

● Tip
○즉 유통은 저수지의 물이 자연히 차고 넘치는 것이고, 생육은 댐에 물을 가두고 터빈을 돌려 인위적으로 전기를 발전(생재)하는 것과 같습니다.[808]
○이를 어찌 보면 유통은 그냥 섹스(발산), 생육은 생명을 출산 양육하는 것일 겁니다.

■2. 육신은 겁생식, 식생재, 재생관 등 서로 연계되어 있다.[809]
□특히 식상의 겁생식은 신약신강의 벽을 넘어 신강인데도 인입 겁이 상승하면 인출 식상도 상승한다. 그래서 식상 상승도 '겁운에 겁생식상'과 '식상 운에 식상생재'가 있다.
□겁 행운에 겁은 물론 식상도 상승(겁생식상), 자연 수기유통[810] 일어난다.[811]
□식상행운에는 일간은 하강하고 식상과 재성이 상승 분산이 일어난다.
□특히 겁 행운에도 식신이 상승하여 제살하게 된다. 그래서 겁생식상으로 식신이 상승하여 제살하는 것이나, 극제의 역작용 겁다살제나 결과는 같다.

---

808) 2143-1 ●=1 ■3 □1 ●간명의 원리 ○1 저수지에 이미 물이 가득차면 종이고, 물이 차면 넘쳐 흘러야 둑이 무너지지 않듯이 이 넘치는 물이 수기입니다.
809) 3213-3 『적천수천미』 "생육지의"
810) 1-2-1-2 서문 "수기유행(秀氣流行)".
    3213-3 『적천수천미』 "생육(生育)하고 유통하니" 수기유행(秀氣流行)
811) 2-1-3-2 ●=2 상신운 ■2 "3 ○식상운은 겁 하강 식재가 상승한다."

| 2143-1 | 식상의 유통 기능 |

보통 우리가 식재관을 인출(분산)로 보는데, 네 천간의 구성에 따라 신약 신강(YQ-1)이 나오고 이때 식상의 용도 즉 유통과 분산의 기능이 정해진다. 어떻든 유통(소통) 기능이란 인화(목생화)처럼 생하여 흐르는 것을 말한다.

아래는 기초에서 공부한 내용이다. 신약에서 천간의 유정(근접)한 식상이 일간을 설기하고 또한 어떤 국중지신을 설기하는 경우다.[812] 그러나 기초에서처럼 유통이 한두 글자 작동으로 이루어지는 단순한 사건이 아니다.[813]
'제1장 1-5-4-1"의 주인공이 천간의 유정한 상관이 상승한 결과를 보시라.

설기	설기 과다	오행 설기 과다-기(忌)	식상 과다의 기(忌)
목생화	화다목분 (火多木焚)	목이 탄다.	재가 되어 본분실종
화생토	토다화식 (土多火熄)	불이 어둡다.	빛을 잃고 방향성 상실
토생금	금다토박 (金多土薄)	토의 성분이 변한다.	야박함, 변절의 수난
금생수	수다금침 (水多金沈)	금이 가라앉는다.	침몰하여 용체상실
수생목	목다수갈 (木多水渴)	수가 줄어든다.	고갈되어 심리위축

| ●=1 | 수기(설기구)란? |

■1. 종격의 수기와 실제
□1.아래(정형외과) 신약 경 일간은 무 인수격이고 경 계 정에서 변격온다.

●-53 실제사주	2-1-3	3-2-3-1> ●=3 ■2. 천간충 자료
☞1. 신약 신강	남. 정형외과 교수	9 8 7 6 5 4 3 2 1 ▶1-적천수 쓸 때 신약
무120	경80	계240	정240	8 8 8 8 8 8 8 8 8 8 ▶용신-무 ▶희신-금
자	자	묘	유 년	계 갑 을 병 정 무 기 경 신 임 ▶평상인
사 임계	사 임계 태	갑을 왕	경신	사 오 미 신 유 술 해 자 축 인 ▶1이상형

1)경이 신축 무술대운에 종왕격처럼 될 수 있고 자수 식상이 수기가 된다.
2)계가 경자대운에서 상승하면 종아격처럼 되면서 묘목 식상이 수기이다.
3)이론적으로 정 상승하면 종살격처럼 되고 수기 무가 회국하여 시간에 있다.

■2. 수기의 정의(1-5-4-1 ●=1 ■2 □2 ●간명의 원리, 참조)[814]
□1.수기는 위 '자' '묘'처럼 설기구(洩氣口), 통기구(通氣口), 통풍구(通風口)이다.
□2.수기유행[815]은 숨을 내 쉬고 받아들이는 등 우리 몸에 붙어 있는 각 기관

---
812) 3-2-4-5 생극의 과다(過多)
813) 3장 들어가기 2-1 ●=2 배합
814) 1-5-4-1 ●=1 ■2 □2 ●간명의 원리 ○2그러나 종격(처럼)에서 다(多)는 3배수 이상이라는 말이고 그 과정은 수기가 됩니다. 2)즉 양초의 토초, 금의 용융, 물의 고갈 과정은 화(증기)로 동력을 얻는 증기기관과 같습니다. 숯불이 꺼지기(화식) 전 고기가 구워지는 것도 같은 원리입니다.

(생설동체 生洩同體) 그 자체이다. 위처럼 경과 자, 계와 묘가 그렇다.
□3.어떻든 수기는 상신의 최종격과 같은 개념이지만 그렇다고 수기를 최종격이라 하지 않는다.816)

> ● 간명의 원리
> ○1.수기는 수증기로 동력(에너지)을 얻는 증기기관과 같습니다.
> ○2.물을 끓일 때 주전자 뚜껑의 증기 배출구(통기구)가 없으면 증기가 폭발할 수 있습니다. 기운이 몰리면 종격인데 수기 없으면 폭발하는 주전자가 됩니다.
> ○3.수기는 그 자체로 피뢰침과 같아서 보이지 않게 전류를 땅으로 흘려보냅니다. 이는 우리 몸의 용천혈(발바닥 가운데 조금 위에 있는 혈자리)처럼 상기된 기운(화기 포함)이나 사기(邪氣)를 아래로 흘려보내는 것과 같습니다.
> ○4.그래서 상신이 저울의 무게로 물리적 수평을 이룬다면 수기는 유통으로 그리고 조후는 기후 온난으로 중화와 조화를 얻는 일입니다.

■3. 수기의 특징
□1.기능적으로 수기유통의 식상은 인출이면서 종(겁)을 위해 작동(통풍구)한다. 즉 생재(생육)나 제살을 위해 작동(분산)할 뜻이 없음을 말한다. 만약 생재에 뜻이 있다면 식상은 재투식신이나 식상생재이니 수기가 아니다.
 1)식상은 겁행운에도 겁생식상이 되어 동반 상승하니 이때 식상은 수기다.
 2)그러나 식상운에 식상만 상승하는 것은 인출의 영역으로 수기 과다이다.817)

> ● 간명의 원리
> ○1.저수지에 이미 물이 가득차면 종이고, 물이 차면 넘쳐흘러야 둑이 무너지지 않듯이 이 넘치는 물이 수기입니다.
> ○2.참고로 저수지에 물은 십정격, 이를 채우는 것은 인입이고, 수위를 조절하며 발전이나 용수로 쓰는 것은 분산이 됩니다.

□2.행운에서 YQ-3, 4 수기가 너무 상승하면 문제가 되기도 한다.
 1)주전자 뚜껑의 증기 배출구818)가 크지 않아야(수기 하강) 열 손실이 적다.
 2)그러나 뚜껑이 열리면(수기 상승) 증기가 빨리 증발하는 것과 같다.
 3)수기는 종격보다 적어 수다목부처럼 3배수를 넘어 역작용이 되기도 한다. 하지만 종과 수기는 침819)이 아니라 배출구나 피뢰침이니 그렇게 보지 않는다.

---
815) 1-2-1-2 서문 "수기유행(秀氣流行)".
  3213-3 『적천수천미』 "생육(生育)하고 유통하니" 수기유행(秀氣流行)
816) 2-1-2-2 ●=3 ■3 최종격에 대하여
817) 3-2-4-5 생극의 과다(過多)
818) 2143-1 ●=1 ■1 □2 ●간명의 원리 ○1 "수기는 수증기로 동력(에너지)을 얻는 증기기관"

4)이는 기본 원리가 이렇다는 말이다. 조후를 만나면 말이 달라진다.820)

| ●=2 | 식상격의 부류와 분류 |

식상격을 크게 기능별로 보면 앞에서 공부한 유통(수기)과 생육(분산)이다. 즉 일간과 유정한 수기식상격, 무정한 수기식상격, 그리고 분산식상격(줄여서 식상격) 등 두 부류 세 종류가 있다. 수기는 종격과 태왕, 분산은 재관이라는 말에 묻혀 있어 잘 드러나지 않는다. 신약식상821)도 인수격이나 겁격으로 분류되어 한 눈에 들어오지 않는다. 그래서 우리 책은 이를 겁인격이라고도 한다.

> ● 간명의 원리
> ○1."법은 멀고 행위는 가깝다."처럼 가까운 것은 유정이고 먼 것은 무정입니다.
> ○2.유정은 언제든 활용할 수 있는 수단과 도구, 어쩌면 부부나 직계가족과 같습니다.
> ○3.무정은 법과 같고 주차장의 차와 같습니다. 멀리 떨어져 있지만 자신의 소유입니다. 무슨 일이 발생하더라도 나중에 법의 구제를 받을 수 있습니다.
> ○4.그래서 무정은 없는 것과 다릅니다. 무정하지도 않으면 사건만 일어날 뿐 의법(依法) 조치가 불가능합니다.

■1. 수기식상격
■1) 실제 수기식상격은 존재하지 않는다. 수기를 설명하려는 고육지책이다.
□1.수기식상격에는 신강, 신왕수기격이 있는데 변격의 일종이다.
□2.굳이 명명하면 수기(식상)용겁격, 수기(식상)용인수격을 줄여서 겁인격이다.

> ● 간명의 원리
> ○수기는 태왕한 것을 유통822)시키는 조화신입니다. 신약 신강수기, 신왕수기, 종격을 용할 때 그렇습니다. 이는 상신(저울추)823)이 용신(저울판)의 반대편에서 저울의 균형을 유지하는 조화신과 조화라는 측면에서 같습니다.
> ○다만 상신은 상신이 상승해야 하지만, 수기는 종(인입)이 상승 즉 물이 차야(상승) 넘치는(겁생식상) 차이가 있습니다.824)

■2) 수기의 부류

---

819) 1-5-4-1 ●=1 ■2 □2 ●간명의 원리 ○1화생토, 강화득토, 화왕득금, 화왕득수는 생, 강, 왕보다 득이 3배수 미만이라는 말이고 득이란 소통을 의미합니다. 그래서 득을 침에 비유한 겁니다.
820) 1-5-4-2 ●=3 ■1 조후가 있고 없고를 따라 이법 쓰는 법이 다르다.
821) 3213-3 ■2 ■1 식상용인격, 식상용겁격
822) 3213-3 『적천수천미』 "생육(生育)하고 유통하니" 수기유행(秀氣流行)
823) 3-2-1-2 ●=1 ●간명의 원리, "저울"
824) 2-1-3-2 ●=2 상신운 ■2 "3 ○식상운은 겁 하강 식재가 상승한다."

☐1.신강수기는 천간에 일간과 유정한 식상이 있거나 분산을 못 쓰는 경우다.
☐2.신왕수기는 극이 있어 종이 아니지만 그 세력이 여전히 남아 있는 일간태왕(가종격) 수기를 말한다.825)
☐3.종격의 수기는 모든 종격과 종격처럼의 수기를 말한다.
☐4.신왕과 종격 수기는 이미 강왕한 종 기운을 넘치게 하는 속성이 있다.826)

■3) 수기의 산출

☐1.천간의 수기 크기는 식상과 인접한 재(인출) 혹은 관살을 합산한 수치다.
☐2.지지 수기는 해당되는 한 글자 YQ-4를 산출한다.-(아래 ●=3 참고)
 1)지지 식재가 유정하면 재까지 산출해야 하지만 겁운에는 재가, 식상운에는 겁이 상승하지 않으니 편의상 이렇다.827)
 2)그러나 여러 글자가 있는 경우 유정과 월일시 순과 합충과 우선순위를 참조하여 흠이 적은 것이 수기가 된다.
 3)YQ-3에서는 합충을 보지 않지만828) 수기가 중복된 경우 YQ-1 원국의 구성에서 수기의 단서를 얻는다.

☐3.지장간의 수기가 발용되면 나머지 행운 모두를 배합해서 YQ-3를 산출한다.829) 다음 나오는 "●=3 간지별 수기"를 참고 하시라.

☐4.지지 수기의 예
 1)아래(신 내림) 계해대운은 종재격처럼 될 수 있고 유정한 일지 인목 수기다. 그러나 인묘진 삼합이어서 인묘가 수기가 된다.

●-15 실제사주			1-2-1		3-2-1											
☞1. 신약 신강			여. 신 내림			9 8	7 8	6 8	5 8	4 8	3 8	2 8	1 8	8	▸1-자평 쓸 때 신강	
계300	무240		정360		갑560										▸용-갑 ▸상신-신	
축	인		묘		진 년	정	무	기	경	신	임	계	갑	을 병	▸평범인	
양 계신기	생 무병갑	욕	갑을	대	을계무	사	오	미	신	유	술	해	자	축 인	▸7대기만성형	

---

825) 2149-2 ■3 ■1) ☐1 일간태왕은 극하는 것 있어 종격은 못되었지만 여전히 태과(태왕)한 세력이 일간에 남아 있는 가종격 즉 신강왕(身强旺 신-일간, 강-인수, 왕-비겁)의 신왕을 말한다.
826) 2143-1 ●=1 ■3 ☐1 ●간명의 원리 ○1 저수지에 이미 물이 가득차면 종이고, 물이 차면 넘쳐 흘러야 둑이 무너지지 않듯이 이 넘치는 물이 수기입니다.
827) 2143-1 ●=2 ■1 ■3) ☐1 천간의 수기 크기는 식상과 인접한 재(인출) 혹은 관살을 합산한 수치다. ☐2 그러나 수기가 지지일 경우 YQ-4 한 글자만 산출한다.
828) 1-5-4-2 ●=1 ■4 ☐1 YQ-3는 극 있어도 종한다. 1)종이란 기운이 최대로 상승한 것이고, 나머지는 하강하여 왜소하기 때문이다. 또한 행운 여러 글자는 모두를 제화(制化)에서 해방 중화시킨다.
 2143-1 ●=3 ■1 ☐3 YQ-3 행운에서 지지의 수기는 생극과 합충의 영향을 받지 않는다.
829) 2143-1 ●=3 ■2 ☐1 2)수기가 발용되면 나머지 행운 모두를 배합해서 YQ-3를 산출한다. 참고로 상신 발용은 통변에 반영, 조후는 수치를 산출하지 않는다.

2)아래(여. 교사) 병정(겁)과 을(인수)의 합산이 상승하면 정 종왕격처럼 되고 미가 수기이다.

●-22 실제사주		1-4		1-5-4-2와 1613-1 이사 가는 부부자료												
YQ -1	🔑 1. 신약 신강		여. 교사	9 5	8 5	7 5	6 5	5 5	4 5	3 5	2 5	1 5	▸2-자평 재 쓸 때 신강 ▸용-경 ▸상신-재생관살			
병360	정240	을80	경320													
오	미	유	술	년	을	병	정	무	기	경	신	임	계	갑	▸평상인 ▸1이상형
쇠	병기정	대	정을기	생	경신	양	신정무		해	자	축	인	묘	진	사	오	미	신	

3)아래(사회복지사)도 종왕격처럼 되면 월지 축이 수기다. 이 사주는 연월의 2축이 1미와 충 할 수 없고, 1미가 연시(회국) 2축과 충 할 수 없다.830)

●-14 실제사주		1-2-1-2		1-6-2-3 사회복지사의 아픈 이야기												
YQ -1	🔑 1. 신약 신강		여. 사회복지사	9 1	8 1	7 1	6 1	5 1	4 1	3 1	2 1	1 1	▸1-자평 살 쓸 때 신강 ▸용-계 ▸상신-정			
신240	정80	을180	계480													
축	미	축	축	년	갑	계	임	신	경	기	무	정	병	을	▸평범인 ▸1이상형
포	계신기	대	정을기	포	계신기	묘	계신기		술	유	신	미	오	사	진	묘	인	축	

4)아래(학과장) 병이 종왕격처럼 되면 월지 축이 수기다. 진도 오의 생을 받지만 월령이자 해축합의 축만 못하다.

●-21 실제사주		1-3		3-2-1			1-6-2-6 영전 자료									
YQ -1	🔑 1. 신약 신강		여. L 학과장	9 3	8 3	7 3	6 3	5 3	4 3	3 3	2 3	1 3	▸2-자평 재 쓸 때 신약 ▸용-신 ▸상신-갑			
갑300	병160	신240	신240													
오	진	축	해	년	신	경	기	무	정	병	을	갑	계	임	▸23경계인 ▸2이상형
왕	병기정	대	을계무	양	계신기	포	무갑임		해	술	유	미	오	사	진	묘	인	

■2. YQ-1 원국에서 수기 쓰는 법

□1.YQ-1 신약 천간(시 월간)에 식상이 유정하면 겁인이 답이다.
 1)겁인이 활성기라는 측면에서 수기를 쓰는 신강(신왕)수기 종격과 결이 같다.
 2)허약을 면하려면 더욱 겁인운(활성기)이 중요하다는 말이다. 겁이 상승하면 자연 겁생식상이 되기 때문이다.

□2.YQ-1 천간에 유정한 식상이 있는데 나머지(겁, 인수, 인식합, 관합 재합) 없이 일간만으로 신강한 경우 신강수기를 쓴다.

---
830) 3-2-3-3 ■6 지지 형충에 있어서 "하나의 오행이 두 개 오행을 형충하지 못한다." □이를 합으로 옮기면 하나의 오행이 두 개의 오행과 합하지 못한다는 말도 된다.

1)이는 겁(종)과 수기(식상)가 분리되지 않는 생설동체를 의미한다.
2)다만 일간은 인입이고 식상은 인출인데, 아래 도형처럼 천간의 겁이 입출을 동시에 생하면 입출상쇄다. 합도 인수도 경우는 같다.
3)참고로 인접한 천간을 생하는 지지의 자연적 현상은 입출상쇄가 없다.831)

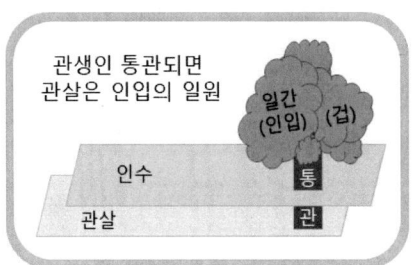 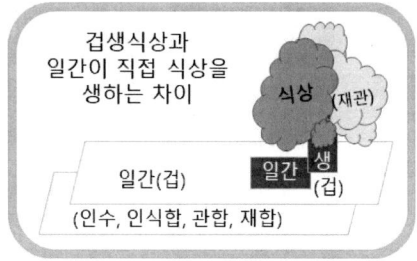

● 간명의 원리

○관살이 통관되면 인입의 일원인 것을 생각해 보기 바랍니다.832)
○그러나 사주 주체인 일간은 종할 수는 있어도 겁생식상이 된다고 일간은 인출의 일원이 되지 않습니다. 다만 겁(비견 겁재)은 일간과 달리 입출상쇄(2장 ●27-실제사주)나 겁생식상의 위치에 따라 인출이 됩니다.
○그러한 일간이 식상을 생하면 일간은 공허하게 됩니다. 색즉시공 공즉시색입니다.833)
○즉 파충류가 탈피(껍질을 벗음)한 후 껍질만 남긴 그 허물이거나, 식충식물(식물 잎으로 벌레를 소화 흡수)이 곤충의 진액을 모두 흡수하고 남은 빈껍데기일 수 있습니다.
○그래서 비어있는 일간을 채우려면 신강해도 수기를 써야한다고 말한 겁니다. 그렇지만 신강의 활성기는 식재관운인데 겁인운도 활성기가 된다는 혼란이 발생합니다.
○그래서 신강수기라는 표현의 차이는 혼돈을 피하기 위한 궁여지책의 일환입니다.

3)아래(정년) 무토가 신강하면서 경 식신이 수기가 된다. 수기를 극하는 인수 없다.

---

831) 2-1-6-1 ●=1 ■1 □6 입출상쇄는 천간에만 적용한다. 지지는 적용하지 않는다.
832) 1-5-4-2 ●=1 ■2 □1 관살이 관(살)인 통관되면 인출이 아닌 인입의 일원이 된다.
833) 불교 반야심경에 나오는 "색즉시공 공즉시색 수상행식 역부여시"의 일부로, 색은 공과 공은 색과 다르지 않고 색이 곧 공이고 공이 곧 색이라는 뜻. 색은 물질과 물질화된 현상을 말하고, 공이란 사람의 생각과 눈에 있는 듯 보이지만 실제로 실체가 없으니 처음부터 없는 무와 다름.

☐3.일간과 나머지가 식상(유정)의 3배수 미만은 분산(재격 대살 관격)을 쓴다.
 1)아래(프로그래머)는 신강의 나머지 인입680(갑80 임계600)이 병보다 높아 종 못하고 식상생재격(분산)이 되었다.

●-30 실제사주		1-6		1613-2 이사 가는 부부의 시퀀스 자료										
YQ -1 ☞ 1. 신약 신강		남. 프로그래머		9 6	8 6	7 6	6 6	5 6	4 6	3 6	2 6	1 6	▶3-자평식 쓸 때 신강 ▶용-병 ▶상신-식상생재 ▶34경계인 ▶1이상형	
병360	갑80	임300	계360											
인	오	술	축년	임	계	갑	을	병	정	무	기	경 신		
녹	무병갑 사	병기정 양	신정무 대	계신기	자	축	인	묘	진	사	오	미	신 유	

 2)아래(S 무속) 신0은 기320의 3배수 미만으로 분산을 쓰게 된다.

●-10 실제사주		1-2		1-5-3-3 기토 미 월생 자료									
YQ -1 ☞ 1. 신약 신강		여. S 무속		9 7	8 7	7 7	6 7	5 7	4 7	3 7	2 7	1 7	▶1-자평관 쓸 때 신강 ▶용-갑 ▶상신-식상생재 ▶34경계인 ▶4분지형
계160	기320	신0	갑300										
유	묘	미	진년	신	임	계	갑	을	병	정	무	기 경	
생	경신 병	갑을 대	정을기 양	을계무	유	술	해	자	축	인	묘	진	사 오

☐4.일간(나머지 포함)이 식상의 3배수 이상이면 신왕수기나 종왕격이 된다.834)
 1)만약 인입이 인출의 3배수 미만이라면 이미 신약인 것이다.
 2)이는 인출이 3배수 이상이란 말이고 식재관 중 높은 수치를 따라 종아 종재 종살로 종한다.

> ● 간명의 원리
>
> ○1.나머지(겁, 인수, 인식합, 관합 재합)가 있어도 일간이 낮아 식재관으로 쏠리면 단명 장애 불치병이, 인입으로 치우치면 정신(고집)이 문제일 수 있습니다.
> ○2.신약은 물론 신강도 칠살 뿐만이 아니라 식재와 이들을 생조하는 운이 그렇습니다.
> ○3.특히 종(처럼) 한다고 위험이 사라지는 것 아니고 수치가 부정일 때 나타납니다.
> ○4."실제사주 ●-1, 2, 30, 34, 58" 등의 사주 구조와 치우치는 시기를 참조 바랍니다.

☐5.식상이 월 일 시지의 인수와 인식합 되면 탈식(극식) 즉 견제가 안 된다.
 1)인식합이 되려면 극하는 것이 없어야 하고 인수가 겁생식상의 비겁과 같다.
 2)참고로 음일간(을)의 정인(임)은 식신(정)과 합이며 상관(병)을 극하고,
 3)반대로 양일간(갑)의 편인(임)은 상관(정)과 합이고 식신(병)을 극한다.

---

834) 2-1-4-4 ■3 ☐2 겁 태왕(신왕수기)은 겁+인수+관합 재합 식합의 일간(겁)이 타 오행보다 3배수 이상인 경우를 말한다. 그러나 극하는 것이 있어 종왕격이 못된 경우다.

●=3	간지별 수기

■1. 천간에 수기 식상이 없고 지지에 있으면

□1.행운에서 YQ-4를 산출한다. YQ-4는 지지를 산출하는 프로그램이다.835)
 1)지지 수기는 천간과 달리 YQ-4를 활용, 해당 수기 한 글자만 산출한다.836)
 2)이러한 YQ-4는 수기뿐 아니라 모든 지지의 작용을 볼 때 적용될 수 있다.
 3)이때 지지 수기의 수치와 겁의 수치를 대조하여 긍정과 부정을 판단한다.

□2.YQ-3 행운에서 지지의 수기는 생극과 합충의 영향을 받지 않는다. 그래서 아래(미용학원장)의 인오합을 보지 않으니 인목은 임의 수기가 된다. 이러한 합충의 파격과 구응은 수기, 상신, 조후 모두 본질은 같다.

●-28 실제사주	1-5-3	1-5-4-5 종아격처럼 되고 조후 없음

YQ-1	☞ 1. 신약 신강	여. 미용학원장			9 2	8 2	7 2	6 2	5 2	4 2	3 2	2 2	1	2	▶3-자평식 쓸 때 신약 ▶용신-임 ▶상신-신
임180	경160	병180	辛240		병	을	갑	계	임	신	경	기	무	정	▶34경계인 ▶2이상형
오	인	신	해 년		오	사	진	묘	인	축	자	해	술	유	
욕	병기정 포	무병갑 록	무임경 병	무갑임											

■2. 수기가 천간 지지에 없고 지장간에 있는 경우837)

□1.종격(처럼)의 수기 식상이 지장간에 있을 수 있다. 식상운에 발용되면 기본적으로 인입(종)은 상승, 수기는 하강해야 한다.-(조후에 따라 기본이 다름)838)
 1)이때 대운, 태세, 월운 등 어느 운에서 발용되는지에 따라 통변이 다르고(아래 □2 참고), 또한 인접한 기둥에서 발용되어야 한다.839)
 2)수기가 발용되면 나머지 행운 모두를 배합해서 YQ-3를 산출한다. 참고로 상신 발용은 통변에 반영,840) 조후는 수치를 산출하지 않는다.841)
 3)발용이 안 되는 경우 하위 운에서 조건을 따라 변격되어야 한다. 만약 변격되고도 수기 없거나 발용이 안 되면 역시 부정적이니 고난을 겪는다.842)

---

835) 1-4-4 ■2 YQ-4는 행운에서 천간과 지지가 감응한 결과이고, YQ-2는 원국 지지의 이합집산(생극제화)을 산출한 결과이다.
836) 2143-1 ●=2 ■1 ■3) □1 천간의 수기 크기는 식상과 인접한 재(인출) 혹은 관살을 합산한 수치다. □2 그러나 수기가 지지일 경우 YQ-4 한 글자만 산출한다.
837) 1-5-4-1 ●=2 ■4 □1 지장간의 발용은 크게 상신, 수기, 조후로 나뉜다. 그중 수기가 발용되면 수기의 크기를 따로 산출(YQ-3)해야 한다. 그러나 조후와 상신의 발용은 따로 산출하지 않는다.
838) 1-5-4-2 ●=3 ■2 ■3) □2 그러나 조후 필수인 십격격에 식재 관성조후 없으면 수기 상승해야 한다. 1)종격(처럼)과 같이 수기가 모두 하강하는데, 식재 관성만 없으면 상승한다.
839) 2-1-3-1 ●=1 ■3 □1 1)그러나 천간은 4기둥인데 지장간이 투청하면 5기둥(오주) 된다는 말은 아닐 것이다. 2)행운(YQ-3)에서 발용되면 인접(유정)한 기둥과 작동이 이루어진다는 말이 된다.
840) 2-1-3-2 ●=3 ■5 □2 1)한 글자 상신이 유운(流運) 즉 행운에 발용된다고 모두 긍정이 아니다. 2)행운 여러 글자가 작동하는 YQ-3의 총합은 부정적일 수 있기 때문이다.
841) 2-1-7-1 ●=1 □2 사주총량(배합)으로 조후를 보기 때문이고 그래서 조후를 산출하지 않는다.

4)수기는 경지를 정하는데 발용을 포함하여 2-2장 "4 경지"에 반영되어 있거나 편의상 생략된 부분도 있다.843)

□2.수기의 발용은 대운 태세(세운) 그리고 하위운에 따라 크기가 다르다.844) 즉 변격되어 절반을 얻은 다음의 수기에 대한 이야기다.845)

1)대운의 수기	대운에 수기가 있어 그 증감이 긍정이면	"원하는 것을 얻을 수 있다."
2)태세(세운)의 수기 발용	10년을 기준으로 십간의 음양을 따라 간여지동은 2번, 개두절각이면 4번(토는 +2) 정도 발용되고	"나쁘지 않지만 확 피지는 못한다."
3)월운의 수기 발용	12달의 천간지지 음양을 따라 간여지동은 2번, 개두절각이면 4번(토는 +2) 이내 발용되고	"나쁘지도 크지도 않지만 오래가지 못한다."
4)일운의 수기 발용(일운 이하는 일회성 강함)846)	대략 30일 동안 60간지의 음양을 따라 간여지동이면 5~6번, 개두절각이면 10~12여 번(토는 +6) 이내 발용되고	"운수(일진) 좋은 날의 찻잔 속 태풍이자 오래가지 못한다."

> ● 간명의 원리
>
> ○일간과 국중지신과 행운 등 오행의 작용은 천간 지지 지장간에서 일어납니다.
> ○이중 지장간의 발용은 천간 지지와 달리 발용 여부에 따라 작용의 파급이 심합니다.
> ○발용은 크게 십정격(본격)의 상신,847) 종격(처럼)의 수기, 기법의 조후848)가 있습니다. 이는 아래 주석의 안내대로 각장에서 공부하면 됩니다.
> ○이렇게 공부는 나누어서 하지만 세 가지는 분리되지 않고 유기적으로 작용합니다.
> ○더욱이 변격이 되면849) 십정격에서 보다 그 변화의 변수가 다양하게 일어납니다.850)
> ○여기에서는 그 중의 "종격의 수기"와 발용을 공부하는 단계입니다.

□3.수기 발용의 예(L 교수)

---

842) 2143-1 ●=4 ■2 □2 수기 없거나 부정이면 적체되어 불통으로 "얻을 수도 없고 고난을 겪는다."
843) 2-1-3-4 ●=1 경지 찾는 법
844) 2-1-3-2 ●=4 ■4 □3 5)참고로 위 상신운 도표보다 작동 기간이 절반 밖에 안 된다. 상신운은 절정기(인수운)와 간지합이 있지만 발용은 없기 때문이다. 무정한 수기도 같다.
845) 2143-1 ●=4 ■1 □1 종(처럼)이 되면 절반의 성공이고, 나머지 절반은 수기가 있고 긍정이어야 한다. 수기 없는 과식(종)은 탈이 문제다. 무정한 수기도 같다.
846) 1-4-5 ●=1 □4 상위영역 대운을 전제, 태세를 차제로 보고 하위영역 월운을 운세로 볼 수도 있다. 특히 하위영역의 일운 시운은 일진(운수)의 성격이 강하다.
847) 2-1-3-2 YV.W.Q와 용법의 성립 시기
848) 2-1-7 조후용신
849) 1-5-4-2 변격과 조후에 따른 이법의 변화
850) 1-5-4-2 ●=3 ■1 조후가 있고 없고를 따라 이법 쓰는 법이 다르다.

| ●-71 실제사주 | 4-2-5 | 1-9-1 | 1-5-7-2 종인격 되는 자료 |

YQ-1		여. L 교수	9 8 7 6 5 4 3 2 1	5-자평 인 쓸 때 신강
☞ 1. 신약 신강			5 5 5 5 5 5 5 5 5	▶용-갑 ▶상신-종인
정80	병80	을420	갑300	을 병 정 무 기 경 임 계 갑	▶23경계인
유	자	해	진	축 인 묘 진 사 오 미 신 유 술	▶4분지형
사	경신 태	임계 포	무갑임 대 을계무		

YQ-1	(정80) 사	(병80) 사	(을420) 상쇠	(갑300) 상쇠
경오대운 YQ-3	0	0	+60	-360
을미년 YQ-3	0	0	-60	+360
상위영역	0	0	0	0
(하위) 기묘월 YQ-3	0	0	-60	+360
영역 합산	0	0	-60	+360

1) 을미년의 미토에 지장간 무토가 발용되었다.
2) 그래서 무와 행운(경오 을미 기묘)을 배합하면 수기 무는 +120이다.

■3. 수기가 원국 어디에도 없는 경우
□1.변격되면서 수기가 있어야 한다. 수기가 없는 자체로 절반의 부정적이기 때문이다. 만약 또 변격(처럼) 되고 또 수기가 없으면 또 또 그렇다.
 1)천간겁인의 경우 종왕격(처럼)은 수기가 없을 수 있다. 그래서 인수 종강격(처럼)으로 변격을 도모한다면 인수의 수기 겁이 있다.
 2)그러나 천간이 모두 겁(종왕격)의 경우 변격될 오행이 천간에 없다.

□2.천간이 모두 겁이면 자연 신왕수기나 종왕격인데 지지에 수기 식상이 없을 수도 있다. 그래서 이때는 궁여지책851)을 본다.-(2-2 ●-45 실제사주 5) 참고)
 1)따라서 이때만 차선으로 지지 재관이나 지장간의 재관 투청을 수기로 활용한다.(1-6-1-5 ●-45 실제사주 참조). 그리고 평상인에서 시작한다.852)
 2)재관 수기는 합이나 통관되어 인입의 일원이 아니어야 한다. 만약 재관이 없고 지장간의 식 재관마저 투청되지 않으면 변격되지 못한 것과 같다.853)
 3)지지 재관 자체는 절반의 성공이고, 수기 하강해야 기본적으로 긍정이다.854)

● 간명의 원리

---

851) 1-5-4-2 ●=3 ■2 □1) □3 그러나 종이란 이미 종이 상승한 것이니 하강할 수가 없다. 1)그래서 궁여지책으로 조후와 수기로 하강을 유도한다는 말이다.
852) 2-1-3-4 ●=1 ■4 □7 수기가 지장간인 것과, 수기가 식상이 아니고 재관인 경우도 평상인이다.
853) 2143-1 ●=4 ■2 □1 종격(처럼)이 수기(식상)가 있고 긍정이면 "원하는 것을 얻는다." 그러나 종격이나 상신이 하강하고 변격되지 못하면 "얻을 수 있는 것이 없다."
854) 1-5-4-2 ●=3 ■2 ■3) □2 그러나 조후 필수인 십정격에 식재 관성조후 없으면 수기 상승해야 한다. 1)종격(처럼)과 같이 수기가 모두 하강하는데, 식재 관성만 없으면 상승한다.

○한 사람의 삶에 있어서 수기 없다고 일생 동안 부정적인 일만 일어날 수 없습니다.
○이 부분에서 여러 고민과 실험으로 많은 시간이 지체되었습니다. 처음에는 인입의 하강에서 길을 찾으려고 했습니다. 그러나 YVWQ의 수치는 더 상승하고 덜 하강하는 등 상대적인데, (-)로 하강하는 것만으로는 원칙과 정확도가 불충분했습니다.
○혹시 누군가에 의해서 더 진보된 방법이 제시된다면 우리 서로 더욱 좋겠습니다.

●=4   수기 해석

■1. 수기의 긍정과 부정
□1.종(처럼)이 되면 절반의 성공이고, 나머지 절반은 수기가 있고 긍정이어야 한다.[855] 수기 없는 과식(종)은 탈이 문제다.[856] 무정한 수기도 같다.
 1)그래서 종격 총합의 긍정은 수기를, 전제 차제의 긍정은 종 상승을 본다.
 2)이는 편의상 전제와 차제까지 수기를 산출하는 번잡함을 피하기 위해서다.

□2.기본적으로 겁(종)보다 수기가 하강해야 긍정이다. 배출구가 적어야 기운(증기)이 모이고 크면 증발이 심하기 때문이다. 다만 변격의 조후는 배출구가 커야 긍정일 때도 있다.[857]

■2. 수기의 스토리화[858]
□1.종격(처럼)이 수기(식상)가 있고 긍정이면 "원하는 것을 얻는다." 그러나 종격이나 상신이 하강하고 변격되지 못하면 "얻을 수 있는 것이 없다."
□2.수기가 없거나 부정은 "절반의 성공이거나 과식처럼 고난을 겪는다." 그래서 무위(無爲인위적이지 않음)의 삶, 즉 자연의 순리(물 흐르는 대로)를 따라 "겸허(자신을 낮추고 비움)해야 한다."-(참조 2-1-3-4 그릇의 한계)

■3. 수기의 스토리텔링
□1.수기가 긍정[859]
 1)수기 긍정이면서 전제(상위)도, 차제(하위)도 긍정이면 내 복도 있고 인복도 있는 경우와 같다. "일이 잘 풀리거나 뜻밖의 행운이 온다."

---

855) 1-5-4-1 ●=1 ■3 □2 그러나 변격(처럼) 자체로는 "절반의 성공이거나 미완성(흠, 장애)이다." 종격(처럼)은 수기가 있고 긍정이어야 나머지 반을 안고 "원하는 것을 얻는다."
856) 2143-1 ●=1 ■1 □2 ●간명의 원리 ○2 물을 끓일 때 주전자 뚜껑의 증기 배출구(통기구)가 없으면 증기가 폭발할 수 있습니다. 기운이 몰리면 종격인데 수기 없으면 폭발하는 주전자가 됩니다.
857) 1-5-4-2 ●=3 ■1 조후가 있고 없고를 따라 이법 쓰는 법이 다르다.
858) 2-1-8-1 스토리화와 메타포와 시퀀스-"□스토리화는 YVWQ 수치를 언어화 하는 것이고,"
859) 1551-3 ■1 ●간명의 원리 ○2 이렇게 앞(전제)에 있는 운 부정, 뒤(차제)에 오는 운이 긍정이면 기존의 욕구(사고와 철학)와 질서(구연)를 떠나, 새로운 인연과 조건을 따라야 차선이라도 얻습니다.

2)수기와 전제(상위)도 긍정, 차제(하위) 부정이면 내 복은 있되 인복이 없다. "목표(욕심)를 낮추어야 적게라도 얻는다." 적게는 차선, 기간제, 인턴, 임시방편, 재활 등을 포함한다.
3)수기 긍정인데 전제 부정 차제 긍정은 내 복은 없고 인복은 있으니 "어렵게 얻지만 적거나 일시적이다."

☐2.수기가 부정(수기가 없는 경우 포함)860)
1)수기 부정, 전제 차제 긍정은 "설마 그럴 리가 없는데 그저 당황스럽다."
2)수기 부정 전제 긍정 차제 부정은 "어려울수록 돌아가는 지혜가 필요하다."
3)수기 부정 전제 부정 차제 긍정은 "어려움 속에서도 비극은 면한다."
4)수기 전제 차제 부정 "되는 일 없거나 얻어도 많이 잃음(승자의 저주)"

☐3.수기가 있는데 무정한 경우
1)무정한 수기도 절반의 부정이다. 될 듯 될 듯하면서 안 된다.
2)소식이 올 때 거리가 멀어 정보 수집과 활용에 있어 경쟁력이 떨어진다.

| ●=5 | 수기와 경지 |

☐1.행운에서 수기는 YQ-3, 4로 나타나고 원국 경지에 변화를 일으킨다. 그러나 실제 편의상 생략되어 있다.861)

☐2.수기는 경지 높이를 나타내는데도 쓰이는데 유정과 무정의 경지가 다르다.
1)유정한 수기는 12경계인에서 시작한다. ▶천간-12경계인, ▶일지 월지-귀인 ▶타지-23경계인, ▶지장간-평상인(발용되면 경지 1단계 상승), ▶원국에 없으면 평상인862)이고 발용이 없으니 수기로 경지 상승은 기대할 수 없다.
2)무정한 수기는 거리가 멀어 지체되니 수고와 인내가 필요하다. 그래서 무정하면 1단계씩 하락하여 천간-귀인, 타지-평상인에서 시작한다.

☐3. 이는 앞서 언급한대로 원리가 이러할 뿐 실제 간명에서는 YQ-1 원국과 달리 YQ-3 행운은 편의상 생략되었다.

---

860) 1552-1 ●=2 ■1 ●간명의 원리 ○1 앞(전제) 큰 운 긍정, 뒤(차제)에 작은 운 부정은 일진이 안 좋다고 비유합니다. "원치 않는 이별"처럼 자신 의지와 다르게(자의 반 타의 반) 일이 전개됩니다. ○2 그렇다면 이때는 전제를 살려 삶의 흔적(구연)에서 답을 찾아야 도움이 된다는 말입니다.
861) 2-1-3-4 ●=2 ■2 편의상 우리 책에서는 경지의 상승이 생략되어 있다.
862) 2-1-3-4 ●=1 ■4 평상인에서 시작하는 경우

| 2143-2 | 식상의 생육(분산) 기능 |

■1. 식상생재(상단 도표 우측 두 번째)

□1.생육863)은 인출로서 대표적인 것이 식상생재이자 식상의 최대 덕목이다.
 1)수기와 반대되는 의미로서 강한 기세를 분산(설기)864)시켜 재를 생하니 분산식상격이라고 말한 것이다.
 2)두 식상의 성격에 따라 분명하게 인입 인출의 쓰임이 다르다.

□2.이때 식상 근처 재는 재투식신(재 투출 했는데 식상 있음)이나 식상생재이다.
□3.신강을 극설(재성)하는 생재로서의 식상(식상생재)은 식상 운에는 겁(인입)이 하강하고, 식신생재가 되어 식상과 재성(인출)이 상승한다.
□4.아래는 강왕한 기운이 설기될 때 오는 기쁨이다. 이때 강왕은 과다(신강)를 말하고 자연 생재가 되니 인출에 해당된다.865)

설기	설기의 희	오행 설기의 희(喜)	식상 설기의 희(喜)
목생화	강목득화 (强木得火)	목조가 건조(아궁이)해져 오래간다.	밝은 빛에 본분(정신)회복
화생토	강화득토 (强火得土)	강한 열기를 흙이 머금(차단)다	예의(태도)가 제자리로 돌아오는 기쁨
토생금	강토득금 (强土得金)	광산(금광)채굴-잡석분리	자기주장만 하다 상대를 이해함
금생수	강금득수 (强金得木)	담금질로 강철이 된다.	연단되어 살기가 용체로 변함
수생목	강수득목 (强水得木)	물 제공 산림(조림)형성 -홍수방지	물 흐름이 약해져 머리가 맑아짐

■2. 식신제(대)살(하단 상신도표 우측 두 번째)

 식신대살은 신강에서 유정한 관살과 인접한 식상이 있는 경우 성립된다.-(참고로 살이 적으면 재로 재생관(살)해야 함). 식상이 살을 제하는 동안 일간의 에너지를 설기하여 허약하게 하니 분산이다.

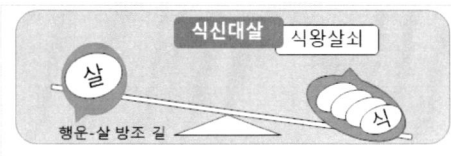 

---
863) 3213-3『적천수천미』"생육(生育)하고 유통하니" 수기유행(秀氣流行)
864) 3213-3『자평진전』「논식신(論食神)」에 (1) "설기", "재를 생하는 효능"
865) 3-2-4-5 생극의 과다(過多)

■1) 겁과 칠살은 극과 극의 역작용으로 상호작용을 한다. 모든 극이 이렇다.866)
□1.신강에서 겁이 강하면 칠살로 견제(소통)하고, 칠살이 강하면 겁으로 대항하거나 식신으로 칠살을 견제(소통)하는데 이 견제(제어)를 식신대살이라 한다.
□2이는 과다는 극으로, 태과(태왕)는 설기(수기)로 다스리는데867) 삼합, 방합, 육합이 소통(극) 되어야 제값(기능) 하는 것도 과다와 맥이 통한다.
□3.칠살을 식신 극으로 다스리는 것은 과다, 종살하면 태과로 보는 것도 같다.
□4.만약 살 태왕하면 인수로 설기하는데, 종살격 수기가 인수인 것과도 같다.

■2) 실제 식신대살은 식왕살쇠와 식쇠살왕(●-27 실제사주)의 두 경우가 있다.
□1.식왕살쇠은 살이 쇠한 경우는 식신대살이 아니다. 식신격인 것이다.
 1)살이 쇠한데 제살하면 오히려 관살 즉 직업과 배우자가 무력해진다. 그러나 살 행운에 쇠한 살이 상승하면 피해가 적다.
 2)실제 겁식 유정하면 수기식상격(일간 설기-인입 상승)이고 무정하면 식신대살과 식신생재에 가깝다. 그리고 살 행운에는 종살격처럼으로 변격된다.

> ● 간명의 원리
> ○이론적으로는 식왕살쇠의 살쇠가 살운에 상승하면 식신대살이 성립된다고 합니다.
> ○그러나 살운에 살은 상승하지만, 식과는 극 관계로 식이 하강하여 쇠하게 됩니다.
> ○그러면 식쇠살왕으로 살의 역작용이 일어나 대살이 불가한데 이를 수치로 밝히기가 쉽지 않습니다. YQ-1(원국) 수치와 YQ-3(행운) 수치를 합산할 수 없기 때문입니다.868)
> ○그래서 식 살의 상승과 하강의 변화를 통변에 반영하는 것이 가장 아름답습니다.

□2.식쇠살왕은 실제 칠살용겁인격과 같다. 칠살을 견디어 내려면 겁이나 인수(인입)가 왕하든지 겁재와 칠살이 매씨합살869) 되어야 한다.
 1)칠살(칠살용겁, 인격)도 일간과 유정하면 신강하지만 수기로 다스릴 수 있다.
 2)그러면 신강수기를 쓰는 경우가 되고 인입이 상승해야 하는 것은 같다.

■3) 식신제살은 신강에서 성립되는데 식신대살과 같은 말이다. 그래서 종아나 종살은 식신대살이 성립되지 않는다. 대살(제살)은 극하는 것(식은 살, 살은 식)을 말하는데, 극하는 것이 있으면 종이 안 되는 이유다. 그러나 종 태왕이 3

---

866) 3-2-4-5 생극의 과다(過多). 5135-3 생과 극의 역작용
867) 2-1-2-2 ●=1 ■2 "왕신(旺神)이 태과한 것은 마땅히 설(洩)하고, 태과하지 않으면 마땅히 극(剋)."
868) 1-4-5 서문 □3 "YQ-1, 2와 YQ-3, 4는 산출의 근거가 달라서 합산할 수 없다."
869) 2-1-4-8 ●간명의 원리 ○1 "갑이 경을 만나면 칠살이다. 이때 을목이 있어 을경합하면, 경은 관으로서 극력이 없어진다." 을(겁제-매씨)이 경 살과 합하여 갑을 보호 하는 것을 매씨합살이라 함.

배수 이상이면 종한다.

■4) 수기로 쓰이는 식상은 설과 극(제살) 모두 할 수 없다고 하는 것을 앞 '간명의 원리'에서 공부하였다.870) 이는 '수기'와 '생재나 대살'의 기능을 구분하는 말이다. 이는 겁운에 겁(인입)과 식이 상승(겁생식상)하지만 식상 운에 인입은 하강하고 재가 상승(식생재)하여 재생살이 되기 때문이다.

■5) 식신생재가 되어 식관통관 일어나면 대살이 무력하여 살 거칠어진다.871)
□그래서 식상운에 식 상승하려면 재가 없거나 무기(앞장 ■3. 참조)해야 한다.
□재 관도 무정해야 한다. 근접은 식생재 재생살로 살 태왕 부작용 발생한다.

■6) 상관견관도 식신대살과 다를 바 없다. 모두 오행 생극의 작용일 뿐이다.

> ● 간명의 원리
> ○우리 책은 적중률 몇% 안 되는 기발한 상상과 물상872)에 미련을 두지 않습니다.
> ○오행은 부호873)이고 생극은 음양 작용의 보편적 현상으로 좋고 나쁨이 없습니다.
> ○그런데 정관이라는 기호(문자)는 관직과 밥과 직업이며 정직 성실, 편관은 자신을 해치는 칠살로, 무력 난폭 강제 관재 살벌을 중히 여기며 많은 시간과 돈을 투자합니다.
> ○그 결과 좋은 관을 상하게 하는 상관이나 관살혼잡의 칠살은 흉살로 인식합니다.
> ○그러나 간명을 어지럽게 할 뿐 아닙니다. 생극 고유의 작용을 관념으로 치장하면 할수록 더 적중률 저하로 이어집니다. 그럴싸하게 보이는 말에 현혹되지 않기 바랍니다.

---

870) 2-1-4-3 ■1 ●간명의 원리 ○2 "극(剋)과 설(洩)은 병용하지 못한다."
871) 2-1-3-2 상(용)신과 행운
872) 3장 들어가기 2-1 ●=3 망령과 신살, 체상
    3장 들어가기 1-3 ●=2 ■2 ●간명의 원리 ○물상의 원리는 육서의 영향이 큽니다.
873) 5-1-4-2 "천문학적 부호", "부호는 '정하여 쓰는 기호"

| 2-1-4-4 | 겁 |

아래 '4-자평용법' 도표에서 겁 용할 때 신약하면 좌측의 겁이나 인수격이고, 신강하면 우측의 재(분산식상격)격, 살격, 관격이다.

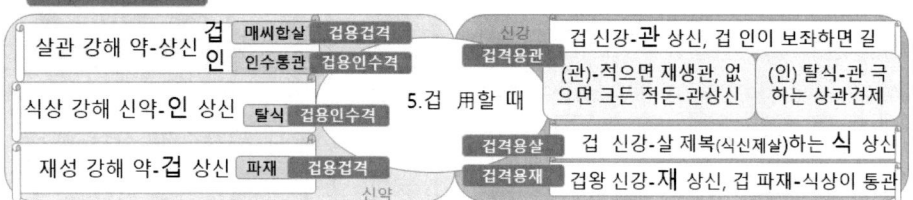

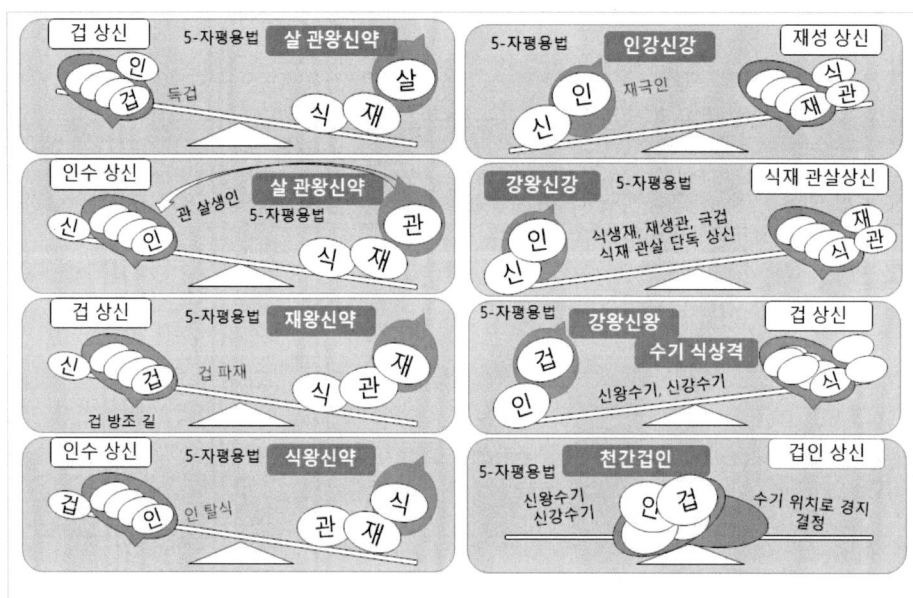

■1. 겁의 정의
□1.신강의 종류에는 겁 과다신강과 겁 태왕(태과)신강이 있다. 여기서 겁이란 일간(日干) 일주(日柱) 일신(日身) 그리고 비겁(비견 겁재)을 통칭하는 말이다.
□2.신강에는 겁왕(과다)신강(일간+겁왕), 신합신강(일간+합), 인강신강(일간+인수), 인강신왕(일간+인수+관생인으로 강)이 있다.874) 그리고 배수에 따라 과다와 태과

---
874) 1-4-1-3 겁인 관살통관 천간합 즉 관살과 인수가 유정하여 통관되고, 관합(관살과 합) 재합(재성과 합) 인식합(인수와 식상의 합)되면 겁+인+관살+합 모두가 인입의 일원이다.

(태왕)로 제 갈 길을 간다.
☐3.왕(旺)은 왕쇠의 왕성(기법)이니 월령과 연결되고, 강(이법)은 겁인의 생을 받는다는 뜻인데, 보통 이를 구별하지 않고 강으로 통용되고 있다.

■2. 겁 과다신강
☐1.겁 과다신강은 보통 신강이라는 불리고 있다.
☐2.겁 과다신강은 천간의 겁+인수, 겁+합이 2~3개이고 수치로는 3배수 미만이다.875) 즉 종이란 3배수 이상이라는 말이고 신강은 그 미만을 뜻한다.
☐3.이는 일반적인 겁왕신강과 인강신강을 말하는데 겁 과다(왕)하면 작은 침(극)876)으로 다스린다. 즉 겁왕하면 관살이 상신, 인강하면 재가 상신이다.
☐4.아래 도표는 과다를 극(관살)으로 다스려 희를 얻는 예이다. "목왕득금"의 목3 금1(침)의 예술품도 그렇다. 이렇게 3배수 미만일 때 가능하다.

극아	극의 희	오행 극의 희(喜)	관살 극의 희(喜)
금극목	목왕득금 (木旺得金)	금이 깎고 다듬어줌	비목이 예술품 되는 기쁨
수극화	화왕득수 (火旺得水)	수가 중생제도-수양	격한 성정 수신되는 기쁨
목극토	토왕득목 (土旺得木)	뿌리가 땅 기운소통	사방사업으로 생산의 기쁨
화극금	금왕득화 (金旺得火)	쇠를 녹여 용기제작	무쇠가 그릇으로 활용기쁨
토극수	수왕득토 (水旺得土)	제방만나 흐름 멈춤	호수-용수가 되는 기쁨

☐5.신강의 강이란 종인격을 종강격이라 하듯이 인수를 포함하는 말이다. 그래서 우리 책은 겁으로 왕하면 "겁왕신강", 인수로 강하면 "인강신강"이라 한다.

■3. 겁 태왕신강
☐1.겁 태왕신강은 신강수기, 천간겁인, 일간태왕, 전왕격, 종격 등을 말한다.
☐2.겁 태왕(신왕수기)877)은 겁+인수+관합 재합 식합의 일간이 타 오행보다 3배수이상인 경우를 말한다. 그러나 극하는 것이 있어 종왕격이 못된 경우다.
 1)예. "목왕득금"의 목이 타 오행보다 3배수를 넘어 금이 수기라는 말이다.
 2)따라서 겁 태왕은 극이 아닌 수기(설기-통풍구)로 다스린다.878)

☐3.아래는 패왕(覇旺)한 기운을 수기(설기)로 다스려 가치를 창조하는 경우이다.-(참조 2-1-7-5, 3-2-4-5)

---

875) 1-5-4-1 ●=1 ■2 ☐2 1)그래서 생극 한계는 3배수 미만이고 그 이상은 생극의 역작용 일어난다. 2)식상도 3배수 이상이면 설기과다가 된다. 우리 책은 이렇다.-(원문 도표 참조)
876) 2-1-3-1 ●간명의 원리 ○2또한 상신은 용신에 비해 적지만 작은 침처럼 용신의 기를 소통(극)시 킵니다. 그래서 통하지 못하면 아프고 통하면 아프지 않게 된다는 한의학의 원리와 같습니다.
877) 2149-2 ■3 ■1) ☐1 일간태왕은 극하는 것 있어 종격은 못되었지만 여전히 태과(태왕)한 세력이 일간에 남아 있는 신강왕(身强旺 신-일간, 강-인수, 왕-비겁)의 신왕을 말한다.
878) 2143-1 ●=2 ■2 ☐4 일간(나머지 포함)이 식상의 3배수 이상이면 신왕수기나 종왕격이 된다.

설기	설기의 희	오행 설기의 희(喜)	식상 설기의 희(喜)
목생화	강목득화 (强木得火)	목조가 건조(아궁이)해져 오래간다.	밝은 빛에 본분(정신)회복
화생토	강화득토 (强火得土)	강한 열기를 흙이 머금(차단)다	예의(태도)가 제자리로 돌아오는 기쁨
토생금	강토득금 (强土得金)	광산(금광)채굴-잡석분리	자기주장만 하다 상대를 이해함
금생수	강금득수 (强金得水)	담금질로 강철이 된다.	연단되어 살기가 용체로 변함
수생목	강수득목 (强水得木)	물 제공 산림(조림)형성 -홍수방지	물 흐름이 약해져 머리가 맑아짐

■4. 아래는 태왕(3개 이상) 아닌 과다(2~3개 미만)에서 수기로 오는 기(忌) 현상이다.

생	작용	오행 생 과다-기(忌)	인성 과다의 기(忌)
수생목	수다목부 (水多木浮)	목이 썩거나 뜬다.	부목(유랑)으로 고생
목생화	목다화식 (木多火熄)	불이 꺼진다.	소멸되어 활동중지
화생토	화다토초 (火多土焦)	토가 탄다.	사막의 열 토-생육불능
토생금	토다금매 (土多金埋)	금이 묻힌다.	매몰되어 용처상실
금생수	금다수탁 (金多水濁)	물이 탁하다.	탁해져서 정신혼미

2-1-4-5	인수

☐아래 '5-자평용법' 도표를 보면 인수 용할 때 신약하면 '좌측의 겁격이나 인수격', 신강은 우측의 '재격이나 분산식상격(식신생재격)'[879]이다.

☐인수와 재는 무정해야 한다.[880] 유정하여 재극인되면 신약의 경우 일간의 의지처가 사라져 허약해진다.-(허약하면 심신불안, 잔병치레, 매사 기회상실)

☐신강에서 인수를 설기하려면 반대로 인수와 식상식 유정해야 한다. 무정하면 탈식(설기)되지 못해 일간의 정체가 일어난다.-(정체 일어나면 매사지체 매사불성)

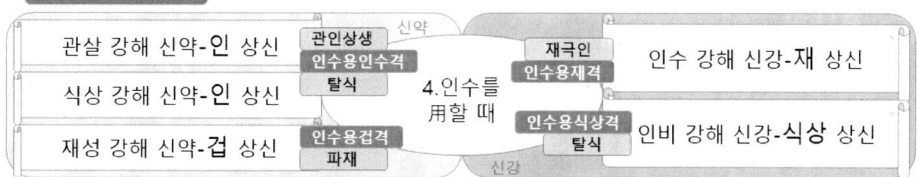

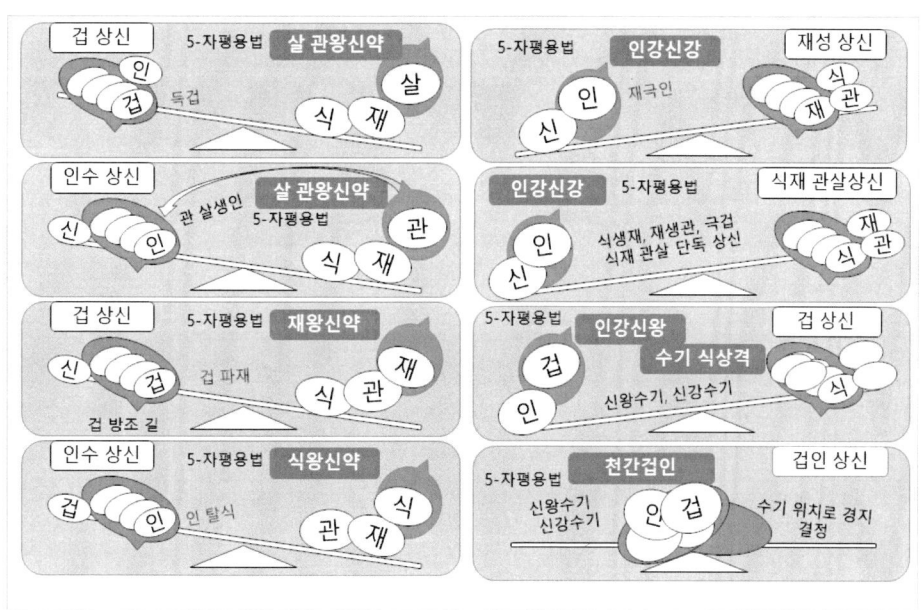

☐아래는 인입(겁과 인수)이 과다할 때 오는 기(忌) 현상이다.[881] 만약 인입이

---

879) 2143-2 ■1 ☐1 식상격(분산식상격, 식신생재격) "식상의 최대 덕목"
880) 3213-2 ■1 도표 "성"-"인수와 재가 떨어져"
881) 3-2-4-5 생극의 과다(過多)

태과(태왕)하면 오히려 희(喜)가 된다. 앞에서 공부한 "2-1-4-4 겁"과 같다.

생	작용	오행 생 과다-기(忌)	인성 과다의 기(忌)
수생목	수다목부 (水多木浮)	목이 썩거나 뜬다.	부목(유랑)으로 고생
목생화	목다화식 (木多火熄)	불이 꺼진다.	소멸되어 활동중지
화생토	화다토초 (火多土焦)	토가 탄다.	사막의 열 토-생육불능
토생금	토다금매 (土多金埋)	금이 묻힌다.	매몰되어 용처상실
금생수	금다수탁 (金多水濁)	물이 탁하다.	탁해져서 정신혼미

| 2-1-4-6 | 천간겁인 |

| 1-9 | 천간 겁인 |

□1.천간이 겁과 인수로 구성된 것을 말한다. 천간겁인은 겁인 4개로 이미 태왕이다. 그래서 재관의 상태를 보아야겠지만 수기(수기삭상격)가 우선이다.[882]
□2.수기식상은 겁인의 수치 상승과 수기의 증감이 긍정과 부정을 가른다.[883]
□3.천간겁인 안에 겁 강하면 종강(겁)격, 인수 강하면 종왕(종인)격이 존재한다.
□4.재는 인수를, 관은 겁을 극하니 재관이 없어야 일간태왕이 된다. 또한 관살이 통관되어 극을 상실해도 일간태왕이다.
□5.일간태왕이 못되면 신강 신왕수기격이 되고 수기식상격의 예를 따른다.

| 1-9-1 | 천간 겁인과 유사 |

천간합으로 천간이 신강한 경우이다. 그러나 종격이나 일간태왕이 되기는 어렵다.[884] -(2장 ●-44 실제사주)

| 1-9-2 | 천간이 모두 겁 |

□천간이 모두 겁(종왕격)이면 변격될 오행이 천간에 없다. 나머지는 "2143-1 ●=3 ■3"을 참고하시라.[885]

---

882) 2-1-2-2 ●=1 ■2 "왕신(旺神)이 태과한 것은 마땅히 설(洩)하고, 태과하지 않으면 마땅히 극(剋).
883) 1-5-4-1 ●=1 ■3 □2 수기의 증감이 변격의 긍정 부정을 가르고, 스토리화는 수기에서 나온다.
884) 2-1-4-8 ■1 □3 천간합은 종격이나 일간태왕이 되기가 어렵다. 설기나 극하는 재관과의 합이니 합 이외의 오행과 극하는 관계가 나타날 확률이 높은 이유이다.
885) 2-2 ●-45 실제사주. 5)그렇다면 병 식상조후도 수기 상승도 일간을 하강시키는 결과가 된다. 그래서 일간을 하강시키는 재관이 조후와 수기 역할을 대신한다고 말한 것이다.

2-1-4-7	적천수용법

□일간이 신강하면 식재관(2-적천수용법), 신약하면 인비(1-적천수용법)가 용신이다.886)

□그러나 말은 간단하지만 식상 쓰는 법과, 관 쓰는 법이 단순하지 않다. 식상은 '수기식상과 분산식상'887) 다르고, 관살은 '재생관과 관생인'이 다르다.

□적천수용법의 저울은 신강, 신약인가에 따라 반대편 저울판에 용신이 있고, 자평용법의 저울은 월령에서 투출한 용신의 반대 저울판에 상신이 있다.888)

□그래서 월령 투출이 없으면 적천수용법을 사용한다.-(그래도 바탕은 자평용법)

□용신이 적으면 용신을 방조하는 희신이 최종격이다.-(2, 3-자평 쓸 때 신강과 유사)

□용신을 생조하는 기운이 오기 전에는 3-적천수용법을 구사해야 한다.

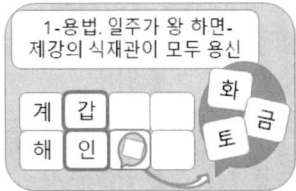 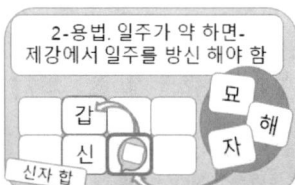 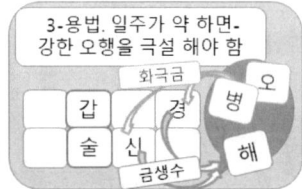

 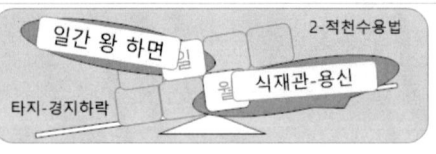

---

886) 3-2-1-4 서문 "체용 정법"-"신약-인비 신강-식재관"
887) 2143-1 ●=2 ■1 수기식상격. 2143-2 ■1 □1 식상격(분산식상격, 식신생재격)
888) 3-2-1-2 ●=1 ●간명의 원리, "저울"

| ●=1 | 신약-(상단 도표 2.) |

| 2-1 | 2-적천수용법(신약) |

"2-적천수용법 신약을 쓸(용-비서) 때-인비 용신"

▶식왕신약은 인수로 탈식, ▶재왕신약은 겁으로 극재, ▶관살왕신약은 득겁으로 대항하는데 일간(인입)이 상대적으로 상승해야 길하다.

| 2-1-1 | 2적-칠살 강해 신약 |

| 2-1-2 | 2적-재성 강해 신약 |

| 2-1-3 | 2적-식상 강해 신약 |

| ●=2 | 신강-(상단 도표 1.) |

| 2-2 | 1-적천수용법(신강) |

"1-적천수용법 신강을 쓸(용-비서) 때-식재관 용신"

▶겁강신강이면 살(관)극겁, ▶인왕신강이면 재극인 등 극과 설기를 쓰는 것은 자평기법을 활용889)한다.

| 2-2-1 | 1적-겁 강해 신강 |

| 2-2-2 | 1적-인수 강해 신강 |

---

889) 2149-2 ■3 ■2) □1 용법 선택-과다는 극 먼저, 태과(태왕)은 설기(수기) 먼저

2-1-4-8	천간합

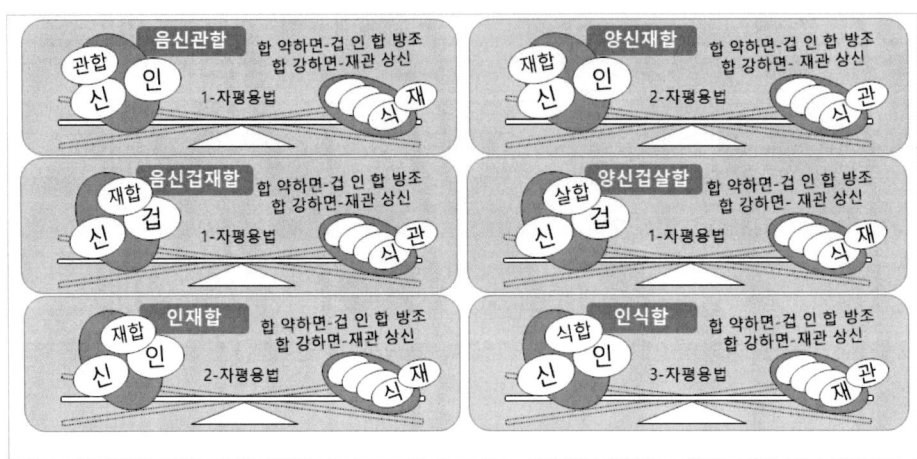

■1. 천간합은 크게 일간과의 합과 국중지신890)끼리의 천간합으로 구분된다.891)

☐1. 일간과 천간합에는 음신관합, 양신재합이 있다.

☐2. 국중지신끼리의 천간합은 양신겁살합, 양신인재합, 음신인재합, 음신겁재합, 인식합 등이 있는데 일간을 생조하는 인수나 방조하는 겁재와의 합이다. 이는 연간과 월간의 합으로서 구법(조상과 부모)과 신법(일간에 미치는 영향)을 각각 볼 수 있어야 한다.

☐3. 천간합은 종격이나 일간태왕이 되기가 어렵다. 식상은 인수와 재관은 일간과 합이 되더라도 다른 오행과 극하는 것이 나타나기 때문이다.892)

■2. 원국과 천간합

합은 합거(합하여 사라짐)인데 격사되는 충과 달리 합거는 본질이 남아서 이중성을 보인다. 학습의 편의를 위해 "3-2-3-1 합충의 성립"을 요약하면 이렇다.

> ● 간명의 원리
>
> ○1.『자평진전』「논십간배합성정(論十干配合性情)」에 "갑이 경을 만나면 칠살이다. 을목이 있어 을경합하면, 경은 관으로서 극력이 없어진다. 을은 갑의 비겁인데 을경합하

---

890) 1-4-6-1 ●=2 ■4 ●간명의 원리 ▫-1 국중지신의 해석
891) 3231-1 ■1 합충의 성립 "일간과의 관계와 국중지신끼리의 관계"
892) 2149-1 ■2 ☐5 관 살생인이나 천간합이 바로 태왕이 되지 않는다, 관살은 인수를 생하지만 겁을 극하고, 관합의 관은 겁재를 극, 재합의 재는 인수를 극, 인식합의 식은 관살을 극하기 때문이다.

면 비겁의 역할을 상실한다. 갑이 정을 만나면 상관이고 임을 보면 편인인데, 정임합하면 상관과 편인의 역할이 무력해진다."라고 무력(무용지물)을 강조합니다.
○2.역할을 무력해지면 4흉신이 4길신으로 즉 칠살-정관으로 겁재-비견으로 상관-식신으로 편인-정인이 된다는 의미입니다. 이때 사라져 무력해지는 것이 합거(合去)입니다.
○3.여기에 『자평진전평주』의 서락오 선생은 "희 기신이 합하면 모두 고유한 작용을 상실하게 된다." 그러나 "통근하면 합이 되어도 그 작용이 남게 된다."[893]고 말합니다. 또한 통근하고 있으면 화(化)되지 않는다는 말도 됩니다.
○4.즉 남는 것은 '용'으로 합이나 화(化)되더라도 '체' 본질이 남는 이중성을 말합니다.
○5.이에 우리 책은 남고 사라지는 한두 글자에 대한 길흉보다는 합거가 사주총량[894]에 미치는 파급을 봅니다.

□1.합이란 합거[895]를 말한다. 즉 원국에서 관(살)합, 재합, 겁살합, 겁재합, 인식합이 일어나면 해당 식재관 인출이 거(去) 되고 일간과 합(合) 되어 인입의 일원이 되는 것을 말한다.[896]
□2.그러나 천간합이 성립되는 경우는 극히 제한적이다. 합이 안 되면 정 작용에 머문다. 예(정임합이 안되면 임은 정의 정관, 병신합 안되면 신은 병의 정재)
□3.천간합이 되어도 신강에 기여할 뿐 그 자체로 일신태왕이 되지 않는다.
 1)천간합이 겁이나 인수 만나고 분산(재관) 없으면, 일간태왕이 될 수 있다. 이는 "천간겁인"과 "신강-인수 많은 살인 관인상생"이 일신태왕 되는 것과 같다.
 2)만약 천간합이 일간태왕이 못되면 그냥 신강이니 식재관이 구(求)신이다.
□4.YVWQ에서 천간합은 ▶1.합이 성립되고도 신약한 경우, ▶2.합 되고 신강한 경우 ▶3.합과 일간이 겁이나 인을 만나서 일간태왕이 되는 것 세 가지가 있다.

■3. 행운에서의 천간합-(참조 2-1-3-1 상(용)신과 행운)
□행운에서 오는 합은 원국과 다르다. 원국과 달리 제한적이지 않다.
□행운에서 ▶식상이 오면 겁인관(살)이 하강한다. ▶재가 오면 인겁식이 하강한다. ▶관(살)이 오면 겁식재가 하강한다.
□이러한 원국과 행운의 작용은 모든 사주가 동일하다. 합은 물론 충 역시 같다.

---

893) 3231-2 ●=2 서문 "남아 있는 본질-정 일간을 생"
894) 3장 들어가기 2-1 ●=2 배합
895) 3231-5 ■1 □4 결국 일간을 제외한 나머지 오행(국중지신)의 합(묶이는 것)은 합거(거동불능)인데 이는 기반(羈絆결박되어 본래 기능 상실)과 의미가 같다.
896) 1-4-1-3 겁인 관살통관 천간합 즉 관살과 인수가 유정하여 통관되고, 관합(관살과 합) 재합(재성과 합) 인식합(인수와 식상의 합)되면 겁+인+관살+합 모두가 인입의 일원이다.

■4. 합 성립 여부와 상신

●-44 실제사주			1-9-1					1-5-7-1 천간겁인과 유사 자료						
YQ-1	신약 신강		남. 약대 지원			9 9	8 9	7 9	6 5 4 3 2 1 9 9 9 9 9 9 9				▶5-자평 인 쓸 때 신강 ▶용-을 ▶상신-재생관살 ▶34경계인 ▶6중년절정형		
임480	정200		정120	을300		정	무	기	경	신	임	계	갑	을	병
인	축		해	축	년										
사	무병갑	묘	계신기	태	무갑임	묘	계신기	축	인	묘	진	사	오	미 신 유 술	

□1.위 (약대 지원)는 정임합이 안되니[897] 임 정관을 상신(분산)으로 쓸 수 있다.
□2.그리하면 금수행운에 임 상신이 상승하는데, 그러나 임수운은 정화 일간도 상승하니 신강한 일간의 분산이 어렵다. 즉 합 임수운은 상신운인데 기신이 된다.

●=1	관살

관살이 일간과 근접하여 합되면 인출이 아닌 인입의 일원이 된다.[898]

3-1	정관, 칠살과 천간합
3-1-1	음신관합(陰身官合)-음일간은 정관과 합
3-1-2	양신겁살합(陽身劫殺合)-양일간 겁재는 칠살과 합 -매씨합살[899]

●=2	재

재성이 일간과 근접하여 합되면 인출이 아닌 인입의 일원이 된다.

3-2	재성과 천간합
3-2-1	양신재합(陽身財合)-양일간은 정재와 합
3-2-2	양신인재합(陽身印官合)-양일간 정인은 편재와 합
3-2-3	음신인재합(陰身印財合)-음일간 편인은 정재와 합
3-2-4	음신겁재합(陰身劫財合)-음일간 겁재는 편재와 합

---

897) 3231-4 ●=3 ■2 □2 일간과 월간, 일간과 시간의 비겁 중복은 중간(중첩)으로 보지 않는다.
898) 1-4-1-3 겁인 관살통관 천간합 즉 관살과 인수가 유정하여 통관되고, 관합(관살과 합) 재합(재성과 합) 인식합(인수와 식상의 합)되면 겁+인+관살+합 모두가 인입의 일원이다.
899) 2-1-4-8 ●간명의 원리 ○1 "갑이 경을 만나면 칠살이다. 이때 을목이 있어 을경합하면, 경은 관으로서 극력이 없어진다." 을(겁제-매씨)이 경 살과 합하여 갑을 보호 하는 것을 매씨합살이라 함.

| ●=3 | 식상 |

식상이 인수와 근접하여 합되면 인출이 아닌 인입의 일원이 된다.900)

| 3-3 | 식상과 천간합 |

□양일간의 편인은 상관과 합, 음일간의 정인은 식신과 합이다.
□즉 갑일간의 임수 편인은 정화 상관과 합이고, 을일간의 임수 정인은 정화 식신과 합을 이룬다.-(병정-갑기, 무기-병신, 경신-무계, 임계-경을)901)

| 3-3-1 | 인식합(印食合)-양일간의 편인은 상관과 합 |
| 3-3-2 | 인식합(印食合)-음일간의 정인은 식신과 합 |

---

900) 1-4-1-3 겁인 관살통관 천간합 즉 관살과 인수가 유정하여 통관되고, 관합(관살과 합) 재합(재성과 합) 인식합(인수와 식상의 합)되면 겁+인+관살+합 모두가 인입의 일원이다.
901) 2143-1 ●=2 ■1 □3) 참고로 음일간(을)의 정인(임)은 식신(정)과 합이며 상관(병)을 극하고, 반대로 양일간(갑)의 편인(임)은 상관(정)과 합이고 식신(병)을 극한다.

| 2-1-4-9 | 전왕격, 종격, 일간태왕 |

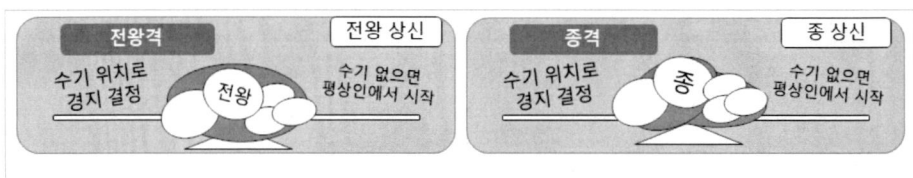

| 2149-1 | 과다와 태과의 유래 |

『적천수』「방국(方局)」에 "인묘진은 동방이다. 여기에 하나의 해나 묘나 미가 섞이면 태과(太過)하게 되는데, 어찌 혼국이 아니겠는가?"[902]라고 '태과'가 나온다.

정리하면 인묘진 3개의 글자는 과다인데, 여기에 해나, 묘나, 미의 한 글자가 더 더해져(搭탈 탑) 같은 성향의 오행이 더해지면 태과라는 말이다. 이는 우리 책2~3개 미만은 과다, 3개 이상이면 태왕(태과)이 되는 근거가 된다.

■1. 과다
☐1.우리 책은 천간3개, 지지3개, 천간2와 지지1, 그리고 천간중첩도 지지의 뿌리가 1개 있으면 과다이다. 그래서 천간의 관생인도 3개이니 과다이다.
☐2.과다는 극해야 한다. 삼합을 극(소통)해야 기능하는 근거도 여기에 있다.
☐3.다만 천간1 지지2, 지지3은 과다 아니다. 지지는 천간의 뿌리이기 때문이다.

> ● 간명의 원리
>
> ■-1『자평진전』「논 희기 천간과 지지가 다름」에
> ○1."갑 일주의 지지 유는 정관인데 천간 경신을 만나면 관살 혼잡이고, 지지의 신유는 관살혼잡으로 보지 않는다."라고 나옵니다. 또한 "두 개의 신(辛)을 만나면 중관(重官)을 범한 것이고, 두 개의 유(酉)는 중관으로 보지 않는다."라고 합니다. 그러니까 '천간2'는 중첩이고 '지지2'는 과다로 보지 않는 근거가 됩니다.
> ○2.또한 "명과 운의 두 지지가 회국(會局)하는 경우에도 현저하게 작용한다. 갑이 유월을 만나면 정관인데 원국에 오가 있고 운에서 인술 같은 것이 오면 상관의 작용이 현저하게 들어날 것이다."라고 나옵니다. 그래서 '지지2~3'은 작용이 현저하게 들어난 것

---

902) 인묘진 동방야 탑일해혹묘혹미 즉태과 기불위혼국재 (寅卯辰 東方也 搭一亥或卯或未 則太過 豈不爲混局哉)

으로 보기 때문에 과다로 보지 않는 이유가 됩니다.
○3."이 경우 연지에 있으면 중하고 일지는 그 다음이고 시지는 가볍다. 운에서 회국하는 것은 느리고 급하지 않다. 운에서 투청(透淸)하면 원래 원국에 있던 것과 다르지 않다."라고 나옵니다. 여기 투청은 '지장간의 발용'[903]과 같은 의미입니다. 참고로 연지가 중하다는 말은 고법(구법)명리의 산물입니다.[904] 신법 자평명리는 일간이 중심입니다.

■-2 이를 다시 정리하면 지지 두 개 이상(동합, 삼 육합)일 때 작용이 현저하다는 것은 지지1의 작용은 미미하다는 말도 됩니다.

■2. 태과(태왕)
□1.전통적으로 천간3 지지1, 천간2 지지2, 지지3 천간1은 태과(태왕)이다. 그러나 우리 책은 3배수로 태과를 정한다.[905]
 1)관생인에 지지 1개 이상의 뿌리가 있으면 천간3 지지1이다.
 2)천간중첩도 지지의 뿌리가 2개 이상인 경우 천간2 지지2가 된다.
 3)지지 삼합, 방합, 삼형살이 천간에 1개 이상 투출하면 지지3 천간1이 된다.

□2.태과(태왕)는 설기로 다스린다. 신강 신왕수기나 종격의 수기가 그렇다.[906]
□3.우리 책 태왕과 태과는 같은 말로 쓰인다.-(적천수도 이 둘을 구별하지 않음)
□4.대체적으로 태과는 국중지신, 태왕은 일간태왕 종격과 친숙한데 '살 관생인' '천간겁인' '천간합' 등의 영향을 많이 받는다.
□5.관 살생인이나 천간합이 신강에 기여할 뿐 바로 태왕이 되지 않는다.[907]
  ▶관살은 인수를 생하지만 겁을 극하고, ▶관합의 관은 겁재를 극하며, ▶재합의 재는 인수를 극, ▶인식합의 식은 관살을 극하기 때문이다.

■3. 전통적으로 겁과 인수가 있으면 종(從)하지 못한다.[908] 그러나 3배수 미만이면 종한다.[909] 종격도 행운에서 변격이 일어난다. 우리 책은 이렇다.

---

903) 1-5-4-1 ●=2 ■4 □1 지장간의 발용은 크게 상신, 수기, 조후로 나뉜다. 그중 수기가 발용되면 수기의 크기를 따로 산출(YQ-3)해야 한다. 그러나 조후와 상신의 발용은 따로 산출하지 않는다.
904) 7-5 서문 "체(근묘화실)만으로 간명이 완성되지 않는다. 용(육신과 같이 보아야"
905) 1-5-4-1 ●=1 ■2 □1 ●간명의 원리 ○3이 뿌리 3개의 차이를 왕상쇠사를 적용한 수치로 환산하면 3배수 차이가 됩니다.
906) 1-5-4-2 ●=1 ■3 □1 1)원국 YQ-1에서 십정격이 변격되면 신강 신왕수기격이나 종격이 된다. 2) 그러나 종왕격처럼은 신강 십정격과 수기격 종격이 행운에서 인입 상승으로 2차 변격된 것이다.
907) 2-1-4-8 ■1 □3 천간합은 종격이나 일간태왕이 되기가 어렵다. 식상은 인수와 재관은 일간과 합이 되더라도 다른 오행과 극하는 것이 나타나기 때문이다.
908) 3231-2 ●=2 "화(化)나 종(從)도 안 되는 근거의 한 단면"
909) 1-5-4-1 ●=1 ■2 □2 3)따라서 뿌리의 차이를 왕상쇠사를 적용한 수치로 환산하면 3배수 미만은 종이 안 되는 한계이고, 3배수 이상은 종할 수 있다는 말이 된다.

■4. YQ-1은 YQ-3와 달리 극(재관)하면 종하지 못한다.[910]
□1.YQ-1 종격의 최대 기신은 분산(극하는 재관))이다. 그래서 3배수 이상이거나, 극을 극하거나, 극하는 것이 통관되면 종할 수 있다.[911]
□2.아래(임대업) 무토는 갑 일간의 극을 받으니 종할 수 없게 보인다. 그러나 갑보다 무토가 3배수 미만이니 종할 수 있다. 다만 여기에서는 신약하여 계 인수를 따라 종강격이 되었다.

●-17 실제사주				1-3				3-2-2				1-6-2-4 돈 되는 건물 임대업
YQ -1	1. 신약 신강			여. 건물 임대업		9 2	8 2	7 2	6 2	5 2	4 2 3 2	2 2 1 2 2	▶2-자평 재 쓸 때 신약 ▶용-무 ▶상신-계
	계300	갑40	무360	병180		무	기	경	신	임	계 갑	을 병 정	▶평상인
	유	인	술	신	년	자	축	인	묘	진	사 오	미 신 유	▶6중년 7대기만성 형
태	경신	녹	무병갑	양	신정무	포	무임경						

■5. 수기가 없는 전왕격, 종격, 일간태왕
□1.종격은 수기가 필수이다. 사주 국중지신 어디에도 수기 없는 종(인입)은 절반의 부정이다.[912]
□2.그래서 이론상으로는 겁(인입) 하강해야 하는데 실제 하강하면 변격된다.
□3.수기(秀氣)는 종하는 오행과 유정해야 경지가 높다.[913] 수기(秀氣)가 ▶천간에 있으면 12경계인에서 시작하고, ▶일지 월지는 귀인, ▶타지는 23경계인, ▶지장간(발용되면 경지 1단계 상승)에 있으면 평상인에서 시작한다. ▶지장간에 없어도 평상인이고 발용이 없으니 수기로 인한 경지상승은 없다.
□4.무정한 천간의 수기는 23경계인, 지지에 있으면 평상인에서 시작한다.

■6. 기타
□전왕격과 일간태왕은 일간이 태왕(태과)한 것, 종격은 어느 국중지신이 태왕한 것을 말한다.
□전왕격, 일간태왕은 천간중첩(중간)의 적용을 받지 않는다.
□행운에서도 종 인입(전왕, 종, 일간태왕)이 상대적으로 상승해야 호사가 온다.

---

910) 1-5-4-2 ●=1 ■4 □1 YQ-3는 극 있어도 종한다. 1)종이란 기운이 최대로 상승한 것이고, 나머지는 하강하여 왜소하기 때문이다. 또한 행운 여러 글자는 모두를 제화(制化)에서 해방 중화시킨다.
911) 1-5-4-1 서문 ❶ 3)YQ-1은 극이 없어야 종한다. 극이 통관되거나 극을 극하면 구응되어 기능한다. 참고로 YQ-3는 극 있어도 종한다.
912) 2143-1 ●=4 ■1 □1 종(처럼)이 되면 절반의 성공이고, 나머지 절반은 수기가 있고 긍정이어야 한다. 수기 없는 과식(종)은 탈이 문제다. 무정한 수기도 같다.
913) 2143-1 ●=5 수기와 경지

겁 상승의 겁생식상(식상도 상승)은 자연 수기유통[914]이 선순환이 일어난다.
□종격도 간여지동 간지합 행운에 변격이 올 수도 있다.

> **● 간명의 원리**
> ○일간이 허약하면 기(氣)와 세(勢)를 따라 종(從)하게 됩니다.
> ○종한다는 것은 주관적이지 못한 것과, 비겁하다는 것보다 더 큰 의미가 있습니다.
> ○상황을 분석 분별하는 판세 판단능력, 그것을 크게 알아차리는 본능적 육감입니다.
> ○종살격 종재격에서 허약한 아내 남편이 강한 쪽을 따라 종(從)하는 정도가 아닙니다.
> ○지도자든 참모든 남녀를 불문하고 세상의 이치와 법도를 알아차리고, 자신을 변화시킬 수 있는 다재다능한 지혜와 용기가 종(從) 안에 있습니다.

| 2149-2 | 전왕격, 종격, 일간태왕 |

■1. 전왕격

| 4-1 | 전왕격 |

전왕격은 『적천수 천미』「종상」에 나오는 종기(從氣)와 동일하다. 왕한 것이 상신이고 수기로 경지를 정한다.

4-1-1	(곡직격) 목기가 왕한 것	4-1-2	(염상격) 화기가 왕한 것
4-1-3	(가색격) 토기가 왕한 것	4-1-4	(종혁격) 금기가 왕한 것
4-1-5	(윤하격) 수기가 왕한 것

■2. 종격

| 4-2 | 종격 |

『적천수 천미』「종상」에 "재관과 식상이 왕 하면 종세(從勢)", "비겁태왕하면 종왕(從旺)", "인수태왕하면 종강(從强)"으로 나온다. 나머지는 전왕격과 같다.
전왕격 종격은 종이 상신이고 겁인운이 상신운이며, 경지는 수기로 정한다.

| 4-2-1 | (종왕격=종비격) 겁으로 종 | 4-2-2 | (종아격) 식상으로 종 |
| 4-2-3 | (종재격) 재성으로 종 | 4-2-4 | (종살격) 관살로 종 |

---

[914] 1-2-1-2 서문 "수기유행(秀氣流行)".
  3213-3 『적천수천미』 "생육(生育)하고 유통하니" 수기유행(秀氣流行)

4-2-5　(종강격=종인격) 인수로 종

■3. 일간태왕

4-3　일간태왕과 가종격

■1) 일간태왕(가종격)

□1.일간태왕은 극하는 것 있어 종격은 못되었지만 여전히 태과(태왕)한 세력이 일간에 남아 있는 가종격 즉 신강왕(身强旺 신-일간, 강-인수, 왕-비겁)의 신왕을 말한다.915)
□2.신왕수기는 신강왕을 줄인 말인데 가종격(假從格)을 포함한다.
□3.어떻든 가종격은 가합과 그 현상이 비슷하다.916)

■2) 일간태왕의 처리

"2-1-2-2 용신 쓰는 법" 서문의 『적천수천미』에서 "왕신(旺神)이 태과한 것은 마땅히 설(洩)하고, 태과하지 않으면 마땅히 극(剋)한다."는 것을 공부하였다. 이를 바탕으로 다시 정리하면 아래와 같다.
□1.즉 과다는 극, 태과는 설기(수기)라는 말이다.917) 이는 종격도 해당된다. 우리 용법의 선택도 이렇다.
□2.그래서 일간태왕의 식상은 생재나 제살이 아닌 수기(유통)가 된다.
□3.신강과 종격 일간태왕은 수기가 조화신이지만 활성기는 겁인운이다.
□4.나머지는 '수기식상격' 쓰는 법과 같다. 신강해도 겁(인입)이 상신이다.
□5.일간태왕도 간여지동의 행운을 만나면 변격이 된다.918)

---

915) 2-1-4-4 ■3 □2 겁 태왕(신왕수기)은 겁+인수+관합 재합 식합의 일간(겁)이 타 오행보다 3배수 이상인 경우를 말한다. 그러나 극하는 것이 있어 종왕격이 못된 경우다.
916) 3231-2 ●=2 합의 남아 있는 본질(합의본질)을 이중성이라고 할 수 있는데, 가합(假合거짓 동의, 임시방편, 무늬만 화려)과 유사하다.
917) 2-1-4-4 ■2 □2 겁 과다신강은 침(극)으로, ■3 □2 겁 태왕은 수기(설기-통풍구)로 다스린다.
918) 1-5-4-2 ●=1 ■1 변격이 일어나는 때 "■1 간여지동, ■2 간지합"

| 2-1-5 | 체용(體用) |

■1.체용[919]의 체(體)는 본질(to be), 용(用)은 현상(to do)이다. 용이 분화되면 그 용은 체가 되고 새 용이 나타난다.[920] 체용의 핵심은 다양성이다. 우리 삶과 사주 전반에 걸쳐 광범위하게 전개된다.

■1) 이는 이분법적 사고의 단절과 경직성을 극복하는 바탕이 된다.
□즉 상대를 이해하고 세상을 객관적으로 볼 수 있게 하는 원동력이다.
□예로 신법과 고법[921], 이법 기법[922], 근묘화실과 육신[923] 등을 들 수 있다.

■2) 원국, 일간, 국중지신, 행운과 체용
□일간 체이면 국중지신이 용이다.-모든 사주팔자(사주원국)가 여기에 해당된다.
□원국 체이면 용신이 용이다.-적천수 체용에 나오는 이야기와 같은 맥락이다.
□용신 분화되면 체, 상신은 용이다. 우리 책 자평과 적천수용법이 그렇다.
□원국이 체이면 행운이 용이다.

■2.사주는 흐름이 있다. 이는 용, 상신이 언제 기능하는지에 따라 달라진다.
□체에서 용으로 흐르기도 하고-(용신이나 상신이 인생후반에 기능하는 경우)
□용에서 체로 흐르기도 한다.-(상신이나 용신이 인생 전반부에 기능)

■3.보통 체(비활성기)가 용(활성기)보다 크지 않다.
□비활성기에는 상신이나 용신이 작동하지 못하고 잠을 자는 시기이다.
□그래서 ▶자평용법에서 신약은 용신 하강, 신강은 용신 상승해야 하고 ▶적천수용법에서는 신약하면 일간상승 신강하면 일간이 하강해야 호사가 온다.

---

919) 5-1-2-1 체용론(體用論)
920) 4-2-3 이간(易簡), 변역(變易), 불역(不易)- "▶이간(易簡)의 생장화수장에서 ▶변역(變易)의 정중동 동중정에서, ▶불역(不易)에서 헤라클레이토스의 로고스를 통하여 세상의 변화를 보았다."
921) 5-1-5 서문 "체(근묘화실)만으로 간명이 완성되지 않는다. 용(육신)과 같이 보아야"
922) 2-1-7-3 ●=2 이법과 육신별 조후
923) 5-1-5 서문 "체(근묘화실)만으로 간명이 완성되지 않는다. 용(육신)과 같이 보아야"

| 2-1-6 | 입출상쇄(入出相殺) |

입출상쇄는 원국 YQ-1의 신약신강 판별의 난제 해소에 기여하는바가 크다. 입출상쇄가 되는 곳에 통관, 생, 극의 작용이 동시에 일어난다. 즉 입출상쇄란 우리 책에서 쓰는 용어[924]로 이 안에 '합생' '충극'이 존재한다.[925] 대표적으로 일간과 무정한 연간과 월간에서 많이 일어난다.

(1)아래(다모)의 원국(YQ-1) 기토가 계를 극수하면서, 일간 경의 뿌리인 월지 유를 생한다. 이 경우 입출상쇄가 된다.

| ●-34 실제사주 | 1-7-1 | 1-5-4-1 기신 운 상승과 비극의 예 |

YQ-1	☞ 1. 신약 신강		여. 다모 사업		9 1	8 1	7 1	6 1	5 1	4 1	3 1	2 1	1 1	▶1-적천수 일신 신약
	정300	경320	계480	기240	계	임	신	경	기	무	정	병	갑	•용신-신 ▶희신-토
	해	신	유	해 년	미	오	사	진	묘	인	축	자	해 술	▶34경계인
사	무갑임	녹 무임경	왕 경신	병 무갑임										▶6중년 대기만성형

(2)그러나 아래(남. 신혼부부) 연간의 무 위치로 보면 입출상쇄다. 다만 행운에서 무 지장간이 발용되어야 인 속의 무 비겁이 확실하게 작용한다.[926]

| ●-05 실제사주 | 1-1-1 | 4-2-4 | 1612-2 신혼부부의 결혼 |

YQ-1	☞ 1. 신약 신강		남. 신혼부부		9 6	8 6	7 6	6 6	5 6	4 6	3 6	2 6	1 6	▶1-자평 살 쓸 때 신약
	갑400	무240	을320	무300	을	갑	계	임	신	경	무	병	정	•용-목 ▶상신-오
	인	인	묘	오 년	축	자	해	술	유	신	미	오	사 진	▶34경계인
생	무병갑	생 무병갑	욕 갑을	왕 병기정										▶2이상형

| 2-1-6-1 | YQ-1, 2 원국의 입출상쇄 |

| ●=1 | 신약신강과 입출상쇄 |

■1. 아래(공무원 정년)는 정(인입)과 경(인출)이 근접하여 정이 경을 극금하고 술토는 정을 통관시키고 있다. 그러나 술토는 비생금이므로 경을 생금 못한다. 그래도 정이 화생토(정생술) 화극금(정극경)하니 정은 어떻든 입출상쇄가 된다.

| ●-38 실제사주 | 1-8 | 1-5-3-1 무토 술 월생 자료 |

---

924) 3231-4 ●=2 ■1 □2 4)쟁합 입출상쇄는 자원이 사장되어 보이는 것보다 실속 적다고 통변한다.
925) 3231-4 ●=2 ■2 연월이 일보다 먼저 합, 일월(연에서 설 극의 방해 없어야 합)이 시보다 먼저
926) 2-1-3-2 ●=3 ■4 □1 행운에서 투청되는 한 글자는 이미 행운의 한 글자와 같다. 1)즉 정화가 발용되지 않아도 병정운이 오면 이미 화가 작동되고 있다.

YQ -1 ☞ 1. 신약 신강	남. C 도청 공무원·정년			갑80	무420	경240	정180	▶정-술이 일간과 연계
갑80	무420	경240	정180	인	인	술	유 년	▶경-술이 통관 정 입출동률
		술	년	일지-시간과 월간 연계		술이 일간과 년간 연계		▶인-갑경 연계
▶1)-일차 일간 중심으로 신약신강 분석				▶2)-이차 연계 관계를 신약신강에 반영				

■1-'천간산출' 끝나면 '적색 실선'처럼 일차 일간 중심의 신약신강을 본다.
▶1)도표. 인입(무420) 인출400(살160+식240)보다 수치가 크니 신강하다.

■2-(일간과 연간)-월간이나 월지가 일간을 연계하면 작용한다. 술의 주변 토 뿌리4=320, 그래서 정 180을 일간과 연계할 수 있다. 그러나 술토가 이법으로 경도 생하니 입출상쇄이다. 그래서 '입출상쇄'는 신약 신강에 기여하지 않는다.-(정 240은 신약도 신강도 아님-제외)
▶2)도표. 정과 무 일간을 술토가 연계하니 화생토(인입)가 성립되지만, 정생술 생경으로 통관되어 경 식신(인출)도 생한다. 이를 우리 책은 '입출상쇄'라 한다.

□1. (시간과 월간)-일지의 연계를 통하여 작용이 나타난다.
▶2)도표. 갑 경 무정한데, 인이 연계하여 식신대살이다.-(기초에서는 갑경충)

□2. (시간과 연간)-회국(回局)하여 작용을 드러내는데, 시지나 연지의 충 극의 통관개념은 월지 일지와 같다. 그러나 거리가 멀어 우선순위가 밀린다.

□3. 다만 이러한 입출상쇄 여부의 과정을 사주해설(통변)로 담아낸다.
▶정 인수가 멀리서 돕는데 절반만 도움, 절반은 경 자식과 부하에게 간다.
▶식신대살-공무원(관)으로 사는데, 아랫사람(일지) 잘 챙겨 직장생활 원만하다.
▶갑 관성이 경 식신에 비해 적으니(관쇠식왕의 식신대살) 을 행운에 진급한다.

□4.입출상쇄는 천간에만 적용한다. 지지는 적용하지 않는다.927)

■2. 아래(여. 교사) 을목(인입)이 정과 생합, 경(인출)과 합이다. 그러나 을과 극하는 유 술이 있어 을경합이 아니다. 그래서 신강이다.

●-22 실제사주			1-4				1613-1 이사 가는 부부자료					
YQ -1 ☞ 1. 신약 신강		여. 교사		9 5	8 5	7 5	6 5	5 5	4 5	3 5	2 5	1 5	▶2-자평 재 쓸 때 신강
병360	정240	을80	경320									5	용-경 ▶상신-재생관살
오	미	유	술 년	을 해	병 자	정 축	무 인	기 묘	경 진	신 사	임 오	계 미	갑 신	▶평상인 ▶1이상형
쇠 병기정	대 정을기	생	경신 양 신정무										

927) 2143-1 ●=2 ■2 □2 2)일간은 인입이고 식상은 인출인데, 천간의 겁이 입출을 동시에 생하면 입출상쇄다. 합도 인수도 경우는 같다. 3)천간을 생하는 지지의 자연적 현상은 입출상쇄가 없다.

☐1.을과 유(=신)의 을신충은 경과 유의 겁재합이 해소하지만, 을과 술이 극928)하고 있어 을경합도 금국도 안 된다.
☐2.만약 을경합이면 을이 입출상쇄가 되어 신약일 것이다.

●=2	입출상쇄의 예

■1. 월간의 예-(미미 광고)

●-58 실제사주	2-1-2	3-2-3-2 ●-6 ●=4 자료

☞ 1. 신약 신강		여. 미미광고		9 8 7 6 5 4 3 2 1		▶2-적천수 쓸 때 신강
경160	임120	계240	정240	5 5 5 5 5 5 5 5 5	5	▶용신-정 ·희신-목
술	진	묘	유	계 임 신 경 기 무 정 병 을	갑	▶34경계인
관	신정무 묘	을계무 사	갑을 욕	경신		축 자 해 술 유 신 미 오 사 진		▶2이상형

☐1.월간의 계수가 임수와 비겁 합이면서, 정계충이 통관되어 계생묘생정(수생목생화)으로 정을 생하니 이율배반(입출상쇄)적이다. 참고로 묘 주변 뿌리6(을계갑을을경)=480으로 계240 통관, 그래서 계수는 신약신강에서 제외된다. 그래도 신강이다.
☐2.만약 묘목의 통관이 없어 계극정(수극화, 충)이 되어도 입출상쇄이다. 근묘화실의 우선순위로 보면 계정충이 먼저이고, 탐합망충의 이법으로 보면 합이 먼저다. 또한 흡인력(왕쇠)으로 보면 임280(160+120)이고 정180이니 우선순의의 답이 없다. 그래서 입출상쇄가 마땅하다. 물론 여기에도 3배수929)가 작용된다.

■2. 월지의 예-(C도청 공무원-정년)-위"●-38 실제사주" 참고

■3. 일지의 예-(순 카페)

●-43 실제사주	1-8	1-5-5-4 조후결함 실제

YQ -1 ☞ 1. 신약 신강		여. 순 카페		9 8 7 6 5 4 3 2 1		▶5-자평 인 쓸 때 신강
무560	병480	계120	을120	9 9 9 9 9 9 9 9 9	9	▶용-을 ·상신-식상생재
술	인	미	사 년	계 임 신 경 무 정 병 을	갑	▶평범인
묘	신정무 생	무병갑 쇠	정을기 녹	무병경		사 진 묘 인 축 자 해 술 유 신		▶4링컨 형

☐1.인 주변 목 뿌리4=240(갑을기기), 그래서 계 120은 관인통관도 되고 을목도

---

928) 3231-3 ●=1 합이불합" ▶극 당하면 합 할 겨를이 없다." "상하 좌우에서 극하면 합하지 못한다." "합도 극(충)을 해소할 수 있지만 극도 극을 해소하게 된다."
　　3-2-10-2 ●=3 ■2 '상하 귀호정협', '좌우 귀호동지'
929) 1-5-4-1 ●=1 ■2 ☐2 1)그래서 생극 한계는 3배수 미만이고 그 이상은 생극의 역작용 일어난다.
　　2)식상도 3배수 이상이면 설기과다가 된다. 우리 책은 이렇다.-(원문 도표 참조)

생하니 입출상쇄이다. 따라서 계수는 신약신강에 관여하지 못한다.
□2.을목은 병의 인수이지만 무정하여 연계되지 못하니 인입에서 제외된다.
□3.만약 행운에서 인 YQ-4가 계120보다 3배수 적어지면 관인통관이 못된다.

■4. 시지의 예-(L 심리상담사)

●-13 실제사주		1-2-1-2							9-3-3-9 편인 자료				
☞ 1. 신약 신강		여. L 심리상담사		9 2	8 2	7 2	6 2	5 2	4 2	3 2	2 2	1 2	2
무480	임240	임240	경120	임	계	갑	을	병	정	무	기	경	신
신	술	오	술 년	신	유	술	해	자	축	인	묘	진	사
생 무임경	대 신정무	태 병기정	대 신정무										

▶1-자평 살 쓸 때 신강
▶용-무 ▶상신-무
▶34경계인
▶1이상형

□무(480) 칠살이 통관되려면 3배수를 적용 지지 YQ-4신금이 160이상이어야 한다. 그래서 주변 금 뿌리3=180이니 통관이 된다. 또한 무토는 회국(回局)하여 무생경(토생금)하니 천간겁인에 기여한다. 실제 이 사주에서 무 칠살이 상승하는 때 3배수를 넘으니 어려움을 많이 겪었다.

■5. 연간과 시간 회국(回局)의 예-백향 통신

●-33 실제사주		1-6						3-3-2					
☞ 1. 신약 신강		여. 백향 통신		1 0 0	9 0	8 0	7 0	6 0	5 0	4 0	3 0	2 0	1 0
을300	을240	정480	임120	정	무	기	경	신	임	계	갑	을	병
유	해	미	인 년	유	술	해	자	축	인	묘	진	사	오
포 경신	사 무갑임	양 정을기	왕 무병갑										

▶3-자평식 쓸 때 신강
▶용-정 ▶상신-식상생재
▶34경계인
▶4분지형

■1) 미토의 임 극 없으면 정임합이자 회국하여 수생목(임생을) 생합도 된다.
■2) 원국만 보면 회국은 거리가 멀어 정임합이 우선인 것처럼 보이지만, 흡인력(왕쇠)은 을540이 정480보다 더 크다. 그렇지만 이럴 땐 입출상쇄다.930)

■3) 행운에서 오는 변화
□계 오면 을을임 상승, 정은 정계충으로 하강, 역시 신강 그대로다.
□임 오면 을을정임 모두 상승, 현재 원국의 상황과 같다.
□갑을 오면 을을과 정은 상승하고 임은 설기되어 하강, 신강 그대로다.
□병 오면 을을 하강 정 상승, 정오면 을을하강 정임 상승으로 문제가 된다.
□무기 오면 을을정임 모두 하강, 신약신강의 변화 없다.
□경 오면 을을 임 상승, 정 하강 역시 신역신강의 변화 없이 신강하다.
□신 오면 을은 을신충으로 을을 하강, 신정충 신 하강, 임 상승 문제가 된다.

---
930) 2-1-6 입출상쇄(入出相殺)

■4) 그러나 위와 같은 일은 실제 일어나지 않는다. 행운은 한 글자로 오는 법이 없기 때문이다.931) 다만 원리가 이렇다는 이야기다. 즉 사주는 하나의 행운 그리고 천간이나 지지 한두 글자로 간명이 이루어질 수 없다. 그래서 우리 책처럼 YVWQ 각 총합의 수치로 판단해야 한다.932)

> ● 간명의 원리
>
> ○지금 여기 YVWQ를 공부하시는 분들은 대략 2~3년의 기초과정을 끝냈을 겁니다. 만약 끝내지 않았다면, 꼭 기초를 공부한 후 다시 이 자리로 오기 바랍니다.
> ○그렇다면 형충파해와 육친과 십신 등이 완숙해지는 시기입니다. 그러나 형충, 합, 육신, 육친, 등 두 세 글자에 연연하면 순역933)을 볼 수 없습니다.
> ○순역은 8글자의 배합934)에서 나옵니다. 그래서 충이 되는지 안 되는지 등의 결과(물상)에 얽매이지 말고 행운에 따른 YVWQ의 인입과 인출에 집중하기 바랍니다.
> ○충으로 시작하든, 합으로 시작하든, 아니면 충합 없이 시작하더라도, YQ-3 행운을 만나면 제화가 중화되기 때문입니다.935) 다만 이 과정을 해설(통변)에 활용하면 됩니다.

2-1-6-2	행운과 입출상쇄

●=1	YQ-1 원국

(음신인재합936) 성립-합 되고 신약) 조후에 민감-강 팀장

●-20 실제사주				1-3				3-2-3							
☞ 1. 신약 신강			남 30후반. 강 팀장.	9 2	8 2	7 2	6 2	5 2	4 2	3 2	2 2	1 2	▶2-자평 재 쓸 때 신약 ▶용-갑 ▶상신-금 ▶평범인 ▶2이상형		
기60	신160	정240	갑560	정	병	을	갑	계	임	신	경	무			
축	유	묘	자 년	축	자	해	술	유	신	미	오	사 진			
양	계신기	녹	경신 포	갑을 행		임계									

□행운에서는 모든 것이 중화되는 것처럼 입출상쇄도 그러하다.937)

---

931) 1-4-2-2 ■2 행운은 지지 뿐만이 아니라 천간과 함께 대운, 태세, 월운, 일운, 시운 등 여러 개의 운이 동시에 오기 때문이다.
932) 2-1-3-2 ●=3 ■3 ●간명의 원리 ○1 2)상신운도 이와 같습니다. 원국에 상신이 있든 없든 YQ-3 상신운은 여러 글자의 총합(인입-인출, 종-수기)으로 나타납니다.
933) 3-2-1 ■3 순역
934) 3장 들어가기 2-1 ●=2 배합
935) 1-5-4-2 ●=1 ■4 □1 YQ-3는 극 있어도 좋한다. 1)종이란 기운이 최대로 상승한 것이고, 나머지는 하강하여 왜소하기 때문이다. 또한 행운 여러 글자는 모두를 제화(制化)에서 해방 중화시킨다.
936) 2-1-4-8 천간합
937) 1-5-4-2 ●=1 ■4 □1 YQ-3는 극 있어도 좋한다. 1)종이란 기운이 최대로 상승한 것이고, 나머지는 하강하여 왜소하기 때문이다. 또한 행운 여러 글자는 모두를 제화(制化)에서 해방 중화시킨다.

□이 사주는 기토와 자수가 극하고 있어 갑 기가 회국(回局)해도 합이 못된다.
□만약 회국하여 갑기합이 된다면 하나의 원류는 흘러서 화극금, 또 다른 원류는 흘러서 토생금이 되니 입출상쇄가 된다.
□그러나 합이든 원류든 행운에서는 입출상쇄 또한 보지 않는다.

| ●=2 | YQ-3, YQ-4 행운 |

□보통 지지 자수가 오 행운을 만나 자오충 성립되면 갑기가 회국(回局)하여 합(음신인재합)이 되니 갑이 인입의 일원이 될 수 있다고 공부한다.
□그러나 아니다. 행운의 간지가 간여지동[938]이든 개두절각[939]이든 오화 한 글자만 오라는 법이 없다. 다만 YQ-4를 산출하여 자의 크기를 참고할 수 있다.

---

938) 3-2-10-2 ●=7 "간여지동(干如支同간지동체, 간지겁인)"
939) 3-1-1-4 ●=1 개두(蓋頭) ●=2 절각(截脚)

2-1-7	조후용신

　질량 보존 법칙(質量保存法則)940)을 간단히 설명하면 물질은 갑자기 생겨나거나 없어지지 않는다. 즉 총량은 그대로인데 형태만 변하여 존재한다는 뜻이다.
　이 법칙을 사람에게 대비하면 우주의 물질이 그 형태만 변화하여 우리라는 개인에게 존재한다는 말이 된다. 다만 그 형태가 개인마다 다양할 뿐이다. 그 각기 다양한 사주도 마찬가지다. 오행으로 이루어지는 사주 네 기둥은 사람이라는 총량 안에서 존재한다.
　그래서 한두 글자가 아닌 사주구조(배합)로 사람의 총량을 보아야 한다는 말이다. 이를 자평진전과 적천수에서는 배합과 순역941)이라 하였다. 조후 역시 마찬가지로 순역의 결과에서 상신이 나온 것과 맥을 같이한다.
　다시 말해서 사주총량(배합)으로 조후를 보아야 하는 것은 하늘 아래서 사람이 할 수 있는 최선 즉 '모사재인'이다.942) 그러나 글자 한두 개로 보는 것은 체상과 신살로 보는 것과 다를 바가 없다.

2-1-7-1	조후

●=1	원국의 조후

□1.조후가 원국에 있어야 한다. 행운에서 오는 것은 조후가 아니다. 행운 여러 글자는 조후만 오는 것이 아니기 때문이다.943)
□2.원국에 조후의 씨(인화, 수원)가 없는 경우 이론상 행운에서 오는 때는 가능하다고 알려져 왔다. 그러나 이법과 조후의 관계를 밝히기가 쉽지 않다.
　1)첫째 원국의 성격여부에 따라 상(용)신과 조후가 같을 수도 다를 수가 있다.
　2)둘째 간여지동처럼 천지가 같은 오행으로 생 방조되지 않는 한 조후작용을 들어 낼 수 없다. 즉 글자 하나로 원국을 서늘하게 또는 따뜻하게 할 수가 없

---
940) 3장-4 ■3 ●간명의 원리 ○질량 보존 법칙(質量保存法則)
941) 3-2-1 ■3 순역
942) 제3장 서문 (2) 즉 근원과 관습은 "모사재인 성사재천(謀事在人 成事在天)"이라 할 수 있다.
943) 2-1-3-2 ●=3 ■3 ●간명의 원리 ○1 2)상신운도 이와 같습니다. 원국에 상신이 있든 없든 YQ-3 상신운은 여러 글자의 총합(인입-인출, 종-수기)으로 나타납니다.

는 이유다. 나머지는 '2-1-7 조후용신'의 예를 따른다.

☐3.행운에서 조후가 발용되면 그 때만 조후기능이 가능하다.
 1)조후는 일간과 인접해서 발용되어야 한다.944) 무정하면 경지가 하락한다.
 2)우리 책은 조후가 발용되고 안 되고를 따라 이법 쓰는 법이 달라진다.945)
 3)이는 사주총량(배합)으로 조후를 보기 때문이고 그래서 조후를 따로 산출하지 않는다.946)

> ● 간명의 원리
>
> ○발용에는 크게 십정격(본격)의 상신,947) 종격(처럼)의 수기,948) 기법의 조후가 있습니다. 이는 아래 주석의 안내대로 각장에서 공부하면 됩니다.
> ○이렇게 공부는 나누어서 하지만 세 가지는 분리되지 않고 유기적으로 작용합니다.
> ○더욱이 변격은949) 십정격에서 보다 수기와 조후의 변수가 다양하게 일어납니다.950)
> ○여기에서는 그 중 조후의 발용에 대한 이야기입니다.

●=2　　　　　　　　조후와 경지

■1. 경지
☐유정한 조후 ▶천간에 있으면 12경계인, ▶연간 월지 일지에 있으면 귀인, ▶타지에 있으면 23경계인, ▶지장간에 있으면 평상인에서 시작한다.
☐연간이나 연지가 일간과 연계되지 못하면 경지가 1단계 하락한다.
☐수기와 조후의 경지도 동일하다. 나머지는 "경지 찾는 법"951)을 참고하시라

■2. 경지의 변화
☐1.조후결함(1단계 하락)-조후가 변성을 일으키는 것을 말한다. 관생인 되거나 합 충이 그렇다. 또한 임수 대신 계수가 있는 것도 조후결함이다. 그리고 경지가 1단계 하락한다.
☐2.조후미비(1단계 하락)-조후가 지장간에 있는 것과, 조후를 방조(화 없어 목,

---

944) 2-1-3-1 ●=1 ■3 ☐1 1)그러나 천간은 4기둥(사주)인데 지장간이 투청하면 5기둥(오주) 된다는 말은 아닐 것이다. 2)행운(YQ-3)에서 발용되면 인접(유정)한 기둥과 작동이 이루어진다는 말이다.
945) 1-5-4-2 ●=3 ■1 조후가 있고 없고를 따라 이법 쓰는 법이 다르다.
946) 2143-1 ●=3 ■2 ☐1 2)수기가 발용되면 나머지 행운 모두를 배합해서 YQ-3를 산출한다. 참고로 상신 발용은 통변에 반영, 조후는 수치를 산출하지 않는다.
947) 2-1-3-2 YVWQ와 용법의 성립 시기
948) 2143-1 ●=1 ■2 ☐1 수기는 위 '자' '묘'처럼 설기구(洩氣口), 통기구(通氣口), 통풍구(通風口)이다.
949) 1-5-4-2 변격과 조후에 따른 이법의 변화
950) 1-5-4-2 ●=3 ■1 조후가 있고 없고를 따라 이법 쓰는 법이 다르다.
951) 2-1-3-4 ●=1 경지 찾는 법

수 없어 금이 대신 생)하는 것을 말한다. 역시 경지 1단계 하강하고 방조되는 행운에는 경지 1단계 상승한다.
☐3.조후결손(평상인에서 시작)
 1)조후가 원국은 물론 지장간에도 없으면 평상인이다. 그러나 지장간처럼 발용이 없으니 조후로는 경지상승을 기대하기 곤란하다.
 2)조후결함과 조후미비 중 두 가지 이상이 겹치면 조후결손에 해당된다.952)

■3. 기타
☐성격되더라도 결함이 발생하면 경지 1단계 내려가고 없으면 평상인이다.
☐조후결함과 조후미비가 합쳐서 둘 이상이면 조후결손이 되어 평상인에서 시작한다.953)
☐경지를 시작할 때 상신이 높으면 상신 먼저, 조후가 높으면 조후 먼저 시작한다. 우리 책의 "2-2 실제사주, 4. 경지"가 그렇게 되어 있다.

2-1-7-2	1-5-5-1 조후의 핵심

■1. 여름과 겨울은 조후가 필수다.
☐1.조후 핵심은 겨울에 화(火)를, 여름에 수(水)를 쓰는 일이다.
☐2.인월은 봄이지만 바람이 차고, 신월은 가을이지만 낮에는 여름의 무더위가 남아 있어 겨울과 여름에 준한다.
☐3.그러나 이 한 글자가 조후의 전부는 아니다. 다음 "2-1-7-3"를 참고하시라.

■2. 조후 기법과 이법의 우선순위
 조후(기법)에서 여름 화가 강하면 더 발화되고, 겨울 수가 상승하여 강해지면 더욱 결빙된다.

 ■1) 화(火)
☐1.일반적으로 병 정화 약하면 이법은 목화로 일간이 상승해야 호사가 온다.
☐2.그러나 기법으로 여름의 병 정화는 조열하여 조후가 급하니 우선적으로 임계수로 식혀야 한다. 이러한 수는 병 관살을 하강시킨다. 이때 수가 없으면 재와 식을 써서 병 정화가 하강하도록 해야 한다.
☐3.수로 화를 식히는 수극화는 화 하강해야 발화되지 않는다는 말과 같다.954)

---
952) 2-1-3-4 ●=1 ■4 ☐1 상신(수기)을 극(재관)이 두 번 이상 분산, 또는 차 차선은 평상인이다.
953) 2-1-8-1 ■4 ☐5 조후결손도 평상인, 미비나 결함이 두 번 이상도 평상인에서 시작한다.
954) 1-5-4-2 ●=3 ■2 ■1) ☐1 여름에는 조후(기법) 물이 발화(조열)를 막는다. 1)그래서 조후 수가

■2) 수(水)
□1.수도 허약하면 이법으로는 금수로 생 방조해야 호사가 온다.
□2.그러나 역시 겨울 임 계수는 병으로 따뜻하게 해야 하는 것이 우선이다. 즉 병은 수의 재성이다. 만약 재성이 없으면 식 관으로 수가 하강해야 한다.
□3.따라서 병이 수를 따뜻하게 하는 화다수갈은 수가 하강(수갈)해야 결빙을 막을 수 있다는 말도 된다.955)

■3) 정리하면 신약이든 신강이든 조후가 없는데 상승하면 더 발화 결빙된다.
□1.상승은 신왕운을 말하고 이러한 이법 안에서 기법 조후를 분석해야 한다. 그래서 조후우선인데 결손되면 화와 수 모두 인입이 더 하강해야 한다.
□2.다음 나오는 "1-5-4-4 조후결함의 실제"의 주인공이 그렇다.

2-1-7-3	이법과 조후

조후는 사람이 어찌할 수 없는 자연현상이다. 그리고 사주 안에서도 완벽한 조후는 없다. 그러한 조후는 기법인데 이법을 토대로 움직이기 때문에 이 기법이라 한다. 그래서 이법의 활성기에 조후 기능도 가장 원활하다.
 조후는 기초에서 ▶한 글자 조후로 시작하여 ▶육신과 조후 ▶사주총량(격)과 조후 등 단계별 공부과정을 거치게 된다.

●=1	한 글자 조후

□(화)-▶겨울은 추우니 병과 갑으로 조후하고, ▶여름은 화가 뜨거우니 임 계수가 식혀 주어야 한다. 임계가 약하면 수의 근원(금생수) 경 신금으로 조후한다.
□(수)-▶겨울은 수가 한랭하여 병화로 따뜻하게 조후해야 하고, 병정만 갑목으로 조후한다. ▶여름은 수가 퇴기하여 약하니 비겁과, 수의 근원인 신금으로 생수 해야 한다. 계는 화 왕절의 오(=정)를 수극화, 임과는 비겁합이다.
 참고로 묘월 임수는 약하니 무토(제방)로 물을 가두어 용수로 쓰게 하고, 신해자 월 임수는 왕 하니 무토의 극수로 물결을 잔잔하게 한다.

없으면 일간 하강해야 한다. 2)기법으로 식히는 것은 이법의 수극화(관성조후)로 일간 하강이다.
955) 1-5-4-2 ●=3 ■2 ■1) □2 겨울은 따뜻한 화 조후가 결빙(한랭)을 막는다. 1)그러나 조후 화 없으면 일간 하강해야 한다. 2)기법으로 결빙을 막는 것은 이법 수극화(재성조후)로 일간 하강과 같다.

| ●=2 | 이법과 육신별 조후 |

■1. 조후(기법)와 상신(이법)의 일치 불일치[956]

조후는 아래 도표처럼 ▶상신과 조후가 일치하는 경우 ▶불일치할 경우로 나뉜다. ▶그리고 조후 없는 경우(조후결손)도 있다.

만약 일치하지 않으면 성격되어야 조후가 기능한다. 이때 조후는 견제(극)를 받을 수도 있다. 즉 사주 총량으로 보면 조후가 지나치니 극 받아야 사주가 중화를 이룬다는 뜻이 된다.

	신약-상신 조후 일치	신강-상신과 조후 불일치
비겁조후	○신약 임수는 비겁이 조후-사월 임수, 오월 계수	○신강은 "4-자평용법 겁 쓸 때 신강-식재관 상신" 그래서 관 성격되면 비겁 조후 기능
인수조후	○신약 을목은 계수가 조후 ○신약정화는 갑목이 조후	○신강은 "5-자평용법 인 쓸 때 신강-식재관 상신" 그래서 재로 성격되면 인수 조후 기능

	신강-상신 조후 일치	신약-상신과 조후 불일치
식상조후	○신강신금은 설기하는 임수가 조후	○신약은 "3-자평용법 식 쓸 때 신약-겁인 상신" 그래서 무 인수 성격되면 식상조후 기능
재성조후	○신강 기토는 계수가 조후	○신약은 "2-자평용법 재 쓸 때 신약-겁인 상신" 그래서 겁으로 성격되면 재성 조후 기능
관성조후	○신강-갑의 경, 병의 임, 무의 갑, 경의 정, 임의 무	○신약하면 "1-자평용법 관 쓸 때 신약-겁인 상신" 겁으로 성격되면 관성 조후 기능

● 간명의 원리

■비겁조후를 쓰는 것은 임수가 사월 비견, 오월에 계 겁재를 쓰는 것 밖에 없습니다.
○사는 병이니 임과 충, 그래서 임 비견으로 사를 충하여 임 일간을 보호합니다.
○오(정)월은 임과 합으로 정이 너무 강한 것을 계로 계정충하여 오를 견제(극)합니다.

■인수조후-을목은 물(계수)로 크고, 정화는 화목(갑)이 있어야 불이 꺼지지 않습니다.
■식상조후-신금이 강하면 물(임수) 씻어 설기하고, 약하면 씻어서 광택을 냅니다.
■재성조후-신강 기토는 계수로 적셔야(극) 옥토에 작물이 잘 자라고, 신약하면 병화로 따뜻하게 지력을 높인 후 계수로 적셔야 합니다.
■관성조후-관살이 관(살)생인되면 기능이 달라지는데, 아래는 달라지기 전입니다.
○갑 강하면 경(연장)으로 다듬어 동량지재가 되고, 약하면 쪼개어 화목으로 씁니다.
○병 강하면 임수로 식히고(극), 신약하면 임수 물살의 반사로 빛을 강하게 합니다.
○무 강하면 갑으로 소토해야 하고, 약하면 갑의 뿌리로 흙에 양기를 불어 넣습니다.
○경 강하면 정화로 제련(극)하고, 약하면 무딘 무쇠를 정화로 예리하게 합니다.
○임 강하면 무토로 물길 흐름 안정시키고, 약하면 무토로 물을 가두어 용수가 됩니다.

---

956) 1-5-4-2 ●=2 원국에서 상신과 조후의 작동

■2. 조후와 신약신강

아래 도표 좌측은 '3215-2 ●=1 십신과 월별 조후용신'에 나오는 내용이고, 우측은 위에서 보았던 '조후(기법)와 상신(이법)의 일치 불일치'이다.

	조후	이법과 조후
갑	병 햇빛과 계로 적심	○인수조후(신약-계로 갑을 수생목)
을	음간(왕해도 부드러움)-병화 설기	○식상조후(신강-병화로 목생화 설기)
병	약하면 갑이나 임 반사	○인수조후(신약-갑으로 병을 목생화)
정	목의 생(갑)이 없을 때-차선 경	○성조후(신강-정으로 경 화극금)
무	토다-갑 소토, 추우면 토	○인수조후(신약-병으로 토를 화생토)
		○관성조후(신강-갑으로 토를 목극토)
기	을목의 쓰임과 유사	○인수조후(신약-병으로 토를 화생토)
		○재성조후(신강-계를 기토로 토극수)
경	정화로 제련 후 병으로 온화	○비겁조후(신약-경신으로 경을 부조)
		○관성조후(신강-정병으로 경을 화극금)
신	보석 약-임 씻어 광택, 강-임 설	○식상조후(신약-임으로 신을 금생수 설기)
		○식상조후(신강-임으로 신을 금생수 설기)
임	약하면 경신 수원, 무토로 제방	○인수조후(신약-경으로 임을 금생수)
		○관성조후(신강-무로 임수를 토극수)
계	약-수원, 경(큰물) 신(적은 물)	○인수조후(신약-경신으로 계를 금생수)
		○재관조후(신강-을로 계 설기, 기로 계 극수)

● 간명의 원리

○만약 조후가 이법을 따라 변화하지 못하면 신살의 시체[957]와 같을 것입니다.
○신살도 조후처럼 용법에 대비해 보았습니다. 그러나 조후처럼 적중하지 않았습니다.

●=3   사주총량(격)과 조후

■1. 신약신강과 월별 조후용신

여기에서는 마지막으로 신약신강(이법)이 성격되면 어떻게 조후가 기능하는지를 설명하고 있다.

□1.인월 갑의 조후가 위 도표의 병이면 신강일 때는 조후와 상신이 일치한다.
 1)그런데 신약하면 임 인수가 상신이다. 그러면 겁인격이 성격되어 갑을 보좌하고 병을 견제(탈식)하여 신약한 일간과 조후가 중화를 이루게 된다.
 2)그래서 '■1. 조후(기법)와 상신(이법)의 일치 불일치'에서 성격되면 조후가 기능한다고 한 것이다.

---
957) 3장 들어가기 2-1 ●=3 망령과 신살, 체상

월별 조후용신

		갑	을	병	정	무	기	경	신	임	계
봄	인 묘 진	병 경	병 경 계	임	경 갑	병 갑	병 갑 병	병 정 갑	병 임	경 무 갑	신 경 병
여름	사 오 미	계	계	임	임 갑	갑 임 계	계	임 정	임 신	임 계 신	신 신 경
가을	신 유 술	정	병 계	임 갑	갑	병 갑	계	정 갑	임	무 갑	병 신 신
겨울	해 자 축	경 (벽갑 인정)	병	갑	갑 병	갑 병	병	정 정 병	임 병	무 병	경 신 병

□2. 을목을 예를 보면 아래와 같다.
 1)오월 을목의 조후는 계 인수다. 그래서 신약하면 조후와 상신이 일치한다.
 2)그러나 신강하면 기토 재성을 상신으로 쓴다. 그러면 재격이 성격되는 자체로 계가 억제(극수)받으면서 인수조후가 기능한다. 즉 사주 총량으로 보면 계 인수가 지나치니 견제(극) 받아야 사주 전체가 중화를 이룬다는 말이다.

□3. 신월 병화
 1)신월 병화 조후는 임 식상이다. 그래서 신강하면 조후와 상신이 일치한다.
 2)그러나 신약하면 상신으로 목(갑을) 인수를 쓴다. 그러면 인수격이 성격되는 자체로 병을 보좌하고 임을 설기되면서 식상조후가 기능한다.

□4. 나머지 다른 예도 마찬가지다.
 1)정화 자월의 조후가 갑 인수이니 신약의 겁인격이고, 신강하면 갑을 견제하는 경이 상신이니 갑이 극을 당하면서 인수조후가 기능한다.
 2)무 미월의 조후가 계이니 신약의 재격이고, 신약하여 계를 견제하는 화를 상신으로 쓰면 신약 무를 보좌하고 계 재성 조후를 견제한다. 참고로 기법(난강망)에서는 천간합이나 암합의 사용에 일관성이 없다. 다만 여기의 무와 계는 합하고도 신약이라는 의미일 것이다.
 3)기토 진월의 조후 병은 신약의 인수상신과 인수조후이다. 신강하면 병의 반대 임계수 상신이 수극화로 인수조후를 견제하니 사주가 중화를 이룬다.
 4)경 자월의 조후가 정이니 신강의 관성상신과 관성조후가 되고, 신약하면 정의 반대 계가 상신이니 정 관성조후를 극하여 사주가 중화된다.

5)신금 축월의 조후는 병 인수다. 여기에서도 신과 병의 합에 대한 제시가 없다. 일단 신약으로 보면 병은 병신합격이 되고, 신강하면 임을 써서 병을 견제한다. 그러면 임 살 상신이 인수조후를 조절(극)하여 사주를 청하게 한다.

6)임수 진월의 조후는 갑 식신이다. 그러면 신강의 식신 상신이자 식상조후가 된다. 만약 신약하면 갑의 반대를 쓰면 경 상신이 식상조후를 조절한다.

7)계수 유월의 조후 신은 신약의 인수 상신이 된다. 만약 신강하면 신금의 반대 정화를 쓴다. 그러면 정 편재가 상신이고 신 인수조후가 조절되어 빛난다.

■2. 정리하기

이러한 과정을 통하고 나면 한 글자가 아닌 순역(격) 즉 사주총량(배합)[958]을 보아야 된다고 말한 것을 이해할 수 있을 것이다.

---

[958] 3장 들어가기 2-1 ●=2 배합

| 2-1-8 | 상생상극의 유래와 통변 |

스토리텔링(통변)959)은 조화신에서 이루어진다.960) 최종격에 이르기까지 생극과 육신의 작용은 순역961)을 위한 배합962)과정의 일부일 뿐이다. 그리고 이들은 파급을 일으키면서 자신의 임무(과다와 작용 역작용)를 다하게 된다.

만약 파급을 남기고 기능의 일부가 순역에 포함되었는데도 여전히 물상963)이 통변으로 이어진다면 이것은 부분적 선택 발췌의 오류에 지나지 않을 것이다. 이러한 물상은 신살이나 다름없는 한 글자나 두 글자 통변에 지나지 않는다. 아주 특별하게 국중지신964)을 볼 때 활용할 수는 있지만, 이때도 배합의 과정을 떠나서 독립적으로 한두 글자만 보는 것은 띠로 궁합을 간명하는 단식궁합법965)과 같고, 코끼리 우화966)를 반복하는 일이다.

| 2-1-8-1 | 스토리화와 메타포와 시퀀스 |

"모사재인 성사재천 불가강야"967)는 사람에게는 어찌할 수 없는 일이 존재한다는 말이다. 그 것이 운명이든 아니든 혹은 신의 섭리이든지 자연의 법칙이든지 그렇다.968) 여기에 사람이 하는 일은 모사재인이고 하늘이 하는 일은 성사재천이다. 즉 사람의 노력으로 되는 일이 있고, 해도 해도 안되는 일은 하늘의 소관이다. 우리 책은 모사재인을 지향한다. 그래서 요행을 바라기보다 사주 간명을 통하여 사람이 할 수 있는 최선을 도모하려 한다.

우리 책의 사주해석은 스토리화969)에 메타포와 시퀀스970)가 만나는 일이다.
☐스토리화는 YVWQ 수치를 언어화 하는 것이고, 메타포는 수치에 따라 나타나는 오행과 육신의 변화에서 비유를 얻으며, 시퀀스는 생의 주기별로 일어날 수 있는 삶의 경우의 수를 메타포(비유) 대비하는 일이다. 우리 책의 오행과 육

---

959) 제3장 서문 (2) "간명의 기능은 기운의 증감(생극제화)과 스토리화(story化)
960) 1-5-4-1 서문 ❷ 2)본격 십정격은 인입 대 인출로, 변격은 종과 수기로 간명한다. 또한 본격(십정격)은 상신을, 변격(수기식상, 종)은 수기를 스토리화한다.
961) 3-2-1 ■5 순역(順逆) "그 기세에 순응하는 것"
962) 3장 들어가기 2-1 ●=2 배합
963) 3장 들어가기 1-3 ●=2 ■2 ●간명의 원리 ○물상의 원리는 육서의 영향이 큽니다.
964) 1-4-6-1 ●=2 ■4 ●간명의 원리 ■-1 국중지신의 해석
965) 6-3-2-2 생년으로 보는 "단식궁합(單式宮合) 법"
966) 3장 들어가기 2-3 ■3 『여섯 장님과 코끼리 우화』
967) 제3장 서문 (2) 즉 근원과 관습은 "모사재인 성사재천(謀事在人 成事在天")이라 할 수 있다.
968) 4-2-1 천도(天道)의 세계 "자연론 정성론 천명론"
969) 제3장 ■2 스토리화(story化)와 메타포(metaphor)
970) 5-1-5-3 ■1 "생의 주기별로 붙여지는 모자이크-시퀀스(Sequences)" 도표

신 통변 메타포(은유, 비유)이다.

□예측을 스토리텔링하는 경우 극단적인 화법은 곤란하다. 만약 중학생인데 수치가 부정일 때는 "몸이 아프거나 성적이 내려가거나 심하면 가출할 수도 있는 상황이 온다."라고, '두세 가지 경우의 수'를 스토리텔링할 수 있어야한다.

● 간명의 원리

○사주이론을 앞세워 오행과 육신의 상을 찍고 들어가면 적중도가 높을 것 같지만 그렇지 않습니다. 오히려 실수하게 됩니다.
○특히 사주해석에는 심리적(마음의 현상) 통변이 많은데, 각자 체험 과정과 깊이가 달라서(감정과 정서의 차이) 상담사와 클라이언트 사이에 공감을 이루기 쉽지 않습니다.
○그래서 일간의 증감에 따른 긍정과 부정(스토리화)을 생의 주기별로 일어날 수 있는 시퀀스와 연결할 수 있어야 합니다. 예전에는 여기에 삼재팔난[971]이 있었습니다. 특히 팔난(손재, 주색, 질병, 부모, 형제, 부부, 관재, 학업(정보))은 지금 우리의 일상적인 시퀀스와도 밀접하게 연결됩니다.

● Tip

○가장 효율적인 통변이 되려면 상담사(간명)는 원리만 간단하게 해설하고, 해석은 클라이언트(의뢰자)가 자신의 삶에 비추어 보는 것이 가장 현명합니다.
○아래 약한 목을 수생목하면 수양버들이 물을 먹고 머리 맑아(판단력이 향상)진다고 쉽게 해설하고, 나머지는 클라이언트가 이 비유를 자신의 경우와 재해석하는 방법입니다.
○상담사와 클라이언트는 언어와 사고 체계, 삶의 풍습의 괴리가 존재하기 때문입니다. 만약 상담사가 강의 하듯 설명 잘할지라도 접속사 하나에 그 의미가 왜곡됩니다.
○예를 들어 상담사는 '천방지축(럭비공)'을 어디로 튈지 모르는 불확실성을 말했는데, 클라이언트는 여성의 문란함을 말하는 것으로 생각하며 언짢아하는 것을 보았습니다.

---

[971] 7-1-4-1 ■5 ○3 삼재팔난(三災八難)

| 2-1-8-2 | 상생 상극의 유래 |

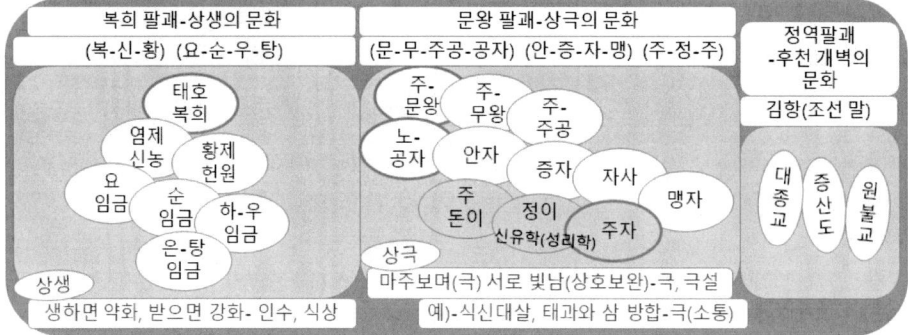

　위 도표는 상생과 상극의 기원에 대한 설명이다. ▶상생의 시대는 복희972)에서 은나라 탕 임금까지, ▶상극의 시대는 주나라 문왕에서부터 춘추전국시대 공자를 거쳐 현재에 이른다.
□상생의 시대는 지구의 자전축이 23.5도 기울기 전으로, 상극의 시대는 축이 23.5도로 기운 이후일거라고 추정하는데 그러할 뿐이다.

□그런데 정역팔괘에서는 축이 원위치로 회복된다고 말한다. 이는 공자시대 계사전에서의 일 년이 365일에서 360일로 변화를 맞이하게 되는 것에 기인한다.

---

972) 4-1-7-1 태호 복희

| 2-1-8-3 | 오행-대운 통변 |

우리 책의 통변은 대운에서는 오행의 생극제화, 테세와 월운은 육신의 생극제화에 의한 비유를 활용하여 해설이 이루어져 있다. 이는 불변의 원칙이 아니다. 허무하지 않는 범위에서 각자 원하는 피드백[973]을 사용해도 무방하다.

그리고 '약' '답' '왕' '수' '종' 등이 있는데 약은 '약목득화'의 신약을 나타내고, '답목득화'는 신강의 상신, '왕목득화'는 신왕을, '수목득화'는 수기식상격을, 또한 '종'은 종격과 전왕격이라는 뜻이다.

| ●=1 | 오행 상생의 통변 |

희는 상신을 부조하는 비유이고, 기는 상신이 도움을 받지 못하는 경우다.

□약목의 희와 기

희	(약목득목-목생목)	▶식수목과 지지대-흔들림 방지, 자신감 회복◉
	(약목득수-수생목)	▶강가의 수양버들-머리 맑음, 판단력향상
기	(약목설기-화다목분) 목생화	▶타다 만 불쏘시개-무용지물 존재무상
	(약목극설-토다목절) 목극토	▶마른 땅의 부러진 삽자루-절름발이, 본분훼손
	(약목극목-금다목절) 금극목	▶낙엽 따라 가버린 사랑-추풍낙엽, 존재상실

□약화의 희와 기

희	(약화득화 화생화)	▶두 불길이 화염창출-붉은 빛에 활동회복
	(약화득목-목생화)	▶장작이 화력을 일으킴-에너지, 자신감 충만
기	(약화설기-토다화식) 화생토	▶사막의 선인장-혀의 가시, 설화 언어장애
	(약화극설-금다화식) 화극금	▶가위에 잘린 꽃봉오리-심신장애, 활동장애
	(약화극화-수다화식) 수극화	▶못 다 핀 꽃송이-잃어버린 벼슬, 활동중단

□약토의 희와 기

희	(약토득토-토생토)	▶비료와 복토-지력향상, 역할회복
	(약토득화-화생토)	▶화덕과 도자기-불의 약속, 활동왕성
기	(약토설기-금다토박) 토생금	▶오염광산 옆 자갈논-고향생각, 역할변질
	(약토극설-수다토류) 토극수	▶상전벽해 암석침식-제행무상, 역할실종
	(약토극토-목다토붕) 목극토	▶대규모 산사태-원형훼손, 역할붕괴

□약금의 희와 기

희	(약금득금-금생금)	▶연철 선철이 강철로-친구 따라 강남, 용처상승
	(약금득토-토생금)	▶쟁기와 쟁기 날-논 밭갈이, 활동왕성

---

[973] 3-2-9 "피드백"

기	(약금설기-수다금침) 금생수	▶보검에 녹이 슮-담금질 잘하고 용처상실
	(약금극설-목다금결) 금극목	▶이 빠진 도끼 날-헛수고, 매사 중복반복
	(약금극금-화다금용) 화극금	▶녹아버린 가마솥-용처상실, 정체성 상실

□약수의 희와 기

희	(약수득수-수생수)	▶두물머리 약수터-사람 지혜 돈이 모여 듦
	(약수득금-금생수)	▶수 발원지와 관개용수로-용수풍부, 가치상승
기	(약수설기-목다수갈) 수생목	▶해 뜨면 사라지는 아침안개-허상, 판단장애
	(약수극설-화다수갈) 수극화	▶흘러간 옛 노래. 두만강 푸른 물-목소리 잠김
	(약수극수-토다수매) 토극수	▶진흙과 흙탕물-물 혼탁 정신혼탁, 판단매립

□합의 희

(약목합강) (약화합강) (약토합강) (약금합강) (약수합강)	
갑기	▶묘목과 육묘장-인적 제도적 도움 다분
을경	▶부드러움과 강함, 순정파-일의 진행이 순수
병신	▶해와 달의 조화-재주만능, 예의로 출세
정임	▶별을 따라 삼만 리-좋은 인연(기회) 만남
무계	▶대지와 이슬비-싱싱한 꽃(성과)이 만발

□합의 기

(왕목합강) (왕화합강) (왕토합강) (왕금합강) (왕수합강)	
갑기	▶강목뿌리 옥답을 점령-목적상실, 분별력부재
을경	▶숲 속의 호랑이-과잉반응 돌발행동
병신	▶위엄과 권위-하늘의 뜻과 자신의 뜻이 다름
정임	▶초 불빛이 호수에 스밈-기이하게 변함, 예측불가
무계	▶하늘 그물에 걸림, 이상 좌절-인 허가, 동의, 구애난망

●=2   오행 설과 상극의 통변

■1. 유통(설)되어 얻는 기쁨

□신왕 설기(식상)의 희-태왕 일간이나 오행이 수기(설기) 얻어 유통되는 기쁨

목생화 (강목득화)	▶아궁이 불, 목조건조-밝은 빛에 수명회복
화생토 (강화득토)	▶흙 강열 흡수차단-예의, 분수 제자리
토생금 (강토득금)	▶광산 잡석분리-자기주장하다 상대 이해
금생수 (강금득수)	▶강철 담금질(연단)-살기가 용체로
수생목 (강수득목)	▶산림 홍수방지-흐름 약, 머리 맑음

■2. 극(소통)으로 얻는 기쁨

□신왕 극설(재성)의 희-과다한 일간이나 오행이 극하여 얻는 기쁨

목극토 (목왕득토)	▶밀집 목, 넓은 땅에 이식-새 세상(역할)
화극금 (화왕득금)	▶제련, 금속 가공세공-욕망, 활동왕성
토극수 (토왕득수)	▶마른 땅이 옥토로-토지개발 실리증대
금극목 (금왕득목)	▶연장, 목 조각 가공-건축 건설 창작활동
수극화 (수왕득화)	▶수력 전기(자극-통찰)발전-시설 인생가동

□신왕 극(관살)의 희-과다한 일간이나 오행이 극을 받고 소통되는 기쁨

금극목 (목왕득금)	▶비목이 다듬어져 예술품으로-가치상승
수극화 (화왕득수)	▶수가 중생제도, 수신수양-격한 성정 차분
목극토 (토왕득목)	▶흙 기운 뿌리가 소통-소토 생산성 향상
화극금 (금왕득화)	▶무쇠제련, 용기제작-도구, 용처회복
토극수 (수왕득토)	▶용수와 제방-흐름 멈춤, 정신(판단) 맑음

□신왕 과다의 기-태왕 일간이나 오행이 오히려 왕해지는 비유

(왕목봉목)	목다화식 수갈 토붕 금결	▶협소밀집 목-꽃만 무성, 열매 부재
(왕화봉화)	화다토초 목분 금용 수갈	▶불구경 부채질-말 화려, 활동 중단
(왕토봉토)	토다금매 화식 수매 목절	▶오지의 폐광산-고집막강, 소출허무
(왕금봉금)	금다수탁 토박 목절 화식	▶폐 광산 오염수-고립무원, 용처상실
(왕수봉수)	수다목부 금침 화멸 토류	▶장마, 태풍까지-정신혼미, 판단오류

2-1-8-4	오행 한 글자 해석(통변)

"3권 3-2-2-2.●=3 십이 운성의 통변"과 "4권 6112-4 ■2 ■9-부성 입묘의 해석"을 참고 하시라

| 2-1-8-5 | 육신-태세 월운 통변 |

'3-2-4-4 육신 생극의 현상 ■2. 육신의 작용'에 나오는 내용이다.

		작용(소원성취 호사연발)	부작용(삼재팔난 만사지체)
비겁	겁생식상	눈높이(카르마) 조화(자기관리) ▶일이 저절로 풀림	카르마(자기관리) 붕괴-무욕 무능 ▶할 말이 없음
	겁극재 극재, 파재	탐진치(욕심)를 억제 자제 ▶일이 조화를 이룸	탐진치 고조(의기양양, 의기소침) ▶하는 일 없음(주색, 헛수고)
식상	식상생재	본능적으로 욕망(욕심) 자극 ▶꿈(비전)을 실현(노력)	욕심 왕성(자기주장)-나태, 식탐, 색탐. ▶말 앞섬(구업-말실수)
	식신대살	순수한 본능(눈물, 애정)이 ▶살벌(난폭) 머릿결 빗음(평온)	다르마(관제) 왕성-화(삭막), 병치레 ▶기회상실-되는 일 없음
재성	재생관	하는 일(작업)이 ▶현실(실정법-돈)로 성사됨	탐진치 과다(법 무시 악용하다 낭패) ▶제 마음대로
	재극인	현실(작업)이 인식(공상, 망상, 궁상)을 맑게 함 ▶합리적	인지왜곡(독산고목-편견, 망상) ▶해도 해도 안 됨(달걀로 바위치기)
관성	관생인	습관과 행동(직업)이 ▶인지능력 향상(승화 발전)	아는 것(생각)이 병(인지왜곡) ▶생각(머리혼돈) 미루거나 중단)
	관극겁 극겁	be made, 카르마(자아)단련 ▶눈물 속에 피는 꽃(역경극복)	카르마 혼돈(관제, 질병, 상처) ▶못다 핀 꽃 한 송이(무직 실직)
인성	인생아(겁) 인수, 인성	생각(정보, 가치관)대로 됨(자아 온전) ▶물가에 심어진 나무	카르마 착각(응석둥이, 공주, 도련님) ▶임의적 추론, 일 꾸미기
	인극식 탈식, 도식	본능(욕구)과 생각(가치관)이 ▶인지조화(원만, 원활, 다복)	욕구가 통제 안 됨(인지부조화) ▶이상행동(기이, 괴이), 비이성적

2-1-8-6	우리 책의 통변

2186-1	영역별 통변

(※1) 영역별 통변은 "1-4-5 ●=2"에 있고 요약한 것이 상신운의 통변이다.
(※2) 종격에서의 수기 증감에 따른 통변은 "2143-1 ●=4 ■3"에 있다.

●=1	상신의 통변

■1. 스토리텔링974)은 영역별로 즉 전제와 차제(내 복과 인복)로 이루어진다.

수치 스토리화	전제와 차제	스토리텔링
(상신, 수기 총합 긍정) 원하는 것을 얻음	전제도 차제도 긍정	내 복도 있고 인복도 있다.
	전제 긍정, 차제 부정	내 복은 있되 인복이 없음
	전제 부정, 차제 긍정	내 복은 없고 인복은 있다.
(상신, 수기 총합이 부정) 얻을 것이 없음		내 복도 없고 인복도 없음

■2. 총합이 긍정일 때 전제와 차제
□1.총합 전제 차제도 모두 긍정이면 "일이 잘 풀리거나 뜻밖의 행운이 온다."
□2.총합 상신이 긍정이면서 전제 긍정, 차제 부정은 "목표(욕심)를 낮추고 겸허해야 차선(적게)이라도 얻는다." 차선은 기간제, 인턴, 임시방편, 재활 등을 포함한다.
□3.총합 긍정이고 전제 부정, 차제(단기운 포함) 긍정이면 "어렵게 얻고 적거나 일시적이다."

■3. 총합이 부정일 때의 전제와 차제
□1.총합 부정은 "내 복도 없고 인복도 없는 그 자체이다." 결과가 허무하다.
□2.총합 부정 전제 긍정 차제 부정은 "뜻대로 안 된다. 어려울수록 돌아가라."
□3.총합 부정 전제 부정 차제 긍정은 "어려움 속에서도 비극은 면한다."
□4.총합도 전제와 차제도 모두 부정일 경우 "되는 일 없고 얻더라도 많이 잃는다.(승자의 저주)"

●=2	수기의 통변

□1.수기가 긍정
 1)수기 긍정이면서 전제(상위)도, 차제(하위)도 긍정이면 내 복도 있고 인복도 있는 경우와 같다. "일이 잘 풀리거나 뜻밖의 행운이 온다."

---

974) 제3장 서문 (2) "간명의 기능은 기운의 증감(생극제화)과 스토리화(story化)

2)수기와 전제(상위)도 긍정, 차제(하위) 부정이면 내 복은 있되 인복이 없다. "목표(욕심)를 낮추고 겸허해야 차선(적게)이라도 얻는다." 차선은 기간제, 임시방편, 재활 등을 포함한다.
　3)수기 긍정인데 전제 부정 차제 긍정은 내 복은 없고 인복은 있으니 "어렵게 얻지만 적거나 오래 가지 못한다."

☐2.수기가 부정(수기가 없는 경우 포함)
　1)수기 부정, 전제 차제 긍정은 "설마 그럴 리가 없는데 그저 당황스럽다."
　1)수기 부정 전제 긍정 차제 부정은 "어려울수록 돌아가는 지혜가 필요하다."
　2)수기, 전제 부정 차제 긍정은 "어려움 속에서도 비극은 면한다."
　3)수기 전제 차제 부정 "되는 일 없고 얻어도 많이 잃는다.(승자의 저주)"

☐3.수기가 있는데 무정한 경우
　1)무정한 수기도 부정적이다. 될 듯 될 듯하면서 안 된다.
　2)소식이 올 때 거리가 멀어 정보 수집과 활용에 있어 경쟁력이 떨어진다.

| 2186-2 | 상신과 "돈사소질"의 통변 |

■1. 행복한 사람들은 행복의 내용이 각기 다양하지만 불행한 조건은 대개 비슷하다고 톨스토이[975]는 말한다. 그러나 사주명리는 행과 불행의 양상이 동전의 앞뒷면과 같이 길항(서로 대항)관계를 이룬다.
　그 안에 1)돈, 2)사람, 3)소식, 4)질병 등 네 가지가 오고 간다. 삶은 목이 좋아져도 아니면 다른 화토금수 오행이 좋아져도 그 현상은 같기 때문이다.
☐1.상신이 상승하면 돈, 사람, 좋은 소식이 오고 몸과 마음이 편안하다.
☐2.상신 하강하면 돈이나 사람이 가고, 나쁜 소식이나 질병과 고난이 들어온다.

> ● 간명의 원리
>
> ○어쩌다 한두 번 적중할까 말까하는 물상(체상)의 노예[976]가 되는 것보다 보다, 오히려 '돈사소질'의 네 가지 오고 가는 것으로 통변할수록 그 효율성과 효과가 높습니다.
> ○사주 명리는 '맞고' 안 맞고'의 점술 행위만이 전부가 아닙니다. 즉 사람이 노력해서 되는 일이 있고 아무리 노력해도 안되는 일이 있습니다. 사주를 보는 일은 하늘이 하는 일과 사람이 하는 일'[977]을 구별하고 되는 일을 위해서 최선의 노력하는 다하는 일입니다.[978]

---

975) 4-2-1-2 ●=2 "톨스토이"

□3.이러한 돈사소질은 자신은 물론 팔난처럼 자신의 주변에서도 일어난다.

■2. 사람의 인사는 팔난으로 요약된다.979)
□1.팔난은 손재, 주색, 질병, 부모, 부부, 형제, 관재, 인식(정보) 여덟 가지다.
□2.여기에는 부모, 부부, 형제처럼 가족관계의 문제이고 나머지 손재, 주색, 질병, 관재, 인식은 삶의 현상에 대한 문제이다. 그러나 상담에서 여덟 가지 중에 어는 한 가지를 찍어 적중하기도 쉽지 않다.
□3그래서 간명(상담)에서는 삶의 현상을 적중률 떨어지는 오행의 상에 얽매이기보다 아래 생의 주기별로 시퀀스에서 상담의 주제를 설정할 수 있어야 한다.

■3. 생의 주기별 시퀀스
□1.아래는 "3-2-4-6 궁성별 육신활용"과 "4권 5-1-5-3 근묘화실과 시퀀스(Sequences)"를 요약한 내용이다.

노년	장년 50~75		청, 중년 20~50		유소년 0~20	
75이후	75	65	50	35	20	10
노후	질병 노후	건강 재물	직장 자식 재물	결혼 재물	진학 취업	학업

□2.상담(간명) 시작부터 상담의 주제가 꼭 설정되어야 한다. 상담 받는 사람은 생의 주기별 시퀀스처럼 연령대별로 주 관심사가 그때그때 다르기 때문이다,
□3그 주제마다 오고 가는 "돈사소질"로 긍정 부정을 통변할 수 있어야 한다.

2186-3	현실과 가상의 만남

■1. 타고난 DNA와 사주는 다를 수 있다.980)
□1.여기는 "3-2-9-4 ●=1 현실과 가상의 세계"를 대조하는 작업 과정이다.
□2."스티븐 호킹" 박사981)는 '11막 우주론'에서 우리가 사는 지구는 3에서 4막 정도 되는데 이는 영화관에서 스크린의 영화를 보는 것과 같다고 한다,
□3.우리가 보는 사주는 가상의 영화와 같다. 그래서 이러한 가상과 현실도 오고 가는 "돈사소질"의 네 가지 경우를 통변에 반영할 수 있어야 한다.

---

976) 3장 들어가기 2-1 ●=3 망령과 신살, 체상
977) 제3장 서문 (2) 즉 근원과 관습은 "모사재인 성사재천(謀事在人 成事在天"이라 할 수 있다.
978) 4-2-1-2 ●=3 ●Tip ■-2 「라인홀트 니부어」의 기도문 중"
979) 7-1-4-1 ■5 ○3 삼재팔난(三災八難)
980) 3-2-9-4 ●=1 ■1 "사주의 육신과 실제 타고난 DNA의 상은 같을 수도 있고 다를 수도 있다."
981) 3-1-2-1 ●=2 ●Tip ○스티븐 호킹 박사의 11막 우주론

■2. 실제 타고난 DNA

오행 육신오행		목 비겁	화 식상	토 재성	금 관성	수 인성
인상과 태도	성격	화, 다툼 리더	무사태평 원만	자유로움 의지적	규칙, 법 근엄	합리적 인자
	인상	무표정	미남미녀 또는 평범	두터움-은진 미륵	인물 수려-석굴암	온화-서산 마애불
	대화	어떤 말도 듣기 싫음	편하게 소곤소곤	감정을 섞어 주장	법대로-딱딱함	원리대로-부드럽게
	인사와 예절	맘에 들면 대접	인사 잘함	내 마음대로 대접	격에 맞게 대접	격을 높여 극진히
	돈을 보는 눈(마음)	황금을 돌보듯이	눈 뜨면 보이는 것	보고픈 것 애써 봄	싫든 좋든 봄	눈 감아도 보임

☐1.우리 사주명리학은 심리(성격)검사처럼 개인의 특성을 측정하고 해석하는 기능이 없다. 그래서 간명하는 사람이 그 사람의 타고난 DNA를 가상의 사주와 확인하는 작업이 꼭 필요하다.

☐2.위 도표는 "3권 3-2-9-4 ●=1 현실과 가상의 세계"에 나오는 내용으로 심리검사[982]와 같은 결론을 얻기 위한 설문지와도 같은 내용이다. 요약된 다섯 문항 통하여 각 육신마다 두세 가지 이상이 해당될 때 판명의 근거로 삼기를 권한다.

☐3.길항 관계 즉 극끼리는 성향이 비슷한데 그 차이를 볼 수 있어야 한다. 참고로 우리 책에서는 십신을 육신의 연장으로 본다.[983]

☐4.그러나 이러한 작업이 어려운 사람은 이 과정을 생략해도 무방하다. 굳이 성격 등을 말하지 않아도, 반감작용[984]에 따라 상신이 상승과 하강하는 결과를 위에서 공부한 '영역별 통변'처럼 긍정과 부정으로 나타내면 되기 때문이다.

극겁	겁과 편관의 강제성, 폭력성	겁재-화(고함) 먼저, 편관-행동(주먹)먼저
극재	비겁과 재성의 육감	비겁-신체가 재산, 재성-경험이 재산
탈식	인수와 식상의 표현력과 여유	인성-철학적 학문적, 식상-말치장 발달
식신대살	식상과 칠살의 순수함	식상-욕심 없음, 칠살-내면(눈물)의 순수
재극인	재성과 인성의 집요함	재-무한 집념(한), 인수-지혜로운 집념

---

982) 3장-1 ■2 ●Tip ■-2 ○3참고로 심리검사의 형식과 해석은 고법명리의 신살과 유사합니다. 고법은 천여 년 전 북송(960~1127)에서 시작된 자평명리보다 훨씬 후진적인데도 말입니다.
983) 3-2-9-4 (5) "육신의 정작용이 강해지면 자연 편작용(겁재, 산관, 편재, 편관, 편인)으로 나타난다."
984) 1-3-2-2 반감기호

| ●=4 | 육감과 현실의 만남 |

☐1."직관(直觀)과 영감(靈感)985)의 작동을 원활하게 하려면 축척된 경우의 수가 두꺼워야 한다."라고 "3권 4-2-2-3 ■1"에 나오는 말이다.

육신오행		비겁	식상	재성	관성	인성
심리적 특성	감각적 특성	무명-무욕	본능-욕구	육감-체험	이성-이치	영감-직관

☐2.일반 사람이 영을 보기란 쉽지 않다. 그러나 직관은 가능하다. 어떻든 육감(체험)이 반복되어 경우의 수가 쌓이면 직관을 일으키는데 도움이 된다.
☐3.그렇지만 그 육감과 직관도 결국 "돈사소질" 네 가지 경우로 집약된다.

| ●=5 | 결론 |

☐1.사주공간은 가상의 세계이다. 우리에게 가상은 현실보다 멀고 어렵다.
☐2.그래서 그 사람의 현실(상)과 가상공간(사주)과 간명하는 사람의 육감(직관)이 더해져 조화를 이룰 때 간명의 완성도를 향상시킬 수 있다.

---

985) 4-2-2-3 ■2 ●Tip ■1-영감, ■2-육감, ■3-직관에 대하여

| 2-2 | 실제사주의 예 |

"이것이 인생이다"

우리 책에는 54+2(전자책은 72+2)명의 삶이 자료화 되어 있다. 여기 제2장에는 예의상 공개 못하고 여러분의 상상에 맡기는 54명의 인생극장 이야기가 용법을 쓰는 유형별로 정리되어 있다.

● Tip

○출산경험이 없는 처녀가 결혼하자마자 두 아들의 엄마가 되는 사연,
○동업조건으로 자신 명의의 법인을 개설했다가 법인이 부도나자 동업자는 유유히 빠져 나가고, 자신은 법적 책임을 온 몸으로 지며 집 밖에서 뻐꾸기 온몸으로 우는 사연,
○무책임한 사람 때문에 장애아와 여러 자녀를 혼자 양육하는 눈물 속에 피는 꽃,
○결혼하고 얼마 후 신부에게, 조선소 많은 고향 남쪽 바다에서 횟집을 경영하겠다며 주말부부라도 감수하자던 남편이 돌아오지 않는 주말 이야기,-(신혼부부 시퀀스 아님)
○어머니가 재혼했는데 그분을 못 마땅하게 여기던 딸이 그만 병으로 세상을 떠났고, 그 후 딸이 생전에 싫어하는 일을 접는다며 이별을 통보하니, 졸지에 혼자된 남자의 이야기와 더불어 일일이 나열하지 못한 인생이야기가 있습니다.

○꼭 올리고 싶은 자료인데, 연락 두절로 못 올린 산전수전 공중전 이야기,
○시간이 오래 지났지만 정보제공에 있어서 자신의 일처럼 협조해주신 많은 분들과, 수치와 상황이 안 맞으면 몇 번씩 기억의 오류를 점검하며 시퀀스를 재구성해주신 여러분들,(예, ●-22 실제사주, 결혼 연도의 수치와 상황이 안 맞아 시퀀스 재구성)
○자신의 삶이 자료화로 노출되는 것이 서운할 수도 있는데, 기꺼이 침묵하는 제자들의 무량한 감사가 있어 실제사주가 태어났습니다.
○상담에 앞서 정보 활용에 동의해 주신 분들과, 정보제공에 동의하고도 자료화 되지 못한 분들께도 감사드립니다.
○자료를 제공한 분들의 30% 정도가 사주명리를 공부, 우리 책을 기다리고 있습니다.
○그분들이 자신의 자료를 보면서 서운해 하지 않도록 예의상 노출을 최소화 한 점 이해바랍니다. 또 그중에 이 책을 쓰는 7년 동안 유명을 달리하신 분들의 명복도 빕니다.

아래는 제2장의 용법을 쓰는데 있어서 주로 인용된 주석 내용이다. 이 정도는 기본적으로 외워서 학습과 간명에 도움이 되기를 권한다.

(원국의 십정격과 변격)
1-5-4-2 ●=1 ■3 □1 원국 YQ-1에서 십정격이 변격되면 신강 신왕수기격이나 종격이 된다.
2-1-2-3 ●=3 ■3 □1 최종격은 상신에서 나오는데 종격의 수기와 같은 유통 개념이다. 1)그러나 십정격의 상신은 물이 끓기 전이니 우선 증기가 통풍구로 새지 않고 모아져야 한다. 그래서 최종격보다 상신이 더 중요하다. 2)반대로 수기는 물이 끓어 배출되는 증기로 동력을 얻는 증기기관이다.
1-5-4-1 ●=1 ■2 □2 3)따라서 뿌리의 차이를 왕상쇠사를 적용한 수치로 환산하면 3배수 미만은 종이

안 되는 한계이고, 3배수 이상은 종할 수 있다는 말이 된다.
2143-1 ●=2 ■2 □1 YQ-1 신약의 천간 즉 시 월간에 식상이 유정하면 겁인이 답이다. 1)겁인이 활성기라는 측면에서 수기를 쓰는 신강(신왕)수기 종격과 결이 같다.

(용법 요약)
2-1-4 ■2 □1 용법 요약 "식상 강해 신약-탈식하는 인수 상신". "관살 강해 신약-겁 상신(겁으로 대항)". "재성 강해 신약-파재하는 겁 상신"
2-1-4 ■2 □2 신약은 상신 겁인이 바로 최종격(겁격, 인수격)
2-1-4 ■3 □1 용법 요약 "겁 왕 신강-극겁하는 관살 상신". "인수 강 신강-극인하는 재 상신"
2-1-4 ■3 □2 식상 상신-식상 약해 겁이 생해도 최종 식상격. 식 상신 강하면 최종 식상생재격
2-1-4 ■3 □2 재 상신-재 약해 식 상신의 생 받아도 최종 재격. 재 상신 강하면 최종 재생관격
2-1-4 ■3 □2 관살 상신-관 약해 재 상신의 생 받아도 최종 관살격. 관 상신 강해도 최종 관살격. 다만 관생인이 아니어야하고 재의 생이 없으면 단독(평상인)으로 관살격.

(수기)
2143-1 ●=2 ■2 □2 YQ-1 천간의 유정한 식상이 있는데 나머지(겁, 인수, 인식합, 관합 재합) 없이 일간만으로 신강한 경우 신강수기를 쓴다.
2143-1 ●=2 ■2 □3 일간과 나머지가 식상(유정)의 3배수 미만은 분산(재격 대살 관격)을 쓴다.
2143-1 ●=2 ■2 □4 일간(나머지 포함)이 식상의 3배수 이상이면 신왕수기나 종왕격이 된다.
2143-1 ●=2 ■2 □4 1)만약 인입이 인출의 3배수 미만이라면 이미 신약인 것이다. 2)이는 인출이 3배수 이상이란 말이고 식재관 중 높은 수치를 따라 종아 종재 종살로 종한다.
2143-1 ●=2 ■2 □4 2)반대로 식재관의 합산이 인입의 3배수 이상이면 종아 종재나 종살격이다.
2143-1 ●=3 ■2 □1 2)수기가 발용되면 나머지 행운 모두를 배합해서 YQ-3를 산출한다. 참고로 상신 발용은 통변에 반영, 조후는 수치를 산출하지 않는다.
2143-1 ●=3 ■4 수기가 원국 어디에도 없는 경우 □1 변격되면서 수기가 있어야 한다. 수기가 없는 자체로 절반의 부정적이기 때문이다. 1)만약 또 변격(처럼) 되고 또 수기가 없으면 또 그렇다.
2-1-4-4 ■3 □2 겁 태왕(신왕수기)은 겁+인수+관합 식합의 일간(겁)이 타 오행보다 3배수이상인 경우를 말한다. 그러나 극하는 것이 있어 종왕격이 못된 경우다.

(종격)
1-5-4-2 ●=1 ■3 □2 1)합을 포함 겁과 인수의 합산이 높으면 종왕격(처럼) 되고 식상(재)이 수기다. 겁(종)이 상신이니 결과적으로 신강 신왕수기격과 결이 같다.
1-5-4-2 ●=1 ■3 □2 2)인수와 관생인, 인식합의 합산 높으면 종강격(처럼) 되고 겁(식) 수기다.
1-5-4-2 ●=1 ■3 □2 3)행운(YQ-3)에서 종강격의 인수 하강하면 신강이나 신왕수기격처럼 된다.
1-5-4-2 ●=1 ■3 □2 4)천간에 인출 없는 신왕(가종격 포함)도 종의 범위를 따라 각각 변격된다.
1-5-4-2 ●=1 ■3 □3 1)종아격(처럼)은 합 포함 겁 식상의 합산이 높아야하고 재(관)가 수기다.
1-5-4-2 ●=1 ■3 □3 3)종살격(처럼)-합 포함 재 관살의 합산이 높아야하고 인수(겁)가 수기다.
2149-2 ■2 □1 전왕격 종격은 종이 상신이고 겁인운이 상신운이며, 경지는 수기로 정한다.
1-5-4-1 ●=2 "우리 책은 행운에서 변격을 종격처럼이라고 한다. 3배수를 따라 원국에서 변격된 종격과 구별하기 위해서이다. 그러나 변격 조건이 다를 뿐 본성은 같다."

1-1 관을 쓸 때-신약

■3. (상신 겁) 단계(丹桂-계피나무 종류)가 피어나기 전-L 무속

●-03 실제사주			1-1						1-5-5-2 일진 안 좋은 날				
YQ -1	☞ 1. 신약 신강		여. L 무속		9 6	8 6	7 6	6 6	5 6	4 6	3 6	2 6	1 6	▶1-자평 살 쓸 때 신약 ▶용-신 ▶상신-계
정120	을160	정120	신560		정	병	을	갑	계	임	신	경	기	무	▶34경계인
축	묘	유	축 년		미	오	사	진	묘	인	축	자	해	술	▶6중년 7대기만성 형
쇠 계신기	력 갑을	포 경신	쇠 계신기											

❶원국분석

 1)원격은 신약, 묘 겁격(목생목)이 본격이다.986) 인출 정 신에서 변격이 온다.
 2)(을 종 못하는 이유)-전통적으로 신약 을목이 종하고 싶어도 묘 겁 있어 안 된다. YQ-1에서는 을160의 3배수는 420이니 정240은 종 대상이 아니다.
 3)(종살 안 되는 이유)-그러나 신560은 3배수를 넘어 금다목절이니 종 대상이다. 그러나 을과 신 무정하고 정과 신이 극하고 있어 종살이 안 된다.
 4)유축합처럼 보이지만 정과 유가 극하니 합이 안 된다. 또한 합의 순서로 볼 때 묘가 있어 묘유충이만 정이 유를 극하여 충도 성립되지 않는다.

❷대운분석

 1)인생 초반 중반 신축 무술 금 간여지동은 종살격처럼 될 수 있다.987)
 2)참고로 종살의 수기 계가 지장간이니 발용 전에는 수기가 없다. 그러면 유통이 더디어 삶의 수고가 깊어진다.988)

☞ 2. 이 기법(조후)

□유월 울목은 계피나무 피는 추분 전은 계, 피고 난 추분 후는 병화를 쓴다.
□이 사주는 추분 전 출생이니 계수가 조후다. 계 수원 신금이 있다.(조후미비)

☞ 3. 순역(용신-격국)

❶(체)-유월 을 허실한데 살 강해 신약,
❷(용)-투출한 신 살 용하면 "1-자평용법 살 쓸 때 신약-득겁 인, 살 통관"989)
❸그러면 최선 묘 겁 있어 살용겁격.990)

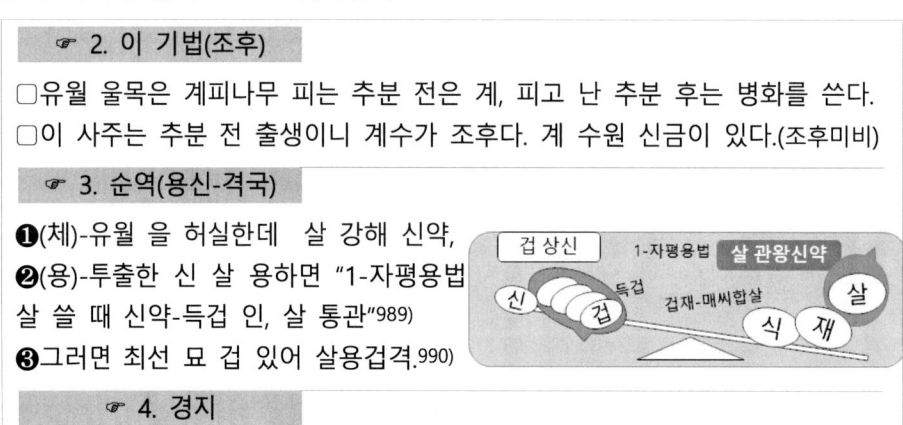

☞ 4. 경지

---

986) 2-1-2-3 ●=3 ■3 □1 최종격은 상신에서 나오는데 종격의 수기와 같은 유통 개념이다. 1)그러나 십정격의 상신은 물이 끓기 전이니 증기가 통풍구로 새지 않고 모아져야 한다. 그래서 최종격보다 상신이 우선이다. 2)반대로 수기는 물이 끓어 배출되는 증기로 동력을 얻는 증기기관이다.
987) 1-5-4-2 ●=1 ■1 □2 상신이 인입이면 인출, 인출이면 인입 상승할 때 종(변격)이 일어난다.
988) 2143-1 ●=4 ■2 □2 수기가 없거나 부정은 "절반의 성공이거나 과식(무리)으로 고난을 겪는다."

□12경계인에서 시작, ❶묘 상신 일지-귀인, ❷상신 묘 충으로 파격-23경계인, ❸30전후 종살격 성격-평상인, ❹절정기 부조화-34경계인, 그중 계는 왕상쇠사의 상쇠(중간)이다.
□34경계인의 삶-(일반 기업체, 기술직, 자영업, 특수직)

☞ 5. 대운 흐름   겁인격은 인입 상승해야 화사 도래-(묘 겁 화답)

| 계임자해-절정기 | ○(약수득수-수생수) ▶두물머리 약수터-사람 지혜 돈이 모여 듦 |

☞ 6. 상(像)

○피난처가 없다.-신약하여 정 식상(종아)으로 종해야 하는데 못 하는 이유입니다.
○자수성가-유월 국화가 늦게 피어나니 좌충우돌 스스로 길을 개척해야 합니다.
○한 때 흐리고 비-종살격의 계 수기가 발용되고 안 되고를 따라 웃고 웁니다.

● Tip

○소쩍새 울고 세 번의 계절(인생) 바뀌는(변격) 동안 산전수전 겪는다고 하니, 스스로 세 번이 아니라 공중전이 있어 네 번이라 합니다. 자신 영으로는 그리 보이나 봅니다.
○같이 사는 이에게 사업자금을 제공했는데 돈도, 온다는 사람도 소식이 없다 합니다.
○가게 팔아 빚 정리하고, 발꿈치 부상당하는 등 눈물 없이는 못 보는 영화입니다.

■5. (상신 겁-지장간) (종살격 불가 자료)-남. 신혼부부

| ●-05 실제사주 | 1-1-1 | 4-2-4 | 1612-2 신혼부부의 결혼 |

YQ-1	☞ 1. 신약 신강	남. 신혼부부	9 6	8 6	7 6	6 6	5 6	4 6	3 6	2 6	1 6	▶1-자평 살 쓸 때 신약
	갑400	무240	을320	무300	을	갑	계	임	신	경	기	무	병	정	▶용-목 ▶상신-오
	인	인	묘	오 년											▶34경계인
생	무병갑	생	무병갑	욕	갑을	왕	병기정	축	자	해	술	유	신	미	오	사	진	▶2이상형

❶원국분석
 1)원격은 신약, 무(토생토) 겁이 본격이다.[991] 그래서 갑 을에서 변격이 온다.
 2)(종살이 아닌 이유)-무240의 3배수는 720이고 갑을도 720이다. 이때 종살(목다토경)[992]이 되려면 갑 을720 이상이어야 한다. 또한 갑이 무와 극하고 있어 종이 안 된다.[993]

---

989) 2-1-4 ■1 □1 용법 요약 "관살 강해 신약-겁 상신(겁으로 대항)"
990) 2-1-4 ■2 □2 신약은 상신 겁인이 바로 최종격(겁격, 인수격)
991) 2-1-2-3 ●=3 ■3 □1 최종격은 상신에서 나오는데 종격의 수기와 같은 유통 개념이다. 1)그러나 십정격의 상신은 물이 끓기 전이니 증기가 통풍구로 새지 않고 모아져야 한다. 그래서 최종격보다 상신이 우선이다. 2)반대로 수기는 물이 끓어 배출되는 증기로 동력을 얻는 증기기관이다.
992) 3-2-4-5 생극의 과다(過多). 5135-3 생과 극의 역작용
993) 1-5-4-1 서문 ❶ 3)YQ-1은 극이 없어야 종한다. 극이 통관되거나 극을 극하면 구응되어 기능한다. 참고로 YQ-3는 극 있어도 종한다.

3)연간의 무는 일간과 연계되지 않아 입출상쇄다.994) 그러나 행운 YQ-3에서는 이를 적용하지 않는다.995)

4)인인 묘, 인인 오 합은 "하나가 두 개 오행을 형충하지 못한다."와 같다.996)

❷대운분석

1)목 간여지동 계해 갑자대운은 종살(관)격처럼 될 수 있고 오 수기 있다.997)

☞ 2. 이 기법(조후)

□묘월 무토는 병화로 따뜻하게 지력을 높이며, 갑으로 소토하고, 계수 내리면 만물 소생하게 된다.
□사주 총량으로 묘월은 그렇게 조후가 시급하지 않다.

☞ 3. 순역(용신-격국)

❶(체)-무 일간 목 살 강해 신약하다.
❷(용)-투출한 을목 용하면 "1-자평 살 쓸 때 신약-겁, 인 상신"998)
❸그러면 무 겁 있어 살용겁격이다.999)

☞ 4. 경지

□12경계인에서 시작, ❶상신 무 지장간-평상인, ❷절정기 부조화1000)-34경계인, 그중 무는 왕상쇠상의 왕(상위)이다.
□34경계인의 삶-(일반 기업체, 기술직, 자영업, 특수직)

☞ 5. 대운 흐름	신약은 인입 상승해야 호사도래-(무 겁 화답)	
정병-발전기	○(약토득화-화생토)	▶화덕과 도자기-불의 약속, 활동왕성
기무-절정기	○(약토득토-토생토)	▶비료와 복토-지력향상, 역할회복

☞ 6. 상(像)

○양날의 검-사주가 목과 토(오는 화생토)로 양분된 이유, 시류를 잘 타야 할 겁니다.
○복을 타고남-인생 초 중반에 토 상신운이 지장간의 상신을 발용시키는 이유입니다.

---

994) 3231-4 ●=2 ■1 □2 4)쟁합 입출상쇄는 자원이 사장되어 보이는 것보다 실속 적다고 통변한다.
995) 1-5-4-2 ●=1 ■4 □1 YQ-3는 극 있어도 종한다. 1)종이란 기운이 최대로 상승한 것이고, 나머지는 하강하여 왜소하기 때문이다. 또한 행운 여러 글자는 모두를 제화(制化)에서 해방 중화시킨다.
996) 3231-4 ●=1 쟁합은 지지에서 "하나의 오행이 두 개 오행을 형충하지 못한다."와 다를 바 없다.
997) 1-5-4-2 ●=1 ■1 □2 상신이 인입이면 인출, 인출이면 인입 상승할 때 종(변격)이 일어난다.
998) 2-1-4-1 ●=1 ■2 □1 관살 쓰는 법 "살강 신약하면 겁 상신(인 차선), 관살생인(관살인통관) 답"
□2 "겁왕(과다)신강-극겁, 겁왕 살암하면-제살, 인강신강-재, 인강신왕-수기 답"
999) 2-1-4 ■2 □2 신약은 상신 겁인이 바로 최종격(겁격, 인수격)
1000) 2-1-3-4 ●=2 ■1 □3 절정기 부조화 즉 생의 주기와 활성기가 어긋나면 경지 1단계 하락한다.

■6. (상신 인수-지장간) 강휘상영(江暉相映)-여. 헤어 디자이너

●-06 실제사주		1-1	3-3-1									1-5-5-1 운수 좋은 날	
YQ -1	☞ 1. 신약 신강		여. 헤어(살롱)디자이너	9 4	8 4	7 4	6 4	5 4	4 4	3 4	2 4	1 4	▶1-자평관 쓸 때 신약
기300	병180	임420	갑200										▶용-임 ▶상신-정
해	술	신	자 년	임 술	계 해	갑 자	을 축	병 인	정 묘	무 진	기 사	경 오	신 미	▶34경계인 ▶3이상형
포 무갑임	묘 신정무	병 무임경	대 임계										

❶원국분석
 1)원격 신약, 목생화의 갑(지장간) 인수격이다.1001) 기 병 임에서 변격온다.
 2)임은 병과 극하고 인수 갑을 생하니 입출상쇄가 된다.1002) 그러나 신약의 갑 인수 또한 일간과 무정하여 입출상쇄나 다름없다.
 3)신술합 해자합 성립된다.1003) 전통적으로 지지가 해자합이면 천간 갑기합도 지만 우리 책은 아니다. 해자수국이 기를 극하는 것으로 본다.
❷대운분석
 1)토 간여지동 무진 기사대운 종아격처럼은 경 수기가 지장간이다.1004)
 2)계해대운은 종살격처럼 될 수 있고 갑 수기가 있다.

☞ 2. 이 기법(조후)

□병화 쇠약하기 시작하지만 호수(임수) 표면에 태양 빛이 도달하면 물결에 반사되어 빛이 아름다움(강휘상영), 그래서 신월 병화 임수로 빛을 강(활동성 강)하게 한다.
□신월 병화의 조후는 임수, 성격(인수격) 되어 임 관성조후 기능한다.

☞ 3. 순역(용신-격국)

❶(체)-신월 병화 쇠약해 가는데 투출한 토 (기) 상관과 임수 칠살 강해 신약하다.
❷(용)-투출한 임420 칠살 용하면 "1-자평 용법 살 쓸 때 신약-겁, 인 상신"1005)
❸그러면 겁 없고 차선으로 해 속의 갑 인수 있어 살용인수격이다.1006)

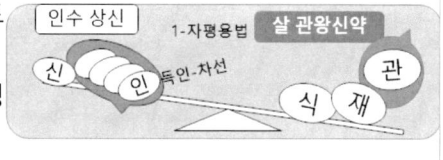

☞ 4. 경지

1001) 2-1-2-3 ●=3 ■3 □1 최종격은 상신에서 나오는데 종격의 수기와 같은 유통 개념이다. 1)그러나 십정격의 상신은 물이 끓기 전이니 증기가 통풍구로 새지 않고 모아져야 한다. 그래서 최종격보다 상신이 우선이다. 2)반대로 수기는 물이 끓어 배출되는 증기로 동력을 얻는 증기기관이다.
1002) 3231-4 ●=2 ■1 □2 4)쟁합 입출상쇄는 자원이 사장되어 보이는 것보다 실속 적다고 통변한다.
1003) 3231-4 ●=2 ■4 연시 회국(回局)은 연월과 시일 다음이면서 작용(합충)의 끝이다. □1 그래서 우선순위를 볼 때 연시부터 보아야 한다. 연시가 성립되면 일월, 안 되면 연부터 우선순위를 본다.
1004) 2143-1 ●=3 ■2 □1 2)수기가 발용되면 나머지 행운 모두를 배합해서 YQ-3를 산출한다. 참고로 상신 발용은 통변에 반영, 조후는 수치를 산출하지 않는다.

☐12경계인에서 시작, ❶상신 지장간-평상인,1007) ❷소년기 부조화1008)-34경계인, 그중 갑은 왕상쇠사의 사(보통)이다.
☐34경계인의 삶-(일반 기업체, 기술직, 자영업, 특수직)

☞ 5. 대운 흐름   종아격은 종아 상승해야 호사도래-(정 겁 화답)

기무-발전기	○(종토득토-토생토)	▶비료와 복토-지력향상, 역할회복
정병-절정기	○(종토득화-화생토)	▶화덕과 도자기-불의 약속, 활동왕성

☞ 6. 상(像)

○어려움을 딛고 자수성가 합니다.-갑이 무늬만 인수(가족, 우군)-일간과 연계불능인 이유, 그러나 멀리서(간접적-조상 줄) 보이지 않는 손이 돕습니다.-(갑이 임을 설기시켜 수극화를 약화시킴). ○흔들리면서 피는 꽃-자수성가를 위해 온 힘을 다하는 이유입니다.

● Tip

○살롱 헤어디자이너로 활동한다 합니다. 신약이지만 수 칠살을 술토가 소통하니 임 칠살이 직업을 얻은 사례입니다, 만약 칠살이 소통 못되면, 백수대살1009)일 것입니다.
○만약 연간의 갑목이 상신이라면 귀인의 경지이니 고관대작 사주가 됩니다. 보통 칠살이 잘 풀리면 고관대작 못 풀리면 백정이라고 합니다.

☞1-1-1   신약의 살인 관인상생

■2. (충인지 아닌지의 자료) (관생인 되어 신약이 신강으로)-남. 아웃도어

●-08 실제사주		1-1-1		1-6-2-1 애매한 충(합) 자료	

YQ-1 ☞ 1. 신약 신강		남. 아웃도어		9 8 8 8	7 8	6 8	5 8	4 8	3 8	2 8	1 8	8	▶1-자평살 쓸 때 신강 ▶용-계 ▶상신-계
계240	정160	계320	정80	년	계	갑	을	병	정	무	기	경	신	임	
묘	미	축	유		묘	진	사	오	미	신	유	술	해	자	▶34경계인 ▶2이상형
병	갑을	대	정을기	묘	계신기	생	경신								

❶원국분석

1)원격은 신약, 본격은 월간의 계(화왕득수) 칠살격이다. 정에서 변격이 온다.
2)(신강 이유)-시지 YQ-2 묘(상쇠60) 240(경갑을을)은 시간 계를 살인통관 하니 신강이 되었다. 더 이상 살이 아니다.

1005) 2-1-4 ■2 ☐1 용법 요약 "관살 강해 신약-겁 상신(겁으로 대항)"
1006) 2-1-4 ■2 ☐2 신약은 상신 겁인이 바로 최종격(겁격, 인수격)
1007) 2-1-3-4 ●=1 ■4 ☐3 상신이나 조후가 지장간에 있어도 평상인, 원국에 없어도 평상인이다. 그리고 지장간은 최선과 차선을 따지지 않는다.
1008) 2-1-3-4 ●=2 ■1 ☐7 '1이상형'의 소년기 대운이 비활성기면 인생 준비(공부)가 안 되니 1단계 하락한다.
1009) 2-1-4-1 ●=2 ■1 관(살)인통관 되면 ☐3 신강은 "무력해져 유명무실하거나 백수대살"

3)그래서 정240(160+80), 계440(120+320) 그러면 신약, 이렇게 인입과 인출을 무조건 합산하여 신약신강을 해석하는 기법은 아주 위험하다.
4)참고로 YQ-3(행운)에서는 YQ-1과 달리 살인통관(관생인)을 보지 않는다.[1010]
5)연간 정은 일간과 무정하여 일간을 방조 못한다.-(오히려 수다화식)
6)천간의 두 계정충이 성립되지 않는다. 연월은 축이 계를 극, 일시는 묘 인 수가 살인통관 하는 것과 미가 계를 극하기 때문이다.
7)합의 우선순위를 적용하면 축미충 묘유충 성립처럼 보인다.[1011] 그러나 축미는 자체로[1012] 묘유는 계수 통관으로 충이 모두 구응된다.

❷대운분석
1)화 간여지동 병오 을사대운은 종왕(겁)처럼 될 수 있고 축 수기가 있다.

☞ 2. 이 기법(조후)
□축월 정화 허약하고 추워 오로지 갑목을 씁니다. 그런데 묘(조후미비) 있다.

☞ 3. 순역(용신-격국)
❶(체)-축월 정화 허실한데, 시간의 계가 관인통관 되어 신약이 신강하게 되었다.
❷(용)-투출한 계 살 용하면 "1-자평용법 살 쓸 때 신강-생관, 대살 상신"[1013]
❸그러면 최선 계 살을 생하는 유 재 있어 살용살격[1014]이다.

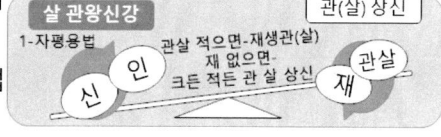

☞ 4. 경지
□12경계인에서 시작, ❶상신 계 천간-12경계인, ❷조후 묘 타지-23경계인, ❸조후미비-평상인, ❹절정기 부조화-34경계인, 그중 계는 왕(상위)이다.
□34경계인의 삶-(일반 기업체, 기술직, 자영업, 특수직)

5. 대운 흐름	재생살격은 인출 상승해야 호사도래-(계 살 화답)	
임계-별전기	○(약수득수-수생수)	▶두물머리 약수터-사람 지혜 돈이 모여 듦
경신-절정기	○(약수득금-금생수)	▶수 발원지와 관개 수로 발달-용수(가치) 풍부

☞ 6. 상(像)
○얄밉게도 잘 됨-신약이 신강 되니 대운 흐름이 좋아져 연철이 강철(인재) 됩니다.
○전쟁의 포화 속에서도 살아남습니다.-정계가 충(시간 살은 통관, 월 살은 상신), 축미가

1010) 1-5-4-2 ●=1 ■2 □2 행운(YQ-3)은 지지의 관생인(관살통관)을 적용하지 않는다. 원국(YQ-1)에서만 적용하는 것과 다르다.
1011) 3231-4 ●=2 ■4 연시 회국(回局)은 연월과 시일 다음이면서 작용(합충)의 끝이다. □1 그래서 우선순위를 볼 때 연시부터 보아야 한다. 연시가 성립되면 일월, 안 되면 연부터 우선순위를 본다.
1012) 3-2-3-3 ■3 충극은 크게 지장간끼리 자체 구응으로 해소되는 것과 아닌 것 두 가지로 나뉜다.
1013) 2-1-4-1 ●=1 ■2 □2 신강-관살 겁 쓰는 법 "겁 과다신강-극겁, 겁왕신강-대살, 인강신강-수기"

충 같지만 충 불성립되는 이유입니다.
○적과도 내통하는 유연성(성공비결)-신약의 용신 계 살(적)이 상신과 살생인입니다.

● Tip

○재(지장간)도 없고, 월주 부모는 묘지로 잠을 자고, 정계충만을 해석하면 아마 가난한 팔자일 것입니다. 그러나 충이 아닙니다.1015) 또한 재 없다고 무재팔자가 아닙니다.1016)
○K.통신사에서 50 초반 명퇴하고, 스토츠 아웃도어 N 브랜드점 경영한다 합니다.

1014) 2-1-4 ■3 □2 관살 상신-관 약해 재 상신의 생 받아도 최종 관살격. 관 상신 강해도 최종 관살격. 다만 관생인이 아니어야하고 재의 생이 없으면 단독(평상인)으로 관살격.
1015) 3231-4 ●=3 ■1 쟁합과 쟁충은 그 원리가 같다.
1016) 3장 들어가기 2-3 ■3 『적천수천미』「하지장(何知章)」

1-2 관을 쓸 때-신강

■1. (상신 겁-천간) 무슨 일(바람)-(남. 부부약사)

●-09 실제사주 1-2 1611-2 부부약사의 혼돈 시퀀스 자료

YQ-1	☞ 1. 신약 신강	남. 부부약사	9 8 7 6 5 4 3 2 1	▶1-자평살 쓸 때 신강
	신320	경240	병360	을80	7 7 7 7 7 7 7 7 7	▶용-신▶상신-재생관살
	사	술	술	묘	년	병정무기경신임계갑을	▶34경계인
	생 무경병	쇠 신정무	쇠 신정무	태 갑을	자축인묘진사오미신유	▶4분지형

❶원국분석

1)원격 신강, 병 칠살격(재생관살)이 본격이다.1017) 그래서 신 경 을에서 변격 온다.1018) 참고로 칠살격은 재가 자연 상신인데 없으면 단독 칠살격이다.1019)

2)(비생금토)-경금 차선의 조후 병이 관생인으로 변성되어 신왕으로 보인다. 그러나 술토는 기법으로 비생금토이니 관생인이 안 된다.1020)

3)이법으로는 YQ-2 술(왕80) 주변 토 뿌리7(무병정무정무2)=560은 병360을 관인 통관한다. 그러나 원국(YQ-1)의 토는 기법이 우선이다.

4)어떻든 술토가 거칠게 하거나 태우니 뜨거워서 싫다. 그래서 주위 산만(냄비 위에 밥이 탐)하다. 또한 두 개의 술은 묘와 합하지 못한다.

5)이는 약 주고 병 주고(조주위학)1021)다. 병화가 경을 따뜻하게는 하지만 정화처럼 경을 예리하게 제련하지 못한다. 그래서 될 듯 될 듯해도 결과가 없다.

❷대운분석

1)금 간여지동 경진대운은 종왕(겁)격처럼 될 수 있는데 수기가 없다.1022)

2)갑신대운은 병 간지합으로 종재격처럼 되고 술토 수기가 있다. 이로 인하여 소년기 부조화를 벗어나서 늦게 공부한다.

☞ 2. 이 기법(조후)

□무토가 사령하는 달이니 토다금매가 두렵다. 갑으로 강한 토를 소토하고 임수로 씻어 금의 빛을 드러낸다.-(술월은 정화를 잘 쓰지 않음-술은 관의 고(庫)로서 무토 정화 약한 이유)

□경금의 조후는 정화, 그런데 정화가 지장간 그래서 평상인이다.

1017) 2-1-2-3 ●=3 ■3 □3 1)상신의 생을 받는 최종격은 복합어(파생어, 합성어) 개념이다. 그래서 "식상재격"처럼 식 상신과 재 최종격의 이름을 같이 불러준다. 재생관살도 같다.
1018) 1-5-4-2 ●=1 ■1 □2 상신이 인입이면 인출, 인출이면 인입 상승할 때 종(변격)이 일어난다.
1019) 2-1-4 ■3 □2 관살 상신-관 약해 재 상신의 생 받아도 최종 관격. 관 상신 강해도 최종 관살격. 다만 관생인이 아니어야하고 재의 생이 없으면 단독(평상인)으로 관살격.
1020) 3221-2 토 사용법 ●=1 생금토와 비생금토
1021) 13-1-3 ●=5 □4 조주위학(助紂爲虐) 주왕을 도와 악행을 자행
1022) 2143-1 ●=4 ■2 □2 수기가 없거나 부정은 "절반의 성공이거나 과식(무리)으로 고난을 겪는다."

☞ 3. 순역(용신-격국)

❶(체)-술월 경금 건실, 겁강신강하다.
❷(용)-투출한 병 살 용하면, "1-자평용법 살 쓸 때 신강-생관, 식신대살 상신"[1023]
❸그러면 묘 재 있고 병 살 있어(재생관살) 칠살격이다.

☞ 4. 경지

□12경계인에서 시작, ❶조후 지장간-평상인, ❷활성기 부조화-34경계인, 그중 경은 왕상쇠사의 왕(상위)이다.
□34경계인의 삶-(일반 기업체, 기술직, 자영업, 특수직)

☞ 5. 대운 흐름   칠살격은 인출 상승해야 격 빛남-(병 살 화답)

| 갑을-발전기 | ○(약화득목-목생화) ▶장작이 화력을 일으킴-에너지, 자신감 충만 |
| 병정-절정기 | ○(약화득화 화생화) ▶두 불길이 화염창출-붉은 빛에 활동회복 |

☞ 6. 상(像)

○도련님(호인)-병신합 경을합은 아니지만 합(바람 포함)하려는 본질이 남아있습니다.
○무인호걸-살성 상실되어 절제와 강단 결핍 원인, 법 없어도 사는 사람입니다.
○한 때 흐리고 비-가끔 술토 하강하면 경금이 맑아지는 이유입니다.

● Tip

○부부가 약국을 두 개 운영하는데, 테니스 하다 무슨 일(바람)이 일어나고 말았습니다.

■2. (상신 겁-월지) 잘 나가다 막힌 S 무속-연하 배우자의 부탁에 못 이겨 돈 심부름을 했는데 사고가 났다는 사례다.

●-10 실제사주   1-2   1-5-2-3 기토 미 월생 자료

YQ-1	☞ 1. 신약 신강		여. S 무속		9	8	7	6	5	4	3	2	1	7	▶1-자평관 쓸 때 신강
	계160	기320	신0	갑300											▶용-갑 ▶상신-식상생재
	유	묘	미	진 년	신	임	계	갑	을	병	정	무	기		▶34경계인
생	경신	병	갑을	대 정을기 양 을계무	유	술	해	자	축	인	묘	진	사	오	▶4분지형

❶원국분석

1)원격 신강, 계(토왕득수) 재(편재)격이 본격이다.[1024] 기 신 갑에서 변격된다.
2)신 식이 유정하지만 일간이 3배수 이상이므로 수기를 쓰지 않는다.[1025]

1023) 2-1-4 ■3 □1 용법 요약 "겁 왕 신강-극겁하는 관살 상신". "인수 강 신강-극인하는 재 상신"
1024) 2143-1 ●=2 ■2 □3 일간과 나머지가 식상(유정)의 3배수 미만은 분산(재격 대살 관격)을 쓴다.

3)갑목은 미토가 일간과 연계시키지만 신과 극하니 입출상쇄다. 그래서 입출상쇄인 갑은 무늬만 정관(배우자, 직업)이니 배우자가 유명무실하다.1026)

❷대운분석
1)기사 무진대운은 하위운에 따라 종왕격처럼도 종아격처럼 될 수 있다.
2)만약 종아격처럼 되면 수기(계 무정)가 없다.1027)

☞ 2. 이 기법(조후)
□미월은 밭곡식이 한창 자랄 때-계수 적시고, 병화(햇빛) 비치면 잘 자란다.
□미월 기토의 조후는 계수(재성), 신강하니 조후와 상신이 일치한다.

☞ 3. 순역(용신-격국)
❶(체)로 보면, 묘월 기토 겁왕신강이다.
❷(용)투출한 갑 관을 용하면, "1-자평용법 관 쓸 때 신강-생관 생재 상신"1028)
❸그럼 유 식 있어 식상생재격이다.1029)

☞ 4. 경지
□12경계인에서 시작, ❶계 상신 천간-12경계인 ❷신0(절정기 부조화 제공)-귀인, ❸신 종아격처럼 될 때 수기 없음(수기 계 무정)-23경계인, ❹절정기 부조화-34경계인, 그중 계는 왕상쇠사의 사(보통)이다.
□34경계인의 삶-(일반 기업체, 기술직, 자영업, 특수직)

☞ 5. 대운 흐름   재격은 인출 상승 해야 호사도래-(계 재 화답)

(신) 계임-절정기	○(약수득수-수생수)	▶두물머리 약수터-사람 지혜 돈이 모여 듦
신경-절정기	○(약수득금-금생수)	▶수 발원지와 관개 수로 발달-용수(가치) 풍부

☞ 6. 상(像)
○우연한 일이 운명이 되다.-묘미합 진유합으로 묘유충이 불가한 이유입니다. 파재를 막는 유금 식상이 우연하게도 충으로 상하지 않고 있습니다.

● Tip
○젊어서 무진대운 30중반부터 어느 광역시에 3층 건물을 소유하고 있답니다. 아마 무진대운은 종아격처럼이 아닌 기 종왕격처럼 되고 수기 신금이 있는 이유일 겁니다.
○2014년 4월(병인대운 갑오년)에 이루어진 상담인데, 계사년에 이미 손재가 있었습니다.

1025) 2143-1 ●=2 ■2 □2 YQ-1 천간의 유정한 식상이 있는데 나머지(겁, 인수, 인식합, 관합 재합) 없이 일간만으로 신강한 경우 신강수기를 쓴다.
1026) 3231-4 ●=2 ■1 □2 4)쟁합 입출상쇄는 자원이 사장되어 보이는 것보다 실속 적다고 통변한다.
1027) 2143-1 ●=3 ■4 수기가 원국 어디에도 없는 경우 □1 변격되면서 수기가 있어야 한다. 수기가 없는 자체로 절반의 부정적이기 때문이다. 1)만약 또 변격(처럼) 되고 또 수기가 없으면 또 그렇다.

나머지는 "1-5-3-3" 참고 바랍니다.

1-2-1　신강의 살인 관인상생

■3. (상신-지지)-여. 사회복지사

●-14 실제사주			1-2-1				1-6-2-3 사회복지사의 아픈 이야기						
YQ-1 ☞ 1. 신약 신강			여. 사회복지사	9 1	8 1	7 1	6 1	5 1	4 1	3 1	2 1	1 1	▸1-자평 살 쓸 때 신강 ▸용-계 ▸상신-정
신240	정80	을180	계480	갑	계	임	신	경	기	무	정	병	▸평범인
축	미	축	축 년	술	유	신	미	오	사	진	묘	인 축	▸1이상형
포 계신기	대 정을기	포 계신기	묘 계신기										

❶원국분석

1)원격은 신강이고 본격은 신왕수기격이다.1030) 신 을 계에서 변격 온다.

2)(종강 아닌 이유)-정80보다 을660(을180+계480)이 3배수를 넘어(목다화식)1031) 종강으로 보인다. 그러나 을과 축이 극하고 있어 종강이 못된다.1032)

3)(신왕 이유)-일간과 나머지(정80+을180+계480)의 합이 740이고 이는 신240의 3배수 720 이상이다. 그래서 신왕이 된다.

4)지지 '축미축축'이 쟁합 형태지만 을축 계축이 극하고 있어 쟁합이 아니다. 그래서 지지 토일기격1033)도 전일하지 않다.

5)합의 우선순위로 미축충과 축축 동합처럼 보이지만 이래도 축축, 회국해도 축축이 연속되니 충 합 모두 성립이 안 된다.1034)

6)신금 재가 투출하고 축 식신이 있으니 전형적인 재투식신 사주이다. 그런데 신왕이 되었다.-("●-23 실제사주"와 비교 자료. 같은 재투식신인데 결과 다름)

7)지지 4토가 얼어 있어 비생산적이고(생육불능) 두터워 사주가 청하지 못하고 탁탁(매사지체 매사난망)한 것은 통변에 반영한다.

❷대운분석

1)변격도 간여지동으로 활성기 못지않다. 그래서 1이상형이다.

2)금 간여지동 무진 신미대운, 간지합 기사대운은 종재처럼 될 수 있고 수기

1028) 2-1-4 ■2 □1 용법 요약 "관살 강해 신약-겁 상신(겁으로 대항)"
1029) 2-1-4 ■3 □2 재 상신-재 약해 식 상신의 생 받아도 최종 재격. 재 상신 강하면 최종 재생관격
1030) 2143-1 ●=2 ■2 □4 일간(나머지 포함)이 식상의 3배수 이상이면 신왕수기나 종왕격이 된다.
1031) 3-2-4-5 생극의 과다(過多). 5135-3 생과 극의 역작용
1032) 1-5-4-2 ●=1 ■4 □2 참고로 YQ-1은 극하는 것이 없어야 한다. 단 극하는 것이 통관되거나 극을 극하게 되면 구응되어 종할 수 있다.
1033) 6224-4 ●=31 지지일기(地支一氣) 격
1034) 3231-4 ●=1 쟁합은 지지에서 "하나의 오행이 두 개 오행을 형충하지 못한다."와 다를 바 없다.

계 있다. 임신 계유대운은 종살처럼 될 수 있고 을 수기 있다.

☞ 2. 이 기법(조후)

□자월 정화 허약하여 갑목만 있으면 가을도 좋고 겨울도 좋은데, 을목 있다.
□자월 정화의 조후는 갑목인데 대신 을목(조후결함)이 있고 종강격 성격되어 (편재격) 되어 조후 기능한다.

☞ 3. 순역(용신-격국)

❶(체)-자월 정화 허약한데 인강신강.
❷(용)-투출한 계 칠살 용하면 "1-자평용법 살 쓸 때 신강-생관, 생재 상신"1035)
❸그러나 신왕수기격이 되었다.1036)

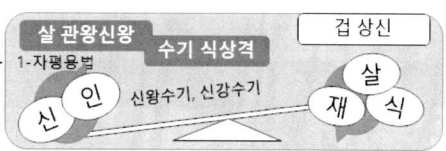

☞ 4. 경지

□12경계인에서 시작 ❶수기 월지-귀인, ❷조후결손-1)조후결함(갑 대신 을), 2)조후결함(을 수다목부)-평상인,1037) ❸관 무력(무정하면서 관생인 변성)-34경계인, ❹지지일기-평범인, 그중 수기 정은 왕상쇠사의 사(보통)이다.
□평범인의 삶 안에서의 발전기 절정기-(자영업, 일용직, 임시직, 특수직)

5. 대운 흐름   신왕수기격은 인입 상승해야 호사 도래-(정 겁 화답)

(갑) 을-절정기	○(왕화득목-목생화) ▶장작이 화력을 일으킴-에너지, 자신감 충만
병정-발전기	○(왕화득화 화생화) ▶두 불길이 화염창출-붉은 빛에 활동회복

☞ 6. 상(像)

○만기친람(친히 다스림)-계 살(직업, 배우자) 살생인으로 변성, 그 자리를 채워야 합니다.
○살(관직) 상실(변성)이지만 관생인(공부)으로 교육계나 활인구제에 종사하게 됩니다.

■5. (관인통관. 음신관합 자료)-동생이 도와 달래요-(여. Y 어린이 집-J 교사)

●-16 실제사주	1-2-1-2			1615-3 삼각관계 시퀀스									
YQ-1 ☞ 1. 신약 신강		여.Y 어린이 집-J 교사		9 8	8 8	7 8	6 8	5 8	4 8	3 8	2 8	1 8	▶1-자평 관 쓸 때 신강 ▶용-병▶상신-신왕
병180	신160	병300	기420	병	을	갑	계	임	신	경	기	무	▶34경계인
신	축	인	사 년	자	해	술	유	신	미	오	사	정 진 묘	▶2이상형
왕 무임경	양 계신기	태 무병갑	사 무경병										

❶원국분석

1035) 2-1-4 ■3 □1 용법 요약 "인수 강해 신강-극인하는 재 상신"
1036) 1-5-4-2 ●=1 ■3 □1 원국 YQ-1에서 십정격이 변격되면 신강 신왕수기격이나 종격이 된다.
1037) 2-1-3-4 ●=1 ■4 □6 조후결손도 평상인, 미비나 결함이 두 번 이상도 평상인에서 시작한다.

1)원격은 신강, 변격 신왕수기격1038)이 본격이다. 그래서 인출에서 변격온다.
2)(신왕 이유)-월간 병은 기를 생하고 신과 합하니 입출상쇄가 된다.1039) 그러나 기토 인수가 무정해도 회국하여 시지 신금을 생하니 신왕이다. 즉 천간겁인과 작용이 유사하다.
3)(쟁합 아닌 이유)-병신병의 시간 병을 신(=경) 극하지만 축이 통관(병생축생신=화생토생금)하여 극이 해소된다. 월간 병도 축으로 통관된다. 그러나 월간의 병이 입출상쇄이므로 이래저래 쟁합이 아니다.

❷대운분석
1)화 간여지동 정묘는 종살(관)격처럼 될 수 있고 축토 수기가 있다.

☞2. 이 기법(조후)
□신금이 발현하려면 전적으로 임수가 씻겨주는 공덕에 의지해야 한다.
□사주 총량으로 보면 조후 임수는 이법으로 금생수 설기인데 없다. 그래서 행운에서 신왕일 때와 종하는 경우의 간명이 다르다.1040)-(참조 1-6-1-5)

☞3. 순역(용신-격국)
❶(체)-신금 건실한데 관합으로 신강.
❷(용)-투출한 병 관 용하면 "1-자평 관 쓸 때 신강-극겁, 대살, 수기 상신"1041)
❸그러면 관합으로 신왕하여 수기가 답이다. 그래서 신왕수기격이 된다.

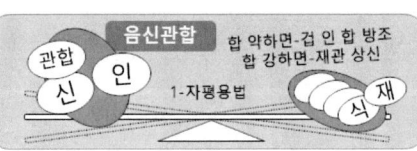

☞4. 경지
□12경계인에서 시작, ❶수기가 지장간-평상인, ❷활성기 부조화-34경계인, 그 중 임수는 왕상쇠사의 상쇠(중간)이다.
□34경계인의 삶-(일반 기업체, 기술직, 자영업, 특수직)

☞5. 대운 흐름   수기 발용 안 되는 때가 많은데, 이때 일간 하강해야 호사

☞ 6. 상(像)
○친구 따라 강남-병이 합으로 신금 도우니 항상 친구나 주위의 도움이 있습니다.
○그러나 가까운 사람이 마음을 아프게-전일하지 못한 쟁합이 그 원인입니다.
○꿈이 무지개 넘어 반대에-수기가 발용되고 안되고의 원인입니다.-(반대로 생각)

● Tip

1038) 2-1-4-4 ■3 □2 겁 태왕(신왕수기)은 겁+인수+관합 재합 식합의 일간(겁)이 타 오행보다 3배수 이상인 경우를 말한다. 그러나 극하는 것이 있어 종왕격이 못된 경우다.
1039) 3231-4 ●=2 ■1 □2 4)쟁합 입출상쇄는 자원이 사장되어 보이는 것보다 실속 적다고 통변한다.

○이 사주 나머지는 제1장의 관계적 시퀀스 자료로 참고 바랍니다.

1040) 1-5-4-2 ●=3 ■1 조후가 있고 없고를 따라 이법 쓰는 법이 다르다.
1041) 2-1-4-1 ●=1 ■2 □1 관살 쓰는 법 "살강 신약하면 겁 상신(인 차선), 관살생인(관살인통관) 답" □2 "겁왕(과다)신강-극겁, 겁왕 살왕하면-제살, 인강신강-재, 인강신왕-수기 답"

1-3 재를 쓸 때. 신약

■1. 계 사랑 내 곁에-건물 임대업

●-17 실제사주		1-3	3-2-2									1-6-2-4 돈 되는 건물 임대업
YQ -1 ☞1. 신약 신강			여. 건물 임대업	9 2	8 2	7 2	6 2	5 2	4 2	3 2	2 1	▶2-자평 재 쓸 때 신약
계300	갑40	무360	병180								2	▶용-무 ▶상신-계
유	인	술	신	무	기	경	신	임	계	갑	을 병 정	년 ▶평상인
태	경신 녹	무병갑 양	신정무 포 무임경	자	축	인	묘	진	사	오	미 신 유	▶6중년 7대기만성 형

❶원국분석
 1)원격 신약, 본격은 계(수생목) 종강격이다.1042) 갑 무 병에서 변격 온다.
 2)(종강격 이유)-계300이 갑40의 3배수 이상으로 종강(인수)격이 되었다.
 3)(종재 아닌 이유)-무360은 인입340(계300 갑40)의 3배수 이상 못된다.1043)
 4)양(갑)일간의 정인(계)은 편재(무)와 합(인재합), 그러나 무정한 무와 계의 사랑은 이룰 수 없는 오작교 사랑이다. 즉 바라보는 대상과 실체가 다르다.

❷대운분석
 1)화 간지합 정유대운, 간여지동 갑오대운은 종아(식상)격처럼 될 수 있다.1046)

☞ 2. 이 기법(조후)

□"술월의 갑은 건조하여 임계수의 자윤을 사랑한다."라고 난강망에 나온다.
□사주 총량으로 보면 조후 계가 인수이니 신약과 조화를 이룬다. 그래서 사주의 건조를 막고 삶이 막힘없이 윤기가 흐른다.

☞ 3. 순역(용신-격국)

❶(체)-술월 갑 허실한데 식재 강해 신약.
❷(용)-투출한 본기 무 용하면 "2-자평용법 재 쓸 때 신약-겁 인수 상신"1044)
❸그러면 극재 최선, 그래서 인목 겁1045) 있어 재용겁격인데 종강격이 되었다.

☞ 4. 경지

□12경계인에서 시작, ❶종강의 수기 갑 천간-12경계인, ❷갑 토다목절-귀인, ❸상신운 개두절각-23경계인, ❹절정기 부조화-평상인, 그중 갑은 왕상쇠사 사

1042) 2-1-2-3 ●=3 ■3 □1 최종격은 상신에서 나오는데 종격의 수기와 같은 유통 개념이다. 1)그러나 십정격의 상신은 물이 끓기 전이니 증기가 통풍구로 새지 않고 모아져야 한다. 그래서 최종격보다 상신이 우선이다. 2)반대로 수기는 물이 끓어 배출되는 증기로 동력을 얻는 증기기관이다.
1043) 1-5-4-1 ●=1 ■2 □2 1)그래서 생극 한계는 3배수 미만이고 그 이상은 생극의 역작용 일어난다. 2)식상도 3배수 이상이면 설기과다가 된다. 우리 책은 이렇다.-(원문 도표 참조)

(보통)이다.
☐평상인의 삶-(의사, 교사, 공무원, 군경, 대기업, 전문직)

☞ 5. 대운 흐름   인수격은 수 상승해야 호사도래-(인 화답)

계임-절정기   ○(약목득수-수생목) ▶강가의 수양버들-머리 맑음, 판단력향상

☞ 6. 상(像)

○사랑(?) 없이는 살수가 없다.-대상과 실체가 다르게 살아가는 이유입니다.
○재물(계수)이 마르지 않음-유(배우자)가 계(종강)를 생인, 무(용신)와 저울추 계의 형평이 유지됩니다.

■5. (양신재합 불가 자료) L 학과장-2017년 영전

❶원국분석

1)원격은 신약, 갑 인수격이 본격이다.[1047] 병 신에서 변격이 온다.
2)(신약 이유)-인입460(갑300+병160)이 인출(신480)보다 크다.
3)연월의 중간(중첩)이 먼저 작동하니 일 월은 병신합의 기회가 없다.[1048]
4)만약 갑과 신, 신과 오가 극[1049]하지 않았다면 갑 원두가 갑생오생진축생신생해 그리고 회국(回局)하여 생갑으로 흘러 일간태왕(가종격)이 되었을 것이다.

❷대운분석

1)임인 계묘대운은 종강격처럼 될 수 있고 수기 병 있다. 을사 병오는 종왕격처럼 될 수 있고 축토 수기 있다.[1050]
2)금 간여지동 무신 기유 경술대운은 종재격처럼 될 수 있고 수기 해 있다.

1044) 2-1-4 ■2 ☐1 용법 요약 "식상 강해 신약-탈식하는 인수 상신". "관살 강해 신약-겁 상신(겁으로 대항)". "재성 강해 신약-파재하는 겁 상신"
1045) 2-1-4 ■2 ☐2 신약은 상신 겁인이 바로 최종격(겁격, 인수격)
1046) 1-5-4-2 ●=1 ■1 ☐2 상신이 인입이면 인출, 인출이면 인입 상승할 때 종(변격)이 일어난다.
1047) 2-1-2-3 ●=3 ■3 ☐3 1)상신의 생을 받는 최종격은 복합어(파생어, 합성어) 개념이다. 그래서 "식상재격"처럼 식 상신과 재 최종격의 이름을 같이 불러준다. 재생관살도 같다.
1048) 3231-4 ●=3 ■1 쟁합과 쟁충은 그 원리가 같다.
1049) 3231-3 ●=1 합이불합" ▶극 당하면 합 할 겨를이 없다." "상하 좌우에서 극하면 합하지 못한다." "합도 극(충)을 해소할 수 있지만 극도 극을 해소하게 된다."
1050) 2143-1 ●=2 ■1 ■3) ☐2 지지 수기는 해당되는 한 글자 YQ-4를 산출한다. 2)그러나 여러 글자가 있는 경우 유정과 월일시 순과 합충과 우선순위를 참조하여 흠이 적은 것이 수기가 된다.

3)전체적으로 대운의 흐름이 적절하게 변격되어 사주가 꽃놀이패와 같다.

☞ 2. 이 기법(조후)

□축월 병화는 이미 양이 시작되어 금수 추위가 두렵지 않으니 임수를 쓴다.
□축월 병화의 인수조후 갑목은 조후와 신약 겁인격이 일치한다.

☞ 3. 순역(용신-격국)

❶(체)-축월 병화 허실한데 재왕신약.
❷(용)-투출한 신(辛) 재 용하면 "2-자평용법 재를 쓸 때 신약-인 겁 상신"1051)
❸그러면 오 겁 있어 재용겁격이다.1052)
-(오 겁 화답).

☞ 4. 경지

□12경계인에서 시작, ❶조후 갑 천간12경계인, ❷천간 중첩-귀인, ❸상신 타지-23경계인, 그중 조후 갑은 왕상쇠사의 중간(상쇠)이다.
□23경계인의 삶-(의사, 교수, 고위직, 대기업 임원, 전문직).

☞ 5. 대운 흐름   신약은 인입 상승해야 호사-(화 겁 화답)1053)

| 갑을-절정기 | ○(약화득목-목생화) ▶장작이 화력을 일으킴-에너지, 자신감 충만 |
| 병정-발전기 | ○(약화득화 화생화) ▶두 불길이 화염창출-붉은 빛에 활동회복 |

☞ 6. 상(像)

○온화하고 합리적-조후와 인수로 신강하고 조화(성격)된 사주의 특성입니다.
○교육자-23경계인의 초 중반 대운에 목(인수-교육) 화(겁-코칭)가 상승하는 이유입니다.

1051) 2-1-4 ■2 □1 용법 요약 "재성 강해 신약-파재하는 겁 상신"
1052) 2-1-4 ■2 □2 신약은 상신 겁인이 바로 최종격(겁격, 인수격)
1053) 2-1-3-3 ●=3 ■3 □1 1)겁격은 인수운이, 인수격은 관운이 절정기이고 나머지는 발전기다. 2)일반적으로 YQ-3 총합이나 영역합산에서는 인입 상승으로 나타난다.

1-4　　재를 쓸 때 신강

■1. (생시 모를 때) (관계적 시퀀스 자료). 이슬에 젖은 머릿결-여. 교사
(1)신강하면 경(용신이자 상신)[1054] 인입보다 상승, 신약은 경 하강해야 한다.
(2)신강하려면 병오나 정미시에 태어나야 한다. 임인은 미와 임이 극하니 정임 합이 못되어 신강이 아니다.
(3)아래 도표는 병오시 출생으로 호사와 고난을 비교했는데, 당사자가 이 분석에 만족하였다.-(01, 04는 종왕격처럼 변격, 나머지는 상신 경 상승)

YQ-3 호사- 93취직 00결혼 01출산 17복직					YQ-3 고난- 1996년 A퇴직. 2004년 G퇴직				
	병	정	을	경		병	정	을	경
93	-160	-660	-80	0	96	0	+300	+40	-800
00	-160	0	+80	0	04	-40	+360	+280	-400
01	+200	+300	+280	-320	▶93계미/계유(대/세), 00임오/경진, 01임오/신사, 17경진/신사　▶96임오/병자, 04임오/갑신				
17	+40	-360	-160	+400					

(4)기초에서는 부모의 생년으로 생시를 보기도 한다.[1055] 그러나 이는 적중도가 확실하지 않다. 그래서 어떠한 방법이든지 그 이상을 볼 수 있어야 한다.

●-22 실제사주		1-4		1613-1 이사 가는 부부자료								
YQ -1 ☞ 1. 신약 신강		여. 교사		9 5	8 5	7 5	6 5	5 5	4 5	3 5	2 5	1 5
병360	정240	을80	경320	을	병	정	무	기	경	임	계	갑
오	미	유	술 년	해	자	축	인	묘	진	사	오	미 신
쇠 병기정	대 정을기	생 경신	양 신정무									

우측: ▶2-자평 재 쓸 때 신강　▶용-경 ▶상신-재생관살　▶평상인　▶1이상형

❶원국분석

1)원격 신강(화왕득금), 경 재생관살 본격이다.[1056] 정 을에서 변격이 온다.
2)(신강 이유)-인입680(병360+정240+을80)이 경320보다 크고 3배수 미만이다.
3)을경합이 안 되는 것은 을목과 유금 술토와 극하기 때문이다.[1057]
4)그리고 혹 합이나 합화금이 되더라도 을 인수의 본질은 남는다.[1058]
5)재의 최종격 수 관이 없어 평상인에서 시작한다. 또한 계미대운은 인입 더

1054) 2-1-2-1 ●=2 ■2 □1 ●간명의 원리 ○3 "용신을 격으로 부르고 싶다면", ○4 "용신 무용론"
1055) 7-2-5 생시 모를 때
1056) 2-1-2-3 ●=3 ■3 □3 1)상신의 생을 받는 최종격은 복합어(파생어, 합성어) 개념이다. 그래서 "식상재격"처럼 식 상신과 재 최종격의 이름을 같이 불러준다. 재생관살도 같다.
1057) 3231-3 ●=1 합이불합" ▶극 당하면 합 할 겨를이 없다." "상하 좌우에서 극하면 합하지 못한다." "합도 극(충)을 해소할 수 있지만 극도 극을 해소하게 된다."
1058) 3231-2 ●=2 합의 남아 있는 본질(합의본질)을 이중성이라고 할 수 있는데, 가합(假合거짓 동의, 임시방편, 무늬만 화려)과 유사하다.

하강하니 소년기 부조화 일어나지 않는다.

❷대운분석

1) 목 간여지동 을해대운은 종인(인수)격처럼 될 수 있고 수기 정 있다.1059)
2) 금 간여지동 경진대운은 상신운이다.1060)

☞ 2. 이 기법(조후)

□가을 정은 퇴기 중으로 약하다. 경이 갑을 벽갑하면 정의 원기(집념-불사조)가 된다. 이러한 기법을 이법으로 말하면 재극인이다.

☞ 3. 순역(용신-격국)

❶(체)-유월 정화 허실한데 겁강신강.
❷(용)-투출한 경 용하면 "2-자평용법 재 쓸 때 신강-식, 재 크면 관 최종격"1061)
❸그러면 재 크니 재생관격(재용관격)이다.1062)

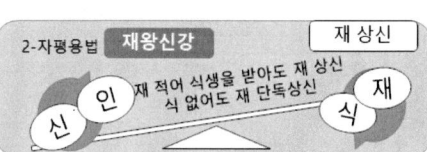

☞ 4. 경지

□12경계인에서 시작, ❶최종격 수 없어 상신 단독1063)-평상인, 그중 경은 왕 상쇠사의 왕(상위)이다.
□평상인의 삶-(의사, 교사, 공무원, 군경, 대기업, 전문직)

☞ 5. 대운 흐름   재생관격은 인출(식재) 상승해야 호사도-(경 재 화답)

(을) 갑	○(답금극설-목다금결) ▶이 빠진 도끼 날-헛수고, 매사 중복반복	
계임(체-발전기)	□일간의 희(화왕수수) ▶수가 중생제도, 수신-격한 성정차분 ○(약금설기-수다금침) ▶보검에 녹이 슮-담금질 잘하고 용처상실	
신경-절정기	○(답금득금-금생금) ▶연 선철이 강철로-친구 따라 강남, 용처상승	
기무-발전기	○(답금득토-토생금) ▶쟁기와 쟁기 날-논 밭갈이, 활동왕성	
정병	○(답금극극-화다금용)▶녹아버린 가마솥-용처상실, 정체성 상실	

☞ 6. 상(像)

○욕심(재성)이 죄가 되지 않음-저울추(상신) 저울판(용신)이 균형을 이루는 이유입니다.
○재물을 타고 태어남-추분 이틀 후, 백로 후 17일 후 출생, 이미 내린 이슬로 머릿결이 윤기(평온) 흐릅니다. 사주에서 수(물)는 재물입니다.

1059) 1-5-4-2 ●=1 ■1 □2 상신이 인입이면 인출, 인출이면 인입 상승할 때 종(변격)이 일어난다.
1060) 1-5-4-2 ●=1 ■1 □2 2)즉 본격에서 신약의 인입 상신이 상승하더라도 종왕 종강이라 하지 않고, 신강의 인출 상신이 상승하는 것을 종아 종재 종살이라 하지 않는다.
1061) 2-1-4 ●=3 ■1 용법의 요약 "인수 강해 신강-극인하는 재 상신"
1062) 2-1-4 ■3 □2 재 상신-재 약해 식 상신의 생 받아도 최종 재격. 재 상신 강하면 최종 재생관격
1063) 2-1-3-4 ●=1 ■4 □2 상신을 단독으로 쓰는 경우도 평상인에서 시작한다. 관살 상신은 재성의

■2. (음일간의 겁재는 편재와 합 자료) 식신생재-DK운수 회장

●-23 실제사주	1-4	3-2-4								1-6-2-5 상가 건축 및 분양				
YQ -1 ☞ 1. 신약 신강	남. DK운수 회장		9 8	8 7 8	6 8	5 8	4 8	3 8	2 8	1 8	8	▶2-자평재 쓸 때 신강		
계300	기240	병300	무300									▶용-계 ▶상신-식상생재		
유	미	진	술 년	병	을	갑	계	임	신	경	기	무	정	▶평상인
생	경신	미 정을기	쇠 을계무	양	신정무	인	축	자	해	술	유	신	미	오	사	▶1이상형

❶원국분석
 1)원격은 신강(토왕득수),1064) 계 편재(식상생재)가 본격이다.1065) 그래서 기 병 무에서 변격이 온다.
 2)(입출상쇄)-연간의 무가 병을 설하고 계와 합하니 무가 입출상쇄가 된다.
 3)(신강 이유)-그래도 인입 기병540 인출 계240으로 신강이다.
 4)이 사주는 전형적인 재투식신이자 식신생재 사주다.1066) 그리고 계 편재의 최종격 목이 지장간에 있어 평상인에서 시작한다.
 5)참고로 계와 미와 극하는데 유가 통관하여 무계합의 장애가 없다.
 6)무토를 용해도 "4-자평용법 겁 쓸 때 신강-식 관 상신" 역시 재격이다.
❷대운분석
 1)토 간여지동 기사 무진대운은 종왕(겁)격처럼 되고 수기 회국하여 유 있다.

☞ 2. 이 기법(조후)

□진월 기토는 곡식 가꾸는 때이다. 병으로 따뜻하게 하고 계로 적시며 갑으로 무를 소토한다.

☞ 3. 순역(용신-격국)

❶(체)-진월 기 건실-무 강해 인왕신강.
❷(용)-중기 투출 계 용하면 "2-자평용법 재 쓸 때 신강-식, 재 크면 관 상신"1067)
❸그러면 생재 최선 그래서 생재하는 유 금 있어 재투식상의 재용재격이다.1068)-(재 화답)

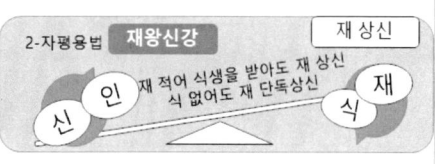

생 없으면 평상인이다.
1064) 3-2-4-5 생극의 과다(過多). 5135-3 생과 극의 역작용
1065) 2-1-2-3 ●=3 ■3 □3 1)상신의 생을 받는 최종격은 복합어(파생어, 합성어) 개념이다. 그래서 "식상재격"처럼 식 상신과 재 최종격의 이름을 같이 불러준다.
1066) 3213-2 ■1 도표 "성"-"인수와 재가 떨어져"
1067) 2-1-4 ■3 □1 용법 요약 "겁 왕 신강-극겁하는 관살 상신". "인수 강 신강-극인하는 재 상신"

☞ 4. 경지

☐12경계인에서 시작, ❶상신 계 천간-12경계인, ❷최종격 지장간-평상인, 그중 계는 상쇠(중간)이다.
☐평상인의 삶-(의사, 교사, 공무원, 군경, 대기업, 전문직)

☞ 5. 대운 흐름   신강 재성은 식재 상승해야 호사도래-(계 재 화답)

| 경신-절정기 | ○(약수득금-금생수) ▶수 발원지와 관개 수로 발달-용수(가치) 풍부 |
| 임계-발전기 | ○(약수득수-수생수) ▶두물머리 약수터-사람 지혜 돈이 모여 듦 |

☞ 6. 상(像)

○큰 재물은 하늘이-신강 재투식신은 사주명리 재물의 꽃입니다.(경지 따라 높낮이 다름)
○하늘이 돕습니다.-진월(농사철) 옥토(재물)에 햇빛(병화) 비추고 비가 적셔(계수) 줍니다.

● Tip

○DK운수, STM호텔 직영과 그 부속상가를 임대하고 있고, 2002(경신대운, 임오년) 00 기업지원센터 3개동을 건축 및 분양 했다 합니다.
○재 쓸 때 겁과 무정하든지, 유정하면 유금처럼 통관(재투식상)해야 파재를 피합니다.

1068) 2-1-4 ■3 ☐2 재 상신-재 약해 식 상신의 생 받아도 최종 재격. 재 상신 강하면 최종 재생관격

1-5 식상 쓸 때 신약

1-5-1 식상 쓸 때. 신약-인수 상신(안정적)

■1.(상신-천간) 여 중2, 강남 전교일등

●-24 실제사주 1-5-1   3-2-2-1 왕쇠>●=2 십이운성. 자료

☞ 1. 신약 신강 / 여. 강남 전교일등

경160	계300	정240	갑400
신	축	묘	신 년
사 무임경	대 계신기	생 갑을	사 무임경

▶3-자평식 쓸 때 신약
•용-갑 ▶상신-경
▶귀인
▶3이상형

❶원국분석

1)원격은 신약, 경(금생수) 인수가 본격이다.[1069] 그래서 인출에서 변격이 온다.
2)(신약 이유)-인입460(경160+계300)은 인출640보다 적고 3배수 미만이다.
3)원류[1070]가 묘에서 갑정축신경(목생화생토생금)으로 흐른다.-(회췌지점-경)[1071]

❷대운분석

1)화 간여지동 병인대운은 종재격처럼으로 소년기 부조화 없다.

YQ-1	경160 사	계300 상쇠	정240 상쇠	갑400 왕
병인대운 .Q-3	-240	-300	+360	-320
임인년 YQ-3	-200	0	+360	+320
상위영역	-480	-300	+720	0
(하위) 임자월 YQ-3	-200	+300	0	+400
총합	-680	0	+720	+400

▶고3 2022(임인년)년, 수시 발표 12월(임자월)도 정화+1120(정240 갑+400) 상승하여 종재격처럼 되고,[1072] 수기 YQ-4 축 +420보다 높아 긍정이다.[1073]
▶수기가 있고 긍정이니 원하는 상위권 대학 진학이 유망할 것이다.

2)경 간여지동 을축대운은 종강격처럼 될 수 있고 계 수기가 있다.
3)이 사주는 신약한데 상신운이 오기 전 변격이 3번(병진-종재, 을축-종강 갑자-종아) 오는 것이 흠이라면 흠이다. 그러나 모두 수기가 있어 활성기와 같다.

☞ 2. 이 기법(조후)

[1069] 2-1-2-3 ●=3 ■3 □1 최종격은 상신에서 나오는데 종격의 수기와 같은 유통 개념이다. 1)그러나 십정격의 상신은 물이 끓기 전이니 증기가 통풍구로 새지 않고 모아져야 한다. 그래서 최종격보다 상신이 우선이다. 2)반대로 수기는 물이 끓어 배출되는 증기로 동력을 얻는 증기기관이다.
[1070] 2-1-1 원류(源流) 2-1-1 원류와 원두
[1071] 2-1-1 ●=1 ■3 "회췌지점(會萃之點)"
[1072] 1-5-4-2 ●=1 ■3 □3 2)종재격(처럼)은 합 포함 식 재 합산이 높아야하고 관살(인수)이 수기다.
[1073] 2143-1 ●=4 ■2 □1 종격(처럼)이 수기(식상)가 있고 긍정이면 "원하는 것을 얻는다." 그러나 종격이나 상신이 하강하고 변격되지 못하면 "얻을 수 있는 것이 없다."

□묘월 계수-강도 약도 아니다. 그러나 목에 설기되니 경금으로 수원을 취하면 상격이다.
□경이 상신이자 수원, 좋은 자원(용신)과 좋은 환경(조후)이 사주에 떠있다.

☞ 3. 순역(용신-격국)

❶(체-)묘월 계 투출한 식재 강해 신약.
❷(용)-투출 중 갑 상관 용하면 "3-자평용법 식 쓸 때 신약-인, 겁 상신"1074)
❸그러면 탈식 최선, 그래서 경(상신) 인수 있어 식용인수격이다.1075)-(식 묻고 인 화답)

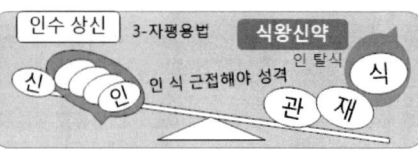

☞ 4. 경지

□12경계인에서 시작, ❶상신 경 천간-12경계인, ❷절정기 부조화-귀인, 그중 경은 보통(사)이다.
□귀인의 삶-(의사, 교수, 고위직, 임원, 전문직)

☞ 5. 대운 흐름   식왕신약은 인입 상승해야 호사도래-(경 인수 화답)

| 임계-발전기 | ○(약수득금-금생수) ▶수 발원지와 관개 수로 발달-용수(가치) 풍부 |
| 경신-절정기 | ○(약금득금-금생금) ▶연철 선철이 강철로-친구 따라 강남, 용처상승 |

☞ 6. 상(像)

○묘월 계수 지혜(계)가 끊임없이 솟아납니다.-(신약의 경금은 수의 원천이기 때문)
○때를 기다리라.-저울추(상신 경160)가 저울판(용신 갑400)보다 약한 이유입니다.

● Tip

○일간 계수는 지식 지모 지혜, 일지 편관(축)을 식신(묘)이 소통하면 관직입니다.
○월지 식신은 가르침-월간 정화 재성)은 활동 공간, 따라서 교육계, 학자로 대성(23경계인)하기 기대합니다.

■2. (상신 천간-양신재합 자료) 이래도 계수 저래도 계수-합판 목재사업

●-25 실제사주	1-5-1	3-2-1		1-5-6-1 천간중첩
YQ-1 ☞ 1. 신약 신강	남. 합판 목재사업		9 8 7 6 5 4 3 2 1 1	▶3-자평식 쓸 때 신약
계160	갑180	정400	정320	▶용-정 ▶상신-계
유	술	미	미 년	▶34경계인
			정 무 기 경 신 임 계 갑 을 병	▶1이상형
태 경신 양 신정무 묘 정을기 묘 정을기			유 술 해 자 축 인 묘 진 사 오	

1074) 2-1-4 ■2 □1 용법 요약 "식상 강해 신약-탈식하는 인수 상신". "관살 강해 신약-겁 상신(겁으로 대항)". "재성 강해 신약-파재하는 겁 상신"
1075) 2-1-4 ■2 □2 신약은 상신 겁인이 바로 최종격(겁격, 인수격)

❶원국분석
 1)원격은 신약, 계(수생목) 인수격이 본격이다.1076) 인출에서 변격이 온다.
 2)(신약 이유)-인입340(계160+갑180)은 인출720보다 적고 3배수 미만이다.
 3)술 미미는 형이 성립되지 않는다.1077)
❷대운분석
 1)화 간여지동 병오 을사대운은 종아격처럼 될 수 있고 수기 토 있다.1078)
 2)수 간여지동 경자대운은 종강(인수)격처럼 아닌 상신운이다.1079)

☞ 2. 이 기법(조후)

□미월은 목의 고(庫)로서 목이 허한 계절, 계수 먼저 쓰고 정은 나중에 쓴다.
□미월 갑목의 조후는 계수인데 신약하니 조후와 상신이 일치한다.

☞ 3. 순역(용신-격국)

❶(체)-일간 갑목 정 식 중첩-신약하다.
❷(용)-중첩이지만 투출 정 용하면 "3-자평용법 식 쓸 때 신약-인 겁 상신"1080)
❸그래서 계 인수격이다.-(인수 화답)

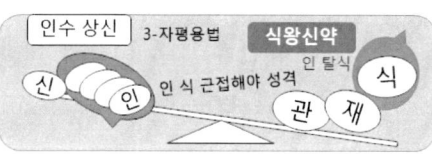

☞ 4. 경지

□12경계인에서 시작, ❶인수 천간-12경계인, ❷상신 두 번의 결함 발생(계와 용신 정 무정한 것 한 번, 계160은 3배수 이상의 정 720을 수극화 불가해서 한 번)-평상인,1081) ❸정 천간중첩(경쟁-결과미약)-34경계인, 그중 계는 사(보통)이다.
□34경계인의 삶-(일반 기업체, 기술직, 자영업, 특수직)

☞ 5. 대운 흐름   신약의 인출 중첩은 하강해야 호사도래-(계 인수 화답)

| 계임-절정기 | ○약목득수-수생목 ▶강가의 수양버들-머리 맑음, 판단력향상 |

☞ 6. 상(像)

○배짱(계 인수의 도움)은 있으나 인생초반 일 지속성 없습니다.-(정화 중첩 반복이 원인)
○자신보다 남을 더 생각(술미미=편재)-그러나 실속이 없어 무인호걸 외부내빈입니다.-신약 갑 일간이 재관(화토)을 감당하지 못한 결과로 상신 운에는 감당 됩니다.

1076) 2-1-2-3 ●=3 ■3 □1 최종격은 상신에서 나오는데 종격의 수기와 같은 유통 개념이다. 1)그러나 십정격의 상신은 물이 끓기 전이니 증기가 통풍구로 새지 않고 모아져야 한다. 그래서 최종격보다 상신이 우선이다. 2)반대로 수기는 물이 끓어 배출되는 증기로 동력을 얻는 증기기관이다.
1077) 3-2-3-3 ■6 지지 형충에 있어서 "하나의 오행이 두 개 오행을 형충하지 못한다." □이를 합으로 옮기면 하나의 오행이 두 개의 오행과 합하지 못한다는 말도 된다.
1078) 1-5-4-2 ●=1 ■1 □2 상신이 인입이면 인출, 인출이면 인입 상승할 때 종(변격)이 일어난다.
1079) 2143-1 ●=2 ■2 □1 YQ-1 신약의 천간 즉 시 월간에 식상이 유정하면 겁인이 답이다. 1)겁인이 활성기라는 측면에서 수기를 쓰는 신강(신왕)수기 종격과 결이 같다.

○명석하고 상신 운에 공부도 가능-원두 정에서 조절지신 계(상신)로 원류가 흐릅니다.

● Tip

○30대에 서해 조수 간만의 차 큰 항구에서 형과 합판 목재사업 크게 했다 합니다.

1-5-2 식상 쓸 때. 신약-인수가 지지나 지장간인 경우

■2. (상신-지장간) (양신재합 불가)-만나와 메추라기-치과원장

●-26 실제사주		1-5-1	3-2-1	1614-1 부자(父子)의 시련 시퀀스										
YQ-1 ☞ 1. 신약 신강		남. 치과원장		9 5	8 5	7 5	6 5	5 5	4 5	3 5	2 5	1 5	▶3-자평식 쓸 때 신약 ▶용-경 ▶상신-화
갑120	무300	경320	계300	경	신	임	계	갑	을	병	정	무	기	▶23경계인
인	술	신	묘 년	술	해	자	축	인	묘	진	사	오	미	▶2이상형
생 무병갑	묘 신정무	병 무임경	욕 갑을											

❶원국분석

1)원격은 신약, 술(토생토) 겁격이 본격이다.[1082] 그래서 인출에서 변격이 온다.

2)(신약 이유)-무300은 인출840(갑120+경320+계300)보다 적고 3배수 미만이다.

❷대운분석

1)신약한데,[1083] 인생초반 10대 행운에 성국 되면 12경계인에서 시작한다.[1084]

2)이 사주는 화 인수가 발용되어 유정한 식상을 견제할 때 삶이 더 원활해진다. 그런데 인생 황금기 병정대운이 그렇다.

3)목 간여지동 을묘 갑인대운 종살(관)격처럼은 수기가 지장간에 있다.

4)또한 수 간여지동 임자 신해대운은 종재격처럼은 수기 갑 있다. 금 간여지동 경술대운은 종아(식상)격처럼 될 수 있고 수기 계 있다.[1085]

5)원국과 달리 행운은 지지나 지장간 인수의 관살통관을 보지 않는다.[1086]

☞ 2. 이 기법(조후)

1080) 2-1-4 ■2 □1 용법 요약 "식상 강해 신약-탈식하는 인수 상신"
1081) 2-1-3-4 ●=1 ■4 □1 상신(수기)을 극(재관)이 두 번 이상 분산, 또는 차 차선은 평상인이다.
1082) 2-1-2-3 ●=3 ■3 □1 최종격은 상신에서 나오는데 종격의 수기와 같은 유통 개념이다. 1)그러나 십정격의 상신은 물이 끓기 전이니 증기가 통풍구로 새지 않고 모아져야 한다. 그래서 최종격보다 상신이 우선이다. 2)반대로 수기는 물이 끓어 배출되는 증기로 동력을 얻는 증기기관이다.
1083) 2143-1 ●=2 ■2 □1 YQ-1 신약의 천간 즉 시 월간에 식상이 유정하면 겁인이 답이다. 1)겁인이 활성기라는 측면에서 수기를 쓰는 신강(신왕)수기 종격과 결이 같다.
1084) 2-1-3-4 ●=1 ■2 행운에서 성국
1085) 1-5-4-2 ●=1 ■1 □2 상신이 인입이면 인출, 인출이면 인입 상승할 때 종(변격)이 일어난다.
1086) 1-5-4-2 ●=1 ■2 □2 행운(YQ-3)은 지지의 관생인(관살통관)을 적용하지 않는다. 원국(YQ-1)에서만 적용하는 것과 다르다.
1087) 2-1-4 ■2 □1 용법 요약 "식상 강해 신약-탈식하는 인수 상신"

□신월 무토는 병화로 따뜻하게 해야 지력을 높일 수 있다.
□신월 무토 조후는 병화, 그런데 지장간(조후미비-평상인)에 있다.

☞ 3. 순역(용신-격국)

❶(체)-신월 무토 식재관 강해 신약하다.
❷(용)-그중 투출한 경 식신을 용하면 "3-자평용법 식상 쓸 때 신약-인, 겁 상신"1087)
❸그래서 술 있어 겁격이다.-(식 묻고 겁 화답)

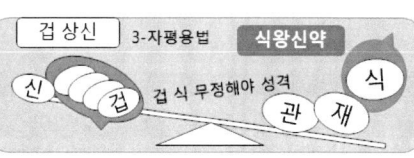

☞ 4. 경지

□12경계인에서 시작, ❶10세 전 성국-12경계인, ❷2이상형의 절정기 부조화(중년이후 흐름하강)-귀인, ❹조후미비-23경계인, 그중 병정은 상쇄(중간)이다.
□23경계인의 삶-(의사, 교수, 고위직, 대기업 임원, 전문직)

☞ 5. 대운 흐름   살왕신약은 인입 상승해야 호사 도래-(무 겁 화답)

| 무기-발전기 | ○(약토득토-토생토) ▶비료와 복토-지력향상, 역할회복 |
| 병정-절정기 | ○(약토득화-화생토) ▶화덕과 도자기-불의 약속, 활동왕성 |

☞ 6. 상(像)

○이과에 능함-초반 행운에서 저울추(상신)가 안정, 투출한 식재관(경계갑)이 춤춥니다.
○인물 수려함-초반대운 성국으로 저울의 형평 유지, 갑 정관이 적당히 무 소토(극)함.

● Tip

○무토 뿌리 시지 인 속 병, 상신뿌리 술 속 정에 심장되어 깊으니 복이 깊습니다.
○가족 모두 카톨릭 신자, 하늘에서 인생 전반부(대운)에는 만나가 후반부(술토의 일간방조)에는 메추라기가 끊어지지 않습니다.

1-5-3   식상 쓸 때. 신약-겁 상신

■1.(상신-천간) (YVWQ 실제 해석의 예 자료)-여. 대학 4학년

| ●-27 실제사주 | | 1-5-3 | | 1-4-6 YVWQ 해석 샘플 |

YQ-1 ☞ 1. 신약 신강	여. 대학 4학년	9 8 7 6 5 4 3 2 1 1 1 1 1 1 1 1 1 1	▶3-자평식 쓸 때 신약
임80	병320	정400	무560		▶용- 무 ▶상신-정
진	진	사	인 년	정 무 기 경 신 임 계 갑 을 병	▶평상인
대 을계무	대 을계무	록 무경병	생 무병갑	미 신 유 술 해 자 축 인 묘 진	▶1이상형

❶원국분석

1)원격은 신약, 사(화생화) 겁이 본격이다.1088) 그래서 임 무에서 변격이 온다.

2)(신약인 이유)-정이 병을 방조하고 무를 생하니 입출상쇄다.1089) 그래서 인입 병320은 인출560(임80+무480)보다 적고 3배수 미만이므로 신약이 된다.

3)따라서 월지 사화가 상신인 것은 정화가 입출상쇄이기 때문이다.1090)

4)YQ-1 임80보다 화토가 3배수 이상이니 화다수갈 토다수매다. 그렇지만 YQ-3 행운에서는 종살격처럼 된다.

5)임 살(배우자 직업)의 쇠는 통변에 반영한다.1091) 사월 임수는 무토로 제방해야 용수(돈, 인물)가 되는데, 제방이 습토로 약하니 의치처(멘토)가 약한 것이고 그래서 자수성가하게 된다고 해석한다.

❷대운분석

1)토 간여지동 병진 정미대운은 종아격처럼 될 수 있는데, 금 수기가 없고 지장간에 있어 발용 여부가 유년기 발전의 토대가 된다.

2)무 간지합 계축대운 역시 종아격처럼 되지만 수기 경 지장간에 있다.

3)임자 신해대운은 종살격처럼 되고 인목 수기 있다. 이 때 임의 비겁조후 계가 대운에서 진 속의 계가 자동 발용되어 작동하게 된다. 사실상 황금기다.

4)그러나 상신도 변격도 모두 활성기처럼 작동한다. 대운이 거의 간여지동으로 70세까지 꽃놀이패를 들었기 때문이다.

> ● 간명의 원리
>
> ○1.공부 적게 하고도 되로 벌어 말로 푸는 경우입니다.-(되로 주고 말로 받는다.) 초년 병진의 무 종아격처럼에 수기가 없지만 70세까지 운이 활성기와 같은 이유입니다.
> ○2.만약 이때 대운에 금 수기 있었다면 더 공부할 수 있고 운명이 달라졌을 것입니다.
> ○3.이러한 종아격처럼의 운이 계축대운에 또 오는데, 월운 열개 중 32에서 36세까지는 수기 경 발용되거나 종살격처럼 되고, 37에서 41세까지 5년은 발용되지 않습니다.
> ○4.그러나 뒤에 임자대운 종살격처럼의 호운이 기다리고 있어 변격에서 오는 삶의 변화는 힘들지라도 진보와 혁신을 위한 월동준비(극복)의 시간이 됩니다.1092)
> ○5.이렇게 지금의 운 즉 긍정과 부정이 일으키는 파생을 보고자 할 때는 뒤에 오는 운을 보아야 오르막(도약의 발판) 내리막(재충전과 수용)1093)이 보입니다. 즉 장기운이 어떻게 이어지고 진행되는 장기운이 어느 정도 남았는지를 말합니다.
> ○사람이 5분 후의 흐름을 알면, 5년 50년 후를 볼 수 있는 것과 같습니다.

1088) 1-5-4-2 ●=1 ■3 □1 1)원국 YQ-1에서 십정격이 변격되면 신강 신왕수기격이나 종격이 된다.
1089) 3231-4 ●=2 ■1 □2 4)쟁합 입출상쇄는 자원이 사장되어 보이는 것보다 실속 적다고 통변한다.
1090) 2143-1 ●=2 ■2 □2 2)일간은 인입이고 식상은 인출인데, 천간의 겁이 입출을 동시에 생하면 입출상쇄다. 합도 인수도 경우는 같다. 3)천간을 생하는 지지의 자연적 현상은 입출상쇄가 없다.
1091) 6112-4 ■2 ■9) ●간명의 원리 "부성입묘"
1092) 1-4-5 ●=2 ■2 □2 ●간명의 원리 ○5 부정은 흉한 것이 아니라 적은 투자와 작은 실패를 통하여 자신을 단련하는 시간일 수 있어야 합니다. 부정에서 교훈을 얻는 발상의 전환이 필요합니다.
1093) 4-2-1-2 ●=3 ●Tip ■-2 "「라인홀트 니부어」의 기도문 중"

☞ 2. 이 기법(조후)

□사월은 건록에 해당하여 화염 강하니 수의 극을 두려워 안 한다. 임을 쓰고 금으로 수원을 취한다.
□사월 병화의 조후는 임수, 성격되어 임 관성조후 기능한다.

☞ 3. 순역(용신-격국)

❶(체)-사월 병화 건실한데 식왕신약.
❷(용)-투출 무를 용하면 "3-자평용법 식신 쓸 때 신약-겁인 상신"1094)
❸그러면 정 겁 있어 겁격이다.1095)

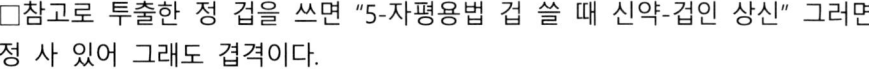

□참고로 투출한 정 겁을 쓰면 "5-자평용법 겁 쓸 때 신약-겁인 상신" 그러면 정 사 있어 그래도 겁격이다.

☞ 4. 경지

□12경계인에서 시작, ❶정 상신 천간-12경계인, ❷상신 입출상쇄-귀인, ❸조후 임 두 번 결함(1화다수갈, 2토다수매)-평인,1096) 그중 정은 왕상쇠사의 왕(상위)이다.1097)
□23경계인의 삶-(의사, 교수, 고위직, 대기업 임원, 전문직)

☞ 5. 대운 흐름   신약은 인입 상승해야 호사도래-(정 겁 화답))

을갑-절정기	○(강목득목-목생목)	▶식수목과 지지대-흔들림 방지, 본분회복
계임-종살격처럼	○(약수득수-수생수)	▶두물머리 약수터-사람 지혜 돈이 모여 듦
신경-종살격처럼	○(약수득금-금생수)	▶수 발원지와 관개 수로 발달-용수(가치) 풍부

☞ 6. 상(像)

○하늘이 돕는 사람-23경계인(중 상류층)이 종살격처럼과 신약으로도 잘 사는 이유입니다.
○내일이 더 밝고 유망-▶원국은 임 조후가 토다수매(경지하락)지만, 금수운에 수왕득토(용수=재물 고임), 수왕득화되고, ▶이 사주의 핵심인 임수 조후가 종살로 때를 만납니다.

● Tip

○1.(참고) 살은 조후, 배우자, 직업(식신대살)이니 고관대작은 남편도 자신도 큰 일 한다는 말이고, 크게 일하니 재물도 큽니다. 경 재(지장간) 두 글자만 보면 재물 적습니다.
○2.병화 일주에서 두 글자 임진은 부성입묘1098)로 고관대작과 상반됩니다.
○3.모든 신살은 생극제화와 거의 상반됩니다. 어렵게 공부하고도 두 글자나 체상으로 해석하면 이렇게 신살과 같은 허무한 발상에 사로잡히게 됩니다.

1094) 2-1-4 ■2 □1 용법 요약 "식상 강해 신약-탈식하는 인수 상신".
1095) 1-5-4-2 ●=1 ■4 □2 1)합을 포함 겁과 인수의 합산이 높으면 종왕격(처럼) 되고 식상(재)이 수기다. 겁(종)이 상신이니 결과적으로 신강 신왕수기격과 결이 같다.

■2. (인수격인데 겁이 상신) 미용학원장

●-28 실제사주			1-5-3					1-5-4-5 종아격처럼 되고 조후 없음					
YQ -1	1. 신약 신강		여. 미용학원장	9 2	8 2	7 2	6 2	5 2	4 2	3 2	2 2	1 2	2	▶3-자평식 쓸 때 신약
	임180	경160	병180	辛240										▶용신-임 ▶상신-신
	오	인	申	해 년	병	을	갑	계	임	신	경	기	무	▶34경계인
욕	병기정	포 무병갑	록 무임경	병 무갑임	오	사	진	묘	인	축	자	해	술 유	▶2이상형

❶원국분석
 1)원격은 신약, 월지 신(금생금) 겁격이 본격이다. 그래서 인출에서 변격 온다.
 2)임은 오(=정)와 합이고, 인신이 충인데 오가 인오합으로 충을 해소하는 것처럼 보인다.1099) 그러나 경금이 인목을 극하니 합이 못된다.
 3)병신합은 병을 극하는 신(=경) 해(=임)가 있어 합이 안 된다.1100) 오히려 신(辛)금이 입출상쇄이다.-(지지 申과 생, 병과 합 못되어 극하는 이유)

❷대운분석
 1)신약한데 시간의 임 식신이 일간과 유정하다. 그래서 상신운을 만나거나, 변격되어 허약을 면하는 것이 이 사주의 과제가 된다.1101)
 2)수 간여지동 경자대운은 종아격처럼, 화 간여지동 을사 병오는 종살(관)처럼 될 수 있다.1102)

☞ 2. 이 기법(조후)
□신월 경금은 극도로 예리하지만 그래도 정화로 더 제련해야 한다.
□신월 경금의 조후는 정화, 그런데 오화 타지(23경계인 시작)에 있다.

☞ 3. 순역(용신-격국)

❶(체)-신월 경금 건실-식관 강해 신약.
❷(용)-그중 투출한 임 식 쓰(용)려면 "3-자평용법 식 쓸 때 신약-겁인 상신"1103)
❸그래서 인수 없어 신 겁격이다.

1096) 2-1-3-4 ●=1 ■4 □1 상신(수기)을 극(재관)이 두 번 이상 분산, 또는 차 차선은 평상인이다.
1097) 3-1-2-2 ●=1 ■1 "경지 안에서도 왕(상위), 상쇠(중간), 사(보통)로 그 크기와 높이가 달라진다."
1098) 9-2-2-4 ■2. □9 ■2 □10-부성 입묘 실제사주 해석의 예
1099) 3231-1 ■5 □1) 회합이 형충을 해소하는 경우
1100) 3231-3 ●=1 합이불합 " ▶극 당하면 합 할 겨를이 없다." "상하 좌우에서 극하면 합하지 못한다." "합도 극(충)을 해소할 수 있지만 극도 극을 해소하게 된다."
1101) 2143-1 ●=2 ■2 □1 YQ-1 신약의 천간 즉 시 월간에 식상이 유정하면 겁인이 답이다. 1)겁인이 활성기라는 측면에서 수기를 쓰는 신강(신왕)수기 종격과 결이 같다.
1102) 1-5-4-2 ●=1 ■1 □2 상신이 인입이면 인출, 인출이면 인입 상승할 때 종(변격)이 일어난다.

☞ 4. 경지
○12경계인에서 시작, ❶조후 타지-23경계인, ❷무 인수 지장간-평상인, ❸절정기 부조화-34경계인, 그중 무는 왕상쇠사의 상쇠(중간)이다.
○34경계인의 삶-(일반 기업체, 기술직, 자영업, 특수직)

☞ 5. 대운 흐름   신약은 인입 상승해야 호사도래(신 겁 화답)

| 무기-절정기 | ○(약금득토-토생금) ▶쟁기와 쟁기 날-논 밭갈이, 활동왕성 |
| 경신-발전기 | ○(약금득금-금생금) ▶연철 선철이 강철로-친구 따라 강남, 용처상승 |

☞ 6. 상(像)
○이로공명(두 인생 삶)-'오는 사람 막지도 말고 가는 사람 잡지도 말고'-마음을 쓰다 설기가 심해지면 곤란한 이유입니다. ○님은 먼 곳에-신(辛) 우군(님)이 멀리(연간) 있어 소식이 늦습니다.(이율배반적-신약에 기여)

● Tip
○2007(경자 정해년) 1월(정해월)에 미용학원 개설했다 합니다.

1-5-4   식상 쓸 때. 신약하면 종

■3. (종살격 불가 자료)-남. H 유통

●-29 실제사주   1-6-1   1-5-4-8 YQ-3 는 극하는 것 있어도 종

YQ-1 ☞ 1. 신약 신강		남. H 유통		9 6	8 6	7 6	6 6	5 6	4 6	3 6	2 6	1 6	6	▶3-자평식 쓸 때 신약 ▶용-무 ▶상신-을 ▶34경계인 ▶4분지형
임320	정80	을240	무280	을	갑	계	임	신	경	기	무	정	병	
인	축	축	진 년	해	술	유	신	미	오	사	진	묘	인	
사 무병갑 묘	계신기 묘	계신기	쇠 을계무											

❶원국분석
1)원격은 신약, 본격은 을(목생화) 인수격이다.1104) 그래서 임 무에서 변격온다.
2)(종살 아닌 이유)-인입320(정80+을240)보다 임240이 3배수 이상 못되어 종하지 못한다. 을도 무와 극하고 있어 종강도 생화도 안 되고 입출상쇄다.
3)인목 인수가 임수를 관인 통관하여 정임합처럼 보이지만, YQ-2 축축(왕80) 10(무병갑기기2, 기기2무)=800이 극하여 정임합 안 된다. 무가 회국하여 극하지만 을이 극하니 극수 못한다.
4)참고로 최종 지지 인진합이 성립되니 축축은 자연 동합이 된다.1105)

1103) 2-1-4 ■2 □1 용법 요약 "식상 강해 신약-탈식하는 인수 상신"
1104) 2-1-2-3 ●=3 ■3 □1 최종격은 상신에서 나오는데 종격의 수기와 같은 유통 개념이다. 1)그러나 십정격의 상신은 물이 끓기 전이니 증기가 통풍구로 새지 않고 모아져야 한다. 그래서 최종격보다 상신이 우선이다. 2)반대로 수기는 물이 끓어 배출되는 증기로 동력을 얻는 증기기관이다.

❷대운분석
1)화 간여지동 병인 정묘는 종왕격처럼 될 수 있고 수기 축토 있다.1106)
2)토 간여지동 무진 기사 종아격처럼은 수기가 지장간이다.
3)임 관 간지합 경오대운은 종살격처럼 될 수 있고 수기가 지장간이다.

☞2. 이 기법(조후)

□겨울에는 정화가 미약하고 추우니 갑경을 쓴다. 그러나 갑 대신 을이 있다.
□축월 정화의 조후는 갑, 그런데 을목이 있어 조후미비다.

☞3. 순역(용신-격국)

❶(체)-축월 정화 허약한데 합 인강신약.
❷(용)투출한 무를 용신으로 쓰려면 "3-자평용법 식상 쓸 때 신강-식 재관 상신"1107)

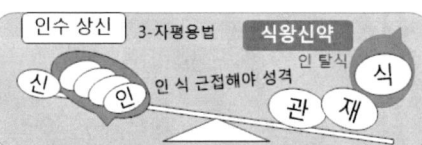

❸그러면 을 인수 있어 식용인수격이다.1108)

☞4. 경지

□12경계인에서 시작, ❶상신 을 천간-12경계인, ❷조후미비(갑 대신 을)-귀인 ❸상신 을과 무 극-23경계인, ❹두 번째 상신 극(을과 축)-평상인, ❺절정기 부조화-34경계인 그중 을은 상쇠(중간)이다.
□34경계인의 삶-(일반 기업체, 기술직, 자영업, 특수직)

☞5. 대운 흐름   인수격은 인수 상승해야 호사-(을 인 화답)

| 임계-절정기 | ○(약목득수-수생목) ▶강가의 수양버들-머리 맑음, 판단력향상 |
| 갑을-발전기 | ○(약목득목-목생목) ▶식수목과 지지대-흔들림 방지, 본분회복 |

☞ 6. 상(像)

○주관이 분명하다.-사주에 토가 많으면 탁하니 토 고집이라 합니다.
○자수성가-황금기 무진 기사대운 종아격처럼 때 금 수기가 지장간인 이유입니다.

● Tip

○2020년 봄 허리 디스크로 인하여 직장을 그만 두게 된 사례입니다.

1105) 3231-4 ●=2 ■4 연시 회국(回局)은 연월과 시일 다음이면서 작용(합충)의 끝이다. □1 그래서 우선순위를 볼 때 연시부터 보아야 한다. 연시가 성립되면 일월, 안 되면 연부터 우선순위를 본다.
1106) 2143-1 ●=2 ■1 ■3) □2 지지 수기는 해당되는 한 글자 YQ-4를 산출한다. 2)그러나 여러 글자가 있는 경우 유정과 월일시 순과 합충과 우선순위를 참조하여 흠이 적은 것이 수기가 된다.
1107) 2-1-4 ■3 □1 용법 요약 "인수 강해 신강-극인하는 재 상신"
1108) 2-1-4 ■2 □2 신약은 상신 겁인이 바로 최종격(겁격, 인수격)

1-6 식상 쓸 때 신강

■1. 시퀀스 택일(擇一 여럿 중 하나 고름)-네들이 그 맛을 알아?-(프로그래머)
(1)시퀀스 택일에 대한 자료이다. 예를 들어 ▶결혼작정 ▶결혼식 ▶혼인신고 모두가 결혼과 관련된 시퀀스다. 진학, 취직(서류접수, 시험일, 합격발표)도 그렇다.

사주	남 ●-28 실제사주(인출 상승 호사)					여 ●-19 실제사주(인출 상승 호사)				
	병	갑	임	계		갑	정	을	경	
작정99	-840	+600	-1200	-1440	호	0	+120	-480	-240	호
결혼00	-1320	0	-600	0	불	-480	-600	0	-60	호
09 월	+1440	+840	+720	+720	불	+240	-600	-720	+840	호

(2)이 부부는 99년에 실질적으로 결혼생활이 시작되었고 결혼식장(성당) 사정으로 2000년 9월에 예식을 올렸다 한다. 여성이 호사가 더 많은 것은 신부가 결혼을 주도했다고 통변에 반영한다. 실제 그렇다고 한다.
(3)사주명리의 간명은 신점과 다르다. 상위영역에서 하위영역으로 그리고 시퀀스(발단 전개 위기 절정 결말)[1109]의 성패를 맥락적으로 보아야 한다.

●-30 실제사주 1-6   1613-2 이사 가는 부부의 시퀀스 자료

YQ-1 ☞ 1. 신약 신강   남. 프로그래머
병360 갑80 임300 계360   9 8 7 6 5 4 3 2 1 6   ▶3-자평식 쓸 때 신강
 인   오   술   축 년   6 6 6 6 6 6 6 6 6   ▶용-병 ▶상신-식상생재
                            임계갑을병정무기경 신   ▶34경계인
 녹 무병갑 사 병기정 양 신정무 대 계신기   자축인묘진사오미 유   ▶1이상형

❶원국분석
 1)원격 신강(목왕득금), 식상생재가 본격이다.[1110] 그래서 갑 임에서 변격 온다.
 2)(신약 이유)-종강도 종아도 아니고 인입이 인출의 3배수 미만이니 신강이다.
 3)(종강 아닌 이유)-갑80인데 수(임계)가 3배수 240을 넘어 600이니 수생목이 아니라 수다목부다. 그래서 원국 인수로 변격(종강격)되고 그러면 갑은 수기처럼 보인다. 그러나 YQ-2 축(상쇠60) 주변 뿌리7(정무2기무병갑)=420이 수를 극하여 종강이 못된다.
 4)(종아 아닌 이유)-병360이 갑80의 3배수를 넘어 종아격이 될 수 있다. 그러나 신강의 나머지 인입680(갑80 임계600)이 병보다 높아 종 못한다.[1111]

[1109] 3-2-9-3 ■1 "오행과 육신오행의 물상" 도표
[1110] 2143-1 ●=2 ■2 □3 일간과 나머지가 식상(유정)의 3배수 미만은 분산(재격 대살 관격)을 쓴다.
[1111] 2143-1 ●=2 ■2 □4 일간(나머지 포함)이 식상의 3배수 이상이면 신왕수기나 종왕격이 된다.

5)합의 우선순위에 따라 인오술 삼합이 성립된다. 만약 삼합이 아니었다면 축술형이 먼저 성립되고 나머지 인오합이 된다.1112) 또한 인 없으면 오술이 먼저다. 인축처럼 우합이나 그리고 가합은 합의 우선순위가 없다.
❷대운분석
 1)수 간여지동 신유 경신대운은 종강격처럼 되고 갑 수기 있다.
 2)토 간여지동 기미, 무오, 정사, 병진은 최종격(재격)의 활성기다. 그러나 천간에 토가 없어 인입 하강을 보아야 한다. 아니면 축 재성의 YQ-4를 산출해야 한다.

☞ 2. 이 기법(조후)
□술월의 갑 나무가 건조하니 정화와 경금만 좋다 할 수 없고, 임계의 자윤을 필요로 한다.
□술월 갑목의 조후는 임수, 식상격 성격되어 인수조후 기능한다.

☞ 3. 순역(용신-격국)
❶(체)-술월 갑목 허약하지만 인강신강.
❷(용)-그래서 투출한 병을 용신으로 쓰려면 "3-자평용법 식 쓸 때 신강-재, 수기, 식(식신생재), 관(식신대살) 상신"1113)
그런데 종강격이 못되고 식상생재격이 되었다.1114)

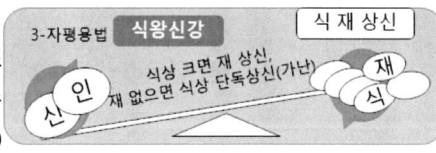

☞ 4. 경지
□12경계인에서 시작, ❶상신 병 천간-12경계인, ❷갑 수다목부-귀인, ❸갑 화다목분-23경계인, ❹최종격 축 지지1115)-평상인, ❺축 계와 극-34경계인, 그중 병은 상쇄(중간)이다.
□34경계인의 삶-(일반 기업체, 기술직, 자영업, 특수직)

☞ 5. 대운 흐름   식상생재격은 인출 상승해야 호사도래-(병 식 화답)
| 기무-발전기 | ○(약토득토-토생토) ▶비료와 복토-지력향상, 역할회복 |
| 정병-절정기 | ○(약토득화-화생토) ▶화덕과 도자기-불의 약속, 활동왕성 |

☞ 6. 상(像)
○네들이 그 맛을 알아?-인수(하늘의 가호) 도움으로 사는 경우 그 맛(별로 힘들지 않고 세상이 굴러가는 그 맛) 모릅니다. 고생이 고생인지를 모르는 사람의 특성이기도 합니다.
○인오술 삼합이 임수의 극화처럼 구응되면 비웃음 등 응석둥이 도련님과, 공주과 흔합니다. 구응은 하늘의 섭리인데, 어렵지 않으니 자기 우월감에 빠지기 쉽습니다.

1112) 3231-4 ●=2 ■2 연월이 일보다 먼저 합, 일월(연에서 설 극의 방해 없어야 합)이 시보다 먼저

● Tip

○외아들(도련님)로 태어났고 결혼과 함께 부친 명의 집에서 살고 있다고 합니다.
○직장도 처음 입사한 회사에서 지금까지 20년 넘도록 장기근속 중입니다.

■3. (양신재합-양일간은 정재와 합)-합의 함정과 피해-(여. Y 어린이 집 원장)
-이 사주는 "1-6-1-5" 삼각관계 관계적 시퀀스 자료이다.

●-32 실제사주		1-6		1615-1 삼각관계 시퀀스
YQ-1	☞ 1. 신약 신강		여. Y 어린이 집 원장	9 8 7 6 5 4 3 2 1	▶3-자평식 쓸 때 신강
신60	병560	무480	계0	9 9 9 9 9 9 9 9 9	▶용-무 ▶상신-식상생재
묘	술	오	묘 년	무 정 병 을 갑 계 임 신 경 기	▶34경계인
욕 갑을	묘 신정무	왕 병기정	욕 갑을	진 묘 인 축 자 해 술 유 신 미	▶4분지형

❶원국분석
1)원격은 신강(화왕득금), 본격은 무 식신생재격이다. 병 계에서 변격이 온다.
2)(신강 이유)-병과 나머지 인입 620은 무보다 크고 3배수 미만이다.1116)
3.)병신합처럼 보이지만 신 묘(=을)이 극하고 있어 합 아니다.

❷대운분석
1)이 사주는 기미 무진 토 간여지동은 재격의 활성기다.
2)수 간여지동 경신 신유 계해대운은 계(종살) 상승하는데 묘 수기가 있다.
3)화 간여지동 병인 정묘대운은 종왕격처럼 될 수 있고 술토 수기 있다.

☞ 2. 이 기법(조후)

□오월은 월령이 양인으로 매우 뜨거우니 임수(경-수의 근원)로 식혀야 한다.
□그런데 임수 대신 계이면서 병과 무정하니 일간이 더위에 지쳐 있어 삶이 어지럽다.

☞ 3. 순역(용신-격국)

❶(체)-오월 병 건실하여 신강.
❷(용)-투출한 무 식상 용하면 "3-자평식 쓸 때 신강-재, 대살 상신"1117)

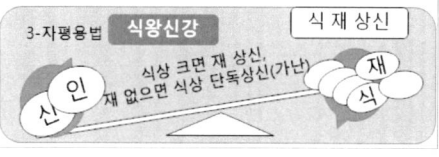

1113) 2-1-4 ■3 □1 용법 요약 "인수 강해 신강-극인하는 재 상신"
1114) 2-1-4 ■3 □2 식상 상신-식상 약해 겁이 생해도 최종 식상격. 식 상신 강하면 최종 식상생재격
1115) 2-1-2-3 ●=3 ■3 □2 4)상신과 최종격은 일간과 상신처럼 서로 유정해야 한다. 그래서 최종격은 일간을 떠나 상신을 중심으로 유정과 무정(타지 포함)으로 경지를 정한다.
1116) 2143-1 ●=2 ■2 □3 일간과 나머지가 식상(유정)의 3배수 미만은 분산(재격 대살 관격)을 쓴다.

❸그러면 무 있고 지장간 신 있어 식상생재격이다.1118)

☞4. 경지

□12경계인에서 시작, ❶상신 무토 천간-12경계인, ❷조후결함 2(1)임수 대신 계 면서 2)무정), 최종격 지장간-평상인, ❸절기 부조화-평범인-34경계인, 그중 무는 왕상쇠사의 왕(상위)이다.

□34경계인의 삶-(일반 기업체, 기술직, 자영업, 특수직)

☞5. 대운 흐름	식상생재격은 인출 상승해야 호사-(무 식 화답)1119)
무기-절정기	○화생토(강화득토) ▶흙 강열 흡수차단-예의, 분수 제자리
경신-발전기	○화극금(화왕득금) ▶제련, 금속 가공세공-욕망, 활동왕성

☞ 6. 상(像)

○스트레스(어지러움)를 잘 다스려 건강을 돌보아야 합니다.-(평소 조후결함이 원인)
○단순하게 살아야 건강합니다.-(분지형은 단기호사로 살아야 하는 것이 원인) 비활성기에는 장기적인 일은 부침을 겪습니다. 심오와 심사숙고가 삶을 어둡게 하기도 합니다.
○그러나 이를 알아도 허허실실 살기가 쉽지 않다고 위로 하니 공감(울먹임)합니다.

● Tip

○실제 계해대운(2015년 경)에 갑상선암이 왔다는데 이는 스트레스가 원인일 겁니다.

1117) 2-1-4 ■3 □1 용법 요약 "겁 왕 신강-극겁하는 관살 상신". "인수 강 신강-극인하는 재 상신"
1118) 2-1-4 ■3 □2 식상 상신-식상 약해 겁이 생해도 최종 식상격. 식 상신 강하면 최종 식상생재격
1119) 2-1-3-3 ●=3 ■3 □2 1)식상생재격은 식상 상신이 절정기, 재 최종격이 발전기다. 재생관살격도 같다. 2)재 없는 식상이나 관살 단독은 식상 관살 절정기, 인출 상승이 발전기다.

1-7	양인 건록 월겁을 쓸 때
1-7-1	양인 쓸 때

■1. (1-적천수용법-상관격) 기신 상승 자료-다모

●-34 실제사주   1-7-1   1-5-4-1 기신 운 상승과 비극의 예

YQ-1	☞ 1. 신약 신강		여. 다모 사업		9	8	7	6	5	4	3	2	1		▸1-적천수 일신 신약
	정300	경320	계480	기240	1	1	1	1	1	1	1	1	1		▸용신-신 ▸희신-토
	해	신	유	해	년	계	임	신	경	기	무	정	병	을	갑	▸34경계인
사	무갑임	녹	무임경	왕	경신	병	무갑임	미	오	사	진	묘	인	축	자	해	술	▸6중년 대기만성형

❶원국분석
 1)원격 신약, 신유(금생금) 겁격이 본격이다.1120) 정 계 기에서 변격온다.
 2)(신약 이유)-인입 경320은 인출780(정300+계480)보다 적고 3배수 미만이다.
 3)(임출상쇄)-기토는 계를 극하고 월지 유를 생하여 입출상쇄가 된다.1121) 그래서 극식도 불가하다.
❷대운분석
 1)토 간여지동 정축대운은 종강(인수)격처럼 될 확률 높고 수기 유 있다.
 2)경진(간지합)대운에 수 상승할 확률 높다. 경진(=무)이 계만 상승하면 고난이 따른다.

☞ 2. 이 기법(조후)

□유월 경금은 강하고 예리함이 아직 남아있다. 그래서 정 갑을 쓴다.-(정으로 경 제련, 경으로는 쪼개고).
□경금은 사시사철 조후우선, 성격(겁격) 되어 관성조후 기능한다.

☞ 3. 순역(용신-격국)

❶(체)-유월 경금 계 상관 강해 신약.
❷(용)-"1-적천수용법 쓸 때 신약-식재관 용신"1122)
❸그러면 신유 겁 있어 겁격이다.1123)

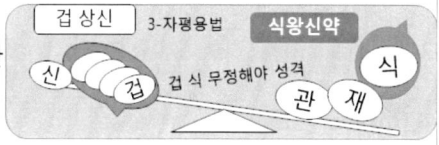

☞ 4. 경지

□12경계인에서 시작, ❶상신 신 유가 월 일지-귀인, ❷상신 신 정과 극-23경

1120) 2-1-2-3 ●=3 ■3 □1 최종격은 상신에서 나오는데 종격의 수기와 같은 유통 개념이다. 1)그러나 십정격의 상신은 물이 끓기 전이니 증기가 통풍구로 새지 않고 모아져야 한다. 그래서 최종격보다 상신이 우선이다. 2)반대로 수기는 물이 끓어 배출되는 증기로 동력을 얻는 증기기관이다.
1121) 3231-4 ●=2 ■1 □2 4)쟁합 입출상쇄는 자원이 사장되어 보이는 것보다 실속 적다고 통변한다.

계인, 극-평상인, ❸신약 일간과 식상이 유정-34경계인, ❹절정기 부조화-평범인, 그중 상신 신금은 왕상쇠사의 왕(상위)이다.
□평범인의 삶-(자영업, 일용직, 임시직, 특수직)

☞ 5. 대운 흐름   수기식상은 인입상승 해야 호사도래-(신 겁 화답)

갑을	○(약금극설-목다금결)	▶이 빠진 도끼 날-헛수고, 매사 중복반복
병정	○(약금극금-화다금용)	▶녹아버린 가마솥-용처상실, 정체성 상실
무기-절정기	○(약금득토-토생금)	▶쟁기와 쟁기 날-논 밭갈이, 활동왕성
경신-발전기	○(약금득금-금생금)	▶연철 선철이 강철로-친구 따라 강남, 용처상승
임계	○(약금설기-수다금침)	▶보검에 녹이 슮-담금질 잘하고 용처상실

☞ 6. 상(像)

○시리고 가렵다.-인생 초 중반은 비활성으로 상신 운 오기 전이 문제가 됩니다.
○미모와 함께 그래도 어엿한 사람-유월 경금을 정화가 잘 제련한 결과로 시려도 당당하고 떳떳합니다.

● Tip

○신약 일간이 상관만 상승하면 왜 곤란한지의 자료입니다. 아내 입원 중에 남편이 요청한 상담인데 차마 안녕을 준비하라고 말할 수가 없었습니다.
○2020년 경진대운의 수 상관 수치가 급상승하던 어느 날 백혈병으로 홀연히 세상을 떠난 사례입니다. ○백혈병을 수와 연결시키는 것은 각자의 몫입니다.

1-7-2   건록 쓸 때

■2. (건록 쓸 때-식신생재격) 전학가고 싶은 아이

●-35 실제사주   1-7-2   1-6-2-8 전학가려는 여중3

YQ -1 ☞ 1. 신약 신강	여중 3. 전학			9	8	7	6	5	4	3	2	1		▶4-자평 겁 쓸 때 신강
	기300	갑160	갑320	계180										▶용-갑 ▪상신-식상생재
	사	술	언	미 년	갑	계	임	신	경	기	무	정	병	을	▶평상인
병	무경병	양	신정무	녹	무병갑	묘	갑을	자	해	술	유	신	미	오	사	진	묘	▶1이상형

❶원국분석

1) 원격은 신강(목왕득금), 본격은 식상생재격이다.[1124] 갑 계에서 변격온다.
2) (사화가 상신인 이유)-갑480은 기360의 3배수 미만이니 분산을 쓰는데,[1125]

[1122] 2-1-4 ■2 □1 용법 요약 "식상 강해 신약-탈식하는 인수 상신". "관살 강해 신약-겁 상신(겁으로 대항)". "재성 강해 신약-파재하는 겁 상신"
[1123] 2-1-4 ■2 □2 신약은 상신 겁인이 바로 최종격(겁격, 인수격)
[1124] 2-1-2-3 ●=3 ■3 □3 1)상신의 생을 받는 최종격은 복합어(파생어, 합성어) 개념이다. 그래서 "식상재격"처럼 식 상신과 재 최종격의 이름을 같이 불러준다. 재생관살도 같다.
[1125] 2143-1 ●=2 ■2 □3 일간과 나머지가 식상(유정)의 3배수 미만은 분산(재격 대살 관격)을 쓴다.

기토는 합의 본질이 남아 있어서[1126] 회국하여 미토가 재격이 된다.

3)(입출상쇄)-계는 갑을 생하고 회국하여 기와 극한다. 그래서 입출상쇄다.

4)(갑기합 불성립)-일 월 갑은 중첩(중복) 아니어도[1127], 갑과 술 극하는 것과 두 개 갑은 하나의 기와 합하지 못해 갑기합이 아니다.

5)참고로 기가 연간의 계와 회국하여 토극수되면 갑기합이 안 되지만, 사가 계를 극하니 계가 기를 극하지 못해 합처럼 보인다.

❷대운분석

1)대운이 간여지동과 종격으로 꽃놀이패를 들고 있다.

2)목 간여지동 을묘 갑자대운은 종왕격처럼은 수기 사화 있다.

3)수 간여지동 경신 신유 계해대운은 종강(인수)격처럼 되고 수기 갑 있다.

☞ 2. 이 기법(조후)

□이른 봄에는 아직 한기가 남아 있다. 그래서 병으로 먼저 따뜻하고 계가 있되 무정하여 병을 방해하지 않아야 한다.

□인월 갑 조후는 병화, 차선으로 타지에 사(식상 조후-성격되어 조후 기능) 있다.

☞ 3. 순역(용신-격국)

❶(체)-인월 갑 강한데 계로 겁강신강.

❷(용)-투출한 갑 용(用)하면 "4-자평용법 겁 쓸 때 신강-관 식재 상신"[1128]

❸그러면 사 있고 기 술토 있어 식상재재(겁용정재)격이다.[1129]

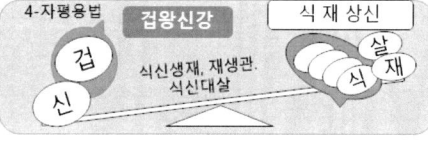

☞ 4. 경지

□12경계인에서 시작, ❶최종격 술 일지-귀인, ❷술 월간 갑과 극-23경계인, ❸조후미비-평상인, 그중 사는 왕, 상쇠, 사의 사(보통)이다.

□34경계인의 삶-(일반 기업체, 기술직, 자영업, 특수직)

☞ 5. 대운 흐름   식상생재격은 인입 하강해야 호사도래-(술 재 화답)[1130]

병정-절정기	○목생화(강목득화) ▶아궁이 불, 목조건조-밝은 빛에 수명회복
무기-발전기	○목극토(목왕득토) ▶밀집 목, 넓은 땅에 이식-새 세상(역할)

☞ 6. 상(像)

1126) 3231-2 ●=2 합의 남아 있는 본질(합의본질)을 이중성이라고 할 수 있는데, 가합(假合거짓 동의, 임시방편, 무늬만 화려)과 유사하다.

1127) 3231-4 ●=2 ■3 시간과 일간의 합은 월에서 관여하지 않아야 합

1128) 2-1-4 ■3 □1 용법 요약 "겁 왕 신강-극겁하는 관살 상신". "인수 강 신강-극인하는 재 상신"

○꽃이 흔들리면서 핌, 나무(갑)흔들리면서 핌-변격의 시기는 갑목에 흔들리는 것을 안고 가야합니다. 전학도 그렇습니다. ○마음이 따뜻한 사람-인월 바람이 차가우니 병화로 따뜻하게 해야 하는데, 대신 지지(마음)에 사와 미가 있습니다.

● Tip

○여중3 인데 친구들과 관계가 불편하여 전학 가고 싶어 한 사례입니다. 그러나 상담 후 전학가지 않았습니다.

1-7-3 겁을 쓸 때

■1. (겁을 쓸 때-정관격이 종왕격으로) 어느 성당의 피아니스트

●-36 실제사주   1-7-3   1-5-4-6 살 간여지동인데 변격 안 됨

YQ-1	☞1. 신약 신강	남. 피아니스트	9 8 7 6 5 4 3 2 1	▶4-자평 겁 쓸 때 신강
	갑480◁ 갑560	신40 병300	1 1 1 1 1 1 1 1 1	▶용-갑 ▶상신-갑
	자 자	묘 술 년	신 경 기 무 정 병 을 갑 계 임	▶23경계인
	태 임계 태 임계 왕	갑을 양 신정무	축 자 해 술 유 신 미 오 사 진	▶2이상형

❶원국분석

1)원격 신강, 변격 신왕수기격이 본격이다.1131) 그래서 병 신에서 변격온다.

2)갑1040은 병신280보다 크고 3배수 이상(목다화식, 금결)이니 신왕이다.1132)

3)신 정관이 목다금결, 그러나 천간합(병신합)으로 식관동체가 된다. 묘와 신이 극하지만 묘술이 합이니 병신합의 장애가 안 된다.

❷대운분석

1)대운이 개두절각이지만 간지합 등으로 간여지동처럼 작동한다. 이렇게 이래도 행운 저래도 호사인 사주를 우리 책은 꽃놀이패를 쥐었다고 한다.

2)화 간여지동 갑오는 종아격처럼, 갑 간지합 을미는 갑의 상신운, 금 간여지동 병신 무술 신축대운은 종살격처럼 될 수 있고 수기 자 있다.1133)

☞ 2. 이 기법(조후)

□묘월은 을 사령하여 왕, 그래서 경금을 얻으면 양인가살(羊刃駕殺)이 된다.

☞ 3. 순역(용신-격국)

1129) 2-1-4 ■3 □2 식상 상신-식상 약해 겁이 생해도 최종 식상격. 식 상신 강하면 최종 식상생재격

1130) 2-1-3-3 ●=3 ■3 □2 1)식상생재격은 식상 상신이 절기기, 재 최종격이 발전기다. 재생관살격도 같다. 2)재 없는 식상이나 관살 단독은 식상 관살 절기기, 인출 상승이 발전기다.

1131) 1-5-4-2 ●=1 ■3 □1 1)원국 YQ-1에서 십정격이 변격되면 신강 신왕수기격이나 종격이 된다.

1132) 2-1-4-4 ■2 □3 겁 과다신강은 침(극)으로, ■3 □3 겁 태왕은 수기(설기-통풍구)로 다스린다.

1133) 1-5-4-2 ●=1 ■1 □2 상신이 인입이면 인출, 인출이면 인입 상승할 때 종(변격)이 일어난다.

❶(체)-묘월 갑목 건실한데, 겁강신강.
❷(용)-투출한 갑을 용하면 "4-자평용법 겁 쓸 때 신강-식이나 관 상신"1134)
❸그러면 극겁하는 관살 최선, 그러나 태왕하여 신왕수기격이 된다.1135)-(겁 화답)

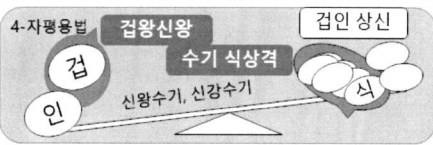

☞ 4. 경지

□12경계인에서 시작, ❶수기 병 천간-12경계인, ❷병 자와 극-귀인, ❸인생 후반 비활성기-23경계인, 그중 병은 왕(상위), 상쇠(중간), 사(보통)의 상쇠(중간)이다.1136)

□23경계인의 삶-(의사, 교수, 고위직, 대기업 임원, 전문직)

☞ 5. 대운 흐름   태왕수기는 인입 상승해야 호사 도래-(겁 화답)

| 임계-절정기 | ○(왕목득수-수생목) | ▶강가의 수양버들-머리 맑음, 판단력향상 |
| 갑을-발전기 | ○(왕목득목-목생목) | ▶식수목과 지지대-흔들림 방지, 본분회복 |

☞ 6. 상(像)

○공부와 재주만능-묘월 갑목이 태왕하니 공부(정관)에 창의(식신)이 합해져 공부와 예술로 직업 얻습니다. ○교직, 공직-병 식신이 묘술에 뿌리내려 왕 하고 정관과 합, 23경계인이 활동(연주) 분출(식상)로 정식 직업(정관) 얻으면 교직이나 공무원 이상입니다.

● Tip

○처음 초5 때 어머니를 통해서 상담이 이루어졌고. 지금 고2(2023년), 어느 성당의 피아니스트라 합니다.

■2. (겁을 쓸 때-상관격이 종왕격으로) 황 부동산

●-37 실제사주	1-7-3											1-5-4-7 종왕격이 종살격처럼
YQ-1 ☞ 1. 신약 신강		여. 황 부동산	9 4	8 4	7 4	6 4	5 4	4 4	3 4	2 4	1 4	▶4-자평 겁 쓸 때 신강
임400←	임320	을420	기240	을	갑	계	임	신	경	기	무	정	병	▶용-임 ▶상신-임
인	자	해	해 년	유	신	미	오	사	진	묘	인	축	자	▶34경계인 ▶3이상형
병	무병갑 왕	임계 녹	무갑임 녹	무갑임										

❶원국분석

1)원격은 신강, 변격 신강수기가 본격이다. 그래서 을 기에서 변격 온다.
2)(신강 수기 이유)-임720은 을140(을420 기280)1137)의 3배수 이상(수다목부)이

1134) 2-1-4 ■3 □1 용법 요약 "겁 왕 신강-극겁하는 관살 상신". "인수 강 신강-극인하는 재 상신"
1135) 1-5-4-2 ●=1 ■3 □1 1)원국 YQ-1에서 십정격이 변격되면 신강 신왕수기격이나 종격이 된다.
1136) 3-1-2-2 ●=1 ■1 "경지 안에서도 왕(상위), 상쇠(중간), 사(보통)로 그 크기와 높이가 달라진다."

다. 그래서 수기를 쓰게 된다.1138)
 3)(신왕 아닌 이유)-임 3배수 이상이지만 회국하여 기가 극수하기 때문이다. 그러나 수기를 쓴다는 측면에서 신강과 다르지 않다.
❷대운분석
 1)대운이 간여지동으로 변격이 자주 온다.
 2)토 간여지동 정축대운은 종살(관)격처럼1139) 될 수 있는데 수기가 없다.
 3)그래서 이때는 "절반의 성공이거나 고난을 겪을 수 있다."1140)

☞ 2. 이 기법(조후)

□해월은 임수 왕하다. 그래서 무토로 제방하여 왕한 물을 다스려야 하는데 기토는 적다.
□해월 임수의 조후는 무토, 그런데 무가 지장간(조후미비-평상인)에 있다.

☞ 3. 순역(용신-격국)

❶(체)-해월 임수 건실한데 겁왕신강.
❷(용)-그래서 투출 임 겁 쓰(용)면 "4-자평용법 겁 쓸 때 신강-관식재 상신"
❸그런데 임이 3배수 이상이어서 신강 수기격1141)이 된다.

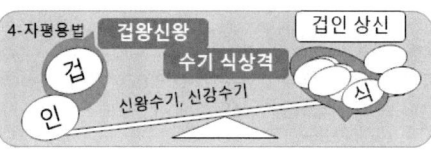

☞ 4. 경지

□12경계인에서 시작, ❶수기 을 천간-12경계인, ❷을과 기 극-귀인, ❸조후미비-23경계인, ❹대운이 개두절각-평상인, ❺절정기 부조화-34경계인, 그중 을은 왕상쇠사의 상쇠(중간)이다.
□34경계인의 삶-(일반 기업체, 기술직, 자영업, 특수직)

☞ 5. 대운 흐름   신강수기격은 인입 상승해야 호사발생-(임 겁 화답)

신경-발전기	○(강수득금-금생수) ▶수 발원지와 관개용수로-용수풍부 가치상승
계임-절정기	○(강수득수-수생수) ▶두물머리 약수터-사람 지혜 돈이 모여 듦

☞ 6. 상(像)

○시류를 잘 타야 합니다.-대운이 개두절각으로 변격이 자주 오는 이유입니다.
○여장부 삶-을목이 기토를 극하고 기토는 임해해의 바다에 조각배 한척이니 배우자(기토)가 죽기 아니면 살기이거나 요양가야 합니다.

1137) 1-4-1-3 ■1 "인입 세 가지-겁인, 관생인, 천간합 " ■2 "인출-재관식"
1138) 2143-1 ●=2 ■2 □4 일간(나머지 포함)이 식상의 3배수 이상이면 신왕수기나 종왕격이 된다.
1139) 1-5-4-2 ●=1 ■1 □2 상신이 인입이면 인출, 인출이면 인입 상승할 때 종(변격)이 일어난다.
1140) 2143-1 ●=4 ■2 □2 수기가 없거나 부정은 "절반의 성공이거나 과식(무리)으로 고난을 겪는다."

> ● Tip
> ○남편과 함께 부동산 했는데 사별하고 혼자 하려니 어려움이 많다 합니다.
> ○잦은 변격으로 인하여 돈이 들고 나는 부동산이 잘 어울릴 수 있습니다. 무 기토 강하다고 직업이 부동산 아닙니다.

1141) 2143-1 ●=2 ■2 □2 YQ-1 천간의 유정한 식상이 있는데 나머지(겁, 인수, 인식합, 관합 재합) 없이 일간만으로 신강한 경우 신강수기를 쓴다.

1-8 인수를 쓸 때

■1. (상신-천간) C도청공무원 정년

●-38 실제사주		1-8					1-5-2-1 무토 술 월생 자료				

YQ-1	☞ 1. 신약 신강		남.C 도청 공무원-정년	9 8	7 6	5 4	3 2	1	▶5-자평 인 쓸 때 신강
갑80	무420	경240	정180	8 8	8 8	8 8	8 8	8	▶용-정 ▶상신-무
인	인	술	유 년	경 신	임 계	갑 을	병 정	무 기	▶34경계인
생 무병갑	생 무병갑	묘 신정무	사 경신	자 축	인 묘	진 사	오 미	신 유	▶4분지형

❶원국분석
 1)원격은 신강, 신왕수기가 본격이다.[1142] 그래서 갑 경 정에서 변격된다.
 2)(신왕 수기 이유)-무420은 경60(경240-정180)의 3배수 이상(토다금매)이다.[1143]
 3)참고로 사주 구조가 갑 칠살의 식신대살격이다. 그러나 갑이 토다목절되어 식왕살쇠이니 이러한 경우 평소에는 식신격으로 작동한다.[1144]
 4)갑은 유와 극하고 무를 극하느라 회국해도 정을 생하지 못한다.

❷대운분석
 1)경 간여지동 기유 무신의 종아격처럼은 수기가 없다.[1145] 수기 없는 때를 "공무원이지만 임시직이나 직급이 높지 않을 것이다"라고 통변에 활용한다. 실제 기술직으로 공무원을 시작했다 한다.
 2)목 간여지동 계묘 임인대운은 종살격처럼 될 수 있고 수기 정 있다.

> ☞ 2. 이 기법(조후)
> □술월은 무 사령으로 토 강한 것을 감안 갑으로 소토 후 계로 적신다.
> □사주 총량으로는 갑도 있고 술월은 조후가 급하지 않다.

> ☞ 3. 순역(용신-격국)
> ❶(체)-술월무토 건실한데, 겁왕신강.
> ❷(용)-투출한 정 인수 쓰(용)면 "5-자평용법 인수 쓸 때 신강-재 식관 상신"[1146]
> ❸그러면 극겁 최선인데 신왕수기격이

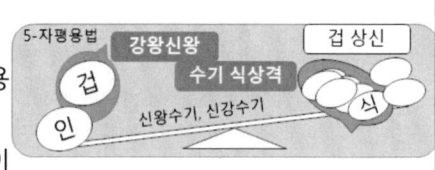

1142) 2-1-2-3 ●=3 ■3 □1 최종격은 상신에서 나오는데 종격의 수기와 같은 유통 개념이다. 1)그러나 십정격의 상신은 물이 끓기 전이니 증기가 통풍구로 새지 않고 모아져야 한다. 그래서 최종격보다 상신이 우선이다. 2)반대로 수기는 물이 끓어 배출되는 증기로 동력을 얻는 증기기관이다.
1143) 1-5-4-1 ●=1 ■2 □2 ●간명의 원리 ○그러나 종격(처럼)에서 다(多)는 3배수 이상이라는 말이고 그 과정은 수기가 됩니다. 2)즉 양초의 토초, 금의 용융, 물의 고갈 과정은 화(증기)로 동력을 얻는 증기기관과 같습니다. 숯불이 꺼지기(화식) 전 고기가 구워지는 것도 같은 원리입니다.
1144) 2143-2 ■2 ■2) □1 식왕살쇠은 살이 쇠한 경우는 식신대살이 아니다. 식신격인 것이다. □2 식쇠살왕은 실제 칠살용겁인격과 같다.
1145) 2143-1 ●=4 ■2 □2 수기가 없거나 부정은 "절반의 성공이거나 과식(무리)로 고난을 겪는다."

되었다.1147)-(무 화답)

☞ 4. 경지

□이법의 과정을 보면, ❶수기 경 천간-12경계인, ❷갑 토다목절-23경계인, ❸수기 결함 두 번(1인과 극, 2술 통관되지만 비생금토)-평상인, ❹절정기 부조화-34경계인, 그중 경은 왕상쇠사의 중간(상쇠)이다.
□34경계인의 삶-(일반 기업체, 기술직, 자영업, 특수직)

☞ 5. 대운 흐름   수기격은 인입 상승해야 호사도래-(무 화답)

| 정병-절정기 | ○(왕토득화-화생토) | ▶화덕과 도자기-불의 약속, 활동왕성 |
| 기무-종왕격처럼 | ○(종토득토-토생토) | ▶비료와 복토-지력향상, 역할회복 |

● 총론

○절제와 강단이 있는 사람-신강 무 술월 조후 경 식신을 정화가 제련하고 있습니다.

○성향-세밀하고 위법은 없다(관살의 특성). 과묵(편관)하지만 또한 편관의 조급한 성정(내면의 갈등)을 경계하며 인내해야 합니다,
○직업-▶관청서 말하는 사람입니다.-관청(일지-살), 상담(월지-비견), 표현(월간-식신) ▶시작은 미약 끝은 창대합니다. 실제 식신대살격은 공직 관직, 여기에서는 연금입니다.
○재운 보통-체(재 없음)보다 용(살-일하면 통장에 돈 들어 옴. 살쇠식왕은 살 상승해야 재물도 상승)이 재를 주도 그리고 용의 용(34경계인의 수입-서민)이 재물을 결정합니다.

○배우자 길-겁왕신강의 답1148)은 살인데 일지 처궁에 인 살 있습니다.
○궁합-수목을 상신으로 쓰는 여성이 궁합 좋은 배우자에 해당됩니다.
○자녀 운-체 갑(시주-아들)은 살쇠식왕으로 약, 용 경(월간 식신-아들)은 투출되어 강합니다. 그래서 갑 체 본질(결혼, 취직 등 삶의 본질적 문제)이 더 상승하는 해 자녀로 인하여 호사가 옵니다.

■2.(상신-천간) 인재합 성립-(음 일간의 편인은 정재와 합)-한 번만이라도-동옥

●-39 실제사주		1-8	3-2-3											
YQ-1 ☞ 1. 신약 신강		여. 검정고시		9 9	8 9	7 9	6 9	5 9	4 9	3 9	2 9	1 9	9	▶5-자평 겁 쓸 때 신강
신120	병320	을240	신120	을	갑	계	임	신	경	기	무	정	병	▶용-을 ▶상신-식상생재
묘	자	미	사 년	사	진	묘	인	축	자	해	술	유	신	▶34경계인
욕 갑을	태 임계	쇠 정을기	무경병											▶1이상형

1146) 2-1-4 ■3 □1 용법 요약 "겁 왕 신강-극겁하는 관살 상신". "인수 강 신강-극인하는 재 상신"
1147) 1-5-4-2 ●=1 ■3 □1 원국 YQ-1에서 십정격이 변격되면 신강 신왕수기격이나 종격이 된다.
1148) 2-1-4-1 ●=1 ■2 □1 관살 쓰는 법 "살강 신약하면 겁 상신(인 차선), 관살생인(관살인통관) 답" □2 "겁왕(과다)신강-극겁, 겁왕 살왕하면-제살, 인강신강-재, 인강신왕-수기 답"

❶원국분석
 1)원격은 신강, 변격 신왕수기격이 본격이다.1149) 그래서 인출에서 변격온다.
 2)(신왕 이유)-관생인의 계960(계480+신360+병120)가 갑180의 3배수 이상(수다목부)이다.1150)
 3)신(인수)과 병(재성)의 병신합(인재합)이 성립(국중지신끼리의 합)된다.1151) 그러나 일간 중심의 신법(자평법)은 신금 인수가 병을 합으로 끌어와 신강에 기여한다. 그러면 신은 입출상쇄다. 그러나 결론은 축이 병을 관인 통관한다.
❷대운분석
 1)금 간여지동 무술대운은 종인격처럼 될 수 있고 수기 계 있다.
 2)화 간여지동 갑오대운은 종재격처럼 될 수 있고 병 수기 있다.1152)

☞ 2. 이 기법(조후)

□축월은 만물이 얼어 있어 해동 하려면 병화가 우선인데 축월의 병은 허약, 그래서 임수와 병화가 서로를 비추면 물결에 반사되어 빛이 찬란(강휘상영)하다.
□축월 계수의 조후는 병화, 조후와 용신이 일치한다.-(조후가 지장간)

☞ 3. 순역(용신-격국)

❶(체)-축월 계 건실, 인재합으로 신강.
❷(용)-투출한 신 인수 쓰(용)려면 "5-자평용법 인수 쓸 때 신강-재 상신"1153)
❸그러면 극인 최선, 그러나 계 일간 태왕하여 신왕수기격이다.1154)

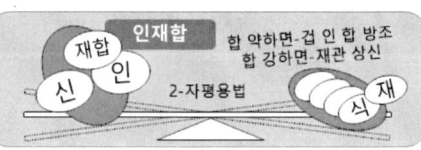

☞ 4. 경지

□12경계인에서 시작, ❶수기 갑 천간-12경계인, ❷조후결손-1)병 합거, 2)자가 회국하여 병극-평상인, ❸절정기 부조화-34경계인, 그중 갑은 상쇄(중간)다.
□34경계인의 삶-(일반 기업체, 기술직, 자영업, 특수직)

☞ 5. 대운 흐름	신왕수기격은 겁 상승해야 호사도래-(계 겁 화답)	
경신-발전기	○(왕수득금-금생수)	▶수 발원지와 관개용수로-용수풍부 가치상승
무계	○(왕수극수-토다수매)	▶진흙 흙탕물-물 혼탁 정신혼탁, 판단매립
병정	○(왕수극설-화다수갈)	▶흘러간 노래. 두만강 푸른 물-목소리 잠김

1149) 1-5-4-2 ●=1 ■3 □1 1)원국 YQ-1에서 십정격이 변격되면 신강 신왕수기격이나 종격이 된다.
1150) 1-5-4-1 ●=1 ■2 □2 ●간명의 원리 ○2그러나 종격(처럼)에서 다(多)는 3배수 이상이라는 말이고 그 과정은 수기가 됩니다. 2)즉 양초의 토초, 금의 용융, 물의 고갈 과정은 화(증기)로 동력을 얻는 증기기관과 같습니다. 숯불이 꺼지기(화식) 전 고기가 구워지는 것도 같은 원리입니다.
1151) 3231-1 ■1 합충의 성립 "일간과의 관계와 국중지신끼리의 관계"
1152) 1-5-4-2 ●=1 ■1 □2 상신이 인입이면 인출, 인출이면 인입 상승할 때 종(변격)이 일어난다.

갑을(수-발전기)	○(왕수득목) ▶산림 홍수방지-흐름 약, 머리 맑음
임계-절정기	○(왕수득수-수생수) ▶두물머리 약수터-사람 지혜 돈이 모여 듦

☞ 6. 상(像)

○남편 부양-축 살(배우자)이 살생인으로 변성, 극력(배우자 역할) 상실한 이유입니다.
○남편과 다정다감-자신 마음(유)과 축(남편)이 합하는 이유입니다. 만약 성국 되지 못 했다면 원수가 될 겁니다.

● Tip

○53세(을미대운 기해년) 자궁 수술-YQ-3 갑+660 계-800 신-120 병-200으로 겁(일간) 하강합니다. ○평생 혼자 생계를 꾸리니 남편이 한 번만이라도 도우면 원이 없겠답니다.

■3. (상신-지지) (양신재합 자료)-검정고시(2019년 중 고 검정고시 합격하고 대학에 진학한 사례)

●-40 실제사주		1-8		3-2-1							1-6-2-9 검정고시
YQ -1	☞ 1. 신약 신강	여. 검정고시		9 9	8 9	7 9	6 9	5 9	4 9	3 9	2 9	1 9	▶5-자평 겁 쓸 때 신강
신120	병320	을240	신120	을	갑	계	임	신	경	기	무	정	병	▶용-을 ▶상신-식상생재
묘	자	미	사	년										▶34경계인
욕 갑을	태 임계	쇠 정을기	독 무경병	사	진	묘	인	축	자	해	술	유	신	▶1이상형

❶원국분석
 1)원격은 신강(화왕득금), 본격은 식상생재격이다.1155) 을 병에서 변격된다.
 2)(분산 이유)-병560(병320+을240)은 신240의 3배수 미만이다. 그래서 분산을 쓰면 인수용재격이자 미 상관 상신, 신 재 최종격이 된다.
 2)(병신합 아닌 이유)-신 묘(=을)가 극하지만 자수가 통관(금생수생목)하여 합처럼 보인다. 그러나 미토가 자수를 극하니 통관 불능되어 여전히 극이다.1156)
 3)또한 연간의 신금이 회국하면 신신 중첩으로 보이지만, 을과 신과 또 시지의 묘(=을)와 극하여 회국 불가로 중첩은 아니다.1157)
❷대운분석
 1)정유대운 간지합은 종왕(겁)격처럼 될 수 있고 수기 토 있다.

1153) 2-1-4 ■3 □1 용법 요약 "겁 왕 신강-극겁하는 관살 상신". "인수 강 신강-극인하는 재 상신"
1154) 1-5-4-2 ●=1 ■3 □1 원국 YQ-1에서 십정격이 변격되면 신강 신왕수기격이나 종격이 된다.
1155) 2-1-2-3 ●=3 ■3 □3 1)상신의 생을 받는 최종격은 복합어(파생어, 합성어) 개념이다. 그래서 "식상재격"처럼 식 상신과 재 최종격의 이름을 같이 불러준다. 재생관살도 같다.
1156) 3231-3 ●=1 합이불합 "▶극 당하면 합 할 겨를이 없다." "상하 좌우에서 극하면 합하지 못한다." "합도 극(충)을 해소할 수 있지만 극도 극을 해소하게 된다."
1157) 3231-4 ●=1 쟁합은 지지에서 "하나의 오행이 두 개 오행을 형충하지 못한다."와 다를 바 없다.

☞ 2. 이 기법(조후)

○미월은 아직 뜨거워서 임을 취하고 경으로 수원을 취해야 한다.
○미월 병화의 조후 임수 대신 자수(1조후결함) 있는데 자생을(관생인)로 인입에 기여, 관이 변성(2조후결함)되었다.

☞ 3. 순역(용신-격국)

❶(체)-미월 병화가 인강 신합신강하다.
❷(용)-그중 투출한 을 인수 용신으로 쓰려면 "5-자평용법 인 쓸 때 신강-재 식관 상신"1158)
❸그러면 극목하는 신금 최선, 그래서 인수용정재격이다.1159)

☞ 4. 경지

○미월은 조후 우선, 12경계인에서 시작, ❶상신 신 천간-12경계인. ❷최종격 미토월지-귀인, ❸조후결손-1)조후결함(임 대신 자), 2)조후결함(자 관생인 변성)-평상인, ❹상신 을과 신 극 분산(금극목)-34경계인, 그중 신금은 왕상쇠사의 상쇠(중간)다.
○34경계인의 삶-(일반 기업체, 기술직, 자영업, 특수직)

☞ 5. 대운 흐름   정재격은 인입하강, 인출 상승해야 호사-(병 겁 화답)

| 무기-절정기 | ○화생토(강화득토) ▶흙 강열 흡수차단-예의, 분수 제자리 |
| 경신-발전기 | ○화극금(화왕득금) ▶제련, 금속 가공세공-욕망, 활동왕성 |

☞ 6. 상(像)

○시작은 어려워도 끝은 좋은 사람-활성기가 인생 초 중반 그래서 학교 중단해도 낙오하지 않습니다. ○경험 체험이 보약-신 재240이 을목 인수를 재극인, 그러나 을 인수 240(정보 수용)가 무너지기보다 자수 관(사회적 도움)의 조력으로 직접 체험과 수용이 일어납니다.

■4. (상신-지지) 공부를 떠나서-공부중단 (갑 파재)

| ●-41 실제사주 | | 1-8 | | 1614-2 부자(父子)의 시련 시퀀스 |

YQ -1	☞ 1. 신약 신강		남. 공부중단		9	8	7	6	5	4	3	2	1	5	▶5-자평 인 쓸 때 신강
	무360	경240	갑120	경160	5	5	5	5	5	5	5	5	5		▶용-무 ▶상신-경
	자	신	신	오 년	갑	계	임	신	경	기	무	정	병	을	▶34경계인
	사	임계 녹	무임경 록	무임경 욕	병기정	오	사	진	묘	인	축	자	해	술	유	▶1이상형

1158) 2-1-4 ■3 □1 용법 요약 "겁 왕 신강-극겁하는 관살 상신". "인수 강 신강-극인하는 재 상신"
1159) 2-1-4 ■3 □2 재 상신-재 약해 식 상신의 생 받아도 최종 재격. 재 상신 강하면 최종 재생관격

❶원국분석
 1)원격은 신강, 본격은 신왕수기격이다.1160) 그래서 무 갑에서 변격온다.
 2)(신왕 이유)-경600(무360 경240)이 갑120의 3배수 이상(금다목절)이다.1161) 참고로 '무경경신신'으로 보아도 신왕이고 종혁격이다. 그러면 자수가 수기다.
 3)최종적으로 자오충이 성립되니 신신은 동합이 된다.1162)
❷대운분석
 1)활성기가 개두절각이다.
 2갑120은 금다목절되어 정재 기능을 못한다. 갑이 상승하면 종재격처럼 될 수 있으나 대운이 개두절각으로 갑 상승이 희박하다.
 3)토 간여지동 병술대운은 종강격처럼 될 수 있고 수기 경 있다.

☞ 2. 이 기법(조후)
☐신월 경금 극도로 예리하니 정화로 제련, 만약 임계를 만나면 녹이 슨다.
☐신월 경금의 조후는 정화, 그런데 정화(오화) 타지(23경계인)에 있다.

☞ 3. 순역(용신-격국)
❶(체)-경금 일간 경무로 인강신강하다.
❷(용)-투출한 무 인수 쓰(용)면 "5-자평용법 인수 쓸 때 신강-재 상신"1163)
❸그러면 재극인 최선, 그러나 갑이 금다목절이고, 신왕하여 신왕수기격이 되었다.1164)

☞ 4. 경지
☐12경계인에서 시작, ❶수기 타지, 조후도 타지-23경계인, ❷갑 금다목절-평상인, ❸대운 개두절각-34경계인, 그중 정은 왕상쇠사의 상쇠(중간)이다.
☐34경계인의 삶-(일반 기업체, 기술직, 자영업, 특수직)

☞ 5. 대운 흐름   수기격은 인입 상승해야 격이 빛남-(경 겁 화답)
| 무기-절정기 | ○(약금득토-토생금) ▶쟁기와 쟁기 날-논 밭갈이, 활동왕성 |
| 경신-발전기 | ○(약금득금-금생금) ▶연철 선철이 강철로-친구 따라 강남, 용처상승 |

☞ 6. 상(像)
○시류를 잘 타야-대운이 개두절각으로 태세 이하 단기운으로 살아가기 때문입니다.
○온화한 사람-원국이 금 종혁격과 같아 무인의 기상이지만 대운이 개두절각으로 기세

1160) 1-5-4-2 ●=1 ■3 ☐1 1)원국 YQ-1에서 십정격이 변격되면 신강 신왕수기격이나 종격이 된다.
1161) 2143-1 ●=2 ■2 ☐4 일간(나머지 포함)이 식상의 3배수 이상이면 신왕수기나 종왕격이 된다.
1162) 3231-4 ●=2 ■4 연시 회국(回局)은 연월과 시일 다음이면서 작용(합충)의 끝이다. ☐1 그래서 우선순위를 볼 때 연시부터 보아야 한다. 연시가 성립되면 일월, 안 되면 연부터 우선순위를 본다.

와 기운이 흩어지니 무쇠가 거칠지 않습니다.

● **Tip**
○어려서 공부를 잘했는데 병술년 고1 되면서부터 갑자기 공부를 중단했다 합니다.

■5. (상신-지지) 내 아를 낳아도-윤 기자

●-42 실제사주   1-8   1-5-2-2 기토 술 월생 자료

YQ-1	☞ 1. 신약 신강	남. 윤 기자			9	8	7	6	5	4	3	2	1	6	▸5-자평식 쓸 때 신강
	신240	기420	병240	을80	6	6	6	6	6	6	6	6	6	6	▸용-병 ▸상신-식생재
	미	해	술	축 년	병	정	무	기	경	신	임	계	갑	을	▸34경계인
대	정을기	태 무갑임	양 신정무	묘 계신기	자	축	인	묘	진	사	오	미	신	유	▸1이상형

❶원국분석
1)원격은 신강(토왕득수), 식상생재가 본격이다.1165) 기 병 을에서 변격온다.
2)(분산 이유)-신 식 유정해도 나머지660(기420 병240)의 3배수 미만이다.1166)
3)을은 관인 통관되어 인입의 일원이지만 술 축과 극하고 있어 무늬뿐이다.
4)기와 극하는 해를 병이 극하여 구응하니 신왕(가종격)으로 볼 수도 있다. 그러나 수기를 쓰면 신강과 신왕의 쓰임의 결과는 같다.

❷대운분석
1)대운이 개두절각으로 태세이하 하위운의 단기운 변화가 심하다.
2)토 간여지동 정축대운은 종왕격처럼 될 수 있고 수기 신 있다.

☞ **2. 이 기법(조후)**
□가을 기토 찬기가 점점 오르니, 병으로 따뜻하게 하고 계로 윤택하게 한다.
□사주 총량으로는 조후가 급하지 않다. 술월이면서 병화가 있기 때문이다.

☞ **3. 순역(용신-격국)**
❶(체)-술월 기 건실한데 인강신강이다.
❷(용)-그중 투출한 병 인수 쓰면, "5-자평용법 인 쓸 때 신강-재 식관 상신"1167)
❸그래서 신 식 있고 해 재 있어 식상생

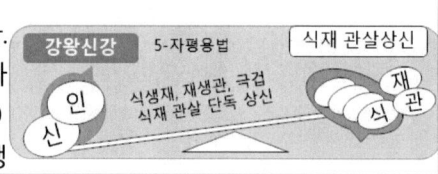

1163) 2-1-4 ■3 □1 용법 요약 "인수 강해 신강-극인하는 재 상신"
1164) 1-5-4-2 ●=1 ■3 □1 1)원국 YQ-1에서 십정격이 변격되면 신강 신왕수기격이나 종격이 된다.
1165) 2-1-2-3 ●=3 ■3 □3 1)상신의 생을 받는 최종격은 복합어(파생어, 합성어) 개념이다. 그래서 "식상재격"처럼 식 상신과 재 최종격의 이름을 같이 불러준다. 재생관살도 같다.
1166) 2143-1 ●=2 ■2 □2 YQ-1 천간의 유정한 식상이 있는데 나머지(겁, 인수, 인식합, 관합 재합) 없이 일간만으로 신강한 경우 신강수기를 쓴다.

재격다.1168)

☞ 4. 경지

- □12경계인에서 시작, ❶해 상신 일지-귀인, ❷대운 개두절각(상신 기운 흩어짐)-23경계인, ❸최종격 목 지장간-평상인, ❹소년기 부조화-34경계인, 그중 해는 왕상쇠사의 상쇠(중간)이다.
- □34경계인의 삶-(일반 기업체, 기술직, 자영업, 특수직)

☞ 5. 대운 흐름   분산격은 인출 상승해야 호사 도래-(해 재 화답)

| 계임-발전기 | ○토생금(강토득금) | ▶광산 잡석분리-자기주장하다 상대 이해 |
| 신경-절정기 | ○토극수(토왕득수) | ▶마른 땅이 옥토로-토지개발 실리증대 |

☞ 6. 상(像)

○변신의 귀재-신약의 대운이 개두절각이면 세운의 변격이나 단기운으로 살아가는 이유입니다. ○시류를 잘 타라-어쩌다 오는 단기운을 잘 활용해야 합니다.

● Tip

○2015년 믿었던 아들의 혼사가 불발되자 걱정이 태산인 아버지가 찾아 왔습니다.

■6. (상신-지지)-(조후 자료)-순 카페

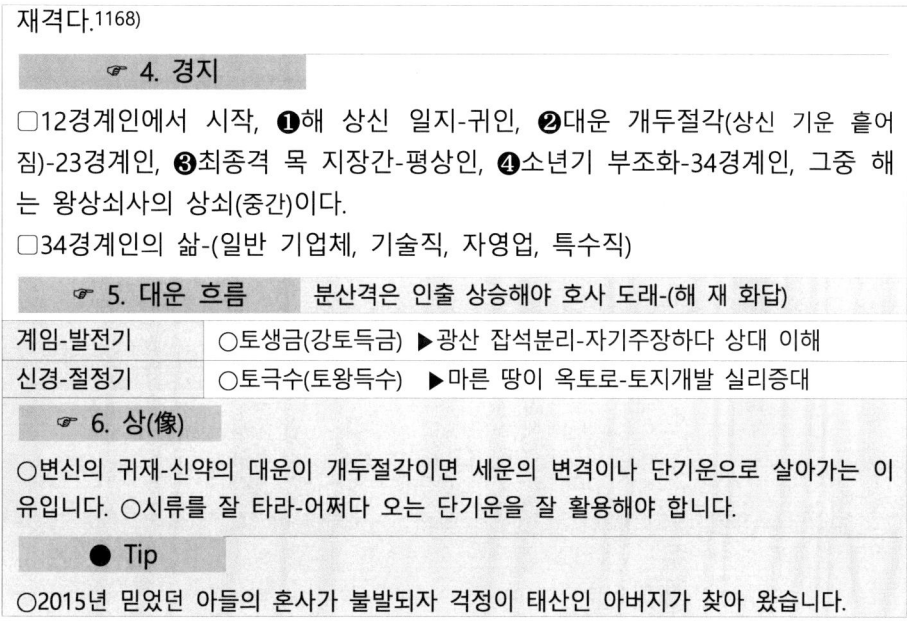

❶원국분석

1)원격은 신강(화왕득금), 식상생재격이 본격이다.1169) 병 계 을에서 변격 온다.
2)(신강 이유)-병640(병400+계120+을120)은 무560의 3배수 미만이다.1170)
3)(관생인)-인(상쇠60) 주변 뿌리240(갑을기2)은 계120 관을 통관 시킨다.
4)미월의 병 뜨거워 계로 식히는데 계 조후가 통관되어 파격이다. 그래서 신왕의 병은 상승해야 하고, 뜨거운 병은 식혀야 하는 부조화가 발생한다. 그래

1167) 2-1-4 ■3 □1 용법 요약 "겁 왕 신강-극겁하는 관살 상신". "인수 강 신강-극인하는 재 상신"
1168) 2-1-4 ■3 □2 식상 상신-식상 약해 겁이 생해도 최종 식상격. 식 상신 강하면 최종 식상생재격
1169) 2-1-2-3 ●=3 ■3 □3 1)상신의 생을 받는 최종격은 복합어(파생어, 합성어) 개념이다. 그래서 "식상재격"처럼 식 상신과 재 최종격의 이름을 같이 불러준다. 재생관살도 같다.
1170) 2143-1 ●=2 ■2 □2 YQ-1 천간의 유정한 식상이 있는데 나머지(겁, 인수, 인식합, 관합 재합) 없이 일간만으로 신강한 경우 신강수기를 쓴다.

서 부조화의 모순을 안고 살아가는 것을 통변에 반영한다.
 5)이 점이 이법과 기법의 차이다.-("●-72 실제사주"의 수와 반대 개념)
 6)계가 통관되어 관성(극력)을 잃으니(배우자, 직업 무능) 조후도 무력해진다. 그래서 병 주고 약 주니 경지가 하락한다.1171)

> **● 간명의 원리**
>
> ○사주보는 법을 혼돈하면 곤란합니다. 원국(YQ-1)과 행운(YQ-3) 보는 법이 다릅니다.
> ○이법과 기법의 차이는 원국에서만 존재합니다. 즉 병을 식혀야 할 계가 통관되어 극성을 상실한 겁니다. 그래서 원국의 구조적 모순(직업 배우자운 약함)을 안고 살아갑니다.
>
> ○이때 개운하려면 행운에서 병이 하강해야 하는 것이 전통적 이론입니다. 그러나 신왕은 겁이 상신이니 상신운을 만나면 하강이 불가능합니다. 또한 계가 통관되어 병을 식히지 못하고 오히려 상승시키는 문제가 해결되지 않습니다.
> ○어떻든 이 사주의 문제는 원국 계 살의 살인통관입니다. 그렇다면 신이 와서 인을 충해야 통관이 멈춥니다. 그러나 원국에 신이 없으면 불가능합니다. 행운은 신 한 글자만 오지 않기 때문입니다.1172) 이는 합 형충의 완화는 가능해도 해소는 불가능한 것과 같습니다.1173) 이러한 본질적 구응이 이루어지려면 변격이 답입니다.1174)
>
> ○그래서 그 대안으로 우리 책의 YQ-3는 미월 병이 종왕격처럼 변격되면 관성조후 계 있으니 수기 술토가 하강하면 됩니다. 그러면 병도 설기되어 하강합니다.
> ○누차 강조하였듯이 행운에서 한 글자 오면 해결된다는 발상을 멈추어야 합니다. 이를 예전부터 한 글자를 동원하여 원리를 설명하는 학습 과정으로 생각해야 합니다.

❷대운분석
 1)계 간지합 무자대운은 종아격처럼 될 수 있고 수기 을 있다.
 1)토 간여지동 병술 기축대운은 재격의 활성기이다.
 2)대운이 개두절각으로 단기운의 영향을 많이 받는 것과 조열한 것과, 경지도 낮아 삶의 기복과 풍파가 따른다.

> **☞ 2. 이 기법(조후)**
>
> □미월은 삼복 불기운 속에서 찬 기운이 생겨나지만 아직 뜨겁고 건조, 그래

1171) 3231-4 ●=2 ■1 □2 1)참고로 이 사주는 월지 축토가 있어 병 관을 통관시키니 병신합의 유무를 떠나서 관인통관이 된다. 실제 관살은 관합 여부보다 통관이 더 허다하다.
1172) 1-4-2-2 ■2 행운은 지지 뿐만이 아니라 천간과 함께 대운, 태세, 월운, 일운, 시운 등 여러 개의 운이 동시에 오기 때문이다.
1173) 3-2-3 ●=3 ●간명의 원리 "○1원국에서는 합충(형)의 해지가 가능. ○2그러나 행운에서 원국의 합충(형)은 완화나 악화될 수는 있어도 해지되지 않습니다. ○3"완화는 해지와 같습니다."
1174) 1-5-4-2 ●=1 ■4 □1 YQ-3는 극 있어도 종한다. 1)종이란 기운이 최대로 상승한 것이고, 나머지는 하강하여 왜소하기 때문이다. 또한 행운 여러 글자는 모두를 제화(制化)에서 해방 중화시킨다.
1175) 2-1-7-1 ●=2 ■2 □3 2)조후결함과 조후미비 중 두 가지 이상이 겹치면 조후결손에 해당된다.

서 임으로 식히고 경으로 수원이 되게 한다.
□미월 병화 조후는 임수, 그런데 대신 계수(1조후결함)가 있다. 그러나 조후가 관생인으로 극 기능 상실(2조후결함)이다.1175)

☞ 3. 순역(용신-격국)

❶(체)-미월 병 건실한데 관생인 신강.
❷(용)-그중 투출한 을 인수 쓰려면 "5-자평용법 식 쓸 때 신강-겁인 상신"1176)
❸그러면 무 식 있고 지장간에 신 재 있어 식상생재격이다.1177)

☞ 4. 경지

□12경계인에서 시작, ❶조후결손-1)조후결함(임 대신 계), 2)조후결함(관생인 변성), 재 최종격 지장간-평상인, ❷절정기 부조화,-34경계인, ❸대운이 개두절각-평범인, 그중 계 상쇄(중간)이다.
□평범인의 삶 안에서의 발전기 절정기-(자영업, 일용직, 임시직, 특수직)

☞ 5. 대운 흐름   식생재격은 인입 하강해야 호사도래-(신 재 화답)1178)

| 무기-절정기 | ○화생토(강화득토) ▶흙 강열 흡수차단-예의, 분수 제자리 |
| 경신-발전기 | ○화극금(화왕득금) ▶제련, 금속 가공세공-욕망, 활동왕성 |

☞ 6. 상(像)

○뜨거워서 싫어요.-미월 병화의 조후 계가 관생인으로 기능약화, 매사 인생 맛이 뜨겁습니다. ○나는 달라요.-신강 병을 다스리는 방법으로 조후와 이법이 서로 다른 이유, 그래서 실제 남달리 특이한(우여곡절) 삶을 살아갑니다.

1176) 2-1-4 ■3 □1 용법 요약 "겁 왕 신강-극겁하는 관살 상신". "인수 강 신강-극인하는 재 상신"
1177) 2-1-4 ■3 □2 식상 상신-식상 약해 겁이 생해도 최종 식상격. 식 상신 강하면 최종 식상생재격
1178) 2-1-3-3 ●=3 ■3 □2 1)식상생재격은 식상 상신이 절정기, 재 최종격이 발전기다. 재생관살격도 같다. 2)재 없는 식상이나 관살 단독은 식상 관살 절정기, 인출 상승이 발전기다.

1-9	천간 겁인

1-9-1	천간이 겁과 인

■3. (정임합으로 천간겁인과 유사)-약대 지원

●-44 실제사주　　1-9-1　　1-5-7-1 천간겁인과 유사 자료

YQ -1	☞ 신약 신강		남. 약대 지원		9 9	8 9	7 9	6 9	5 9	4 9	3 9	2 9	1 9	▶5-자평 인 쓸 때 신강 ▶용-을 ▶상신-재생관살 ▶34경계인 ▶6중년절정 형
임480	정200	정120	을300		정	무	기	경	신	임	계	갑	을	병
인	축	해	축	년	축	인	묘	진	사	오	미	신	유	술
사 무병갑	묘 계신기	태 무갑임	묘 계신기											

❶원국분석

  1)원격 신강(화왕득금), 임 정관(재생관살)격이 본격이다.[1179] 정 을 변격된다.

  2)(신강 이유)-정620(정320+을300)은 임480의 3배수 미만이다.[1180]

  3)관이 최종격이면 상신은 재가 되는데 신금 지장간으로 관 단독과 같다.[1181]

  4)(정임합 아님)- YQ-2 축(왕80) 주변 뿌리4(병갑기무)=320은 임480의 3배수 미만으로 극(침)할 수 있다.[1182] 그래서 극을 받아 합이 안 된다.[1183]

  5)또한 두 개의 정은 하나의 임과 합하지 못한다.

  6)일간과 월의 비겁 중복은 중첩으로 보지 않는다.[1184] 지지는 최종적으로 일월 해축합, 연시 인축 우합이 성립된다.[1185]

  7)참고로 인(상쇄60) 주변 Y,Q-2 목 뿌리5(계기갑계기)=300은 임480의 3배수 미만으로 임을 관인 통관시키니 임은 인입의 일원이 될 수 있다. 그러나 연지와 일지의 축이 극하고 있어 통관불능이다.

❷대운분석

  1)대운이 거의 개두절각이니 대운 아닌 태세에서 변격이 일어난다.

  2)그래서 태세를 비롯하여 하위 단기운의 영향을 많이 받는다.

☞ 2. 이 기법(조후)

1179) 2-1-2-3 ●=3 ■3 □3 1)상신의 생을 받는 최종격은 복합어(파생어, 합성어) 개념이다. 그래서 "식상재격"처럼 식 상신과 재 최종격의 이름을 같이 불러준다. 재생관살도 같다.
1180) 2143-1 ●=2 ■2 □3 일간과 나머지가 식상(유정)의 3배수 미만은 분산(재격 대살 관격)을 쓴다.
1181) 2-1-4 ■3 □2 관살 상신-관 약해 재 상신의 생 받아도 최종 관살격. 관 상신 강해도 최종 관살격. 다만 관생인이 아니어야하고 재의 생이 없으면 단독(평상인)으로 관살격.
1182) 1-5-4-1 ●=1 ■2 □2 ●간명의 원리 ○1화생토, 강화득토, 화왕득금, 화왕득수는 생, 강, 왕보다 득이 3배수 미만이라는 말이고 득이란 소통을 의미합니다. 그래서 득을 침에 비유한 겁니다.
1183) 3231-3 ●=1 합이불합 "▶극 당하면 합 할 겨를이 없다." "상하 좌우에서 극하면 합하지 못한다." "합도 극(충)을 해소할 수 있지만 극도 극을 해소하게 된다."
1184) 3231-4 ●=3 ■2 □2 일간과 월간, 일간과 시간의 비겁 중복은 중간(중첩)으로 보지 않는다.
1185) 3231-4 ●=2 ■4 연시 회국(回局)은 연월과 시일 다음이면서 작용(합충)의 끝이다. □1 그래서 우선순위를 볼 때 연시부터 보아야 한다. 연시가 성립되면 일월, 안 되면 연부터 우선순위를 본다.

□해월 정화 미약하고 추워 갑경 쓴다.-(갑이 경에게 쪼개져 화목이 됨-벽갑인정)
□해월 정화의 조후는 갑목, 그런데 인 타지(23경계인)에 있다.

☞ 3. 순역(용신-격국)

❶(체)-해월 정화 허실한데 관생인 신강.
❷(용)-투출한 을 쓰(용)려면 "5-자평용법
인수 쓸 때 신강-식재 살관 상신"1186)
❸그러면 임 관 있어 정관격이다.1187)

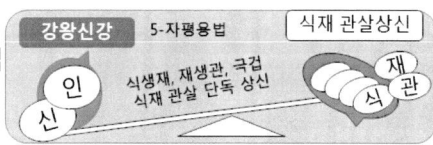

☞ 4. 경지

□12경계인에서 시작, ❶수기 축 일지-귀인, ❷조후 타지-23경계인, ❸관 단독격과 같음(생관하는 신 재성이 지장간인 이유)-평상인, ❹활성기(개두절각) 부조화-34경계인, 그중 임수는 왕상쇠사의 왕(상위)이다.
□34경계인의 삶-(일반 기업체, 기술직, 자영업, 특수직)

☞ 5. 대운 흐름   식신격은 인출 상승해야 호사 도래.-(임 관 화답)

| 계임-발전기 | ○수극화(화왕득수) | ▶수가 중생제도, 수신수양-격한 성정 차분 |
| 신경-절정기 | ○화극금(화왕득금) | ▶제련, 금속 가공세공-욕망, 활동왕성 |

☞ 6. 상(像)

○고요하고 온순-대운이 개두절각으로 기세가 고요합니다.
○배경이 든든한 사람-자신(정)은 고요한데 환경(을인해)의 도움으로 신강합니다.

● Tip

○37세 늦은 나이에 뜻한바가 있어서 약대 편입을 준비하는 사례입니다.
○상담은 그 어머니를 통해 이루어졌고 아들이 어머니 조언을 잘 듣지 않는다 합니다.

| 1-9-2 | 천간이 모두 겁 |

■1. (천간이 모두 겁)-유산 받으면 잘 할까요?-여. Y 어린이 집 원장 딸

| ●-45 실제사주 | 1-9-2 | 1615-2 삼각관계 시퀀스 |

YQ-1	☞ 1. 신약 신강	여. Y 어린이 집 원장 딸	9 6	8 6	7 6	6 6	5 6	4 6	3 6	2 6	1 6	▶천간 겁. 2적-3용법 ▶용-을 ▶상신-을 ▶34경계인 ▶4분지형
갑120	을240	갑120	을280	갑	계	임	신	경	기	무	정	병	을	
신	유	신	해 년	오	사	진	묘	인	축	자	해	술	유	
태 무임경 포	경신	태 무임경 사	무갑임											

1186) 2-1-4 ■3 □1 용법 요약 "겁 왕 신강-극겁하는 관살 상신". "인수 강 신강-극인하는 재 상신"
1187) 2-1-4 ■3 □2 관살 상신-관 약해 재 상신의 생 받아도 최종 관살격. 관 상신 강해도 최종 관살격. 다만 관생인이 아니어야하고 재의 생이 없으면 단독(평상인)으로 관살격.

❶원국분석
 1)원격은 신약, 변격 신왕수기가 본격이다.1188) 천간 모두 겁이니 변격 없다.
 2)을을 유가 극하고 있어 종왕격이 못되고 신왕수기격이지만 결과는 같다.
 3)(해수의 금수통관과 신왕)-신유신 960은 YQ-2 해(상쇠60) 주변 뿌리6(임3경3)=360보다 3배수 미만으로 살인(금수) 통관되고 그러면 극하는 금 있어 종왕격 아닌 신왕이다.1189)
 4)이 사주 신월 을목의 조후는 병이다. 병은 식재관 조후에 해당되는데 없으니 수기가 상승해야 한다. 그러나 수기가 원국 어디에도 없다.
 5)그렇다면 병 식상조후도 수기 상승도 일간을 하강시키는 결과가 된다. 그래서 일간을 하강시키는 재관이 조후와 수기 역할을 대신한다고 말한 것이다.1190)
 5))신유신이 쟁합 형태처럼 보이지만 극하는 갑이 있어 합이 아니다.
❷대운분석
 1)대운이 기축 갑 간지합 외 모두 개두절각이다. 그래서 태세 이하 단기운으로 살아간다.

☞2. 이 기법(조후)
□신월 장간에 경 있어 오직 을에게 정을 주니 경을이 합 할 수 있다. 그래서 병으로 강한 경을 극금하고 계로 을목을 자윤해야 되는데 병 없어 난감하다.
□신월 을목의 조후는 병화인데 없으니 조후결손(평상인)이다.

☞3. 순역(용신-격국)
❶(체)-신월 을목 허실한데 겁으로 신강
❷(용)-투출한 것이 없고 겁강신강하니
"2-적천수 신강-식재관 용신"1191)
❸그러면 관살이 용신인데, 천간이 모두

겁으로 태왕하니 신강수기격이다.1192) 그리고 화 없어 유 살이 수기가 된다.

☞4. 경지
□12경계인에서 시작, ❶조후결손-평상인, ❷수기가 재관-34경계인, 그중 화를 생하는 목은 왕상쇠상의 사(보통)이다.1193)

1188) 1-5-4-2 ●=1 ■3 □1 1)원국 YQ-1에서 십정격이 변격되면 신강 신왕수기격이나 종격이 된다.
1189) 2143-1 ●=2 ■1 ■2) □2 신왕수기는 극이 있어 종이 아니지만 그 세력이 여전히 남아 있는 일간태왕(가종격) 수기를 말한다.
1190) 2143-1 ●=3 ■4 □2그러나 천간 모두 겁(종왕격)의 경우는 변격될 오행이 천간에 없다. 1)따라서 이때만 차선으로 지지 재관이나 지장간의 재관 투청을 수기로 활용하고 평상인에서 시작한다.
1191) 2149-2 ■3 ■2) □1 용법 선택-과다는 극 먼저, 태과(태왕)은 설기(수기) 먼저

□34 경계인의 삶-(일반 기업체, 기술직, 자영업, 특수직)

☞ 5. 대운 흐름   수기격은 인입 상승해야 호사 도래-(을 겁 화답)

임계-절정기	○(강목득목-목생목) ▶식수목과 지지대-흔들림 방지, 본분회복
갑을-발전기	○(강목득수-수생목) ▶강가의 수양버들-머리 맑음, 판단력향상

☞ 6. 상(像)

○난감한 일이 많습니다.-수기를 식상 아닌 재관을 차용(입양)하는 이유입니다.
○삶의 뿌리가 없다.-상으로 보면 지지에 목의 뿌리가 해수 외에 없는 이유입니다. 어려서 지금 어머니(어린이 집 원장)에게 입양되었답니다.

● Tip

○이 자료는 관계적 시퀀스 자료입니다.
○어머니가 암에 걸렸는데 딸이 어려서 사촌 언니와 어린이 집을 같이 운영하기를 바라는데, 그래도 되는지가 상담의 주제였습니다.-(나머지는 1-6-1-5 관계적 시퀀스 참조)
○그러면서 상담이 종료되고 21세 어린 클라이언트가 상담료를 DC해 달라 합니다.
○다른데서 사주보면 "재가 어떻고 관이 어떻고" 하는데 그런 말이 없다는 것입니다.

○그래서 '재'가 있는 것이 중요한 것이 아니라 '재'의 정체성 즉 재극인인지 재다신약인지 식생재인지 재생관인지가 중요하다고 말했습니다.-(이는 격으로 나타남)
○다른데서는 신유신 재가 3개나 있어 좋은 사주라고 했답니다.
○그러나 쓸 수 있는 재는 유금뿐이고 신유신은 신유합도 안 될 뿐만이 아니라[1194] 지지는 두 글자 이상[1195]일 때 작동하니 오히려 재가 빈약합니다. 지지 신(=경)은 을경합으로 극이 아니니 재가 유명무실한데 그렇다고 토의 식생재를 받지도 못합니다.

○그렇지만 어린 사람이 경우 없이 상담료를 운운하니 그냥 40% 환불해 주었습니다. 아마도 어머니는 세상 물정 모르는 딸이 불안하여 조카가 도우길 바랬나봅니다.
○이러한 예가 두 글자로 간명하는 우리 상담 현장의 현실일 수 있습니다.
○이 사건 후 간명의 객관화를 위한 YVWQ 개발의 또 다른 촉매제가 됩니다.[1196]

■2. (천간이 모두 겁-적천수용법)-여. 신혼부부

●-46 실제사주	1-9-2	1612-1 신혼부부의 결혼

[1192] 1-5-4-2 ●=1 ■4 □2 1)합을 포함 겁과 인수의 합산이 높으면 종왕격(처럼) 되고 식상(재)이 수기다. 겁(종)이 상신이니 결과적으로 신강 신왕수기격과 결이 같다.
[1193] 3-1-2-2 ●=1 ■1 "경지 안에서는 왕(상위), 상쇠(중간), 사(보통)로 그 크기와 높이가 달라진다."
[1194] 3231-4 ●=2 ■3 시간과 일간의 합은 월에서 관여하지 않아야 함
[1195] 3-1-1-5 ●=4 ■1 지지의 희신과 기신의 작용은 천간과 다름(지지 두 글자)
[1196] 1장-2 ■2 □1) ●Tip "상담료 DC해 주세요" '재'는 어떻고 '관'은 어떻고

YQ-1	☞ 1. 신약 신강		여. 신혼부부	9	8	7	6	5	4	3	2	1		▸2-적천수 일간 신왕
	신240	신120	경240	신120	9	9	9	9	9	9	9	9	9	9	▸용신-금, ▸희신-토
	묘	유	자	유 년	경	기	무	정	병	을	갑	계	임	신	▸34경계인
포	갑을 녹	경신	임계 녹	경신	술	유	신	미	오	사	진	묘	인	축	▸4분지형

❶원국분석

1)원격은 신강, 변격 신왕수기가 본격이다.[1197] 천간 변격 없다.

2)원국의 천간이 모두 금(천원일기격),[1198] 그리고 극하는 묘 있지만 금다목절, 지지 신 뿌리 유금 있어 종혁격처럼 보인다.-(자수는 수기)

3)(종혁 아님)-그러나 YQ-2 묘240(경갑을경)이 회국을 포함 3신을 극하고 있어 아니다. 묘240은 3배수 이내 신금을 극할 수 있는 침이다.[1199]

4)그러나 조후 병화가 없어 자월 한 겨울에 신금의 생수로 한기가 강해지면 물이 더 얼게 된다.[1200]

5)종격이나 일간태왕(신왕)은 과다와 천간중첩이 적용되지 않는다.

❷대운분석

1)대운에서의 변격은 없다. 그래서 태세에서 올 수 있다.

☞ 2. 이 기법(조후)

☐신금 자월은 계 사령하여 추운 겨울의 우로다. 병으로 얼지 않게(극하지 않게) 해야 한다.

☐사주 총량으로 보면 병의 화극금이 없어 결빙이 심하니 조후가 시급하다.

☞ 3. 순역(용신-격국)

❶(체)-자월 찬데 병 없어 조후결손이다.

❷(용)-"1-적천수용법 쓸 때 일간 신강-식재관 용신"[1201]

❸그러면 월지 자수 있어 식신격인데 천간이 모두 금이니 신왕수기격(결과는 종혁과 같음)이 되었다.[1202]-(자수는 수기)

전왕격 / 전왕 상신
수기 위치로 경지 결정 / 전왕 / 수기 없으면 평상인에서 시작

☞ 4. 경지

☐자월 신금의 조후 1)병화 없고 2)묘목이 목생화로 대신(조후미비)하니 조후결

1197) 1-5-4-2 ●=1 ■3 ☐1 1)원국 YQ-1에서 십정격이 변격되면 신강 신왕수기격이나 종격이 된다.
1198) 6224-4 ●=30 천원일기(天元一氣) 격, ●=31 지지일기(地支一氣) 격
1199) 1-5-4-1 ●=1 ■2 ☐2 ●간명의 원리 ○1화생토, 강화득토, 화왕득금, 화득수는 생, 강, 왕보다 득이 3배수 미만이라는 말이고 득이란 소통을 의미합니다. 그래서 득을 침에 비유한 겁니다.
1200) 2-1-7-2 ■2 ■2) ☐3 따라서 병이 수를 따뜻하게 하는 화다수갈은 수가 하강(수갈)해야 결빙을 막을 수 있다는 말도 된다.
1201) 2-1-4 ■3 ☐1 용법 요약 "겁 왕 신강-극겁하는 관살 상신". "인수 강 신강-극인하는 재 상신"

함 두 번으로 평상인에서 시작한다.
□종격의 정도를 보면, ❶수기 자수가 월지-귀인, ❷조후 결함2-평상인, ❸절정기 부조화-34경계인, 그중 수기 자수는 왕상쇠사의 왕(상위)이다.
□34경계인의 삶-(일반 기업체, 기술직, 자영업, 특수직)

☞ 5. 대운 흐름	전왕격은 종 상승해야 호사도래-(혁 겁 화답)
(경) 신-절정기	○(종금득금-금생금) ▶연 선철 강철로-친구 따라 강남, 용처상승
임계	○(종금설기-수다금침) ▶보검에 녹이 슮-담금질 잘하고 용처상실
갑을	○(종금극설-목다금결) ▶이 빠진 도끼 날-헛수고, 매사 중복반복
병정	○(종금극금-화다금용) ▶녹아버린 가마솥-용처상실, 정체성 상실
무기-발전기	○(종금득토-토생금) ▶쟁기와 쟁기 날-논 밭갈이, 활동왕성

☞ 6. 상(像)
○명석한 사람-월지 자수(지혜)가 있어 금 종혁 기운을 소통하니 명석합니다.
○역발상(혁신)이 중요-무지개 반대에 행운이 있는 이유입니다.-(기법은 이법과 반대)

● Tip
○서울의 빅4(?) 대학 출신으로 늦게 결혼한 사례인데, 긍지가 높아 보였습니다.

1202) 1-5-4-2 ●=1 ■4 □2 1)합을 포함 겁과 인수의 합산이 높으면 종왕격(처럼) 되고 식상(재)이 수기다. 겁(종)이 상신이니 결과적으로 신강 신왕수기격과 결이 같다.

1-10 일간 외 모두 식재관

■1. (일간 외 모두 식재관 자료) 마음 편해요-교사 명퇴

●-47 실제사주		1-10		1-1					1-6-2-2 교사 명퇴한 자료					

YQ -1	☞ 1. 신약 신강		남. 교사 명퇴.		9 5	8 5	7 5	6 5	5 5	4 5	3 5	2 5	1 5	5	▶1-자평 관 쓸 때 신약 ▶용-신 ▶상신-묘 변성 ▶평상인 ▶2이상형
정240	갑160	신320	무120		신	경	기	무	정	병	을	갑	계	임	
묘	진	유	술	년	미	오	사	진	묘	인	축	자	해	술	
왕	갑을	쇠 을계무	태 경신	양 신정무											

❶원국분석

1)원격은 신약, 묘(목생목) 겁격이 본격이다. 정 신 무에서 변격이 일어난다.
2)진유금 묘술화 성립된다.1203) 그러면 상신 묘가 묘술화로 변성되어 파격된다. 그러나 10세 전후 성격(2-1-3-4 ●=1 경지 찾는 법)되어 23경계인에서 시작한다.

❷대운분석

1)화 간여지동(병인 정묘 기사)은 종아격처럼 될 수 있고 수기 무 있다.1204)

☞ 2. 이 기법(조후)

□유월의 목은 휴하고 금은 왕하니 정화를 우선하여 금을 제련한 다음 병을 차용한다.
□그러나 사주 총량으로는 신약이니 조후 정화의 설기가 지나치다.

☞ 3. 순역(용신-격국)

❶(체)-유월 갑목 허실한데 관살강 신약.
❷(용)-그래서 투출한 신 쓰(용)려면 "1-자평용법 관 쓸 때 신약-겁 인수 상신"1205)
❸그러면 득겁 최선, 따라서 겁 묘 변성 되었지만 정관용겁격이다.1206)-(겁 화답)

☞ 4. 경지

□12경계인에서 출발 ❶10세 전후 성격-귀인, ❷상신 변성-23경계인, ❸절정기 부조화-평상인, 그중 묘는 사(보통)이다.
□평상인의 삶-(의사, 교사, 공무원, 군경, 대기업, 전문직)

☞ 5. 대운 흐름   겁격은 인입 상승해야 호사도래-(묘 겁 화답)

1203) 3231-4 ●=2 ■4 연시 회국(回局)은 연월과 시일 다음이면서 작용(합충)의 끝이다. □1 그래서 우선순위를 볼 때 연시부터 보아야 한다. 연시가 성립되면 일월, 안 되면 연부터 우선순위를 본다.
1204) 1-5-4-2 ●=1 ■1 □2 상신이 인입이면 인출, 인출이면 인입 상승할 때 종(변격)이 일어난다.

임계-절정기	○(약목득수-수생목) ▶강가의 수양버들-머리 맑음, 판단력향상
갑을-발전기	○(약목득목-목생목) ▶식수목과 지지대-흔들림 방지, 본분회복
기(합-발전기)	○기-(약목합강)갑기 ▶묘목과 육묘장-인적 제도적 도움 다분
무	○무-(약목극설-토다목절) ▶맨땅 부러진 삽자루-절름발이 본분훼손
병정	○(약목설기-화다목분) ▶타다 만 불쏘시개-무용지물 존재무상
경신	○(약목극목-금다목절) ▶낙엽 따라 가버린 사랑-추풍낙엽, 존재상실

☞ 6. 상(像)

○유월 인재(갑목)의 고뇌-묘진의 진이 유와 합이 되어 오히려 금극목이 고뇌가 됩니다.
○귀공자 도련님-인생 초반 지장간의 계 발용되어 사주가 절정에 이르는 이유입니다.

● Tip

○화가이자 교사인데, 상신이 지지에 있고 인생초반 상신행운으로 성국한 사주입니다.
○그런데 그 시기가 지나자 명퇴가 찾아 온 사례입니다.

■2. (일간 외 모두 식재관-3병이 강한데도 신강). 해 뜰 날-여. 부부약사

●-48 실제사주 1-10 1611-1 부부약사의 혼돈 시퀀스 자료

YQ-1 ☞ 1. 신약 신강 | 여. 부부약사 | 9 8 7 6 5 4 3 2 1 1 | ▶2-적천수 일간 신강
병180 | 계480 | 병120 | 병120 | 병 정 무 기 경 신 임 계 갑 을 | ▶용·재·상신-재생관살
진 | 사 | 신 | 진 년 | 술 해 자 축 인 묘 진 사 오 미 | ▶34경계인 ▶4분지형
양 을계무 | 태 무경병 | 사 무임경 | 양 을계무 | | |

❶원국분석
  1)원격 신강(수왕득금), 본격은 병 재생관격이다.1207) 계에서 변격이 일어난다.
  2)(분산 이유)-계480은 병420보다 크고 3배수 미만이므로 분산을 쓴다.
  3)기법으로 진토는 습토이니 극력이 떨어져 무늬만 관(직업, 배우자)이고 물살(삶)이 거칠어(풍파)진다.
  4)일반적으로 계 태지, 병은 사 양지, 그리고 3병 태왕 그러면 무조건 신약이다. 그렇지만 YVWQ는 이렇다. 나머지는 판단은 여러분의 몫이다.

❷대운분석
  1)화 간여지동 갑오대운은 종재격처럼은 수기 토 있다.
  2)수 간여지동(무계합) 무자대운 종왕(겁)격처럼 될 수 있는데 수기 을이 지장간이다.1208)

1205) 2-1-4 ■3 □1 용법 요약 "겁 왕 신강-극겁하는 관살 상신". "인수 강 신강-극인하는 재 상신"
1206) 2-1-4 ■2 □2 신약은 상신 겁인이 바로 최종격(겁격, 인수격)
1207) 2-1-2-3 ●=3 ■3 □3 1)상신의 생을 받는 최종격은 복합어(파생어, 합성어) 개념이다. 그래서 "식상재격"처럼 식 상신과 재 최종격의 이름을 같이 불러준다. 재생관살도 같다.

☞ 2. 이 기법(조후)

□왕 신금의 생수로 모왕자왕의 달, 수원 경금을 정화로 예리하게 해야 한다.
□신월 계수의 조후는 병화, 신강하니 조후와 용신이 일치한다.

☞ 3. 순역(용신-격국)

❶(체)-신월 계 건실, 3병 과다인데 신강.
❷(용)-투출 없으니 "2-적천수용법 일간 신강-식재관 용신"1209)
❸그러면 병화 재 있고 진 관 있어 재생 관격이 된다.-(재 화답, 관 최종격1210))

☞ 4. 경지

□12경계인에서 시작, ❶상신 병 천간-12경계인, ❷최종격 진토 지지-귀인, ❸병 재성태과-23경계인, ❹대운이 개두 절각-평상인, ❺절정기 부조화-34경계인, 그중 진토는 왕상쇠사의 사(보통)이다1211)
□34경계인의 삶-(일반 기업체, 기술직, 자영업, 특수직)

☞ 5. 대운 흐름   재생관은 인출 상승해야 호사도래-(병 재 화답)1212)

정병-절정기	○수극화(수왕득화)	▶수력 전기(자극-통찰)발전-시설 인생가동
기무-발전기	○토극수(수왕득토)	▶용수와 제방-흐름 멈춤, 정신(판단) 맑음

☞ 6. 상(像)

○매사지체-최종격이 타지인 이유, 돈 버는 재능(직업)은 천간에 들어나야 값을 합니다.
○겉보기와 다름-3병으로 신약처럼 보이나 신강인 이유. 계수 잘 풀리면 재물, 못 풀리면 공상, 망상, 허상 ,허물입니다.

● Tip

○반도 남단 최대 항구도시에서 부부가 약국을 2개 운영하는데, 2016 병신년 약국운영이 어려운 와중에 남편이 바람이 난 사례입니다.

1208) 2143-1 ●=3 ■2 수기가 천간 지지에 없고 지장간에 있는 경우 □1 1)수기가 발용되면 나머지 행운 모두를 배합해서 YQ-3를 산출한다.
1209) 2-1-4 ■3 □1 용법 요약 "겁 왕 신강-극겁하는 관살 상신". "인수 강 신강-극인하는 재 상신"
1210) 2-1-4 ■3 □2 재 상신-재 약해 식 상신의 생 받아도 최종 재격. 재 상신 강하면 최종 재생관격
1211) 3-1-2-2 ●=1 ■1 "경지 안에서도 왕(상위), 상쇠(중간), 사(보통)로 그 크기와 높이가 달라진다."
1212) 2-1-3-3 ●=3 ■3 □2 1)식상생재격은 식상 상신이 절정기, 재 최종격이 발전기다. 재생관살격도 같다. 2)재 없는 식상이나 관살 단독은 식상 관살 절정기, 인출 상승이 발전기다.

2-2-2	1, 2, 3-적천수용법

2-1	1-적천수용법

2-1-1	1적-칠살 강해 신약

■ (겁 용신) MJK 병원장-2019 경자년 310병상 종합병원을 개설한 사례다.

●-49 실제사주			2-1-1		2-3									1-5-1 YQ-2와 YQ-4
YQ-1	☞ 1. 신약 신강		남. MJK 병원장		9 4	8 4	7 4	6 4	5 4	4 4	3 4	2 4	1 4	▶1-적천수 쓸 때 신약
임300		무360	갑120	갑80									4	▶용신-토 ▶희신-화
술		신	술	진년	갑	계	임	신	경	기	무	정	병	을	▶23경계인
묘	신정무	병 무임경	묘 신정무	대 을계무	신	미	오	사	진	묘	인	축	자	해	▶1이상형

❶원국분석
1)원격은 신약, 술(토생토) 겁이 본격이다.[1213] 인출 임 갑에서 변격된다.
2)(겁격 이유)-무360은 인출500(임300+갑200)보다 적어 겁인이 답이다.
3)월일 신술합, 시연 진술은 충으로 보이지만 갑목이 진 술을 극하니 모두 성립되지 않는다.[1214]

❷대운분석
1)목 간여지동 을해대운은 종살(관)격처럼 될 수 있는데 수기 정 지장간이다.
2)병자대운은 종왕(겁)처럼 될 수 있고 수기 토 있다.[1215]
3)대운이 중년부터 개두절각이다. 그래서 세운에서 변격이 잦다.

☞ 2. 이 기법(조후)

□술월은 무토가 당권하니 갑으로 소토한 후 계로 적시는데 임과 갑 있다.
□사주 총량으로는 임 갑 있고 술월은 조후가 급하지 않다.

☞ 3. 순역(용신-격국)

❶(체)-일간 무토 임 편재, 칠살 강 신약.
❷(용)-투출 없어 "1-적천수용법 일간 신약-인비 용신"-(재와 살을 다스려야 함)[1216]
❸그러면 극수 최선인데, 월지 시지 술토

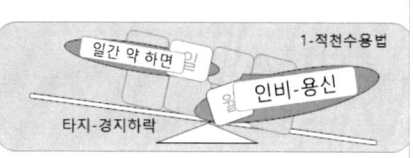

―――

1213) 2-1-2-3 ●=3 ■3 □1 최종격은 상신에서 나오는데 종격의 수기와 같은 유통 개념이다. 1)그러나 십정격의 상신은 물이 끓기 전이니 증기가 통풍구로 새지 않고 모아져야 한다. 그래서 최종격보다 상신이 우선이다. 2)반대로 수기는 물이 끓어 배출되는 증기로 동력을 얻는 증기기관이다.
1214) 3231-3 ●=1 합이불합" ▶극 당하면 합 할 겨를이 없다." "상하 좌우에서 극하면 합하지 못한다." "합도 극(충)을 해소할 수 있지만 극도 극을 해소하게 된다."
1215) 1-5-4-2 ●=1 ■1 □2 상신이 인입이면 인출, 인출이면 인입 상승할 때 종(변격)이 일어난다.
1216) 2-1-4 ■2 □1 용법 요약 "식상 강해 신약-탈식하는 인수 상신". "관살 강해 신약-겁 상신(겁으로

(용신) 있어 겁격이 된다.1217)

☞ 4. 경지

□12경계인에서 시작, ❶용신(조화신)이 월지(과목-내성적)-귀인, ❷갑 중첩-23경계인, 그중 토는 왕(상위)이다.
□23경계인의 삶-(의사, 교수, 고위직, 대기업 임원, 전문직)

☞ 5. 대운 흐름   신약의 식재관 중첩은 하강해야 호사도래-(술 겁 화답)

(갑) 을	○(약토극토-목다토붕) ▶대규모 산사태-원형훼손 역할붕괴
병정-절정기	○(약토득화-화생토) ▶화덕과 도자기-불의 약속, 활동왕성
무기-발전기	○(약토득토-토생토) ▶비료와 복토-지력향상 역할회복
경신	○(약토극설-수다토류) ▶상전벽해 암석침식-제행무상, 역할실종
임	○임-(약토극설-수다토류) ▶상전벽해 암석침식-제행무상, 역할실종
계	○계-(약토합강)무계 ▶대지와 이슬비-싱싱한 꽃(성과)이 만발

☞ 6. 상(像)

○남모르는 고민이?-술술진 얼핏 보면 신강의 재관 투출, 그러나 보기와 달리 인비를 써야 하니 고민이 많습니다. ○시류를 잘 타야-개두절각 대운에는 변격이 잦으니 단기 호가로 살아가야 하기 때문입니다.

2-1-2   1적-재성 강해 신약

■1. 지장간 발용과 그 차이-이로공명(異路功名-다른 길에서 성공)-세무사

●-50 실제사주   2-1-2   1-6-2-10 그래서 유산 받았을까요?

YQ-1 ☞ 1. 신약 신강		여. 세무사		9 4	8 4	7 4	6 4	5 4	4 4	3 4	2 4	1 4	▶1-적천수 쓸 때 신약
갑200	신240	갑160	갑120									4	▶용신-축 ▶희신-화
오	축	술	진 년	갑	을	병	정	무	기	경	신	임	▶34경계인
병 병기정	양 계신기	관 신정무	묘 을계무	자	축	인	묘	진	사	오	미	신 유	▶1이상형

❶원국분석

1)원격은 신약, 본격은 신(금생금) 겁격이다.1218) 그래서 갑에서 변격온다.

2)(겁격 이유)-신240은 인출(갑480)보다 적어 신약하니 겁인이 답이다. 그러나 축은 갑기(=축)합, 술은 비생금토 그래서 지장간의 병합 신 기가 상신이다.

3)순위의 우선에 따라 진술충, 축오원진이 성립된다. 진술 속에는 을신충, 축

대항)". "재성 강해 신약-파재하는 겁 상신"
1217) 2-1-4 ■2 □2 신약은 상신 겁인이 바로 최종격(겁격, 인수격)
1218) 2-1-2-3 ●=3 ■3 □1 최종격은 상신에서 나오는데 종격의 수기와 같은 유통 개념이다. 1)그러나 십정격의 상신은 물이 끓기 전이니 증기가 통풍구로 새지 않고 모아져야 한다. 그래서 최종격보다 상신이 우선이다. 2)반대로 수기는 물이 끓어 배출되는 증기로 동력을 얻는 증기기관이다.

오 속에는 정계충이 있다.1219)
 4)오가 생토하여 토 지지일기(地支一氣)1220)지만 3갑이 소토(극)하고 있다.
 5)기법의 조후가 급하지 않으니 이법 신약 신금 일간이 상승해야 호사다.
 6)만약 천간에서 목과 토가 양분되어 극을 하면 화 통관용신1221)이 절실하다.
YVWQ에서 오가 작동하면 갑 인출이 하강하는 것과 효과가 같다.
 7)신약의 삼목위림(三木爲林)1222)은 활동력 강해도 수고에 비해 결과 적다.
❷대운분석
 1)기사대운 간지합은 상신운이다.
 2)화 간여지동 정묘 병인은 천간에 화가 없어 총합 수치를 보아야 한다.

☞ 2. 이 기법(조후)

□술월은 무가 사령하여 모왕자왕하다. 임수로 금을 씻고 토다금매되지 않도록 갑으로 소토해야 한다. 그래서 신금 일주가 갑이 있어 다행이다.
□참고로 신금이 강하면 임수로 설기하고, 약하면 임수로 씻어서 빛을 낸다.
□계수는 빛(재능)을 가리는데 임수 없고 계수가 암장(적게)되어 있어도 주산 5단이라 한다.

☞ 3. 순역(용신-격국)

❶(체)-술월 신금 건실한데 재강신약.
❷(용)-투출 없어 "1-적천수용법 일간 신약-인비"-(3갑이 하강해야 호사)1223)
❸그럼 극재 최선, 그런데 축 속의 신금 있어 겁격이다.1224) 참고로 축은 갑기합, 술은 비생금토로 상신 부적절하다.

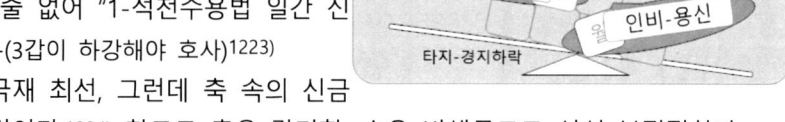

☞ 4. 경지

□술월 신금 조후는 임수, 그런데 대신 계수가 지장간(조후미비)에 있다.
□12경계인에서 시작, ❶신금 겁(조화신) 지장간-평상인, ❷조후미비-34경계인, 그중 신금은 왕상쇠사의 상쇠(중간)이다.
□34경계인의 삶-(일반 기업체, 기술직, 자영업, 특수직)

☞ 5. 대운 흐름

○신약 식재관 중첩은 하강해야 호사도래-(신 겁 화답).

	계임	○(약토극설-수다토류) ▶상전벽해 암석침식-제행무상, 역할실종
신경-발전기		○(약금득금-금생금)▶ 연철 선철이 강철로-친구 따라 강남, 용처상승

1219) 3231-4 ●=2 ■2 연월이 일보다 먼저 합, 일월(연에서 설 극의 방해 없어야 합)이 시보다 먼저
1220) 6224-4 ●=30 천원일기(天元一氣) 격, ●=31 지지일기(地支一氣) 격
1221) 6-2-1-2 용신(用神)의 종류
1222) 7-2-1-3 ●=1 ○5 삼목위림(三木爲林)

기무-절정기	○(약토득토-토생토) ▶비료와 복토-지력향상 역할회복
정병-발전기	○(약토득화-화생토) ▶화덕과 도자기-불의 약속, 활동왕성
을갑	○(약토극토-목다토붕) ▶대규모 산사태-원형훼손 역할붕괴

● 총론

○이로공명(두 길 걸음)-전통적으로 월지 토이거나, 셋째 대운이 토이면 직업 직장이 자주 바뀐다고 알려져 있습니다.[1225] 어떻든 우리나라 여성은 자연히 출산하면 경력단절되고 다시 재취업합니다.

○다재다능함-지지 토는 잡기격, 장간에 재관과 겁인을 모두 품고 있으니 다재합니다. 또한 병합 신 기 등 상신이 돌아가면서 수시로 발용되는 이유입니다.

○성향-주관적이면서 자신만만-신약 신금을 토의 세력이 떠받치고 있는 이유. 다만 지나친 재주(편인)가 활동(식신)을 상하게(탈식) 하는 것을 경계할수록 복이 됩니다.

○직업-행정 사무 관리에 종사합니다. 기능직-일지 편인-실제 주산 5단이라 함, 세무사(편관-사법 권력계), 사무직(월지 정인 문서), 사무관리(월간 정재), 그래서 세무사나 자영업(34경계인)의 사무관리가 직업이 됩니다.

○재운 보통-34경계인(자영업 종사). 신약 재성 자체는 기신이지만 성격(상신 인수)되어 저울이 형평을 이룰수록 더 희신, 그 때가 활성기이고 재운도 활성화됩니다.

○배우자 운 길-체(일지 축) 인수 상신이 용(시지 오) 편관을 살생인, 신약을 생하는 우군으로 배우자가 삶의 에너지가 됩니다.-(신강이 살생인이면 극력상실-배우자 유명무실)
○궁합-상신이 일지(배우자) 토, 그래서 토금 상신이 좋은 배우자-(실제 남편 상신이 금)
○자녀 운 길-▶체(시지 오-딸) 편관을 살생인-장차 아버지를 이어 일간 신금을 방조할 딸. ▶용(계-지장간 적음) 식신을 의지하기보다 스스로 딸 보호(엄마 먼저 딸 먼저)

■2. 1적 신약이 종재격이 되는 자료-마침내 하늘이-석사 진학

●-51 실제사주		2-1-2										1-5-6-2 천간중첩과 유사		
YQ-1 ☞ 1. 신약 신강		여. 석사 진학		9 5	8 5	7 5	6 5	5 5	4 5	3 5	2 5	1 5	5	▶1-적천수 쓸 때 신약 ▶용신-종재 ▶희신-금
계360	기60	계240	임240	계	갑	을	병	정	무	기	경	신	임	
유	유	묘	자 년	사	오	미	신	유	술	해	자	축	인	▶34경계인 ▶6중년, 특수2 남이
생 경신	생 경신	병 갑을	포 임계											

❶원국분석

1)원격은 신약, 본격은 3수 강해 종재격이다.[1226] 그래서 기토에서 변격온다.

1223) 2-1-4 ■2 □1 용법 요약 "식상 강해 신약-탈식하는 인수 상신". "관살 강해 신약-겁 상신(겁으로 대항)". "재성 강해 신약-파재하는 겁 상신"
1224) 2-1-4 ■2 □2 신약은 상신 겁인이 바로 최종격(겁격, 인수격)
1225) 6-3-3-2 ■1 □7 " 지지가 진술축미". □8 "월지에 진술축미도"

2)계수840은 기60의 3배수 이상으로 수다토류다. 그래서 기가 종한다.1227)
3)원국에 겁인이 없으면 행운에서 오기를 기다려야 한다.-(3-적천수용법).
❷대운분석
1)대운이 개두절각이고 상신운(화토)도 간여지동으로 오지 않는다.
2)토 간여지동 무술대운은 종왕격처럼 될 수 있고 수기 유 있다.

☞ 2. 이 기법(조후)

□묘월은 아직 땅 열리기 전이다. 갑으로 땅 열고(극) 계로 자윤하면 토의 생육이 열린다. 그래서 갑기합을 꺼린다.
□사주 총량으로 보면 묘월이니 조후가 급하지 않다. 또한 기토가 약하여 갑 대신 묘 있는 것이 흉이 안 된다.

☞ 3. 순역(용신-격국)

❶(체)-일간 기토가 계 재성 강해 신약.
❷(용)-투출 없어 "1-적천수용법 일간 신약-인비 용신"1228)-(왕수를 다스려야 함) 그런데 겁 없고 차선 인수도 없다.
❸그래서 종재격으로 변격된다.1229)

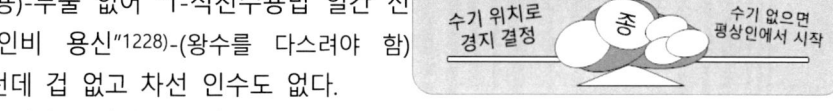

☞ 4. 경지

□종재격 수기 묘가 월지-귀인에서 시작, ❶상신 두 번 결함(1수다토류, 2묘와 극)-평상인, ❷대운이 개두절각-34경계인, 그중 수는 왕상쇠사의 중간(상쇠)이다.
□34경계인의 삶-(일반 기업체, 기술직, 자영업, 특수직)

☞ 5. 대운 흐름 신약의 천간중첩은 하강해야 호사도래-(기 겁 화답)

경-절정기	○(종수득금-금생수) ▶수 발원지와 관개 수로 발달-용수(가치) 풍부

☞ 6. 상(像)

○마침내 하늘이-두드리면 열립니다. 행운에서 종재 상승되고 인생이 달라졌습니다.
○소통(공부, 돈)이 되는 사람-하늘의 비(계)와, 땅의 뿌리(을)가 천지 감응하고 있습니다.

● Tip

○기해대운에 늦게 대학에 진학하여 사주명리학 강의를 들었고, 기해년에 대학원 석사

1226) 1-5-4-2 ●=1 ■3 □3 2)종재격(처럼)은 합 포함 식 재 합산이 높아야하고 관살(인수)이 수기다.
1227) 1-5-4-1 ●=1 ■2 □2 ●간명의 원리 ○2그러나 종격(처럼)에서 다(多)는 3배수 이상이라는 말이고 그 과정은 수기가 됩니다. 2)즉 양초의 토초, 금의 용융, 물의 고갈 과정은 화(증기)로 동력을 얻는 증기기관과 같습니다. 숯불이 꺼지기(화식) 전 고기가 구워지는 것도 같은 원리입니다.
1228) 2-1-4 ■2 □1 용법 요약 "식상 강해 신약-탈식하는 인수 상신". "관살 강해 신약-겁 상신(겁으로

과정에 진학, 호사를 부른 사례입니다.

■3. 1적 재 강해 신약-송사에 얽힌 시퀀스-엔터

●-52 실제사주		2-1-2		1-6-2-11 송사에 얽힌 자료
YQ -1 ☞ 1. 신약 신강			여. 엔터	9 8 7 6 5 4 3 2 1 ▶1-적천수 쓸 때 신약
임300	무300	임180	임240	3 3 6 3 3 3 3 3 3 ▶용신-임 ▶상신-진
자	진	인	술 년	임 계 갑 을 병 정 무 기 경 ▶34경계인
태 임계 관 을계무 생 무병갑 묘 신정무				진 사 오 미 신 유 술 해 자 축 ▶6중년절정형

❶원국분석
1)원격은 신약, 본격은 진토(토생토) 겁격이다.1230) 그래서 임에서 변격이 온다.
2)신약하니 전체적으로 무토 상승은 물론이고 임수 하강도 중요하다.
❷대운분석
1)수 간여지동 경자, 수 간지합 정유는 종재격처럼 될 수 있고 수기 인 있다.
2)무술 대운은 신약의 상신운이다.

☞ 2. 이 기법(조후)

□인월 무토는 병화로 따뜻하게 비추어야 한다.
□인월 무토의 조후는 병화, 그러나 병이 지장간(평상인)에 있다.

☞ 3. 순역(용신-격국)

❶(체)-인월 무토 재강신약이다.
❷(용)-투출 없어 "1-적천수용법 신약-인비 용신"1231) 그래서 화 희신, 토 겁 용신이다.1232)

일간 약 하면 | 1-적천수용법
월 | 인비-용신
타지-경지하락

☞ 4. 경지

□12경계인에서 시작, ❶겁 조화신 일지-귀인, ❷조후 병 지장간-평상인, ❸절정기 부조화-34경계인, 그중 조후 병은 왕상쇠사의 상쇠(중간)이다.
□34경계인의 삶-(일반 기업체, 기술직, 자영업, 특수직)

☞ 5. 대운 흐름 겁격은 무 인입 상승해야 호사도래-(진 겁 화답)

대항)". "재성 강해 신약-파재하는 겁 상신"
1229) 1-5-4-2 ●=1 ■1 □2 상신이 인입이면 인출, 인출이면 인입 상승할 때 종(변격)이 일어난다.
1230) 2-1-2-3 ●=3 ■3 □1 최종격은 상신에서 나오는데 종격의 수기와 같은 유통 개념이다.)그러나 십정격의 상신은 물이 끓기 전이니 우선 증기가 통풍구로 새지 않고 모아져야 한다. 그래서 최종격 보다 상신이 더 중요하다. 2)반대로 수기는 물이 끓어 배출되는 증기로 동력을 얻는 증기기관이다.

| 기무-절정기 | ○(약토득토-토생토) ▶비료와 복토-지력향상, 역할회복 |

● 총론

○꿈은 크고 성과 적고-무토가 따뜻해야 지력이 향상되는데 차가운 임수가 범람하는 이유입니다.

● Tip

○엔터테인먼트(Entertainment-공연예술)종사하는데, 인재들을 발굴 교육시킨다 합니다.

2-1-3   1적-식상 강해 신약

■1.(인수 성신)-J대학병원 정형외과 과장(기해대운), 정형외과 교수 역임

| ●-53 실제사주 | 2-1-3 | 3-2-3-1> ●=3 ■2. 천간충 자료 |

☞ 1. 신약 신강	남. 정형외과 교수	9 8 7 6 5 4 3 2 1	▶1-적천수 쓸 때 신약
무120	경80	계240	정240	8 8 8 8 8 8 8 8 8	▶용신-무 · 희신-금
자	자	묘	유 년	계 갑 을 병 정 무 기 경 신 임	▶평상인
사 임계 사 임계 태 갑을 왕 경신	사 오 미 신 유 술 해 자 축 인	▶1이상형

❶원국분석

  1)원격은 신약, 본격은 인수격이자 경 묘(=을) 암합격이다.[1233] 계 정 변격된다.

  2)(신약 이유)-인입(무120+경80)이 인출480(계240 정240)보다 적다.

  3)이 사주는 실제 무 겁격으로 살아간다. 무는 비생금토로 인수가 못되지만 토금행운은 된다.[1234] 그래서 토금이 상신운이다.

  4)참고로 정계충-묘(왕80) 주변 목 뿌리6(임계갑을2경)=480으로 계240 통관되고, 묘유충은 상시 계 통관(유생계생묘)되어 충이 성립되지 않는다. 연간 정화가 회국(回局)하여 관생인(화생토)되도 정과 자(계)수와 충하여 생이 불가하다.

  5)만약 충이 상하에서 통관되지 않았다면 인출0(계240-정240)이 되어 경200이 신강하게 되었을 것이다.

❷대운분석

1231) 2-1-4 ■2 □1 용법 요약 "식상 강해 신약-탈식하는 인수 상신". "관살 강해 신약-겁 상신(겁으로 대항)". "재성 강해 신약-파재하는 겁 상신"
1232) 2-1-4 ■2 □2 신약은 상신 겁인이 바로 최종격(겁격, 인수격)
1233) 2-1-2-3 ●=3 ■3 □1 최종격은 상신에서 나오는데 종격의 수기와 같은 유통 개념이다. 1)그러나 십정격의 상신은 물이 끓기 전이니 증기가 통풍구로 새지 않고 모아져야 한다. 그래서 최종격보다 상신이 우선이다. 2)반대로 수기는 물이 끓어 배출되는 증기로 동력을 얻는 증기기관이다.
1234) 1-3-2 서문 "행운은 이법만 적용한다."

1)사주가 생각보다 시의적절하게 행운이 풀린다. 특히 변격되고 모두 수기가 있다. 그래서 의사가 되었나 보다.
2)정 간여지동 임인대운은 종살격처럼 될 수 있고 수기 무토 있다. 화 간여지동 갑오대운은 종살격처럼 될 수 있고 수기 무 있다.1235)
3)금 간여지동 신축대운은 종왕격처럼 될 수 있고 계 수기 있다.
4)수 간여지동 경자대운은 종아(식상)격처럼은 수기 묘 있다.

☞ 2. 이 기법(조후)

□묘는 경금과 암합하여 강하다. 그래서 가을 경금처럼 정화로 제련해야 한다. 그러면 경에게 갑을 쪼개는 일거리가 온다.
□묘월 경금의 조후는 정화, 성격(인수격)되어 정 관성조후 기능한다.

☞ 3. 순역(용신-격국)

❶(체)-묘월 경-계 상관, 정 관으로 신약.
❷(용)-투출 없어 "1-적천수용법 일간 신약-인비 용신"1236) 그러면 월지 묘 있어 경을합격이다.

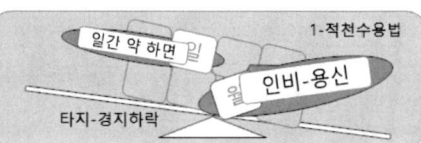

☞ 4. 경지

□12경계인에서 시작, ❶묘 용신(조화신=자평은 상신) 월지-귀인, ❷무 비생금토-23경계인, ❸절정기 부조화-평상인, 그중 묘는 왕(상위)입니다.
□평상인의 삶-(의사, 교사, 공무원, 군경, 대기업, 전문직)

☞ 5. 대운 흐름   신약은 인입상승 인출 하강해야 호사도래-(무 인 화답)

☞ 6. 상(像)

○자수성가-신약인데 무(비생금토) 무늬만 인수, 오히려 적은 묘(=을)합이 힘이 됩니다.
○병 주고 약 주고, 흔들리면서 피는 꽃-청년기 변격이 원인입니다.

● Tip

○1999년(기해대운 기묘년) 개업하고, 2004(기해 갑신년) 자리를 옮겨 재개원했답니다.
○기해대운은 활성기지만 개두절각으로 변격이 잦습니다. 그러면 단기운이 됩니다.1237)

1235) 1-5-4-2 ●=1 ■1 □2 상신이 인입이면 인출, 인출이면 인입 상승할 때 종(변격)이 일어난다.
1236) 2-1-4 ■2 □1 용법 요약 "식상 강해 신약-탈식하는 인수 상신". "관살 강해 신약-겁 상신(겁으로 대항)". "재성 강해 신약-파재하는 겁 상신"
1237) 2-2 ●-33 실제사주 ●간명의 원리 ○5 이렇게 지금의 운 즉 긍정과 부정이 일으키는 파생을 보고자 할 때는 뒤에 오는 운을 보아야 오르막(도약의 발판) 내리막(재충전과 수용)이 보입니다. 즉 장기운이 어떻게 이어지고 진행되는 장기운이 어느 정도 남았는지를 말합니다.

2-2 2-적천수용법
2-2-1 2적-겁 강해 신강

■3. 2적-겁강신강-(살 용신) 우과천청-여. 아웃도어

●-56 실제사주	2-2-1															
☞ 1. 신약 신강		여. 아웃도어		9	8	7	6	5	4	3	2	1	4	▶2-적천수 쓸 때 신강		
을120	기560	임200	경180	4	4	4	4	4	4	4	4	4		▶용신-임 ▶희신-을		
축	사	오	술 년	임	계	갑	을	병	정	무	기	경	신	▶34경계인		
묘 계신기 왕	무경병	녹 병기정	왕 신정무	신	유	술	해	자	축	인	묘	진	사	▶3이상형		

❶원국분석
 1)원격은 신강(토왕득수), 을 칠살격(재생관살)이다.[1238] 기 임 경에서 변격온다.
 2)(분산 이유)-인입 기560은 인출440(임200+경120+을120)의 3배수 미만이다.
 3)그러면 기(겁) 강하면 살이 답인데 임 재를 쓸지 을 살을 쓸지 고민이다.
 4)(재생관)-그러나 재생살로 해결됩니다. 즉 재 상신, 살 최종격이다.
 5)임 정재가 식상이 없어 통관 못되니 파재처럼 보인다. 그러나 위에서처럼 기560이 3배수 이상 아니어서 파재되지 않는다.[1239]
 6)(배우자 허세)-을이 축과 극하느라 경은 회국해도 합 할 겨를이 없다.[1240] 그러면서도 이론적으로는 재생살이니 허세(임 재와 을 살 무정) 심하다. 그래서 살성이 살면서(행운의 변화) 내실(독선, 부부불화, 직업불안)이 없게 된다.

❷대운분석
 1)목 간여지동 을해대운은 종살(관)처럼 되고 수기 사화 있다.

☞ 2. 이 기법(조후)
□기토 오월은 밭에서 곡식이 자랄 때-계를 먼저 취하고 병 햇빛을 쓴다.
□오월 기토의 조후 계수, 그런데 계가 지장간(조후미비)에 있다.

☞ 3. 순역(용신-격국)
❶(체)-오월 기토 건실하여 겁왕신강.
❷(용)-투출 없어 "2-작천수용법 일간 신강-식재관 용신"[1241]

1238) 2-1-2-3 ●=3 ■3 □3 1)상신의 생을 받는 최종격은 복합어(파생어, 합성어) 개념이다. 그래서 "식상재격"처럼 식 상신과 재 최종격의 이름을 같이 불러준다. 재생관살도 같다.
1239) 1-5-4-1 ●=1 ■2 □2 ●간명의 원리 ○1화생토, 강화득토, 화왕득금, 화왕득수는 생, 강, 왕보다 득이 3배수 미만이라는 말이고 득이란 소통을 의미합니다. 그래서 득을 침에 비유한 겁니다.
1240) 3231-3 ●=1 합이불합 "▶극 당하면 합 할 겨를이 없다." "상하 좌우에서 극하면 합하지 못한다." "합도 극(충)을 해소할 수 있지만 극도 극을 해소하게 된다."

❸그럼 재살 있어 재생관살격이다.1242)

☞ 4. 경지

☐12경계인에서 시작, ❶최종격 을 천간-12경계인, ❷재생살 무정-귀인, ❸최종격 을과 축 극-23경계인, ❹조후미비-평상인, ❺절정기 부조화,-34경계인, 그 중 경은 상쇠(중간)이다.
☐34경계인의 삶-(일반 기업체, 기술직, 자영업, 특수직)

☞ 5. 대운 흐름   재생관살은 인출 상승해야 호사도래-(을 살 화답)

을갑-발전기	○토극수(토왕득수)	▶마른 땅이 옥토로-토지개발 실리증대
계임-절정기	○목극토(토왕득목)	▶흙 기운 뿌리가 소통-소토 생산성 향상

● 총론

○거침이 없는 사람-재는 파재(토다수매), 관은 관생인으로 절제 안 되어 제 마음대로입니다. 어떻든 재관은 사람을 단련시키는데, 제 마음대로는 여러분의 상상에 맡깁니다.
○차선으로 살다.-허세부리는 배우자가 마음에 들지 않습니다.
○돌고 도는 길-재생살이지만 서로 무정합니다. 돈 소식이 더디고 늦습니다.

○성향-큰 직위를 갖고 태어났으나 인생공부(화 편인)와 맞바꾸었고(을 살이 살생인으로 변성) 하고 싶은 일은 꼭합니다.(살 변성으로 절제 상실). 호인이면서 섬세(정의 특성)1243)합니다.
○직업 체-직업(칠살)이 살생인으로 변성(유명무실)되니 용(상신)이 직업입니다. ▶사업(34경계인-자영업) ▶편재 공간관리-사업(임 정재 사무관리가 정(=오)임합 되어 편재로 변함)이 문서(사 정인)를 만나니 대출(월세 포함)로 사업. ▶오 편인(예술, 기술)이 임 정재와 합하여 사업(편재)-사업과 오(아웃도어-의상)를 연결짓는 것은 여러분의 몫입니다. 예(3-2-8-4 <■3.참조) ▶편관-1미술-의상 헤어 등 각 디자이너 포함), ▶편인-2음악-성악 기악 연예계, 3비겁 정재 만나면 스포츠, 4특수기능과 기예-비겁 편관 만나면 기술직 무술 등

○재운-3이상형의 비활성기는 종장년의 재물 기복을 의미합니다.
○배우자-▶유명무실 체(시간 아들) 자리에 용(편관-배우자), 사화(주변 화 뿌리3=240)가 을목(120) 살인통관 하니 극력상실 ▶존재감 상실-살생인으로 자신을 극 못하는 배우자가 무력, 오히려 아들처럼 유약한데 화토대운에는 을목 하강으로 존재상실. 그 후 나머지는 각자 창의적으로 통변)
○궁합-상신이 금수인 남성이 길합니다.

○자녀-친구 같은 딸. 체(시지-딸) 자리에 용(축 비견-친구)이 있으나 아빠 사가 합(사축합) 하려하니 딸에게 양가감정 발생.-(발생 후 'to be or not to be'는 각자 창의적 통변)

● Tip

○사업가로서 크게 숙녀복 브랜드 매장 3곳 운영하고 있다 합니다.

○정축대운 2014, 1월에 이루어진 상담인데, 본사와 리베이트 협상 문제로 불만이 많았습니다. 어떻든 3월경 협상이 마무리 되는데 고민이 많았습니다.
○갑오년을 분석하면 (정축 갑오년 YQ-3. 을-240 기+720 임+80 경-180) 기 상승하니 종왕격처럼 되고 수기 경금 하강하니 긍정입니다. 무진월(YQ-3 을-240 기+480 임-480 경+160)도 그렇습니다. 그래서 희망과 용기를 가지고 잘 협상해 보라고한 사례입니다.

2-2-2   2적-인수 강해 신강

■1. 겁인 강해 신강-(식상 용신) 천만 다행-미미 광고

●-58 실제사주	2-2-2			3-2-3-2 ●-6 ●=4 자료
☞ 1. 신약 신강		여. 미미광고		▶2-적천수 쓸 때 신강
경160	임120	계240	정240	▶용신-정 ▶희신-목
술	진	묘	유 년	▶34경계인
관 신정무	을계무 사	갑을 욕	경신	▶2이상형

대운: 9 8 7 6 5 4 3 2 1 5 / 계 임 신 경 기 무 정 병 을 갑 / 축 자 해 술 유 신 미 오 사 진

❶원국분석
 1)원격 신강(수왕득화), 정 재가 본격이다.[1244] 그래서 경 임 계에서 변격된다.
 2)겁(임계) 강하면 살이 답인데 진과 술 경에 관인 통관되어 파격이다. 그래서 차선으로 정 정재가 용신이고 묘 상관이 희신이다.
 3)합의 우선 순위로 묘진합, 유술합이 성립된다.[1245] 또한 계정충은 묘진합이 해소한다. 묘진(왕80) 주변 목 뿌리6(을계갑을2경)=480으로 계180를 능히 통관하기 때문이다.

❷대운분석
 1)금 간여지동 무신 기유 경술대운은 종인격처럼은 수기 임 있다.
 2)수 간여지동 신해 임자대운은 종왕격처럼 될 수 있고 수기 묘 있다.[1246]

☞ 2. 이 기법(조후)

□묘월 임수는 덥지 차지도 않으면서 흐른다. 그래서 무토로 제방하고 신금으

1241) 2-1-4 ■3 □1 용법 요약 "겁 왕 신강-극겁하는 관살 상신". "인수 강 신강-극인하는 재 상신"
1242) 2-1-3-3 ●=3 ■3 □2 1)식상생재격은 식상 상신이 절정기, 재 최종격이 발전기다. 재생관살격도 같다. 2)재 없는 식상이나 관살 단독은 식상 관살 절정기, 인출 상승이 발전기다.
1243) 3-2-9-4 ●=2 ■1 정(正)작용과 편(偏)작용
1244) 2-1-2-3 ●=3 ■3 □1 최종격은 상신에서 나오는데 종격의 수기와 같은 유통 개념이다. 1)그러나 십정격의 상신은 물이 끓기 전이니 증기가 통풍구로 새지 않고 모아져야 한다. 그래서 최종격보다 상신이 우선이다. 2)반대로 수기는 물이 끓어 배출되는 증기로 동력을 얻는 증기기관이다.
1245) 3231-4 ●=2 ■4 ●간명의 원리 ○3지지 연월의 합충형은 일월의 합충형에게, 일월은 시일, 시일은 연시의 합충형에게 순위를 넘깁니다.
1246) 1-5-4-2 ●=1 ■1 □2 상신이 인입이면 인출, 인출이면 인입 상승할 때 종(변격)이 일어난다.

로 수원을 삼아야한다.
□임수 제방은 술(=무)토이니 재물이 고인다. 한 때 부동산 상당했다고 한다.

☞ 3. 순역(용신-격국)

❶(체)-묘월 임수가 계겁 경인으로 신강.
❷(용)-투출 없어 "2-적천수용법 일간신강-식재관 용신"1247)
❸그럼 묘 정 있어 상관생재격이다.1248)

☞ 4. 경지

□12경계인에서 시작, ❶최종격 정 천간-12경계인, ❷최종격 차선-귀인, ❸최종격 유와 분산-평상인, ❹절정기 부조화-34경계인, 그중 정은 왕상쇠사의 상쇄(중간)이다.
□34경계인의 삶-(일반 기업체, 기술직, 자영업, 특수직)

☞ 5. 대운 흐름   신강 상관격은 인입 하강해야 호사도래-(정 재 화답)1249)

갑을-절정기	□일간의 희(강수득목) 산▶림 홍수방지-흐름 약, 머리 맑음
	○(약화득목-목생화) ▶장작이 화력을 일으킴-에너지, 자신감 충만
병(재-발전기)	□일간의 희(수왕득화) ▶수력 전기(자극-통찰)발전-시설 인생가동
	○(병화득화 화생화) ▶두 불길이 화염창출-붉은 빛에 활동회복
정	○(왕수합강)정임▶초 불빛이 호수에 스밈-기이하게 변함, 예측불가

☞ 6. 상(像)

○삶의 비용 많음-상신 차선인 이유, 무정하지만 정과 합-교제비용도 많이 발생합니다.
○의지의 한국인-마음먹은 일은 꼭 합니다.-(술 살 통관되어 관의 억제(통제)가 약하기 때문)

● Tip

○이 자료는 십이운성의 기는 일간이, 왕상쇠사는 우주자연(월령)이 주도하는 예입니다.
○임수 입장(십이 운성)-유술이 더 왕성, 우주자연(왕상쇠사)은 묘 당령이 더 왕성합니다.
○그래서 자신(십이운성)이 좋아하고 자신 있는 것은, 세상(왕상쇠사)에서는 산중의 거문고-돈이 안 됩니다.

1247) 2-1-4 ■2 □1 용법 요약 "식상 강해 신약-탈식하는 인수 상신". "관살 강해 신약-겁 상신(겁으로 대항)". "재성 강해 신약-파재하는 겁 상신"
1248) 2-1-4 ■3 □2 식상 상신-식상 약해 겁이 생해도 최종 식상격. 식 상신 강하면 최종 식상생재격
1249) 2-1-3-3 ●=3 ■3 □2 1)식상생재격은 식상 상신이 절정기, 재 최종격이 발전기다. 재생관살격도 같다. 2)재 없는 식상이나 관살 단독은 식상 관살 절정기, 인출 상승이 발전기다.

3-1	천간 합

3-1	정관, 칠살과 천간합

3-1-1	음신관합(陰身官合)-음일간은 정관과 합

■1. (을경합 불가 자료) (용신-지지) 행정고시

●-59 실제사주	3-3-1	1-5-3-2 희신의 상승과 고시합격 시퀀스 자료

YQ-1	☞ 1. 신약 신강	남. 행정고시	9 8 7 6 5 4 3 2 1	▶음신관합 불가-신약
	무300	을120	경400	정120	4 4 4 4 4 4 4 4 4	▶용-무 ▶상신-종재
	자	축	술	유 년	경 신 임 계 갑 을 병 정 무 기	▶평상인
병	임계	신	계신기	무	신정무	무	경신	자 축 인 묘 진 사 오 미 신 유	▶2이상형

❶원국분석

1)원격은 신약, 무 종재격이 본격이다.1250) 그래서 변격은 을 무 정에서 온다.
2)(종재 이유)-무420(무300 정120)은 을120의 3배수 이상(토다목절)이다.
3)(을은 종 대상)-인출720(무300 경400 정120)이 을120의 3배수 이상이다.
4)(을경합 아닌 이유)-을과 무와 극하여 경과 합 할 겨를이 없다.1251) 축술은 을과 극하고 경을 생하니 입출상쇄 개념으로도 볼 수 있다.
5)이 사주는 야자시가 적용되었다.1252)

❷대운분석

1)화 간여지동 을사대운은 종아격처럼 될 수 있고 수기 경 있다.
2)금 간여지동 기유 무신 신축은 종살격처럼 될 수 있고 수기 계 지장간이다.

☞ 2. 이 기법(조후)

□술월 을목은 뿌리가 마르고 낙엽 지니 계수의 자양에 의지해야 한다.

☞ 3. 순역(용신-격국)

❶(체)-술월 을목 음신관합 불가, 신약
❷(용)-투출한 무 본기 쓰(용)면 "2-자평용법 재 쓸 때 신약-식관 재 상신"1253)
❸그런데 종재격이 되었다.

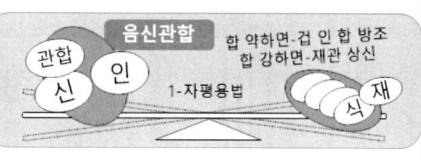

1250) 1-5-4-1 ●=1 ■2 □2 ●간명의 원리 ○2그러나 종격(처럼)에서 다(多)는 3배수 이상이라는 말이고 그 과정은 수기가 됩니다. 2)즉 양초의 토초, 금의 용융, 물의 고갈 과정은 화(증기)로 동력을 얻는 증기기관과 같습니다. 숯불이 꺼지기(화식) 전 고기가 구워지는 것도 같은 원리입니다.

1251) 3231-3 ●=1 합이불합 "▶극 당하면 합 할 겨를이 없다." "상하 좌우에서 극하면 합하지 못한다." "합도 극(충)을 해소할 수 있지만 극도 극을 해소하게 된다."

1252) 5-2-1-2 참고로 자시(당일 23;30~다음날 01;29 까지)에는 야자시와 조자시가 있다. 한국 시간 ▶야자시는 당일 23;30~23;59이고 ▶조자시는 24'00~다음날 01;29이다.

☞4. 경지	
□12경계인에서 시작, ❶유 수기 타지-23경계인, ❷절정기 부조화-평상인, 그 중 유는 왕(상위), 상쇠(중간), 사(보통)의 상위이다.	
□평상인의 삶-(의사, 교사, 공무원, 군경, 대기업, 전문직)	
☞5. 대운 흐름	종재격은 종 상승해야 호사 도래-(무 재 화답)
을갑-절정기	○(약목득목-목생목) ▶식수목과 지지대-흔들림 방지, 본분회복
계임-발전기	○(약목득수-수생목) ▶강가의 수양버들-머리 맑음, 판단력향상
☞ 6. 상(像)	
○호박이 넝쿨째로-인생 황금기 신약한 을 일간이 시의적절하게 변격됩니다.	
○초년의 파고-경 종살격처럼의 수기 발용에 따라 물결의 파장이 달라집니다.	
● Tip	
○정사대운(1986)에 행정고시합격하고 계사년(2013)에 명퇴했다 합니다.	

■2.(을경합 불성립-신강). 비 생금 토-PC

●-60 실제사주	3-1-1		3-2-2-1 ●=4 토 사용법 자료	
YQ-1 ☞1. 신약 신강	경480	을120	병300	경320
5. 토 사용법 -PC	○○○○○○	○○○	○○○○○	○○○
지장간	을○ 계○ 무○	경○ 신○	신○ 정○무○○	신○ 정○ 무○
지지	진	유	술	술

❶원국분석

 1)원격은 신약, 본격은 경 종살격이다.[1254] 그래서 을 병에서 변격온다.

 2)(종살 이유)-경 480은 을120의 3배수 이상(금다목절)이다.[1255]

 3)시간 경과 일간 을의 합이 안 된다. 연간 경이 회국(回局)하면 경 중첩이기 때문이다. 연월이 중첩이면 일월이 합 안 되는 경우와 같다.[1256] 또한 지지 유와 을이 극하고 있다.

❷대운분석

[1253] 2-1-4 ■3 □1 용법 요약 "겁 왕 신강-극겁하는 관살 상신". "인수 강 신강-극인하는 재 상신"
[1254] 1-5-4-2 ●=1 ■3 □1 1)원국 YQ-1에서 십정격이 변격되면 신강 신왕수기격이나 종격이 된다.
[1255] 1-5-4-1 ●=1 ■2 □2 ●간명의 원리 ○2그러나 종격(처럼)에서 다(多)는 3배수 이상이라는 말이고 그 과정은 수기가 됩니다. 2)즉 양초의 토초, 금의 용융, 물의 고갈 과정은 화(증기)로 동력을 얻는 증기기관과 같습니다. 숯불이 꺼지기(화식) 전 고기가 구워지는 것도 같은 원리입니다.
[1256] 3231-4 ●=3 ■2 연간과 월간의 중복은 중간이다.

1)금 간여지동 경진대운은 종살격처럼의 활성기이다.
2)나머지 대운은 개두절각으로 태세 이하에서 격이 결정된다.

☞ 2. 이 기법(조후)

□술월은 목성이 사라지는 시기다. 그래서 계수로 자윤해야 하는데, 마침 수원 경금이 있지만 금 관살 과다이니 조후 과다가 된다.

☞ 3. 순역(용신-격국)

❶(체)-술월 을 허실하여 신약하다.
❷(용)-그중 투출한 금(경) 관 쓰면, "1-자평용법 관 쓸 때 신약-겁인 상신"1257)
❸그러면 극겁 최선인데 종살격이 되었다.1258)

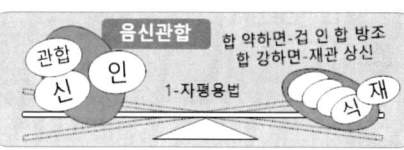

☞ 4. 경지

□12경계인에서 시작, ❶수기 지장간-평상인 ❷경 과다-34경계인, ❸토다목절-평범인, 그중 정화는 왕(상위), 상쇠(중간), 사(보통)의 중간이다.
□평범인의 삶 안에서의 발전기 절정기-(자영업, 일용직, 임시직, 특수직)

☞ 5. 대운 흐름   종살격은 종 상승해야 호사도래-(종살 금 화답)

| 신경-발전기 | ○(종금득금-금생금) ▶연철 선철이 강철로-친구 따라 강남, 용처상승 |
| 기무-절정기 | ○(종금득토-토생금) ▶쟁기와 쟁기 날-논 밭갈이, 활동왕성 |

☞ 6. 상(像)

○남편무덕-관이 종살로 변성된 이유입니다. 허약거나 아프거나 역할 실종이거나.
○남자부실-다른 사람 만나도 부실-가출 방황하다가 상담 후 제자리로 돌아갔습니다. 신사대운부터 활성기인 이유입니다. 그래서 기다리는 집으로 복귀를 권고했습니다.

● Tip

○2020 경자년 재혼한 남성과 이혼과정에서 이루어진 상담인데, 금전문제와 남성의 폭력으로 많이 힘들어 헸습니다.-(배우자가 자신명의 통장으로 사업함)

3-1-2   양신겁살합(陽身劫殺合) -양일간의 겁재는 칠살과 합(매씨합살)1259)

1257) 2-1-4 ■3 □1 용법 요약 "겁 왕 신강-극겁하는 관살 상신". "인수 강 신강-극인하는 재 상신"
1258) 1-5-4-2 ●=1 ■4 □3 3)종살격(처럼)은 합 포함 재 관살의 합산이 높아야하고 인수(겁)가 수기다.
1259) 2-1-4-8 ●간명의 원리 ○1 "갑이 경을 만나면 칠살이다. 이때 을목이 있어 을경합하면, 경은 관으로서 극력이 없어진다." 을(겁제-매씨)이 경 살과 합하여 갑을 보호 하는 것을 매씨합살이라 함.

■1. 양신재합(갑기합)과 양신겁살합(을경합) 불가-뜻한 바가 있어서(P교사)

●-62 실제사주	3-1-2	2-3												
☞1. 신약 신강		여. P교사		9	8	7	6	5	4	3	2	1		▶양신겁살합 신강
을300	갑420	기80	경300	9	9	9	9	9	9	9	9	9		▶용-경 ▶상신-신금
축	자	축	자 년	기	경	신	임	계	갑	을	병	정	무	▶34경계인
대 계신기 욕 임계	대 계신기 욕 임계			묘	진	사	오	미	신	유	술	해	자	▶4분지형

❶원국분석
 1)원격은 신강(목왕득금), 본격은 단독 살격이다.1260) 을 갑 기에서 변격온다.
 2)(신강 이유)-인입(을갑720)이 경300의 3배수 미만1261)으로 분산을 쓴다.
 3)(을경합 아님)-을이 축과 극하느라 경이 회국해도 합할 겨를이 없다.1262) 그래도 합은 아니지만 합의 본질이 남아 있어 경을 쓴다면 경지가 1단계 하락한다.
 4)(입출상쇄)-이 사주도 기토가 갑과 합하고 경을 생하니 입출상쇄가 된다.
 5)참고로 연시 자축합, 일월 차축합이 성립된다.
❷대운분석
 1)토 간여지동 병술대운은 종재격처럼 될 수 있고 수기 경 있다.1263)

 ☞ 2. 이 기법(조후)
 □축월 갑목은 추워서 목성 상실, 그래서 경으로 쪼개 정화 땔감으로 쓴다.
 □갑목의 조후 경금이 있지만 갑과 무정하여 조후결함(경지하락)이다.

 ☞ 3. 순역(용신-격국)
 ❶(체)-축월 갑 갑기합 불가해도 신강.
 ❷(용)-투출한 금(경) 쓰(용)면 "1-자평용법 관 쓸 때 신강-식 재 관 상신"1264)
 ❸그러면 경 단독 칠살격이다.1265) 기 재성은 갑과 합이므로 분산이 안 되어 단독이다.

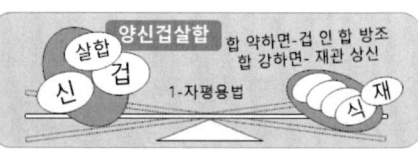

 ☞ 4. 경지
 □귀인에서 시작, ❶상신 단독 살격-평상인, ❷절정기 부조화-34경계인, 그중 자는 왕상쇠사의 왕(상위)이다.
 □34경계인의 삶-(일반 기업체, 기술직, 자영업, 특수직)

1260) 2143-2 ■1 □1 식상격(분산식상격, 식신생재격) "식상의 최대 덕목"
1261) 2143-1 ●=2 ■2
1262) 3231-3 ●=1 합이불합 "▶극 당하면 합 할 겨를이 없다." "상하 좌우에서 극하면 합하지 못한다." "합도 극(충)을 해소할 수 있지만 극도 극을 해소하게 된다."
1263) 1-5-4-2 ●=1 ■1 □2 상신이 인입이면 인출, 인출이면 인입 상승할 때 종(변격)이 일어난다.
1264) 2-1-4 ■3 □1 용법 요약 "겁 왕 신강-극겁하는 관살 상신". "인수 강 신강-극인하는 재 상신"

☞ 5. 대운 흐름   칠살격은 살 상승해야 호사도래-(경 살 화답)1266)

(기) 무 정병		○목극토(목왕득토) ▶밀집 목, 넓은 땅에 이식-새 세상(역할)
		○(강목득화) ▶아궁이 불, 목조건조-밝은 빛에 수명회복
	을갑	○(강목득목-목생목) ▶식수목과 지지대-흔들림 방지, 본분회복
	계임	○(강목득수-수생목) ▶강가의 수양버들-머리 맑음, 판단력향상
신경		○금극목(목왕득금) ▶비목이 다듬어져 예술품으로-가치상승

☞ 6. 상(像)

○한 번은 뜬다.-이 사주 실제 활성기는 병술대운의 종재격처럼인 이유입니다.
○부는 대로 흐르는 대로!-대운이 개두절각으로 기운이 약한 이유, 특히 마음에 담아두는 것은 금물입니다. ○개운 하려면?-병인시 출생으로 알고 ▶(병) 1빛-밝고, 2관계망-관계 맺기 ▶(식신) 1분출-표현하기, 2활동-스포츠와 종교 및 취미활동, 3수기-마음 비우고 사는 것이 개운의 한 방법일 수 있습니다.

● Tip

○어떤 뜻인지 모르지만 뜻한 바 있어 을유대운 시작과 함께 교직을 나왔다 합니다.

1265) 2-1-4 ■3 □2 관살 상신-관 약해 재 상신의 생 받아도 최종 관살격. 관 상신 강해도 최종 관살격. 다만 관생인이 아니어야하고 재의 생이 없으면 단독(평상인)으로 관살격.
1266) 2-1-3-3 ●=3 ■3 □2 1)식상생재격은 식상 상신이 절정기, 재 최종격이 발전기다. 재생관살격도 같다. 2)재 없는 식상이나 관살 단독은 식상 관살 절정기, 인출 상승이 발전기다.

3-2 재성과 천간합

3-2-1 양신재합(陽身財合)-양일간은 정재와 합

■1. (양신재합 불가)-공인중개사-(병신대운 무술년(2018)-공인중개사에 합격)

●-63 실제사주	3-2-1			1-6-2-13 만학 공인중개사

YQ -1	☞ 1. 신약 신강		여. 공인중개사		9	8	7	6	5	4	3	2	1	1	▶양신재합 불가-신약
	을640	경200	신40	신80	1	1	1	1	1	1	1	1	1	1	▶용-을 ▶상신-유
	유	신	묘	해 년	신	경	기	무	정	병	을	갑	계	임	▶34경계인
	왕	경신 녹	무임경 태	갑을 병	축	자	해	술	유	신	미	오	사	진	▶3이상형
															무갑임

❶원국분석

1)원격 신약, 본격은 신(금생금) 겁격이다.[1267] 그래서 을에서 변격된다.

2)(신약 이유)-을이 유와 극하느라 경이 합하려 해도 합할 겨를이 없다.[1268] 그래서 경신신320이 유560보다 적어 신약이다.

❷대운분석

1)대운이 개두절각으로 태세 이하에서 변격온다.

☞ 2. 이 기법(조후)

□묘월 경금은 암합으로 강하다. 그래서 강함을 정화로 다듬어야 한다.

 1)정 없으면 병화로 금을 따뜻하게 하는데, 성공 여부는 자기하기 나름이다.

 2)정화가 없을 때 경금을 보조로 쓰는 것은, 경금에게 갑이 쪼개지면 자연히 정화를 생하는 원리이다.-(벽갑인정)

□경 신금은 사시사철 조후 필수, 그러나 대신 목이 목생화(조후미비)한다.

☞ 3. 순역(용신-격국)

❶(체)-묘월 경금 건실하지만 을경합(양신 재합) 불가로 신약하다.

❷(용)-투출한 을목 쓰(용)려면 "2-자평용 법 재 쓸 때 신약-겁인 상신"[1269]

❸그러면 유 신 있어 겁격이다.[1270]

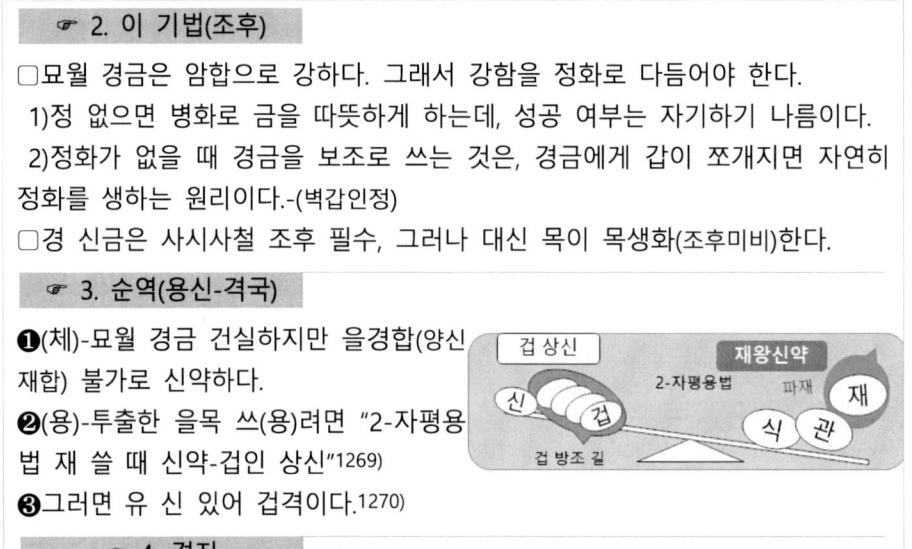

☞ 4. 경지

1267) 2-1-2-3 ●=3 ■3 □1 최종격은 상신에서 나오는데 종격의 수기와 같은 통풍구다. 1)그러나 십 정격의 상신은 물이 끓기 전이니 우선 증기가 통풍구로 새지 않고 모아져야 한다. 그래서 최종격보 다 상신이 더 중요하다. 2)반대로 수기는 물이 끓어 배출되는 증기로 동력을 얻는 증기기관이다.

1268) 3231-3 ●=1 합이불합 "▶극 당하면 합 할 겨를이 없다." "상하 좌우에서 극하면 합하지 못한 다." "합도 극(충)을 해소할 수 있지만 극도 극을 해소하게 된다."

1269) 2-1-4 ■3 □1 용법 요약 "겁 왕 신강-극겁하는 관살 상신". "인수 강 신강-극인하는 재 상신"

○12경계인에서 시작, ❶상신 유 일지-귀인, ❷상신 유 을과 극-23경계인, ❸조후미비-평상인, ❹절정기 부조화-34경계인, 그중 유는 왕상쇠사의 사(보통)이다.
○34경계인의 삶-(일반 기업체, 기술직, 자영업, 특수직)

☞ 5. 대운 흐름   신약은 인입 상승하는 때 호사도래-(금 겁 화답)

임계	○(약금설기-수다금침)	▶보검에 녹이 숨-담금질 잘하고 용처상실
갑	○(약금극설-목다금결)	▶이 빠진 도끼 날-헛수고, 매사 중복반복
을(합-발전기)	○(약금합강)	▶부드러움과 강함, 순정파-일의 진행이 순수
병정	○(약금극금-화다금용)	▶녹아버린 가마솥-용처상실, 정체성 상실
무기-발전기	○(약금득토-토생금)	▶쟁기와 쟁기 날-논 밭갈이, 활동왕성
경신-절정기	○(약금득금-금생금)	▶연철 선철 강철로-친구 따라 강남, 용처상승

☞ 6. 상(像)

○온화하고 차분, 성실, 착함-대운 기세가 개두절각으로 극적이지 않는 이유입니다.
○원만하고 온순-극(미워하고 경쟁)해야 할 재성과 합이 된 이유. 그래서 합거[1271]되면 감정 표현이 약하거나 잘 안 됩니다.

3-2-2 양신인재합(陽身印財合) -양일간의 정인은 편재와 합

■1. (양신인재합 불가) 계수 사랑 내 곁에-건물 임대업

○양(갑)일간의 정인(계)은 편재(무)와 합-인재합, 그러나 무정한 무와 계의 사랑은 이룰 수 없는 오작교 사랑이다.

(●-17)		3-2-2		1-3			1-6-2-4 돈 되는 건물 임대업			
YQ -1	☞ 1. 신약 신강		여. 건물 임대업		9 2	8 2	7 2	6 2 5 2 4 2 3 2 2 2 1 2	▶2-자평 재 쓸 때 신약		
	계300	갑40	무360	병180					▶용-무 ▶상신-계		
	유	인	술	신 년	무	기	경	신 임 계 갑 을 병 정		▶평상인	
태	경신 녹	무병갑 양	신정무 포	무임경	자	축	인	묘 진 사 오 미 신 유	▶6중년 7대기만성 형		

3-2-3 음신인재합(陰身印財合) -음일간의 편인은 정재와 합

■1. (음신인재합 성립-신약) 조후에 민감-강 팀장

○회국(回局)하면 시 기토가 연의 갑과 갑기합으로 신금 일간을 간접 생한다. 자수와 기가 극하지만 갑을 수생목하여 합이 성립된다.

1270) 1-5-4-2 ●=1 ■4 □2 1)합을 포함 겁과 인수의 합산이 높으면 종왕격(처럼) 되고 식상(재)이 수기다. 겁(종)이 상신이니 결과적으로 신강 신왕수기격과 결이 같다.
1271) 3231-2 ●=1 □3 어떻든 합, 합거 되면 가치가 떨어진다.

(●-20)	3-2-3	1-3									

☞ 1. 신약 신강		남 30후반. 강 팀장.		9 2	8 2	7 2	6 2	5 2	4 2	3 2	2 1	1 2	2	▸2-자평 재 쓸 때 신약
기60	신160	정240	갑560	정	병	을	갑	계	임	신	경	기	무	▸용-갑 ▸상신-금
축	유	묘	자 년	축	자	해	술	유	신	미	오	사	진	▸평범인
양	계신기	녹	경신	포	갑을	행	임계								▸2이상형

3-2-4 음신겁재합(陰身劫財合) -음일간의 겁재는 편재와 합

■1. (음신겁재합 불가) 식신생재-DK운수 회장.
□기 일간과 무 겁재가 무정(일간을 강하게 못함)하여 겁재합의 의미가 없다.

(●-23)		3-2-4	1-4			1-6-2-5 상가 건축 및 분양						

YQ -1 ☞ 1. 신약 신강		남. DK운수 회장		9 8	8 8	7 8	6 8	5 8	4 8	3 8	2 8	1 8	8	▸2-자평 재 쓸 때 신강
계300	기240	병300	무300	병	을	갑	계	임	신	경	기	무	정	▸용-계 ▸상신-식상생재
유	미	진	술 년	인	축	자	해	술	유	신	미	오	사	▸평상인
생	경신	미	정을기	쇠	을계무	양	신정무								▸1이상형

3-3 식상과 천간합

3-3-1 인식합(印食合)-양일간의 편인은 상관과 합

■ (인식합 불가) 상관상승 자료-여. 헤어 디자이너

□양 일간(병화)의 편인(갑목)은 상관(기토)과 갑기합이다. 그러나 병 일간과 갑이 무정하여 기를 합으로 끌어와 일간을 돕지 못한다.

□또한 국중지신 끼리[1272] 기가 회국하여 자와 극하느라 갑이 합하려 해도 합할 겨를이 없다.[1273]

(●-06)		3-3-1	1-1						1-5-5-1 운수 좋은 날			
YQ -1 ☞ 1. 신약 신강		여. 헤어(살롱)디자이너		9 4	8 4	7 4	6 4	5 4	4 4	3 4	2 4	1 4	4	▸1-자평관 쓸 때 신약 ▸용-임 ▸상신-정 ▸34경계인 ▸3이상형
	기300	병180	임420	갑200	임	계	갑	을	병	정	무	기	경	신	
	해	술	신	자 년	술	해	자	축	인	묘	진	사	오	미	
포	무갑임	묘	신정무	병 무임경	대		임계								

3-3-2 인식합(印食合)-음일간의 정인은 식신과 합

음일간과 양일간의 음양이 다를 뿐 오행의 조건은 같다. 위에서의 경우처럼 식신이 정인격의 정인 용신을 돕는 희신의 역할이다.

■ (인식합 자료) 인생 마라톤-백향 통신

□정임은 그냥 국중지신끼리의 합인데 임과 미가 극하느라 임정합이 안 된다.

(●-33)		3-3-2	1-6									
☞ 1. 신약 신강		여. 백향 통신		1 0 0	9 0	8 0	7 0	6 0	5 0	4 0	3 0	2 0	1 0	▸3-자평식 쓸 때 신약 ▸용-정 ▸상신-식상생재 ▸34경계인 ▸4분지형
	을300	을240	정480	임120	정	무	기	경	신	임	계	갑	을	병	
	유	해	미	인 년	유	술	해	자	축	인	묘	진	사	오	
포	경신	사	무갑임	양 정을기	왕 무병갑										

1272) 3231-1 ■1 합충의 성립 "일간과의 관계와 국중지신끼리의 관계"
1273) 3231-3 ●=1 합이불합" ▶극 당하면 합 할 겨를이 없다." "상하 좌우에서 극하면 합하지 못한다." "합도 극(충)을 해소할 수 있지만 극도 극을 해소하게 된다."

2-2-4　전왕격 및 종격, 일간태왕

4-1　전왕격

4-1-1　곡직격

■ (건록 쓸 때-살격. 곡직격 불가 자료). 시려도 아름다운 것-미 사랑

●-64 실제사주	4-1-1	1-7-2		3-2-7-1 비견 자료
☞1. 신약 신강 인/설=3/1 -미 사랑	갑480 ○○○○○	을480 ○○○○○○	을400 ○○○○○	무120 ○○
지장간	무○ 임○ 경	정○ 을○ 기○	갑 을○○	무○ 임○ 경
지지	신	미	묘	신

❶원국분석
 1)원격은 신강, 본격은 곡직격이다.1274) 그래서 무에서 변격이 온다.
 2)(종왕 이유)-갑 을이 무의 3배수 이상(목다토경)으로 곡직격이다.1275) 지지 신이 목 아니어서 곡직격이 서운하면 신왕수기로 보아도 결과는 같다.

❷대운분석
 1)이 사주는 청년절정형인데 비활성기에도 대운에서는 무 종재격처럼 못된다.
 2)그러나 태세 이하에서 무토가 강승하면 종재격처럼 된다.

☞ 2. 이 기법(조후)
□묘월 을목은 따뜻해야 하니 병이 주군 계가 신하, 그래서 병을 먼저 쓴다.
□병화가 없다는 것, 인생이 따뜻하지 못해 어딘가 시리다는 것, 이 시린 것만 제외하면 자신의 인생은 아름다웠다고 한다.

☞ 3. 순역(용신-격국)

❶(체)-을목이 건실한데 겁으로 더 신강.
❷(용)-그래서 "4-자평용법 겁을 쓸 때 신강-식 재관 상신"1276)
❸그러면 극 최선, 그래서 무 정재 있어 단독(목다토붕) 정재격인데 곡직격이 되었다.1277)

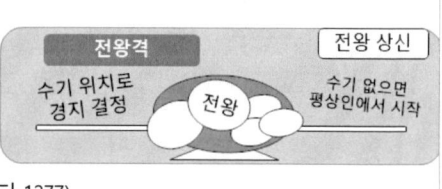

1274) 1-5-4-2 ●=1 ■3 □1 1)원국 YQ-1에서 십정격이 변격되면 신강 신왕수기격이나 종격이 된다.
1275) 1-5-4-1 ●=1 ■2 □2 ●간명의 원리 ○그러나 종격(처럼)에서 다(多)는 3배수 이상이라는 말이고 그 과정은 수기가 됩니다. 2)즉 양초의 토초, 금의 용융, 물의 고갈 과정은 화(증기)로 동력을 얻는 증기기관과 같습니다. 숯불이 꺼지기(화식) 전 고기가 구워지는 것도 같은 원리입니다.
1276) 2-1-4 ■3 □1 용법 요약 "겁 왕 신강-극겁하는 관살 상신". "인수 강 신강-극인하는 재 상신"
1277) 1-5-4-2 ●=1 ■4 □2 1)합을 포함 겁과 인수의 합산이 높으면 종왕격(처럼) 되고 식상(재)이 수

☞ 4. 경지

□12경계인에서 시작, ❶종왕격의 수기 정화가 지장간-평상인, ❷절정기 부조화-34경계인, 그중 정화는 왕상쇠사 상쇠(중간)이다.
□34경계인의 삶-(일반 기업체, 기술직, 자영업, 특수직)

☞ 5. 대운 흐름   전왕격은 인입 상승해야 호사도래-(겁 화답)

을갑-발전기	○(곡목득목-목생목) ▶식수목과 지지대-흔들림 방지, 본분회복
계임-절정기	○(곡목득수-수생목) ▶강가의 수양버들-머리 맑음, 판단력향상

☞ 6. 상(像)

○바람 부는 대로 낙엽이 구르는 대로-절정기 부조화(분지형)에서 오는 단기호사는 내 뜻보다 내 맘대로 안 되는 더 일이 많습니다. 유연하게 시류를 타야 합니다.
○가까운 사람이 맘을 시리게 하다. 신(=경) 배우자가 갑과 극하느라 을경합이 안 되어 맘이 시립니다.

4-1-2   염상격

■ 2적-겁 강해 신강-(재성 용신. 염상격 자료)-조기에 바람

●-65 실제사주		4-1-2	2-2-1							1-6-2-12 조기에 바람		
YQ-1 ☞ 1. 신약 신강		여. 조기 바람		9 8	8 8	7 8	6 8	5 8	4 8	3 8	2 8	1 8	8	▶2-적천수 쓸 때 신강 ▶용신-경 ▶희신-토 ▶평범인 ▶3이상형
병200	정240	정200	경60	정	무	기	경	신	임	계	갑	을	병
오	사	해	술 년	축	인	묘	진	사	오	미	신	유	술
왕 병기정	녹 무경병	포 무갑임	묘 신정무										

❶원국분석
1)원격 신강, 변격 전왕격이자 염상격이 본격이다.[1278] 경에서 변격 온다.
2)(염상 이유)-원국에 극하는 경60보다 화가 3배수 이상(화다금용)이다.[1279] 이때 식상 술토는 수기가 된다.
3)사해충이 사오합으로 해소되었다가 최종 오술이 성립되니 충이 살아났다.
❷대운분석
1)대운에서 변격은 없고 태세와 하위영역에서 일어난다.

기다. 겁(종)이 상신이니 결과적으로 신강 신왕수기격과 결이 같다.
1278) 1-5-4-2 ●=1 ■3 □1 1)원국 YQ-1에서 십정격이 변격되면 신강 신왕수기격이나 종격이 된다.
1279) 1-5-4-1 ●=1 ■2 □2 ●간명의 원리 ○2그러나 종격(처럼)에서 다(多)는 3배수 이상이라는 말이고 그 과정은 수기가 됩니다. 2)즉 양초의 토초, 금의 용융, 물의 고갈 과정은 화(증기)로 동력을 얻는 증기기관과 같습니다. 숯불이 꺼지기(화식) 전 고기가 구워지는 것도 같은 원리입니다.

☞ 2. 이 기법(조후)

☐해월 정화가 미약하고 추워 갑 의지해야 하고, 갑 있으면 경을 떠날 수 없다.
☐사주 총량으로는 병 비겁이 정을 부조하니 조후가 시급하지 않다.

☞ 3. 순역(용신-격국)

❶(체)-해월 정화 허실한데 염상격이다.
❷(용)-투출 없어 "1-적천수용법 일간 신강-식재관 상신"1280)
❸그런데 화 왕하여 염상격이 되었다.1281)

☞ 4. 경지

☐해월 정화의 조후는 갑목, 그런데 지장간(조후미비)에 갑이 있다.
☐12경계인에서 시작, ❶수기 타지-23경계인, ❷조후미비-평상인, ❸소년기 부조화-34경계인, ❹대운 모두 개두절각-평범인, 그중 경금은 왕상쇠사의 상쇠(중간)이다.
☐평범인의 삶 안에서의 발전기 절정기-(자영업, 일용직, 임시직, 특수직)

☞ 5. 대운 흐름   염상격은 화 상승해야 호사도래-(정 겁 화답)

| 정병-발전기 | ○(염화득화 화생화) ▶두 불길이 화염창출-붉은 빛에 활동회복 |
| 을갑-절정기 | ○(염화득목-목생화) ▶장작이 화력을 일으킴-에너지, 자신감 충만 |

☞ 6. 상(像)

○돌고 돌아가는 길-경(도끼)이 쪼갤 갑(장작)이 없어 놀다가 돌아갑니다.
○하고 싶은 일(소원)보다 뜻하지 않은 우연한 선택이 운명이 됩니다.-대운이 모두 개두절각, 그래서 성사 되더라도 성과 적고 계획에 없는 우연한 결과가 삶이 됩니다.

● Tip

○처음 상담을 시작하면서 "왜 고교 때 일찍이....?"라고 물으니 "어떻게 아세요?"하며 놀라워했습니다.-(참조 1-6-2-9) ○상담에서 과거를 거론하는 것은 과거가 적중하면 미래도 적중할 것 같은 기대입니다.

4-1-3   가색격

■ (천간겁인이 가색격 되는 자료)-새 곡식과 마른 밭(J 상담심리사)

1280) 2-1-4 ■3 ☐1 용법 요약 "겁 왕 신강-극겁하는 관살 상신". "인수 강 신강-극인하는 재 상신"
1281) 1-5-4-2 ●=1 ■4 ☐2 1)합을 포함 겁과 인수의 합산이 높으면 종왕격(처럼) 되고 식상(재)이 수기다. 겁(종)이 상신이니 결과적으로 신강 신왕수기격과 결이 같다.

●-66 실제사주	4-1-3	1-9-2		1-6-2-14 나는 뭔가?
☞1. 신약 신강	정300	무480	무480	기360
인/설=4/0(천간겁인) -J 상담심리사	○○○○○	○○○○○○○○	○○○○○○○	기○○○○○○
지장간	무○ 경○ 병○	병○ 기○ 정○	을○ 계○무○	정 을○ 가○
지지	사	오	진	미

❶원국분석
 1)원격은 신강, 본격은 전왕격 중 가색격이다.[1282] 그래서 정에서 변격온다.
 2)무토의 수기 경금이 사 지장간 속에 있다. 수기의 발용에 따라 꽃이 피는 시기가 다르다.[1283]
❷대운분석
 1)대운에서의 변격은 없다.

☞ 2. 이 기법(조후)

□진월은 무토 사령의 달, 갑목 소토로 다스린 후, 병 비추고 계로 적신다.
□화 많고 계 없으면 마른 밭에 물이 없어 모종 불가, 부모슬하를 떠나면서 새 곡식이 자라지 못하는 형국이다.

3. 순역(용신-격국)

❶(체)-천간겁인으로 신강, 지지도 무
뿌리 그래서 전왕격 중 가색격이다.
❷(용)-투출한 무 쓰(용)면 "4-자평용법
겁 쓸 때 신강-관살 식재 상신"[1284]
❸그러면 극겁 최선인데, 가색격이 되었다.[1285]

☞ 4. 경지

□전왕의 정도를 보면, 12경계인에서 시작, ❶수기가 지장간-평상인, ❷절정기 (분지형) 부조화-34경계인, 그중 무토는 왕상쇠사의 왕(상위)이다.
□34경계인의 삶-(일반 기업체, 기술직, 자영업, 특수직)

☞ 5. 대운 흐름   전왕격은 전왕 상승해야 호사도래-(토 겁 화답)

(무) 기-절정기	○(가토득토-토생토) ▶비료와 복토-지력향상 역할회복
경신(수-발전기)	○(가토득금) ▶광산 잡석분리-자기주장하다 상대 이해
임	○(가토극설-수다토류) ▶상전벽해 암석침식-제행무상, 역할실종

1282) 2143-1 ●=2 ■2 □4 일간(나머지 포함)이 식상의 3배수 이상이면 신왕수기나 종왕격이 된다.
1283) 2143-1 ●=3 ■2 □1 2)수기가 발용되면 나머지 행운 모두를 배합해서 YQ-3를 산출한다. 참고로 상신 발용은 통변에 반영, 조후는 수치를 산출하지 않는다.

계(합-발전기)	○(가토합강)무계 ▶대지와 이슬비-싱싱한 꽃(성과)이 만발
갑을	○(가토극토-목다토붕) ▶대규모 산사태-원형훼손 역할붕괴
병정-발전기	○(가토득화-화생토) ▶화덕과 도자기-불의 약속, 활동왕성

☞ 6. 상(像)

1. ○상황 대처능력이 뛰어난 변신의 귀재입니다.-(콩 심으면 콩밭, 팥은 팥밭-가색격 특성)
○산처럼 물처럼 마음을 비우고-절정기가 14세에 끝나고 75세에 다시 돌아오는 분지형은 비활성기에 단기호사로 살아가기 때문입니다.

● Tip
○아버지(목회자) 슬하 떠나기 전의 온후한 생활, 결혼 후는 여러분의 상상에 맡깁니다.

4-1-4 종혁격

■1.(종혁격 불가)-아래(여. 신혼부부)는 YQ-2 묘240(경갑을경)이 회국을 포함하여 3신과 극하고 있어 종혁이 못된다. 묘240은 3배수 이내 신금을 극할 수 있는 침이다. 참고로 일시 모유는 연시 모유가 있어 충이 성립되지 않는다.

(●-46)		1-9-2										1612-1 신혼부부의 결혼
YQ -1	☞ 1. 신약 신강	여. 신혼부부		9 9	8 9	7 9	6 9	5 9	4 9	3 9	2 9	1 9	9	▶2-적천수 일간 신강 ▶용신-종혁, 희신-토
신240	신120	경240	신120	경	기	무	정	병	을	갑	계	임	신	▶평상인
묘	유	자	유 년	술	유	신	미	오	사	진	묘	인	축	▶1이상형
포	갑을 녹	경신	생 임계 녹	경신										

■2. (상신 천간-종혁격 불가 자료) 찻잔 속의 태풍-사우나 대표

●-67 실제사주		4-2-1	1-6									1-5-4-9 십정격과 조후 필수
YQ -1	☞ 1. 신약 신강	여. 사우나 대표		9 7	8 7	7 7	6 7	5 7	4 7	3 7	2 7	1 7	7	▶3-자평식 쓸 때 신약 ▶용-임 ▶상신-유 신금
을120	경400	임360	갑120	임	계	갑	을	병	정	무	기	경	신	▶34경계인
유	술	신	진 년	술	해	자	축	인	묘	진	사	오	미	▶2이상형
왕	경신 쇠	신정무 녹	무임경 양	을계무										

❶원국분석

1)원격은 신약, 본격은 겁인격이다.[1286] 을 임 갑에서 변격 온다.

[1284] 2-1-4 ■3 □1 용법 요약 "겁 왕 신강-극겁하는 관살 상신". "인수 강 신강-극인하는 재 상신"
[1285] 1-5-4-2 ●=1 ■4 □2 1)합을 포함 겁과 인수의 합산이 높으면 종왕격(처럼) 되고 식상(재)이 수기다. 겁(종)이 상신이니 결과적으로 신강 신왕수기격과 결이 같다.
[1286] 2-1-4 ■2 □2 신약은 상신 겁인이 바로 최종격(겁격, 인수격)

2)(종혁 아닌 이유)-경400은 임360)의 3배수 미만(강금득수)이다. 또한 을과 유(=신) 극하여 경을합 아니다. 굳이 되더라도 경520은 임 3배수 미만이다.
3)전통적으로는 신유술 방합을 깔고 있어 종혁격이자 금 종왕격이다.

● 간명의 원리

○전통적으로 종혁격의 조건은 금 일간의 월지가 신이나 유이면서 지지가 금국이어야 하고 극하는 목화가 없어야 합니다. 이 사주는 이러한 조건을 모두 갖추었습니다.
○다만 을은 합 여부에 따라 문제가 되고, 갑은 경과 무정하여 문제가 안 됩니다.
○이렇게 전통적 이론과 YVWQ가 다른데 전통을 고수하고 싶다면, 논쟁의 정의를 떠나서 YVWQ 수치를 종혁격에 맞는 통변의 소재로 활용하기 바랍니다.

❷대운분석
1)수 간지합 경오대운은 종아격처럼 될 수 있고 수기 갑 있다.
2)을축 갑자 계해대운은 종재격처럼 될 수 있고 화 수기가 지장간에 있다.

☞ 2. 이 기법(조후)

□신월은 경금의 예리함이 극에 달하는 달이다. 그래도 정화로 경금을 더욱 날카롭게 다듬어야 한다. 그래서 경금은 정화를 떠날 수 없다.
□사주 총량으로는 조후 급하지 않다. 이법의 정화는 일간을 분산하는 이유다.

☞ 3. 순역(용신-격국)

❶(체)-신월 경금 건실한데 신약하다.
❷(용)-투출한 임 식상 용하면 "3-자평 식상 쓸 때 신약-겁 인 상신"1287)
❸그러면 유 신금 있어 식상용겁격이 된다.1288)

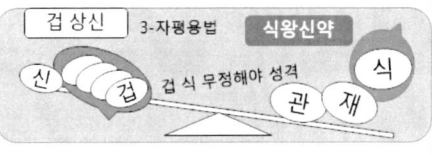

☞ 4. 경지

□신월 경금의 조후는 정화인데 지장간(조후미비-평상인)에 있다.
□12경계인에서 시작, ❶겁 상신 월지-귀인, ❷상신이 인수 아니고 겁 차선-23경계인, ❸조후 지장간-평상인, ❹활성기 부조화-34경계인, 그중 금은 왕(상위)이다.1289)
□34경계인의 삶-(일반 기업체, 기술직, 자영업, 특수직)

☞ 5. 대운 흐름 식상생재는 인출상승 해야 호사도래-(갑 재 화답)

을갑-발전기	○금극목(금왕득목) ▶연장, 목 조각 가공-건축 건설 창작활동
계임-절정기	○금생수(강금득수) ▶강철 담금질(연단)-살기가 용체로

● 총론

○한 지붕 두 가족-을이 자꾸 합하려고 하여서 마음도 현실도 두 세상입니다.
○바람처럼 구름처럼-활성기가 인생중반 끝납니다, 그래서 비활성기는 평온한 마음이 중요합니다, 그러나 이점을 간과하면 무리한 의지가 건강을 해치게 됩니다.

○성향-소통이 되는 사람(임 식신 정작용 수기가 천간)이지만 자신만(정화가 없어 경금을 예리하게 제련하지 못함)의 뚜렷한 세계가 있습니다. 위법은 없지만 이기적(뚜렷한 세계-의지 강함)인 생각은 산재(기신 갑 편재 상승할 때)를 부르기도 합니다.
○직업 서비스업에 종사-▶관살 '용' 없고, 강한 임수 '체'는 물이고 물은 서비스(재물, 지혜-종교 상담, 유흥 사우나) ▶임 식신(표현-말-서비스)이 투출해서입니다.
○재운-'크게 보여도 내 것이 아니다'.-34경계인이 ▶정(지장간-평상인) 적어 경 단련미약(종왕격 '용'은 돈과 모든 육신 대변)한 이유. ▶조후미비로 큰 발전 기대불가, 그래서 보이는 것은 크지만 적은 것이 자신의 것입니다.

○배우자 길-용(화 관살)은 없고, 체(일지-배우자. 경을합-배우자와 합) 금술 좋습니다.
○궁합-토금을 상신으로 쓰는 배우자감이 길합니다.(실제 남편 사주가 토 종재격)
○자녀 보통-용(계-지장간 적음)보다 체(시간-아들, 시지-딸)가 종왕격에 일조, 엄마 하는 일이 싫어도 따릅니다.

● Tip

○▶술토 극수 잘하나 건토여서 경을 비생금, ▶진은 습토-극수 부실 ▶을신(=유)충, ▶길게 흘러야할 원류는 막히는 등 사주와 격 성립 과정이 다사다난합니다.
○이렇게 다난하면 실제 삶도 매사난망 풍파부절 파란만장하게 되고, 이러한 분석은 통변에 반영합니다.

4-1-5 윤하격

■1. (양일간인데 종-윤하격 아닌 종아격)-젊어 고생은 사서도 한다는데-K무역

●-68 실제사주		4-1-5	1-5-4					1-6-2-7 오뚝이 K무역			
YQ -1 ☞ 1. 신약 신강		남. K무역		9 8	8 8	7 8	6 8	5 8	4 8	3 8	2 8	1 8	▶3-자평식 쓸 때 신약
임320	경120	계400	계240									▶용신-임 ▶상신-종아
오	진	해	묘 년	계 축	갑 인	을 묘	병 진	정 사	무 오	기 미	경 신	신 유	임 술	▶34경계인 ▶4분지형
육	병기정	양	을계무	병	무갑임	태	갑을								

1287) 2-1-4 ■2 □1 용법 요약 "식상 강해 신약-탈식하는 인수 상신". "관살 강해 신약-겁 상신(겁으로 대항)". "재성 강해 신약-파재하는 겁 상신"
1288) 2-1-4 ■2 □2 신약은 상신 겁인이 바로 최종격(겁격, 인수격)
1289) 3-1-2-2 ●=1 ■1 "경지 안에서도 왕(상위), 상쇠(중간), 사(보통)로 그 크기와 높이가 달라진다."

> ● 간명의 원리
>
> ○이 사주는 윤하격이 아닙니다. 전통적으로 윤하격은 일간이 임 계수이어야 합니다.
> ○그리고 월지가 해나 자이면서 지지가 수국을 형성해야 윤하격이 됩니다.

❶원국분석
 1)원격은 신약, 본격은 변격 종아격이다.1290) 그래서 경에서 변격온다.
 2)임 계수가 경60의 3배수 이상(수다금침)으로 경이 종할 수밖에 없다.1291)
 3)참고로 계와 오, 임과 진이 서로 극하고 있다. 그러나 오는 묘가 수생목생화(계생묘생오)하고, 진은 경금 통관되어 임을 극하지 못하니 종아격이다.
❷대운분석
 1)금 간여지동 기미대운은 종왕(겁)격처럼 되고 수기 임 있다.1292)
 2)금수대운이 인생 초반에 흐르고 있어 자연 종아격에서 시작한다.

> ☞ 2. 이 기법(조후)
>
> □해월은 경 성질이 차갑다. 그래서 먼저 정으로 제련하고 병으로 따뜻하게 해야 한다.
> □해월 경금의 조후는 정화가 성격(인수격) 되어 관성조후 기능하지만 오 타지(조후결함)이다.

> ☞ 3. 순역(용신-격국)
>
> ❶(체)-일간 경금이 식상강해 신약하다.
> ❷(용)-그중 투출한 임 식신을 쓰(용)려면 "3-자평용법 식상을 쓸 때 신약-인수 상신"1293)
> ❸그렇지만 식상이 3배수 이상으로 종아격이 되었다.1294)

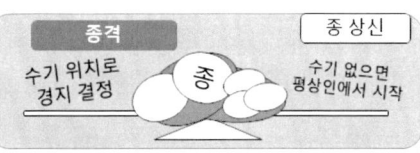

> ☞ 4. 경지
>
> □12경계인에서 시작, ❶수기 천간-12경계인, ❷수다금침-귀인, 태왕 묘 구응-귀인 ❸조후 타지-23경계인, ❹조후결함2(조후타지1, 조후미비1(병 지장간)-평상인, ❺절기기 부조화-34경계인, 그중 경은 상쇠(중간)이다.1295)
> □34경계인의 삶-(일반 기업체, 기술직, 자영업, 특수직)

1290) 1-5-4-2 ●=1 ■3 □1 1)원국 YQ-1에서 십정격이 변격되면 신강 신왕수기격이나 종격이 된다.
1291) 1-5-4-1 ●=1 ■2 □2 ●간명의 원리 ○2그러나 종격(처럼)에서 다(多)는 3배수 이상이라는 말이고 그 과정은 수기가 됩니다. 2)즉 양초의 토초, 금의 용융, 물의 고갈 과정은 화(증기)로 동력을 얻는 증기기관과 같습니다. 숯불이 꺼지기(화식) 전 고기가 구워지는 것도 같은 원리입니다.
1292) 1-5-4-2 ●=1 ■1 □2 상신이 인입이면 인출, 인출이면 인입 상승할 때 종(변격)이 일어난다.

☞ 5. 대운 흐름   종아격일 때는 식상 상승해야 호사도래-(수 식 화답)

계임-발전기	○(종수득수-수생수) ▶두물머리 약수터-사람 지혜 돈이 모여 듦
신경-절정기	○(종수득금-금생수) ▶수 발원지와 관개수로 발달-용수(가치) 풍부

☞ 6. 상(像)

○시류를 잘 타라.-종아로, 겁격으로 사는 이유입니다.
○그래서 한 가지를 길게 못하는 단기호사로 살아가니 여러(직업) 삶을 살게 됩니다.

● Tip

■1-수 오행은 기호(부호)의 일부
○1.청년기 해외사업 실패로 자살 충동 있었지만 형제 지인들 부채 때문에 참았답니다.
○2.수는 오행의 일부이고 기호일 뿐 자영업하는 우리의 성실한 34경계인은 음탕하지 않습니다. 수를 설기하고 제어하는 목화토 행운(3-적천수용법) 오면 호사도 따라 옵니다.
○3.수 많은 것을 여성의 음탕이나 푹푹 빠지는 수렁논이나 물살이 세차게 들고나는 기수지역1296)에 비유힙니다. 결론은 음탕, 질퍽 등 팔자가 세다는 이야기입니다.

■2-수가 많은 것은 자신의 잘못이 아닙니다.
○사람은 모두 잘 되고 싶어 합니다. 그런데 자신의 잘 못도 없이 타고난 사주나 상(像) 때문에 잘못된다면 억울할 것이고, 사주 불신론과 함께 미신행위처럼 폄하받게 됩니다.
○사주를 폄하하는 사람들 중에는 사주를 전혀 모르는 사람들이 대부분입니다. 우리는 이 귀한 공부를 아주 어렵게 하고 이러한 세상에서 한 평생을 살아야 합니다.
○모든 사주와 역학은 흠을 잡기 시작하면 한이 없고 그러면 부정의 학문이 됩니다. 그래서 잘 못 되는 이유를 찾기 위해 트집 잡고 깎아내리는 발상(신살, 체상)이나 언어를 동원하기보다 긍정의 대안을 찾아야 합니다.

■3-긍정의 대안
○예를 들어 우리의 주인공을 "수가 많아서 팔자 세다가 아니라, 수가 많으니 남달리 지혜와 재주 많고 총명한데, 금수운 종아격의 활성기와 목화토운은 삶이 안정적이면서도 환절기(변격) 변화에 감기 잘 걸리는 수고 정도는 안고 가야 한다. 자영업하니 하루 벌어 사는 사람보다 훨씬 행복하고 복 받은 사람이다. 어떠한 어려움에 처해도 이 복으로 인하여 나락으로 떨어지지 않는다."라고 말입니다.

1293) 2-1-4 ■2 □1 용법 요약 "식상 강해 신약-탈식하는 인수 상신"
1294) 1-5-4-2 ●=1 ■3 □3 1)종아격(처럼)은 합 포함 겁 식상의 합산이 높아야하고 재(관)가 수기다.
1295) 3-1-2-2 ●=1 ■1 "경지 안에서도 왕(상위), 상쇠(중간), 사(보통)로 그 크기와 높이가 달라진다."
1296) 기수지역-일반적으로 강하구지역의 민물과 바닷물이 만나는 곳으로 잔 물결이 많이 발생하고 물살이 거침. 조수의 영향으로 강쪽이나 바다쪽으로 물살의 이동이 심함.

4-2-1 종왕격=종비격

■ (상신 천간-종왕격 불가 자료) 찻잔 속의 태풍-사우나 대표

(●-67)	4-2-1	1-6	1-5-4-9 십정격과 조후 필수

YQ-1	☞ 1. 신약 신강	여. 사우나 대표	9	8	7	6	5	4	3	2	1	7	▶3-자평식 쓸 때 신약
	을120	경400	임360		갑120		7	7	7	7	7	7	▶용-임 ▶상신-유 신금
	유	술	신		진 년	임	계	갑	을	병	정	무	기	경	신	▶34경계인
왕	경신 쇠	신정무 녹	무임경 양	을계무	술	해	자	축	인	묘	진	사	오	미	▶2이상형

❶원국분석

1)위 사주는 구조상 종왕이나 종혁격이 틀림없는데 식상용겁격이 되었다.[1297]

2)만약 종왕격이 되려면 일간을 포함한 인입이 임360 식상의 3배수 즉 1080 이상(금다수탁)이어야 한다. YVWQ는 이렇다.

3)모든 전왕격은 일간이 태왕하니 종왕격을 동반한다. 종혁격도 경우는 같다.

4)그리고 종하면 수기를 쓰는데 종왕은 신강 신왕수기 등 모두 그 작동원리가 같다.[1298]

4-2-2 종아격

■1. (종아격 아님 자료)-여. 유치원 교사

●-69 실제사주	4-2-2	1-5-4	1-5-4-3 수치로 보는 변격

YQ-1	☞ 1. 신약 신강	여. 유치원 교사	9	8	7	6	5	4	3	2	1		▶1-적천수 쓸 때 신약
	무240	신40	계120	임240	1	1	1	1	1	1	1	1	▶용신-겁인 ▶희신-화
	술	묘	묘	술 년	계	갑	을	병	정	무	기	경	임	▶34경계인
관	신정무 포	갑을 포	갑을 관	신정무	사	오	미	신	유	술	해	자	축	인	▶2이상형

❶원국분석

1)원격은 신약, 종아 아닌 무 인수가 본격이다.[1299] 임 계에서 변격된다.

2)(종아 아닌 이유)-만약 종아격이 되려면 임 계가 인입280의 3배수 즉 840 이상 되어야 된다.[1300]

3)(종강 아닌 이유)-무240은 신40의 3배수 이상이지만 그렇다고 인출360의 3

1297) 2143-1 ●=2 ■2 □3 일간과 나머지가 식상(유정)의 3배수 미만은 분산(재격 대살 관격)을 쓴다.
1298) 1-5-4-2 ●=1 ■3 □2 1)합을 포함 겁과 인수의 합산이 높으면 종왕격(처럼) 되고 식상(재)이 수기다. 겁(종)이 상신이니 결과적으로 신강 신왕수기격과 결이 같다.
1299) 1-5-4-2 ●=1 ■3 □1 1)원국 YQ-1에서 십정격이 변격되면 신강 신왕수기격이나 종격이 된다.
1300) 1-5-4-1 ●=1 ■2 □2 ●간명의 원리 ○2그러나 종격(처럼)에서 다(多)는 3배수 이상이라는 말이고 그 과정이 수기가 됩니다. 2)즉 양초의 토초, 금의 용융, 물의 고갈 과정은 화(증기)로 동력을 얻는 증기기관과 같습니다. 숯불이 꺼지기(화식) 전 고기가 구워지는 것도 같은 원리입니다.

배수 이상은 못된다.1301)
  4)전통적으로 뿌리가 있으면 종 못한다. 우리 책은 3배수 이상이면 종한다.
  5)합의 우선순위에 따라 묘술합 묘술합처럼 보인다.1302) 그러나 무묘 임술이 극하고 있어 합이 아니다.1303) 그래도 합의 본질(이중성)은 남는다.1304)
  6)또한 두 개의 오행이 하나를 형충하지 못하므로 묘술합이 아니다.1305)
  7)그래서 웃더라도 마음은 울고, 양보하고 협력할 뿐 마음까지는 아니다.

❷대운분석
  1)병 간지합 병신대운은 신약의 상신운(일간의 희)이다.

☞ 2. 이 기법(조후)
□묘월은 양이 화창하여 임수가 존귀한데 무 기 많으면 금(수원)이 매몰될 우려가 있다. 그래서 목극토로 견제한다.
□사주 총량으로 볼 때 조후 묘가 Y-Q-2 400으로 무토를 견제할 수 있다.

☞ 3. 순역(용신-격국)
❶(체)-묘월 신금이 식상강해 신약하다.
❷(용)-그러면 "1-적천수 식강신약-인비 용신"1306)
❸그러면 무 인수 있어 인수격이다.1307)

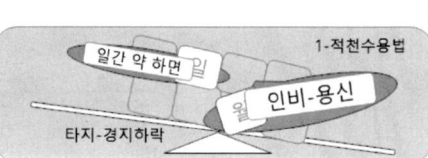

☞ 4. 경지
□12경계인에서 시작, ❶신금 일간이 토다금매 한 번, 수다금침 한 번, 그래서 두 번의 결함이 발생1308)-평상인, ❷활성기 개두절각-34경계인, 그중 신 수기는 왕상쇠사의 사(보통)이다.
□34경계인의 삶-(일반 기업체, 기술직, 자영업, 특수직)

☞ 5. 대운 흐름	신약은 수 상승해야 호사도래-(신 겁 화답)
신경-발전기	○(약수득수-수생수) ▶두물머리 약수터-사람 지혜 돈이 모여 듦
무기-절정기	○(약수득금-금생수) ▶수 발원지와 관개 수로 발달-용수(가치) 풍부

☞ 6. 상(像)

1301) 2143-1 ●=2 ■2 □3 일간과 나머지가 식상(유정)의 3배수 미만은 분산(재격 대살 관격)을 쓴다.
1302) 3231-4 ●=2 ■2 연월이 일보다 먼저 합, 일월(연에서 설 극의 방해 없어야 합)이 시보다 먼저
1303) 3231-3 ●=1 합이불합" ▶극 당하면 합 할 겨를이 없다." "상하 좌우에서 극하면 합하지 못한다." "합도 극(충)을 해소할 수 있지만 극도 극을 해소하게 된다."
1304) 3231-2 ●=2 합의 남아 있는 본질(합의본질)을 이중성이라고 할 수 있는데, 가합(假합거짓 동의, 임시방편, 무늬만 화려)과 유사하다.
1305) 3-2-3-3 ■6 지지 형충에 있어서 "하나의 오행이 두 개 오행을 형충하지 못한다." □이를 합으로 옮기면 하나의 오행이 두 개의 오행과 합하지 못한다는 말도 된다.

○합리적이고 계산 빠르다.-변격(변화)이 다양한 이유입니다.(종은 변신의 귀재)
○삶의 과제를 안고 가야-무 인수 없으면 종아격인 이유입니다. 자유롭고 싶지만 과제(인수)를 안고 가야합니다. 실제 성장 환경이 많은 생각하게 했다고 합니다.

4-2-3   종재격

■1. (종재격 자료). 재 쓸 때-행운에서 재성으로 종-(SSG 김 팀장)

●-70 실제사주		4-2-3	1-3	1-5-4 종재격 변격 자료
☞ 1. 신약 신강		남. SSG 김 팀장	9 8 7 6 5 4 3 2 1	▶3-자평 식 쓸 때 신약
무480	을240	정240 무480	8 8 8 8 8 8 8 8 8	▶용-무 상신-종재
자	축	사 진 년	정 병 을 갑 계 임 신 경 기 무	▶평범인
병 임계 신	계신기	욕 무경병 대 을계무	묘 인 축 자 해 술 유 신 미 오	▶4분지형

❶원국분석
1)원격은 신약, 변격 종재격이 본격이다.[1309] 그래서 을 정에서 변격이 온다.
2)(종재 이유)-자는 무계합이자 무960은 을240의 3배수 이상(토다목절)이다.[1310] 그리고 원국 을목이 토다목절로 허약하고 을생정생무로 흘러 종한다.
3)그러나 전통적인 해석으로는 일간 계 뿌리가 있어 종을 못한다. 그러면 신약이 되고 무오 기미대운에 종살격처럼 변격된다.
4)종격은 천간중첩을 적용하지 않으며, 무 수기 경이 사 속(평상인)에 있다,
❷대운분석
1)목 간여지동 계해 갑자대운은 종왕격처럼 될 확률이 높고 수기 정 있다.

☞ 2. 이 기법(조후)

□원래 사월 을의 조후는 계지만 종했으니 종재 무토는 갑목(소토)이 조후다.
□사월 무토는 내허하지만 아직 찬 기운을 머금고 있어 화염을 무서워하지 않으니, 화 토의 기운이 흙에 충전되도록 갑으로 소토하는 이유이다.
□사월 무토의 조후는 갑목, 그런데 차선으로 을목(조후미비) 있다.

☞ 3. 순역(용신-격국)

[1306] 2-1-4 ■2 □1 용법 요약 "식상 강해 신약-탈식하는 인수 상신".
[1307] 2-1-4 ■2 □2 신약은 겁인이 상신이고 최종격은 일간(다만 일간을 최종격이라 하지 않음)
[1308] 2-1-3-4 ●=1 ■4 □1 상신(수기)을 극(재관)이 두 번 이상 분산, 또는 차 차선은 평상인이다.
[1309] 1-5-4-2 ●=1 ■3 □1 1)원국 YQ-1에서 십정격이 변격되면 신강 신왕수기격이나 종격이 된다.
[1310] 1-5-4-1 ●=1 ■2 □2 ●간명의 원리 ○2그러나 종격(처럼)에서 다(多)는 3배수 이상이라는 말이고 그 과정은 수기가 됩니다. 2)즉 양초의 토초, 금의 용융, 물의 고갈 과정은 화(증기)로 동력을 얻는 증기기관과 같습니다. 숯불이 꺼지기(화식) 전 고기가 구워지는 것도 같은 원리입니다.

❶(체)-사월 을목이 극설로 신약하다.
❷(용)-원래 투출한 무를 쓰(용)려면, "2-재를 쓸 때 신약-겁인 상신"
❸그런데 재성 강해 재로 종했다.

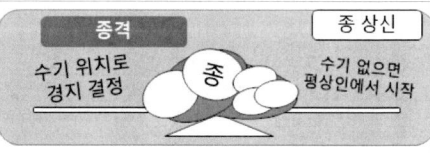

☞ 4. 경지

□12경계인에서 시작, ❶수기 경금 지장간-평상인, ❷조후미비-34경계인, ❸절정기 부조화-평범인, 그중 경금은 왕상쇠사의 상쇠(중간)입니다.
□평범인의 삶 안에서의 발전기 절정기-(자영업, 일용직, 임시직, 특수직)

☞ 5. 대운 흐름   종재격은 식재 상승해야 호사도래-(종재 토 화답)

기무-절정기	○(종토득토-토생토) ▶비료와 복토-지력향상 역할회복
신경(수-발전기)	○(종토득금) ▶광산 잡석분리-자기주장하다 상대 이해
계임	○(종토극설-수다토류) ▶상전벽해 암석침식-제행무상, 역할실종
을갑	○(종토극토-목다토붕) ▶대규모 산사태-원형훼손 역할붕괴
정병-발전기	○(종토득화-화생토) ▶화덕과 도자기-불의 약속, 활동왕성

☞ 6. 상(像)

○예의(분수) 아는 사람-허약한 자신을 알고 재를 따라 겸허한(유연, 합리적) 사람입니다.
○욕심보다 현상유지-분지형은 연금과 유산으로 삶. 그래서 현상유지만 잘 합니다.

● Tip

○모자갈등(1차 상담, 2016년 1월)-갈등 해소책으로 어머니가 아들의 자율적 의지를 관망(인정과 양보)하기 권했습니다. 아들(을목)이 탈선 안하고 제 할 일 잘할 사람인 것을 강조-을목 탈선해도 종살이고 종하면 더 좋아지는 이유입니다.
○모자평온(2차 상담, 2020 7월)-아들이 독립 후 더 효자가 되었다고 기뻐했습니다.

4-2-4   종살격

■1. (상신 인수) (종살격 불가 자료)-남. 신혼부부

연간의 무토가 일간과 연계되지 않고, 일간이 갑을에 쌓여 있으니 종살격으로 보인다. 그러나 갑을720은 무540의 3배수가 안 되니 종 불가하다. 또한 극하는 것 있으면 종이 안 되는데 인과 묘가 무와 극하고 있다.

4-2-5 종인격(종강격)

■1. (천간겁인이 종강(인)격 되는 자료) 미국 유학 L 교수

●-71 실제사주	4-2-5	1-9-1		1-5-7-2 종인격 되는 자료
YQ-1 ☞ 1. 신약 신강		여. L 교수	9 8 7 6 5 4 3 2 1	▶5-자평 인 쓸 때 신강
정80	병80	을420	갑300	5 5 5 5 5 5 5 5 5	▶용-갑 ▶상신-종인
유	자	해	진 년	을 병 정 무 기 경 신 임 계 갑	▶23경계인
사 경신	태 임계	포 무갑임	대 을계무	축 인 묘 진 사 오 미 신 유 술	▶4분지형

❶원국분석

1)원격은 천간겁인(신왕), 변격 종강격이 본격이다.1311) 정병에서 변격온다.

2)을갑720은 정병160의 3배수 이상(목다화식)되어 종강격이다.1312)

3)종강격이 되려면 극하는 것이 없어야 하는데 갑을이 진과 극하고 있다. 그러나 시간에 정 있어 회국하여 통관된다.

4)또한 진토와 유금이 회국1313)하여 합금이니 금생수(해) 통관으로 극이 구응된다.

5)또한 정이 유를 극하여 진유금이 아닌 것처럼 보이지만 자가 정을 극하니 진유합이 된다. 행운은 합충을 보지 않지만 원국에서는 가능한 일이다.

6)참고로 진토가 해수를 극하는 식신대살이지만, 해 살은 살생인으로 변성되고 진은 금으로 변성을 일으켜 식신대살이 아니다.

❷대운분석

1)화 간여지동 정묘 병인대운은 종왕(겁)격처럼 될 수 있다할 수 있고 수기가 무가 지장간에 있다.1314) 진토는 무정하면서 일간과 연계가 안 된다.

2)행운에서 종강격이 아닐 때는 일간태왕(가종격)도 된다. 해자 수국은 갑 을 목의 뿌리이고, 원류가 유생자해생을갑(금생수생목-재생관생인)으로 통관되고, 화 2 목2로 태왕하기 때문이다.

1311) 1-5-4-2 ●=1 ■4 □2 1)합을 포함 겁과 인수의 합산이 높으면 종왕격(처럼) 되고 식상(재)이 수기다. 겁(종)이 상신이니 결과적으로 신강 신왕수기격과 결이 같다.

1312) 1-5-4-1 ●=1 ■2 □2 ●간명의 원리 ○2그러나 종격(처럼)에서 다(多)는 3배수 이상이라는 말이고 그 과정은 수기가 됩니다. 2)즉 양초의 토초, 금의 용융, 물의 고갈 과정은 화(증기)로 동력을 얻는 증기기관과 같습니다. 숯불이 꺼지기(화식) 전 고기가 구워지는 것도 같은 원리입니다.

1313) 3231-4 ●=2 ■4 연시 회국(回局)은 연월과 시일 다음이면서 작용(합충)의 끝이다. □1 그래서 우선순위를 볼 때 연시부터 보아야 한다. 연시가 성립되면 일월, 안 되면 연부터 우선순위를 본다.

1314) 2143-1 ●=3 ■2 □1 2)수기가 발용되면 나머지 행운 모두를 배합해서 YQ-3를 산출한다. 참고로 상신 발용은 통변에 반영, 조후는 수치를 산출하지 않는다.

☞ 2. 이 기법(조후)

□해월은 병화 실령하여 약하므로 갑(의지-집념-원기)을 써서 관생인으로 병의 약한 기세를 돕는다.
□해월 병화의 조후는 갑목, 그래서 성격되어 갑 인수조후 기능한다.

☞ 3. 순역(용신-격국)

❶(체)-천간겁인으로 인강신강하다.
❷(용)-원래 투출한 갑을 쓰(용)면 "5-자 평용법 인 쓸 때 신강-재 식관 상신"1315)
❸그러면 극인 최선인데, 목다화식으로 종강격이 되었다.1316)

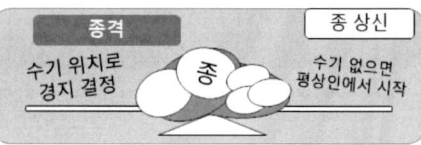

☞ 4. 경지

□12경계인에서 시작, ❶수기 병 천간-12경계인, ❷대운 개두절각-귀인, ❸활성기 부조화-23경계인, 그중 병은 왕상쇠사의 사(보통)이다.
□23경계인의 삶-(의사, 교수, 고위직, 대기업 임원, 전문직)

☞ 5. 대운 흐름   종인(강)격은 목 인수 상승해야 호사도래-(목 인수 화답)

| (을) 갑-발전기 | ○(종목득목-목생목) ▶식수목과 지지대-흔들림 방지, 본분회복 |
| 계임-절정기 | ○(종목득수-수생목) ▶강가의 수양버들-머리 맑음, 판단력향상 |

☞ 6. 상(像)

○꿈(욕심) 크지만 정직하고 성실한 사람-원국의 꿈은 크지만 대운이 개두절각이니 태세 이하 단기운으로 살아가는 이유입니다.
○수용과 친화력-살생인은 호랑이(칠살-원수)를 순한 양처럼 껴안는 친화력이 있습니다.

● Tip

'○절정기' 계임대운에 S대와 동 대학원 학위 받고, 미국 유학 다녀왔다 합니다.

1315) 2-1-4 ■3 □1 용법 요약 "겁 왕 신강-극겁하는 관살 상신". "인수 강 신강-극인하는 재 상신"
1316) 1-5-4-2 ●=1 ■4 □2 2)인수와 관생인, 인식합의 합산 높으면 종강격(처럼) 되고 겁(식) 수기다.

4-3 종격이 조후도, 수기도 없고

■1. (전왕격 중 종왕격이자 가색격)-화끈한 남자, 뜨거운 인생-오르간

| ●-72 실제사주 | 4-3 | 1-6-2-15 종격이 조후도, 수기도 없고 |

YQ-1	☞ 1. 신약 신강	남 50중반. 오르간			9	8	7	6	5	4	3	2	1		▸4-자평 겁 쓸 때 신강
	무800	무800	갑180	병560	3	3	3	3	3	3	3	3	3	3	▸용-무 ▸희-화
	오	오	오	오 년	갑	계	임	신	경	기	무	정	병	을	▸34경계인
	왕 병기정	왕 병기정	왕 병기정	왕 병기정	진	묘	인	축	자	해	술	유	신	미	▸2이상형

❶원국분석
 1)원격은 신강, 가색격(변격) 본격이다.1317) 그래서 갑 병에서 변격이 온다.
 2)갑이 오화의 관살통관이 없어도 병을 생하니 종왕격도 되고 가색격도 된다.
 3)그러나 오월 무토 태왕한데 조후 없어 사주를 식히지 못하고, 수기 금 없어 일간이 적체된다.1318) 그래서 변격이 답이다.

❷대운분석
 1)목 간여지동 임인 계묘대운은 종살(관)격처럼 될 수 있고 수기 병 있다.
 2)어느 때고 갑 대비 병 무 하강하면 종살격처럼(병 수기),1319) 갑 병 대비 무 하강하면 종강(인)격처럼(무 수기)1320) 될 수 있다.

☞ 2. 이 기법(조후)

□오월은 불기운 강해 임수 쓰고 임 많으면 갑으로 설기하여 임수를 다스린다.
□오월의 무토는 임수가 필수, 그래서 조후결손(큰 성공-난망)으로 파격되어 평상인에서 시작한다.

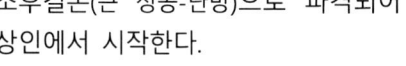

☞ 3. 순역(용신-격국)

❶(체)-오월 무토 건실한데 무 겁왕태왕.
❷(용)-투출한 토(무) 겁 쓰려면 "4-자평 용법 겁을 쓸 때 신강-식 살 상신"1321)
❸그러나 갑 살도 변성되어 인입의 일원

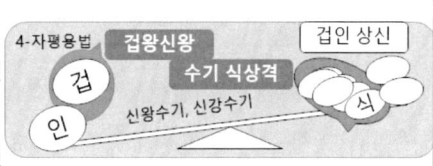

1317) 1-5-4-1 ●=1 ■2 □2 ●간명의 원리 ○2그러나 종격(처럼)에서 다(多)는 3배수 이상이라는 말이고 그 과정은 수기가 됩니다. 2)즉 양초의 토초, 금의 용융, 물의 고갈 과정은 화(증기)로 동력을 얻는 증기기관과 같습니다. 숯불이 꺼지기(화식) 전 고기가 구워지는 것도 같은 원리입니다.
1318) 2143-1 ●=3 ■4 수기가 원국 어디에도 없는 경우 □1 변격되면서 수기가 있어야 한다. 수기가 없는 자체로 절반의 부정적이기 때문이다. 1)만약 또 변격(처럼) 되고 또 수기가 없으면 또 그렇다.
1319) 1-5-4-2 ●=1 ■4 □3 3)종살격(처럼)-합 포함 재 관살의 합산이 높아야하고 인수(겁)가 수기다.
1320) 1-5-4-2 ●=1 ■3 □2 2)인수와 관생인, 인식합의 합산 높으면 종강격(처럼) 되고 겁(식) 수기다.

이니 전왕격 중 가색격이다.1322)

| ☞ 4. 경지 |

☐12경계인에서 시작, ❶수기 없음, 조후결손-평상인, ❷절정기 부조화-34경계인, 그중 무토는 왕상쇠사의 왕(상위)이다.
☐34경계인의 삶-(일반 기업체, 기술직, 자영업, 특수직)

| ☞ 5. 대운 흐름   수기 없으면 절반의 성공-(무 겁 화답) |

| ☞ 6. 상(像) |

○자유분방 예술가형-갑 살(절제)이 관생인 변성되어 분방. 그러나 작품이 없습니다.
○기가 흐르지 못합니다.-수기 없는 이유. 그래서 인생도 작품도 적체 상태일 것입니다.

| ● Tip |

○동업하며 부부처럼 지냈는데 "딸이 싫어하는 일 안 한다."며 그 사람이 떠났습니다.
○사랑도 사업 지분도 혼자 된 그 나머지 이야기는 여러분의 상상에 맡깁니다.

1321) 2-1-4 ■3 ☐1 용법 요약 "겁 왕 신강-극겁하는 관살 상신". "인수 강 신강-극인하는 재 상신"
1322) 1-5-4-2 ●=1 ■4 ☐2 1)합을 포함 겁과 인수의 합산이 높으면 종왕격(처럼) 되고 식상(재)이 수기다. 겁(종)이 상신이니 결과적으로 신강 신왕수기격과 결이 같다.

찾아보기-2권 2장

2장 들어가기 ■3 ■1) 안정형 2장 들어가기 ■3 ■2) 불안정형
2장 들어가기 ■3 ■2 "간여지동의 큰 운을 필요로 하는 사주"
2-1-1 원류(源流) 2-1-1 원류와 원두
2-1-1 원류 서문 "과다(극)와 태과(수기)"
2-1-1 ●=1 ■3 "회췌지점(會萃之點)"
2-1-1 ●=2 □2. 흘러서 재관-천간합이 있는 경우
2-1-2 서문 자평명리학의 핵심은 중화(中和)와 조화(調和)인데 이는 생극의 선택으로 이루어진다.
2-1-2-1 ●=2 ■2 □1 ●간명의 원리 ○3 "용신을 격으로 부르고 싶다면", ○4 "용신 무용론"
2-1-2-1 용어의 혼돈과 정돈
2-1-2-2 ●=1 ■2 "왕신(旺神)이 태과한 것은 마땅히 설(洩)하고, 태과하지 않으면 마땅히 극(剋).
2-1-2-2 ●=2 ■2 용신과 월령 투출
2-1-2-2 ●=2 ■3 ■2) □2 ●Tip ○사주 해석도 상상으로 할 수도, 인상주의처럼 실제 자연에서 그릴 수 있을 겁니다.
2-1-2-2 ●=3 ■1 "재왕생관이 되었다면 신왕 운, 인수 운이 좋고, 칠살과 상관 운은 좋지 않다."
2-1-2-2 ●=3 ■3 최종격에 대하여
2-1-2-3 용법의 종류와 활용 서문 "억부(抑扶)의 원리"
2-1-2-3 서문 "배합에서 용신이 나오고 용신에서 상신이 나오고 상신에서 최종격이 나온다.
2-1-2-3 ●=1 ■1 자평용법 ■2 적천수용법
2-1-2-3 ●=3 ■2 용법의 종류 □1 자평 용신과 용법 □2 적천수용법
2-1-2-3 ●=3 ■3 □1 최종격은 상신에서 나오는데 종격의 수기와 같은 유통 개념이다. 1)그러나 십정격의 상신은 물이 끓기 전이니 우선 증기가 통풍구로 새지 않고 모아져야 한다. 그래서 최종격보다 상신이 더 중요하다. 2)반대로 수기는 물이 끓어 배출되는 증기로 동력을 얻는 증기기관이다.
2-1-2-3 ●=3 ■3 □2 최종격은 종격의 수기처럼 격을 정하는데 쓰인다. 1)따라서 최종격으로 격을 정하지만 상신의 상승과 하강에서 호사가 나온다.
2-1-2-3 ●=3 ■3 □2 3)상신이나 최종격이 지장간에 있으면 평상인에서 시작한다. 어느 쪽이든 발용되기 전에는 나머지도 그때까지 작동을 못하기 때문이다.
2-1-2-3 ●=3 ■3 □2 4)상신과 최종격은 일간과 상신처럼 서로 유정해야 한다. 그래서 최종격은 일간을 떠나 상신을 중심으로 유정과 무정(타지 포함)으로 경지를 정한다.
2-1-2-3 ●=3 ■3 □3 1)상신의 생을 받는 최종격은 복합어(파생어, 합성어) 개념이다. 그래서 "식상재격"처럼 식 상신과 재 최종격의 이름을 같이 불러준다. 재생관살도 같다.

2-1-3-1 서문 "자평 상신(적천수는 용신)은 과다를 극하고 태과(태왕)하면 설하는 것에서 왔다. 즉 "화왕득수"처럼 과다한 용신(화왕)이 득(得) 상신(수)하면 왕화가 소통의 기쁨을 얻는다.
2-1-3-1 ●간명의 원리 ○2또한 상신은 용신에 비해 적지만 작은 침처럼 용신의 기를 소통(극)시킵니다. 그래서 통하지 못하면 아프고 통하면 아프지 않게 된다는 한의학의 원리와 같습니다.
2-1-3-1 YVWQ와 용법의 성립 시기
2-1-3-1 ●=1 전통적 용법의 성립
2-1-3-1 ●=1 ■2 □4 그러나 이 또한 YVWQ에서는 언어의 유희일 수 있다. 운은 한 글자로 오는 법이 없기 때문이다.
2-1-3-1 ●=1 ■3 □1 1)그러나 천간은 4기둥(사주)인데 지장간이 투청하면 5기둥(오주) 된다는 말은 아닐 것이다. 2)행운(YQ-3)에서 발용되면 인접(유정)한 기둥과 작동이 이루어진다는 말이다.
2-1-3-1 ●=1 ■3 □1 ●간명의 원리 ■-1 『자평진전』 "운이 오면 투출하여 그 쓰임새를 드러낸다."
2-1-3-1 ●=2 ■1 천간, 지지, 지장간과 경지
2-1-3-2 ●=3 ■2 상신은 상신 행운에는 종격처럼 수기가 중요하지 않다. □1 저울의 가벼운 쪽에 있는 약한 상신(질)의 기운을 상신운에 더욱 응집시켜야 하기 때문이다.
2-1-3-2 ●=5 ■2 ●간명의 원리 ○YVWQ도 마찬가지입니다. 수치를 추론하기 위해서는 육서의 단련이 중요합니다.
2-1-3-2 상(용)신과 행운
2-1-3-2 ●=1 상신운 ■1 인입의 예 ■2 인출의 예
2-1-3-2 ●=1 ■2 "3○식상운은 겁 하강 식재가 상승한다."

2-1-3-2 ●=1 ■2 "5○관생인은 인수 상승하고 겁 하강하니 인입 자체는 하강하지 않는다."
2-1-3-2 ●=3 ■3 □1 3)"서락오" 선생께서 행운의 원리를 모르고 이렇게 설명하고 있는 것이 아닐 것이다. 그분이 이를 모르리가 없다.
2-1-3-2 ●=3 ■3 □2 2)그러나 도형의 행운은 대운과 태세의 '임계' '경신'이 따로따로 오지 않고 동시에 온다. 오히려 여기에는 월운, 일운, 시운이 빠져있다.
2-1-3-2 ●=3 ■3 □5 정리하면 현재 시각은 00년, 0월, 0시, 0분, 0초이다. 혹 한 마디(한 글자)로 0시라고 하면 00년, 0월이 생략된 것이다. 행운의 여러 운도 현재 시각과 같다. 다만 공부 과정에서는 편의상 생략될 수 있어도 실제 간명은 달라야 한다.
2-1-3-2 ●=3 ■3 ●간명의 원리 ○1 1)그래서 행운 한 글자로는 원국에 없는 합충이 행운에서 생겨나지 않고 혹 반대로 있는 것이 사라지지도 않습니다.
2-1-3-2 ●=3 ■3 ●간명의 원리 ○1 2)상신운도 이와 같습니다. 원국에 상신이 있든 없든 YQ-3 상신운은 여러 글자의 총합(인입-인출, 종-수기)으로 나타납니다.
2-1-3-2 ●=3 ■3 ●간명의 원리 ○1 위에서 보았듯이 상신과 상신운은 다릅니다. ○2 이처럼 상신과 같은 원리는 조후와 수기에도 적용됩니다.
2-1-3-2 ●=3 ■4 □1 행운에서 투청되는 한 글자는 이미 행운의 한 글자와 같다. 1)즉 정화가 발용되지 않아도 병정운이 오면 이미 화가 작동되고 있다.
2-1-3-2 ●=3 ■4 □2 상신 한 글자 발용은 상신운보다 작동 기간이 절반 이하 밖에 안 된다. 1)발용에는 절정기(인수운)와 간지합이 없기 때문이다. 나머지 통변은 같다.
2-1-3-2 ●=3 ■4 □3 또한 운이 올 때만 투출하니 기회가 크지 않다는 말도 된다. 서락오 선생은 크지 않을 때 "포부"를 써서 표현한다. 즉 모든 지장간의 발용은 포부가 크지 않다.
2-1-3-2 ●=3 ■5 □1 "지지에서 와도 발용"
2-1-3-2 ●=3 ■5 □2 1)한 글자 상신이 유운(流運) 즉 행운에 발용된다고 모두 긍정이 아니다. 2)행운 여러 글자가 작동하는 YQ-3의 총합은 부정적일 수 있기 때문이다.
2-1-3-2 ●=3 ■5 □2 어떻든 발용은 YVWQ 산출에 자연스럽게 포함된다.
2-1-3-2 ●=4 YVWQ 수치와 작동의 예
2-1-3-2 ●=5 ■2 원국에 상신이 없는 경우
2-1-3-2 ●=5 ■2 □2 지장간에 상신이 있는 경우 발용 유무를 떠나서 원국에 상신이 없는 것과 처리가 같다. 신약하면 겁인, 신강하면 재관식이 상승해야 하기 때문이다.

2-1-3-3 활성기와 상신운
2-1-3-3 ●=2 ■1 □5 상신과 변격이 이어져도 장기운이다. 1)다만 음양교체기처럼 운의 색에 따라 삶도 그 색깔이 변한다. 2)만약 이들이 하강하고 변격으로 이어지지 못하면 단기운이 된다.
2-1-3-3 ●=2 ■2 ●Tip "그래서 장기적으로 일을 도모할 수 있는 장기운이 필요합니다."
2-1-3-3 ●=2 ■2 □2 1)대운과 태세 상위영역 상승하면 『원하는 것을 얻는다."』
2-1-3-3 ●=2 ■2 □2 2)만약 대운과 태세의 상위영역 하강하면 월운이 긍정이더라도 단기운이 되니 『"나쁘지 않지만 확 피지는 못한다."』
2-1-3-3 ●=2 ■2 □2 3)혹 대운과 태세와 월운이 하강하면 일운이 긍정이더라도 단기운이 되어 『"찻잔 속의 태풍이거나 오래가지 못한다."』
2-1-3-3 ●=2 ■2 □2 4)만약 대운 태세 월운까지의 상신 총합이 긍정이었는데 일운에서 총합이 부정이면 『"일진(운수) 안 좋은 날"』이 된다.
2-1-3-3 ●=2 ■2 □3 어떻든 상신과 종격은 또 다음운으로 상신이나 종격(처럼)으로 이어지지 못하고 운 길이가 끊어지면 단기운이 된다.
2-1-3-3 ●=2 ■3 □1 4)그러나 대운과 태세와 월운까지 부정인데 일운에서 반전이 일어나 긍정이면 『"운수(일진) 좋은 날"』의 단기운이 된다.
2-1-3-3 ●=2 ■4 ●간명의 원리 ○활성기처럼 장기운이 단기운보다 큽니다. ○그래서 단기운은 지속적인 일, 즉 장기 보험은 금물입니다. 중도 포기하게 되니 손해가 큰 이유입니다.
2-1-3-3 ●=3 ■1 □1 인생의 황금기는 '체'로서 대략 20전후~60전후를 말한다. 사회적으로 가장 활발하게 활동하는 시기이다.
2-1-3-3 ●=3 ■2 □1 절정기 부조화는 인생의 황금기와 상신이나 종격의 비활성기가 만나는 것을 말한다. 1, 2 이상형을 제외한 모든 절정기가 그렇다.
2-1-3-3 ●=3 ■2 □2 2소년기 부조화는 소년기 고교 시절(대략 16 17 18세)의 상위영역(원국 대운 태세)수치가 하강하여 원하는 공부를 얻을 수 없는 경우를 말한다.

2-1-3-3 ●=4 ■ □2 3)어떻든 개두절각은 간여지동이나 간지합보다 변격될 확률이 높다.
2-1-3-3 ●=3 ■2 수치로 보는 활성기
2-1-3-4 경지와 절정기 적용
2-1-3-4 ●=1 경지 찾는 법
2-1-3-4 ●=1 ■2 행운에서 성격
2-1-3-4 ●=1 ■4 평상인에서 시작하는 경우
 2-1-8-1 ■4 평상인에서 시작하는 경우

2-1-3-4 ●=1 ■4 □1 상신(수기)을 극(재관)이 두 번 이상 분산, 또는 차 차선은 평상인이다.
2-1-3-4 ●=1 ■4 □2 상신을 단독으로 쓰는 경우도 평상인에서 시작한다.
2-1-3-4 ●=1 ■4 □3 상신이나 조후가 지장간에 있어도 평상인, 원국에 없어도 평상인이다. 그리고 지장간은 최선과 차선을 따지지 않는다.
2-1-3-4 ●=1 ■4 □4 상신이나 최종격이 지장간에 있으면 평상인에서 시작한다.
2-1-3-4 ●=1 ■4 □5 원국의 과다 태과(태왕)가 차선으로도 구응 받지 못하면 평상인에서 시작한다.
2-1-3-4 ●=1 ■4 □6 조후결손도 평상인, 미비나 결함이 두 번 이상도 평상인에서 시작한다.
2-1-3-4 ●=1 ■4 □7 수기가 지장간인 것과, 수기가 식상이 아니고 재관인 경우도 평상인이다.
2-1-3-4 ●=2 ■1 경지 하락
2-1-3-4 ●=2 ■1 □1 상신을 식상이나 극(재관)이 한 번 분산시키면 1단계 하강한다.
2-1-3-4 ●=2 ■1 □2 상신이 차선인 경우 경지가 1단계 하강한다.
2-1-3-4 ●=2 ■1 □3 원국의 과다를 극해야 하는데 설로 구응되거나, 태과(태왕)를 설해야 하는데 극으로 구응되면 1단계 하강한다. 이는 모두 차선으로 구응되는 경우이다.
2-1-3-4 ●=2 ■1 □4 조후결함이나 조후미비가 한 번만 일어나면 경지가 1단계 하강한다.
2-1-3-4 ●=2 ■1 □5 쟁합이거나 천간 중첩(중간)인 경우 경지가 1단계 하강한다.
2-1-3-4 ●=2 ■1 □6 절정기 부조화 즉 생의 주기와 활성기가 어긋나면 경지 1단계 하락한다.
2-1-3-4 ●=2 ■1 □7 '1 3이상형'의 소년기 대운이 비활성기면 인생 준비(공부)가 안 되니 1단계 하락한다.
2-1-3-4 ●=2 ■1 □8 비생금토(미토, 술토)는 금을 생하지 못하니 경지가 1단계 하강한다.
2-1-3-4 ●=2 ■1 □9 연간이나 연지가 일간과 연계되지 못하면 경지가 1단계 하락한다.
2-1-3-4 ●=2 ■2 편의상 우리 책에서는 경지의 상승이 생략되어 있다.
2-1-3-4 ●=2 ■2 □2 변격의 수기가 본격 상신의 경지보다 높으면 경지가 상승한다. 그러나 실제로 34경계인이 23경계인 등으로 도약하지 못한다. 다만 통변에 "생각보다 선물이 크다."라고 반영한다.
2-1-3-4 ●=2 ■3 □1 "경지가 하락하면 얻는 것 적고" "1단계 아래(덤-부차적)"

2-1-4 용법의 요약
2-1-4 ■2 □1 용법 요약 "식상 강해 신약-탈식하는 인수 상신". "관살 강해 신약-겁 상신(겁으로 대항)". "재성 강해 신약-파재하는 겁 상신"
2-1-4 ■2 □2 신약은 상신 겁인이 바로 최종격(겁격, 인수격)
2-1-4 ■3 □1 용법 요약 "겁 왕 신강-극겁하는 관살 상신". "인수 강 신강-극인하는 재 상신"
2-1-4 ■3 □2 식상 상신-식상 약해 겁이 생해도 최종 식상격. 식 상신 강하면 최종 식상생재격
2-1-4 ■3 □2 재 상신-재 약해 식 상신의 생 받아도 최종 재격. 재 상신 강하면 최종 재생관격
2-1-4 ■3 □2 관살 상신-관 약해 재 상신의 생 받아도 최종 관살격. 관 상신 강해도 최종 관살격. 다만 관생인이 아니어야하고 재의 생이 없으면 단독(평상인)으로 관살격.
2-1-4 ■3 □2 최종격 없으면 식재관 단독으로 격(평상인)
2-1-4-1 ●=1 ■1 □4 이때 천간 관생인은 과다이고, 지지에 뿌리가 있으면 태과(태왕)이다.
2-1-4-1 ●=1 ■1 □4 2)그러나 이때 대운이 개두절각이면 인입 상승에 어려운 난제가 있다.
2-1-4-1 ●=1 ■2 □1 관살 쓰는 법 "살강 신약하면 겁 상신(인 차선), 관살생인(관살인통관) 답" □2 "겁왕(과다)신강-극겁, 겁왕 살왕하면-제살, 인강신강-재, 인강신왕-수기 답"
2-1-4-1 ●=2 ■1 □1 "관살이 통관되면 인수를 따라 인입의 일원이 되어"
2-1-4-1 ●=2 ■1 관(살)인통관 되면 □3 신강은 "무력해져 유명무실하거나 백수대살"
2-1-4-1 ●=2 ■2 극(재관) 피해나 결함이 두 번 이상 상신에 나타나면 평상인에서 시작한다.
2-1-4-1 ●=4 관생인 통관
2-1-4-1 ●=4 ■1 YQ-3 행운에서는 관생인을 보지 않는다.

2-1-4-2 ●=1 ■1 □1 신약은 일간과 재성(병)이 무정해야 한다.
2-1-4-2 ●=2 □1 2)"무늬만 재성"
2-1-4-2 ●=3 □1 재는 양신재합이 아니면 일간과 통관이 일어날 수 없어 일간의 분산(극)이 해소되지 않는다. 식상 있어 통관되더라도 이 또한 일간을 설기하는 분산이다.
2-1-4-2 ●=3 □2 다만 일간 아닌 국중지신끼리 통관되면 극이 해소될 수 있다.
2-1-4-2 ●=3 □3 참고로 관살의 분산(극)은 관살통관이나 관합으로 재보다 해소 범위가 넓다.

2-1-4-3 ■1 "식상의 기능"
2-1-4-3 ■1 ●간명의 원리 ○2 "극(剋)과 설(洩)은 병용하지 못한다."
2-1-4-3 ■1 □2 "수기(유통)는 종격, 전왕격, 일간태왕이나 일간(겁)과 근접한 식상을 말한다."
2-1-4-3 ■1 □3 유통은 2장의 "●-44 실제사주"를 분산은 "●-35 실제사주"를 참고 하시라.
2-1-4-3 ■1 □3 ●Tip ○즉 유통은 저수지의 물이 자연히 차고 넘치는 것이고, 생육은 댐에 물을 가두고 터빈을 돌려 인위적으로 전기를 발전(생재)하는 것과 같습니다.
2-1-4-3 ■1 □3 ●Tip "○유통은 섹스(발산), 생육은 출산 양육"
2-1-4-3 ■2 "겁생식등 서로 연계"
2143-1 ●=1 ■2 □1 수기는 위 '자' '묘'처럼 설기구(洩氣口), 통기구(通氣口), 통풍구(通風口)이다.
2143-1 ●=1 ■2 □2 수기유행은 숨을 내 쉬고 받아들이는 등 우리 몸에 붙어 있는 각 기관(생설동체 生洩同體) 그 자체이다. 위차람 경과 자, 계와 묘가 그렇다.
2143-1 ●=1 ■2 □3 ●간명의 원리 ○1 "수기는 수증기로 동력(에너지)을 얻는 증기기관"
2143-1 ●=1 ■2 □3 ●간명의 원리 ○2 물을 끊일 때 주전자 뚜껑의 증기 배출구(통기구)가 없으면 증기가 폭발할 수 있습니다. 기운이 몰리면 종격인데 수기 없으면 폭발하는 주전자 됩니다.
2143-1 ●=1 ■2 □3 ●간명의 원리 ○4 "상신이 저울의 무게로 물리적 수평을 이룬다면 수기는 유통으로 그리고 조후는 기후 온난으로 중화와 조화를 얻는 일"
2143-1 ●=1 ■3 □1 ●간명의 원리 ○1 저수지에 이미 물이 가득차면 종이고, 물이 차면 넘쳐흘러야 둑이 무너지지 않듯이 이 넘치는 물이 수기입니다.
2143-1 ●=2 서문 "수기식상격은 겁인격이라고도 한다."
2143-1 ●=2 ● 간명의 원리 ○1 "법은 멀고 행위는 가깝다." "가까우면 유정, 멀면 무정"
2143-1 ●=2 ■1 수기식상격
2143-1 ●=2 ■1 ■1) □1 수기식상격에는 신강, 신왕수기격이 있는데 변격의 일종이다.
2143-1 ●=2 ■1 ■2) □1 신강수기는 천간에 일간과 유정한 식상이 있거나 분산을 못 쓰는 경우다.
2143-1 ●=2 ■1 ■2) □2 신왕수기는 극이 있어 종이 아니지만 그 세력이 여전히 남아 있는 일간태왕(가종격) 수기를 말한다.
2143-1 ●=2 ■1 ■3) □1 천간의 수기 크기는 식상과 인접한 재(인출) 혹은 관살을 합산한 수치다. □2 그러나 수기가 지지일 경우 YQ-4 한 글자만 산출한다.
2143-1 ●=2 ■1 ■3) □2 지지 수기는 해당되는 한 글자 YQ-4를 산출한다. 2)그러나 여러 글자가 있는 경우 유정과 월일시 순과 합충과 우선순위를 참조하여 흠이 적은 것이 수기가 된다.
2143-1 ●=2 ■2 □1 YQ-1 신약의 천간 즉 시 월간에 식상이 유정하면 겁인이 답이다. 1)겁인이 활성기라는 측면에서 수기를 쓰는 신강(신왕)수기 종격과 결이 같다.
2143-1 ●=2 ■2 □2 YQ-1 천간의 유정한 식상이 있는데 나머지(겁, 인수, 인식합, 관합 재합) 없이 일간만으로 신강한 경우 신강수기를 쓴다.
2143-1 ●=2 ■2 □2 2)일간은 인입이고 식상은 인출인데, 천간의 겁이 입출을 동시에 생하면 입출상쇄다. 합도 인수도 경우는 같다. 3)천간을 생하는 지지의 자연적 현상은 입출상쇄가 없다.
2143-1 ●=2 ■2 □3 일간과 나머지가 식상(유정)의 3배수 미만은 분산(재격 대살 관격)을 쓴다.
2143-1 ●=2 ■2 □3 ●간명의 원리 ○1나머지(겁, 인수, 인식합, 관합 재합) 있어도 일간이 낮아 식재관으로 쏠리면 단명 장애 불치병, 인입으로 치우치면 정신(고집)이 문제일 수 있습니다.
2143-1 ●=2 ■2 □4 일간(나머지 포함)이 식상의 3배수 이상이면 신왕수기나 종왕격이 된다.
2143-1 ●=2 ■2 □4 1)만약 인입이 인출의 3배수 미만이라면 이미 신약인 것이다. 2)이는 인출이 3배수 이상이란 말이고 식재관 중 높은 수치를 따라 종아 종재 종살로 종한다.
2143-1 ●=2 ■2 □4 2)반대로 식재관의 합산이 인입의 3배수 이상이면 종아 종재나 종살격이다.
2143-1 ●=2 ■2 □5 식상이 월 일 시지의 인수와 인식합 되면 탈식(극식) 즉 견제가 안 된다.
2143-1 ●=3 ■1 □2 YQ-3 행운에서 지지의 수기는 생극과 합충의 영향을 받지 않는다.

2143-1 ●=3 ■2 □1 종격(처럼)의 수기 식상이 지장간에 있을 수 있다. 식상운에 발용되면 기본적으로 인입(종)은 상승, 수기는 하강해야 한다.-(조후에 따라 기본이 다름)
2143-1 ●=3 ■2 □1 2)수기가 발용되면 나머지 행운 모두를 배합해서 YQ-3를 산출한다. 참고로 상신 발용은 통변에 반영, 조후는 수치를 산출하지 않는다.
 2143-1 ●=3 ■2 □1 3)발용이 안 되는 경우 하위 운에서 조건을 따라 변격되어야 한다. 만약 변격되고도 수기 없거나 발용이 안 되면 역시 부정적이니 고난을 겪는다.
2143-1 ●=3 ■2 □2 1)대운에 수기가 있어 그 증감이 긍정이면 "원하는 것을 얻을 수 있다."
2143-1 ●=3 ■2 □2 2)태세(세운)의 수기 발용은 10년을 기준으로 십간의 음양을 따라 간여지동은 2번, 개두절각이면 4번(토는 +2) 정도 발용되고 "나쁘지 않지만 확 피지는 못한다."
2143-1 ●=3 ■2 □2 3)월운에 발용된 수기는 12달 천간 지지의 음양을 따라 간여지동은 2번 개두절각이면 4번(토는 +2) 이내 발용되고 "나쁘지도 크지도 않지만 오래가지 못한다."
2143-1 ●=3 ■2 □2 4)일운의 발용은 30여 일 동안 60간지의 음양을 따라 간여지동은 5~6번, 개두절각이면 10~12여 회(토는 +6) 이내이고 "운수(일진) 좋은 날의 찻잔 속 태풍이자 오래가지 못한다." 특히 일운 이하는 일회성이 강하다.
2143-1 ●=3 ■4 수기가 원국 어디에도 없는 경우 □1 변격되면서 수기가 있어야 한다. 수기가 없는 자체로 절반의 부정적이기 때문이다. 1)만약 또 변격(처럼) 되고 또 수기가 없으면 또 그렇다.
2143-1 ●=3 ■4 □2 그러나 천간 모두 겁(종왕격)의 경우는 변격될 오행이 천간에 없다. 1)따라서 이 때만 차선으로 지지 재관이나 지장간의 재관 투정을 수기로 활용하고 평상인에서 시작한다.

2143-1 ●=4 ■1 □1 종(처럼)이 되면 절반의 성공이고, 나머지 절반은 수기가 있고 긍정이어야 한다. 수기 없는 과식(종)은 탈이 문제다. 무정한 수기도 같다.
2143-1 ●=4 ■1 □1 1)그래서 종격 총합의 긍정은 수기를, 전제 차제의 긍정은 종 상승을 본다.
2143-1 ●=4 ■1 □2 기본적으로 겁(종)보다 수기가 하강해야 긍정이다. 배출구가 적어야 기운(증기)이 모이고 크면 증발이 심하기 때문이다. 다만 변격의 조후는 배출구가 커야 긍정일 때도 있다.
2143-1 ●=4 ■2 □1 종격(처럼)이 수기(식상)가 있고 긍정이면 "원하는 것을 얻는다." 그러나 종격이나 상신이 하강하고 변격되지 못하면 "얻을 수 있는 것이 없다."
2143-1 ●=4 ■2 □2 수기가 없거나 부정은 "절반의 성공이거나 과식(무리)으로 고난을 겪는다."
2143-1 ●=4 ■3 □1 1)수기 전제 차제도 긍정이면 "일이 잘 풀리거나 뜻밖의 행운이 온다."
2143-1 ●=4 ■3 □1 2)수기 전제 긍정, 차제 부정 "목표(욕심)를 낮추어야 적게라도 얻는다."
2143-1 ●=4 ■3 □1 3)수기 긍정 전제 부정 차제 긍정 "어렵게 얻지만 적거나 일시적이다."
2143-1 ●=4 ■3 □2 1)수기 부정, 전제 차제 긍정은 "설마 그럴 리가 없는데 그저 당황스럽다."
2143-1 ●=4 ■3 □2 2)수기 부정 전제 긍정 차제 부정 "뜻대로 안 된다. 어려울수록 돌아가라."
2143-1 ●=4 ■3 □2 3)수기 부정 전제 부정 차제 긍정은 "어려움 속에서도 비극은 면한다."
2143-1 ●=4 ■3 □2 4)수기 전제 차제 부정 "되는 일 없거나 얻어도 많이 잃음(승자의 저주)"
2143-1 ●=4 ■3 □3 1)무정한 수기도 절반의 부정이다. 될 듯 될 듯하면서 안 된다.
2143-1 ●=5 수기와 경지
2143-1 ●=5 □1 행운에서의 수기는 YQ-3, 4로 나타나고 원국 경지에 변화를 일으킨다. 그러나 편의상 생략되어 있다.

2143-2 ■1 □1 식상격(분산식상격, 식신생재격) "식상의 최대 덕목"
2143-2 ■2 식신대살은 신강에서 유정한 관살에 인접한 식상이 있는 경우 성립된다.
2143-2 ■2 □1) □2 "삼합, 방합, 육합이 소통(극)"
2143-2 ■2 □2) □1 식왕살쇠은 살이 쇠한 경우는 식신대살이 아니다. 식상격인 것이다. □2 식쇠살왕은 실제 칠살용겁인격과 같다.
2143-2 ■2 □3) □ "종아나 종살은 식신대살이 성립되지 않는다."
2143-2 ■2 ■6) 상관견관도 식신대살과 다를 바 없다. 모두 오행 생극의 작용일 뿐이다.
2-1-4-4 ■1 □1 □2 신강에는 겁왕(과다)신강(일간+겁), 신합신강(일간+합), 인강신강(일간+인수), 인강신왕(일간+인수+관생인으로 강)이 있다. 그리고 배수에 따라 과다와 태과로 제 갈 길을 간다.
2-1-4-4 ■1 □2 신강에는 겁왕(과다)신강(일간+겁왕), 신합신강(일간+합), 인강신강(일간+인수), 인강신왕(일간+인수+관생인으로 왕)이 있다. 그리고 배수에 따라 과다와 태과(태왕) 제 갈 길을 간다.

2-1-4-4 ■2 □2 겁 과다신강은 천간의 겁+인수, 겁+합이 2~3개이고 수치로는 3배수 미만이다. □3겁

과다(왕)하면 작은 침(극)으로 다스린다.
2-1-4-4 ■2 □3 겁 과다신강은 침(극)으로, ■3 □3 겁 태왕은 수기(설기-통풍구)로 다스린다.
2-1-4-4 ■2 □3 "즉 겁 과다신강에서 겁왕하면 관살이 상신, 인강하면 재가 상신이다."
2-1-4-4 ■3 □2 겁 태왕(신왕수기)은 겁+인수+관합 재합 식합의 일간(겁)이 타 오행보다 3배수이상인 경우를 말한다. 그러나 극하는 것이 있어 종왕격이 못된 경우다.

2-1-4-8 천간합
2-1-4-8 ■1 □3 천간합은 종격이나 일간태왕이 되기가 어렵다. 식상은 인수와 재관은 일간과 합이 되더라도 다른 오행과 극하는 것이 나타나기 때문이다.
2-1-4-8 ■3 □2 "합 임수운은 상신운인데 기신이 된다."
2-1-4-8 ●간명의 원리 ○1 "갑이 경을 만나면 칠살이다. 이때 을목이 있어 을경합하면, 경은 관으로서 극력이 없어진다." 을(겁제-매씨)이 경 살과 합하여 갑을 보호 하는 것을 매씨합살이라 함.
2149-1 ■1 과다 ■2 태과(태왕)
2149-1 ■1 이는 우리 책 2~3개 미만은 과다, 3개 이상이면 태왕(태과)이 되는 근거가 된다.
2149-1 ■1 ●간명의 원리 ○2 또한 "명과 운의 두 지지가 회국(會局)하는 경우-원국에 오가 있고 운에서 인술 같은 것이 오면 상관의 작용이 현저하게 들어날 것이다."라고 나옵니다.
2149-1 ■1 □2 과다는 극해야 한다. 삼합을 극(소통)해야 기능하는 근거가 여기에 있다.
2149-1 ■2 □2 태과(태왕)는 설기로 다스린다. 신강 신왕수기나 종격의 수기가 그렇다.
2149-1 ■1 ●간명의 원리 ■-1 ○3"운에서 투청하면 원래 원국에 있던 것과 다르지 않다."
2149-1 ■1 ●간명의 원리 ■-2 "지지 두 개 이상(동합, 삼 육합)일 때 작용이 현저"
2149-1 ■2 □5 관 살생인이나 천간합이 바로 태왕이 되지 않는다, 관살은 인수를 생하지만 겁을 극하고, 관합의 관은 겁재를 극, 재합의 재는 인수를 극, 인식합의 식은 관살을 극하기 때문이다.
2149-1 ■4 □1 "3배수 이상이거나, 극을 극하거나, 극하는 것이 통관되면 종할 수 있다."
2149-2 ■2 □1 전왕격 종격은 종이 상신이고 겁인운이 상신운이며, 경지는 수기로 정한다.
2149-2 ■3 ■1) □1 일간태왕은 극하는 것 있어 종격은 못되었지만 여전히 태과(태왕)한 세력이 일간에 남아 있는 가종격 즉 신강왕(身强旺 신-일간, 강-인수, 왕-비겁)의 신왕을 말한다.
2149-2 ■3 ■2) 일간태왕의 처리
2149-2 ■3 ■2) □1 용법 선택-과다는 극 먼저, 태과(태왕)은 설기(수기) 먼저
2149-2 ■3 ■2)□3 "신강과 종격 일간태왕은 수기가 조화신이지만 활성기는 겁인운이다.

2-1-5 ■3 체가 용보다 크지 않다.
2-1-6 입출상쇄(入出相殺)

2-1-7 조후용신
2-1-7 서문 "모사재인 성사재천 불가강야"(지혜로운 사람과 우둔한 사람)
2-1-7-1 ●=1 □2 사주총량(배합)으로 조후를 보기 때문이고 그래서 조후를 산출하지 않는다.
2-1-7-1 조후
2-1-7-1 ●=2 ■2 □1 조후결함. □2 조후미비. □3 조후결손
2-1-7-1 ●=2 ■2 □3 2)조후결함과 조후미비 중 두 가지 이상이 겹치면 조후결손에 해당된다.
2-1-7-2 ■2 ■1) □3 수로 화를 식힌다는 수극화는 화가 하강해야 발화되지 않는다는 말과 같다.
2-1-7-2 ■2 ■2) □3 따라서 병이 수를 따뜻하게 하는 화다수갈은 수가 하강(수갈)해야 결빙을 막을 수 있다는 말도 된다.
2-1-7-3 ●=2 이법과 육신별 조후. ■1조후(기법)와 상신(이법)의 일치 불일치
2-1-7-3 ●=2 ■1 즉 사주 총량으로는 조후가 지나치니 극 받아야 사주가 중화를 이룬다는 뜻이다.
2-1-7-3 ●=2 ●간명의 원리 "■ 관성조후"

2-1-8 상생상극의 유래와 통변
2-1-8-1 서문 "우리 책은 모사재인을 지향한다."
2-1-8-1 서문 "우리 책의 사주해석은 스토리화에 메타포와 시퀀스가 만나는 일이다."
2-1-8-1 스토리화와 메타포와 시퀀스-"□스토리화는 YVWQ 수치를 언어화 하는 것이고,"

2-1-8-2 상생 상극의 유래

2-1-8-3 ●=2 ■1 "유통(설)되어 얻는 기쁨"
2-1-8-3 ●=2 ■2 "극(소통)으로 얻는 기쁨"
2-1-8-5 육신-태세 월운 통변
2-1-8-6 우리 책의 통변
2186-2 ■1 돈, 사람, 소식, 질병 등 네 가지가 오고 간다. ■2사람 인사는 팔난으로 요약된다.

2-2 ●-33 실제사주 ●간명의 원리 ○5 이렇게 지금의 운 즉 긍정과 부정이 일으키는 파생을 보고자할 때는 뒤에 오는 운을 보아야 오르막(도약의 발판) 내리막(재충전과 수용)이 보입니다. 즉 장기운이 어떻게 이어지고 진행되는 장기운이 어느 정도 남았는지를 말합니다.
2-2 ●-33 실제사주 ●Tip ○2 병화 일주에서 두 글자 임진은 부성입묘로 고관대작과 상반됩니다.
2-2 ●-67 실제사주 ●Tip ○3 "물살이 세차게 들고나는 기수지역에 비유됩니다."